Treasures for Scholars Worldwide

藏書紀事詩
藏書紀事詩箋正

上

〔清〕葉昌熾 撰　王欣夫 箋正

广西师范大学出版社
GUANGXI NORMAL UNIVERSITY PRESS
·桂林·

CANGSHU JISHISHI　CANGSHU JISHISHI JIANZHENG

項目統籌：魯朝陽
策　　劃：馬豔超
責任編輯：馬豔超
助理編輯：陳振林
責任校對：肖承清
責任技編：郭　鵬
書籍設計：唐明山［蛾術書房］

圖書在版編目（CIP）數據

藏書紀事詩　藏書紀事詩箋正 ：全 3 册 /（清）葉昌熾撰 ；王欣夫箋正．—桂林：廣西師範大學出版社，2021.1
（蛾術叢書）
ISBN 978-7-5598-1946-8

Ⅰ．①藏… Ⅱ．①葉… ②王… Ⅲ．①藏書家－生平事跡－中國－古代②古典詩歌－詩集－中國－清後期 Ⅳ．①K825.42 ②I222.752

中國版本圖書館 CIP 數據核字（2019）第 142377 號

廣西師範大學出版社出版發行
（廣西桂林市五里店路 9 號　郵政編碼：541004
網址：http://www.bbtpress.com）
出版人：黄軒莊
全國新華書店經銷
廣西廣大印務有限責任公司印刷
（桂林市臨桂區秧塘工業園西城大道北側廣西師範大學出版社集團有限公司創意産業園内　郵政編碼：541199）
開本：880 mm × 1 240 mm　1/32
印張：44.125　　字數：1 412 千字
2021 年 1 月第 1 版　　2021 年 1 月第 1 次印刷
定價：328.00 元（全 3 册）

蛾術叢書編委會

顧　問　韋　力　程焕文

編　委　季曉冬　馬豔超　唐明山　陳振林
張鴻鳴　杨　曦　趙　楠

本書主編　季曉冬

特約編輯　張鴻鳴　杨　曦　趙　楠

蛾術書房據芷蘭齋藏葛昌楣題記
清宣統二年葉氏刻本影印原書框
高一七七毫米寬一二九毫米

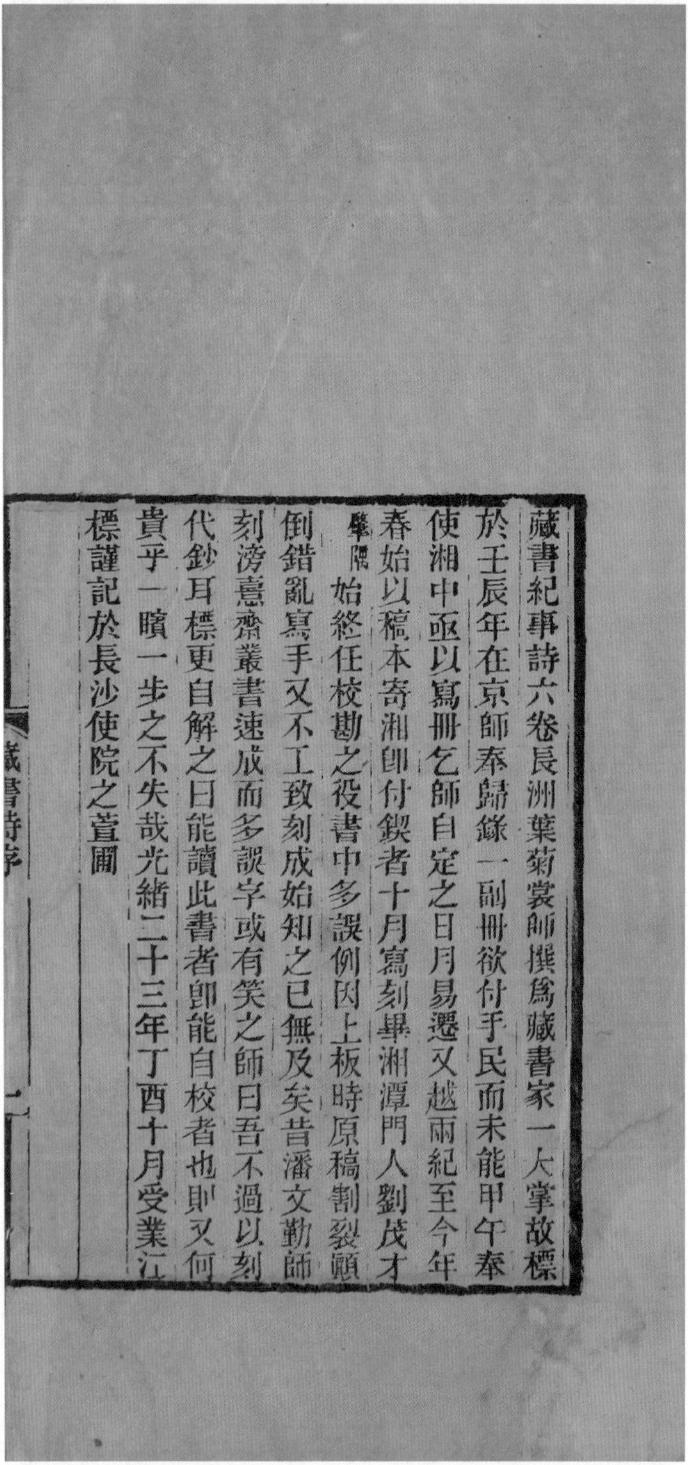
藏書紀事詩六卷長洲葉菊裳師撰為藏書家一大掌故標
於壬辰年在京師奉歸錄一副冊欲付手民而未能甲午奉
使湘中亟以寫冊乞師自定之日月易遷又越兩紀至今年
春始以稿本寄湘即付鋟者十月寫刻畢湘潭門人劉茂才
肇隅始終任校勘之役書中多誤例因上板時原稿割裂顛
倒錯亂寫手又不工致刻成始知之已無及矣昔潘文勤師
刻滂憙齋叢書速成而多誤字或有笑之師曰吾不過以刻
代鈔耳標更自解之曰能讀此書者即能自校者也則又何
貴乎一瞚一步之不失哉光緒二十三年丁酉十月受業江
標謹記於長沙使院之萱圃

光緒二十三年江標長沙刊六卷本書影一

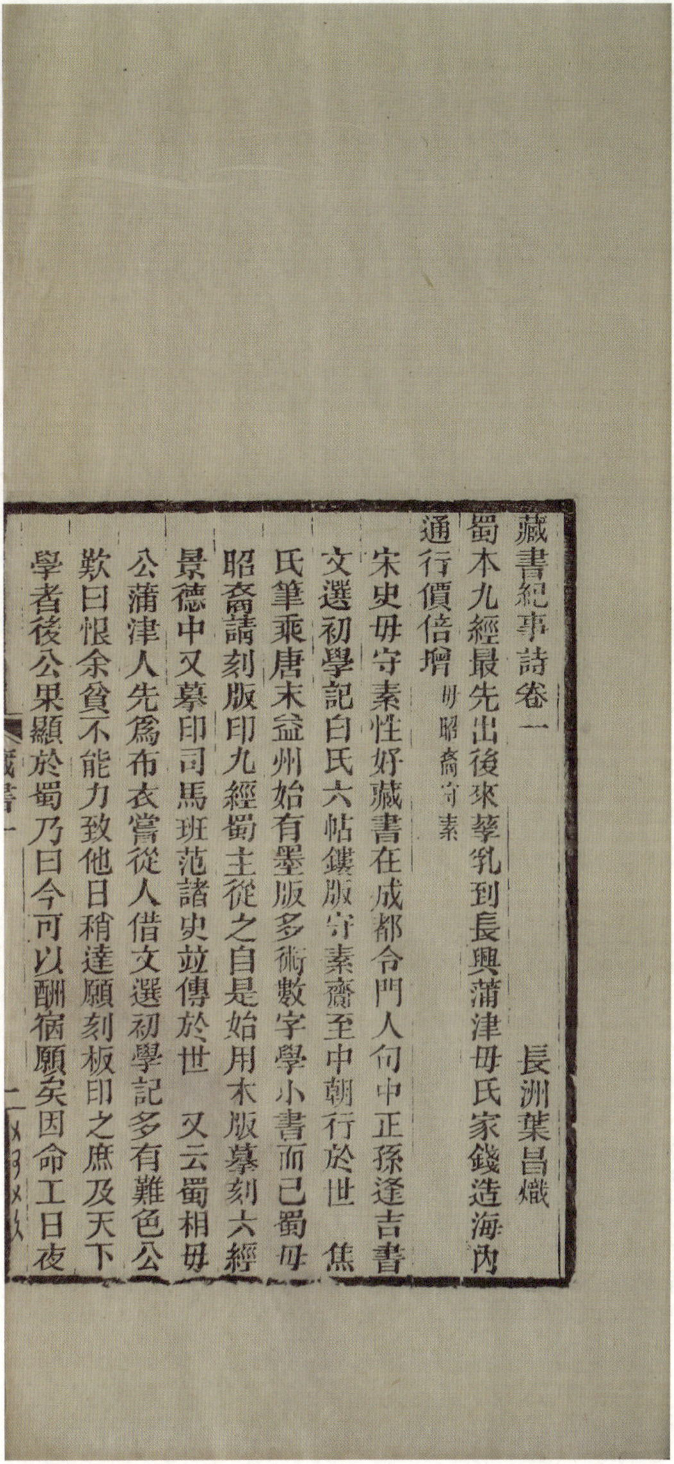

藏書紀事詩卷一　　長洲葉昌熾

蜀本九經最先出後來孳乳到長興蒲津毋氏家錢造海內通行價倍增　毋昭裔守素

宋史毋守素性好藏書在成都令門人句中正孫逢吉書文選初學記白氏六帖鏤版守素齎至中朝行於世　焦氏筆乘唐末益州始有墨版多術數字學小書而已蜀毋昭裔請刻版印九經蜀主從之自是始用木版摹刻六經景德中又摹印司馬班范諸史並傳於世　又云蜀相毋公蒲津人先爲布衣嘗從人借文選初學記多有難色公歎曰恨余貧不能力致他日稍達願刻板印之庶及天下學者後公果顯於蜀乃曰今可以酬宿願矣因命工日夜

光緒二十三年江標長沙刊六卷本書影二

序

三代方策遐哉邈矣炎漢初興書皆竹帛班志所謂篇竹書也卷則帛書也後世書不用竹帛冒篇卷之名失其指矣風俗通義劉向典校書籍先書竹改易寫定可繕寫者以上素蓋西京之末猶用竹爲多故歐陽大小夏侯尚書多脫簡而班志所載亦篇多於卷也後漢宦者蔡倫因縑貴簡重不便於人以意造爲紙史稱莫不從用然攷獻帝西遷圖書縑帛軍人取爲帷囊吳恢爲南海太守欲殺青以寫經書是東京之世紙猶不甚行矣抱朴子自敘家貧乏紙所寫皆反覆有字世說戴安道從范宣學所爲宣鈔紙亦鈔紙然則廢竹帛用紙其在魏晉閒乎書序正義引顧氏曰策長二尺四寸簡

宣統二年葉氏自刊七卷本書影一（韋力芷蘭齋藏本）

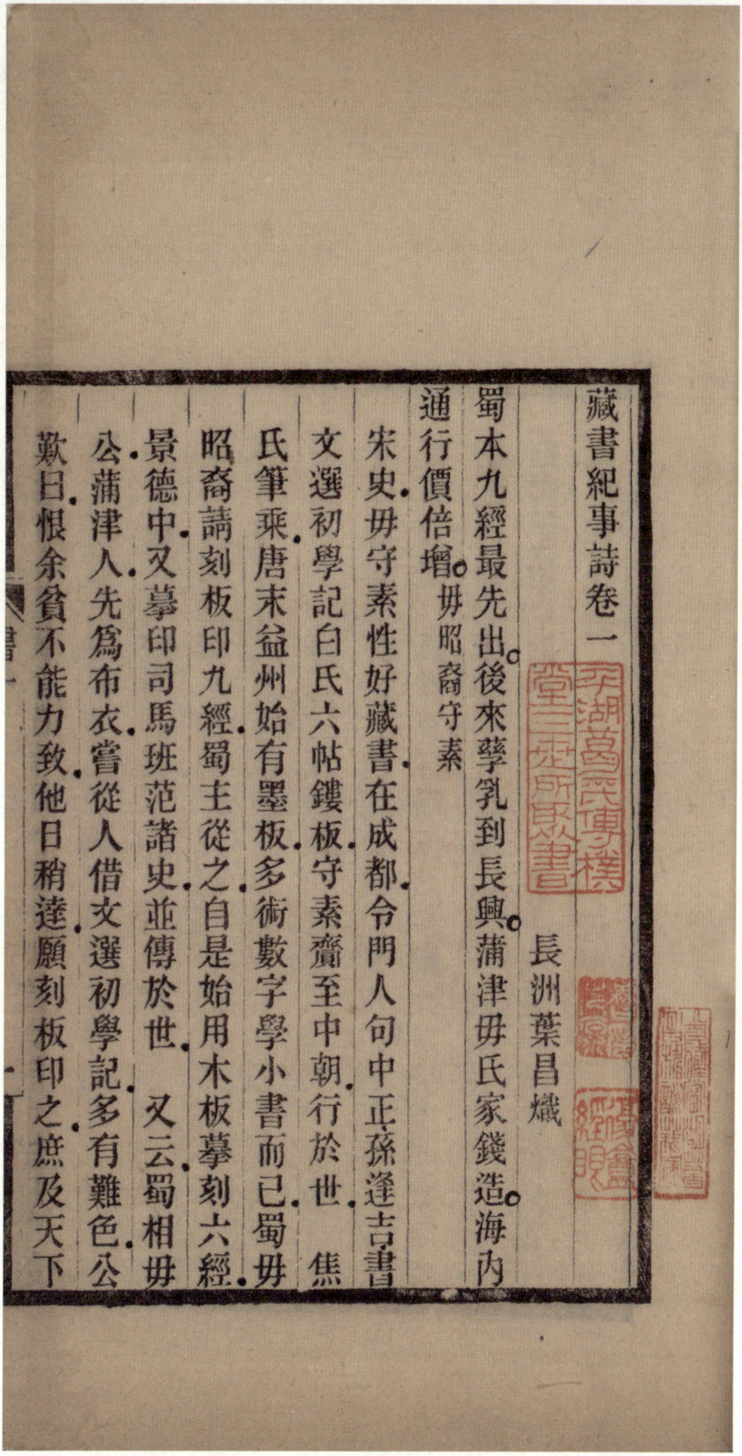
藏書紀事詩卷一

長洲葉昌熾

蜀本九經最先出。後來孳乳到長興。蒲津毋氏家錢造。海內通行價倍增。毋昭裔守素

宋史毋守素性好藏書在成都令門人句中正孫逢吉書文選初學記白氏六帖鏤板守素齎至中朝行於世焦氏筆乘唐末益州始有墨板多術數字學小書而已蜀毋昭裔請刻板印九經蜀主從之自是始用木板摹刻六經景德中又摹印司馬班范諸史並傳於世又云蜀相毋公蒲津人先爲布衣嘗從人借文選初學記多有難色公歎曰恨余貧不能力致他日稍達願刻板印之庶及天下

宣統二年葉氏自刊七卷本書影二（韋力芷蘭齋藏本）

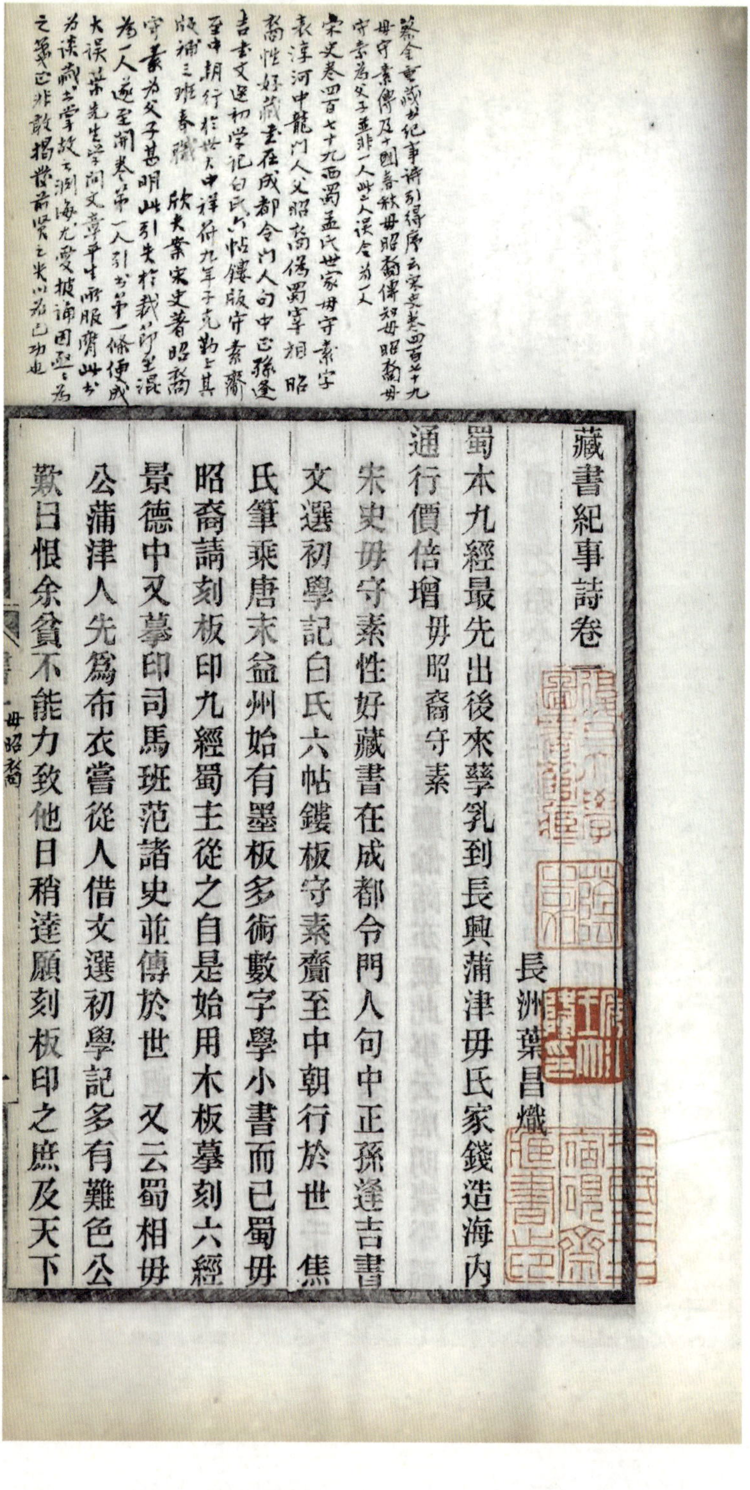

蔡金重藏書紀事詩引得序云宋史卷四百七十九
毋守素傳及十國春秋毋昭裔傳知毋昭裔毋
守素為父子並非一人此二人誤合為一人
宋史卷四百七十九西蜀孟氏世家毋守素字
表淳河中龍門人父昭裔偽蜀宰相　昭
裔性好藏書在成都令門人句中正孫逢
吉書文選初學記白氏六帖鏤版守素齎
至中朝行於世大中祥符九年子克勤上其
版補三班奉職　欣夫案宋史著昭裔
守素為父子甚明此引失於裁汰遂混
為一人遂至開卷第一人引書第一條便成
大誤葉先生學問文章卓卓可服膺此書
為讀藏書掌故之淵海尤受披讀因亟亟為
之箋正非敢揭前賢之失以為己功也

藏書紀事詩卷一　　長洲葉昌熾

蜀本九經最先出後來孳乳到長興蒲津毋氏家錢造海內
通行價倍增　毋昭裔守素
宋史毋守素性好藏書在成都令門人句中正孫逢吉書
文選初學記白氏六帖鏤板守素齎至中朝行於世　焦
氏筆乘唐末益州始有墨板多術數字學小書而已蜀毋
昭裔請刻板印九經蜀主從之自是始用木板摹刻六經
景德中又摹印司馬班范諸史並傳於世　又云蜀相毋
公蒲津人先爲布衣嘗從人借文選初學記多有難色公
歎曰恨余貧不能力致他日稍達願刻板印之庶及天下

王欣夫箋正葉氏自刊七卷本書影一（復旦大學圖書館藏）

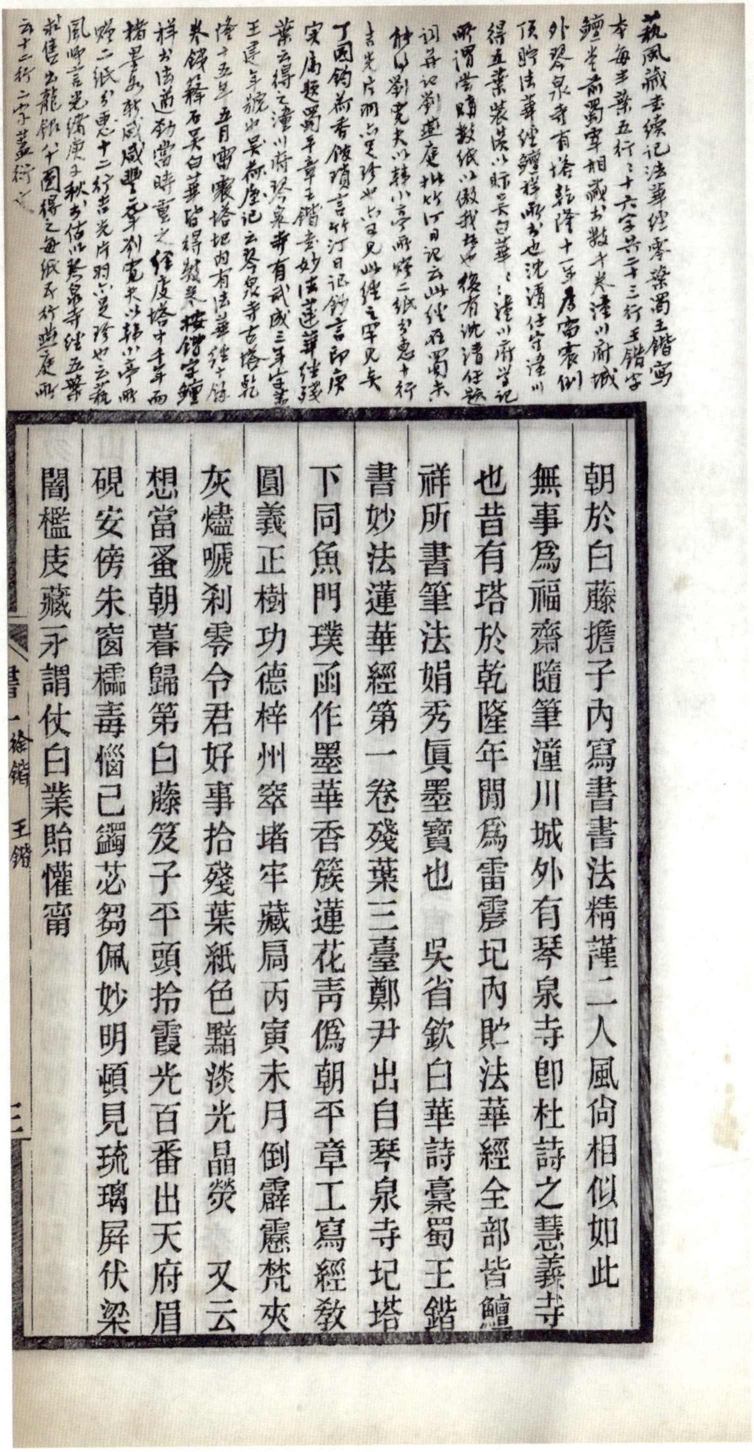
朝於白藤擔子內寫書書法精謹二人風尙相似如此
無事爲福齋隨筆潼川城外有琴泉寺卽杜詩之慧義寺
也昔有塔於乾隆年閒爲雷震圮內貯法華經全部皆鱣
祥所書筆法娟秀眞墨寶也　吳省欽白華詩稾蜀王鍇
書妙法蓮華經第一卷殘葉三臺鄭尹出自琴泉寺圮塔
下同魚門璞函作墨華香篋蓮花靑僞朝平章工寫經敎
圓義正樹功德梓州窣堵牢藏扃丙寅未月倒霹靂梵夾
灰燼嘸剎零令君好事拾殘葉紙色黯淡光晶熒　又云
想當蚤朝暮歸第白藤笈子平頭拾霞光百番出天府眉
硯安傍朱窗檽毒惱已蠲苾芻佩妙明頓見琉璃屛伏梁
閭檻庋藏一矛謂仗白業貽懽甯

王欣夫箋正葉氏自刊七卷本書影二（復旦大學圖書館藏）

影印説明

韋力

藏書紀事詩七卷，清葉昌熾撰，清宣統二年（一九一〇）葉氏刻本，葛昌楣題記，一函六册。鈐印：葛氏弢華館（朱方）、曾藏當湖葛昌楣詠莪家（朱方）、嗚珂里（朱橢）、采雲氣以爲楣（朱方）、葛（朱方）、平湖葛昌楣讀（朱方）、弢華館（朱方）、弢華館（白方）、復盦經眼（朱方）、曹允源印（白方）、平湖葛氏傳樸堂三世所聚書（朱方）。

藏書紀事詩是葉昌熾耗時七年而成，爲其所有著述中影響最大者。該書爲中國首部以紀事詩形式爲歷代藏書家立傳之作，其體例仿效「厲鶚南宋雜事詩、施北研金源紀事詩」，按金源紀事詩八卷，清湯運泰著，葉昌熾誤作『施北研』。全書共收七百餘人，每人或每家詠七言絶句一首，亦有賦二人於一詩者，詩下附注，注中包含藏書、刻書、古籍版本、目録等多種史料，被書界譽爲「藏家之詩史，書林之掌故」，葉德輝書林清話中稱讚是書爲：「於古今藏書家，上至天潢，下至方外、坊估、

淮妓，搜其遺聞佚事，詳注詩中，發潛德之幽光，爲先賢所未有。即使諸藏書家目録有時散佚，而姓名不至滅如，甚盛德事也。」該書問世後，深受書界人士所喜愛，陸續有人依其體例而作同類著述，如倫明辛亥以來藏書紀事詩、莫伯驥藏書紀事詩補續、吴則虞續藏書紀事詩、王謇續補藏書紀事詩、胡道静上海近代藏書紀事詩及徐信符廣東藏書紀事詩，等等。

該書有六卷本與七卷本之分，六卷本爲江標光緒二十三年（一八九七）刻於長沙，七卷本爲葉昌熾宣統二年（一九一〇）刻於蘇州。江標將該書刻入靈鶼閣叢書第五集，序云：「標於壬辰年（光緒十八年，一八九二）在京師奉歸，録一副册，欲付手民而未能。甲午（光緒二十年，一八九四）奉使湘中，亟以寫册，乞師自定之。日月易遷，又越兩紀，至今年春始以稿本寄湘，即付鍥者，十月寫刻畢。」然此六卷本内容并非葉昌熾最終定稿，訛誤頗多，寫刻亦非精，故次年江標將刻好之書呈葉昌熾過目時，葉僅以「尚精好」三字評價，日記中於此事僅一句帶過：「十九日，建霞來并呈所刻拙著藏書紀事詩，尚精好。渠作一序，其門人湘潭劉茂才肇隅任校勘，附一跋於後。」葉昌熾雖然已於光緒二十三年春即將書稿寄至長沙，但此後一直陸續修訂，每次修訂皆於日記中有詳細記載。直至宣統二年重刻之前，尚不斷補撰。是年二月，葉昌熾將該書由六卷改爲七卷，該月補撰者有沈楙德、趙之謙、周季貺、李文田、盛昱、王懿榮、李申蘭、趙次侯、許翰屏、黎庶昌、方功惠、丁丙及江標等人，并稱「再添則蛇足矣」。其賦江標詩曰：「真賞齋中有仲宣，銘心絶品

不論錢。甘陵鈎黨人間籍，天上樵陽作散仙。」詩下注中稱：「自建霞歿，而搜輯金石文字無相余者矣。」注中尚有江標之簡介及所爲、著述，卻無片語談及藏書紀事詩。

賦江標而不提藏書紀事詩，并非葉昌熾對兹事不滿，而是悲痛回避之舉。江標刻此書後兩年因病去世，葉昌熾聞之大慟，竟然聯想至江標病故是緣於藏書紀事詩之不祥，其於日記中稱：「嗚呼！建霞竟死矣！天生美才不善用之，摧殘沮抑，至於不永其年，良可痛惜。余所著藏書紀事詩，以此得罪樞要，十年沉頓，悔讀南華秋水篇矣。潘文勤師欲付梓，甫發德音，騎箕遽去。今建霞刻成而逝，豈真爲不祥之物邪？以一聯挽之云：藏書紀事幸付叢編，簜節言旋，張范盛名攖黨禁；士禮徵文遂成絶筆，菟裘未築，應劉幽憤損天年。」

葉昌熾對江標所刻藏書紀事詩之不滿，緣於對自己書稿未精即付剞劂。江標所刻之本并非最終定稿，其中多有引書踳駁、前後顛倒之處，葉昌熾事後頗爲後悔，於自刻本自序中稱：「建霞固與聞侍坐之言者，越十年，卒取而傳之，其可感也已。然自是不能自秘，承海内宏達君子，商榷疑義，糾正訛字，竊又自悔流傳之太早。」遂在潘祖年提議并協助下，於宣統元年（一九〇九）開始重校是書，并補撰修訂。潘祖年爲葉昌熾座師潘祖蔭之弟，與葉昌熾交遊極深，葉昌熾去世後，其遺稿奇觚廎文集、寒山志、辛臼簃詩隱即由潘祖年整理校刊而後付梓，嗣後又欲將葉昌熾日記中詩詞部分單獨輯出刊行，惜事未蕆而身已逝，兹事遂半途而止。葉昌熾家境一直不甚寬裕，宣統三年

（一九一一）四月，潘祖年還特意托人贈兩百金予葉昌熾，助其刊刻文集，并稱蓄念已久，本欲當面相贈，但每次尚未開口即遭拒絕。葉昌熾以文集尚未整理，未知何時始能告竣爲由再三辭之，潘祖年不肯收回贈金，轉而稱不作刊刻文集之資，則作刷印藏書紀事詩之紙墨費用。寒齋藏藏書紀事詩三部，一部爲江標刻本，兩部葉氏自刻本，此其一也，另一部爲硃印本，上有佚名批校，其中或有潘祖年所捐助紙墨也。

此本一函六册，無牌記，前有王頌蔚光緒十七年（一八九一）序，目録後有葉昌熾宣統二年（一九一〇）自序，卷中鈐印累累，可知曾爲曹允源、葛昌楣所藏，葉昌熾跋語後尚有葛昌楣墨筆題記三段：

其一：「乙亥（民國二十四年，一九三五）重九客吴門，獲此書於唐氏書林，爲曹復庵允源，一字根生。觀察藏本。復庵丙戌（光緒十二年，一八八六）進士，兵部主事，官終漢黄德道，先大父齊年友也。書中有復庵友人致其小楮一通，署名安般，審爲昆山李橘農廉訪傳元。手痕。橘農爲予四從母之伯舅，以有姻婭之連，爰貯諸篋衍焉。重陽後二十日昌楣自姑蘇歸棹漫記。」

其二：「十年前，季父曾獲六卷本於滬肆，蓋江建霞年丈校刊於湘中學署者，以非全豹，特再搜之。」

其三：「葉氏遍擷藏家精華彙著於録，可謂極作述之能事。顧容有千慮一失者，予於群書瞥睹，

搜藏故實，偶爲葉氏所漏網者，縱一鱗半爪之微，輒綴於本書本事之下，以備編輯兩浙藏書録之張本，有志未逮，識之爲他日券。翌日又記。楣。」

曹允源（一八五五—一九二七）字根蓀，號復庵，室名鬻字齋，光緒十二年（一八八六）進士，曾任湖北分守安襄鄖荆兵備道，鼎革後回歸故里，不久後出任江蘇省立圖書館館長，其時館中原有圖書七萬餘卷，曹允源出任館長後，續購三萬卷，在原有經、史、子、集、叢五類上，新增新部，專門收集新出之西學書及實業書，以使異域名著、時流學説，皆可臚舉入目。不僅如此，曹允源還親自編寫書目，於新部下分文學、政事、實業三類，又將哲學、公報雜志及工商等單獨列屬，皆爲其首創也。出任館長期間，又被推爲吴縣修志局主任，伏案不輟，病重臨終時，猶顫抖手指作翻書狀，口中喃喃不休，可謂盡瘁。所著有復庵類稿、鬻字齋詩略及淮南雜志等。

葛昌楣（一八八六—一九六四）字詠莪，號蔭梧，出自浙江平湖藏書世家，素有「平湖葛氏」之稱。葛氏藏書最早起自葛金烺（一八三七—一八九〇），其字景亮，號毓珊，官刑部主事，改户部郎中，博史通經，藏書處爲傳樸堂，另有藏畫處名鷗舫。葛金烺長子葛嗣藻，助父收書、藏書，素有孝名，父喪後大慟傷身，數月後隨父於地下，年僅二十九。傳樸堂與愛日吟廬遂爲葛金烺第三子葛嗣浵繼承。葛嗣浵字稚威，一字詞蔚，曾任法部主事，後棄官歸里，興文辦學，創有稚川義塾。爲繼承父兄遺志，葛嗣浵不遺餘力搜訪群書，日積月累，藏書充棟，以致無可容身，遂於鳴珂里新建書樓一座，

命名「守先閣」，并請姻親張元濟題額。張元濟題額後跋曰：「稚威親家仰承先恩，思有以光大之，光緒歲己亥（二十五年，一八九九），乃建斯閣。移書庋其中，名曰『守先』，所以鑿楹之訓也。越三十餘年，積書逾四十萬卷。稚翁復與猶子蔭梧學部編訂藏目，將以行世，兼示後人，洵可美已。稚翁命書閣榜，謹志數言，以志欽仰。」跋中所稱蔭梧即葛昌楣，爲葛嗣藻之子。葛嗣浵有子葛昌楹、葛昌枌，兄弟二人另有齋名以成室、舞鶴軒、五璽閣等，善鑒賞，喜集印，輯有傳樸堂藏印菁華。傳樸堂曾撰有平湖葛氏書目及守先閣藏書目，惜皆爲寫本，未曾刊印，又有愛日吟廬書畫録及續録、别録，於宣統二年付梓。繆荃孫曾爲平湖葛氏書目作序，稱：「平湖葛氏，文武世德，弁冕鄉閭。户部君至性孝友，蓄志利濟，博訓子弟，讀有用書。孝廉君稟承先志，廣購書籍。詞蔚法部，創建書樓，榜以守先，彙集累世之藏，約過十萬之數，與猶子詠莪學部，逐日增益，同志讎校，常見者注明何本，罕見者詳述指意，用四庫全書例，分類編成廿卷，可謂富矣！可謂勤矣！」令人痛心者，傳樸堂與衆多江南藏書樓一樣命運多舛，於民國二十六年（一九三七）毁於日軍炮火，守先閣藏書與舊宅同付一炬。

葛昌楣購此書於民國二十四年（一九三五），時江標、葉昌熾皆已作古。由題記可知，葛昌楣曾有意輯兩浙藏書録，然最終并未成事，其原因或與兩年後傳樸堂毁於炮火、藏弆盡歸回禄，所存資料亦付之灰燼有關。該書第六册末葉有葛昌楣輯補「葉氏所漏網者」名録，計三十人，姓名之下

注以籍貫，籍貫之下復以小字注明資料來源，然此三十人中，如繆荃孫、金蓉鏡二人，應當非葉昌熾所漏輯，而是因爲葉氏輯此書時，此二人尚在人世，而葉昌熾序中明言「舊例不録生存，斷自蔣香生太守爲止。」檢緣督廬日記鈔，葉昌熾、繆荃孫、金蓉鏡等皆有書事往來，不可能不知道其藏書事，避而不談生者，爲葉昌熾謹慎之處。

宣統元年十二月十七日（一九一〇年一月廿七日），葉昌熾日記載：「深昏有叩户投函者，心怦然以爲乞米帖也。亟視函面，署『上海新垃圾橋北長康里張緘』，仍茫然不知其來歷，發而讀之，則張菊生農部函也。以從亡友蔣香生十印齋遺書中得鄙人藏書紀事詩寫本，涉園張氏一首即其先德，世譜有舛，開宗系一紙見示。又以搜訪宋元舊槧及精鈔本付石印，引爲同志。見示簡章二紙，可謂空谷足音知矣，非所料也。」讀此即可揣知葉昌熾緣何不録生者，其紀事詩既有叙事，兼有月旦，亡者雖已蓋棺，一旦有誤，尚有後人代爲發聲，倘若被賦者尚在生，未知睹詩會作何想，又有何申訴，索性回避爲是。

王大隆先生曾與葉昌熾先後同居蘇州西花橋巷，似乎兩家舊居相距不遠，葉昌熾去世時王大隆年僅七歲，二人或許并無交遊，但是對於這部前賢著述，王大隆始終不離案頭，遇葉書中有所訛誤者，隨手記於書眉。又若干年後，上海古籍出版社出版藏書紀事詩附補正，其原稿即王大隆先生以宣統二年葉氏刊本藏書紀事詩書眉上批語整理而來。蛾術軒篋存善本書録中王大隆跋藏書紀事詩

王大隆可謂緣督廬主人之知己也。

中稱：「蓋古今群籍，浩如煙海，何能責先生之必見，况多後人所著者哉。」

總目録

上册

藏書紀事詩　葉昌熾

中册

下册

藏書紀事詩箋正　王欣夫

本册目録

藏書紀事詩　葉昌熾

卷一

序

三代方策遐哉邈矣炎漢初興書皆竹帛班志所謂篇竹書也卷則帛書也後世書不用竹帛冒篇卷之名失其指矣風俗通義劉向典校書籍先書竹改易寫定可繕寫者以上素蓋西京之末猶用竹爲多故歐陽大小夏侯尚書多脫簡而班志所載亦篇多於卷也後漢宦者蔡倫因縑貴簡重不便於人以意造爲紙史稱莫不從用然攷獻帝西遷圖書縑帛軍人取爲帷囊吳恢爲南海太守欲殺青以寫經書是東京之世紙猶不甚行矣抱朴子自敘家貧乏紙所寫皆反覆有字世說戴安道從范宣學所爲宣鈔紙亦鈔紙然則廢竹帛用紙其在魏晉閒乎書序正義引顧氏曰策長二尺四寸簡

長一尺二寸。聘禮疏引鄭君論語序。易詩書禮樂春秋皆二尺四寸。孝經謙半之。論語八寸策者。三分居一。又謙焉。此古簡策之制。隋書經籍志。宋武入關。收其圖籍。府藏所有纔四千卷。赤軸青紙。文字古拙。煬帝卽位。祕閣之書。分爲三品。上品紅瑠璃軸。中品紺瑠璃。下品漆軸。舊唐書經籍志。凡四部庫書。皆以益州麻紙寫。其集賢院御書。經庫皆鈿白牙軸。黃縹帶。紅牙籤。史庫鈿青牙軸。縹帶。綠牙籤。子庫雕紫檀軸。紫帶。碧牙籤。集庫綠牙軸。朱帶。白牙籤。此古卷軸之制。夫筆行而書刀廢。紙行而縑帛廢。日趣便易。造述愈滋。故向歆著錄財萬三千。至唐臣修隋志。則幾六七倍焉。開元時。兩京書庫所儲。則幾十倍之焉。唐以前書。皆寫本。放失最易。故世傳唐

籍祇有釋氏寫經絕無儒家言近獨山莫氏得說文木部又日本澀江全善等訪古志中所載卷子本甚夥皆未可盡信也書有橅印權輿於鄭覃之壁經迨唐長興三年國子監刻九經漢乾祐二年刻儀禮周禮公羊穀梁周顯德二年刻經典釋文而其風始盛夫以綫裝代卷軸便已以鏤板代寫官則更便焉士大夫佔誦家置一編省傳錄之煩流播寖廣五季而後亡書較少緊雕本是賴獨是書經複刻譌踳滋多帝虎陶陰所在皆是宋初胄監刻經史命儒臣校正號稱精審然宋景文校監本漢書中脫兩行岳倦翁稱監本經史多仍五季之舊與俗本無大相遠則亦未爲善本也宋時官私刊刻不勝僂指監本外大耑約略可數一曰家塾本相臺岳氏

剡川姚氏瞿源蔡氏之類是也一曰書棚本臨安府棚北大街睦親坊南陳道人書籍鋪太廟前尹家書籍鋪之類是也一曰州郡官刻本宋諸道監帥司及州軍邊縣戎帥皆有公使庫詳朝野雜記朱子集按唐仲友狀云據蔣輝供斷配台州牢城差每日開書籍供養去年三月唐仲友叫上輝就公使庫開雕揚子荀子印板又紹興本太平聖惠方卷末云福建路轉運司今將國子監太平聖惠方一部修改開板於本司公使庫印行蓋宋時州郡準用公使庫錢因就庫開局刻書故今時有台州泉州撫州公使庫本此外官本或稱漕臺或稱郡齋郡庠凡不言公使庫者當是捐資自刻耳南渡以後所至郡府多刊文籍故吳明可帥會稽獨不傳書王明清

以爲異也。葉石林謂福建本徧天下。攷今時所傳閩本。以建安余氏爲最著。有宋有余仁仲余恭禮余唐卿余彥國。元有余志安勤有堂及雙桂書堂。然元之勤有堂刻書雖多。不逮仁仲萬卷堂遠甚。他若建安虞氏。及黃善夫阮仲猷之屬。亦皆精好。蓋宋刻惟麻沙鎮本最備劣耳。元又有高氏日新堂。鄭氏宗文書堂劉氏南澗書堂。名雖家刻。實則坊塲。此閩本之大槩也。元時官刻。內則興文署。外則諸路儒學及書院。咸稱精善。余所見元刻之佳者。以茅山志及張伯雨集爲最。綜而論之。北宋字體方勁。純是率更筆法。紹興以後。疏放之中。仍含遒古。元則圭棱盡去。一覽無餘矣。宋刊宋印。大都用公私簿帳。以余所見若爾雅單疏。宋文鑑。洪氏集驗方。北山小

集皆是也。宋元舊槧明代傳世尚多。故鈐山堂著錄以數千部計。至明季變亂。而古刻始漸就散逸。以蒙叟遵王兩世之勤搜。宋刻不及百種。述古延令書目均别出宋板。而汲古藏書至以宋本二字鈐卷耑。其珍貴可知矣。三百年來。凡大江南北以藏書名者。亡慮數十家。而既精且富。必以黄氏士禮居爲巨擘。蕘翁之書。有竹汀澗薲爲之攷訂。香嚴壽皆仲魚諸君與之通叚。故自撫刻以泉校鈔。靡不精審。洪北江論藏書家次弟。斥蕘翁爲賞鑒家。列傳是瓶花之次。非篤論也。蕘翁晚年。其書歸汪氏藝芸書舍。繼又歸昭文瞿氏。最後歸聊城楊氏。今士禮精本大半在瞿楊兩家。其餘各家所得。不過一鱗片甲而已。光緒初元。余與管子操敉。葉子緣裻爲瞿氏

編校書録，鐵琴銅劍樓之藏，無不寓目。既而葉子館潘氏滂喜齋，凡文勤公所藏，又徧闚之。葉子自恨家貧力薄，不能多得異書，又歎自來藏書家節食縮衣，勼集善本，曾不再傳，遺書星散，有名姓翳如之感。因罔羅前聞，攟摭逸事，竭八九年之力，由宋元迄今，得詩二百餘首。貴如明代衡徵諸藩，微如安麓村暨錢聽默之屬，無不甄載。采集可謂富矣。蕘翁所見古書録，今既無傳；澗翁擬撰藏書家精華，彙著一録，亦未克就。乃君書竟及身寫定，夫非藝林絶業乎？世有竹垞其人，必當爲珍裘之賺矣。君著書宗旨，意在搜揚潛逸，故於考槃幽懿、鄉曲遺聞，纂述尤具。吾吳先哲如柳安愚、吳方山、陸聽雲、王蓮涇之屬，皆生不越室巷，名不絓通人，君一一攷其生平，

采摭甚葡。又如糺雁里草堂之誤。補璜川吳氏之世繫。訂隊蒐殘碑益志乘非細。昔顧俠君選元詩。夢古衣冠人來拜。君闡章之功。什百秀野。其亦有冥通之異夫。光緒辛卯孟陬同邑王頌蔚譔

卷一

卷二

元好問裕之
趙文敏孟頫　李維柱本石
莊肅恭叔
張雯子昭
袁易通甫
袁文清桷
吳郡陸君　陸友友仁
景春沈君
蘇天爵伯修　張貞毅思明
孔文昇退之　子克齊行素
蜀帥紐鄰之孫

虞堪勝伯　虞子賢
浦江鄭氏
楊文貞士奇
周文襄忱　國朝丁日昌禹生
袁忠徹靜思
葉文莊盛　元孫恭煥伯寅　七世孫國華白泉
郁文博文博　老寇四
邢量用理　邢參麗文
沈周啟南　子雲鴻維時
史鑑明古　裔孫兆斗辰伯　李鑑明古
陸容文量　王時敏遜之

吳文定寬　伊侃

王文恪鏊　子延喆子貞　徐文敏縉

徐源仲山　弟澄季止　陸完全卿

朱存理性父　朱堯民凱

楊循吉君謙　劉昌欽謨

邵文莊寶

王獻臣敬止

邊貢庭實

顧璘華玉　弟瑮英玉

都穆元敬

唐寅子畏

李文敏廷相

陳察原習　張寰允清　顧琨孝柔

陸文裕深　黃標艮玉　施大經天卿　宋懋澄幼清

孫道靜景瞻　孫楨仲牆　孫育思和　賀烺　賀裳

黃公

文壁徵明　子彭壽承　嘉休承　孫元發子悱　曾

孫文肅雲孟　從鼎定之　從簡彥可

錢同愛孔周

朱艮育叔英

徐霖子仁　黃琳美之　羅鳳印岡

黃魯曾德之　省曾勉之　史臣紀載之

范欽堯卿　從子大澈子宣

卷三

秦汴思宋　子柄汝操　桂汝立

安國民泰

茅坤順甫　孫元儀止生

陸師道子傳　陳道復復甫

錢穀叔寶　子允治功甫

顧德育克承

顧從禮汝由　從德汝修　從義汝和

何良俊元朗

晁瑮君石　子東吴叔權

姚翼翔卿　國朝姚覲元彥侍　子慰祖公蓼
劉鳳子威
孫七政齊之　孫朝肅功父　朝讓光父　曾孫孝若
藩孝維
孫樓子虛
孫允伽伏生
孫江岷自
孟守約
王世貞元美　世懋敬美
高濂深父
張應文茂實　子丑青父　國朝張秋塘

陸寶敬身　陸宇燝春明

陳煌圖鴻文　陳帆際遠

黃翼聖子羽

毛晉子晉　子褒華伯　表奏叔　扆斧季　孫綏萬
嘉年

王咸與公

周榮起研農

金俊明孝章　子侃亦陶

顧韡開林　顧道隆

王迺昭

馮舒已蒼　弟班定遠　知十彥淵　知十子武賁伯

張雋文通

顧苓云美

顧湄伊人

季振宜詵兮

孫潛蔵圃

翁澍季霖　子校秀升　栻猶張

王文簡士禛

張惟赤　子皓小白　孫芳湄葭士　曾孫宗松　宗

橚　載華　柯　元孫鶴徵

宋犖牧仲　子筠蘭揮

錢陸燦爾弢

鄭梁寒村　子性義門
惠周惕元龍　子士奇仲孺　孫棟定宇
黃叔琳崑圃　子登賢雲門　厲守謙子大
查慎行悔餘　孫岐昌藥師
李紱巨來
顧嗣立俠君
林佶吉人
蕭夢松靜君
何焯屺瞻　弟煌心友
蔣杲子遵　蔣重光子宣
陸繆其淸

席鑑玉照

孫淇寶洲

曹炎彬侯

李馥鹿山　鄭杰昌英　劉鈞川

王聞遠聲宏

張位艮思　子德犖克之

宋定國賓王　錢枚方蔚　顧夏珍

浦見龍起潛　許仲堪眉岑

王孝詠慧音

吳銓容齋　子用儀拙庵　成佐孅庵　孫泰來竹嶼

元潤蘭汀　英簡舟　曾孫志忠有堂

王德溥容大

杭世駿大宗　汪一之

沈廷芳畹叔

全祖望紹衣

董熜謂瑄　董蠡舟鑄范

王藻載揚　楊復吉列歐

孫從添慶增

魚元傅虞巖

顧士榮文甯

孫宗濂栗忱　子仰曾　蔣升瀛惠堂

汪憲千陂　子汝瑮坤伯　璐仲連　瑜季懷　孫誠

孔皆　曾孫遠孫久也

馮應榴星實　弟集梧軒圃

翁方綱正三

盧文弨紹弓　盧青厓

蔣宗海春農

紀文達昀

王昶德甫　王鳴韶鶴溪

朱筠竹君　子錫庚少河

周錫瓚仲漣　子謝盦

朱邦衡秋厓　姪奐文游　余蕭客仲林

李文藻素伯

陸烜子章　沈采虹屏
吳翊鳳伊仲
吳騫槎客　子壽暘虞臣　孫之淳鱸鄉　姪昂駒醒
園　春煦子撰
宋大樽左彝
張燕昌文魚　張廷濟叔未
汪中容甫　子喜荀孟慈
金德輿鄂巖
張敦仁古餘　張徵齋
王宗炎穀塍　王紹蘭南陔　陳春東爲　汪繼培因
可

法式善開文

丁杰升衢　錢馥廣伯

孫星衍伯淵

秦恩復敦夫　江藩子屏

張祥雲鞠園

阮文達元

袁廷檮又愷　貝墉簡香

顧之逵抱沖

黃丕烈紹甫

張爕子和　孫蓉鏡芙川　姚畹眞

黃錫蕃椒升　韓配基

嚴可均鐵橋
嚴元照久能　張秋月香修
劉桐舜輝
陸芝榮香圃　杜煦尺齋　煦弟春生禾子
翁廣平海琛　彭桐橋
陳徵芝蘭鄰
錢天樹仲嘉
汪士鐘閬源
葛香士
張海鵬若雲　姪金吾月霄　大鑑友柏　邵恩多賑
仙

葉名澧潤臣
邵懿辰位西
蔣光煦生沐
胡珽心耘　楊文蓀秀實
勞權平甫　弟格季言
郁松年萬枝　顧秉源潤齋
沈楙悳翠嶺
顧沅湘舟
莫友芝子偲
劉康春禧　袁芳瑛漱六
劉履芬彥清

老韋
陶正祥庭學　子珠琳蘊輝
錢聽默
侯駝子　陳駝子
傅稺漢孺　周慈寫官二首
許翰屏
胡賀　虞山孫二　錢半巖裝訂一首
王廷琣越石　黃正賓骨董一首
右藏書紀事詩七卷原槀六卷尚爲未定之本及門江建霞太史校士湘中錄副出都遽鋟諸木今靈鶼閣叢書本是也其間引書緐夥舉例踳駁如郭延澤杜大峰程季長皆生沛

京盛時不應附兩宋之末徐艮夫虞勝伯皆嘗仕明不應入元末歸熙甫與沈以安同年曹彬侯爲席玉照之客敘次先後不應遼絕寫生迻錄亥豕之訛亦多沿而未削客春刊語石旣畢遂取舊稾手自釐訂舊例不錄生存斷自蔣香生太守爲止今以續得九首移原稾附錄諸詩別編爲一卷都七卷正史有傳者據史爲次有科目者以釋褐先後爲次無者以其同時人序跋贈荅參稽而互訂之詩注亦小有增損雖几塵風葉未敢遂謂定本粗可殺靑昌熾弱冠卽喜爲流略之學顧家貧不能得宋元槧視藏家書目輒有望洋之歎因念古人愛書如命山澤之癯槁項黃馘吾吳如孫道明朱叔英吳方山沈與文皆名不挂於通人之口縹緗旣散蒿萊寂

然可爲隕涕顧澗蘋先生嘗欲舉藏弆源流彙所見聞述爲一編稍傳文獻之信竊不自揆肆業所及自正史以逮稗乘方志官私簿錄古今文集見有藏家故實卽裒而錄之光緒丙戌以後度嶺而南暨客都門見聞稍廣篋衍遂充初欲人爲一傳自維才識謭陋緜麻菅蒯始終條理之不易乃援厲樊榭南宋雜事詩施北研金源紀事詩之例各爲一詩條舉事實詳注其下稾成置笥中初未敢示人旣而稍稍就正於有道先師潘文勤公一見擊賞卽欲付梓奉命惕若旋有龍蛇之厄痛梁木之遽摧撫牙絃而輟響方謂茲編將與元文同置醬瓿建霞固與聞侍坐之言者越十年卒取而傳之其可感也已然自是不能自祕承海內宏達君子商榷疑義

糾正譌字竊又自悔流傳之太早仲午比部慫恿重刻謂是本出理棼絲而披豐蔀可爲桑榆之補炳燭餘光逢羅憂患校讐編輯皆賴助我儆帚雖不足自享師友之誼不敢忘刻既竣爰書其顛末如此宣統二年歲在庚戌長洲葉昌熾書於花橋老屋

乙亥重九客吴门獲此書於唐氏書林為曹復庵（允源一字根生）觀察藏本復庵丙戌進士兵部主事官終漢黄德道先大父齊年友也書中有復庵友人致其小楮一通署名安般畬為嵩山李橘農廉訪（僖元）手痕橘農為予四從母之伯舅以有姻婭之連爰貯諸篋衍焉　重陽後

二十日昌楣自姑蘇歸棹漫記

十年前季父曾獲六卷本於滬肆蓋江建霞年丈校

刊於湘中學署者以非全豹特再搜之

葉氏徧擷藏家精華彙著於録可謂極作述之能事顧

容有千慮一失者予於羣書嘗覩搜藏故實偶爲葉氏

所漏網者綴一鱗半爪之微輒綴於本書本事之下以

備編輯兩浙藏書録之張本有志未逮識之爲他日劵

翌日又記　楣

藏書紀事詩卷一

長洲葉昌熾

蜀本九經最先出。後來孳乳到長興。蒲津毋氏家錢造。海內通行價倍增。毋昭裔守素

宋史毋守素性好藏書在成都令門人句中正孫逢吉書文選初學記白氏六帖鏤板守素齎至中朝行於世 焦氏筆乘唐末益州始有墨板多術數字學小書而已蜀毋昭裔請刻板印九經蜀主從之自是始用木板摹刻六經景德中又摹印司馬班范諸史並傳於世 又云蜀相毋公蒲津人先爲布衣嘗從人借文選初學記多有難色公歎曰恨余貧不能力致他日稍達願刻板印之庶及天下

學者後公果顯於蜀乃曰今可以酬宿願矣因命工日夜雕板印成二書復雕九經諸史兩蜀文字由此大興洎蜀歸宋豪族以財賄禍其家者什八九會藝祖好書命使盡取蜀文籍諸印本歸闕忽見卷尾有毋氏姓名以問歐陽炯炯曰此毋氏家錢自造藝祖甚悅卽命以板還毋氏是時其書徧於海內初在蜀雕印之日眾嗤笑後家累千金子孫祿食嗤笑者往往從而假貸焉左拾遺孫逢吉詳言其事如此　昌熾案揮麈餘話亦載此事云唐明宗平蜀命太學博士李鍔書五經倣其製作刋板於國子監監中印書之始今則盛行於天下蜀中爲最明淸家有鍔書印本後題長興二年又按王氏以毋昭裔爲毋邱儉則大誤

毋邱三國時人

突兀書樓世姓孫。悍然竟奪謝公墩。納楹誰共陵川富。大室居然駟馬門。　孫光憲孟文　丁顗　孫長孺

宋史荆南高氏世家孫光憲字孟文陵川貴平人高從誨署爲從事歷保融繼沖三世皆在幕府太祖授黃州刺史乾德六年卒光憲博通經史尤勤學聚書數千卷或自鈔寫孜孜讎校老而不廢自號葆光子　宋史丁度傳其先恩州清河人祖顗後唐清泰初陷契丹逃歸徙居祥符父逢吉以醫術事眞宗藩邸然好聚書與儒者游　涑水紀聞丁度祖顗盡其家資聚書至八千卷爲大室以貯之曰吾聚書多雖不能讀必有好學者爲吾子孫矣昌熾按據

此則丁氏聚書不自逢吉始也　郡齋讀書志孫文懿集三十卷皇朝孫抃字夢得眉山人六世祖長孺喜藏書貯以樓蜀人號書樓孫家抃天聖中進士謚文懿

道家藏室幾蓬萊。建業文房與蜀才。想見錦城朝罷日。白藤擔子相公來。徐鍇楚金　王鍇鱣祥

陸游南唐書徐鍇字楚金會稽人與兄鉉號二徐酷嗜讀書隆寒烈暑未嘗少輟後主嘗得周載齊職儀江東初無此書人無知者以訪鍇一一條荅無所遺忘其博記如此既久處集賢朱黃不去手少精小學故所讎書尤審江南藏書之盛爲天下冠鍇力居多　焦氏筆乘蜀相王鍇名同楚金字鱣祥藏書數千卷一一皆親札并寫藏經每趨

朝於白藤擔子內寫書書法精謹二人風尙相似如此無事爲福齋隨筆潼川城外有琴泉寺卽杜詩之慧義寺也昔有塔於乾隆年閒爲雷霆圮內貯法華經全部皆鱣祥所書筆法娟秀眞墨寶也　吳省欽白華詩稾蜀王鍇書妙法蓮華經第一卷殘葉三臺鄭尹出自琴泉寺圮塔下同魚門璞函作墨華香篋蓮花靑僞朝平章工寫經敎圓義正樹功德梓州窣堵牢藏扃丙寅末月倒霹靂梵夾灰燼嗁刹零令君好事拾殘葉紙色黯淡光晶熒　又云想當蚤朝暮歸第白藤筊子平頭拾霞光百番出天府眉硯安傍朱窗櫺毒惱已鐲苾芻佩妙明頓見琉璃屏伏梁闍檻庋藏永謂仗白業貽懽甯

笏頭方冊由拳紙。一篋書還當一炊。亦似江南新下日。念家
山破不勝悲。江正元叔

揮麈後錄。樊若水夜釣采石。世多知之。宋咸笑談錄云。李
煜有國日。樊若水與江氏子共謀。江年少而黠。時李主重
佛法。即削髮投法眼禪師爲弟子。隨入禁苑。因遂得幸。法
眼示寂。代其住持建康淸涼寺。號曰小長老。眷渥無閒。凡
國中虛實盡得之。先令若水走闕下。獻下江南之策。江爲
內應。其後李主既俘。各命以官。江後累典名州。家於安陸。
子孫亦無聞。鄭毅夫爲江氏書目記。載文集中。云舊藏江
氏書數百卷。缺落不甚完。予凡三歸安陸。大爲搜訪殘帙
遺編。往往得之閭巷閒。無遺矣。僅獲五百十卷。通舊藏凡

千一百卷。江氏遺書具此矣。江氏名正。字元叔。江南人。嘗
爲越州刺史。越有錢氏時書。正借本謄寫。遂幷其本有之。
及破江南。又得其逸書。兼吳越所得。殆數萬卷。老爲安陸
刺史。遂家焉。盡輦其書。築室貯之。正既歿。子孫不能守。悉
散落於民間。火燔水溺。鼠齧蠹棄。幷奴僕盜去。市人裂之
以藉物。有張氏者。所購最多。其貧乃用以爲爨。凡一篋書
爲一炊飯。江氏書至此窮矣。然余家之所有。幸而僅存者。
蓋自吾祖田曹始蓄之。至予三世矣。於余則固能保有之。
於其後則非余所知也。故記盛衰之迹。俾子孫知其所自。
則庶乎或有能保之者矣。書多用由拳紙。方冊如笏。頭青
縑爲標。字體工拙不一。史記晉書或爲行書。筆墨尤勁。其

未用越州觀察使印亦有江氏所題余在杭州命善書者補其缺未具也明清案馬令南唐書及龍袞江南野史云北朝聞李後主崇奉釋氏陰選少年有經業口辯者往化之謂之一佛出世號爲小長老朝夕與論循環果報後主因是襟懷縱脫兵機守禦之謀慌然而弛及王師圍城後主乃鴆殺之觀宋鄭所記則知李氏國破之際所鴆者非眞又以計免而歸本朝遂饕岳牧之任也

墨莊兩字濫觴誰最錄遺文一攷之公是公非家集外鄂州詩與考亭詩　劉式叔度　張邦基子賢　元申屠致遠大用　國朝朱繼暐

阮文達揚州文樓巷墨莊考揚州文樓巷墨莊者宋劉斁武賢滁三世之所居也劉式者李唐新喻人生五子其第

四子立德。立德生斆。斆生武賢。武賢生滁。滁生靖之清之。式字叔度。開寶中。隨李氏入宋。官工部員外郎。判三司磨勘司。贈太保禮部尚書。妻陳夫人。既寡。以遺書教諸子曰。先大夫秉行清潔。有書數千卷以遺後。是墨莊也。安事隴畝。諸子愈於學者。則爲之不食。由是諸子皆以學爲郎官。孫廿五人。世稱墨莊夫人。此宋初墨莊之在江西者也。立德官祕書監。贈太尉。斆官太中大夫。歷守淮揚池睦溫。始遷居於揚州文樓巷。武賢官承議郎。知盱眙縣。生滁於全椒。滁字全因。兩監潭州南嶽廟。以通直郎致仕。武賢歿。妻李氏當建炎時。識揚州將亂。與滁避地江西。故兵戈不能害之。滁妻趙氏賢而文。夫婦手寫經以課子。靖之子和。官

贛州教授清之子澄。判鄂州。與朱子羅願相友善。滁請徐兢吳說各以所善篆楷書墨莊字。此墨莊之在北宋及南宋初。而羅願鄂州集所謂太中以來居揚州文樓巷者也。外此則集賢公是先生敞舍人公非先生攽皆立德仲兄之子。居撫之金溪。其八世孫。與吳草廬虞道園相友善。滁爲武賢第四子。其第三子沂。亦奉母命由揚州避地豫章之新吳。沂生蕭。羅願代陳皋爲蕭傳。岳鄂王紹興六年。曾爲新喻劉氏寫墨莊二字。此墨莊之在南宋江西者也。海陵胡安定先生。載陳墨莊夫人事入賢惠錄。此在揚州之事也。朱子墨莊五詠。一曰墨莊。二曰洌軒。三曰靜春堂。四曰玩易齋。五曰君子亭。明楊廉和朱子五詠詩序曰。劉氏

靜春與集賢舍人各自爲派。蓋靜春堂爲劉戩專派。戩與傲放爲從兄弟。故其孫曾清之等。皆以靜春自稱。金溪公是先生等派。不襲靜春之名。然則靜春等堂軒五名。亦皆宜在揚州矣。元居揚州文樓巷文選樓側。時方纂揚州圖經。檢舊志。但知有文樓巷。不知巷有墨莊事。乃旁攷宋史朱子羅鄂州劉公是吳草廬虞道園等集。及江西地志朱高安墨莊石刻跋而述之如此。　張邦基墨莊漫錄序。僕性喜藏書。隨所寓榜曰墨莊。　四庫提要。墨莊漫錄十卷。宋張邦基撰。邦基字子賢。高郵人。仕履未詳。自稱宣和癸卯在吳中見朱勔采石。又稱紹興十八年見趙不棄除侍郎。則南北宋間人也。　元史。申屠致遠字大用。其先汴人。

金末從其父義從東平之壽張與李謙孟祺等齊名爲杭州總管府推官西僧嘉木楊喇勒智作浮圖於宋故宮欲取高宗所書九經石刻以築基致遠力拒之乃止大德二年僉淮西江北道肅政廉訪使事行部至和州得疾卒致遠清修苦節聚書萬卷名曰墨莊　劉將孫申屠致遠博古堂記東平申屠公往以御史出使江西一日而斯文生氣吾先君須溪先生尤爲吾道吾世有斯人喜山窗袁君自金陵歸言一家父子講貫琢磨古書積疊宅無嗜好名堂博古客來終日煮茗談坐前橋後梓交發輝映蓋欣然未見如既見也公名致遠字大用以忍名齋人皆稱忍齋先生其子名伯騏字子夔　李果墨莊記朱君愚溪比部

員外莘園公之六子。博雅好古。居郡城之南。新治小軒於其堂之後。藏書頗多。遂取宋人劉式事以墨莊名之。而揭岳忠武王書墨莊二字重摹勒石。　又朱刑部傳君諱成家。字宣之。又字莘園。其先新安人。祖台日。家於吳。父啟亮。字立庵。君卒年五十七。子八人。緒。繼昭。繼暉。繼晟。勳。繼暐。繼暄。繼曖。昌熾案愚溪爲莘園第六子。則是名繼暐矣。

靑州萬卷一書生。鐙灺篝香秣下城。羨煞故鄉楊從事。但司藏室不論兵。

朱遵度　朱昂舉之　王師範

焦氏筆乘。金陵舊事。朱遵度本靑州書生。好藏書。隱居不仕。保大中卜築金陵。著鴻漸學記一千卷。羣書麗藻一千卷。漆經數卷。　昌熾案書錄解題羣書麗藻。崔遵度編。焦

氏崔作朱未詳。宋史文苑傳。朱昂字舉之。其先京兆人。父徙衡山。人稱小萬卷。所得俸賜。以三之一購奇書。以諷誦爲樂。門人私謚正裕先生。　厲鶚借書詩。鐙灺風宵親勘處。篝香霜曉手鈔時。里中今得小萬卷。貧甚或憇無一紙。自注。東都事略。朱昂篤學。人目爲小萬卷。　五代史。楊彥詢少事青州王師範。師範好學。聚書萬卷。使彥詢掌之。

御府圖書熠玉宸。清明無復上河人。豈知潛邸龍飛後。好學依然數懿親。昌王宗晟　榮王宗綽

宋史宗室傳。濮安懿王二十八子。宗晟紹聖元年六月。以武安軍節度使判大宗正事。加檢校司徒。嗣濮王。明年三月薨。年六十五。贈太師。昌王。謚端孝。宗晟好古學。藏書數

萬卷。仁宗嘉之。益以國子監書。　又宗綽官至河陽三城節度使檢校司徒。紹聖三年二月薨年六十二。贈太師追封滎王諡孝靖。　高似孫史略濮安懿王之子滎王宗綽聚書七萬卷。　胡應麟少室山房筆叢引洪景盧隨筆云。宗綽始與英宗偕學於邸。每得異書。必轉以相付。宣和中。其子淮安郡王仲磨進目錄三卷。忠宣公在燕得其中帙。云除監本外。寫本印本書籍。計二萬二千八百三十六卷。觀一帙之目如是。所謂七萬卷者爲不誣。三館祕府所未有也。

不善刻書書一厄。永興面目歎全非。舊鈔莫怪如星鳳。三館已聞傳本希。

趙文定安仁

宋史趙安仁傳安仁字樂道河南洛陽人雍熙二年登進士第補梓州榷鹽院判官會國子監刻五經正義板本以安仁善楷書遂奏留書之直集賢院歷官御史中丞謚文定　又安仁嗜讀書所得祿賜多以購書三館舊闕虞世南北堂書鈔惟安仁家有本眞宗命內侍取之嘉其好古手詔褒美　嚴可均書北堂書鈔原本後王伯厚云三館舊闕書鈔惟趙安仁家有本是北宋已極罕覯明中葉常熟陳莊靖瓚得胥鈔本其裔禹謨改補梓行明人習氣好作聰明變亂舊章是謂刻書而書亡

膚如卵膜白如肪。潢紙先求辟蠹方。臘雪更調寒食麪。不須黃蘗煮成漿。　趙元考彥若

後山談叢。澄心堂。南唐烈祖節度金陵之燕居也。趙內翰彥若家有澄心堂書目。才三千餘卷。有建業文房印。後有主者皆牙校也。　又云。建業文房書目三千餘卷。有金陵圖書院印。　又云。余於丹徒高氏見楊行密節度淮南補將校牒紙。光潔如玉。膚如卵膜。今士大夫所有澄心堂紙。不逮也。　又云。趙元考用寒食麪臘月雪水爲黏。則不蠹。南唐煮黏用黄丹。王文獻公以皁莢末置書葉間。然不如也。

早登元祐諸賢籍。晚作征南誡子書。盡取九經束高閣。潁川士子是前車。　趙令時德麟

簡明目錄。侯鯖錄。宋趙令時撰。令時晚節頽唐。而早年坐

與蘇軾游入元祐黨籍所往還酬唱皆一代勝流故目染耳濡典型終在　又德隅齋畫品一卷宋李廌撰記趙令畤家諸畫凡二十二種各爲敘述品題　皕宋樓藏書志侯鯖錄宋聊復翁趙德麟撰盧紹弓手跋曰德麟宋宗室名令畤太祖子燕懿王德昭之五世孫與蘇子瞻同官潁川故其所交多一時名士後從高宗南渡襲封安定郡王紹興四年薨　李廌德隅齋畫品自序趙德麟藏書數萬卷蓄畫數十函皆留京邸　侯鯖錄比來士大夫借人之書不錄不讀不還便爲已有又欲使人之無本潁川一士子九經各有數十部皆有題記是爲借諸人不還者每炫本多余未嘗不戒兒曹也

匹夫立號毆適戍。學官輟講謝諸生。一元貞下循環起。廣廈千間絃誦聲。

南都戚氏　九江陳氏　胡仲堯

揮麈錄、承平時、士大夫家、如南都戚氏、歷陽沈氏、廬山李氏、九江陳氏、鄱陽吳氏、俱有藏書之名、今皆散佚、　周密齊東野語、世間萬物、未有聚而不散者、而書爲甚、宋室承平時、如南都戚氏、歷陽沈氏、廬山李氏、九江陳氏、鄱陽吳氏、王文康、李文正、宋宣獻、晁以道、劉壯輿、皆號藏書之富、靡不厄於兵火、　郤埽編、五代之亂、天下無復學校、富人曹誠首建書院、邀楚邱戚先生主之、先生名同文、生唐天祐中、歷五代入本朝、皆不仕、以文學行義爲學者師、士爭趨之、曹氏益復買田市書以待來者、事聞、京師有詔賜名

應天府書院先生沒私謚正素先生其子綸復以儒學顯
歷事太宗真宗兩朝官至樞密直學士　釋文瑩湘山野
錄僞吳故國五世同居者七家先主昇爲之旌門閭免征
役尤著者江州陳氏乃唐元和中給事陳京之後長幼七
百口上下雍睦食必羣坐廣器未成人者別一席犬百餘
隻一巨船共食一犬不至則羣犬不食別墅建家塾聚書
延四方學者伏臘皆資焉江南名士皆肄業於其家　宋
史孝義傳胡仲堯洪州奉新人累世同居至數百口構學
舍於華林山別墅聚書數萬卷設廚廩以延四方游學之
士

濠梁水閣知魚樂濮上祠堂對雒華同是投簪歸去也隨身

皆有惠施車　郭延澤德潤　元千奴

宋史郭延澤傳延澤字德潤南唐試秘書省正字乾德中四遷著作佐郎轉殿中丞知建州咸平中授虞部員外郎致仕居濠州城南有小閣以自娛其詠牡丹詩千餘首聚圖籍萬餘卷手自刊校景德初卒　元史和尚傳子千奴退居濮上築宣聖宴居祠堂於歷山之下聚書萬卷

殘字偶添令狐義眞方遠寄密蒙花南冠非復熙豐日身到東京見夢華　畢文簡士安　畢良史少董

宋史畢士安傳士安字仁叟代州雲中人乾德四年舉進士邠帥楊延璋辟幕府掌書奏眞宗登位拜工部侍郎樞密直學士景德初拜平章事卒年六十八贈太傅中書令

謚文簡士安美風采善談吐年耆目眊讀書不輟手自讎校或親繕寫又精意詞翰有集三十卷　小畜集禹偁謫官解梁收得令狐補闕毛詩音義乃會昌三年所寫數行殘缺後人添之其筆蹟乃工部畢侍郎所補遂因作詩云偶收毛鄭古詩義認得歐虞舊筆蹤　東觀餘論跋唐摹十七帖後予嘗見畢文將叔云家有唐初人所摹此帖來禽等四物外又有密蒙華一種先丞相文簡荅王黃門寄密蒙華詩云多病眼昏書嬾讀煩君遠寄密蒙華愁無內史詞兼筆爲寫眞方到海涯蓋謂此也　三朝北盟會編畢良史字少董以買賣書畫古器赴行在思陵方搜訪古玩得良史甚悅月給俸二百千而食客滿堂時號貧孟嘗

後權知東明縣搜求書畫古器復載以達行在人又號畢
骨董　春渚紀聞畢少董文簡之孫妙於鼎篆而亦多見
周秦以前盤盂之銘　玉照新志紹興庚申金人以河南
故地歸我詔以孟富文庾爲東京留守富文辟畢少董良
史以自隨未幾金敗盟少董身陷僞地累年嘗於相國寺
鬻故書處得熙豐日殘歷數帙無復倫序

未見譜人投虎豺一官先謫到珠厓傭夫荷擔隨身後亦若
劉伶死便埋　姚鉉寶臣

郡齋讀書志文粹百卷姚鉉字寶臣編鉉廬州人太平興
國中進士文辭敏麗善書札藏書至多頗有異本累遷兩
浙漕司課吏寫書采唐世文章分門編類爲薛映掎其事

奪官斥連州卒　直齋書錄解題鉉爲兩浙轉運使在杭州與知州薛映不協映摭其罪狀數條密以聞當奪一官特除名貶連州文學　麈史鉉謫居連州嘗寫所著文粹一百卷好事者於縣建樓貯之官屬多遣吏寫錄吏以爲苦以鹽水噀之冀其速壞後以火焚其樓　宋史鉉藏書至多雖被竄斥猶傭夫擔荷以自隨

熨斗親舒紙凸凹官文書可給傳鈔臨川世說留佳本不似王原叔本殺　晏元獻殊

宋史晏殊傳殊字同叔撫州臨川人景德初張知白安撫江南以神童薦帝召與進士千餘人並試廷中賜進士出身　避暑錄話晏元獻平居書簡及公家文牒未嘗棄一

紙皆積以傳書雖封皮亦十百爲沓暇時手自持熨斗貯火於旁炙香匙親熨之以鐵界尺鎮案上每讀得一故事則書以一封皮後批門類蓋今類要也王莘樂道尚有數十紙余及見之　文昌雜錄晏元獻家有相笏經占吉凶十可八九　董弅世說新語跋世說三十六篇世所傳釐爲十卷或作四十五篇而末卷但重出前九卷中所載余家舊藏蓋得之王原叔家後得晏元獻公手自校本盡去重複其注亦小加翦截最爲善本

誰說長安不易居春明宅子卜鄰餘踏穿戶限門如市亦似鴻都碑下車　宋宣獻綬　子敏求次道

宋史宋綬傳綬字公垂趙州平棘人幼聰警外祖楊徽之

無子家藏書悉與綬博通經史百家文章爲時所尙以兵部尙書參知政事卒年五十贈司徒兼侍中謚宣獻子敏求字次道龍圖閣直學士元豐二年卒年六十一贈禮部侍郎敏求家藏書三萬卷皆略誦習熟於朝廷掌故士大夫疑議必就正焉　孫公談圃宋宣獻家藏書過祕府章獻明肅太后稱制未有故實於其家討論盡得之　葉氏過庭錄公卿名藏書家如宋宣獻李邯鄲四方士民如亳州祁氏饒州吳氏荆州田氏吾皆見其目多止四萬卷惟宣獻擇之甚精止二萬卷而校讐精審勝諸家　郡齋讀書志序宋宣獻得畢文簡楊文莊家書故所藏之富與祕閣等而常山公以贍博聞於時　夢溪筆談宋宣獻常謂

校書如埽塵一面埽一面生故有一書每三四校猶脱繆
曲洧舊聞宋次道藏書皆校三五遍世之蓄書以宋爲善本居春明坊時士大夫喜讀書者多居其側以便於借置故也當時春明宅子比他處僦値常高一倍陳叔易嘗爲予言此事歎曰此風豈可復見邪　陸游跋京本家語

本朝藏書之家獨稱李邯鄲公宋常山公所蓄皆不減三萬卷而宋校讎尤精不幸兩遭回祿之禍而方策埽地矣
魏了翁遂初堂書目跋宋宣獻兼有畢文簡楊文莊二家之書不減中祕而元符中蕩爲煙埃

海內傳書大有人蒲圻紙比洛陽新傳觀子弟皆常本第一難求鎮庫珍　王洙原叔　子欽臣仲至

宋史王洙傳洙字原叔宋城人翰林學士兄子堯臣參知政事改洙侍讀學士兼侍講學士前此未嘗有也洙汎覽傳記至圖緯方技陰陽五行算數音律詁訓篆隸之學無所不通著易傳十卷子欽臣字仲至清亮有志操歷集賢殿修撰知和州徙饒州徽宗立復待制知成德軍卒年六十七性嗜古藏書數萬卷手自讎正世稱善本　御埽編

予所見藏書之富莫如南都王仲至侍郎家其目至四萬三千卷而類書之卷帙浩博如太平廣記之類皆不在其間聞之其子彥朝云先人每得一書必以廢紙草傳之又求別本參校至無差誤乃繕寫之必以鄂州蒲圻縣紙爲冊以其緊慢厚薄得中也每冊不過三四十葉恐其厚而

易壞也此本傳以借人及子弟觀之又别寫一本尤精好以絹素背之號鎭庫書非已不得見也鎭庫書不能盡有纔五千餘卷蓋嘗與宋次道相約傳書互置目錄一本遇所闕則寫寄故能致多如此宣和中彥朝已卒其子問以鎭庫書獻詔特補承務郎然其副本具在建炎初問渡江書盡留睢陽第中存亡不可知可惜也　老學庵筆記前輩傳書多用鄂州蒲圻縣紙云厚薄緊慢皆得中又性與麪黏相宜能久不脫

空聞羔雁聘黃晞著論欷歔述瑣微不惜黃金擲虛牝買書歸去骭無衣　黃晞景微

宋史隱逸傳黃晞字景微建安人少通經聚書數千卷自

號聱隅子著歔欷瑣微論十卷以爲聱隅者肻物之名歔欷者歎聲瑣微述辭也　涑水紀聞黄晞好讀書客游京師數十年不歸家貧謁索以爲生衣不蔽體得錢輒買書所費殆數百緡自號聱隅子石守道爲直講聞其名使諸生如古禮執羔雁束帛就里中聘之以補學職晞固辭不就故歐陽永叔哭徂徠先生詩云羔羊聘黄晞晞驚走鄰家是也著書甚多至和中卒一子甚愚魯所聚及自著書皆散無存

古人得本皆親寫至與貧兒暴富同雕印流傳千百部置書雖易馬牛風　周啟明昭回　高頔子奇

宋史隱逸傳周啟明字昭回其先金陵人占籍處州景德

中舉賢良方正科仁宗即位試助教遷祕書省祕書郎改太常丞卒藏書數千卷多手自傳寫而能口誦之　又文苑傳高頔字子奇開封雍邱人後唐清泰中舉進士力學強記手寫書千餘卷雍熙二年卒年八十四　紫桃軒雜綴東坡自鈔兩漢書既成誇以爲貧兒暴富唯手寫校勘經幾番注意自然融貫記憶無鹵莽之失今人買印成書連屋充棟多亦不讀讀亦不精書日多而學問日處疏子弟日愚可歎也

莫言炳燭僅餘光耳目聰明筋力彊揮灑自如無點竄欲從君乞玉泉方　杜鼎昇大舉　程賁季長

茅亭客話杜鼎昇字大舉形氣清秀雅有古人之風嗜書

自給夫婦皆八十餘每遇芳時好景選勝偕行人皆羨其高年逸樂進士張及贈之詩曰家本樊川老蜀都世家冠劒豈寒儒筆耕尚可儲三載酒戰猶能敵百夫僻愛舜琴湘水弄每懸孫畫醉仙圖孟光語笑長相逐喚作梁鴻得也無嘗手寫孫思邈千金方鬻之凡借本校勘有縫拆蠹損之處必黏背而歸之或彼此有錯誤之處則書劄改正而歸之且曰使人臣知方則忠使人子知方則孝自於千金方中得服玉泉之道行之筋體强壯耳目聰鑒每寫文字無點竄之誤至卒方始閣筆　又程先生名賁字季長自號邱園子江陽人也世習儒少孤力學立身介潔跬步一言必循禮則喜藏書自經史子集之外凡奇訣要錄未

嘗聞於人者畢珍收之亦多手寫焉其間復混以名畫古琴瑰異雅逸之玩無所不有雖年齒已暮而志好益堅日游簡編未少暫息每謂所知曰余五十年簡冊鉛槧未嘗離手其勤至也如此嘗撰太元經義訓功未就寢疾而卒年七十有四　昌熾案茅亭客話黃休復撰其所紀述自宋開寶訖於大中祥符而止兩人在休復前當爲宋初人且亦隱逸之流也故次於黃晞周啟明之後

圖書充牣邯鄲志猶向恆河算聚沙惟有宛陵眞本子相傳不異碧雲騢　李淑獻臣

宋史李若谷字子淵徐州豐人子淑字獻臣年十二眞宗幸亳命賦詩賜童子出身乾興初遷大理評事以龍圖閣

學士知河中府卒贈尚書右丞　郡齋讀書志邯鄲圖書志十卷李淑獻臣撰淑若谷之子也載其家所藏圖書五十七類經史子集通計一千八百三十六部二萬三千一百八十六卷其外又有藝術志道書志書畫志通爲八目　直齋書錄解題邯鄲書目十卷學士河南李淑撰號圖書十志皇祐已丑自作序以示子孫曰朋圭芻者其子壽朋復圭德芻也　遂初堂書目目錄類有李邯鄲書目邯鄲圖書志　邵氏聞見後錄李邯鄲孫亨仲言吾家有梅聖俞詩善本世所傳多爲歐陽公去其尤者忌能名之壓已也予謂歐陽公在諫路頗詆邯鄲亨仲之言恐不實　陸游跋京本家語李邯鄲所蓄三萬卷靖康之變金人犯

闕散亡皆盡　揮麈後錄李邯鄲命諸子名世人難曉後見孫長文云邯鄲之長子壽朋取三壽作朋之義次子復圭本三復白圭幼子德芻以三德芻其指如此宜乎人所不解也

昨夜驚聞瓠子開鬻書時有市人來簡韋殘蠹因公重韓范同時論將才　富文忠弼

宋史富弼傳弼字彥國河南人范仲淹見而奇之曰王佐才也以其文示晏殊殊妻以女仁宗復制科舉茂才異等元豐六年薨　東觀餘論元和姓纂富鄭公家書甲子歲洛陽大水公第書無慮萬卷率漂沒放失市人得而鬻之鎮海節度印章猶存是書尚軼數卷以鄭公物藏之　又

云卷首有鎭海軍節度使印富韓公家舊本也
亳州祁氏饒吳氏著録並爲天下稱此外荆南三萬卷西齋
聊可比吳兢　田偉　子鎬　亳州祁氏　饒州吳氏
葉氏過庭録公卿名藏書家如宋宣獻李邯鄲四方士民
如亳州祁氏饒州吳氏荆州田氏等吾皆見其目多止四
萬許卷其間頗有不必觀者　郡齋讀書志田氏書目六
卷皇朝田鎬撰田偉居荆南家藏書幾三萬卷鎬偉之子
也因成此目元祐中袁默爲之序　又坤鑿度二卷隋唐
志及崇文總目皆無之至元祐田氏書目始載焉　又韓
李論語筆解十卷唐韓愈李翺撰四庫邯鄲書目皆無之
獨田氏書目有韓愈論語十卷筆解兩卷亦不同　又周

易口訣義七卷唐史證撰田氏以爲魏鄭公誤也　紫桃軒雜綴荆州府志載宋田偉燕人爲江陵尉因家焉作博古堂藏書三萬七千卷　輿地紀勝田偉藏書三萬七千卷無重複者黄魯直與其子游曰文書之富未有過田氏者政和中詔求遺書嘗上千卷補三館之闕　黄庭堅戲簡田子平詩不趨吏部曹中版且繪高沙湖裏魚雖無季子六國印要讀田郎萬卷書　又戲贈李材叟翘叟兼簡田子平詩田郎杞菊荒三徑文字時追二叟游萬卷藏書多未見老夫端擬乞荆州　昌熾案田子平疑爲偉子郎涪翁所與游者也

獨樂藏書訓再三後來青更出於藍重陽上伏晴明日羣奉

公言爲指南　司馬文正光　信陽王氏　遺經堂主人

宋史司馬光傳仁宗寶元初中進士甲科年甫冠　梁溪漫志溫公獨樂園之讀書堂文史萬餘卷而公晨夕所常閱者雖累數十年皆新若手未觸者嘗謂其子公休曰賈豎藏貨貝儒家惟此耳然當知寶惜吾每歲以上伏及重陽閒視天氣晴明日卽設几案於當日所側羣書其上以暴其腦所以年月雖深終不損動至於啟卷必先視几案潔靜藉以茵褥然後端坐看之或欲行看卽承以方版未嘗敢空手捧之非惟手汗漬及亦慮觸動其腦每至看竟一板卽側右手大指面襯其沿而覆以次指撚而挾過故得不至揉熟其紙每見汝輩多以指爪撮起甚非吾意今

浮圖老氏猶知尊敬其書豈以吾儒反不如乎汝當志之

昌熾案士禮居題跋記宋本新序信陽王氏藏者卽載此温公語於卷端蓋亦留心嗜古者又東湖叢記有藏書一印云昔司馬温公藏書甚富所讀之書終身如新今人讀書隨手抛置甚非古人遺意也夫佳書難得易失稍一殘缺修補無從每見一書或有損壞輒爲憤惋如對殘廢之人數年來蒐羅略備卷帙斬然所以遺吾子孫者至厚也後人觀之宜加珍護卽借吾書者亦望諒愚意也遺經堂主人記惜其名皆不傳附識於此以俟方聞者攷焉

宋時諸州公使庫刻書常有羨餘緡家書自比官書善何不精雕付手民　劉恕道原　子羲仲壯輿

黃庭堅劉道原墓誌銘道原高安劉氏諱恕博極羣書以史學擅名一代年四十有七卒於元豐元年九月　又云道原生三男羲仲和叔稱和叔以文鳴而稱篤行不幸相繼死　宋史文苑傳劉恕字道源筠州人父渙與歐陽公同年進士恕篤好史學司馬光編次資治通鑑召爲局僚遇史事紛錯難治輒以諉恕求書不遠數百里身就之讀且鈔殆忘寢食宋次道知亳州家多書枉道借覽次道日具饌爲主人禮恕曰此非吾所爲來也殊廢吾事悉去之獨閉閣晝夜口誦手鈔留旬日盡其書而去目爲之翳

郡齋讀書志十國紀年四十二卷劉恕道原撰　郤埽編劉羲仲字壯輿道原之子也道原以史學自命羲仲世其

家學嘗摘歐陽公五代史之誤爲糾繆　老學庵筆記劉道原壯輿再世藏書甚富壯輿死無後書錄於南康軍官庫後數年胡少汲過南康訪之已散落無餘矣　魏了翁眉山孫氏書樓記劉壯輿家於廬山之陽所儲亦博今其子孫無聞焉　高似孫史略劉壯輿家廬山之陽自其祖凝之以來圖書多有藏印今不存

祠祿新兼太一階玉堂仙吏度江淮石林何幸曾親炙卻未渾儀叩歲差　蘇魏公頌

宋史蘇頌傳第進士調南京留守推官歐陽修委以政皇祐五年召試館閣校勘同知太常禮院建中靖國元年卒年八十二　四庫提要新儀象法要三卷宋蘇頌撰頌字

子容南安人徙居丹徒慶歷二年進士官至右僕射兼中書門下侍郎累爵趙郡公是書爲重修渾儀而作南宋以後流傳甚稀此本爲明錢曾所藏後有乾道壬辰九月九日吳興施元之刻本於三衢坐嘯齋蓋從宋槧影摹云

嘉定鎭江志蘇丞相頌家藏書萬卷祕閣所傳者居多頌自維揚拜中太一宮使歸鄉里是時葉夢得爲丹徒尉頗許其假借傳寫夢得每對士大夫言親炙之幸　呂祖謙入越記蘇仁仲子容丞相孫出舊書數種管子後子容手書紙尾云惟蘇氏世宦學以儒何以遺後其惟此書非學何立非書何習終以不倦聖賢可及

退直鈔書貰俸錢先秦文字義雲篇西崑何似醫官本自古

中郎有仲宣　呂正愍大防　張玠

宋史呂大防傳大防字微仲藍田人皇祐初擢進士第元祐二年拜尚書右丞進中書侍郎封汲郡公紹聖四年薨年七十一謚正愍　郡齋讀書志呂汲公文錄二十卷掇遺一卷大防紹聖初責授舒州團練副使循州安置未踰嶺卒大防既相常分其俸之半以錄書故所藏甚富　又古文尚書孔安國以隸古定自漢迄唐行於學官明皇改從今文由是古文遂絶陸德明獨存其一二於釋文呂大防得本於宋次道王仲至家觀其作字奇古非字書傳會穿鑿者所能到學者考之可以知制字之本也　邵氏聞見後錄神宗欲更修後漢書求東觀漢紀久之不得後高

麗以其本付醫官某來上神宗已厭代矣元祐中高麗使人言狀訪醫已死於其家得之藏於中祕予嘗寫本於呂汲公家亦棄之兵火中矣昌熾案今　四庫本二十四卷輯自永樂大典然則其書明初尚存不亡於南渡也　陸游西崑酬唱集跋通直郎張玠河陽人呂汲公家外甥藏書甚富

神仙長揖出門去擩染榴皮壁上痕同是黃金等閒盡撒珠簾下且留髭沈思持正

王會同仙碑記熙甯元年八月十九日湖州歸安縣之東林有隱君子沈思字持正隱於東林因以東老名焉能釀十八仙白酒一日有客自稱回道人長揖東老願求一醉

因出與飲自日中至暮已飲數斗殊無酒色　避暑錄話
東林去吾山東南五十餘里沈氏世爲著姓元豐間有名
思者字東老家頗藏書喜賓客東林當錢塘往來之衝故
士大夫與游客勝士聞其好事必過之沈亦應接不倦嘗
有布裘青巾稱回山人風神超邁與之飲終日不醉薄暮
取食餘石榴皮書詩一絕壁間曰西鄰已富憂不足東老
雖貧樂有餘白酒釀來緣好客黃金散盡爲收書卽長揖
出門越石橋而去追躡不見意其爲呂洞賓也　陳師道
次韻回山人贈沈東老二首一杯領意不須沽六字持身
已有餘凝子未知天上樂先生今解世間書隨世功名非
所望稱家豐儉不求餘青衫出指論奇字白髮挑燈寫細

書又蘇軾詩世俗何知窮是病神仙可學道之餘但知白酒留佳客不問黃公覓素書又云符離道士晨興際華嶽先生尸解餘忽見黃庭丹篆句猶傳靑紙小朱書又云淒涼雨露三年後彷彿塵埃數字餘至用榴皮緣底事中書君豈不中書　齊東野語吳興東林沈偕君與卽東老之子也少游京師好狎游時蔡奴聲價甲於都下沈欲訪之乃呼一賣珠人於其門首茶肆中議價再三不售撒其珠於屋上賣珠者窘甚君與笑曰第隨我來依汝所索還錢蔡於簾中窺見令取視之珠也大驚惟恐其不來後數日乃詣之其家喜相報曰前日撒珠郎至矣旣而擢第盡買國子監書以歸

五老峰前白石庵翼然藏室建彭蠡匡廬山色青如許誰叩山房禮佛龕　李常公擇　彭惟孝孝求

宋史李常字公擇建昌人少讀書廬山白石僧舍既擢第留所鈔書九千卷名舍曰李氏山房熙甯初爲祕閣校理累遷禮部侍郎哲宗立進戶部尚書　蘇軾李氏山房藏書記余友李公擇少時讀書於廬山五老峰下白石庵之僧舍公擇既去而山中之人思之指其所居爲李氏山房藏書凡九千餘卷公擇既已涉其流探其源采剝其華實而咀嚼其膏味以爲己有發於文詞見於行事以聞名於當世矣而書固自如也未嘗少損將以遺來者供其無窮之求而各足其才分之所當得是以不藏於家而藏於其

故所居之僧舍此仁者之心也　揮麈録承平時士大夫家如南都戚氏歷陽沈氏廬山李氏九江陳氏鄱陽吴氏俱有藏書之名今皆散佚　齊東野語藏書之富曾南豐及李氏山房皆一二萬卷其後厄於兵火　陸游求志居士彭君墓誌銘廬陵太和有士曰彭君惟孝字孝求力於學聚書萬餘卷號彭氏山房延老師宿儒主講説命子姪執弟子禮惟謹

誰爲篤耨與都梁蜀道歸來品異香但恨太倉稊米盡空檐飢雀噪無糧沈立

宋史沈立傳立初在蜀悉以公粟售書積卷數萬神宗問所藏立上其目及所著名山水記三百卷卒年七十二

周紫芝書洪駒父香譜後歷陽沈諫議家昔號藏書最多者今世所傳香譜蓋諫議公所自集也以爲盡得諸家所載香事矣以今洪駒父所集觀之十分未得其一二也

簡明目錄香譜四卷宋陳敬撰集沈立以下十一家香譜彙爲一書

維宋元祐年月日具官臣某瀆天威竊金可析書休析伏乞
朝廷降指揮 濡須秦氏

直齋書錄解題秦氏書目一卷濡須秦氏元祐二年有爲金部員外郎者聞於朝請以宅舍及文籍不許子孫分割

昌熾案今世風俗衰薄祖父遺書子孫攘奪往往各私局鑰不容互觀鉅冊不能分者甚至各據其半其後卒不能

爲延津之合亘可慨歎秦氏此舉法亘意美實爲藏書者
百世之師獨惜其名字翳如爲可悼也

切雲高閣鬱嵯峨繞屋蒼松九里多豈是西來龍象力年來
總住病維摩　錢䌹穆父　弟龢昆仲

武林紀事宋錢龢字昆仲居九里松建傑閣藏書甚富東
坡榜之曰錢氏書藏　蘇軾和錢四寄其弟龢詩再見濤
頭湧玉輪煩君久駐浙江春年來總作維摩病堪笑東西
二老人施注錢四蓋穆父龢字昆仲時穆父守越公守杭
故云東西二老人又注夾頡錢穆父詩云穆父名䌹吳越
讓王諸孫以蔭入官元祐初拜中書舍人哲宗涖政入翰
林罷知池州以卒後追復龍圖閣學士昌熾案漁洋香祖

筆記歷數宋人藏書有錢穆父則是兄弟皆好藏書也

高臥林皋四十年綠蘋齎靡桂連蜷青溪不與麻沙近空賦淮南招隱篇　張塈子厚　宋璹

宋史隱逸傳張塈字子厚常州人登進士甲科調青溪主簿不之官閉戶讀書四十年手校數萬卷無一字舛元祐大臣薦起教授潁州辭不就孫覺胡宗愈范祖禹交章言曰塈且死草萊後世必以爲朝廷失士蘇軾言之尤切詔拜祕書省校書郎竟不出崇甯四年卒賜諡曰正素先生

又列傳宋璹解褐青城主簿好寫書秩滿載數千卷以歸

花霧氛氳散綺窗山猿悲嘯谷泉淙主人被甲長征去不及

岐亭監酒䉤䉤爲王氏　胡定之

蘇軾䉤爲王氏書樓詩樹木幽翠滿山谷樓觀突兀起江濆云是昔人藏書處磊落萬卷今生塵江邊日出紅霧散綺窗畫閣青氛氳山猿悲嘯谷泉響野鳥嘐戛巖花春借問主人今何在被甲遠戍長苦辛先登搏戰事斬級區區何者爲三墳書生古亦有戰陣葛巾羽扇揮三軍古人不見悲世俗回首蒼山空白雲　養新錄蘇東坡在黃州有岐亭監酒胡定之載書萬卷隨行喜借人看見與秦太虛書

鑑湖不住住橫塘梅子江南總斷腸一自渡江歸祕府小朝兼取蔡元長賀鑄方回　曾旼彥和

葉石林賀鑄傳賀方回名鑄衞州人自言唐諫議大夫知章後故號鑑湖遺老長七尺眉目聳拔面鐵色博學彊記工語言深婉麗密如次組繡尤長於度曲家藏書萬餘卷手自校讎無一字脫誤所與交終始厚者惟信安程俱致道　中吳紀聞賀方回本山陰人徙姑蘇之醋坊橋有小築在盤門之南十餘里地名橫塘方回往來其閒嘗作青玉案調淩波不過橫塘路但目送芳塵去錦瑟華年誰與度月橋仙館綺窗朱戶唯有春知處碧雲冉冉衡皐暮綵筆新題斷腸句試問閒愁知幾許一川煙草滿城風絮梅子黃時雨山谷有詩云解道江南斷腸句只今惟有賀方回其爲前輩推重如此　老學庵筆記方回貌奇醜俗謂

之賀鬼頭喜校書朱黃未嘗去手潘邠老贈方回詩云詩
束牛腰藏舊槀書訛馬尾辨新讐有二子曰房曰廩於文
房從方廩從回蓋寓父字於二子名也　太平清話方回
居吳下昇平橋及橫塘別墅藏書萬餘卷　又云鏡湖本
慶湖也避漢安帝父清河王諱改爲鏡湖故賀方回自號
慶湖居士　蘇州府志企鴻軒在昇平橋賀鑄所居其親
題書籍云昇平地　建炎以來朝野雜記高宗渡江書籍
散失紹興初有言賀方回子孫鬻故書於道者上命有司
市之洪玉父爲少監言蕪湖僧有蔡京所寄書籍因取之
以實三館　野客叢書曰僕得毘陵賀方回家所藏繕寫
嵇康集十卷　天祿琳琅呂氏春秋有鏡湖遺老識語云

此本得於東牟王氏四明使君於元豐初奉詔修書於資善堂嘗取太清樓藏本爲之校定元祐壬申余喜得此書校讐始就爲一客挾去後三年見歸因募筆工錄之　昌熾案香祖筆記稱宋人藏書曾旼彥和賀鑄方回宋史藝文志曾旼等尚書義三十卷困學紀聞曾旼字彥和爲書解朱文公呂成公皆取之館閣書目書講義博士曾肢等解蓋誤以旼爲肢

對書雙淚落青衫不忍重開舊日緘宰相家兒嘗一臠清貧太守不勝饞　王莘樂道　子銍性之　孫廉清仲信　明清仲言

直齋書錄解題雪溪集八卷汝陰王銍性之撰國初周易博士昭素之後也其父莘樂道嘗從歐公學爲曾紆壻嘗

撰七朝國史紹興初詔給札奏御會秦氏柄國中止書竟不傳其子明淸著揮麈錄　昌熾案性之之父今直齋書錄解題刻本作莘攷葉石林避暑錄話有王莘樂道即其人也伊尹耕於有莘之野而樂堯舜之道其字樂道當以作莘爲正莘字形近致誤　又揮麈錄三卷後錄十一卷第三錄三卷餘話一卷朝請大夫汝陰王明淸仲言撰老學菴筆記王性之記問賅洽尤長於國朝故事對客指畫誦說動數百千言退而質之無一語謬予自少至老惟見一人方大駕南渡典章一切埽蕩無遺方是時性之近在二百里內非獨博記可詢其藏書數百篋無所不備儻護致剡山當路藐然不問也　又王性之旣卒秦熺方恃

其父氣燄薰灼手書移郡將欲取其所藏書且許以官其長子仲信名廉清苦學有守號泣拒之曰願守此書以死不願官也郡將以禍福誘脅皆不聽熇亦不能奪而止

揮麈後錄先祖早歲登科游宦四方留心典籍經營收拾所藏書逮數萬卷皆手自校讐貯之於鄉里汝陰士大夫多從而借傳元符末坐黨籍謫官湖外乃於安陸卜築爲久居計輦置其半於新居建炎初寇盜蜂起惟德安以邑令陳規元則帥衆堅守秋毫無犯事聞擢守本郡先祖之遺書留空宅中悉爲元則載之而去後十年元則來守順昌亦保城無虞先祖汝陰舊藏書猶存又爲元則所掩有二處之書悉歸陳氏先祖每以太息然無理從而索之先

人南渡後所至窮力鈔錄亦有書幾萬卷明清憂患之初年幼力弱秦伯陽遣浙漕吳彥猷渡江攘取大半丁卯歲秦會之擅國言者論會稽士大夫家藏野史以謗時政初未知爲李泰發家設也是時明清從舅氏曾宏甫守京口老母懼焉凡前人所記本朝典故與夫先人所述史稾雜記之類悉付之回祿每一思之痛心疾首後來明清多寓浙西婦家煨燼之餘所存不多諸姪輩不能謹守又爲親戚盜去或他人久假不歸今遺書十不一存每一歸展省舊篋不忍復啟但流涕而已

長夏消磨在六經門生莊誦倚囊聽奇礓森列平泉第一燎倉皇付六丁　葉夢得少蘊

宋史葉夢得傳夢得字少藴吴縣人清臣之孫紹聖四年進士高宗朝除尚書右丞江東安撫使知建康府行宫留守居吴興弁山自號石林居士　馬端臨經籍考引葉氏過庭錄曰公卿藏書家惟宋宣獻擇之甚精止二萬許卷而校讐詳密吾家舊所藏僅與宋氏等而宋氏好書人所未見者吾不能盡得也自六經諸史與諸子之善者通有三千餘卷讀之固不可限以數以二十年計之日讀一卷亦可以再周其餘一讀足矣惟六經不可一日去手吾自登科後每以五月後天氣漸暑不能泛及他書卽日專誦六經一卷至中秋時畢謂之夏課守之甚堅宣和後始稍廢歲亦必一周也　避暑錄話余家藏舊書三萬餘卷喪

亂以來所亡幾半山居狹隘餘地置書無幾雨漏鼠齧日復蠹敗今歲出暴之閱兩旬纔畢其間往往多余手鈔覽之如隔世事因日取所喜觀者數十卷命門生等從旁讀之不覺至日昃　揮麈錄靖康俶擾中祕所藏與士大夫家者悉爲烏有南渡後惟葉少蘊少年貴盛平生好收書踰十萬卷寘之雲川弁山建書樓以處之極爲華煥丁卯年其宅與書俱蕩一燎　直齋書錄解題石林集一百卷葉夢得撰其居在弁山下奇石森列藏書數萬卷旣歿守者不謹屋與書俱燼於火

燕雀君臣正議和且從瘴海事編摩可憐墜簡滄桑後贏得人間涕淚多　李莊簡光

四庫提要讀易詳說十卷宋李光撰光字泰發上虞人崇甯五年進士官至參知政事謚莊簡光爲劉安世門人學有師法紹興庚申以論和議忤秦檜謫嶺南自號讀易老人嘗作胡銓易解序曰昔遷貶之士率多怨懟感憤邦衡流落瘴鄉而玩意三畫可謂困而不失其所亨非聞道者能之乎雖爲銓作實自明其著述之旨也 揮塵錄葉少蘊書踰十萬卷丁卯年俱蕩一燎李泰發家舊有萬餘卷亦以是歲火豈厄會自有時邪 至正直記予至上虞聞李莊簡公光無書不讀蓄書數萬卷子孫不肖且粗率鄙俗不能保守散於鄉里之豪民家矣讀其家訓不覺爲之痛心也

平生不識新經義衆勢時風豈所趨煮餅燒蔥誰約我寫書今日破工夫　魏衍昌世

陳師道朝奉郎魏君墓誌銘君諱璹字仁卿其先自魏徙彭城有子曰衍君產萬金委羣弟不問人有難之者君不荅召衍而指其書曰讀此不患貧矣　又招黃魏二生詩魏詩黃筆今未有顧我獨得神所鍾徑須相就踏泥潦已辦煮餅燒油蔥　郤埽編陳無已詩惟魏衍所編二十卷最善衍字昌世彭城人無已高弟也自以不能爲王氏學不事舉業家貧甚未嘗以爲戚惟以經籍自娛名所居之處曰曲肱軒自號曲肱居士政和閒余兄弟從其學時年五十餘見異書猶手自鈔寫故其家雖貧而藏亦數千卷

叩扉欲訪龐居士月夜扁舟過鹿門艮紙善工我自樂儼然身到小桃源　蔡致君

蘇過夷門蔡氏藏書目序比游京師有爲余言吾里有蔡致君隱居以求志好古而博雅閉門讀書不交當世之公卿類有道者也余矍然異之一日造其門見其子從容請交焉其子爲余言吾世大梁人業爲儒吾祖吾父皆不事科舉不樂仕宦獨喜收古今之書空四壁捐千金以購之常若飢渴然盡求善工艮紙手校而積藏之凡五十年經史百家離騷風雅儒墨道德陰陽卜筮技術之書莫不兼收而並取今二萬卷矣且吾父有德不耀常畏人知棄冠冕而遺世久矣必不能從子游余悵然自失慫然而返予

惟古之逸民未嘗以一藝自名於世雖不求人知而人自知以其所踐履者絕乎流俗故也龐德公隱於鹿門妻子躬耕或疑其不仕以爲何以遺子孫也龐公曰我遺子孫以安不爲無所遺也今居士口不談世之爵祿身不問家之有無所付子孫者獨書耳龐公之意殆無以過此居士之子敏而文學日富人不知其所以然者抑所謂不見異人必得異書中郎爲有子矣余將負笈而請觀焉乃持其總目三卷爲敘而歸之庶幾附託於斯與藏書者終始

不成部帙但平平漆室燈昏百感生安得歸來堂上坐放懷一笑茗甌傾　趙明誠德父　李清照易安

癸巳類稾易安居士事輯易安居士李清照宋濟南人父

格非母王狀元拱辰孫女皆工文章居歷城西南之柳絮泉上易安幼有才藻元符二年年十八適太學生諸城趙明誠　易安居士金石錄後序金石錄三十卷趙侯德父所著書也余建中辛巳始歸趙氏侯年二十一在太學後連守兩郡竭其俸入以事鉛槧每獲一書卽同共校勘整集籤題得書畫彝鼎亦摩玩舒卷指摘疵病夜盡一燭爲率故能紙札精緻字畫完整冠諸收書家余性偶強記每飯罷坐歸來堂烹茶指堆積書史言某事在某書某卷第幾葉第幾行以中否角勝負爲飲茶先後中卽舉杯大笑至茶傾覆懷中反不得飲而起甘心老是鄉矣故雖處憂患困窮而志不屈收書既成歸來堂起書庫大廚簿甲乙

置書冊如要講讀卽請鑰上簿關出卷帙或少損污必懲責楷完塗改不復向時之坦夷也是欲求適意而反取憀慄余性不耐始謀食去重肉衣去重采首無明珠翡翠之飾室無塗金刺繡之具遇書史百家字不刓闕本不譌謬者輒市之儲作副本自來家傳周易左氏傳故兩家者流文字最備至靖康丙午歲侯守淄川聞金人犯京師四顧茫然盈箱溢篋且戀戀且悵悵知其必不爲已物矣建炎丁未春三月奔太夫人喪南來既長物不能盡載乃先去書之重大印本者又去畫之多幅者又去古器之無款識者後又去書之監本者畫之平常者器之重大者凡屢減去尚載書十五車至東海連艫渡淮又渡江至建康青州

故第尙鎖書冊什物用屋十餘閒期明年春再具舟載之十二月金人陷青州凡所謂十餘屋者已皆爲煨燼矣建炎己酉夏五月被旨知湖州赴召病痁不起時猶有書二萬卷又金石刻二千卷器皿茵褥可待百客他長物稱是余又大病僅存喘息念侯有妹壻任兵部侍郎從衞在洪州遂遣二故吏先部送行李往投之冬十二月金人陷洪州遂盡委棄所謂連艫渡江之書又散爲雲煙矣獨餘少輕小卷軸書帖寫本李杜韓柳集世說鹽鐵論漢唐石刻副本數十軸三代鼎彝十數事南唐寫本書數篋偶病中把玩搬在臥內者巋然獨存紹興壬子將家中所有寄剡官軍收叛卒取去聞盡入故李將軍家所謂巋然獨存者

無慮十去五六矣惟有書畫研墨可五七簏更不忍置他
所常在卧榻下手自開闔在會稽卜居土民鍾氏舍忽一
夕穴壁負五簏去余悲慟不得活重立賞收贖後二日鄰
人鍾復皓出十八軸求賞故知其盜不遠矣萬計求之其
餘遂牢不可出今知盡爲吳說運使賤價得之所謂巋然
獨存者乃十去其七八所有一二殘零不成部帙書册三
數種平平書帖猶復愛惜如護頭目何愚也邪紹興二年
元黓歲壯月朔甲寅易安室李清照題
靜几明窗善校讐古書曾見太清樓赫蹏留得雞林紙兩面
文從牒背求　黄伯思長睿
李綱左朝奉郎行祕書省祕書郎贈左朝請郎黄公墓誌

銘公諱伯思字長睿父姓黃氏邵武人天資警敏自幼學至强仕手未嘗釋卷所至雖假室暫寓必求明窗靜几圖史滿前欣然處其閒上自六經下至諸子百家歷代史氏之書無不精詣亦好道家言自號雲林子別字霄賓男二人長詔次訒　四庫提要東觀餘論三卷宋黃伯思撰樓鑰跋東觀餘論歐陽公集古錄趙德甫金石錄攷訂甚工然猶未免差誤惟雲林之書爲盡善又云以雲林之美才又仕於洛多見故家名帖及居館閣盡見太淸樓所藏異書嘗自言曰攷校往古事蹟先須熟讀强記遇事加之精審決無疏略　東觀餘論跋章草雜林紙卷後政和丁酉歲五月二十一日於丹陽城南第暴舊書得此雜林小

紙已爲人以鄭衞辭書盈軸矣紙背尚可作字因以索靖體書章草急就一卷藏於家庶幾顏文忠牒背書稾舊事云　張萱疑耀長睿得雞林小紙一卷書章草急就余嘗疑之幸獲校祕閣書籍每見宋板書多以官府文牒翻其背以印行如治平類篇一部四十卷皆元符二年及崇甯五年公私文牒牋啟之故紙也其紙極堅厚背面光澤如一故可兩用若今之紙不能也

轅固口授無章句人間安得齊詩故但看坐上快徵瓜便識廣川九經庫　董逌彥遠

困學紀聞董彥遠除正字謝啟敘字學涉獵該洽閻注彥遠名逌東平人卽撰廣川書跋十卷畫跋六卷者翁元圻

注王明清玉照新志載宋齊愈獄牘稱司業董逌在坐則靖康末官司業也丁特起孤臣泣血錄記其受張邦昌僞命則人品殊可議　直齋書錄解題廣川藏書志二十六卷徽猷閣待制董逌彥遠撰以其家藏書考其本末而爲之論說及於諸子而止　又廣川家訓三十卷中書舍人董弅令升述其父逌之學　又廣川詩故四十卷董逌撰其說兼取三家謂齊詩尙存韓詩雖缺猶可參攷案逌藏書志有齊詩六卷逌自言隋唐已亡不知今所傳何所從來或疑後世依託爲之然則安得便以爲齊詩尙存也　又班固藝文志論陰陽家者流出於羲和之官所載二十一家之書皆不存隋唐以來子部遂闕陰陽一家至董逌

藏書志始以星占五行書爲陰陽類昌熾案廣川藏書志已佚惟賴陳氏書得以攷見厓略云　揮麈前錄蔡居安食瓜令坐上徵瓜事坐客不敢盡言居安所徵爲優校書郎董彦遠連徵數事皆所未聞識者謂彦遠必不能久於内後數日果補外

書簏隨身度嶺遥萬梅花送一封軺寒鐙不照重衾臥依舊雞鳴警早朝　方漸

澹生堂藏書約方漸知梅州所至以書自隨積至數千卷皆手自竄定就寢不解衣林光朝質之荅曰解衣擁衾會有所檢討則懷安就寢矣增四壁爲閣以藏其書榜曰富文　昌熾案漸與林光朝同時光朝孝宗隆興元年進士

及第年已五十又嘗從尹焞學則亦靖康紹興間人也
袖裹零丁已十年家山回首黍離邊異時儻遂冬郎願喜見
香匳第一篇　東平朱氏
周紫芝朱氏藏書目序文林郎朱君軒世居大梁其祖官
東平因徙居焉虜人犯順東平陷歿君方以事在江南遂
與其家不相聞今既十年矣一日與僕言爲之出涕且曰
吾家藏書萬卷在東平今所存惟書目因出以示僕皆其
祖朝議君所藏自五經諸子百氏之書皆手校善本其餘
異書小說皆所未嘗知名秦漢以來至於有唐文人才士
類書家集猶數千卷嗚呼可謂富矣哉君因俾余序而藏
之余詰其所以序之之意曰吾祖以善人稱於鄉里子孫

決不至於中絕吾有季弟離東平時年十五今有二十有五六歲矣有幼子未能勝衣而眉目偉秀蕤蕤如成人使其不死今亦年可二十餘萬有一吾書不爲灰燼猶幸其復存他日可爲吾家舊物子其爲我記之余聞其言爲之愴然而告之曰事有興衰物有成壞此理之常所不可逃者今子家雖隳虜而身猶能抱遺書之總目念家世之勤勞以幸朝廷克復境土再有中原尚能保其所藏以不失中朝賢士大夫之家則其志固亦可嘉矣昔韓偓著香匳昭宗之亂散失不全而口口得其第一篇偓自述以爲可喜他時使君得其全書則其爲喜當何如哉子姑俟之毋躁

昌熾案朱軒之祖名字無攷據軒所述在靖康兵火

以前故與方漸同次南渡之前汴京之末
靑蓋傳言入洛陽文思縑帛變帷囊惟餘海上無諸地不共
中原燼靖康　吴與可權　吴祕　莆田李氏　劉氏
直齋書錄解題吴氏書目一卷奉議郎漳浦吴與可權家
藏閣中不經兵火故家文籍多完具然地溼苦蠹損　又
藏六堂書目一卷莆田李氏云唐江王之後有家藏誥命
其藏書自承平時今浸以散佚矣　又後魏國典三十卷
唐太常少卿元行沖撰從莆田劉氏借錄　昌熾案少室
山房筆叢引鄭漁仲曰古文尚書音唐宋並無今出漳州
吴氏又漳州吴氏書目算術一家有古書皆四庫三館所
無又師春二卷甘氏星經二卷漢官典儀十卷京房易鈔

一卷今世所傳皆出吳氏據此則吳氏藏書在夾漈之前
矣又按閩中地志載漳浦吳氏藏書目錄四卷與直齋所
記一卷不同又建安吳祕有吳氏家藏書目二卷
漁仲求書有八道腐儒經濟堪絶倒猶有人矜探寶珠益以
三說總一巧鄭樵漁仲　林霆時隱
宋史鄭樵傳樵字漁仲興化軍莆田人好著書自負不下
劉向揚雄居夾漈山謝絶人事久之乃游名山大川搜奇
訪古遇藏書家必借讀盡乃去初爲經旨禮樂文字天文
地理蟲魚艸木方書之學皆有論辨紹興十九年上之詔
藏祕府　又云同郡林霆字時隱擢政和進士第博學深
象數與樵爲金石交聚書數千卷皆自校讐謂子孫曰吾

爲汝曹獲良產矣　直齋書錄解題羣書會記二十六卷鄭樵撰大略記世間所有之書非必其家皆有之也　又夾漈書目一卷圖書志一卷鄭樵記其平生所自著之書又夾漈家傳一卷所著書目附莆田鄭翁歸述其父樵漁仲事樵死時翁歸年八歲安貧不競頃佐莆郡時猶識之　澹生堂藏書約鄭漁仲論求書之道有八一卽類以求二旁類以求三因地以求四因家以求五曰求之公六曰求之私七因人以求八因代以求可謂典籍中之經濟矣余於八求之外更有三說如書有亡於漢者漢人之引經多據之亡於唐者唐人之著述尙存之亡於宋者宋人之纂集多存之卽從其書各爲錄出不但吉光片毛自足

珍重所謂舉馬之一體而馬未嘗不立於前也是亦一道也又如一書之中自宜分析如水經一書注乃侈於其經後人但知酈道元之有注而桑欽著經之名反隱矣又如世說詞旨本自簡令劉孝標注援引精覈微言妙義更自燦然可與世說各爲一種以稱快書如此之類析而爲兩使竝存於宇宙之閒是亦一道也若夫世家所祕省郡所藏卽同都共里尙難兼收況粤有刻而吳未必知蜀有本而越未能徧如此者更多也海內通行之書大都此數十百種耳倘一概求之或以千里郵至或以重值市歸乃開篋已有有不意興索然者乎余謂梓行之書其序往往載於各集今以某集有序某書若干首某書之序刻於何年

存於何地采集諸公序刻之文錄爲一目自知某書可從
某地求也某書可向某氏索也異本日集重複無煩斯眞
夜行之燭而探寶之珠也是又一道也卽此三端可以觸
類總之一巧以用八求故曰心思欲巧者此也

第四坊迷養素園滄洲雞犬亦仙源井公未必無賢裔息壤
何緣竟食言 井度憲孟　晁公武子止　鮑愼由欽止　金宇文虛中叔通　宇文時中季蒙

困學紀聞攷之東京記宣德門前天街東第四昭德坊晁
文元公宅致政後闢小園號養素翁元圻注晁迥謚文元
著昭德新編二卷　直齋書錄解題昭德新編晁迥撰昭
德者京師居第坊名也晁氏子孫皆以爲稱　又昭德易
詁訓傳十八卷敷文閣直學士淸豐晁公武子止撰晁氏

居京師昭德坊故號昭德晁家沖之叔用其父也　又晁氏讀書志二十卷晁公武撰　袁本讀書志杜鵬舉序鵬舉作邑峨下望先生滄洲之居雞犬相聞暇卽問奇字於古松流水之間　郡齋讀書志自序公武家自文元公來以翰墨爲業者七世故家多書至於是正之功世無與讓焉然自中原無事時已有火厄及兵戈之後尺素不存也南陽公天資好書自知興元府至領四川轉運使常以俸之半傳錄時巴蜀獨不被兵人間多有異本聞之未嘗不力求必得而後已歷二十年所有甚富既罷載以舟卽廬山之下居焉猶與公武厚一日貽書曰某老且死有平生所藏書甚祕惜之顧子孫稚弱不自樹立若其心愛名則

爲貴者所奪若其心好利則爲富者所售恐不能保也今舉以付子他日其間有好學者歸焉不然則子自取之公武惕然從其命書凡五十篋合吾家舊藏除其複重得二萬四千五百卷有奇今三榮僻左少事日夕躬以朱黃讐校舛誤終篇輒撮其大旨論之書則固自若也倘遇其子孫之賢者當如約紹興二十一年元日　暴書雜記衢本讀書志序但稱南陽公不著其姓陳氏書錄解題謂南陽公未知何人或云井度憲孟也則所見讀書志亦衢本也袁本序文作南陽井公趙氏希弁後志序明言井晁二家晁氏於宋書條下云嘉祐中以宋齊梁陳魏北齊周書詔館職讐校政和中畢頒之學官民間傳者尚少未幾遭靖

康丙午之亂中原淪陷此書幾亡紹興十四年井憲孟爲四川漕始檄諸州學官求當日所頒本時四川五十餘州皆不被兵書頗有在者然往往亡闕不全收合補綴獨少後魏書十許卷最後得宇文季蒙家本偶有所少者於是七史遂全因命眉山刊行焉讀此知井公收刊史籍之功亦甚鉅也　昌熾案周紫芝太倉稊米集有書譙郡先生文集後云余頃得柯山集十卷於大梁羅仲共家已而又得張龍閣集三十卷於内相汪彦章家已而又得張右史集七十卷於浙西漕臺而先生之製作於是備矣今又得譙郡先生集一百卷於四川轉運副使南陽井公之子晦之然後知先生之詩文爲最多猶有網羅之所未盡焉晦

之泣爲余言百卷之書皆先君無恙時貽書交舊而得之手自校讐爲之是正凡一千八百三首歷數年而後成君能裒其所未得者以補其遺是先君子之志也觀此文則井公有子且能讀父書矣公武何未聞還瓻也甚矣蹤言之難也又案讀書志呂夏卿兵志三卷公武得之於宇文時中季蒙題其後云夏卿戒其子弟勿妄傳鮑欽止吏部好藏書苦求得之因借錄於吳興之山齋季蒙卽藏後魏書者欽止名慎由括蒼人元祐初以任子試吏部銓第一復登六年進士乙科甫脫選卽爲郎然自是數坐累官竟不進撰夷白堂小集二十卷別集三卷見直齋書錄解題

瞀記宇文虛中爲人媒孽指家藏圖書爲反具罪至族

高士談圖書尤多亦見殺士大夫家藏圖籍固是美事然聚書之禍不可不知

巷泥尺深雲如磐寫書不畏言官彈兩舟已達普慈岸一舟不渡秭歸灘　劉儀鳳韶美

宋史劉儀鳳傳儀鳳字韶美普州人紹興二年登進士第在朝十年奉入半以儲書凡萬餘卷國史錄無遺者御史張之綱論儀鳳錄四庫書本以傳私室遂斥歸蜀淳熙二年卒年六十六　范成大雨中報謁呈劉韶美侍郎詩花落滿城雨雨餘雲重陰驅車有底急巷泥三尺深平生黃篾舫漁榔有淸音斗升得苦相懷刺衝愁霖歸來掩關臥一枕直兼金作詩詫比鄰幸勿譏褊心　又次韻劉韶美

大風雨壞門屋雲煙揮翰墨池翻縹緗如山晝掩關已許六丁收散落只愁雷電費牆藩沈欽韓注庚溪詩話劉韶美酷嗜書喜傳録又置副本親自讐校至杜門絕交張持國之綱爲副端言其書癖至曠廢職事以是罷歸蜀閫壽卿以詩贈行云秖因翻故紙不覺墮危機　老學庵筆記劉韶美在都下累年不以家行得奉專以傳書必三本雖數百卷爲一部者亦然出局則杜門校讐不與客接既歸蜀亦分作三船以備失壞已而行至秭歸新灘一舟爲灘石所敗餘二舟無他遂以歸普慈築閣藏之

聞道詩人石曼卿雲車羽葆上蓉城越州留得神仙裔法帖圖書事事精石邦哲照明

陸游朝奉大夫石公墓誌銘公諱繼曾字興宗會稽新昌之石實自靑之樂陵南徙左朝議大夫累贈正奉大夫諱端中朝散大夫大理正出爲福建參議諱邦哲迪功郎溫州平陽縣主簿諱祖仁公之三代也寺正築堂名博古藏書二萬卷每撫公歎曰吾是書以遺爾無恨矣　昌熾案曾見明刻本徐幹中論有宋石邦哲跋稱紹興二十八年校於博古堂又陸友仁跋云邦哲字照明再世藏書至治二年得之錢唐仇遠氏

或藉於牀或栖櫝四圍書似亂山堆百錢拾得華胥紙顚倒黃朱日幾回　陸游務觀　子子遹

渭南文集書巢記陸子旣老且病猶不置讀書名其室曰

書巢客有問曰今子幸有屋以居而謂之巢何邪應之曰吾室之内或栖於櫝或陳於前或枕藉於牀俯仰四顧無非書者吾飲食起居疾痛呻吟悲憂憤歎未嘗不與書俱賓客不至妻子不覿而風雨雷雹之變有不知也間有意欲起而亂書圍之如積槁枝或至不得行則輒自笑曰此非吾所謂巢者邪乃引客就觀之客始不能入既入又不能出乃亦大笑曰信乎其似巢也　又跋尹耘師書劉隨州集傭書人韓文持束紙支頭而睡視之劉隨州集也以百錢易之手加裝池紹興二十五年正月　又跋京本家語異時藏書之家百不存一此書得自京師遭兵火之餘一日於故篋中偶尋得之而蟲齕鼠傷殆無全幅綴緝累

日僅能成帙乃命工裁去四周所損者別以紙裝背之遂成全書嗚呼予老嬾目昏雖不復讀然嗜書之心固未衰也後世子孫知此書得存之如此則其餘諸書幸而存者爲余寶惜之紹興戊午雙清堂書　又跋子遹所藏國史補子遹喜蓄書至輟衣食不少吝也吾世其有興者乎　又示兒詩人生百病有已時獨有書癖不可醫　又雨後極涼料簡篋中舊書有感詩笠澤老翁病蘇醒欣然起理西齋書十年燈前手自校行間顛倒黃與朱區區樸學老自信要與萬卷歸林廬　昌熾案放翁題跋多自署笠澤翁或曰笠澤漁隱或曰九曲老樵或曰龜堂病叟或曰可齋其跋先左丞使遼語錄云三十八伯父自幼被疾以左

手書平生凡鈔書至數十百卷又跋世父大夫書稿云世父大夫公自幼得末疾以左手作字性喜鈔書嘗鈔王岐公華陽集百卷筆筆無倦意

饑當肉兮寒當裘足消孤寂遣幽憂此尤無恙公書燼萬柳溪邊悵舊游　尤文簡袤

宋史尤袤傳袤字延之紹興十八年進士嘗取孫綽遂初賦以自號光宗書扁賜之有遂初小槀六十卷內外制三十卷謚文簡　紹興十八年同年小錄第三十七名尤袤字延之小名盤郎小字季長本貫常州無錫縣開化鄉白石里　尤玘萬柳溪邊舊話文簡公官禮部尚書以奉政大夫致仕贈太師　直齋書錄解題遂初堂書目一卷錫

山尤氏尚書袤延之淯熙名臣藏書至多法書尤富嘗燼於火今其存無幾矣　又梁溪集五十卷尤袤撰家有遂初堂藏書爲近世冠　陳景雲絳雲樓書目注遂初堂扁額宋甯宗御書也堂在無錫九龍山下　毛扆遂初堂書目序延之始自靑衿迨夫白首嗜好旣篤網羅斯備日增月益晝誦夕思重之不以借人新若未嘗觸手耳目所及有虞監之親鈔子孫不忘多杜佚之手校表層樓而儷富託名山而共久不已盛乎　又魏了翁跋予生晚不及拜遂初先生寶慶初元冬得罪南遷過錫山訪前廣德使君則書厄於火者累月矣爲之徬徨不忍去因惟國朝以來藏書之盛鮮有久而弗厄者斯理殆不可曉雖然是穮是

裘雖有饑饉亦有豐年吾知有穮蓘耳豐凶非我知也

又李太史燾云延之於書靡不觀觀書靡不記每公退則閉戶謝客日記手鈔若干古書其子弟及諸女亦鈔書一日謂予曰吾所鈔書今若干卷將彙而目之饑讀之以當肉寒讀之以當裘孤寂而讀之以當友朋幽憂而讀之以當金石琴瑟也　無錫縣志李晦初名燧卿字顯翁幼嘗爲外家尤後尤鈔書之富與文簡埒文簡書燼於火而此尤獨全故晦得遍讀自經史子集下至稗官小說釋典道教無不畢覽

門客牙兼書籍行客來豆腐作羹湯如翁好事我何慮日日南湖叩草堂　聞人芃德滋

老學庵筆記聞人茂德名滋老儒也喜留客食然不過蔬豆而已郡人求館客者多就謀之又多蓄書喜借人自言作門客牙充書籍行開豆腐羹店予少時與之同在敕局爲刪定官談經義亹亹不倦發明極多尤邃於小學云

施晉錫鴛鴦湖櫂歌草堂湖上草萋菲屐齒斑斑客款扉幾載令丞從事者貯書滿屋蠹魚肥自注聞人茂德名滋喜留客又多蓄書作德興丞終進賢令曾爲南湖草堂記

習習涼風銷執熱迢迢游子罷長征湖江清福同消受落日翬飛照郭明　張鉉伯壽　張用道夢卿

洪邁萬卷堂記同郡張伯壽學邃而根談壘彌堅暇日踵其門升其堂則緹帙縹囊鱗貫櫛比伯壽儼徉其閒如楞

腹者之須晡倦游者之企歸執熱者之思濯清風也夫六藝出秦埃至今千三百餘歲螭坳所紀金鐀所書嵐齋松窗之所纂削方殺青日紛月牣好事者汲汲求之終其身不能以盡致伯壽簡心端思宅無嗜玩旁裒博訪惟恐奧篇異牘之不我有手鈔日校黃墨謹嚴俗客鼎來未始塵滓斯堂也伯壽名欲紹興乙丑鄱陽洪某記　劉將孫長沙萬卷樓記一日聞長沙新有建萬卷樓藏書如其名者主人爲前管軍總管張侯使人想見湖江之上嶽麓之外翬飛照郭憑闌落日端非絲竹管絃之娛牙籤插架臚列山積清風佳客考古訂今恨不得身至其間讀所未見侯名用道字夢卿眞定世家人稱之曰簫齋

閉戶書淫似孝標拂雲高戶竹洲橋東樓兀與鴻禧並插架三層聳麗譙　樓宣獻鑰　潘景憲叔度

四庫提要攻媿集一百十二卷宋樓鑰撰鑰字大防鄞縣人隆興元年進士官至參知政事除資政殿大學士謚宣獻　全祖望湖語前王後樓畫錦之府雙闕相仍羣公之祖餘光瑩瑩環橋如組登封閣中嵩洛可撫攻媿東樓拂雲高戶自注樓楚公晝錦坊在湖之南首其東有錦照堂則竹洲也成化志卽以竹洲之橋當之　又云藏書之富南樓北史自注宣獻東樓鴻禧碧沚最有名　攻媿集以六經左氏傳莊子遺伯中弟有詩來謝次韻手披欲究百家編奴婢年來識鄭玄顧我幸多千卷蓄念君未有一經

全詩書心醉不容醒父子筆耕期有年此但古人糟粕爾更須從此悟眞筌書種傳來直到今讀書幾似孝標淫欲君終就九經庫與子平分一片心更向漆園窮妙旨何殊清廟奏遺音中郎書籍付王粲想得知余此意深　又趙資政建三層樓中層藏書詩四山寬圍城在中地平樓小望易窮安得高臥陳元龍麗譙公府難從容　又跋春秋繁露繁露行世者皆不合崇文總目及歐陽文忠公所藏八十二篇之數余老矣猶欲得一善本聞婺女潘同年叔度景憲多收異書屬其子弟訪之始得此本果有八十二篇前所未見　天祿琳琅昌黎先生詩集有四明樓⿵門龠印⿵門龠古⿵門龠字

芻狗何緣得再陳，鄴侯籤架望如新。白雲親舍簫臺下，莫使前人笑後人。西山劉君

劉將孫劉氏勤有堂記：西山劉君之稱敎吾郡永豐，凡爲士者皆矜喜於得師。乃其家尊君者年宿學，爲里大宗，居西山之下，洪厓、天寶列其左右，簫臺臨其上，築堂奉親，念詩書歷世辛勤插架，取韓公語名之爲勤有。予歎曰：有未易言也。回思隋唐科舉幾二千年，富貴利達，山林皓首，各不相爲謀。或欲盡見未讀書不可得，或一往遂於書有不暇讀，此則勤而不能有者也。東坡歎士方田野有志莘渭，出試大謬，如芻狗之不足重陳。蓋自子政以來及王介甫輩若此者多矣，此則有非其有者也。復有不必有而有者

鄴侯牙籤萬卷新若手未觸安陸連艦輦藏一篋供一炊彼得之不以勤有之而無所口者又如此又有不當有而有者成都之經驪之以版築黃樓之刻沒之以泗水彼有之非其任而敗喪之無何有者又如此則君之斯堂甯不使余感哉　樓鑰寄題江西劉氏勤有齋詩樸斲敷菑皆用勤況吾儒者務多聞萬書插架非關我一卷入心方屬君爲學從來無止法立身甯祇富多文自憐習氣今猶在尚欲焚膏到夜分

華亭仙客和花賣空有遺詩奈爾何參透子西茶具說不留些子著心窩周煇昭禮

兩浙名賢錄周煇字昭禮淮海人紹熙閒居錢唐清波門

之南嗜學工文隱居不仕當世名公卿多折節下之而簡亢自高未嘗報謝藏書萬卷父子自相師友撰清波雜志十二卷　清波雜志借書一瓻還書一瓻後誤爲癡殊失忠厚氣象輝手鈔書前後遺失亦多未免往來於懷因讀唐子西庚失茶具說釋然不復芥蔕其說曰吾家失茶具戒婦勿求婦曰何也吾曰彼竊者必其所好也得其所好則寶之懼其泄而祕之懼其壞而安置之是物得所託矣復何求哉　又云聚而必散物理之常父兄藏書惟恐子弟不讀讀無所成猶勝腐爛篋笥陳亞少卿藏書千卷名畫一千餘軸晚年復得華亭雙鶴及怪石異花作詩戒其後曰滿室圖書雜典墳華亭仙客岱雲根他年若不和花

賣便是吾家好子孫亞死悉歸他姓

監蜀何能比相臺九經三傳例堪推決科機要編成未笑倒承平好秀才　岳珂肅之

四庫提要刊正九經三傳沿革例一卷宋岳珂撰珂字肅之號倦翁湯陰人居於嘉興岳忠武王飛之孫敷文閣待制霖之子也官至戶部侍郎淮東總領制置使　暴書雜記宋岳倦翁刊九經三傳以家塾所藏諸刻幷興國于氏建安余仁仲本凡二十本又以越中舊本注疏建本有音釋注疏蜀注疏合二十三本專屬本經名士反覆參訂始命良工入梓其所撰相臺書塾刊正九經三傳沿革例於書本字畫注文音釋句讀脫簡攷異皆羅列條目詳審精

確不可不家置一編也　岳珂愧郯錄場屋編類之書建陽書肆方日輯月刊時異而歲不同四方傳習率攜以入棘闈以眩有司謂之懷挾嘗攷承平時黃潛善奏學者比年以來於時文中採摭陳言區別事類編次成集便於剽竊謂之決科機要欲望聖斷特行禁毀庶使人知自勵先朝盛時而此風已見於議者之口馴至今日固無怪也

聚訟紛紜說總非碧沙碧沚認依稀月湖自有甘盤裔碧沚芳叢早息機史守之子仁

清河書畫舫宋人小楷史記松雪翁物計十帙紙高四寸字類半黍不惟筆精墨妙中間絕無譌謬每帙有舊學史氏及碧沚二印宋通直郎史守之所用守之越國公浩孫

禮部侍郎彌大子衞王彌遠之姪仕終朝奉大夫中年避
世遠嫌退處月湖與慈湖諸公講肄爲樂甯宗御書碧沚
二字賜之蓋清修好古之士也　昌熾案樓宣獻有史子
仁碧沚二絕句見攻媿集　文徵明跋宋通直郎史守之
告身越國公浩孫仕不甚顯今吳中藏書家所收古書有
舊學史氏及碧沚印者多其遺書　全祖望湖語忠宣在
北鴻禧在東繡衣長橋碧沚芳叢又云藏書之富南樓北
史宛委之山不過爾爾注云宣獻東樓鴻禧碧沚最有名
　又云舊學甘盤黑頭潞國三經箋故之書爲儒苑所矜
式注云史忠定相孝宗御書舊學二字賜之　又碧沚楊
文元公書院記淳熙四先生吾鄞得其三沈端憲公楊文

元公袁正獻公也文元之館於碧沚以史氏也先是史忠定王館端憲於竹洲又延文元於碧沚袁正獻公時亦來預忠定既逝端憲正獻亦下世忠定之孫子仁不滿其叔彌遠所爲退居湖上復請文元講學故其居碧沚也甚久碧沚牙籤最富文元因思修羣書以正邪說未就而卒

天祿琳琅續編宋刻三禮圖皆有史氏家傳翰苑收藏書畫圖章又四明志有舊學史氏復隱書印史浩隆興元年拜尚書右僕射旋予祠淳熙五年復爲右丞相十年除太保致仕治第鄞之西湖建閣奉兩朝賜書上爲書明良慶會名其閣舊學名其堂故有舊學印章其曰復隱蓋在請老再歸後也　士禮居藏書題跋記徐度卻埽編三卷宋

書棚本有舊學史氏復隱書印一印碧沁一印舊學圖書一印不知誰氏　愛日精廬藏書志藝文類聚馮巳蒼跋曰卷末有胡盧碧沙印又舊學圖書四字方印未知何家物　昌熾案此兩書皆史氏物黄以碧沚爲碧沁馮巳蒼又誤爲碧沙皆以篆文相似耳又案天祿琳琅通鑑考異三十卷有奉華堂記又有史氏家傳翰林收藏書畫圖章印奉華堂者宋建炎閒劉夫人掌內翰文字善書畫上用奉華堂記見書史會要此本南渡初當在禁闥史氏懿戚是以得之解題以爲眉山史炤恐亦非也又九家集注杜詩宋刻本亦有史氏一印

羯鼓琵琶隸教坊但堪鮑老一登場穀然不與韶咸齒三館

史才無此艮　鄭寅子敬

澹生堂藏書訓邯鄲李獻臣所藏圖籍五十六類一千八百三十六部一萬三千三百八十六卷而藝術道書及書畫之目不與焉莆田鄭子敬所藏卷帙不減於李　直齋書錄解題鄭氏書目七卷莆田鄭寅子敬以所藏書爲七錄曰經曰史曰子曰藝曰方技曰文曰類寅知樞密院僑之子博聞彊記多識典故端平初召爲都司執法守正出爲漳州以沒　昌熾案書史會要鄭寅官至尙書左司除寶章閣致仕作包蒙七卷所敘歷官與直齋略異　又云前志取樂府教坊琵琶羯鼓之類以充樂類與聖經並列不亦悖乎晚得鄭子敬氏書目獨不然其爲說曰儀注編

年不附禮春秋則後之樂書固不得列於六藝　又中興綸言集二十八卷左司郎中莆田鄭寅編寅藏書數萬卷於本朝典故尤熟

平棘淸豐殆庶幾甘踰菽粟太牢肥先生此語眞知味願過屠門大嚼歸　徐淸正鹿卿　陳文定宗禮

劉壎隱居通議吾盱傅幼安自得工古賦泉谷徐尚書鹿卿豐城人也嘗搆閣以藏書名之曰味書閣幼安爲之賦曰山水明秀邑稱劍江於其中而擇勝建傑閣之巍昂黃簾綠幕之閉牙籤玉軸之藏出則連車入則充梁是書也猶菽粟之甘太牢之肥仁人之所先得而古今之所同嗜君子所以哺其膏液而鮮能知之者所以爲凡民之所歸

也　又千峰先生陳文定公寓居盱城作一堂名之曰訓畬幼安爲之賦其序云提刑寶謨常卿千峰陳公書諗予曰予昔爲泉谷徐公賦味書閣今吾治一堂置書數千卷扁曰訓畬子爲我暢厥旨詞曰相彼寓居藹然樓宇據高面勝開牖洞戶挹盱水於襟懷納軍山於指顧草木之華滋葱蒨曉夕之煙霏吞吐乃建庭階乃飾屛著几席儼若鐵皮得所熟潢緗素之前陳綠幕黄簾之珍護名以百計卷以千數上則庶幾乎棘淸豐之儲下亦可與荆田亳祁而並騖　宋史徐鹿卿傳鹿卿字德夫隆興豐城人博通經史以文學名於鄉嘉定十六年進士湻祐中提舉鴻禧觀致仕進華文閣待制卒謚淸正　又陳宗禮傳宗禮字

立之淳祐四年舉進士度宗卽位以廣東經略安撫使兼知廣州加端明殿學士簽書樞密院事尋兼權參知政事卒贈盱江郡侯諡文定

日融月釋心形化聲色玩好如委灰但見山聚復林列不言

燠館與涼臺衞湜正叔　李衡

四庫提要禮記集說一百六十卷宋衞湜撰湜字正叔吳郡人寶慶二年官武進令時表上於朝得擢直祕閣後終於朝散大夫直寶謨閣知袁州　葉適櫟齋藏書記余友衞君湜清整而裕淡泊而詳酷嗜書山聚林列起櫟齋以藏之夫其地有江湖曠逸之思囿有花石奇詭之觀居有臺館溫涼之適皆略不道而獨以藏書言者志在於學而

不求安也　又云日融月釋心形俱化聲色玩好如委灰
焉然後退於櫟而進於道矣固宜徧衆美而以書言也
宋史李衡江都人官祕閣修撰致仕居崑山聚書萬卷號
樂庵

磐石犖确迸土出如笴解籜草漸苞自勝仙都奇絕處投鹽
醬裏諷行庖蔡瑞　陳伯明

葉適石庵藏書目序石庵書若干卷承奉郎蔡君瑞藏之
始蔡君之伯父曰居士葬母因其地爲廬居紹興十九年
大旱居士將以所餘穀散之而患無名時庵旁有石冒土
而奮如蟠根叢萌欲務而尙鬱者遂爲募夫傭使出之高
二丈廣可三之石温潤如玉故名石庵云蔡君念族人多

貧不盡能學始買書置石庵增其屋爲便房願讀者處焉
蔡君可謂能教矣　又仙都行序陳伯明建讀書堂於仙
都巖蓋縉雲最勝特處市書名田役大費鉅當用衆力一
家不能專也余爲作仙都行以堅其成詩云書惟見多參
互解食要良田宜廣買俚翁有語人未知醬裏投鹽事終
在

繞屋梅花映水紅秦溪如在畫圖中屋中圖史誰同享不是
香山定長公　許棐忱父

嘉興府志隱逸傳海鹽許棐號梅屋隱居秦溪築小莊於
溪北儲書數千卷丹黃不休室中懸白蘇二象事之植梅
屋之四檐著有梅屋稾獻醜集樵談春融小綴　暴書雜

記余先世居海鹽之秦溪宋嘉熙中許梅屋先生種梅結屋之所也梅屋獻醜集刻入百川學海有梅屋書目序云予貧喜書舊積千餘卷今倍之未足也肆有新刊知無不市人有奇編見無不錄故環室皆書也或曰嗜書好貨均爲一貪貪書而飢不若貪貨而飽貪書而勞不若貪貨而逸人生不百年何自苦如此荅曰今人予不知之自古不義而富貴者書中略可考也竟何如哉予少安於貧壯樂於貧老忘於貧人不鄙夷予之貧鬼不揶揄予之貧書之賜也如彼百年何樂之有哉

不見神仙白玉蟾但求龍髓訪吳炎隨齋姓字非無攷周鼓秦斤訂少詹　陳振孫伯玉　程棨儀甫

四庫提要直齋書錄解題二十二卷宋陳振孫撰原本久佚從永樂大典錄出　養新錄陳振孫宋史無傳癸辛雜識別集載徐元杰暴亡或以爲史嵩之毒之少司成陳振孫察官江萬里並有疏遂將醫官置獄是振孫於淳祐四年官國子司業也厲鶚宋詩紀事稱端平中仕爲浙西提舉改知嘉興府攷會稽續志浙東提舉題名有陳振孫端平三年二月初六日以朝散大夫知台州兼權八月正除十月二十六日到任嘉熙元年五月改知嘉興府是振孫由浙東提舉改知嘉興府非浙西也今　四庫全書總目又引癸辛雜識陳周士一條稱周士直齋侍郎之長子謂振孫始仕州郡終官侍郎不止浙西提舉予檢汲古閣刊

癸辛雜識無此條不知總目所據何本也　又云此書有隨齋批注不著姓名攷元時有楊益字友直洛陽人官至撫州路總管所著有隨齋詩集或卽其人乎　暴書雜記直齋知嘉興養新錄載之矣茲讀書錄解題求其平生事蹟蓋嘗分教鄞學宰南城倅莆田　又云沈雙湖吏部謂隨齋爲程棨書錄解題卷三鄭樵石鼓文考批注有先文簡字宋龍圖閣學士吏部尙書新安程泰之大昌謚文簡曾孫棨字儀甫號隨齋元時人文簡自歙遷湖子孫貫安吉與直齋同時同里而批注所云樵以秦斤秦權有丞殹兩字遂以石鼓爲先秦物先文簡論而非之其說具載演繁露則隨齋爲棨確然無疑矣錄於此以告讀書錄解題

者　齊東野語直齋仕莆傳錄夾漈鄭氏方氏林氏吳氏舊書至五萬一千一百八十餘卷且倣讀書志作解題極其精詳近亦散失　書錄解題九經字樣一卷往宰南城出謁有持故紙鬻於道者得此書乃古京本五代開運丙午所刻遂爲家藏書籍中之最古者　又龐氏家藏祕室方南城吳炎晦父錄以見遺　又龍髓經至二十八禽星圖以上七種雜相書凡二十三種又有拾遺亦吳晦父所錄　又白玉蟾葛其姓福之閩清人嘗得罪亡命蓋姦妄流也余宰南城有寓公者稱其人云近嘗過此識之否余言不識也此輩何可使及吾門李士甯張懷素之徒皆殷鑒也是以君子惡異端

狎客平津慣吮癰九經新造墨光濃冰山一様銷天水留得人閒曲腳封　賈似道　廖瑩中　明嚴嵩

居易録研北雜志云韓侂胄閱古堂圖書皆出向若水鑒定此亦賈似道之廖瑩中也　志雅堂雜鈔廖瑩中號藥洲邵武人登科爲賈師憲之客嘗爲太府丞知某州　癸辛雜識賈師憲選十三朝國史會要諸雜説如曾慥類説例爲百卷名悦生堂隨鈔板成未及印其書遂不傳其所援引多奇書廖羣玉諸書則始開景福華編備載江上之功事雖誇而文可采江子遠李祥父諸公皆有跋九經本最佳凡以數十種比校百餘人校正而後成以撫州萆鈔紙油煙墨印造其裝池至以泥金爲籤然或者惜其删落

諸經注反不若韓柳文爲精妙又有三禮節左傳節諸史
要略及建甯所開文選其後又欲開手節十三經注疏姚
氏注戰國策注坡詩皆未及入梓而國事異矣　又云賈
師憲還越待罪瑩中從不捨一夕與賈公痛飲終夕悲歌
雨泣歸舍命愛姬煎茶以進自於笈中取冰腦服之而斃
　持靜齋書目韓昌黎集宋廖瑩中世綵堂精刊本相傳
刊書時用墨皆雜泥金香麝爲之此本爲當時初印紙寶
墨光醉心悅目　莫氏宋元舊本書經眼錄明東雅堂翻
刻世綵堂韓文一仍舊式而不著其所從來今觀此本每
葉中縫下截悉有世綵堂字徐氏悉以東雅堂易之紙墨
精好字體在歐褚間徐氏猶未能畢肖也　天祿琳琅春

秋經傳集解世綵堂刊中興藝文志載世綵堂集三卷稱政和中廖剛曾祖母與祖母享年高皆及見五世孫剛作堂名世綵以奉之士大夫爲作詩　吾子行閒居錄賈師憲所藏書畫皆有古玉一字印相傳是封字又謂之缺角封乃長字也印大將及二寸其篆法用李陽冰新意盤屈成文前無此體當是唐時所造　張芃實清祕藏賢者而後樂此賈似道印　式古堂書畫攷楊少師神仙起居帖標綾上有曲脚封及悅生胡盧印蓋似道柄國御府珍祕多歸私家　又嚴氏書品冊頁目手鈔宋元書籍二千六百十三本沒入大內一應經史子集等書計五千八百五十二部套發各儒學貯收一應道佛各經訣計九百一十

四部套務各寺觀供誦　王世貞朝野異聞錄籍沒嚴嵩家宋板書籍六千八百五十三部

石磵先生善言易直探月窟躡天根古書充物還傳本日短天寒老眼昏　俞琰玉吾　孫貞木立庵　杜瓊用嘉

七十二峰足徵集俞琰字玉吾家洞庭之西山寶祐間阮菊存馬性齋王都中皆白首北面稱爲石磵先生　又俞仲温字子玉石磵之子元時爲平江路醫學錄　又俞貞木初名楨以字行號立庵又稱洞庭外史石磵之孫修身砥行績學能文洪武中仕樂昌都昌二縣丞以終　陸心源元槧周易集說跋上經後跋曰嗣男仲温命兒楨繕寫謹鋟梓於讀易樓彖傳後跋略同惟改爲命兒楨植玉吾

無子以仲温爲嗣楨植爲玉吾孫皆有書名擩染家學手書上板故能精美如此也　楹書隅錄宋本誠齋易傳朱叔英跋稱出俞石磵家石磵生平邃於易學所著周易集說諸書皆覃精研思積數十年而始成此本或卽其手蹟耶俞生宋寶祐初入元徵授温州學錄不赴隱居吳之南園老屋數椽古書金石充牣其中傳四世皆讀書修行號南園俞氏云　四庫提要丙子學易編李心傳撰元初俞琰所鈔琰有跋曰此書係借閶德坊周家書肆所鬻者天寒日短老眼昏花幷日而鈔其可取者云云蓋所存不及十之一矣　天祿琳琅續編童溪王先生易傳有石磵書隱俞貞木立庵圖書三印　列朝詩傳國初南原俞氏笠

澤虞氏廬山陳氏書籍金石之富甲於海內景天以後俊民秀才汲古多藏杜東原其尤也　又云杜淵孝瓊字用嘉吳縣人從陳繼先生學博綜古今自號鹿冠道人晚而徙家東園得朱長文樂圃家焉學者稱東原先生戴鹿皮冠持方竹杖出游朋舊逍遙移日怡怡如也卒年七十有八門人趙同魯私謚曰淵孝先生

高氏牟氏三李氏鄉里齊齋與月河同爲書田留種子不教稊稗害嘉禾　周密公謹

杭州府志周密字公謹寶祐閒爲義烏令入元不仕自號泗水潛夫　蓉塘詩話周密晚年寓居錢塘癸辛街作癸辛雜志浩然齋視聽鈔昌熾案密所著又有齊東野語志

雅堂雜鈔雲煙過眼錄皆行於世　齊東野語世間萬物未有聚而不散者而書爲甚吾鄉石林葉氏藏書多至十萬卷其後齊齋倪氏月河莫氏竹齋沈氏程氏賀氏各不下數萬餘卷亦皆散失無遺近如秀嵓東窗鳳山三李高氏牟氏皆蜀人號爲史家所藏僻書尤多今亦無餘矣吾家三世積累先君子尤酷嗜至鬻負郭之田以供筆札之用冥搜極討不憚勞費凡有書四萬二千餘卷及三代以來金石之刻一千五百餘種庋置書種志雅二堂日事校讐居然籯金之富余小子遭時多故不善保藏一旦埽地因攷今昔有感斯文爲之流涕　又山谷云四民皆坐世業士大夫子弟能知忠信孝友斯可矣然不可令讀書種

子斷絕有才氣者出便當名世矣綀兼善嘗對書太息曰吾老矣非求聞者姑下後世種子耳余家有書種堂蓋兼取二公之説云

藏書紀事詩卷一終

藏書紀事詩卷二

長洲葉昌熾

海上小山壓大山大山力比小山孱穹廬未可藏書卷望海堂中誓不還　東丹王倍

遼史東丹王倍小字圖欲太祖長子也幼聰敏好學太祖破渤海大諲譔改其國曰東丹以倍爲人皇王主之建元甘露後讓位德光德光既立見疑以東平爲南京徙倍居之置衞士陰伺動靜唐明宗聞之使人跨海持書密招倍倍立木海岸刻詩曰小山壓大山大山全無力羞見故鄉人從此投外國攜高美人載書浮海而去唐明宗賜姓東丹名慕華復賜姓李名贊華倍初市書至萬卷藏於醫巫

閭絕頂之望海堂通陰陽知音律工遼漢文章嘗譯陰符經善畫本國人物　謝啟昆詩建國東平恨徙居數峰拳石壓穹廬大山無力乘桴去望海堂中萬卷書　志雅堂雜鈔王介石有東丹王贊華所畫番部行程圖道君題云世所謂東丹王者也所畫絕妙與王子慶西域圖相伯仲

昌熾案元耶律楚材東丹王之八世孫著湛然居士集其子鑄著雙谿醉隱集漠北世家專精文學鮮有能過之者未始非醫巫閭萬卷爲之貽謀也王爲五季時人但遼史有傳斷代仍宜從遼次於宋後

女几三潭憶避兵遺簪敗屨不勝情金源文獻空山在野史亭前夜哭聲　元好問裕之

郝經遺山先生墓銘先生以金源氏有天下典章法度幾及漢唐國史實錄在順天道萬戶張公府願爲撰述乃爲中州集百餘卷又爲金源君臣言行錄往來四方采摭遺逸有所得輒以寸紙細字親爲紀錄至百餘萬言捆束委積塞屋數楹名之曰野史亭先生諱好問字裕之太原定襄人登興定五年進士天興初入翰林知制誥金亡不仕而卒　劉靜修詩百年圖籍有蕭相一代英雄誰蔡公策書紛紛少顔色空山夜哭遺山翁自注汴亡張蔡公以金實錄歸遺山嘗就公謄錄　遺山故物譜予家所藏書宋元祐以前物也貞祐丙子之兵藏書壁間得存兵退予將奉先夫人南渡河舉而付之太原親舊家自餘雜書及先

入手寫春秋三史莊子文選等尙千餘册幷畫百軸載二鹿車自隨是歲寓居三鄉其十月北兵破潼關避於女几之三潭比下山則焚蕩之餘蓋無幾矣往在鄉里常侍諸父及兩兄燕談每及家所有書則必枚舉而問之如曰某書買於某處所傳之何人藏之者幾何年則欣然志之今雖散亡其綴緝裝褙籤題印識猶夢寐見之或曰物之閲人多矣世之人玩於物而反爲物所玩貪多務取巧偷豪奪遺簪敗履惻然興懷者皆是也李文饒志平泉草木有後世毁一樹一石非吾子孫之語歐陽公至以庸愚處之予以爲不然三代鼎鐘其初出於聖人之制不曰永用享則曰子子孫孫永寶用豈聖人超然遠覽而不能忘情於

一物耶蓋自莊周列禦寇之說盛誕者遂以天地爲逆旅形骸爲外物雖聖哲之能事有不滿一笑者況外物之外者乎丙申八月二十有二日洛州元氏太原房某引

開卷鬚眉一笑同道人舊住水晶宮寶書轉展歸天上空自傷心到牧翁

趙文敏孟頫　明李維桂本石

式古堂書畫攷元趙孟頫字子昂號松雪又號鷗波水晶宮道人宋司戶參軍入元官至翰林學士承旨贈魏國公謚文敏　七頌堂識小錄宋板書所見多矣然未有踰前漢書者於中州見一本出王元美家前有趙文敏小象陸師道亦寫元美小象於次帙標籤文衡山八分書　天祿琳琅漢書宋刻本王世貞跋云余平生所購宋本班范二

書尤爲諸本之冠桑皮紙白潔如玉四旁寬廣字大者如錢有歐柳筆法細書絲髮膚緻墨色精純前有趙吳興小象又錢受之跋趙文敏家藏前後漢書太倉王司寇得之吳中陸太宰家余以千金從徽人贖出藏弆二十餘年今年鬻之四明謝象三牀頭黃金盡生平第一殺風景事也此書去我之日殊難爲懷李後主去國聽教坊雜曲揮淚別宮娥一段淒涼景色約略相似又云吾家藏書盡爲六丁下取此書卻在人間武林坦公司馬攜以見示嗚呼佛言昔年奇物經歷年歲忽然復覩記憶宛然皆是藏識變現良非虛語又云景山李維柱字本石本甯先生之弟也嘗語余若得趙文敏家漢書每日焚香禮拜死則當以

殉葬余深愧其言昌熾案文敏漢書今歸　天府以上諸跋藏弆源流釐然可攷故詳錄之　又元本大廣益會玉篇趙孟頫藏本有水晶宮道人印孟頫以湖州四面皆水自號水晶宮道人解縉春雨集云文敏早年喜畫梅印以水晶宮圖書浙中有瑪瑙寺或戲以爲對遂不用　張應寶清祕藏論書畫印識云趙字方圓二印大雅印天水趙氏印竝趙孟頫　陳繼儒讀書十六觀趙子昂書跋云聚書藏書良非易事善觀書者澄神端慮靜几焚香勿捲腦勿折角勿以爪侵字勿以唾揭幅勿以作枕勿以夾刺隨損隨修隨開隨掩後之得吾書者幷奉贈此法　暴書雜記汲古影寫許棐梅屋詩稿第四卷後有朱文方印云趙

文敏書卷末云吾家業儒辛勤置書以遺子孫其志何如後人不讀將至於鬻頹其家聲不如禽犢若歸他姓當念斯言取非其有宂甯舍旃凡五十六字

博進新償十萬緡隋珠爲燭蠟爲薪江南空有求書詔故紙原難換告身　莊肅恭叔

松江府志莊肅字恭叔號蓼塘居靑龍鎭仕宋爲祕書小史宋亡棄官浪迹海上性嗜書聚至八萬卷手鈔經史子集下至稗官小說靡所不具書目以甲乙分十門至正間修宋遼金史詔求遺書危素購於其家得五百卷　輟耕錄蓼塘既沒子孫不知愛惜或爲蟲鼠蝕齧或爲鄰識盜竊或供飲博之需或應餬覆之用編帙散亂所存無幾至

正六年詔求遺書有以書獻者予一官江南藏書多者止三家莊其一也繼命危學士素特來選取其家恐兵遁圖識干禁悉付祝融其孫羣玉收拾燼餘覬領恩澤徊留日久仍布衣而歸書之不幸如此　五茸志逸元文宗時經筵語及唐聶夷中詩詢其有文集否諸學士以未聞對或言莊氏富藏書特旨訪其家果有聶集上之敕授教授楊瑀山居新語上海縣士人莊蓼塘者藏書至七萬卷其子欲售之買者積年無有好事者可見其鮮

嗚咽江頭變徵聲銅山傾處洛鐘鳴趙家已是無完土樓上遺民擁百城　張雯子昭

鄭元祐張子昭墓誌張雯字子昭其先浚儀人祖父世居

吴霙少嗜學時宋社已屋三十稔矣故老遺黎猶有存者子昭從其人問宋遺事得其什一喜游錢塘山川城邑徘徊躑躅感歎不能已兼通聲律家臨市衢構樓蓄書自經傳子史下逮稗官百家無不備日繙閱研究年六十四卒於至正十六年十一月子田次子里孫男一名肯　昌熾案以至正十六年上推子昭之生尚在宋咸淳之季應次莊肅之後　杭州府志霙南渡居錢塘精律吕每衆坐閴樂輒俯首嚬蹙曰吾其不免乎子田字耘巳亦工文詞田子肯字繼孟一字寄夢從宋濂學昌熾案蘇州府志霙亦有傳藝文類書畫記補遺繼㬚錄墨記皆霙撰觀鄭元祐所撰志霙實吴人特嘗寓於錢塘耳　又案天祿琳琅説

文解字有子昭印據嘉興府志以爲盛楙字子昭非是亦雯所藏也　鐵琴銅劒樓書目簡齋外集卷首有張子昭印朱記

荒江寒雪釣潛蛟一葉煙波不繫匏載得筆牀茶竈去篝鐙怪牒寫元包　袁易通甫

黃溍靜春先生墓誌銘君諱易字通甫曾大父璡築室長洲之蛟龍浦君不樂仕進所居西偏爲堂曰靜春左江右湖禽魚飛泳於煙波莽蒼閒堂中有書萬卷悉君所校定客至輒歛卷與縱飲劇談留連竟日　楊載靜春堂詩集序通甫有宅在郡城東南二十里蛟澤之濱蛟澤當吳淞江之下其水甚深　陸文圭跋袁靜春詩具區甫里之閒

近世有隱君子焉結茅構亭出蒼莽之墟樵村漁舍混爲一區城市之跡疏而麋鹿之性馴嗜欲之機淺而鷗鳥之情親所交皆畸人逸士西鄰北里詩筒往來清江白月舉樽相屬優游不仕者四十餘年　四庫提要靜春堂集四卷元袁易撰易居吳淞具區之閒築堂曰靜春聚書萬卷或棹舟載筆牀茶竈古器游於江湖趙孟頫嘗爲畫臥雪圖稱易與龔璛郭麟孫爲吳中三君子

祠祿難言領洞霄一枝避迹等鷦鷯欲知梅磵藏書窖甬上南湖學士橋　袁文清桷

四庫提要延祐四明志十七卷元袁桷撰桷字伯長慶元人宋知樞密院事韶之曾孫少爲麗澤書院山長以薦攻

翰林國史院檢閱官累遷侍講學士卒贈江浙行省參知
政事謚文淸所著易說春秋說世久無傳惟淸容居士集
及此志尙存　至正直記袁伯長學士承祖父之業廣蓄
書卷國朝以來甲於浙東伯長沒後子孫不肖盡爲僕幹
竊去轉買他人或爲婢妾所毁者過半　全祖望湖語淵
然淸容丕振剡源遺老之幟而牙籤之於王氏亦復竝峙
彼津逮者蓋未易以猝詣自注南湖藏書前王後袁　又
胡梅磵藏書窖記南湖學士橋淸容之故居也其東軒有
石窖焉予過而歎曰此梅磵藏書之所也宋亡遺老避地
來慶元者多先生館袁氏注通鑑成編而已丑寇作以書
藏窖中得免

家世何嫌賣布翁圖書研北自玲瓏豹胎熊掌兼珍味豈獨蚳蝸薦水蟲

吳郡陸君　陸友友仁

黃溍陸氏藏書目錄序吳郡陸君居闤闠中四壁之外輒與賈區直君殊不以爲溷一榻蕭然環以古今書凡若干卷自經史傳記下至權謀數術氾勝虞初旁行般若百家衆技之文櫛比而鱗次入其室如登羣玉之府而探蓬萊道家之名山忘其爲居之隘也君既第其篇帙部分類別爲之目錄以便覽者且屬予使序之夫稻粱稷黍魚肉果蔬人所資以爲生養之具不可一日缺者也得之足以飽而不足以極天下之味言珍異之味至豹胎猩脣封熊之蹯可以爲美也而非可常致以給朝夕之須彼水草小蟲

蜩范蚔蝸野果之實人所易致而未必皆知好其味也世蓋有嗜書若嗜飲食者顧所嗜之不同而有不可得兼耳君其兼而取之者耶老子曰五味令人口爽好奇之士茍游於君而獲其所嗜焉染指而出足矣尚無以秦人之炙易吾之炙也哉　古夫于亭雜錄大名門人成文昭字周卜寄陸務觀南唐書宋槧本也凡十五卷與今刻十八卷編次小異前有陸友私印陸友仁印燕處超然印　昌熾案陸友卽撰墨史及研北雜志者　四庫提要稱友字友仁亦字宅之平江人徐顯稗傳載友仁生市廛閶闠間父以市布爲業獨能異其所好攻苦於學博極羣物自號研北生著研史墨史印史杞菊軒槀所言與黄文獻記悉合

則陸君之爲友仁無可疑者仍兩列之以示闕疑

愛書癖亦等憐才擁篲分庭事郭隗未有千金求駿骨望諸何日自齊來　景春沈君

皕宋樓藏書志嘯堂集古錄千文傳跋景春沈君居樂圃坊與余同游可邨賀先生之門平生寡嗜欲惟酷好收書有別業在閶門西去城僅數里景春昔嘗居之人有挾書求售至必勞來之飲食之酬之善價於是奇書多歸沈氏集古錄其一也昔人有以千金市馬者得駿骨予五百金踰年而千里馬至者三景春嗜書何以異哉元統後元十一月

新市春風有故亭論思不但證松廳先求宋本書堂記再讀

清容藏室銘 蘇天爵伯修　張貞敷思明

四庫提要元朝名臣事略十五卷蘇天爵撰天爵字伯修眞定人由國子學生試第一釋褐授從仕郞蘇州判官終浙江行省參知政事　又元文類七十卷目三卷蘇天爵編天爵所著尚有松廳章奏春風亭筆記諸書於當代掌故最爲嫺習　元史蘇天爵傳至正十二年以江浙行省參知政事總兵於饒信卒於軍中年五十九　宋本滋溪書堂記蘇伯修家多藏書習知遼與金故實且謂予昔吾高王父玉城當國初自汴還眞定置別墅縣之新市作屋三楹買書數千卷歲久堂壞先人葺之且漸市書益之又嘗因公事至江之南獲書萬卷以歸　袁桷蘇氏藏書室

銘趙郡蘇氏崇其書楹剖史雲章經緯有程靈根湛虛服習粹精　元史張思明傳思明字士瞻其先獲嘉人後徙居輝州穎悟過人讀書日記千言延祐三年拜中書參知政事重紀至元三年卒年七十八思明平生不治產不蓄財收書三萬七千餘卷謚貞毅

讀書種子魯東家油幕深嚴護碧紗祇襯鞋幫黏醬瓿可憐片片女郎花孔文昇退之　子克齊行素

開有益齋讀書志至正直記四卷元闕里孔克齊撰克齊字行素一字靜齋至聖五十五世孫祖宗善爲建康路教授父文昇字退之爲建康書掾因家邑山克齊贅於沈氏憲司薦授黃岡書院山長召爲國史編修　至正直記吾

家自先人寓溧陽分沈氏居之半以爲別業多蓄書卷平
昔愛護尤謹雖子孫未嘗輕易檢閱必告於先人得所請
乃可置於外館晚年子弟分職任於他所惟婢輩幾人在
侍予一日自外家歸省見一婢執選詩演半卷又國初名
公柬牘數幅皆翦裁之餘者急叩其故但云某婢已將幾
卷補鞋幫某婢已將幾卷覆醬瓿予奔告先人先人曰吾
老矣不暇及此爾等居外幼者又不曉事婢妮無知宜有
此哉不覺歎恨亦無如之何矣　又先公嘗以十六字作
座右銘云甯人負我毋我負人甯存書種無苟富貴

溯峽舟輕灩澦堆黃牛灘畔載書回十家何惜中人産一擲
蹲鴟沃野財　蜀帥紐鄰之孫

少室山房筆叢豫章漫鈔云元至正初史官遣屬官馳驛求書東南異書頗出時有蜀帥紐鄰之孫盡出家貲徧游江南四五年間得書三十萬卷溯峽歸蜀可謂富矣　又云隋文父子以天下之力收書僅三十七萬遂冠古今元邊帥子彂其一家之產驟得三十萬卷亦宇宙奇事然但欲其多而不計重複則在今甚不難顧正本不知幾何耳古今書籍統計一代前後之藏往往無過十萬統計一朝公私之蓄往往不能十萬所謂天之生財止有此數也況元時板本尙希又非文明之世紐氏子三十萬卷芟其重複政恐不能三萬耳

祇陀山下雲林閣奇石碧梧交映窗脫屣田園人莫笑圖書

盡上九峰艭　倪瓚元鎮

明史倪瓚字元鎮無錫人家雄於貲工詩善書畫所居有閣曰清閟幽迥絕塵藏書數千卷手自勘定古鼎法書名琴奇畫陳列左右自號雲林居士　無錫縣志清閟閣在縣東南梅里鄉之祗陀里旁列碧梧奇石非楊維楨張雨諸人不得至焉　列朝詩傳瓚見俗士避去如恐浼至正天下無事忽盡賣家產推與知舊人皆竊笑及兵興富家盡被掠元鎮扁舟箬笠往來淮泖間人始服前識也　馬位秋窗隨筆余家所藏雲林自畫清閟閣題云家在梁谿寢底之里以泥水自閉柴門掩於白日藜牀穿而未起傳癖書淫聊以卒歲　式古堂書畫攷瓚號荊蠻民又號淨

名居士朱陽館主蕭閒仙卿雲林子曲全叟幻霞子如幻居士滄浪漫士奚玄朗玄映又號倪迂初名珽　又李伯時三淸圖有蕭閒圖書蕭閒畫印朱記　王世貞跋元人名跡雲林又自稱嬾瓚

泗北郁居舍外坡道人好事喫茶多有時山色水光裏自倚洞簫和櫂歌　孫道明明叔　夏庭芝伯和

松江府志孫道明字明叔華亭人居泗涇博學好古藏書萬卷遇祕本輒手自鈔錄築映雪齋延接四方名士校閱藏書爲樂又造一舟曰水光山色徜徉南浦自號停雲子嘗與陶宗儀共汎宗儀製詞道明卽倚洞簫吹之與櫂歌相荅極鷗波縹緲之思　鄭元祐孫高士象贊引雲間孫

高士明叔隱於其里九峰三泖之間讀書績學築草堂三間偃息其中故雖甚貧用前人苦志篤學名其齋曰映雪手鈔書數百卷皆小楷齊截然自以爲無所用於世視田野闃寂若將終其身於是全眞教主關眞人號之曰淸隱處士　四友齋叢說孫道明家於泗涇乃一市井人也在勝國時日惟以鈔書爲樂其手鈔書幾千卷今尚有流傳者好事者以重價購之　汪巽東雲閒百詠映雪齋云名士頻煩折簡招讐書同坐夜迢迢水光山色秋江裏更譜新詞入洞簫　張雨題孫明叔映雪齋詩生白定知虛室妙殺靑唯積古書多　學津討原刻封氏聞見記後有元人跋云予素有藏書之癖凡親友見借者暇日多手鈔之

此書乃十五年前所鈔者至正丙申歲不幸遭時艱難烽火四起煨燼之餘尚存殘書數百卷今僻居深村賴以自適亦不負愛書之癖矣至正辛丑上元日重觀於泗北疑夢軒雲閒夏庭芝伯和父謹誌昌熾案鄭元祐停雲軒記松江夏頤貞自其上世已稱善人丙辰兵變室廬盡燬家人僅完以城北之泗涇有舊田廬也徙家居之未知伯和卽頤貞否讀書敏求記雲煙過眼錄有至正廿年夏頤鈔本頤下疑奪貞字又按孫先生晚歲寫書題跋皆有歲月見於諸家藏目彙而錄之以當先生之年譜可也菰里瞿氏藏閒居錄一卷末題識云至正十八年戊戌之秋七月旦日鈔於泗北村居之映雪齋又讀書敏求記自號錄一

卷至正壬寅華亭孫道明手鈔於泗北村居之映雪齋時年六十有六又愛日精廬藏書志北夢瑣言二十卷後有跋曰武林忻悦學家藏至正二十四年甲辰五月七日寫起至二十七日輟卷華亭在家道人孫道明識於泗北村居時年六十有八也又士禮居藏書題跋記衍極孫明叔跋曰至正二十六年歲在丙午鈔於映雪齋時年七十歲又皕宋樓藏書志玉峰先生脚氣集後有跋云錄於城南寓舍時吳元年歲在丁未臘月廿八日庚午華亭孫道明叔父年七十有一又海昌查檵亭孝廉藏南部新書有先生跋云洪武五年歲次壬子仲夏九日乙卯在華亭集賢泗北村居且喫茶處寫畢清隱老人時年七十有六又

臨漢隱居詩話一卷宋魏泰道輔撰洪武九年丙辰映雪老人寫於華亭集賢外坡草舍雨窗時年八十亦見錢氏敏求記錢又云予見道明所鈔書不下數十種皆在崦嵫景迫之年老而好學眞炳燭之明也

翠竹清溪比若耶江心湧出馬駝沙築樓正在沙灘畔三字新題泰不華陳季模

鄭元祐藏書樓記維揚陳君季模家馬駞沙之上沙當揚子江之心而百川之水悉匯焉旣久於是至其子天鳳字舜儀生有異禀自髫鬌以至於冠惟理義是說惟圖籍是耽君愛其子之嗜學也於是以其家舊藏書合新購而得之者凡五萬餘卷築樓於居之東而藏書於樓之上樓之

前鑒池以瀦水其後萬竹森立都水庸田使白野泰公爲篆三大字以揭之乞予爲之記曩杜徵君原父每道陳君之賢今徵君已逝海內猶所稱尙則君之賢詎不信夫故爲記於樓壁俾讀之者當知陳氏藏書之意不爲科名務也不爲利祿設也蓋以爲反身窮理非誠有志於聖賢之學者不足與語陳氏藏書之意也

一線驚濤逼麗譙西亭萬卷歎漂搖經衣史服何從見櫟下生歌汴上謠　周定王橚　朱睦㮮灌甫

明史諸王傳鎮國中尉睦㮮字灌甫鎮平王諸孫幼端穎及長被服儒素覃精經學所撰有韻譜五卷學者稱爲西亭先生　徵刻唐宋祕本書目朱睦㮮授經圖二十卷

千頃堂書目西亭中尉萬卷堂書目十六卷朱勤美編昌
熾案勤美西亭之子朱竹垞所稱孫侍郎耳伯與西亭之
子竹居交契竹居疑爲勤美字也　萬卷堂書目跋余宅
西乃游息之所建堂五楹以所儲書環列其中倣唐人法
分經史子集用各色牙籤識別經類凡十一易詩書春秋
禮樂孝經論語孟子經解小學凡六百八十部六千一百
二十卷史類凡十二正史編年雜史制書傳記職官儀注
刑法譜牒目錄地志雜志凡九百三十部一萬八千卷子
類凡十儒道釋農兵醫卜藝小說五行家凡一千二百部
六千零七十卷集類凡三楚詞別集總集凡一千五百部
一萬二千五百六十卷編爲四部八代姓名各具撰述之

下東陂子曰余垂髫時卽喜收書然無四方之緣不能多見大梁又自金元以來屢經兵燹藏書之家甚少閒或假之中吳兩浙東郡耀州澶淵應山諸處或寫錄或補綴蓋亦有年所得僅此信積書之難也隆慶庚午八月中秋日東陂居士睦㮮書　明詩綜小傳灌甫周定王六世孫萬歷初舉宗正有陂上集錢受之云灌甫年二十通五經中年築室東陂之上取古人經解繕寫藏弆敘而傳之先是海內藏書富者推江都葛氏章邱李氏灌甫傾貲購之起萬卷堂諷誦其中汴亡之後漂蕩於洪流怒濤可勝歎哉

靜志居詩話世所傳萬卷堂書目不列卷數撰人非故籍也予家藏有聚樂堂藝文志四冊俱詳列卷數撰人係

陂上鈔本　曹溶靜惕堂集有明宗室灌夫宗正爲之最往孫北海少宰令祥符就其第鈔經注二百餘冊載歸京師崇禎壬午賊決河隄書堂付之巨浸徒其目存耳　周亮工汴上謠河決後民多有以書紙蔽體者詩云雲綃霧縠經衣史服又賣書云賣奇字去黑水蹣跚老蠹魚蝸蝸登士盫　天祿琳琅續編春秋經傳集解明周王橚賜籍有周府御書樓寶朱印

匡廬山前雲氣濃爲雲作囊密密縫氤氳宮闕白雲裏此是酉陽第幾峰　甯獻王權　朱謀㙔鬱儀

明史諸王傳甯獻王權太祖第十七子正統十三年薨

明詩綜小傳錢受之云王博學好古諸書無所不窺志慕

沖舉自號臞仙令人往廬山之顛囊雲以歸結小屋曰雲齋障以簾冪每日放雲一囊四壁氤氳如在巖洞凡羣書有祕本莫不刊布　又朱謀瑋字鬱儀甯獻王七世孫以中尉攝石城王府事既卒豫章人士私謚貞靜先生有枳園近稾　趙一清水經注釋附錄甯獻王諸孫曰石城王奠堵奠堵諸孫曰石城鎮國將軍宸浮中尉宸浮之曾孫也　列朝詩集小傳鬱儀著書百有十二種皆手自繕寫未嘗假手小胥常詒書告余願盡出其藏以相佽助繕寫經歲卷帙宏多餘干令爲余邑子屬以相寄令酒人也僻其書而焚之至今念之猶有餘恨　明畫錄朱統鑼字伯壘號羣玉山樵石城王孫其父謀瑋以著書名世鑼承家

學復精於繪事　千頃堂書目簿錄類甯獻王書目一卷
四庫提要甯藩書目一卷不著撰人名氏初甯獻王權
以永樂中改封南昌日與文士往還所纂輯刊刻之書甚
多其目凡一百三十七種詞曲院本道家鍊度齋醮諸儀
俱附焉　張芳徵刻唐宋祕本書例中州之西亭豫章之
鬱儀兩王孫家藏與天府埒西亭所藏盡付黃流鬱儀之
書亦遭劫火

九師易是劉安授三爵詩能衞武監竊比河閒無愧色遺經
往往出山巖　晉莊王鐘鉉　靖王奇原　端王知烊　簡王新㙺　秦簡王誠泳　定王惟焯

茶餘客話明代藏書周晉二府　天祿琳琅穀梁注疏晉
藩藏本朱謀㙔藩獻記晉莊王鐘鉉憲王之子高皇帝曾

孫也正統七年以榆林王進封博古喜法書嘗令世子奇原刻寶賢堂法帖今世傳書畫多晉府章卽其人也　又唐柳先生集晉莊王鍾鉉藏本　甘泉鄉人稾跋明晉藩刻元文類晉藩自太祖子恭王棡始封太原當嘉靖十六年丁酉長史馬朋作序時爲簡王新墺嗣封之二年明史諸王表端王知烊嘉靖十二年薨無子新典以新化王知爀長子奉敕管府事十五年嗣封序稱志道堂先王殿下刻文類未完我慮谿堂賢王殿下仰承先王之統克紹厥志先王當謂端王知烊也端王之祖靖王爲世子時嘗取閣絳大觀寶晉諸帖益以所藏宋元明人墨跡爲寶賢堂帖端王合刻文選文粹文鑑文類文衡簡王能踵成其志

馬氏身爲長史蓋親見兩賢王美行者其文以河間獻王爲比無愧辭矣　又跋秦藩本史記嘉靖十三年秦藩鑒抑道人序以明史諸王傳表攷之乃定王惟焯也序稱我簡祖呻吟佔畢以力學終其身則爲簡王誠泳定王爲簡王從孫傳稱有賢行序言景慕衛武以鑒抑名軒則信乎其有賢行矣　嚴元照書宋板王荆文公詩注殘卷後乾隆乙卯予從友人借得宋刻兩冊有敬德堂圖書印子子孫孫永害用印蓋明晉藩藏書也　式古堂書畫攷趙待詔瑤島會眞圖有晉國奎章道濟書府晉府書畫之印清和珍玩乾坤清氣各朱記

光澤系出自遼府高唐系出自衡府廬江系出自鄭府與徽

府書共千古光澤犖端王寵瀼　衡恭王祐樿　高唐王厚熿　盧江王見湳　徽王

明詩綜小傳光澤犖端王寵瀼遼惠王成鍊次子成化二十三年封何喬遠云王積書萬卷世宗賜堂名曰博文　居易錄岳珂玉楮集衡府高唐王家鈔本流傳絕少高唐王諱某號岱翁工篆隸癖嗜古書寫錄多祕本鼎革後散落市肆紙墨精好裝潢工緻康熙乙巳青州市中得劉貢父春秋權衡意林二書亦高唐府中物　天祿琳琅史記明興宗第四子衡王允熞藏本有衡王圖書印昌熾案興宗子封衡王者名允熈非允熞也允熈靖難時改封懷恩王此衡王爲憲宗第七子衡恭王祐樿高唐王名厚熿衡恭王之從父以博雅聞俱見明史　拜經樓藏書題跋記

圖繪寶鑑黃蕘圃跋云收藏爲盧江王猶是幾百年前故物拜經樓主人以爲裝潢極精非民閒藏書吾見成化時閣本大唐開元占經每冊俱用黃綾作簿面黃絹作籤條此可見官書鄭重卽裝潢可辨也簡莊徵君跋云盧江王藏書甚富余所見凡數種皆善本云昌熾案天祿琳琅續編元本貞觀政要有宗藩淸暇盧江王文房記二印明宗室世系表鄭簡王祁鍈第十子見滿別封盧江王歷四世祐昂厚光載禋　持靜齋書目宋刻郎君胄詩有盧江王文房印　讀書敏求記蟋蟀經二卷予昔藏徽藩芸窗道人五綵繪畫本爲季滄葦豪奪去　千頃堂書目簿錄類徽府書目一卷衡府書目一卷

憔悴廬山一炬痕絳雲種子已無存精靈未絕靑蘿本不見
中郎見虎賁 宋文憲濂 曾魯得之
澹生堂藏書約勝國兵火之後宋文憲公讀書靑蘿山中
便已聚書萬卷 百宋一廛賦廬山長慶見取六丁金華
太史獨著精靈注長慶集北宋時鏤板所謂廬山本者庚
寅一炬種子斷絕唯此金華宋氏景濂所藏小宋板圖記
宛然古香可愛推希世珍昌熾案此書亦見讀書敏求記
今藏潘文勤師滂喜齋 天祿琳琅續編宋本春秋經傳
集解有文淵閣印金華宋氏景濂諸印又史記文選皆有
景濂印 持靜齋書目羣書事林廣記前集卷之一後集
卷之二陳元靚編宋刊本有陶九成宋景濂藏書諸印攷

明史藝文志稾補宋有陳元靚事林廣記十卷蓋卽其殘帙陶宋二公藏書至今尚存吉光片羽固不得以尋常殘牘視之矣　宋濂禮部侍郎曾公神道碑公諱魯字得之所藏子史動數百家各攬其精而擷其華聞有僻書隱牒不憚道里之遠必購得之

偶來山廨餌蒼朮燕俎匏尊輒磵流我到松雲堂上坐圖書散盡五湖秋　徐達左良夫

蘇州府志徐達左字良夫受易於鄱陽邵宏道又受書於天台董仁仲隱居光福山中洪武初鄉人施仁守建甯請爲其學訓導卒於學官　倪雲林集外詩七日訪徐良輔十三日至七寶泉上及暮舟還耕雲軒桂樹窗間卧看雲

風吹花落紫綸巾偶來山廨餌蒼朮又向江波采白蘋
又八月七日偕耕雲叟訪耕漁隱者留三日有圖書筆硯
之樂雲臥雨聲集庭樹颯以秋身同孤飛鶴心若不繫舟
燕俎登松菌匏尊斟礀流　吳寬題東坡遺張平陽詩眞
蹟舊藏光福徐艮夫家艮夫所藏高編大冊甚富今不存
矣　百宋一廛賦覩溫國於徐廬鉞傳家之膏肓注司馬
公文集八十卷每半葉十二行每行廿字有朱書一行云
洪武丁巳秋八月收鈐以小方章一文云徐逵左印又大
方章一文云松雲道人徐艮夫藏書　式古堂書畫攷朱
澤民秀野軒圖艮夫題有松雲生耕漁軒艮輔三印　昌
熾案艮夫明初爲建甯學官虞堪亦曾仕雲南府學教授

皆嘗入明　四庫提要堪集著錄於楊文貞之前今從其例列明初次宋文憲之後又案耕漁軒在光福鎮同治中先師馮景亭先生即舊址重建其地直虎山橋三面臨水湖光山色皆在襟袖間昌熾每登其堂徘徊不忍去

青城劍氣在松陵卓行清才一見徵俯仰遺文三太息屋梁落月照漁罾　虞堪勝伯　虞子賢

姑蘇志虞堪字克用一字勝伯宋丞相允文諸孫後家長洲隱居行義家藏書甚富多手自編輯雅重先世手澤聞有雍公遺文千里外必購得之　列朝詩傳克用爲雲南府學教授卒於官子鏞教授里中孫湜始去儒湜之子權家益貧斥賣先世故物以供衣食權死時勝伯遺文及所

藏詞翰無慮數篋妻子以魚罾裹置屋梁久之并其罾亡矣徵文獻者爲三歎焉　倪瓚笠澤留別勝伯詩淸才卓行虞徵士食粥三年致母喪詩法道園能繼武畫傳洪谷早升堂　皕宋樓藏書志何水部集三卷文嘉跋云後有虞芃題一詩而用虞戡之印戡字勝伯芃或其別名也又鼓枻稾一卷元虞戡叔勝撰昌熾案勝伯一字叔勝倪雲林有次韻叔勝先生詩亦號靑城山樵楊廉夫鄧羽詩序云至正庚寅予游錢塘過四壁山中與靑城山樵遇出示古劒其先公雍國所遺卽指戡也又郲經次韻克用詩單子來歸自笠澤爲說虞君猶遁棲靑城從子識丹鳳西郊草堂懷碧雞　蘇州府志虞子賢世居支塘家藏書史

及古今法書名畫甲於三吳後又得朱子城南雜詠眞蹟
構堂貯之顏曰城南佳趣
燕子飛來慟革除義門高揭擘窠書方黃葅醢樓常在未必
孱王遽忽諸浦江鄭氏
明詩綜小傳鄭濶字仲養浦江人　靜志居詩話麟溪鄭
氏先世自滎陽徙歙再徙睦州其居麟溪自淮始淮之孫
綺乾道中賜號沖素處士是爲義門第一世綺之子闓闓
之子運運之子政政之子德璋德璋之子文融文融嗣子
欽仲養蓋欽之叔子也凡歷五十三世一千六百六十餘
年逮元季明初門才益甚曰淥曰濂曰源曰濤曰泳曰溴
曰淵曰湜曰濟曰洧曰淏曰沂出處不齊先後以才行著

一門羣從又有標梃杕枋材榦彬楷模桐柎棠機柏栻木皆爲士林所重於是公卿大夫先後詩文貽贈者編爲麟溪集二十二卷洵盛事矣　紫桃軒雜綴國初浦陽義門鄭氏藏書八萬卷家有藏書樓建文君爲書擘窠大字作扁古名賢書畫妙蹟亦不下五六百種　人海記浦江鄭氏八萬卷燬於火

村塾何從得佩觿百錢惟有擽雞棲平泉草木荒寒甚東里家風尚斷齋　楊文貞士奇

明史楊士奇傳名寓以字行泰和人早孤隨母適羅氏已而復宗建文初以史才薦召入翰林充編纂官成祖卽位改編修仁宗卽位擢禮部侍郎兼華蓋殿大學士英宗正

統九年三月卒年八十贈太師謚文貞　徐渤筆精楊文貞士奇少孤貧十六歲出爲村落童子師欲買史略二册百錢不能得其母夫人畜一牝雞數歲命以易之世有此母安得不生此子　又楊文貞文籍志序云吾先世藏書數萬卷元季悉燬於兵吾早有志於學而孤貧不能得書稍長事鈔錄無以爲楮筆之費則往往從人借讀不能數得年十四五出教童蒙頗有所入以供養不暇市書也弱冠稍遠出授徒所入頗厚始蓄書不能多也及仕於朝有常祿又時有賜賚節縮百費日月積之一爲收書之資歷十餘年經史子集雖不能備視吾先世所藏千百之什一視吾少時可謂富矣夫人於其所好勞心苦力以求得之

必將謹護珍襲不至於廢壞逮後之人未嘗知得之之難蓋有棄之如瓦礫者吾懼後之人不知守也志吾之所以得而勉其所以守蓋昔人愛一草一木猶戒子孫以勿壞矧書籍聖賢至訓之所寓乎敬之哉　又宋虞世和甫最愛黃庭堅每得佳墨精紙奇玩必歸魯直國初王羽儀之最善楊士奇楊喜收書或數月不相見相見輒贈一書皆贈遺得人者也　讀書敏求記胡方平易學啟蒙通釋二卷昔楊文貞公得此書於伯氏無何失去伯氏不樂至形諸詬詈昔人矜重書籍如此後學勿漫視之　天祿琳琅續編常建詩集明楊士奇家藏有東里草堂廬陵楊士奇印二朱記

牧馬眞能除害馬車船來往載書隨里中但祝庚桑楚未有桐鄉朱邑祠周文襄忱　國朝丁日昌禹生

明詩綜小傳周忱字恂如廬陵人戶部尚書改工部諡文襄性好儲書其藏室詩云羣經旣並蓄百氏無棄捐所至每充棟來往勞車船　乾隆蘇州府志名宦傳周忱永樂二年進士宣德五年用大學士楊榮薦授工部侍郎巡撫江南景泰四年十月卒　丁中丞名日昌字禹生廣東豐順人同治閒開府吾吳御吏嚴而愛民如子身後謗讟參半實則精明慈惠文襄之後能福吾吳民者公其一也藏書極富其爲上海道時宜稼堂郁氏宋元舊本都歸插架有持靜齋藏書目五卷其尤精者景祐本漢書世綵堂昌

黎集及宋刊禮記要義禮記集說兩漢會要東都事略皆至寶也中丞後改閩撫解官後芸籤縹帶載歸韓江吾友袁寶璜黼仲曾寓其齋一飽眼福　中丞百蘭山館集有園居雜詠云中歲嗜古籍簡編時在手佞宋復佞元第恨乏科斗人或嗤畫龍我自饜芻狗思誤亦一適窮源須緩叩不嫌萬卷陳但恨二豎蹂文圍豈消渴昌谷輒干嘔漸覺入膏肓何自致枯朽夜夢儒冠人自言忘年友指示痼疾由恍若肝膽剖琅嬛本福地俗客奚可守君非蓬島仙藝苑漫蒐取譬如雞皮翁强擁盧家婦情意不聯屬自顧增老醜又如灌園夫遽膺青紫綬進退失常度有若被械杻彼蒼吝清福不在富貴後胡爲聚寶笈享之若儆帚何

不學處仲開闔任奔走送書如送窮去病猶去垢聞言意開豁默審心沮忸思欲捐夙好又恐受誑誘去書若存病無苗徒賸莠吾書亦有神敢一卜休咎稽首決從違神曰然否否

莫友芝宋元本經眼錄儀禮鄭注宋淳熙本同治甲子署蘇松太道丁禹生獲之上海肆中審定爲實事求是齋經籍之冠

一騎傳宣至北平叩頭伏地頌神明傳家忠孝空言耳但解從橫效蒯生　袁忠徹靜思

明詩綜小傳袁珙字廷玉鄞人有柳莊集　靜志居詩話家本士族其父彥章仕元爲翰林國史檢閱世稱菊村先生嘗作布衣歌云我家頗讀書初非田舍翁道其實也

今言類編廷玉少游海上遇異人授相術論人吉凶輒驗成祖聞廷玉名洪武二十三年九月密召至北平一見伏地叩頭曰眞太平天子靖難後召爲太常寺丞子忠徹序班未幾珙請老歸卒贈太常少卿忠徹能傳父術宣德中嘗侍上言天顏慘肅恐宗人有急變未七日高煦反書至官尚寶少卿致仕卒年八十有三　莫氏經眼錄皇朝仕學規範四十卷宋湻熙本有尚寶少卿袁氏忠徹印及袁氏靜思齋引顏氏家訓六十五楷字長木記　陸心源蜀大字殘本漢書跋袁忠徹字公達一字靜思天順二年卒年八十三性好學博涉多聞陳敬宗符臺外集序稱忠徹退朝之暇日與縉紳文士磨礱諷詠故其收藏亦富　式

古堂書畫攷東坡書劉錫敕有忠徹南昌袁氏家藏珍玩子孫永保袁申儒印諸朱記　又趙待制臨洛神賦有忠徹瞻袞堂朱記　又袁伯長同日分途帖有袁氏父子列卿忠孝世家袁氏忠徹朱記

湧出飛泉映佩刀霜寒絕徼憶麾旄百餘年後方星散畢竟書廚鎖尚牢葉文莊盛　元孫恭煥伯寅　七世孫國華白泉

明史葉盛傳盛字與中正統十三年進士吏部左侍郎謚文莊成化十年卒　歸有光太學生葉君墓誌銘文莊生鄉進士諱晨晨生衡州府同知諱夢淇君之考也君諱艮材字世德爲文莊公世嫡曾孫子二人長恭煥次恭炌孫男二人儉封儉圭　乾隆蘇州府志崑山葉文莊公盛宅

在東城橋西公生平嗜書手自讐錄至數萬卷嘗欲作堂以藏之取衞風淇澳學問自修之義名曰菉竹至公之元孫恭煥堂乃克成王世貞爲記恭煥又於宅東作繭園其孫工部國華拓地增葺嘗掘地得泉味甘色白因自號白泉云恭煥曾孫　本朝刑部侍郎方藹猶居此目熾案恭煥字伯寅嘉靖丙午舉人見府志選舉又號括蒼山人國朝葉奕苞字九來一號二泉亦文莊裔孫　錢大昕江雨軒集跋文莊藏書之富甲於海內服官數十年未嘗一日輟書雖持節邊徼必攜鈔胥自隨每鈔一書成輒用官印識於卷端其風流好事如此　鐵琴銅劍樓書目論語一卷文莊藏書張棟記云文莊沒後百十有餘年而其圖

書府扃鑰未疏此帙有鎭撫燕雲關防巡撫宣府關防印

靜志居詩話文莊儲藏之目爲卷止二萬餘然奇祕者多亞於冊府二百年子姓蕃衍瓜分豆剖難以復聚今披菉竹堂目商盤泗鼎要非近代物惜不可得而覩矣　東齋脞語文莊書廚銘云讀必謹鎖必牢收必審閣必高子孫子惟學斆借非其人亦不孝昌熾案此銘亦附菉竹堂書目序後愛日精廬藏書志金石錄三十卷文莊手跋署吳郡葉仲盛仲盛疑爲其號又案王聞遠蛻庵集跋蛻庵者崑山先輩文莊葉先生別號也開卷有葉氏菉竹堂藏書圖印乃葉孝廉白泉圖記文莊又號涇東道人又號澱東老漁張棟所藏論語又云有雄於南面百城大樹軒文

莊七世孫三印上兩印是否出葉氏不可考余所見有楷字長方印其文曰葉文莊公家世藏則其後人所鈐也又有下學齋圖書記一印出葉九來

八十樓中校說郛但供書帕餽當途何如南部煙花本高庋妝樓四大廚　郁文博文博　老寇四

上海縣志郁文博字文博景泰五年進士湖廣副使致仕歸居萬卷樓年七十有九丹鉛校核不去手注前志遺事載文博家居校刊陶九成說郛一百二十卷自賦詩云白頭林下一耆儒終歲樓閒校說郛目力心思俱竭盡不知有益後人無其風趣如此　書影余幼時在金陵閩舊曲中老寇四家有說郛全部以四大廚貯之近見虎林刻本

纔十六套每一種爲數少者尙全鏞多者咸爲逸去甚至每一集有存不四五葉者陶氏當時卽有去取未必如是之簡此刻未出時博古之士多有就寇氏鈔錄者及此刻出不知者以爲說郛盡於此更不知求其全余嘗言自刻本說郛出而說郛亡矣　邵懿辰簡明目錄詳本說郛明人有書帕本往往刷印此書數十種卽稱某叢書予嘗見唐宋叢書卽是也

邢生邢生益無糧不居北郭亦東莊折鐺敗席家風在自寫奇書賚野航　邢量用理　邢參麗文

黃省曾貧士傳邢量字用理吳郡人也敝屋三間靑苔滿壁室中惟左右古書薪水躬自秉執贊曰邢叟好古經緇

史究室乏御令身勞井臼晨炊昏餐著麻寒覆問奇有來如鐘在叩　姑蘇志用理隱居葑門以醫卜自給折鐺敗席蕭然如野僧其學無所不通室中卧榻之外皆藏書手自校定　列朝詩傳邢參字麗文教授鄉里以著述自娛遇雪累日囊無粟兀坐如枯株人往視之見其無慘懍色方苦吟所得句自喜又連日雨復往視屋三角墊怡然執書坐一角不變亦累日矣其祖用理遺叱鼠賦人謂麗文君無盈盎之糧正不必效乃祖作賦也昌熾案乾隆蘇州府志謂麗文量之族孫未知孰是常熟瞿氏藏太元集注宋鈔本有葑溪邢參題字則參所居猶是用理葑門老屋矣　靜志居詩話明初高季迪有北郭十友麗文亦有東

莊十友吴燿次明文徵明徵仲吴奕嗣業蔡羽九逵錢同愛孔周陳淳道復湯珍子重王守履約王寵履吉張靈孟晋故其詩云昔賢重北郭吾輩重東莊　讀書敏求記韻語陽秋二十卷丹陽葛立方撰朱性甫借得此書宋槧本邢麗文命工摹寫二部舉其一贈性甫朱守中又從性甫借歸宏治癸亥金成性又錄成此本守中爲題其卷尾三君皆衡山好友安貧樂志吴中雅士也

縱有通靈畫一廚豈無竊藏暨頭須慨然請返連城璧不必分吹一一竽　沈周啓南　子雲鴻維時

無聲詩史沈貞字貞吉弟恆字恆吉長洲相城里人徵士孟淵子也恆吉子周字啓南號石田人稱石田先生精於

誦肄自墳典邱索以及雜家言無所不窺嘗以重直購古書一部陳之齋閣一日客至見而諦視之問書所從得先生曰客何問也客曰公幸無詫書吾書也失之久矣不意乃今見之先生曰有驗乎曰某卷某葉某嘗書記某事或者猶存乎先生發而視之果驗卽歸之終不言售者姓名亦不譙何售者　明史沈周傳年八十三以正德四年卒

眉公筆記沈雲鴻字維時石田之子也好古書畫往往傾橐購之縹囊緗帙爛然充室又喜積書讐勘勤劇曰後人視非貨財必不易散萬一能讀則吾所遺厚矣先石田而卒　式古堂書畫攷石田有竹居圖卷周鼎題詩云頭白話今雨汗青藏古書吳珵元玉和云有田皆種石無屋

不藏書又徐熙梅花圖卷沈貞吉跋有陶庵墨雲香處朱
記昌熾案陶庵爲貞吉之號又號陶然道人又白石翁灣
東草堂圖有启南江鄉深處二朱記　鐵琴銅劍樓書目
唐賢絶句三體詩法卷首有朱文圓印曰鏡及吳興有竹
居蓬壺侍史飛華亭諸朱記

亭館相通旁五湖衣冠如見列仙圖自從西史薪傳歇文獻
飄零悵我吳　史鑑明古　裔孫兆斗辰伯　李鑑明古

列朝詩傳史鑑字明古吳江人吳文定公表其墓云吳江
穆溪之上有隱士曰史明古於書無所不讀而尤熟於史
家居水竹幽茂亭館相通客至陳三代秦漢器物及唐宋
以來書畫相與鑒賞好著古衣冠曳履揮麈望之者以爲

列仙之儔也又云居西村人稱西村先生有西村集　平
津館鑒藏書籍記元本南史有史鑑之章子孫保之西史
村人三印　池北偶談史兆斗字辰伯鑑之後徙居長洲
博雅多藏書康熙初卒年八十餘汪苕文曰此翁死吳中
文獻絕矣　汪琬史辰伯傳辰伯少受學於劉鳳王穉登
爲諸生不得意卽棄去喜蓄書所購率皆祕本或手自繕
錄積至數千百卷齋居蕭然惟事讐校或偶有所得輒作
小行楷疏注其旁　昌熾案義門弟子姓氏錄有李鑑明
古亦好藏書顧澗蘋黄蕘圃屢稱之士禮居題跋記所載
博雅中吳紀聞李校書集皆其家書也兩人名字皆同殆
亦如長卿之慕藺生乎

亨父鼎儀謝弗及廉州石谷同名家可比浚川與臨頴難言
毘陵及琅邪陸容文量　王時敏遜之
明詩綜小傳陸容字文量太倉州人成化丙戌進士浙江
右參政有式齋集　靜志居詩話參政與張亨父陸鼎儀
齊名號婁東三鳳其藏書之富見聞之周洽非亨父鼎儀
所能及也　祝允明甘泉陸氏藏書目序故浙江參政式
齋陸先生文量以雅德碩學偉才高識立言於憲孝兩朝
平生蓄書甚富旣殁其子鄉貢進士安甫彙列其目并已
所得者通繫之凡爲經史子集合若干卷　千頃堂書目
簿錄類臨頴賈氏藏書目二卷賈詠又浚川何山書目一
卷又陸容式齋藏書目錄　明畫錄王時敏字煙客太倉

人文肅公錫爵之孫衡之子以門蔭官璽丞工詩善楷隸山水　吳偉業和王太常西田雜興韻其六云蕭齋散帙知耽癖高座談經早解圍　又歸村躬耕記吾友王煙客太常治西田於歸涇之上去城西十有二里　天祿琳琅續編內經素問有婁東埽花庵鑒賞王時敏印煙客氏四朱記　平津館鑒藏書籍記通典詳節有王時敏鑒賞書畫記印　昌熾案太倉王氏文肅郡望爲太原弇州山人郡望爲琅邪文肅藏書有王氏賜書堂印記

吏部東廂晚年筆後來一字一琅玕縱橫深得髯蘇意鬱律蛟螭潤底蟠　吳文定寬　伊偘

明史吳寬傳吳寬字原博成化八年會試廷試皆第一禮

部尚書卒贈太子太保謚文定長子奭次子奐　蘇州府志藝文類吳寬叢書堂書目一卷　朱彝尊書尊前集後康熙辛酉冬予留吳下有持吳文定公手鈔本告售書法精楷卷首識以私印書肆索直三十金　靜志居詩話匏庵遺書流傳者悉公手錄以私印記之前輩風流不可及也　何焯金石錄跋崑山葉文莊公故物首尾二紙則公手所自書余收得吳文定公寫本亦皆然乃知前賢事事必有體原貴乎多見而識之也　翁方綱題吳沈詩草合卷後匏庵手鈔諸卷帙自署吏部東廂書者皆晚年筆

藏書紀要匏庵鈔本用紅印格其手書者佳　昌熾案余所見叢書堂鈔本公手書者精采奕奕筆法絕似蘇長公

其藏印曰古太史氏曰延州來季子後曰雙井村人又案明雲閒錢博乙丑進士亦字原博今人得舊槧本若僅有原博一印未可遽定爲文定物也　文定家藏集伊氏重修族譜序伊氏自沭陽徙吳中歲久遂爲著姓其居城西之通波坊吾猶及見其盛也家喜藏書多延接郡中儒流正統初有曰侃字士剛者擢甲科給事禁中

一月何能付棗棃新城讕語太無稽館甥亦有驚人祕紙是澄心壘是奚　王文恪鏊　子延喆子貞　徐文敏縉

明史王鏊傳鏊字濟之吳縣人成化乙未進士第三授編修累官至大學士卒贈太傅謚文恪　池北偶談明尚寶少卿王延喆文恪少子也其母張氏壽甯侯鶴齡之妹昭

聖皇后同產延喆少以椒房入宮中性豪侈一日有持宋槧史記求鬻者索價三百金延喆紿其人曰姑留此一月後可來取直乃鳩工就宋本摹刻甫一月而畢其人如期至紿之曰以原書還汝其人不辨眞贋持去既而復來曰此亦宋槧而紙差不如吾書豈誤邪延喆大笑告以故因取新雕本數十部散置堂上示之曰君意在獲三百金耳今如數予君且爲君書幻千萬億化身矣其人大喜過望今所傳有震澤王氏摹刻印卽此本也　錢泰吉王刻史記跋文恪後人有居海昌者假其家譜觀之延喆字子貞爲文恪長子以蔭入官由中書舍人擢太常寺右寺副出爲兗州府推官謝病歸子有壬爲尚寶寺丞贈如其官故

王氏稱子貞爲尙寶公今觀跋尾述文恪語謂吳中刻左傳鄂中刻國語閩中刻漢書而史記尙未板行延喆因取舊藏宋刊重加校讐翻刻於家塾則宋本爲文恪舊藏又言工始於嘉靖乙酉臘月迄丁亥之三月則亦非一月而成子貞早歲豪放世傳其佚事漁洋遂筆之於書如謂延喆爲尙寶少卿文恪少子亦攷之未審也昌熾案邵寶撰文恪墓誌銘子男四長延喆中書舍人次延素南京中軍都督府都事次延陵郡諸生次延昭　七十二峰足徵集王延陵字子永號少溪文恪季子以父蔭爲中書舍人希心風雅早歲與皇甫子循張幼于輩結社有春社編王中舍集　明詩綜小傳徐縉字子容吳縣人宏治己丑進士

歷官吏部左侍郎謚文敏　士禮居藏書題跋記書苑菁華二十卷徐元佐跋謂其先文敏公所遺文敏王文恪之壻西洞庭人昌熾案今林屋徐氏猶聚族而處亡友徐君敦仁號燮杉丙子優貢官江西知縣所居東宅河頭老屋即文敏舊第　天祿琳琅文選王世貞跋云此本繕刻極精紙用澄心堂墨用奚氏往見於同年朱太史家云得之徐太宰又張鳳翼跋云予嘗見於徐文敏嗣君架上云是文敏所鍾愛以貽其後之人者紙墨精好神采煥發且有趙文敏手識則知此書嘗入松雪齋中夫前後相去二百年去一文敏復歸一文敏豈有夙緣邪　又云玉臺新詠密行細字清朗照人明王鏊藏本有濟之印又有御題文

學侍從印御書渭北春天樹江東日暮雲何時一樽酒重與細論文二十字印又明刻六子全書有吳趨楷圓印三槐之裔大宗伯章方印　妮古錄思陵草書一卷有王濟之圖書及三槐堂印　紅豆樹館書畫記沈度寶積圖文恪跋有震澤世家印　邵文莊容春堂集文恪序引首用顏樂堂印

望洋欲叩草堂門襟帶江湖亦水邨汎汎瓜皮尖艇子田田荷葉舊裝痕　徐源仲山　徐澄季止　陸完全卿

王文恪通議大夫都察院右副都御史徐公墓誌銘公諱源字仲山成化乙未進士當官涖政未嘗一日去書不觀文章博雅書有米家父子風　又襟帶江湖樓詩爲仲山

都憲作三江東去五湖西特起高樓枕碧溪桐里波光天外小洞庭山色雨中迷　李東陽瓜涇集序公世居蘇之長洲卜築於瓜涇之上因地爲號別號椒園道人　吳文定望洋書堂記徐君季止鄉校士之良者家夾浦之南瓜涇之上而松江陳湖皆在其目睫間蓋將聚書數千卷築室而藏之因題曰望洋書堂　昌熾案徐氏家譜季止名澄宏治元年科貢江西南昌府經歷少有文行王文恪送徐季止還南雍詩云君家兄弟世所稀文采風流仍孝友蓋實錄也　吹網錄避暑錄話瓜涇徐氏荷葉裝舊鈔本與禾中項氏藏陳仲醇手鈔本互有詳略　天祿琳琅續編宋刻史記有水邨陸氏珍玩朱記陸完字全卿號水邨長

洲人成化丁未進士官吏部尚書　又隆平集有水邨校
藏珍玩朱記　又諸臣奏議有水邨陸氏珍藏朱記

排闥狂呼月未闌甕頭更酌一杯殘野航又繼堯民逝散盡
珊瑚與木難　朱存理性父　朱堯民凱

文徵明朱性甫先生墓誌銘吾蘇朱性甫存理朱堯民凱人稱曰兩朱先生正德壬申堯民死明年性甫又死　又云兩人皆不業仕進又不隨俗爲廛井小人之業日惟挾冊呻吟求昔人理言遺事而識之素皆高貲悉費以資其好不恤也　又云性甫聞人有奇書輒從以求以必得爲志或手自繕錄動盈筐篋羣經諸史下逮稗官小說無所不有尤精楷法手錄前輩詩文積百餘家他所纂集有經

子鈎元吳郡獻徵錄名物寓言鐵網珊瑚野航漫錄鶴岑隨筆總數百卷　昌熾案今所傳鐵網珊瑚十六卷乃趙清常所輯性甫書八卷名珊瑚木難　列朝詩傳性甫從杜瓊先生游有異書手自繕錄既老不厭而坐貧無以自資其書旋亦散去每撫之歎息　四友齋叢說朱野航乃葑門一老儒也在荻扁王氏教書與主人晚酌罷主人入內適月上野航得句云萬事不如杯在手一生幾見月當頭喜極發狂大叫叩扉呼主人起詠此二句主人亦大擊節取酒更酌興盡而罷　靜志居詩話祝希哲贈性甫詩云書鈔滿篋皆親手詩草隨身半在舟

孌婦蓬頭穉子嘑可憐斷爛到籤題逢人願解奚囊贈莫使

飄零歎噬臍楊循吉君謙　劉昌欽謨

明史文苑傳楊循吉字君謙成化二十年進士授禮部主事善病好讀書每得意手足蹈掉不自禁用是得顛主事名　列朝詩傳君謙善病致仕年才三十有一居家好蓄書聞某所有異本必購求繕寫結廬支硎山下課讀經史以松枝爲籌不精熟不止多至千卷卒年八十九其詩文爲松籌堂集　澹生堂藏書訓略聞楊儀部君謙性最嗜書家本素封以購書故晚歲赤貧所藏書十餘萬卷纂其異聞爲奚囊手鏡　人海記楊循吉既老散書與親故云令蕩子鬻婦無復著手亦一道也　靜志居詩話君謙好蓄異書題書廚詩吾家本市人南濠居百年自我始爲士

家無一箇編辛勤二十載購求心頗專小者雖未備大者亦略全經史及子集一一義貫穿當怒讀則喜當病讀則痊恃此用爲命縱横堆滿前當時作書者非聖亦大賢豈待開卷看撫弄亦欣然奈何家人愚心惟財貨先墜地不肯拾斷爛無與憐朋友有讀者悉當相奉捐勝付不肖子持去將鬻錢又鈔書詩云沈疾已在躬嗜書猶不廢每聞有奇籍多方必羅致手錄兼貿入恆輟衣食費往來繞案行點畫勞指視成編亦艱難把玩自珍貴家人怪我癖既宦安用是自知身有病不作長久計偏好固莫捐聊以從我意是時吳中藏書家多以祕册相尚若朱性甫吳原博閻秀卿都元敬輩皆手自鈔錄今尚有流傳者實君謙倡

之也　鐵琴銅劍樓書目元氏長慶集有楊循吉跋曰宏治元年從葑門陸進士士脩借得宋本元氏集命筆生徐宗器模錄藏於雁蕩村舍之臥讀齋中亦爲珍翫且又借得白氏集亦方在錄可謂聯珠並秀合璧同輝矣　式古堂書畫攷趙子固梅竹譜卷循吉跋後有雁村居士印吳寬跋劉參政與楊君謙手簡劉公欽謨博學多聞所蓄書與崑山葉文莊公等觀此小簡與楊儀曹君謙託以購書者意甚懇懇可見矣君謙於公爲甥　乾隆蘇州府志劉昌字欽謨正統九年鄉試第一明年會試第二歷廣東左參政

海鶴詩中萬卷堂曬書儼類麥登場不關沈水都粱味二十

廚中別有香　邵文莊寶

無錫縣志邵寶字國賢別字泉齋亦曰二泉成化二十年進士戶部侍郎兼左僉都御史卒贈太子少保謚文莊

又文莊第有容春精舍庋藏書萬卷其中　文莊勿藥集復喬司馬精舍狀精舍在無錫城東南隅冉涇之上即吾七世祖元處士容春府君舊居也扁曰容春精舍未幾別建於西門之口扁曰二泉精舍中堂三間仍扁曰容春前堂五間中爲廚二十庋古今書籍萬餘卷扁曰泉齋　又容春堂續集曬書二首其一云連日曬書如曬麥人閒耕學本來同　又偶聞書香詩少愛新書楮墨香不辭書價借錢償坐來精舍還懷舊海鶴詩中萬卷堂注云予二十

歲時海鶴寓於家嘗題先世畫有萬卷一堂邀我共之句

天祿琳琅元本史記有錫山二泉邵氏家藏印　又玉篇有二泉朱記　又三禮攷注吳澄撰明邵寶藏本有容春堂錫山邵氏家藏朱記　又續編宋刻初學記葉文莊盛菉竹堂藏書有文莊家學邵以成氏藏書之記二印昌熾案二泉謚文莊以成當其後裔非崑山葉氏也又宋刻春秋經傳集解有性命可輕至寶是重鐘式印又一橢方印其文云顏氏家訓曰借人冊籍皆須愛護先有缺壞就爲補治此亦士大夫百行之一也其餘藏印三家曰金華宋氏景濂曰二泉邵寶曰汪北樓鑒賞印前二印具見愛書苦心未知出於誰氏附記於此姚舜咨亦有顏氏家訓

一印與此小異　楹書隅録北宋本王摩詰集每卷有二
泉主人聽松風處印
芘蔽何如打馬圖可憐一喝未成盧空爲子子孫孫計已共
名園付博徒　王獻臣敬止
蘇州府志王獻臣字敬止以錦衣衛籍舉宏治六年進士
授行人擢御史巡大同邊嘗令部卒導從游山爲東廠緝
事者所發謫上杭丞再謫廣東驛丞武宗立遷永嘉知縣
量移高州通判致仕　又拙政園在婁齊二門之閒嘉靖
中王御史獻臣因大宏寺廢地營别墅其子以樗蒲一擲
失之歸里中徐氏　平津館鑒藏書籍記經籍攷有吳門
王獻臣家藏書印詩禮傳家王氏圖書子子孫孫永寶之

虞性堂書畫印四朱記　昌熾案潘文勤師藏宋刻國語補音亦王氏藏書圖記略同又有己丑父印臨頓書樓二朱記

突如焚如涕漣如何事斯文竟祝予華不注陽一憑弔舊時月色上菴藺邊貢庭實

李廷相邊公神道碑公諱貢字庭實別號華泉其先淮陰人也六世祖朝用元至正兵亂避地歷城華不注之陽公宏治丙辰進士官南京戶部尚書癖於求書所蓄不啻數萬卷子二長翼次習　列朝詩傳華泉弱冠舉進士雅負才名美風姿諳吏事好交游天下豪俊久官留都優閒無事游覽六代江山揮毫浮白夜以繼日王鋐爲掌憲忌其

名論去之癖於求書搜訪金石古文甚富一夕燬於火仰天大哭曰嗟乎甚於喪我也病遂篤卒年五十七　華泉集兩後讀三國志詩菴藹架底黃昏月且抱靑緗學飯牛尙書江左擅詞宗蓋祿何嘗非萬鍾三日於陵飢欲死蠹書門塾署寒松　顧璘華玉　弟瑮英玉

明史文苑傳顧璘字華玉吳縣人宏治丙辰進士南京刑部尙書　四庫提要浮湘集四卷山中集四卷憑几集五卷續集二卷息園存稾詩十四卷文九卷緩慟集一卷明顧璘撰史稱璘詩矩矱唐人以風調勝今觀其集遠挹晉安之波近驂信陽之乘在正嘉閒不失爲第二流之首也列朝詩傳顧瑮字英玉華玉之從父弟也歷官河南副

使罷歸囊槖蕭然無以給昕夕臨街一小樓扁曰寒松訓蒙童數人以自給嘗絕糧華玉餽以斗粟不受霍渭厓爲南宗伯以廢寺田百畝貲之堅拒不納　愛日精廬藏書志晏子春秋八卷吳方山藏書有手跋曰顧英玉先生南都淸介丈夫也以憲副罷官家無長物出宦日所得書貨以給日用躬纍冊門左顏無愧色予重其所爲得二書嗚呼誦往哲之遺言法時賢之景行小子何幸於此兼得千頃堂書目簿錄類顧尙書書目六卷注云顧璘

風雨羣騶徑叩門讀書燈未滅深昏都生竟爲郞潛誤白髮愁添種種痕　都穆元敬

列朝詩傳都穆字元敬吳縣人宏治進士官太僕少卿嘗

奉使至秦中訪其山川形勢故宫遺壤作西使記搜訪金石遺文作金薤琳琅歸老之日齋居蕭然日事探討或至乏食輒笑曰天壤閒當不令都生餓死吳門有娶婦者夜風雨大至滅燭徧乞火無應者雜然曰南濠都少卿家有讀書燈在叩其門果得火其老而好學如此　文嘉何水部集跋楊祝都唐每得一異書則爭相誇示以爲樂故其所成皆卓然名世今異書閒出而學者視之漠然前輩不可及也　邊華泉集送都元敬詩才高憐晚達十載尚爲郎書買黃金盡愁生白髮長夏曹分武庫秋殿別文昌木脫霜皋冷何人共采芳　式古堂書畫攷周東村滿目雲山圖都穆題詩有乙卯舉人已未進士一印

臯廡來觀覆瓿經尊壺巾卷並充庭邢參寂默張靈笑一醉同登夢墨亭　唐寅子畏

乾隆蘇州府志唐寅字子畏一字伯虎晚皈心佛乘自號六如築室桃花塢與客日般飲其中年五十四而卒　文徵明飲子畏小樓詩君家在臯橋諠闐井市區何以掩市聲充樓古今書左陳四五冊右傾三兩壺　梅花草堂筆談高杏東先生得杜氏通典一部唐子畏所校也子畏每夜盡一卷用朱黃識其旁卷盡輒寫山水人禽竹木其端或書小詩或括前意爲一二語或紀日月誠一時佳玩也

讀書敏求記成元英疏莊子二十卷南京解元唐寅藏書北宋槧本之極佳者　又三辰通載南宋槧本有南京

解元唐寅印記並題字　士禮居藏書題跋記新雕注解珞琭子三命消息賦三卷校正李燕陰陽三命二卷勝朝登學圃堂　鐵琴銅劍樓書目太元集注末有題識云宏治乙卯臘月葑溪邢參觀於皋橋唐伯虎家　天祿琳琅宋板童溪王先生易傳公是先生七經小傳唐寅藏書皆有唐伯虎印羣經音辨有唐伯虎夢墨亭二印班馬字類有唐居士印　昌熾案余在滂喜齋見宋刻袁樞通鑑紀事本末唐子畏藏書有南京解元印每卷後皆有子畏題字一云蘇臺唐寅子畏甫學圃堂珍藏書籍一云晉昌唐寅醉中讀一云唐子畏夢墨亭藏書一云吳郡唐寅桃花庵中夢墨亭書其餘大致略同夢墨亭者子畏乞夢仙游

九鯉神夢惠之墨一擔因而作亭祝京兆有記湧幢小品載其事又按式古堂書畫攷唐伯虎金昌暮煙圖有吳趨圖印又青山讀書圖有夢墨亭六如居士印

鷗波墨妙妙天下狠藉海東圜溷多完好如新雙檜本鬼神在在爲撝呵　李文敏廷相

甲乙賸言劉元子從朝鮮還言彼中書籍多中國所無且刻本精良無一字不倣趙文敏惜爲倭殘毁圜溷之間往往以書幅拭穢亦典籍一大厄也　天祿琳琅前編新刊詁訓唐昌黎先生集明李廷相藏本廷相字夢弼濮州人巡撫順天提督紫荊關李瓚之子宏治壬戌進士第三歷官南京戶部尙書謚文敏　又歐陽文忠公文集字法規

倣甌波元刊之精者明李廷相收藏　又續編松雪齋文集宋筠跋云先少師官豫章時所得爲濮陽李氏物集中鐫字圓健宛然文敏手筆尤屬可愛有濮陽李廷相書畫記印　楹書隅錄元刊王狀元集注東坡詩咸豐辛亥先公購於吳門每冊有濮陽李廷相雙檜堂書畫私印蓋吾郡李文敏故物三百餘年展轉復歸吾郡楮墨猶完好如新斯誠文字精英在在有鬼神呵護也　千頃堂書目簿錄類李蒲汀家藏書目二卷李廷相　式古堂書畫攷李龍眠羅漢圖卷有濮陽李廷相家圖籍印李廷相子孝元跋後有松橋碧山道人洗心書舍太保尚書之嗣三印

石川張氏崇古樓潁川陳氏至樂樓藏書充棟與汗牛足敵

懷煙顧孝柔　陳察原習　張寰允淸　顧琨孝柔

蘇州府志陳察字原習常熟人宏治十五年進士僉都御史巡撫南贛乞休歸　又張寰字允淸正德辛巳進士通政使參議致仕歸惟以圖史自娛人望之蕭然有神仙之氣　又顧雲鴻字朗仲江陰繆昌期長洲文震孟皆嚴事之曰朗仲我師也　海虞詩苑顧琨字孝柔朗仲先生子也幼承家學錢宗伯爲之師所著寸灰集皆言情之作子鈇字僧虔歲貢生昌熾案張溯伊莘庵有秋深過鳳郁有懷顧丈僧虔詩書淫傳癖貧猶在禪榻口燈老更親則僧虔亦好書也　天祿琳瑯續編漢雋有石川張氏崇古樓收藏印　式古堂書畫攷解禎期臨蘭亭序有張寰跋用

張氏允清石川世居朱記　鐵琴銅劍樓書目雪樓集卷首有石川張氏崇古樓珍藏印　又道鄉集卷首有巨印其文曰蘇州常熟虞山精舍至樂樓主人河南道御史陳察原習之記　又舊唐書明刊本有記云借得錢遵王所藏至樂樓鈔本校　又李文公集卷首有顧孝柔懷煙閣讀書記朱記

獺髓真成續命膠衣如百衲莫輕拋但嫌著錄開新例倉雅軒岐一例包　陸文裕深　黃標艮玉　施大經天卿　宋懋澄幼清

上海縣志陸深字子淵號儼山宏治十八年進士歷官詹事卒贈禮部右侍郎謚文裕文章有名於時　松江府志文裕子楫字思豫才思警敏有蒹葭堂稾　藤陰雜記緑

雨樓陸文裕舊邸在正陽宣武二門之間東曰素軒北曰澹室中爲書窟　文裕江東藏書目錄序余家學時喜收書然覶覶屑屑不能舉羣有也壯游兩都見載籍然限於力不能舉羣聚也間有殘本不售者往往廉取之故余之書多斷缺缺少者或手自補綴多者幸他日之偶完而未可知也正德戊辰夏六月寓安福里宿痾新起命童出暴既乃次第於寓樓數年之積與一時長老朋舊所遺歷歷在目顧而樂焉余四方人也又慮放失是故錄而存之各繫所得儻後益焉將以類續入是月六日史官江東陸深識昌熾案文裕書目世無傳本此序見式古堂書畫攷其著錄之例十三經第一理性第二史第三古書第四諸子

第五文集第六詩集第七類書第八雜史第九諸志第十韻書第十一小學醫藥第十二雜流第十三以小學醫藥合爲一類爲諸家所未有其言云不幼教者不懋成不早醫者不速起其道一也亦好奇之過歟書畫攷又載陸子淵白雁詩卷後題嘉靖丁亥儼山人陸深試東坡藏研書於三十六峰之卷懷堂有國史經筵官印朱記又夜燕詩帖題四酉齋試筆儼山老人　上海縣志黄標字󰀀玉藏書甚富繙閱無閒寒暑陸深臨文有疑義必屬標攷核輯古今說海一百四十二卷著書學異同二十二卷　又萬歷閒郡中藏書之富者王洪州圻施石屏大經宋幼清懋澄俞仲濟汝楫四家爲最幼清尤多祕本及名人手鈔石

屏殁後子沛然復購益之其書目四冊高五寸許石屏有收藏印章曰施氏獲閣藏書古人以借鬻爲不孝手澤猶存子孫其永寶之　又秦鳳樓嘉楫手鈔書甚多嘗見吳冢志三卷楷法學趙吳興宋幼清題其後曰此秦侍御手書蓋先輩之惓惓於文獻者　昌熾案大經字天卿萬歷十三年舉人仕至惠州通判獲閣疑有奪字

蜀水京山天下秀滄江虹月本來多東游若欲尋雞次且挂輕帆過曲阿　孫道靜景瞻　孫楨仲牆　孫育思和　賀烺　賀裳黃公

好古堂書畫記嘉靖時孫楨字仲牆號石雲丹陽人收藏書畫古物最富攷據甚精　又云丹陽孫氏收藏書畫最富嚴嵩得丹陽孫育畫二冊重題祕藏之見直廬槀　楹

書隅錄宋本史記廣漢張杅守桐川時用蜀小字本重雕有孫育私印曲阿孫育南徐孫育思和印章孫思和圖籍篆京山孫育七峰道人開皇山下人家碧山草堂北固山第一峰諸印　又宋本元豐類稾有曲阿孫氏禹見珍玩照庵曲水山房蜀山草堂拙訥隱者諸印　昌熾案皕宋樓藏書志湖北提舉茶鹽司新刊前漢書一百二十卷有題字云正德二年三月吉旦裝景瞻又一跋云余見宋板漢史不下五六部未有若此之全□者子孫其永保之正德二年三月丹陽孫道靜重裝卷中有飛雲閣圓印景瞻方印二跋同年同月又皆云重裝道靜景瞻定當爲一人名字其人在正德中則前於仲牆思和諸孫莫先於此矣

禹見不可攷陋宋志又有蘆浦筆記十卷謝兆申錄於丹陽賀進士烺家即池北偶談所稱丹陽賀氏本也　天祿琳琅詩緝明趙府刊本有賀黃公藏書印載酒園詩話賀裳字黃公丹陽人有少賤齋集

書法歐虞畫右丞停雲突過趙吳興辛夷翠竹孫枝秀繼體先聞有二承文壁徵明　子彭壽承　嘉休承　孫元發子悱　曾孫文肅震孟　從鼎定之　從簡彥可

乾隆蘇州府志文林字宗儒成化壬辰進士溫州知府楊循吉溫州知府文公墓誌銘子男三人奎壁室　明史文徵明初名壁以字行更字徵仲別號衡山父林爲溫州知府正德末巡撫李充嗣薦授翰林院待詔乞歸嘉靖三十八年卒年九十矣長子彭字壽承次子嘉字休承　王

世貞吳中往哲傳彭號三橋善書以貢授秀水訓導擢南京國子助教卒年七十六嘉畫得待詔一體以貢授烏程訓導擢和州學正乞歸卒年八十三　式古堂書畫考彭號雁門嘉號文水文伯仁字德承號五峰又號葆生攝山老農徵明姪昌熾案雁門乃文氏郡望非彭號也　讀書敏求記項墨林每遇宋刻即邀文氏二承鑑別之故藏書皆精妙絕倫　文嘉有嚴氏書畫記　鷗陂漁話相傳衡山初名壁因文信國子壁仕元不欲與同名故以字行然證以其兄名奎及徵明之字俱與壁宿義近作壁爲是葉晉卿棣藏衡山作海月圖署正德丁丑九月文壁其字从土不从玉淩子與日黃佐衡山墓誌公孫五人元肇元發

彭出元輔元弼臺出元善嘉出臺先卒元發字子悱　明
史文震孟字文起徵明曾孫父衞輝同知元發震孟天啟
二年殿試第一授修撰歷官東閣大學士謚文肅弟震亨
字啟美中書舍人國亡發病死　國朝通謚節愍　天祿
琳琅續編戰國策元板長洲文氏藏本書中墨跡三處凡
例後楷書萬歷戊子七月望日手裝於願賢堂定之筆卷
五後八分書戊子八月一閱於心遠閣鈐印二文從鼎定
之卷十後八分書戊子十月惜陰齋漫閱鈐印一文從鼎
又楷書庚戌三月十八日悟言室閱過從鼎字定之萬歷
甲午舉人嘉之孫也　乾隆蘇州府志文從簡字彥可嘉
孫元善子郡諸生隱於寒山之麓子枏字端文　又文掞

字賓日耕子志尚高潔居停雲舊館終歲不出　朱彝尊
文與也墓誌文點字與也震孟孫晚自號南雲山樵子亦
字周爲　昌熾案文氏自明中葉迄於　國初文采風流
照映江左今彫賣盡矣文肅公墓在石湖旁猶憶十餘年
前欽韻珊地師爲余言湖畔有前明兆域規模宏敞鄉人
將謀鬻之他姓不知爲誰氏之隴意其爲文肅墓郡中文
氏子弟無應試者當是喬木世臣故國故君之感垂爲彝
訓然門祚則自此衰矣所見待詔藏書引首皆用江左二
字長方印或用竺塢印或用停雲圓印其餘藏印曰玉蘭
堂曰辛夷館曰翠竹齋曰梅華屋曰梅溪精舍又有煙條
館一印見天祿琳琅明刻文選又有悟言室一印惟庚寅

吾以降一印臨池用之藏書不常見也又曰漁陽子曰清白堂壽承印也曰歸來堂曰文水衛人曰肇錫余以嘉名休承印也曰元珠室曰五峰山人或曰五峰樵客德承印也德承又有雙玉蘭堂一印亦見天祿琳琅宋刻昌黎集後以徵明有玉蘭堂故仿爲之曰三楚精神子悱印也曰石經堂曰兩月平章文肅印也文肅故宅在郡城寶林寺東有世綸堂圃曰藥圃中有青瑶嶼公讀書處見郡志

又案錢儀吉跋遺山詩集云前後有文嘉休承文彭文揆賓日諸印又有玉蘭堂圖書記第四册前葉有十二研齋及東吳文獻衡山世家印　又案鐵琴銅劍樓書目資治通鑑文氏藏本有題字云丁亥年九月玉磬山房閱又曰

萬歷丁酉十二月廿三日看畢淸涼居士記又曰家中書籍散亡此書幸存萬歷辛丑湘南老人記又曰此書祖父手澤藏於石經堂震孟謹記考錢謙益列朝詩傳待詔築室於舍東曰玉磬山房則第一跋爲衡山筆文肅父爲子悱則淸涼居士湘南老人皆其號也　昌熾案文文肅墓在竺塢石湖非其兆域也昌熾自隴歸爲亡兒恭彝卜新阡於天池之麓其前卽爲竺塢村人云去一牛鳴地有古墓不知幾何年矣卽往視之石闕尙斜立艸田中題故大學士湘南文公之墓墓前一短碣則題曰明大學士文文肅公墓亡兒地下得侍先賢悲痛之餘竊以私幸始知前所聞於欽韻翁者實非文肅葬地湘南爲文肅之號亦非

子悱今重刊此集不復追改但識其誤於此宣統紀元四月二十一日

靚室含醺坐碧梧彈棋握槊并呼盧卽非左馬班揚業亦作囊中記事珠 錢同愛孔周

文徵明錢孔周墓誌銘君家本溫厚室廬靚深嘉木秀野足以游適肆陳圖籍時時招集奇勝滿座中酒壺列前棋局旁臨握槊呼盧憑陵翔擲含醺賦詩邈然高寄不知古人何如也　又云性喜蓄書每餅金懸購所積甚富諸經子史之外山經地志稗官小說無所不有而亦無所不窺尤喜左氏司馬班揚至所不喜雖世指以爲切要而君未始一注目也　又云君自宏治辛酉至正德丙子凡六試

應天不售奇窮骫髒迄於不偶　又云君諱同愛字孔周別號野亭其先江都人五世祖益避亂來吳遂爲長洲人君子二人鶴徵竹徵生成化乙未卒嘉靖己酉年七十五

昌熾案衡山嘉靖三十八年卒年九十是生於成化庚寅同愛生乙未又在其後五年　眉公筆記錢孔周喜蓄書遇有所得隨手劄記積數巨帙文先生極重之寫贈碧梧高士圖　又妮古錄文選祝京兆跋云余向蓄三五種亦皆舊刻此錢秀才本尤佳又楊君謙跋孔周得此紙墨印刻精好倍余所藏豈非天緣耶

草堂寂寞面湖開林界山窩老此才俯仰古今同一慨鄭俞姓字亦蒿萊　朱良育叔英　元鄭希聖

蘇州府志選舉類吳縣貢生正德年有朱良育叔英又藝文類朱良育草堂詩集十卷　百宋一廛賦注殘本迂齋標注崇古文訣有一印文曰吳郡西崦朱尗榮書畫印又有叔榮西崦各一印吾郡明初之藏書者也予嘗欲搜訪藏書家起元明之交終於所聞見各撰小傳合編一集然後如叔榮者不致有名氏翳如之歎此好古者之責也

天一閣書目釋氏古詩一冊卷面一長圖書刻吳郡西崦朱淑英書畫印一方圖書刻山窩林界四字　昌熾案淑英之淑疑叔誤　楹書隅錄宋本誠齋易傳有鄭希聖題云鸞書客潘生所售置諸巴焦林中讀書處時至大二年龍在己酉端陽日又朱叔英跋云希聖題字在至大己酉

距今二百八年矣予得之祝希哲希哲得之朱性甫性甫得之南園俞氏知其爲俞石澗先生家藏也追慕古人感慨繫之正德十一年丙子有希聖印三家村芭蕉林中散人吴郡朱尗英西崦草堂印各朱記　昌熾案張刻封氏聞見記有朱良育跋云昔友人唐子畏見借特以不全爲恨近又於柳大中借鈔前五卷庶幾爲全書古書之難得如此富室子弟積書萬卷而不讀亦獨何心哉觀此則先生惜書之癖不減安愚且於唐祝諸公皆有苔岑之契也

豹房昨降五雲箋敕取新聲付管絃但恨生逢楊得意不禁老作李延年　徐霖子仁　黄琳美之　羅鳳印岡

開有益齋讀書志金陵收藏家徐霖髯仙黄琳蘊眞羅鳳

印岡謝少南與槐並著於時後多散佚惟印岡太守傳至其元孫壽字原溥與姚淛元白嚴賓子寅俱精鑒賞　松江府志徐霖字子仁自號九峰道人人或呼爲髯仙　尤侗詠明史樂府徐髯仙一首自注徐霖在金陵築快園極游觀聲伎之樂武宗南巡臧賢薦入行宮應制詞曲扈從還京授官固辭　讀書敏求記隸釋二十七卷杜村先生手筆雲浦子盛時泰題於後古人於書率多手鈔相傳徐髯仙有宋槧本甚精妙後歸毛青城載還蜀中前輩好書風流洵可慕也　式古堂書畫攷米元暉五洲圖有江表黃琳黃美之黃氏淮東書院圖籍朱記又鄒復雷春消息圖有黃氏淮東書院圖籍印　千頃堂書目金陵羅氏書

目四卷羅鳳

五嶽歸來憶昔游黃金散盡異書收莫言紫苑醫腸祕鹿甲題名在虎邱　黃魯曾德之　弟省曾勉之　史臣紀載之

列朝詩傳黃省曾字勉之吳縣人弱冠與其兄魯曾散金購書覃精藝苑王新建講道於越參預講堂作會稽聞道錄湛元明振鐸成均則又學於元明名王湛兩家之學李獻吉以詩雄於河洛則又北面稱弟子有五嶽山人集子姬水字淳父　又黃魯曾字德之正德舉於鄉分宜聞其名欲招致之不能得也父授產千金悉以置書　昌熾案郡志選舉魯曾中正德十一年丙子科鄉試　王文恪中鑒注序吾蘇黃勉之好蓄異書爲之訓釋多得荀悅之旨

式古堂書畫攷趙文敏書畫冊黃姬水跋題丙寅上日定靈子黃姬水有姬水黃孟二朱記　天祿琳琅明板追昔游詩集有黃印姬水積山二朱記　昌熾案士禮居題跋記畫鑒一卷嘉靖乙丑春三月十三日鹿甲居士史臣紀勘畢皕宋樓所藏陶隱居集亦有史臣紀題字史君字載之見穰棃館過眼錄其事蹟無攷惟虎邱山有其題名云隆慶戊辰冬平度崔旦吳郡黃姬水徐調元史臣紀來游憩此知其爲郡人且與淳父爲友也又從廠肆見莊子通義有史臣紀書籍五字小楷長木印又案宋史載之以紫苑醫蔡京腸祕今傳有史載之方與鹿甲居士姓字偶同故詩辨之

藝菊一畦書滿架自言嗜好別無多如何結得清波恨幾欲投文告亞駝　袁翼飛卿

姑蘇名賢小紀袁翼字飛卿十歲能爲文稍長益事博綜奇文祕苑日討尋不厭聞有異書輒奔走求之餠金懸購至解衣爲質弗惜也正德丙子舉於鄉以母病不赴公車晚益甝髒深藏不出讀書樹藝自娱而已闢小圃藝菊數百本嘗曰吾於世萬事可捐惟積書藝菊不能忘情　姚吝清波別志跋予幼業舉子見同儕所讀者皆坊肆糟粕之文心竊鄙之既長棄去幡然從事六籍聞風而售者日至一人稱姑胥袁飛卿家奴肩一篋手一編迺清波別志也其人視爲奇貨索價太高因持去三十年來求之弗得

今始得之貞山陸給事家前有雜志十二卷後別志三卷比曩者爲全予喜而執筆日鈔五葉積七十日訖事追惟袁陸皆吳產也袁以規利陸以結義賢否之分如此宜其顯晦壽夭亦殊塗云　讀書敏求記博雅十卷正德乙亥支硎山人手跋云士人袁飛卿有此書求之半載童數十往返始得繕錄徵白金五十星乃去錢物可得書不可得雖貴當勿校耳

山居何有濟時心得一奇編一苦吟若識安愚遺守約豈知笙磬本同音　柳僉大中　俞弁子容

全祖望柳氏水經校本跋柳大中名僉吳之隱君子也生當武宗之世所校水經以宋槧手鈔改正錯簡如潁水篇

渠水篇灃水篇皆大有功也　讀書敏求記沈雲卿集二卷吳門柳氏藏書柳君名僉别號味茶居士摹寫宋本唐人詩數十種今歸述古書庫　士禮居藏書題跋記録異記五代杜光庭所纂正德已卯三月吳門柳僉録於桐涇别墅之清遠樓述一章以紀之鈔書與讀書日日愛樓居窗下滿池水萍開卻餌魚時名隨巧拙天道已盈虚莫信村居好山居樂有餘俞弁題云已卯首夏訪大中假録原韻奉謝生平酷好書僻性厭城居洗杓嘗鷄酒焚芸辟蠹魚荷君函裏祕益我腹中虚好語田園輩辛勤廿載餘端陽後二日長洲守約道人俞弁志何焯跋云余生三十五年但知有安愚不知有守約今讀其詩二老風流可愛昌

熾案安愚亦大中別號　皕宋樓藏書志樂府古題要解二卷柳氏跋云正德乙亥七月二十二日錄訖以詩寄興云偶病不粒食鈔書二十番娛生無此癖守死亦爲寃把筆頭欹帽衣緜酒罷樽時名付流水此外復何言布衣柳僉　又隨隱漫錄五卷有跋云從柳大中氏借歸錄畢口占絕句以記之心愛奇編雨汗流山妻笑我不封侯偷閒八日閒中寫一筆看來直到頭嘉靖丙戌秋守約居士俞弁志　鐵琴銅劍樓書目剡溪詩話後有題云從柳大中假錄丁丑六月十七日俞弁子容甫書於紫芝堂中

家本靈威古洞天積書連屋突無煙彭殤雖亦關時命苦恨應劉未丁年　閻起山秀卿

文徵明閶起山墓誌銘君喜積書見書必力購家惟一童日走從友人家借所未讀書手鈔口吟窮日夜不休所獲學俸盡費爲書資家甚貧或時不能炊至質衣以食而玩其書不忍棄竟以積勞得羸疾　又云閶之先臨江人國初以事徙隸蘇州衞父鉷生君於洞庭山中因名起山而字秀卿卒年二十四正德丁卯正月乙亥也　列朝詩傳秀卿著述自二三科志以外無傳

雅宜山人王履吉隆池山人彭孔嘉同是文門霞外客論古更約周公瑕　王寵履吉　彭年孔嘉　周天球公瑕

文徵明王履吉墓誌銘君於書無所不窺手寫經書皆一再過少學於蔡羽先生居洞庭三年既而讀書石湖之上

二十年非歲時省侍不入城生宏治甲寅十一月八日卒嘉靖癸巳四月三十日年四十　又云君諱寵字履仁後更字履吉別號雅宜山人　列朝詩傳寵兄守字履約舉進士撫治鄖陽而履吉已前死死後數十年履吉名滿天下人之猶知有履約者以履吉爲之弟也　蘇州府志寵有越溪莊在石湖上中有采芝堂御風亭小隱閣　又彭年字孔嘉父昉正德辛未進士年性穎異嗜讀書詩宗盛唐旁及香山郢州精法書宗顏歐以貧死　又周天球字公瑕太倉人年十六隨父徙吳從文徵明游善大小篆古隸行楷一時豐碑大碣皆出其手　愛日精廬藏書志游志續編有錢叔寶跋云辛酉九月望過孔嘉雲光閣見此

本袖歸錄之以爲齋中臥游之玩　士禮居藏書題跋記
和靖先生詩有彭年跋云此集爲匏庵相國所藏標題尙
公手跡也嘉靖戊申春禮部陸君購得之以遺余隆池山
樵彭年書於寒綠堂　式古堂書畫攷趙子固墨蘭圖有
羣玉山樵六止居士印　昌熾案滂喜齋藏宋刻雲齋廣
錄有王履吉印銕研齋二朱記又宋刻東觀餘論元本楊
子法言並有古吳王氏王履吉印與竺塢玉蘭堂翠竹齋
梅溪精舍五峰樵客文氏諸印雜厠不分當是雅宜遺書
身後盡歸竺塢余在菰里瞿氏所見兩家藏本亦如此也
滂喜潘氏又有宋刻淮海居士長短句明吳文定文壽承
周天球皆有藏印

文房遠在白雲間欲往從之不可攀但聽道旁樵父說顧家門外有青山　顧仁效　顧元慶大有

王文恪鏊陽山草堂記顧仁效結廬陽山之下棄去舉子業獨好吟咏兼工繪事坐對陽山拄頰搜句日不厭或起作山水人物悠然自得人無知者　天祿琳琅資治通鑑綱目明顧仁效藏本有靜學文房之印　鐵琴銅劍樓書目春秋經傳集解宋刊本有彥先顧仁效二朱記　楹書隅錄宋本禮部韻略每冊有南京兵馬指揮司副指揮關防夾山人書畫印長洲顧仁效水東館攷藏圖籍私印各印　皕宋樓藏書志通鑑殘本有顧仁效水東館攷藏圖籍之印　王穉登顧大有先生墓誌顧元慶字大有吳之

長洲人家陽山大石下學者稱之曰大石先生　列朝詩傳元慶家滸市兄弟多孅嗇治產山人獨以圖書自娛所居曰顧家靑山在大石左麓山中有勝蹟皆自爲之記名其堂曰夷白藏書萬卷擇其善本刻之署曰陽山顧氏文房王伯穀往訪之年七十五猶吟對不倦　俞仲蔚顧山人元慶大石山居詩白髮無王事門當大石山雲霞棲棟裏歌賦向人間谷口聽琴至松根拾菌還客留唯茗椀日覺古心閒　士禮居藏書題跋記開元遺事陽山顧氏藏本顧名元慶在吳中爲藏書前輩　又宋刻本新序陽山顧大有所藏　平津館鑒藏書籍記元刻范文正遺跡有大石山人印吳郡顧元慶珍藏印　昌熾案元慶刊有文

房小説四十二種又刻明朝四十家小説中瘞鶴銘攷郎
元慶著又著山房淸事一卷十友圖贊一卷茶譜一卷刻
入格致叢書雲林遺事一卷大石山房石友譜一卷夷白
齋詩話一卷陽山新録一卷刻入梓吳據王百穀墓誌其
所撰又有簷曝偶談一卷紫府奇言一卷雲摘新編三卷
消暑珠一卷大石八景記一卷
江左淸談擅籍咸選樓更繫五臣銜兩書已足沾來學九百
虞初大可芟　袁褧尚之
王世貞袁魯望墓誌銘君祖鼎生四子曰表曰褧曰褒其
最少者曰胥臺公袠與其伯父之子袞褒皆用文章顯名
吳中時人目之曰汝南六俊胥臺公實生君名以尊尼而

字之曰魯望　蘇州府志表字邦正臨江通判裴字尙之
吳縣學生晚耕謝湖之上自號謝湖褒字與之太學生晚
築室桃花塢抱膝長吟於聲勢泊如也袠字永之嘉靖乙
酉舉鄉試第一明年成進士袞字補之嘉靖戊戌進士裘
字紹之吳縣學生　昌熾案謝湖所刻有六臣本文選世
說新語四十家小說後四十家小說廣四十家小說列朝
詩傳云褧累試不利壹意汲古家有石磬齋蔡九逵爲之
記皕宋樓藏書志傷寒總病論十卷有袁氏尙之朱文方
印玉韻齋圖書朱文長印式古堂書畫攷趙子固墨蘭圖
袁褧題詩後有謝湖釆碧亭研北閒情高山流水四印天
祿琳琅文選袁氏昌安堂珍藏有與之父鏡機子朱記

磐石山樵西舜城，侍兒開閣不勝情。奇書到手輕蠻素，桃葉何人打槳迎。朱承爵子儋

無聲詩史：朱承爵字子儋，號舜城漫士，又號左庵，江陰人。文徵仲稱其爲文古雅有思致。　讀書敏求記：阮嗣宗詠懷詩行世本惟五言八十首，朱子儋取家藏舊本刊於存餘堂，多四言十三首，覽者勿漫視之。　士禮居藏書題跋記：魚元機集宋本，朱子儋藏。子儋江陰人，世傳有以愛妾換宋刻漢書事，亦好事之尤者。　天祿琳琅：宋刻文選有朱印子儋、存餘堂印二朱記。　又續編：羣經音辨有朱子儋印、行素齋圖書記、左庵、集瑞齋、磐石山樵、西舜城居士各朱記。　鐵琴銅劍樓書目：離騷集傳末葉有舜城朱承

爵校讐訖一行卷首有舜城居士子儋朱記　式古堂書畫攷張來儀懷友書畫合卷後有一行云嘉靖壬午存餘堂重裝下鈐朱氏子儋左庵二朱記　昌熾案子儋始末未詳壬午爲嘉靖元年文徵仲尚及見其爲文是其人當生正德前袁褧之少弟袠舉嘉靖四年乙酉鄉試秦汴二妙集跋吾友顧仁效過訪云云雖在嘉靖十五年丙申然王文恪爲作記是丙申至錫山時其齒已宿皆正德間人也故以子儋與仁效褧皆次於正德之末嘉靖之前

潦倒書淫墨癖中滑稽世乃有人翁紫淸舊宅歸來日元祐圖書一旦空　豐坊存禮

列朝詩傳豐坊字存禮鄞縣人嘉靖進士除吏部主事以

吏議免官居吳中貧病以死張司馬時徹序其集曰片語合意輒出肺肝相啗睚眦蒙瞋卽援戈矛相刺亦或譽嫫母爲嬋娟斥蘭茞爲蕢蒸知者以爲激詭不知者以爲窮奇也　昌熾案坊字存禮改名道生嘉靖癸未進士除禮部主事非吏部也附見明史豐熙傳然據下天官大夫印梨洲考功云云又似官吏部未詳　黄宗羲豐南禺別傳豐坊更名道生字人翁別號南禺外史讀書注目而視瞳子嘗墮眶外半寸人有出其左右不知也自考功遷謫失職而歸書淫墨癖無所不知亦遂目空今古滑稽玩世洸洋自恣而已　全祖望天一閣藏書記豐氏爲清敏公之裔清敏之子安常安常子治監倉揚州死於金難治子誼

官吏部以文名誼子有俊以講學與象山慈湖善有俊子雲昭雲昭子稌稌子昌傳並以學行爲時師表而雲昭羣從曰芑莅皆有名蓄萬卷樓之儲實自元祐以來啟之自吏部以來遷居紹興其後至庚六遷居奉化庚子芃四遷居定海芃孫寅初明建文中官教諭寅初子慶晚念先疇歸葬父於鄞城西大卿橋以南紫清觀紫清觀者宋豐尙書故園也以其餘治宅於是元祐以來之圖書由甬上而紹興而奉化而定海者復歸甬上慶官河南布政子耘耘子熙官學士卽以諫大禮拜杖遣戍者也豐氏自淸敏後代有聞人故其聚書之多亦莫與比迨熙子道生晚得心疾潦倒於書淫墨癖之中喪失其家殆盡而樓上之書凡

宋槧與寫本爲門生輩竊去者幾十之六其後又遭大火所存無幾范侍郎欽素好藏書至是以其幸存之餘歸於是閣　又云道生自以家有儲書故謬作河圖石本魯詩石本大學石本則以爲清敏得之祕府謬作朝鮮尙書日本尙書則以爲慶得之譯館貽笑儒林欺罔後學皆此萬卷書爲之厲也　式古堂書畫攷豐南禺臨養生論有清敏公家發解出身南禺外史三朱記又跋後有四明人翁天官大夫三印　又登瑞石山詩帖有豐氏人季印

稚子迎門婦下機庭前七檜是耶非空山猿鶴休相訝爲戀殘書解組歸　楊儀夢羽

龔立本常熟志楊集字浩然景泰甲戌進士安州知州子

舫成化丁酉舉人莒州知州舫子儀字夢羽嘉靖五年進士山東副使移病家居惟以讀書著述爲事構萬卷樓聚書其中多宋元本　蘇州府志楊副使儀宅在迎恩橋東北有萬卷樓　松窗快筆楊夢羽初歸詞曰萬卷樓前百花徑裏年來草色荒蕪天涯客子歸夢久模餬猿鶴驚猜已甚故山遂千里歸途念少日煙霞色相落魄帶經鉏其下闋云人生何自苦風波險惡歲月奔徂笑候門稚子驚問征夫惟有下機山婦應私訝貧似當初覽囊中虎符龍敕猶恐事虛無　士禮居藏書題跋記珩璜新論舊藏七檜山房鈔本立齋相國手校七檜山房海虞楊夢羽書齋名也其藏書所曰萬卷樓人所共知七檜山房則罕知矣

式古堂書畫攷松雪淵明象楊夢羽題有華陰世家印

昌熾案夢羽一號五川

整齊舊聞汲放失左右文武儒稗編好屬女孫收脚本一圈一擲莫忘筌　唐順之應德　孫宇昭孔明　唐仁艮士

明史唐順之傳順之洽貫羣籍年三十二舉嘉靖八年會試第一改庶吉士調兵部主事盡取古今載籍剖裂補綴區分部居爲左右文武儒稗六編行於世以禦倭擢右僉都御史代李遂爲鳳陽巡撫三十九年卒年五十四崇禎中追謚襄文子鶴徵隆慶五年進士亦以博學聞　吳偉業汲古閣歌嘉隆以後藏書家天下毘陵與琅邪整齊舊聞汲放失後來好事知誰及　彭文勤公知聖道齋讀書

跋余見季滄葦所藏正德年初印盡忠錄尚無補錄二卷有滄葦手跋其夫人唐氏乃毘陵孔明父之女荆川四世孫也以是見貽朱墨皆荆川筆云細閱書中絕無批評但有圈抹不能得其讀書之意旣取荆川右編勘之圈者皆入右編抹者節去始知卽其纂右編時脚本滄葦之言益信　拜經樓藏書題跋記唐宇昭字孔明家富藏書毛斧季嘗聞其有宋槧趙孟奎分類唐詩一百卷輾轉借之而未得　天祿琳琅續編宋刻孝經有唐宇朱文圓印又晉昌祕笈記唐仁㠯士毘陵唐㠯士藏書四印　楹書隅錄北宋本孟東野集有毘陵唐㠯士藏書于辰㠯士三印

雲煙已逐邊劉散又自江南到濟南積劫微塵應悟徹本來

禪誦及瞿曇　李開先伯華

明詩綜小傳李開先字伯華章邱人嘉靖己丑進士除戶部主事歷太常少卿提督四夷館罷歸有閒居集錢受之云伯華罷歸治田產蓄聲伎徵歌度曲自詡馬東籬張小山無以過也　靜志居詩話中麓最爲好事藏書之富甲於齊東詩所云豈但三車富還過萬卷餘又云借鈔先館閣博覽及瞿曇是也先時邊尚書華泉劉太常西橋亦好收書邊家失火劉氏散佚無遺獨中麓所儲百餘年無恙近徐尚書原一購得其半予嘗借觀籤帙必精研朱點勘北方學者能得斯趣殆無多人也聞中麓後人尚餘殘書數十部巡撫丹徒張公物色之中有陸農師禮象一篇張

公歿後訪之不能得矣　王文簡跋山谷精華錄予與中麓爲鄉里後進曾購其藏書目錄累年不可得僅於京師慈仁寺得小冊西漢文鑑朱印宛然後聞其書盡捆載歸崑山徐司寇矣康熙戊寅司寇次子章仲爲工部郎中以宋槧本山谷精華錄八卷見貽視其卷首即中麓印記在焉此書藏濟南李氏二百年而歸於江南又十餘年而復歸濟南似亦有數焉　昌熾案翁覃溪題王文簡載書圖十部唐籤未備觀精華山谷輯來難自注先生所見精華錄乃明人僞本　讀書敏求記斧季從輦下還解裝出書二百餘帙皆祕本也近代藏書家推章邱李氏金陵焦氏灰劫之餘未知金陵圖籍猶有存焉否今斧季所購乃中

麓祕藏之物也　何焯孟子音義跋孟子篇敍自世綵堂以下諸刻皆闕毛丈斧季爲東海司寇購得章邱李中麓少卿所藏北宋本乃有之

煙波四面閣玲瓏第一登臨是太沖玉几金峨無恙在買舟欲訪甬句東　范欽堯卿　從子大澈子宣

明詩綜小傳范欽字堯卿一字安卿鄞縣人嘉靖壬辰進士累官兵部右侍郎有天一閣集　茶餘客話欽號東明喜購舊本兩浙藏書以天一閣爲第一　全祖望天一閣藏書記天一閣擘始於明嘉靖閒而閣中之書不自嘉靖始固城西豐氏萬卷樓舊物也豐道生晚得心疾樓上之書爲門生輩竊去又遭大火所存無幾范侍郎欽素好購

書先時嘗從道生鈔書且求其作藏書記至是以其幸存之餘歸於是閣又稍從弇州互鈔以增益之雖未能復豐氏之舊然亦雄視浙東焉吾聞侍郎二子方析產時以爲書不可分乃別出萬金欲書者受書否則受金其次子欣然受金而去今金已盡而書尙存其優劣何如也　又天一閣碑目記是閣之書明人無過而問者康熙初黃先生太沖始破例登之於是崑山徐尙書健庵聞而來鈔其後登斯閣者萬徵君季野馮處士南耕而海甯陳詹事廣陵纂賦彙亦嘗求之閣中　又云閣之初建也鑿一池於其下環植竹木然尙未署名也及搜碑版忽得吳道士龍虎山天一池石刻元揭文安公所書而有記於其陰大喜以

爲適與是閣鑿池之意相合因即移以名閣　東齋脞語

范氏立法盡善其書不借人不出閣子孫有志者就閣讀之故無散佚之患其閣四面皆水讀者不許夜登不嗜煙艸故亦無火厄迄今三百年雖十亡四五然所存尚可觀也　阮文達天一閣書目序此閣構於月湖之西宅之東牆圃周迴林木蔭翳閣前略有池石與闤闠相遠寬閒靜謐不使持煙火者入其中其能久一也司馬歿後封閉甚嚴繼乃子孫相約爲例凡閣廚鎖鑰分房掌之禁以書下閣梯非各房子孫齊至不開鎖子孫無故開門入閣者罰不與祭三次私領親友入閣及擅開廚者罰不與祭一年擅將書借出者罰不與祭三年因而典鬻者逐不與祭其

例嚴密如此所以能久二也　又定香亭筆談云余兩登此閣閣不甚大地甚卑溼而列匱書乾燥無蠹蝕是可異也　昌熾案吾友王勝之同年云書乾燥不蝕由置芸葉石英之故詳隨園集登天一閣詩注　鄭梁訥庵范公傳訥庵范公諱大澈字子宣又字子靜從仲父兵部右侍郎欽游京師官鴻臚寺序班使琉球遼東朝鮮等處璽書七下進秩二品月俸所入輒以聚書聞人有鈔本多方借之長安旅中嘗雇善書者謄寫多至二三十人年六十七致仕築室郡城西郊繙經閱史品畫評書者垂二十年萬歷庚戌九月八日卒春秋八十有七所著有灌園叢談臥雲山房遺稾　又爲陳怡庭壽范簡巖七十序鄞邑好古藏

書之家豐氏而後推范氏然人知司馬東明公之所藏特富而不知鴻臚訥庵公爲其猶子其所藏不止如南北阮也百餘年以來故家阜隸華屋山邱司馬天一閣之書名天下然至論其籤題裝輯奕世如新則鴻臚手澤擬諸司馬正如石崇之於王愷矣　昌熾案天一閣書目所列范氏諸印有四明范氏書記甬東范氏家藏圖書古司馬氏萬古同心之學東明山人東明草堂七十二峰一吾廬和鳴國家之盛司馬印也范子受氏靜思齋崑崙山人西郭草堂范伯子子受少明淸甯宇宙中人皆司馬之子少明印也　又案天祿琳琅初學記有范大澈印子宣父西園生平樂事滄洲外史藝文類聚有范氏子宣明州范生卧

雲寶墨齋四明真逸南海釣者典屬國印典客侍從之臣
句章灌園叟對此展玩咀嚼自謂葛天之民金峨玉几丹
山赤水諸朱記皆子宣印也丹山赤水爲剡源之第五曲
亦名三石郇全謝山湖語所云獨剡源之五曲忽孕爲丹
霞之古文迅流成雷來歸於三石之郇是其地矣

藏書紀事詩卷二終

藏書紀事詩卷三

長洲葉昌熾

僵李居然可代桃劉郎一字誤題餻草堂自在梁溪畔繡石家風秦汝操　秦汴思宋　子柄汝操　柱汝立

天祿琳琅童溪王先生易傳劉日新宅鋟梓有錫山秦汴次山秦子思宋少保秦端敏公仲子諸記秦汴字思宋無錫人秦金仲子金字國聲宏治進士官刑部尚書謚端敏

鐵琴銅劍樓書目二妙集無名氏跋曰吾友顧仁效過訪次山秦思宋執是爲贊嘉靖丙申寓繡石堂識　又續談助五卷皇象山人姚咨跋云故友秀水令江陰徐君子寅家藏子寅歿後其家人售於秦汝立氏汝立乃余門人

汝操之弟儲蓄甚富　又穆天子傳孱守老人跋云崇禎己卯借得錫山秦汝操繡石書堂本　又禪月集卷末有秦柄圖書雁里草堂二朱記　昌熾案無錫縣志秦柱字汝立金之孫工書師歐陽率更草學孫虔禮以薦授中書舍人又貢生表萬歷五年有秦柄汝操當爲柄字余所見秦氏藏書又有雁里子柄一印以是知雁里草堂爲秦氏藏書處也猶憶修郡志時同年徐君愛枬問余雁里草堂誰之宅也童時不知闕疑以沈與文告徐君郎據以纂入第宅園林類而不知沈君藏書處名野竹家雁里自在梁谿也附志於此以明余過且冀後之踵修者爲改正之

膠山樓觀甲天下曲橋華薄蕩爲煙徒聞海內珍遺槧得一

珠船價廿千　安國民泰

無錫縣志安國字民泰富幾敵國居膠山因山治圃植叢桂於後岡延袤二里餘因自號桂坡好古書畫彝鼎購異書　又安紹芳字懋卿所居膠山西林廣池十頃帶以華薄蔚然深靚曲橋飛樓逶迤夭矯雜置圖書彝鼎其中名士過從置酒刻燭至忘日夜　又西林膠山安氏園也嘉靖中安桂坡穿池廣數百畝中爲二山以擬金焦至國孫紹芳郎故業大加丹䨼與天下名士游賞其中二百年以來東南一名區也　無聲詩史紹芳自號硏亭居士後更名泰來字未央　錢受之跋高誘注戰國策天啟中二十千購之梁溪安氏不啻獲一珍珠船也　又跋春秋繁露

金陵本譌舛得錫山安氏活字本校改數百字深以爲快今見宋刻本知爲錫山本之祖　天祿琳琅初學記板心上標安桂坡刊每卷標題之下又稱錫山安國校刊安國所刊書甚夥此書取九洲書屋本翻刻昌熾案安國所刊有顏魯公集熊朋來集吳中水利書　又史記有大明錫山桂坡安國民太氏書畫印　又元本博古圖有桂坡安國賞鑑印　紅豆樹館書畫記徐幼文秋林草亭圖有安字圓印錫山安氏西林祕玩印墨顚齋圖書印

練市高樓擁白華姑存世學爲專家將軍未奏厓山績且種東陵五色瓜　茅坤順甫　孫元儀止生

湖錄茅坤字順甫號鹿門歸安人明嘉靖戊戌進士大名

副使以事鐫職歸作島人傳三益先生傳以見志著有白華樓稾玉芝山房稾年九十卒子翁積國緡維國緡子元儀字止生號石民佐孫承宗行師歷官提督大將軍旋以兵譁下獄遣戍漳浦邊事急請募死士勤王爲庸奸所忌悲憤縱酒而卒　吳興藏書錄茅坤白華樓書目下引湖錄云鹿門茅先生藏書甲海內練市新構書樓凡數十間至於充棟不能容其孫大將軍止生編爲九學十部目自述云九學者一曰經學二曰史學三曰文學四曰說學五曰小學六曰兵學七曰類學八曰數學九曰外學十部者卽九學之部而加以世學世學不可以示來世然時王之制吾先人以玆名於世吾敢忽諸其後攜至白門遭國變

散去

湖上垂綸二十年嚴光佳壻得神仙白陽何似元洲客香火停雲有兩賢陸師道子傳　陳道復復甫

無聲詩史陸師道字子傳長洲人進士工部都水司主事改禮部儀制司請急歸益肆力於學手鈔典籍後先積數千百卷丹鉛儼然小楷精絶林下踰二十年起補南儀部召爲繕部郎中擢尙寶少卿告歸卒年六十四先生初號元洲尋更曰五湖女趙陸卿子適隱士趙宧光子士仁字文近號承湖昌熾案郡志子傳嘉靖戊戌進士　列朝詩傳子傳文待詔弟子善詩工小楷古隸旁及繪事人謂待詔四絶不減趙吳興子傳約略似待詔而風尙標置亦相

亞云　乾隆蘇州府志陳道復初名淳後以字行更字復甫別號白陽山人少從文徵明游所棲曰五湖田舍　又云陳都憲璚宅在大姚都憲孫道復亦居此有闊颿堂碧雲軒　士禮居藏書題跋記中吳紀聞六卷陳白陽山人手校　皕宋樓藏書志湖北茶鹽提舉司新刊漢書一百二十卷有陳道復印陳淳私印　式古堂書畫攷趙子固墨蘭圖陸師道跋有陸氏子傳五芝元潤二印又陳道復梅雪帖有姚里圓印　昌熾案子傳號元洲潤字疑有誤

徵行門巷有倡條遺事宣和譜玉簫此郎人閒希有本虞山不贈待靑瑤　錢穀叔寶　子允治功甫

列朝詩傳錢穀字叔寶少孤貧游文待詔門下日取架上

書讀之以其餘功點染水墨得沈氏之法晚葺故廬讀書其中閒有異書雖病必強起匍匐請覲手自鈔寫幾於充棟窮日夜校勘至老不衰子允治酷似其父年八十餘隆冬病瘍映日鈔書薄暮不止功甫歿無子其遺書皆散去自是吳中文獻無可訪問先輩讀書種子絕矣　明詩綜小傳允治初名府後以字行更字功甫有少室先生集明畫錄穀子允治字功甫序字文甫亦善山水　靜志居詩話叔寶晚葺敝廬曰懸罄室王元美爲賦詩所謂空梁頗受落月色北窗靜俟涼風眠者也昌熾案劉子威集有懸罄室記言錢君少學於文徵仲先生爲題其室曰懸罄言能貧也據此則竹垞晚葺之說未審矣　讀書敏求記

功甫老屋三間藏書充棟白日檢書必秉燭緣梯上下所藏多人間罕見之本　又也是園書目序吳門錢功甫高士也牧翁釋褐後即與之交一日語公吾老矣藏書多人間未有本子公明日來當作蔡邕之贈我欲閱轉就公借他年屬纊時公與我料理身後事牧翁喜甚質明往其意色閔默已不肯踐宿諾矣嗟乎讀書種子習氣未除斤斤護惜非獨一功甫然也功甫有李師師外傳一卷郎筌翁云道君在五國城所作從榷場中來者功甫歿此書不知散落何處今雖懸百金購求豈可復見　李果徐瑤圃畫雲閒徃哲遺象跋吾吳先賢象爲錢叔寶手筆功甫欲歸之文文肅公有貴卽以厚利願交於功甫功甫不可文肅

感其意至質其家藏宋槧史記酬之後人爭賢功甫　愛日精廬藏書志書上人集有木記云百計尋書志亦迂愛護不異隨侯珠有假不返遭神誅子孫不寶眞其愚錢叔寶藏書印記也昌熾案所見懸磬藏書尚有十友齋一印及中吳錢氏收藏印

廉吏還山贍寢邱買書有俸未爲憂三間老屋親傳寫惟有東吴顧可求顧德育克承

蘇州府志顧祖辰字子武祖蘭宏治戊午鄉舉令樂安於潛二縣歸隱吳之臨頓里有地數弓竹木翳然結椽三楹署曰春潛隱蘭子德育家貧好學手錄幾數千卷祖辰襲祖父餘風老屋三間破榻竹几雖闤闠中寂若空山閒作

小詩及畫自娛而已　鐵琴銅劍樓書目石刻鋪敘義門跋曰辛卯卯得顧可求家鈔本稍正數字顧名德育廉吏犖甫之子也　又吳中舊事顧德育鈔本跋云隆慶改元丁卯四月安雅生顧德育記時年六十有五　式古堂書畫攷周復卿小齋雅致圖顧德育跋有克承安雅堂二印

梟鼎云同古篆凝茗甌香沸玉河冰至今石室蘭臺裏柰軸牙籤半武陵　顧從禮汝由　從德汝修　從義汝和

松江府志顧定芳字世安上海人明世宗時召拜御醫子從禮字汝由工書夏言入閣值世宗狩承天以從禮薦歷官光祿寺少卿弟從義字汝和善書能詩嘉靖庚戌詔選端行善書從義名第五授中書舍人隆慶初擢大理評事

家居構玉泓館手摹宋本淳化帖有研山山人詩槀行世
　眉公筆記文壽承云在長安時過顧舍人汝由研山齋
見其窗明几靜折松枝梅花作供爨玉河冰烹茗啜之又
新得凫鼎奇古目所未見炙內府龍涎香恍然如在世外
不復知有京華塵土　天祿琳琅漢書宋刻本有趙孟頫
象右方上書趙文敏公小象下書長洲陸師道題於顧汝
修芸閣按秦漢印統黃姬水序稱爲東川御醫顧公所纂
厥嗣汝由光祿汝修鴻臚汝和廷評共成之考松江府志
從禮字汝由從義字汝和而不及汝修今卷中有顧從德
印當卽汝修之名也　又新唐書糾繆宋刻本明鴻臚顧
汝修藏有武陵世家顧汝修印顧蒙三朱記唐書直筆新

例同　又資治通鑑興文署板顧從德藏有武陵聯珠印　又新刊唐柳先生文集顧從禮藏有武陵郡圖書記長印又有子先之印疑爲從禮之別字　嚴元照書春秋張氏集傳後每冊有顧汝修印　鐵琴銅劍樓書目春秋胡傳有顧從德印顧從義氏二朱印

四萬卷書百籤畫淸森閣似米家船陸沈金馬眞無謂東海歸來誓墓田　何良俊元朗

松江府志何良俊字元朗華亭人居柘林少與弟良傅皆負俊才時人以二陸方之良俊由貢謁選授南京翰林院孔目子元之字又元亦以淹雅見稱良傅字叔皮嘉靖十九年登鄉薦明年登進士禮部郎中　列朝詩傳元朗少

而篤學二十年不下樓以歲貢授翰林院孔目鬱鬱不得志每喟然歎曰吾有淸森閣在東海上藏書四萬卷名畫百籤古法帖鼎彝數十種棄此不居而僕僕牛馬走不亦愚而可笑乎有何氏語林四友齋叢說行於世　四友齋叢說序何子少好讀書遇有異書必厚資購之撤衣食爲費雖饑凍不顧也所藏書四萬卷涉獵殆徧　四友齋叢說余家舊藏書幾四萬卷後皆燬於倭近日西亭殿下以爲余家藏書尙存書來假錄恨無以應其求矣　鐵琴銅劍樓書目句曲外史集何元朗鈔本有東海何元朗朱記　式古堂書畫攷蘇子美南浦詩帖有何氏元朗紫谿眞逸兩印　又呂寶臣子安學問帖有何氏元朗柘湖居士

兩印　又孫之翰虞侯還帖有橘里淸賞何氏元朗兩印
又呂望之蒙恩進職帖有何良俊印陸沈金馬門兩印
又吳雲壑急足帖有何元朗氏兩山二印

昭德先生書滿家自言梨味不如櫨禮堂翻定童烏本痛極
優曇頃刻花　晁瑮君石　子東吳叔權

千頃堂書目簿錄類寶文堂書目三卷晁瑮　四庫提要
瑮字君石號春陵開州人宋太子太傅迥之後嘉靖辛丑
進士官至國子監司業其子東吳字叔權嘉靖癸丑進士
選翰林院庶吉士父子皆喜儲藏此本以御製爲首上卷
分總經五經四書性理史子文集詩詞等十二目中卷分
類書子雜樂府四六經濟舉業等六目下卷分韻書政書

兵書刑書陰陽醫書農譜藝圃算法圖誌年譜姓氏佛藏道藏法帖等十五目其著錄極富雖不能盡屬古本而每書下閒爲注明某刻亦足以攷見明人板本源流　䥫輔通志誠痛錄明晁東吳撰東吳瑮次子弱冠第進士年二十三卒其父瑮手錄其遺文總四卷墨蹟一卷名曰誠痛錄　亡兒恭彝生於同治甲戌歲體羸而嗜學余每得古碑精槧助余著錄喜形於色尤留心鄉邦文字某人著某書或存或佚隨問隨荅瞭如指掌蓋其沈默彊識天性然也去歲春忽得氣虛腫證百治不瘳至十月朔竟不起年適二十三歲此章不幸遂成詩讖悠悠蒼天尚何言哉亡兒在里嘗奉敎於曹叔彥內翰內翰嘗詔以輯高密諸經

故訓爲鄭氏雅許君諸書涉禮學者爲許氏禮屬稾粗具未有定本他日擬爲理董稍抒童烏之痛崦嵫暮景精力幾何未知能償此願否耳光緒丁酉上元日緣裻記

老子韓非竟同傳孫公樂令每清談藏書倘補吳興錄海屋流風晉石厂　姚翼翔卿　國朝姚覲元彥侍　子慰祖公蓼

湖錄姚翼字翔卿號孺參歸安人嘉靖中以貢爲新淦訓導再爲黃州教授遷廣濟知縣告歸傍南城構屋數楹貯圖書萬卷晚年自號海屋子年六十九卒　吳興藏書錄

姚翼玩畫齋藏書目錄自序略云金玉珠璣之好舉世所同也同則聚於吾也垂涎者必衆而況其人所好既終身於此則其子若孫率皆溺於紈綺膏粱作業竭而財日匱

其末必不能自給又無義禮以養其心而孝敬之念既衰則其於祖父精神手澤渺然不爲介慮舉而棄之如視敝屣以子孫如視敝屣之心而乘之以舉世垂涎之欲吾見聚之以數十年之力者不終朝而澌滅無遺矣乃若書之好千萬人而無二三焉方吾之好而聚之也人將嗤之不暇焉有同好者睥睨其旁哉而況爲其子孫者縱非皆能讀父書而目染耳擩之餘或稍稍習儉素以自保且非甚狂病不肖當不忍死其親而捐其所甚好雖欲捐之又或苦於售之不易而中沮然則吾之好書雖限於力而不能多致使汗牛充棟竊獨喜其可久據以爲吾有也故特齋而藏之又籍而錄之

姚彥侍方伯名覲元歸安人文僖

公之孫由農曹出爲川東道閻忠介公筦司農公與楊鵠山諸君同被劾罷官僑寓吾吳蕭家巷公子慰祖字公蓼父子皆好藏書方伯所刻咫進齋叢書有功藝林甚鉅公蓼別刻晉石厂叢書僅成吳興藏書錄經籍跋文鄭氏學錄古今僞書攷四種初鋟木時卽以見貽今父子相繼宿草每檢遺編不勝山陽之感晉石厂者方伯在蜀得晉楊宗石闕題字攜以東歸顏其藏書之室也

丹甲霞宮祕道經虛康爲庋戶持扃紅蟫日飼神仙字待爾丹成降列星　劉鳳子威

明詩綜小傳劉鳳字子威長洲人嘉靖甲辰進士官至河南按察僉事有澹思太霞二集　余寅劉子威文集序夫

人世諸閟記不足屬先生目也使天上有籙若霞宮丹甲地下有藏若汲冢覆釜先生盡耿諸其胸矣　又魏學禮序劉子威先生超絕有奇質家多藏書學勤博記安世之篋不足稱焉　子威厞載閣記厞者何辟也載者何載籍也載籍則何言乎辟東而載之乎辟也戶牖之閒爲扆內謂之家大者謂之栱長者謂之閣閣謂有所置也何言乎置當余之世有所謂簡策者則未知其爲韋竹之絕歟科斗之目歟予何以嗜嗜者蓬古之遺尚於是乎徵則因以求之也　又云古所謂閣今所謂閣也柄梲以樱檍栭直而遂交以受櫓其楠也方鑿垣而周之植傳之突以爲戶持戶持謂之扃扃而加鐍虛㡗爲庋則置典焉實之以四

方之書其言平闇不足乎載也曰可矣乎未乎則求之乎方來者之辭也　又清舉樓記予居循郭之西左控河渠諸川滙焉四方之所走集也右招西南山經帶絡繹有若圖衞然閒葺餘緒爲樓北址名之淸舉以藏古圖籍且以游目放志焉　又縱廡記余嗜書嘗游四方每所遇必錄散遺不可讀者亦補緝綴之故所載雖無復往古之盛其在於今庶幾哉爲贍完已乎　玉劒尊聞酉陽雜俎蠹魚三食神仙字則化爲脈望狀如髮卷規四寸許得此者夜持向天從規中望星星便立降可乞丹度世劉子威聚仙經令童於他書中取蠹魚置其上每日檢視冀有仙名被食者皇甫子循謂之曰我當刻一印記贈子曰蠹魚弟子

湘靈雪屋共追攀何氏三高大小山爽氣西樓超物表慈封東郭近壖閒　孫七政齊之　孫朝肅功父　朝讓光父　曾孫口孝若　藩孝維

蘇州府志人物傳孫艾字世節父紀官刑部員外郎艾任俠鑿山得美泉剷厓石緣高下結廬以待游者自號西川翁子舟耒舟進士官工部主事耒子七政字齊之七歲能詩長與王世貞汪道昆諸人游才名藉甚所居西爽樓清暉館蓄古彝鼎書畫客至觴詠其中著松韻堂集行世二子林森皆能詩森舉萬歷丙午鄉試官至高州同知　又孫朝肅字恭甫吏字功父七政孫萬歷丙辰進士廣東布政使弟朝讓字光甫崇禎辛未進士江西布政使未赴而明亡時年未五十優游林泉年九十而終　士禮居藏書

題跋記李義山集三卷護淨居士跋曰先用錢副憲春池本寫有篇次無卷目乙亥六月孫方伯功父以一本見示煥然若披雲霧凡錢本之可疑一朝冰釋孫本爲無錫華氏物北宋本也　鐵琴銅劍樓書目陸士衡集舊藏大石山房孫氏有朝讓孫光父朱記　愛日精廬藏書志李商隱集三卷陳鴻跋曰丙戌正月借孫孝若家北宋板校昌熾案孝若爲錢履之之壻懷舊集有履之九月七日孝若壻移酌令叔光甫新閣承光甫訂九日登高至期邀同巳蒼夕公輩山行紀事詩詩云歲惟甲申月在九孫甥湯餅酌喜酒既稱光甫爲孝若之叔則孝若爲朝肅子可知其所藏北宋本李集卽功父所得華氏之本蓋其家楹書也

夕公錢龍惕之字龍惕有孝若所藏禪月大師畫十六羅漢歌一首又有同孝若送士龍歸吳門詩馮仲舒有孫孝若方廣居招看八面重臺牡丹詩又按天祿琳琅續編纂圖互注尚書宋光宗時刻本有虞山孫藩夔王氏之印皕宋樓藏書志國語二十一卷有虞山孫藩仲孝維攷藏圖書朱文方印主司巷人家朱文長印儀顧堂題跋宋槧國語有孝維印及虞山孫氏慈封堂丙舍圖書朱文長印瞿氏書目鄒季友書傳音釋亦有孫仲孝維收藏印攷孫藩字孝維爲孝若之異母弟見梅村所撰金孺人墓誌銘及郭孺人壽序梅村集中有高涼司馬行贈孫孝若注云孝若初授衢州推官升高州同知又有孫孝維三十贈言海

虞詩苑有孫丞祚雪屋偕湘靈孝維飯破山寺詩又有春日過孝維南園詩一門羣從風雅相尚梅村詩云何氏三高推小隱一門羣從重中郎殆不誣也

一枝一梧狀若丌以薦長物平不欹吾樓高廣義取是衡卄九尺縱半之　孫樓子虛

蘇州府志人物傳孫樓字子虛舟之孫嘉靖丙午舉人選湖州府推官改漢中致仕歸性好書杜門校讎晝夜不輟所藏踰萬卷略無脫誤　又藝文類孫樓麗詞百韻百川集十卷詩集四卷　百川集有丌冊庋記云庋物者負壁爲依一枝一梧於兩端以承片木狀若丌者則謂之庋葢臨於居而多長物者之爲也余嗜書插架幾萬卷家所稱

長物亦惟書最多貫中以韋護表以䕒類壘於櫝藏亦珍矣思夫鼠蠹莫之能齧溼暑莫之能浥曷若爽而塏之登之重屋之上陳諸疏櫺之中樓之其庶乎而居無隙地籯無羨金未之能樓也嘉靖乙丑積賣文金若干緡以易東鄰隙地數武噫茲可樓矣於是南向爲樓者三楹高二十尺衡二十有九尺縱半之右之偏復爲一楹以階下上於是移所藏而藏焉周遭高下通戶竇外罔非書者而予日讀於其中不知寥廓之爲廣吾樓之爲隘也樓以書建舍書罔以名遂顏其額曰丌冊庋客時有叩命名之義者予不勝荅也故爲之記云　又博雅堂藏書目錄序余家自先考功高曾而下故多藏書會中落靡有孑遺而厥嗜彌

堅米家船來余先衆以往推蓬恣搜賈亦苦之或赴試薄游兩都日遨列肆閒一覩所未覩輒大叫喜不自禁若一旦獲拱璧恨相遇晚與之直或倍其索弗恡既獲雖劇寒暑必諷之卒業家人曰日下舂矣可食矣夜向闌矣可眠矣郎附耳大呼若弗聞也者嘉靖庚戌命梓人作鉅廚六類而叠之殆踰萬卷咸躬自讐校手爲裝池錯簡脫幅百鮮一二越明年辛亥孟夏朔樂安文樓木天父書於拱宸堂中其分類一經二史三諸子四文集五詩集六類書七理學書八國朝雜紀九小說家十志書十一字學書十二醫書十三刑家十四兵家十五方技十六禪學而道書附之十七詞林書又特錄制書類而附以試錄墨卷

吁嗟彈鋏食無魚豔雪談觚衍子虛飲䭔原非求醉客且同司馬慕相如　孫允伽伏生

懷舊集小傳孫允伽字唐卿一字伏生子虛之孫秦季公之壻也子虛名樓季公名四麟皆讀書嫺古君亦衍其遺風與先府君游來必治具君不飲酒爲設䭔子性迂緩而短於覩同拌者侮之每急食其精好者比君舉箸無所得予少侍食輒左右君君曰非小主人我終日作東方生飢欲死耳所藏書多異本今尙存於家　讀書敏求記葛洪神仙傳十卷袁陶齋藏書後歸秦四麟流傳至允伽居士春雪樓三君皆好古碩儒所藏率多舊鈔本故其書正定可傳　東湖叢記酉陽雜俎續集鈔本萬歷戊戌七月旣

望生洲居士孫允伽跋　士禮居藏書題跋記文房四譜有趙清常跋云戊申八月友人孫唐卿自家山來奚囊中持此書因借錄并校其譌　皕宋樓藏書志廣川畫跋六卷某氏跋曰萬歷甲寅假得瞿氏惜庵本校肖枷謹識昌熾案此卽孫唐卿也唐卿名字皆本唐孫伏伽陸氏不攷誤伽作枷枷者連枷說文所謂柫也又案唐卿著有玉臺外史談觚豔雪齋集見郡志藝文類

烏有子虛亡是公姓名本屬寓言同孫江何必非眞我難燭傳書課學童　孫江岷自

海虞詩苑孫江字岷自百川先生之元孫也嘗倣徐孝穆玉臺例錄唐詩豔麗者爲緣情集所著有牢山花源問庚

諸集　讀書敏求記唐僧宏秀集十六卷元人鈔本予獲之於孫岷自岷自購一古圖記刻鏤孫江字絕佳苦愛之卽改名江亦吾鄉俊民也昌熾案據此則江非原名也瞿氏書目有沈下賢集馮氏藏本葉奕傳錄孫明志再錄之又古文苑有岷自跋云趙凡夫藏宋刻紙墨鮮明字畫端楷靈均鉤摹一本友人葉林宗見而異之亦錄一冊辛巳夏假歸分諸童子三日夜鈔畢江與林宗爲友沈集亦錄自林宗頗疑明志卽其原名但無可攷耳　愛日精廬藏書志武林舊事陸敕先跋曰此本余姻友孫岷自舊藏岷自不祿屈指已十有三年矣不勝人琴之痛康熙丁巳識

稽瑞樓書目孫岷自詩選一卷　昌熾案孫樓嘉靖丙

午舉人與齊之尙同時允伽爲秦季公之壻當在萬歷末岷自入　國朝方卒年代遠不相及今以一門羣從連類而及便於攷索援史家父子祖孫同傳之例如何之子端子宣諸人錢之牧翁遵王皆以一家先後爲序附錄最先一人之後在全書爲變例

劒氣延津射斗牛朱甍高敞揭簾鉤莫疑金谷河陽宅兼兩瑶籤在上頭　孟守約

孫樓百川集守約孟君藏書於樓扁曰玉輝詩以贈之孔壁聖祕啟汲冢靈詮抽七略名已遡五厄爛不收君家富緗素庋之重檐樓朱甍敞綺疏絳帷揭纖鉤不以貯歌舞爰迺工吟謳琅函燿璀璨瑶軸麗雕鎪兼兩擬芃先滿架

夸鄰侯文光貫奎壁虹氣干斗牛卻疑羣玉府忽在三江頭珠淵白光發劍津赤煙浮猕兹援神契具闡遂古幽君既發其藏鑰然聚如邱英華一以咀醞粕旋爲留書淫任時誚錢癖非吾流子亦朂書子元覽思披搜家藏篋易盡閱肆市無儔何當入帳中遺珍恣探偷寶光豈獨賁餘輝賚交游

得一奇書失一莊團焦猶戀舊靑箱眼前東筍呼奴子身後駢枝問貨郞　王世貞元美　世懋敬美

明史王世貞傳世貞字元美太倉人右都御史忬子也生有異稟書過目終身不忘年十九舉嘉靖二十六年進士授刑部主事萬歷後擢南京刑部尙書移疾歸二十一年

卒於家弟世懋字敬美嘉靖三十八年進士太常少卿先世貞三年卒　少室山房筆叢王長公小酉館在弇州園涼風堂後凡三萬卷二典不與構藏經閣貯焉爾雅樓庋宋刻書次公亦多宋梓　天祿琳琅漢書宋刻本王世貞跋云余平生所購周易禮經毛詩左傳史記三國志唐書之類過三千餘卷皆宋本精絕最後班范二書尤爲諸本之冠前有趙吴興象余失一莊而得之次頁繪象旁有小楷書王弇州先生象六字　又王士騏跋云此先尙書九友齋中第一寶也近爲國稅歸之質庫書此誌愧明史載士騏世貞子字冏伯萬歷十七年進士終吏部員外郎亦能文　又六臣注文選世貞跋云此本繕刻極精紙用澄

心堂墨用奚氏舊爲趙承旨所藏往見於同年朱太史家幾欲奪之義不可而止太史物故有客持以見售余束身團焦五體外無長物前所得漢書已不復置几頭甯更購此因題而歸之壬午春日書於曇陽觀大參同齋中　又曹子念跋云予於萬卷樓見弇州公所得兩漢書爲宋板第一後復有持文選至者從臾公得之以爲合璧公以奉道屏去一切玩好猶爲題數語令客持去念之常以爲恨

湧幢小品王弇州書室中一老僕能解公意欲取某書某卷某葉某字一脫聲即檢出若有夙因余官南雍常熟陳抱沖禹謨爲助教其書滿家亦有一僕如弇州　人海記王元美所著讀書後四本捐館後公子士騏於貨郎擔

中重得刻以行世　東湖叢記毛子晉云王弇州藏書每以貞元二字印鈐之又別以伯雅仲雅季雅三印　莫子偲經眼錄晉書宋本有鼑元仲雅印毛晉跋云此書爲王弇州先生所藏貞元本唐德宗年號印恰符先生名字故其祕冊往往摹而用之下必繼以三雅印昌熾案貞从籀文作鼑故天祿琳琅凡遇鼑元印皆誤作鼎又案式古堂書畫攷弇州藏法書處曰爾雅樓范文正與師魯二帖王世貞跋後有貞元五湖長乾坤清賞三印又弇州雜詩帖有默然守吾口一印又王晉卿煙江疊嶂圖元美跋有天弢居士太僕寺印撫治鄖陽等處關防三印王世懋跋有牆東居士印又前有有明王氏圖書之印

競讀尊生第七箋講求雙線與單邊豈知五嶽眞形印更有遺聞出稚川　高濂深父

高深甫燕閒清賞箋論藏書云藏書以資博洽爲丈夫子生平第一要事宋元刻書雕鏤不苟校閱不訛書寫肥細有則印刷清朗況多奇書未經後人重刻惜不多見佛氏醫家二類更富然醫方一字差誤其害匪輕故以宋刻爲善宋人之書紙堅刻軟字畫如寫格用單邊閒多諱字用墨稀薄雖著水經燥無湮跡開卷一種書香自生異味元刻仿宋單邊字畫不分粗細較宋邊條闊多一線紙鬆刻硬用墨穢濁中無諱字開卷了無臭味有種官券殘紙背印更惡宋板書以活襯紙爲佳而蠶繭紙鵠白紙藤紙固

美而存遺不廣若黏補宋書則不佳矣余見宋刻大板漢書不惟內紙堅白每本用澄心堂紙數幅爲副今歸吳中眞不可得又若宋板遺在元印或元補欠缺時人執爲宋刻元板遺至國初補欠人亦執爲元刻然而以元補宋其去猶未易辨以國初補元內有單邊雙邊之異且字刻迥然別矣若國初慎獨齋刻書似亦精美近日作假宋板書者神妙莫測將新刻摹宋板書特抄微黃厚實竹紙或用川中繭紙或用黏扇方簾緜紙或用孩兒白鹿紙筒捲用槌細細敲過名之曰刮以墨浸去臭味印成或將新刻板中殘缺一二要處或經徵三五張破碎重補或改刻開卷一二序文年號或貼過今人注刻名氏留空另刻小印將

宋人姓氏扣塡兩頭角處或用沙石磨去一角或作一二缺痕以鐙火燎去紙毛仍用草煙熏黃儼狀古人傷殘舊迹或置蛀米櫃中令蟲蝕作透漏蛀孔或以鐵線燒紅錘書本子委曲成眼一二轉折種種與新不同用紙裝襯綾錦套殼入手重實光膩可觀初非今書彷彿以惑售者或札夥囮令人先聲指爲故家某姓所遺百計瞽人莫可窺測收藏者當具眞眼辨證昌熾案屠赤水考槃遺事論宋板一則與此大略相同明人喜竊書不知誰爲郭象誰爲向子期也余所見高氏藏書甚多其印記曰抄賞樓藏書曰高氏鑑定宋刻板書曰武林高深父抄賞樓藏書又有五嶽眞形印每冊首皆用之其事出抱朴子外篇謂可禦

不祥又攷天祿琳琅明刻漢書有武林高瑞南家藏書畫印瑞南二字印楹書隅錄宋本周易本義有高丙家藏武林高瑞南家藏書畫印二朱記又蕘圃元珠密語跋中有古杭高氏藏書印高瑞南明中葉藏書家何夢華有宋刊朱氏集驗方余舊藏宋本外臺祕要亦有其圖記又跋云外科祕方明高瑞南刻也序云余少志博習得古今書最多更喜集醫家書　又案四庫提要尊生八箋十九卷明高濂撰濂字深父錢塘人所言止此亦不詳其始末其下爲張應文清祕藏二卷今姑依其例次張茂實之前

千羊不如一貉多墨光紙質細摩挲淮南舊出清河舫三百年來一刹那　張應文茂實　子丑青父　張秋塘

乾隆蘇州府志張情字約之嘉靖戊戌進士福建兵備副使張應武字芃仁情子　四庫提要淸祕藏二卷張應文撰應文崑山監生屢試不第其曰淸祕藏者王穉登序謂取倪瓚淸祕閣意也　靑氈雜志張丑字靑父情之孫父應文字芃實博綜古今與王世貞相善自嘉定徙居長洲丑好法書名畫搜討古今上自秦漢下及當代爲淸河書畫舫十二卷　張芃實淸祕藏藏書貴宋刻大都書寫肥瘦有則佳者有歐柳筆法紙質勻潔墨色淸純爲可愛耳若夫格用單邊間多諱字雖辨證之一端然非攷據要訣余向見元美家班范二書乃眞宋朝刻之祕閣特賜兩府者無論墨光煥發紙色堅潤每本用澄心堂紙爲副尤爲

精絶前後所見左傳國語老莊楚詞史記文選諸子諸名家詩文集約千百冊一一皆精好較之元美所藏不及多矣　何焯李賀歌詩編跋方文輈從常州一士人借得北宋本歌詩編有文柟端文補寫之葉且記目錄後云此書半偈翁舊藏今歸青甫舅氏半偈庵王百穀所築精舍青甫則張丑也　昌熾案應文一號彝齋青甫原名謙德清河書畫舫云謙德丑舊名也故字叔益萬歷丙戌先子獲秦人張丑古印而不腆寶以丁丑生遂易今名云又式古堂書畫攷張情奥曠巢記青父跋題孫男牛郎丑牛郎當是其小字豔豔春山圖跋題亭亭山人其別號也又案士禮居題跋記屢言得自張秋塘其跋淮南子云余得諸顧

家巷張秋塘處云是其先世青父公所藏然則淸河世澤
遠矣惜秋塘名不可攷
家住冶城西復西筆蹤蒼潤似迂倪得書歲月從頭記留與
飛鴻證雪泥盛時泰仲交
無聲書史盛時泰字仲交號雲浦金陵人王元美贈之詩
能令陸平原不敢賦三都　列朝詩傳仲交才氣橫逸善
畫水墨竹石居近西冶城家有小軒文徵仲題曰蒼潤以
仲交畫法倪迂沈啟南有筆蹤要是存蒼潤畫法還應入
有無之句也子敏耕字伯牛博學彊記諸生　香祖筆記
遯園居士言金陵盛仲交家多藏書前後副葉上必有字
或記書所從來或記他事往往盈幅皆有鈐印　開有益

齋讀書志元牘記者明上元盛仲交碑帖跋語也仲交有
蒼潤軒楊升庵爲之記維時姚汝循鳳麓司馬泰西虹黄
甲首卿李登如真朱之蕃元价黄居中明立俱以收藏名

夜霜如月月如雪玉楮銀鉤助我吟是虎是龍空一歎已隨
賓客入秋琳　朱大韶象元　孫克宏允執

松江府志朱大韶字象元華亭人由莘莊遷郡城嘉靖二
十六年進士選庶常授檢討以親老改南雍司業未幾解
任歸築精舍構文園以友朋文酒爲事晨起登閣手丹黄
點勘異書數葉始就櫛盥應賓客騷人墨卿履次於戶
又禮部尚書孫文簡子克宏字允執以父蔭爲應天府治
中擢漢陽知府忤高拱罷歸築室北俞塘以老　天祿琳

琅宋刻六臣注文選趙文敏跋云霜月如雪夜讀阮嗣宗詠懷詩九咽皆作清冷氣而是書玉楮銀鉤若與鐙月相映助我清吟之興不淺至正二年仲冬三日夜子昂識又王穉登跋琅邪長公所藏漢書有趙魏公小象此書有公手書皆公鄴架中本也流傳三百年既免蠹魚之腹又不落雖黃之手豈靈籤祕笈神物呵護之耶今歸朱司成象元出示諦賞視漢書亦猶蜀得其龍吳得其虎矣　又六經圖孫克宏收藏有漢陽太守印　遜志堂雜鈔嘉靖中朱吉士大韶性好藏書尤愛宋時鏤板訪得吳門故家有宋槧袁宏後漢紀係陸放翁劉須溪謝疊山三先生手評飾以古錦玉籤遂以一美婢易之蓋非此不能得也婢臨

行題詩於壁曰無端割愛出深閨猶勝前人換馬時他日相逢莫惆悵春風吹盡道旁枝吉士見詩惋惜未幾捐館

偃暴餘談吾郡陸祭酒儼山最稱博雅徐長谷何柘湖張王屋朱察卿董紫岡繼之朱太史文石廣蓄宋板而鈔本書亦不下諸君捐館之後散落人間孫漢陽收得之至今借讀皆朱氏收藏印記昌熾案長谷徐獻臣伯忠也柘湖何元朗良俊也紫岡董宜陽子元也張王屋名之象朱察卿名邦憲並松江人千頃堂書目有華亭徐氏書目一卷疑出自伯忠家　明畫錄雪居工詩居東郭草堂列名蹟於秋琳閣槃礴觴咏客至如歸　何義門跋王半軒文集王止仲雜文一冊本孫雪居舊書蔣生子遵得之吳興

書頁乃倦圃散出殘帙也　鐵琴銅劍樓書目通鑑外紀詳節有橫經閣收藏圖籍印末有朱文石氏朱記　又通鑑殘宋本有朱象元氏朱記　皕宋樓藏書志雞峰普濟方二十四卷有文石朱象元氏白文長印　又陸宣公集有朱文石氏華亭朱氏印

吾服南禺著錄才按圖一一索龍媒冰生於水寒於水百宋遺文此脫胎　華夏中父

豐道生眞賞齋賦暨乎劉氏史通玉臺新詠上有建業文房之印則南唐之初梓也聶崇義三禮圖俞言等五經圖說乃北宋之精帙也荀悅前漢紀袁宏後漢紀紹興開刻本汝陰王銍序嘉史久遺許嵩建康錄陸游南唐書載紀攸罕宋批五禮五宋如

新古注九經南雝多闕蘇子容儀象法要亟稱於諸子張彥遠名畫記鑒收於子昂相臺岳氏左傳建安黃善夫史記六臣注文選郭知達集注杜工部詩共九家曾噩校曾南豐序次李翰林集三十卷五百家注韓柳文在朱子前劉賓客集共四十卷內外集十卷白氏長慶集七十一卷歐陽家藏集刪繁補缺八十三卷最爲眞完蘇全集王臨川集世所傳止一百卷惟此本一百六十卷管子韓非三國志大字本淳熙乙巳刊於潼州轉運使公帑鮑參軍集十卷花間集紙墨精好雲溪友議十二卷詩話總龜百卷阮閱編經鉏堂雜志八卷靈川倪思金石略鄭樵著笪氏藏寶晉山林拾遺八卷孫米憲刻東觀餘論宋刻初印卷帙甚備世所罕見唐名畫錄朱景元五代名畫補劉道醇纂宋名畫評蘭亭攷十二卷桑世昌皆傳自宋元遠有端緒　又云齋中有白玉螭紐三印改刻

瓢印曰眞賞方印曰華夏一曰眞賞齋印扁則李西涯八分書以米元章有平生眞賞印也嘉靖二十八年南禺外史豐人叔爲敘賦昌熾案顧澗蘋百宋一廛賦卽自人翁賦脫胎但後來居上耳　何義門跋茅鹿門評王荊公文鈔內閣宋刻臨川集其行字卷帙與此皆同惟華中父眞賞齋所藏獨爲一百六十卷不知尙在人閒否以中甫之力能重刻以傳而獨私之爲齋中珍玩吁可慨已　天祿琳琅明袁刻文選有眞賞齋圖記　迮朗三萬六千頃湖中畫船錄仇十洲鍾馗圖尾有華夔私印白文引首印二曰眞賞齋印曰東沙居士昌熾案夔當爲夏字之誤

皇象山人姚舜咨石東居士亦吾師黃門遺訓書紳佩有闕

先當爲補治

姚咨舜咨　唐詩以言

明詩綜小傳姚咨字舜咨無錫人有潛坤集　無錫縣志華察傳有姚咨者字潛坤與察善多唱和之作　又著述類春秋名臣列傳姚咨撰　天一閣書目春秋五論一卷宋温陵呂大生述故編修王堯衢懋中家藏本隆慶改元夏六月五日皇山樗老姚咨重錄　又漫堂隨筆一卷明唐寅撰卷末跋云所載多元祐閒事雜以幽冥報應余祇摘其涉於倫理者書之皇山人姚咨　士禮居藏書題跋記續談助三卷茶夢齋主人手鈔本眞奇書也近得一貴耳錄續又得一手跋之稽神錄筆跡皆同可稱三絕談助卷二有一小印其文云顏氏家訓借人典籍皆須愛護先

有缺壞就爲補治此亦士大夫百行之一也皇山人述
鐵琴銅劍樓書目馬令南唐書嘉靖辛丑茶夢主人姚咨
從洛川張氏鈔本手錄葉心有茶夢齋鈔四字咨字舜咨
亦號皇象山人喜藏書値善本手自繕寫古雅可愛　又
志雅堂雜鈔跋友人石東居士唐以言詩鈔以遺余嘉靖
甲子秋七十翁姚咨識昌熾案士禮居所藏緯略亦有唐
詩姓名明詩綜小傳唐詩字子言無錫人有石東山房稾
皕宋樓藏書志廬陵九賢事實始末九卷姚氏跋題嘉
靖辛酉夏四月下弦句吳後學姚咨識於鴻山華學士之
西齋時微雨灑窗麥風薦爽快然就簡　昌熾案山人藏
書印曰茶夢庵曰茶夢散人曰茶夢主人收藏士禮居藏

小畜集有潛坤子印

少年跌宕爲書忙晚歲牢騷歎下場付與豪家全不管譬餬蠹箔襯牛筐　顧起經元緯　顧宸修遠

常州府志顧起經字長濟無錫人以國子生謁選授廣東鹽課副提舉弟起綸輯明諸家詩名國雅爲世所重　無錫縣志起經更字元緯榮僖公可學弟子爲可學後　又顧宸字修遠崇禎十二年鄉舉有盛名所至逢迎接迹筐篚縞紵踵於遠邇宸亦好書所藏甚富嘗輯宋文選刻之晚歲頹唐縹緗盡矣　池北偶談蜀鑑十卷姚咨跋云予得之羅浮外史顧元緯元緯得之兵侍鄞范東明翁翁又得之李中麓又云梁溪顧氏書至孝廉修遠宸尤富後歸

吳中丞興祚　徵刻唐宋祕本書例錫山顧修遠宋板頗著聞一時然不免歸於豪家　昌熾案讀書敏求記考古圖十卷續考古圖五卷釋文一卷北宋鏤本予得之梁溪顧修遠洵縹囊異物也又愛日精廬藏書志昭忠逸詠陸敕先跋云斧季購得顧修遠家藏本據此則顧氏遺書流入琴川者不少未必盡入延陵也

七十老生周九松眞書上重篆下重炳燭餘明還矍鑠不教倒用等司農　周良金

楹書隅錄宋本後漢書有毘陵周氏九松迂叟藏書記周良金印周氏藏書之印周誥之印口雅私印又卷中每於字旁識以朱點眉閒鈐一印印作兩重上重眞書曰古義

下重篆書曰七十三老生記朱文　又元本四書輯釋有毘陵周廷口氏裝潢印識周氏藏書之印　鐵琴銅劍樓書目四書宋刊本有毘陵周氏九松迂叟藏書記周良金印周笈私印　昌熾案九松藏印見於各家書目者甚多天祿琳琅前編元刊柳州集歐陽文忠集新編古賦題皆有其印續編四書辨疑有周笈私印諸周惟良金爲明嘉靖三十年歲貢光祿寺署丞見武陽合志選舉類餘不可攷

太素終當勝雪窗校文可補邵南江溪南亦有州來裔翠帶樓前繫客艭　吳元恭　吳惟明康虞

阮文達爾雅注疏校勘記明仿宋刻爾雅經注三卷嘉靖

十七年秋七月東海吳元恭校刊有後序每葉十六行每行十七字卷末總計經若干字注若干字閒有一二小誤絕無私意竄改處爲經注本之最善者必本宋刻　昌熾案郡志選舉嘉靖三十四年乙卯科鄉試吳縣有吳元恭又元槧三卷無年代可攷首署雪窗書院校正新刊八字故稱雪窗本　愛日精廬藏書志汲冢周書有吳元恭及吳興沈瀹兩印　皕宋樓藏書志賈誼新書有壬申十一月吳元恭校於太素館題字　昌熾案天祿琳琅韓昌黎集有元共印共卽恭字刻印从古文省監本穀梁注疏有吳印惟明康虞父羣雅齋三朱記余所見萬歷甲寅焦竑刊橫浦集吳康虞校見竑自序式古堂書畫攷孫虔禮

千字文有檇李馮夢禎題云吳謇叔所藏謇叔名士諤友人康虞之子萬歷乙巳夏四月寓溪南吳氏翠帶樓書又米元暉五洲圖有吳謇叔吳士諤印

爛然朱鈐縫中黏舊本相傳自建炎重到西州長慟日蠨蛸絲滿鄴侯籤　何鈁子宣　子允泓季穆

錢受之故淮府左長史何公墓誌銘公諱鈁字子宣嘉靖乙卯科舉人知溫州之平陽縣升南京錦衣衛經歷淮王左長史子三人世滋允澄允泓　蘇州府志何允泓字季穆淮府長史鈁季子　鐵琴銅劒樓書目三朝北盟會編邵恩多跋曰季滄葦家鈔本每葉有何子宣騎縫圖記者最古　秦蘭徵元芳經鉏氏何季穆先生故居詩鄴侯架

在蟲生網內史池空雨結苔昌熾案元芳四麐之孫也

草索相從敢畏譏前惟郭亮後王咸自從不見何郎集巾笥還當密密緘　何錞子端　孫述稷公藝　述皋公邁　雲士龍

皕宋樓藏書志何水部集有葉林宗跋曰何錞字子端秦季公之友也好聚古書嘗擬元人書何遜集一卷筆精墨妙字字有法在其季孫士龍處一旦爲人竊去此本乃從士龍鈔得者後人其寶之　錢受之何仲容墓誌銘仲容諱德□父錞通內典工小楷仲容沿襲素風食貧自守性好潔焚香布席書帙井井娶秦氏生子五人述禹述稷述契述皋雲雲吾徒也　海虞詩苑何雲字士龍祖錞好藏書多善本君服習家教自少卽能爲古文錢宗伯愛其才

延致家塾宗伯被訐下獄君草索相從世以比郭亮王咸焉又從瞿中丞至閩粵流離艱苦歷十五載乃歸　又何文學述稷字公藝自號晴蓑道人著有晴蓑草堂集　懷舊集何述皋字公邁娶於秦名淑季公之孫女也

夜爇巨燭擁皋比風雨何嘗誤一鴟踏雪登高腰腳健袖中炊餅且充飢　何大成君立

蘇州府志選舉類進士明萬歷甲戌孫繼皋榜常熟有何鏜字子啟興化推官　懷舊集何大成字君立晚自稱慈公祖鏜萬歷甲戌進士君其孤孫也以孤故驕少習舉子業必設皋比南面據案坐夜爇兩巨燭若官府治事者所居去城七十里日何家市君性伉急善罵人婦更奇妬當

嗃嗃相構時旁人見其夫婦若嶷嶷額出角與余最善得一書必相通假約日還風雨不誤歲癸酉卒無子遺書散爲雲煙矣　慈公同馮已蒼昆季入寒山鈔玉臺新詠畢遂游天平詩吾儕眞書淫餘事了游癖旣理支硎棹旋放天平屐自惟老腳硬尙堪年少敵登登及山椒千步始一息憑高一以眺萬木靜如拭湖光浩渺平山容逶迆出憶昨小宛堂鈔書忘日昃手如蠶食桑心似蠭營蜜今朝始畢功探奇何孔棘蠅營滿天地此樂無人得游山擬爲樵蒐書甘作賊幸玆江南安二事乃吾職昌熾案黃琴六讀知不足齋賜書圖記云吾鄉馮已蒼昆仲聞寒山趙氏藏有宋槧本玉臺新詠未肯假人嘗於冬月挈其友觴舟支

硎山下於朔風飛雪中挾紙筆袖炊餅數枚入山逕造其
廬灑許出書傳錄墮指呵凍窮四晝夜之力鈔副本以歸
今觀慈公此詩則與二馮同游者實慈公也又滂喜齋藏
明刻文潞公集前有趙琦美印後有楷書鈐記云吳郡何
慈公娛野園珍藏書籍卷末有慈公手跋云崇禎壬午吳
君平以是集求售故內兄元度物也元度卽琦美之字然
則慈公婦爲趙氏矣

小兒逃塾含飴樂巧婦深閨得寶歌去恐不來來欲色愛書
結癖比如何　沈節甫以安　沈啟原

湖錄沈節甫字以安號錦宇烏程人嘉靖己未聯捷進士
工部左侍郎萬歷辛丑年六十九卒贈都察院右都御史

子淙蘇州同知次濯大學士亥演南刑部尙書　吳興藏書錄沈節甫玩易樓藏書目錄自序云余性迂拙無他嗜好獨甚愛書每遇貨書者惟恐不余售旣售且去惟恐其不復來也顧力不足不能多致又不能得善本往往取其直之廉者而已卽有殘闕必手自訂補以成完帙丙寅在告偶閱陸文裕公藏書序訝其言有類予者噫薄富貴而厚於書蘇長公所以自笑也寓意則樂留意則病今予得無病乎雖然予癖已成未之能革也養厥靈根脫去華葉請竢他日因彷彿文裕公之意更爲編次如左　千頃堂書目簿錄類湖州沈氏玩易樓藏書目二卷又沈啟原存石草堂書目十卷注云秀水人嘉靖已未進士昌熾案啟

原嘉興府志無傳據選舉表官至副使

問訊橋邊野竹齋井闌遺刻正當街夜深恐有蛟龍攫地下春濃古畫埋　沈與文辨之

四友齋叢說余家有漢人畫非縑非楮畫於車螯殼上此是姑蘇沈辨之至山東賣書買回者聞彼處盜墓人每發一墓其中不下數十石其畫皆作人物如今春畫意用以壓勝恐蛟龍侵犯之也　士禮居藏書題跋記梁公九諫首葉有辨之印此姑餘山人沈與文也　又剡錄十一卷周丈香嚴藏本爲姑餘山人沈與文所藏卷中有吳門世儒家埜竹齋兩長方印　又跋邵氏聞見錄云吳中杉瀆橋嘉靖時有沈與文頗蓄書刻詩外傳　昌熾案杉瀆橋

在胥盤二門之閒橋側有宋咸淳井闌刻亭泉二大字
經籍訪古志韓詩外傳十卷朝鮮國刊本錢惟善序序後
有吳郡沈辨之野竹齋校雕記在亞字形內昌熾案此高
麗翻沈本也　鐵琴銅劍樓書目純全集沈辨之鈔本每
葉欄外右角有吳縣野竹家沈辨之製九字　愛日精廬
藏書志山海經三卷文彭跋云已亥六月獲觀於沈辨之
有竹居昌熾案有竹居沈啟南齋名也張氏其有誤乎
笥經蠹書老牖下翛然塵外寄高蹤濠南若奉三賢祀合與
都楊配瞽宗　吳岫方山　元伍德
列朝詩傳百年以來老生宿儒起於古學衰落之餘笥經
蠹書往往有之吳岫方山非通人也聚書踰萬卷　千頃

堂書目薄錄類姑山吴氏書目一卷方山吴岫　士禮居藏書題跋記抱朴子卷末有吴岫小方印及姑蘇吴岫塵外軒讀一過小長方印余藏李文饒集爲嘉靖時人沈與文所藏有云壬戌五月借方山吴上舍本校勘則吴亦嘉靖時人矣　天祿琳琅續編睎髮集有方山吴岫二印鐵琴銅劍樓書目大慧普覺禪師普説一卷有蘇郡吴岫圖書朱記又純全集有方山濠南居士吴岫朱記　昌熾案明都少卿元敬楊主事君謙皆住南濠皆喜藏書余嘗欲於南濠建三賢祠以奉方山及都楊二公粟主鄉士大夫無可與言者附其説於此以俟後世留心文獻之君子

又案燮日精廬藏書志汗簡馮已蒼跋予家有舊鈔張

燕公集卷末識云吳元年南濠老人伍德手錄此時何時嘯歌不廢云云方山先生藏書家知者已希若伍老人世無有能舉其氏名者矣是亦南濠之先哲淮張之逸民宣統紀元吾生之第二巳酉補識於香溪寓廬

仰屋微聞嚄唶聲千金享帚太癡生銘心絕品原無價出納何妨讓阿兄 項篤壽子長

嘉興府志循吏傳項篤壽字子長嘉靖壬戌進士廣東參議　朱彝尊書萬歲通天帖舊事子長性好藏書見祕冊輒令小胥傳鈔儲之舍北萬卷樓其季弟子京以善治生產富能鑒別古人書畫所居天籟閣坐質庫估價海內珍異十九多歸之顧嗇於財交易既退予價或浮輒悔至憂

形於色罷飯不啜子長偵諸小童小童告以實子長過而問曰弟近收書畫有銘心絕品可以霽心悅目者乎子京出其價浮者子長賞擊不已如子京所與值償焉取以歸其友愛若是子京子六人無一達者子長子德楨萬歷丙戌進士夢原萬歷己未進士德楨子鼎鉉萬歷辛丑進士聲國崇禎甲戌進士鄉人以爲厚德之報也　昌熾案項希憲爲子長仲子見太平清話希憲當是夢原之字聲國字敉公見嘉興府志其藏印曰聖師曰師孔謂項橐也曰馬生角篤字離合體也曰浙西世家曰少溪主人曰蘭石主人曰萬卷堂藏書記又有桃花塢裏人家杏花春雨江南兩印

十斛明珠聘麗人爲防奔月替文身紫茄白莧秋風裏一度題詩一愴神　項元汴子京　項禹揆子毗　項德棻

明詩綜小傳項元汴字子京號墨林子又號香嚴居士退密齋主人　韻石齋筆談墨林生嘉隆承平之世資力雄贍出其緒餘購求法書名畫三吳珍祕歸之如流每得名蹟以印鈐之纍纍滿幅譬如石衞尉以明珠精鏐聘得麗人而虞其他適則黥面記之抑且徧黥其體無完膚較蒙不潔之西子更爲酷烈矣復載其價於楮尾以示後人此與賈豎甲乙帳簿何異不過欲子孫長守縱或求售亦照原値而請益焉貽謀亦旣周矣乙酉歲大兵至嘉禾項氏累世之藏盡爲千夫長汪六水所掠蕩然無遺詎非枉作

千年計乎物之尤者應如煙雲過眼觀可也　朱彝尊還鄉口號詩曝林遺宅道南存詞客留題尚在門天籟圖書今已盡紫茄白莧種諸孫自注云天籟閣下有皇甫子循屠緯眞題詩尚存　昌熾案竹垞稱子京有子六人嘉興府志項穆字德純元汴子國學生以子皋謨贈中書舍人著貞元子集季弟德明字鑑臺諸生無聲詩史穆字元貞一號蘭臺明詩綜小傳元汴子德新字又新一字復初又竹垞跋蘭亭神龍本云子京分授其子德宏式古堂書畫攷陸柬之蘭亭詩有李日華跋云項子京物以遺長公元貞則諸子中德純最長德新第三元度爲墨林第五子皆見陳眉公筆記以字義求之元度疑卽德宏之字眉公又

屢稱項德棻項德達是否墨林子未詳元汴諸孫最有名者曰聖謨嘉謨昭代名人尺牘小傳聖謨字孔彰號易庵又號胥山樵元汴之孫有朗山堂集眉公筆記稱項西山卞令之載孔彰蘭竹圖有大酉山人印是酉山卽其號也明詩綜小傳嘉謨字向彤一字君禹有讀選堂集靜志居詩話向彤墨林之孫乙酉城破投天星湖死又案子京昆弟三人仲卽子長長名元淇字子瞻著少嶽山人集子道民字民逸能詩逃於禪皆見嘉興府志式古堂書畫攷子京荆鎬圖後有跋云季父此卷入元鎮孟端堂奧萬歷癸巳項德裕識稱子京季父疑亦元淇子又有項禹揆字子毗秀水學生不知其輩行士禮居藏宋刻陶集卽其家本

也子瞻印曰眾山響齋子京題跋皆署攖甯庵其藏印曰寄敖曰退密曰墨林山人曰世濟美堂曰傳家永寶曰神游心賞曰古檇李狂儒墨林山房史籍印天祿琳瑯明刻春秋經傳集解六臣文選皆有世美堂古狂二印疑亦項氏物也德棻藏書處曰宛委堂吾家調生丈所得避暑錄話陳仲醇手鈔者其舊藏也

海上天然圖畫樓道人何處訪元郵黃門墳素堆場圃綠野衣冠歎壑舟　潘允端仲履

昌熾案天祿琳瑯前編明刻文選有雲間潘氏仲履父圖書印續編史記元祐時槧本有御史大夫章潘印允端天然圖畫樓收藏書籍印唐室分封肇姓皇明科甲世家四

印六臣文選河東裴氏刻本同惟多潘印硌如一印上海縣志潘恩傳子允端字仲履嘉靖四十一年進士以四川右布政移疾歸構樂壽堂以奉父其父恩以南京工部尚書都御史致仕故有御史大夫章　持靜齋書目考古圖十卷續圖五卷有豫園主人印　紅豆樹館書畫記孫雪居畫冊有南箕老人元鄆道人圖書雲間潘氏仲履父圖書三印

新田呰窳寢邱貧夫婦歸來堂上人但見安亭金寶氣卿雲如蓋覆輪囷　歸有光熙甫　妻王氏

明史歸有光傳有光字熙甫崑山人嘉靖十九年舉鄉試四十四年始成進士授長興知縣隆慶四年大學士高拱

趙貞吉引爲南京太僕丞　震川集世美堂後記余妻之曾大父王翁致謙成化初築室百楹於安亭江上扁曰世美嘉靖中曾孫某以逋官物鬻於人余適讀書堂中吾妻曰君在不可使人頓有黍離之悲余亦自愛其居閒靚可以避俗囂也迺貿金以償鬻者安亭俗呰窳而田惡人爭以不利阻余余稱孫叔敖請寢邱韓獻子遷新田之語以爲言吾妻以余好書故家有零落篇牘輒令里媪訪求遂置書無慮數千卷　又題金石錄後余少見此書於吳純甫家至是始從友人周思仁借鈔復借葉文莊公家藏本校之觀李易安所稱其一生辛勤之力頃刻雲散可以爲後世之戒然余生平無他嗜好獨好書以爲適吾性焉耳

不能爲後日計也　池北偶談歸熙甫與門生王子敬一帖云東坡易書二傳曾求魏八不與此君殊俗惡乞爲書求之畏公作科道不敢祕也借書雅人事乃亦徇勢力如此且在嘉靖間世風已爾矣　黄宗羲天一閣藏書記歸震川曰書之所聚當有如金寶之氣卿雲輪囷覆護其上鐵琴銅劍樓書目宋刻鄧析子有朱文方印曰世美堂印又有長方朱文印曰魏國文正公二十二代女疑爲震川先生配王夫人印記震川居安亭夫人嘗屬里媪訪求古書也昌熾案天祿琳琅明刻文選有世美堂瑯邪王氏珍玩一往有深情諸朱記亦王夫人印也　又案熙甫先生晚達明嘉靖四十四年始成進士此書有科目者以釋

褐先後為序故文在後

橋項黃甌山澤癯閉門造車出可驅邑居一一署紙尾橋西涇北河南隅　邱集子成

嘉定縣志邱集字子成精三禮家貧或日不重炊而讀書不輟晚依妻族周氏居太倉雙鳳里萬歷癸卯卒年八十學者稱寒谷先生　又藝文別集類陽春草堂集六卷西行小稾二卷橫槊小稾二卷皆邱集著注引馬舒曰子成沒後其子攜父書求售予典錢付之得書數種　天祿琳瑯後編宋刻唐六典書末有墨迹云蘇州嘉定服禮鄉沙岡里泰定矛福橋西茭門涇北河南邱氏藏書押有一印破脫又有茭川文房之印嘉定邱家頤桂堂邱集依叔諸

朱記　愛日精廬藏書志書蔡傳旁通邱氏跋曰予得之昌門市中攷其印記乃盧嘉威藏書也予性嗜書如藥與餌辛卯伏日袒裼裝葺識而藏之年六十八萬歷十有九年嘉定寒谷邱集子成　又跋題黃泥田父手記　又跋壬寅仲夏再閱一過在邑居敦義堂三完老人時年七十九

死後精英尚不磨荒山靈鬼哭煙蘿但聞白首無書歎何有充箱塞屋多　趙文毅用賢　子琦美元度

明史趙用賢字汝師隆慶五年進士歷吏部左侍郎天啟初贈太子少保禮部尚書諡文毅　常熟縣志用賢子琦美字元度以蔭至刑部郎中隆美字文度由刑部郎中出

知敘州府士春士錦皆其子也　錢受之刑部郎中趙君墓表君天性穎發博聞彊記欲網羅古今載籍甲乙銓次以待後之學者損衣削食假借繕寫三館之祕本兔園之殘冊刓編蠹翰斷碑殘甓梯航訪求朱黃讐校移日分夜窮老盡氣好之之篤摯與讀之之專勤近古所未有也官南京都察院照磨修治公廨費減而功倍君曰吾取宋人將作營造式也丞太僕印烙之事人莫敢欺君曰吾自有相馬經也　香祖筆記常熟趙定宇少宰閱舊唐書每卷必有朱字數行或評史或閱之日所遇某人某事一一書之　秦四麟錄異記跋趙子元度爲今大司成定宇公冢器翩翩好古綽有父風　讀書敏求記洛陽伽藍記五卷

清常道人跋云吳琯刻齟齬不可句因購得陳錫元秦酉巖顧甯宇孫蘭公四家鈔本改譌四百八十八字增脫三百廿字丙午又得舊刻本校於燕山龍驤邸中復改正五十餘字凡歷八載始爲完書清常言讐勘之難如此予嘗論牧翁絳雲樓讀書者之藏書也趙清常脈望館藏書者之藏書也清常歿其書盡歸牧翁武康山中白晝鬼哭嗜書之精爽若是予腹笥單疏囊無任敬子之異本然絳雲一燼之後凡清常手校祕書都未爲六丁取去牧翁悉作蔡邕之贈豈非幸哉　又也是園書目後序趙元度初得李誡營造法式中缺十餘卷徧訪藏書家罕有蓄者後於留院得殘本三冊又借得閣本參攷而閣本亦缺六七數

卷先後蒐訪竭二十餘年之力始爲完書圖樣界畫最爲
難事用五十千命長安良工始能措手今人巧取豪奪溝
澮易盈焉知一書之難得如此元度收藏二酉五車斯架
塞屋臨老乃發無書之歎非無書也挂一漏萬之意也
昌熾案琦美自號清常道人有脈望館書目

祖龍之所弗能燔仲尼之所存弗論玉京人鳥須彌頂一切
奇書皆寓言　胡應麟明瑞

明詩綜小傳胡應麟字元瑞更字明瑞蘭溪人萬歷丙子
舉人有少室山房稾　澹生堂藏書訓婺州胡元瑞以一
孝廉集書至四萬二千三百八十四卷　入海記義烏虞
守愚侍郎藏書萬卷蘭溪胡孝廉應麟賤值得之隨亦散

佚　王世貞二酉山房記余友人胡元瑞性嗜古書籍少從其父憲使君京師君故宦薄而元瑞以嗜書故有所購訪時時乞月俸不給則脫婦簪珥而酬之又不給則解衣以繼之元瑞之橐無所不罄而獨其載書陸則惠子水則宋生蓋十餘歲而盡毀其家以爲書錄其餘貲以治屋而藏焉屋凡三楹上固而下隆其阯使避溼而四敞之可就日爲庋二十又四高皆麗棟尺度若一所藏之書經史子集四萬二千三百八十四卷元瑞自言於他無所嗜所嗜獨書飢以當食渴以當飲誦之可以當韶頀覽之可以當夷施憂藉以釋忿藉以平病藉以起性既畏客客亦見畏門屏之間剝啄都盡亭午深夜坐榻隱几焚香展卷就筆

於研取丹鉛而讐之倦則鼓琴以抒其思如是而已噫元瑞於書聚而讀之幾盡矣屠龍之技殫而世亦無所用子矣盍亦舍而從吾游乎玉京人鳥須彌之頂有祖龍之火不能燔而仲尼之博姑存之弗論者吾將發其一二以窺子卽二酉之藏皆糟粕已　少室山房筆叢張文潛柯山集一百卷余於臨安僻巷見鈔本印記奇古裝飾都雅余驚喜時不持一錢顧奚囊有綠羅二匹并解所衣烏絲直裰青蜀錦半臂罄歸之其人苦書不售得値慨然因約明旦余返寓通夕不寐黎明不巾櫛訪之則夜來鄰火延燒此書倏煨燼矣悵惋彌月

得一古書益一友劉牢之乃似其舅餘事雲間作畫師淸談

霞外尋偎叟　莫雲卿廷韓

陸文定中江莫公墓誌銘公諱如忠字子良中江其號浙江右布政使子男九人是龍恩貢生有文名先公卒　上海縣志游寓傳莫是龍字雲卿以字行更字廷韓號秋水華亭方伯如忠子工古文詞書畫亦陵轢古今一時名流無敢抗席　無聲詩史廷韓得米海嶽石下刻雲卿二字因以爲號　士禮居藏書題跋記珩璜新論楊夢羽藏書後有墨筆題識出莫雲卿陳子準云五川身後因事被累舉所藏書歸諸莫氏蓋雲卿爲五川之甥也又詩云七檜山房萬卷樓楊家書籍莫家收自注雲卿與董文敏相傳是甥舅今又云爲五川之甥未知其的當詢子準昌熾案

陳眉公偃曝餘談亦云廷韓得其外家常熟楊夢羽藏書眉公與董文敏爲石交雲卿若爲其甥不容不知也　雲卿筆麈蓄一古書須考校譌謬及耳目所不及見者眞似益一良友　又與友人書古梅花放時以磐石置彝鼎器焚香點茶開內典素書讀之正似共百歲老人捉麈談霞外事　東城雜記明雲閒莫是龍有聞於時近吾杭莫雲卿如鍄亦以文雅好事爲名流所重毛稚黄贈詩所謂昔字雲卿者君其伯仲閒是也　天祿琳琅宋板南華眞經有莫雲卿賞識印又唐柳先生文集雲閒莫氏城南精舍藏書有莫氏雲卿城南精舍莫生秋水朱記　紅豆樹館書畫記莫廷韓秋山無盡圖有清味少人知山有壽兮松

有芖二印　式古堂書畫攷雲卿印有曰思元亭曰碧山
樵曰虛舟子曰玉關山人

爲慕元亭揚子雲又元亭亦寄斯文但觀元覽中區宇便識
貍奴典守勤　秦四麟季公　秦景暘

懷舊集小傳孫允伽秦季公之壻也季公名四麟讀書媚
古　蘇州府志選舉類常熟萬歷八年貢秦三麟字仲祥
宜與訓導昌熾案當爲季公之兄世無有知者矣　海虞
詩苑秦蘭徵字元芳世居邑西大河祖四麟善塡詞曲嘗
以省試至金陵行囊惟挾琵琶西廂兩記同伴訝之公笑
曰吾患曲不工耳不患文不中也其放誕多此類　蘭徵
與龔士逵乞雛貍詩那有餘糧愁鼠耗只勞架上守殘書

　愛日精廬藏書志鈔本穆天子傳六卷板心有元覽中
區四字秦酉巖藏書也　又吹劍錄板心有元覽中區四
字孫岷自跋曰秦公手鈔甚富筆法流逸是蓋老年筆也
寶之寶之　鐵琴銅劍樓書目極元集每葉板心有又元
齋三字卷末題云此吾鄉秦酉巖手錄庚寅上元日遵王
見贈弗乘卷中有五嶺山人又元齋校閲過二朱記　又
烏臺詩案邑秦氏藏卷首有口石秦氏四麐之印二朱記
　天祿琳琅東觀餘論有秦季公四麐書隱雍門世家又
元亭收藏圖書印諸朱記　錢受之虞逸夏君墓誌銘君
諱時中字夏父少從景陽秦君游而與少補蔣君爲童子
師秦君家故饒於貲喜藏書朱黃丹白開卷爛然從人得

祕書多用行書好寫篝燈讐勘老而不倦蔣君尤貧不能購書人閒多有之書皆手自繕寫盈箱溢几尤爲專勤昌熾案景陽疑即四麟並存之以俟攷

玉笈珠囊製駱駝鬱儀未較竹居多晉江父子藏書處石戶分明有鬼訶黃居中明立　子虞稷俞邰

明詩綜小傳黃居中字明立晉江人萬歷乙酉舉人自上海教諭遷南京國子監丞有千頃齋集　靜志居詩話監丞銳意藏書手自鈔撮仲子虞稷繼之歲增月益太倉之米五升文館之燭一把曉夜孜孜不廢讐勘　鶴徵前錄虞稷字俞邰一字楮園　周亮工黃母周宜人七袠壽序海鶴先生厭世長公俞言有儁才已先先生朝露宜人撫

俞邰成立能守先世之藏書夏必暴蠹必簡猶時時借人藏本稽其同異昌熾案俞言名虞龍　錢受之黃氏千頃齋藏書記戊子之秋余頌繫金陵方有采詩之役從人借書林古度曰晉江黃明立先生之仲子守其父書甚富賢而有文盡假諸余於是從仲子借書得盡閱本朝詩文之未見者於是歎仲子之賢而幸明立之有後也仲子來告我曰虞稷之先人少好讀書老而彌篤自爲舉子以迄學官脩脯所入衣食所餘未嘗不以市書也藏書千頃齋中約六萬餘卷余小子裒聚而附益之又不下數千卷惟夫子之於書有同好也得一言以記之庶幾劫灰之後吾父子之名與此書猶在人間也　又云鬮賊一炬內閣之書

盡矣而內府祕殿之藏如故也煨燼之餘繼以狼藉舉凡
珠囊玉笈丹書綠字綈几之橫陳乙夜之進御者用以汗
牛馬製駱駝蹈泥沙藉糞土求其化爲飛塵蕩爲烈燄而
不可得自有喪亂以來載籍之厄未之有也海內藏書之
富莫先於諸藩今秦晉蜀趙燼矣周藩之竹居甯藩之鬱
儀家藏與天府埒今皆無尺蹏片紙矣汝洛齊楚之間士
大夫之所藏又可知也黃氏之書儼然無恙則豈非居福
德之地有神物呵護而能若是歟　黃宗羲亥族姪俞邰
見贈詩秣陵焦氏外千頃聚書多石戶棲千祕宗人許再
過從來耽怪牒豈以易嗚珂況說今加富應知有鬼訶
東湖叢記千頃堂藏書有晉江黃氏父子藏書印

海上驚沙起浪淘樓船十丈駕飛濤投綸那得任公子一釣扶桑連六鼇　祝以豳耳劉　李可教受甫

八海記藏書之厄如吾鄉祝侍郎耳劉之萬古樓武原駱侍郎騴曾非流散則灰燼　杭州府志祝以豳字耳劉海甯人萬歷丙戌進士知隨州入爲兵部員外時日本攻朝鮮尚書石星力主招撫以豳曰日本勍賊朝鮮屬國今以朝鮮急而遣招撫是棄朝鮮也東藩折於日本勢必及我朝議是之居鄉十六年起江西按察使尋擢應天府尹進工部左侍郎致仕　松江府志李可教字受甫年十二能屬文趙貞齋遴爲贅壻年十八補諸生其先世儲書萬餘卷遭倭寇悉散佚可教多方訪購風鈔雪寫得還十五六

校讐點勘丹黃爛然子逢原逢申
委宛羽陵方茂如廣寒清暑殿中儲校讐但惜無臣向七略
於今未有書　焦文憲竑

明詩綜小傳焦竑字弱侯上元人萬歷己丑賜進士第一授翰林修撰謫福甯州同知追諡文憲有澹園集　王文簡說楛跋澹園山東日照人以軍籍居金陵　千頃堂書目簿錄類焦氏藏書目二卷焦竑　澹生堂藏書訓金陵焦太史弱侯藏書兩樓五楹俱滿余所目覩而一一皆經校讐探討尤人所難　徵刻唐宋祕本書例前代藏書之富南中以焦澹園太史爲最　黃宗羲天一閣藏書記余在南中聞焦氏書欲賣急往訊之不受奇零之値二千金

方得爲售主時馮鄴仙官南納言余以爲書歸鄴仙猶歸我也鄴仙大喜及余歸而不果後來聞亦散去　四庫提要國史經籍志六卷明焦竑撰萬曆間陳于陛議修國史引竑專領其事書未成而罷僅成此志其書叢鈔舊目無所考核最不足憑　國史經籍志自序宣德以來世際昇平篤念文雅廣寒清暑二殿及東西瓊島游觀所至悉置墳典委宛羽陵之有方之蔑如矣　天祿琳琅宋板瀆繁露明板事類賦有澹園焦氏珍藏子子孫孫永保抱甕軒竹浪齋品四印　鐵琴銅劍樓書目六經正譌有弱侯漪南生二朱記

陂頭老杏酒旗招岌岌高冠帶欲飄東澗盟言留息壤西亭

著錄邋寒潮　張民表林宗

周亮工張林宗先生傳先生諱民表字法幢一字塞庵大梁之中牟人世居畠澤里宮保孟男之子也家藏書數萬卷皆手自點定自稱旃然漁隱又號蕊淵道人　明詩綜小傳林宗一字武仲有原圃塞庵詩集　列朝詩傳林宗萬歷辛卯舉於鄉任俠好客時蕩舟於郭外之南陂頂高冠飄二帶帶上繡東坡半升僅漉淵明酒三寸纔容子夏冠之句乘敗車無頂幔一老牸牽之朗吟車中每日醉陂頭老杏下門人子弟扶掖而歸崇禎壬午寇圍大梁守死不去水灌城而歿與祥符王損仲友善余之交於林宗以損仲也宗尉西亭多藏書余屬林宗購其書目天啟中余

以奄禍里居客從大梁來林宗繕寫閒闕寓余酒閒片言皎如信誓生平爲可知矣

十指如椎凍不信清霜初下寫書頻可知石鼎松聲裏桃葉攤書未是眞 謝肇淛在杭

明詩綜小傳謝肇淛字在杭長樂人萬歷壬辰進士除湖州推官移東昌遷南京刑部主事調兵部轉工部郎中出爲雲南參政升廣西按察使歷左布政使有小草堂集漁洋居易錄宋楊大年武夷新集二十卷閩謝在杭寫本又古靈集二十卷宋陳襄著亦謝氏寫本 又宋謝竹友集謝方伯在杭跋云時方沍寒京師傭書甚貴需銓京邸資用不贍乃手自鈔寫每清霜呵凍十指如椎幾二十

日始竣萬歷己酉十二月二十四日　杭世駿竹友集跋在杭收藏宋八集頗富近多散失惟此係其手書子孫裝界成冊平湖陸編修次友典閩試鈔得之　榕城詩話謝在杭小影子得見於鼇峰坊薛士玉家豐頤隆準粹容光悅姬人桃葉就其所執之卷而舒之流觀眄睞翩若燕翔童子煑茶石鼎沸聲與松籟互荅曾鯨所寫也　又云在杭小草齋游燕下菰居東巒江諸集而外有五雜俎文海披沙西吳枝乘滇略百粵風土記支提山志長溪瑣語薛士玉悉以贈予薛妻是其元孫故能道其家世今皆微落板亦散失矣手鈔文集及所輯郡國職林諸考尚在士玉家

白馬西來十二部青牛東去五千言還當禮失求諸野舍衛空桐例可援　曹學佺能始　馬恭敏森　陳暹

四庫提要易經通論十二卷明曹學佺撰學佺字能始侯官人萬歷乙未進士官至四川按察使後爲朱聿鍵禮部尚書聿鍵敗自殺昌熾案能始亦號石倉　明詩紀事曹學佺字能始嘗謂二氏有藏吾儒無藏欲修儒藏與之鼎立將擷四庫之書十有餘年而未能卒業也　筆精吾鄉前輩藏書富者馬恭敏公森陳方伯公暹馬公季子能讀能守陳公後昆寖微則散如雲煙矣又林方伯公懋和王太史公應鐘亦喜聚書捐館未幾書盡亡失四公之書咸有朱黃批點句讀余間得之不啻拱璧也予友鄧參知原

岳謝方伯肇淛曹觀察學佺皆有書嗜鄧則裝潢齊整觸手如新謝則銳意搜羅不施批點曹則丹鉛滿卷枕藉沈酣三君各自有癖然多得祕本則三君又不能窺予藩籬也

課虛責有寂求音徑寸元珠竟陸沈知與離朱同拭眥目光不到九淵深　姚士粦叔祥　呂兆禧錫侯

嘉興府志海鹽姚士粦字叔祥與胡震亨同學以奥博相尙蒐羅秦漢以來遺文撰祕冊彙函跋尾各爲攷據具有原委馮夢禎爲南祭酒校刊南北諸史多出其手有集四卷呂兆禧字錫侯年十二能文章買書萬餘卷與士粦繙誦矻矻丙夜不休早卒　叔祥尙白齋祕笈序吾郡未嘗

無藏書家卒無有以藏書聞者蓋知以祕惜爲藏不知以傳布同好爲藏耳何者祕惜則箱橐中有不可知之秦劫傳布則毫楮間有遞相傳之神理此傳不傳之分不可不察者然所謂不知傳布之說有四大抵先正立言有一時怒而百世與者則子孫爲門户計而不敢傳闢奇炫博樂於我知人不知則寶祕自好而不肯傳卷軸相假無復補壞刊謬而獨踵還癡一諺則慮借鈔而不樂傳舊刻精整或手書妍妙則懼翻摹致損而不忍傳一旦三災横起流爛滅没余未暇遠引卽身所知見如吳伯度自言有虞氏春秋余馳往索看則云誤矣遂不信有此頭見趙元度言方向楚中寄鈔則此書固自有也後聞馮太史姻家呂氏

有盛宏之荆州記便乞太史尋求而竟成烏有此二書尚屬有無之際若吾友吕錫侯有靖康私記天興塱淚以物故而不可再見李元白有尚書大傳爲項逸之所借亡朱茂正有尸子爲親知轉匿郁伯承有弇州别録見竊於偷者沈汝納有楊泉物理論漫棄於幼齡若此諸書政猶重寶脱手墜入深淵無復得理惟項于王家有子夏易傳若干卷吴公甫家有宋刻御覽若干卷沈汝納有十六國春秋百二十卷儻能刻布亦同好一大快也此刻爲友人沈天生及其弟水部白生手校剞劂可謂以傳布爲藏眞能藏書者矣昌熾案此書題秀水沈德先沈孚先同校當是二沈之名　漁洋居易録萬歷閒學士多撰僞書以欺世

今類書中所刻唐韓鄂歲華紀麗乃海鹽胡震亨孝轅所造於陵子其友姚士粦所作也姚有後梁春秋如干卷惜未見

傳家有集不虛來墨豔朱明出劫灰得見哀師洵無匹慨然發篋爲南雷 胡震亨孝轅

嘉興府志胡震亨字孝轅爲諸生卽以經濟自負萬歷丁酉舉於鄉知合肥縣崇禎季年薦補定州知州擢員外郎乞歸藏書萬卷日夕搜討凡祕冊僻典魯魚漫漶者無不補綴揚搉所著有唐音統籤 帶經堂詩話張宗枏附識云吾鄉前輩在明神廟時推孝轅先生爲博雅第一儲藏古籍與鄭端簡公埒遺編流轉印記宛然愚少時尚及覩

其一二今盡散入雲煙過眼錄中矣　又云先生集名赤城山人稾兩浙輶軒錄補遺胡夏客字宣子一字鮮知海鹽人著谷水集俞寶華曰宣子明職方郎中震亨子少年以諸生貢成均鼎革後隱居不仕　黃宗羲天一閣藏書記海鹽胡孝轅攷索精詳意其家必有藏書訪其子令修慨然發其故篋亦有宋元集十餘種然皆余所見者孝轅筆記稱引姚牧庵集令修亦言有其書一時索之不能卽得餘書則多殘本矣　南雷詩歷謝胡令修借孝轅先生藏書詩聞說匡牀揚子居何期得見昔人書塵封蠹走精神在墨豔朱明歲月除寰海被兵方賤士傳家有集勝垂魚一瓻還借我無有慚愧此來幸不虛

宣綾包角藏經箋不抵當時裝訂錢憶否曠亭朱榻畔牙籤風過一鏗然 祁承㸁爾光 子忠敏彪佳

明詩綜小傳祁承㸁字爾光紹興山陰人萬歷甲辰進士歷江西右參政有澹生堂集又祁彪佳字幼文天啟壬戌進士巡撫應天都御史謝病歸乙酉閏月投園池死又駿佳字季超豸佳字止祥熊佳字文載昌熾案皆忠敏弟

全祖望祁六公子墓碣銘公子諱班孫字奕喜小字季郎忠敏第二子也其兄理孫字奕慶以大功兄弟次其行故世皆呼曰祁五祁六兩公子昌熾案曝書亭集有題柯山寺壁詩借游者祁理孫奕慶班孫奕喜敷孫奕儀誠孫奕明奕儀奕明次於班孫之下當爲其弟奕明爲熊佳子竹

垞又有訪祁七明府熊佳留題公子誠孫詩可證也又有祁鴻孫字奕遠忠敏兒子明詩綜亦采其詩　全祖望曠亭記忠敏尊人少參夷度先生治曠園於梅里有澹生堂其藏書之庫也有曠亭則游息之所也有東書堂其讀書之所也夷度先生精於汲古其所鈔書世人多未見校勘精核紙墨潔靜忠敏亦喜聚書嘗以朱紅小榻數十張頓放縹碧諸函牙籤如玉風過有聲鏗然其所聚則不若夷度先生之精忠敏殉難江南塵起幾二十年曠園之盛自此衰歇今且陵夷殆盡書卷無一存者幷池榭皆爲灌莽其可感也　馬瑗聞過齋集跋澹生堂儲經籍銘識款印將爲子孫世珍百年之間散落人手近人有詩云宣綾包

角藏經箋不抵當時裝訂錢　静志居詩話參政藏書將亂其家悉載至雲門山寺惟遺元明來傳奇多至八百餘部而葉兒樂府不與焉予猶及見之其手録羣書目八册今存古林曹氏寺中所儲已盡流轉於姚江禦兒鄉矣其藏書印曰山陰祁氏藏書之章曰子孫永珍曰曠翁手識曠翁夷度先生自號也又有藏書銘一印其文曰澹生堂中儲經籍主人手校無朝夕讀之欣然忘飲食典衣市書恆不給後人但念阿翁癖子孫益之守弗失夷度先生又撰澹生堂藏書約以示子孫分子目四曰讀書訓曰聚書訓曰購書訓曰鑒書訓刻入知不足齋叢書其約簡明足爲藏書者法今録其略曰今與爾輩約及吾之身則月

益之及爾輩之身則歲益之子孫能讀者則以一人盡居之不能讀者則以衆人遞守之入架者不復出蠹嚙者必速補子孫取讀者就堂檢閱閱竟卽入架不得入私室親友借觀者有副本則以應無副本則以辭正本不得出密園外書目視所益多寡大較近以五年遠以十年一編次勿分析勿覆瓿勿歸商賈手如此而已

黃金布地花雨天寶幢瓔珞結爐煙語言文字歸何用開士和南供佛前　謝兆申耳伯

明詩綜小傳謝兆申字耳伯邵武人　靜志居詩話晉江黃明立序耳伯集稱其喜交異人購異書摭異聞自墳典邱索經緯流略稗官瑣語靡不甄錄交游旣廣槖中裝半

以佞佛半以市書有三十乘留僧舍已散佚予嘗入閩購其手鈔張伯雨詩與世所傳者迥別惜乎三十乘者悉蕩爲煙塵矣　筆精予友邵武謝兆申好書盡罄家貲而買墳籍几坐一室四面皆書僅容一身予與謝君極稱臭味交謝君藏蓄幾盈五六萬卷又多祕冊合八郡一州未有能勝之者　池北偶談蘆浦筆記十卷乃萬歷中綏安謝兆申所鈔丹陽賀氏藏本　皕宋樓藏書志蘆浦筆記十卷有跋云是書藏丹陽賀進士烺家借錄以備稗官一種萬歷三十有九年辛亥十一月綏安大弋山樵謝兆申寓淸涼寺之唯心庵校　愛日精廬藏書志水經注四十卷馮已蒼手校紅筆增者謝耳伯所見宋本也　又文心雕

龍南都有謝耳伯校本從牧翁所得本而附以諸家之是正者也閻耳伯借之牧翁時祕隱秀一篇

老去書城許策勳藍田誰識故將軍靈威唐述搜羅徧更誦佉盧梵字文　陳第季立　高儒

列朝詩傳陳第字季立連江人爲學官弟子教授清漳生徒雲集俞都督大猷召致幕下教以兵法爲游擊將軍督府私人行賈塞下侵冒互市金錢季立力持之督府恚將中以文法拂袖歸里角巾蕭寺徧閲佛藏聞焦弱侯老而好學裹糧來白門叩擊屢年弱侯歎服　世善堂書目題詞吾性無他嗜惟書是癖雖幸承世業頗有遺本然不足以廣吾聞見也自少至老足跡徧天下遇書輒買若惟恐

失故不擇善本亦不爭價直又在金陵焦太史宣州沈刺史家得未曾見書鈔而讀之積三四十餘年遂至萬有餘卷縱未敢云汗牛充棟然以資聞見備采擇足矣足矣今歲閒居西郊粗爲位置因成目錄得便查檢吾買書蓋以自娛子孫之讀不讀聽其自然至於守與不能守亦數有必至吾雖不聽之其可得耶萬歷丙辰温麻山農誌　靜志居詩話余游閩林秀才佪持第後人所輯世善堂書目求售鐙下閱之見唐五代遺書琳琅滿目如披靈威唐述之藏多平生所未見不覺狂喜秀才許至連江代購踰年得報書則已散佚徒有惋惜而已　鮑以文世善堂書目跋明萬歷閒連江陳第手自編定子孫時時增益藏弆二

百餘年後嗣不復能守乾隆初年錢塘趙谷林齋多金往購則已散佚無遺矣目錄一冊余從趙氏得之斷種祕冊約三百餘予按其目求之積四十年一無所得則當時散落誠可惜也　居易錄涿州高儒武弁也家多藏書有百川書目　徵刻唐宋祕本書目高儒百川書志二十卷儒涿州人志其家藏書如晁公武之例

東原赤岸李如一意氣性情殊不羣覓得異書頻下拜刓編蠹翰盡歸君李如一貫之　姪忠毅應昇

錢受之李貫之先生墓誌銘江陰李君諱鶴翀字如一後以字行字貫之家世力耕給公上其餘悉以購書搜闕本訪逸典藏弆刓編蠹翰老而食貧指其藏書曰富猗鄭矣

其讀書也闕必補譌必正同異必讐勘病不輟業衰不息勞倣宋晁氏尤氏書目自爲詮次發凡起例井如也天啟中羣小附椓人亂政繆宮允昌期妹之夫也御史應昇弟子也相繼械繫君執應昇手曰勉之李氏有人矣君祖戒庵府君諱翊以儒有聞翊生復庵府君諱果用孫應昇死忠贈太僕卿君之父也君以崇禎庚午卒享年七十有四子奕茂孫男五人艮知成之及功遴之挺之銘曰江陰東原赤岸里有明碩儒葬於此　又李貫之七十序貫之橫經藉書朱黃錯互虞監之親鈔杜侯之手跋充棟宇而溢機杼江以南豔稱之余與貫之皆有好書之癖每從借書未嘗不倒庋相付也　又草莽私乘跋江上李如一性情

意氣可敬可愛見圖籍則破產以收獲異書則焚香肅拜
遇祕冊必貽書相問有求假必朝發夕至　池北偶談南
唐書今止傳陸游馬令二本胡恢書久不傳惟江陰赤岸
李氏有之李卽忠毅公應昇之叔忘其名矣昌熾案卽貫
之先生也寶爲忠毅之伯父余見其得月樓書目又有南
唐錄十卷徐洪撰攷通志藝文略江南錄十卷徐鉉湯悅
等撰記江南李氏之事疑卽此書而鉉誤爲洪也又有周
淙臨安志十五卷足本宋敏求河南志二十卷李宗諤蘇
州圖經六卷趙抃成都古今記三十卷皆世所不傳之本
明史李應昇傳字仲達江陰人萬歷四十四年進士福
建道監察御史以劾魏忠賢削籍李實劾周起元疏入應

昇名逮下詔獄酷掠斃之崇禎時贈太僕卿福王時追謚
忠毅著有落落齋集　天祿琳琅大戴禮記明李應昇藏
本有江陰赤岸李氏落落齋藏書記方印　梨洲思舊録
李孫之字膚公江陰忠毅公之子好讀書錢牧齋嘗謂江
陰李氏家多殘本膚公無子然所著三朝野記足以傳矣
　魏叔子落落齋記李忠毅公有賢子曰膚公當國變棄
諸生性疏嬾不治事而獨好學以詩文自娛入其齋書帙
縱橫凝塵滿席　昌熾案士禮居所藏寶晉英光集爲戒
庵老人李詡藏書據錢受之所作墓誌卽貫之先生祖也
　惟詡作翊江陰縣志亦作詡
遠上寒山石徑青神仙眷屬草堂靈悉曇經典歸何處憔悴

中郎曙後星　趙宧光凡夫　子均靈均

蘇州府志寒山别業在支硎之南高士趙宧光葬父於此自闢巖壑如仙源異境與其妻陸卿子偕隱焉構小宛堂藏書其中　馮時可趙凡夫先生傳凡夫姓趙氏名宧光故宋王孫神明之胄父含元子諱廷梧配陸碩人子傳先生諱師道所自出　錢受之趙靈均傳君諱均字靈均父宧光靈均娶於文諱淑字端容其高祖父爲衡山公父爲貢士從簡端容性明慧所見幽花異卉小蟲怪蝶信筆渲染皆能摹寫得千種名曰寒山草木昆蟲狀靈均玩其妻施丹調粉日晏忘食欣欣如也崇禎甲戌端容卒年四十有三又七年庚辰六月靈均亦卒年五十無子以從弟之

子鋸爲後一女曰昭歸平湖馬氏余讀李易安金石錄序歎其伉儷之賢才藻之美而惜其不終如靈均夫婦其才可以耦其窮亦可以老而天不與之壽且斬其後何邪先趙氏之金石今獨其目在耳小宛之堂芸籤縹帶亦如所謂連艫累舳散爲雲煙者有無聚散不可重爲歎邪 珊瑚網崇禎癸未重九寒山趙子惠攜其先凡夫所遺物欲售余得觀衡山手錄甫田集李北海壘蹟及古澄泥硯楊萱彩描漆囊魚耳宣鑪子惠近作云盛夏非關逼歲除凱風偏不借吹嘘款題扶風馬昭從夫姓也詩與字不下其先陸卿子至寫生逼眞其母氏文淑也惜不免去婦歎耳噫佳人命薄自古爲然矣 天祿琳琅棃溪漫志有吴郡

趙宧光家諸子印又姓氏急就篇有寒山趙宧光家諸子趙凡夫讀殘書二朱記　持靜齋書目書法鉤元四卷元刊本眉端丹黄皆趙宧光手蹟後有草篆書萬歷壬子仲春二日胡蜨寢閣云云有吴郡趙宧光家經籍寒山梁鴻墓下凡夫諸印昌熾案寒山志凡夫有廬曰尺宅署曰遠上寒山石徑斜白雲深處有人家其内院曰蝴蝶寢寢前佛閣可藏三車經籍曰悉曇章閣悉曇章者華梵互稱五天大藏之祖萬國文字皆從流出也又案式古堂書畫攷趙端容文石艮薑圖有寒山蘭閨畫史喬葉貞䕘端操有從幽閑有容三朱記

緗柳旌旗首渡江將星黯澹落軍幢亂書壘石人如蟻不用

飛梁駕急瀧　潘曾紘昭度

錢受之初學集跋東都事略

吳興藏書錄後林潘氏書目下引湖錄潘曾紘字昭度烏程人萬歷丙辰進士崇禎七年巡撫南贛九年羽書徵天下勤王曾紘提兵入衞獨先諸道渡江以勞成疾卒於軍賜祭葬　又云中丞公曾紘有意汲古廣儲縹緗覘學中州羅致更夥鼎革時遭刼土兵至以書於溪中壘橋爲渡以搬運什物書之受厄至此書目已不復存　黃宗羲天一閣藏書記語溪呂及父吳興潘氏壻也言昭度欲改宋史網羅宋室野史甚富緘固十餘簏在家約余往觀先以所改歷志見示未幾而及父死矣此願未遂不知至今如故否也　閔元衢貴耳集跋潘昭度中丞嘗語余曰古人

恐無表見而著書使不傳何假於著吾輩愛書擁而不使之傳亦豈眞愛今而後宜以郡之藏書而不一借者爲戒

虞初九百有新說更演酉陽支諾皐家近太倉嘗一粟侏儒飽死笑商高　鈕石溪

居易錄唐王定保摭言足本凡十五卷宋嘉定中柯山鄭昉刻今會稽商氏刻僅十之一耳商刻稗海多得之浙東鈕石溪家　黃宗羲天一閣藏書記古今書籍之厄不可勝計以余所見言之越中藏書之家鈕石溪世學樓其著也余見其小說家目錄亦數百種商氏之稗海皆從彼借刻崇禎庚午間其書初散余僅從故書鋪得十餘部而已昌熾案人海記數藏書之厄亦及會稽鈕氏萬卷樓　天

祿琳琅漢書有會稽鈕氏世學樓圖籍印

舉舉方嚴兩塾師屠沽平視里中兒且捐儒服拈書奉袖有

漸漸麥秀詩　陳貝卿　陸元厚

紫桃軒雜綴陳貝卿性嗜異書年踰立即釋儒服謝學使者隱沙水竹榭之閒與吟翁野衲相往還遇有奇書隱牒不惜破產購之江南故家遺帙搜抉殆徧一日寄示余月泉吟社一編皆故宋遺老以此耗磨雄心而呴濡慰藉貝非淺者若貝卿當盛明之世英茂之年輒自斂藏恣其探奇索祕翔泳無羈之性抑何高也固知巢許於陵一線根脈千古原未嘗斷　又陸元厚家貧爲童子師性方嚴行止舉舉里中屠沽兒不敢狎視公卿折節交之者僅一報

謁不數往也喜蓄異書學奉多爲書盡余嘗得其周禮國策離騷王子年拾遺記諸書皆精本元厚書摹急就篇婉逸有態畫工草蟲不多爲人作　昌熾案陳陸兩人始末未詳紫桃軒雜綴明李日華竹嬾所著日華萬歷閒進士兩人與同時故次於萬歷之末

餅師竈妾呼名字宿老貧酸丐唾餘一語先生差不惡不知棋局但鈔胥　陳繼儒仲醇

明史陳繼儒字仲醇號眉公松江華亭人爲諸生與董其昌齊名年甫二十九取儒衣冠焚之隱居崑山之陽後築室東佘山杜門著述年八十二卒　列朝詩傳仲醇能延招吳越閒窮儒老宿使之尋章摘句刺取其瑣言僻事薈

萃成書實閩者購爲枕中之祕　靜志居詩話仲醇以處士虛聲傾動朝野市骨董者如赴畢良史榷場品書畫者必求張懷瓘估價時無英雄互相矜飾甚至吳綾越布皆被其名竈妾餅師爭呼其字未免名不副實焉　眉公尚白齋讀書十六觀余頗藏異冊每欣然指謂子弟云吾讀未見書如得良友見已讀書如逢故人　又太平清話余得古書校過付鈔鈔後復校校過付刻刻後復校校過即印印後復校然魯魚帝虎百有二三夫眼眼相對尚然況以耳傳耳其是非毀譽寧有眞乎昌熾案眉公寶顏堂祕笈改竄刪節眞有不如不刻之歎未能副其言也惟其論藏書云鈔本書如古帖不必全帙皆是斷珪殘璧又巖棲

幽事中有一言云着棋不若鈔書皆爲名論其所居曰寶顔堂者以得顔魯公書朱巨川告身故以名其堂也雲間城外又有兩精舍一頑仙廬一來儀堂見棃洲思舊錄又有婉孌草堂仲醇嘗題詩云長者爲營栽竹地中年方愜住山心見巖棲幽事自序其所藏書畫嘗用一印曰一腐儒

武夷神君不可見幔亭仙樂奏雲璈欲尋三島人間世無恙鼇峰汗竹巢徐𤊹惟起　子延壽存永

列朝詩傳徐舉人熥字惟和布衣𤊹字惟起又字興公閩縣人永甯令㮚之子也兄弟皆擅才名興公萬歷間與曹能始狎主閩中詞盟後進皆稱興公詩派家多藏書著筆

精榕陰新檢崇禎已卯偕其子訪余山中約以暇日互搜所藏書討求放失遭時喪亂興公能始俱謝世而余頹然老無志於斯文矣興公之子延壽能讀父書林芃之云㓜亥後興公鼇峰藏書尚無恙也　漁洋詩話徐延壽字存永徐興公之子也家鼇峰藏書與曹能始謝在杭埒亂後並田園盡失之　明詩綜南損齋評云興公所居鼇峰麓客從竹閒入環堵蕭然而牙籤四圍縹緗之富卿侯不能敵也　靜志居詩話嚴儀卿論詩謂詩有別才非關學也其言似是而實非興公藏書甚富予嘗見其遺籍大半點墨施鉛或題其端或跋其尾好學若是故其詩典雅清穩與惟和足稱二難今有稱詩者問以七略四部茫然如墮

雲霧願好坐壇坫說詩其亦不自量矣　紅雨樓家藏書目序予少也賤性喜博覽嘗取父書讀之覺津津有味既長稍知訪輯然室如懸罄力不能舉羣有也會壬辰乙未辛丑三爲吳越之游庚子又有書林之役迺撮其要者購之因其未備者補之更有罕覯難得之書或卽類以求或因人而乞或有朋舊見遺或借故家鈔錄積之十年合先君子先伯兄所儲可盈五萬三千餘卷存之小樓堆牀充棟頗有甲乙次第鉛槧暇日遂倣鄭氏藝文略馬氏經籍考之例爲書目四卷萬歷壬寅初秋三山徐𤊹興公書

又藏書屋銘少弄詞章遇書輒喜家乏良田但存經史先人手澤連篇累紙珍惜裝潢不忍殘毀補缺拾遺坊售肆

市五典三墳六經諸子詩詞集說總兼樂府稗官咸備藏
蓄匪稱汗牛效核頗精亥豕雖破萬卷之有餘不博人間
之青紫茗椀香鑪明窗靜几開卷朗吟古人在此名士見
而歎嘉俗夫聞而竊鄙淫嗜生應不休癡癖死而後已此
樂何假南面百城豈曰誇多而鬭靡者也　又題兒陸書
軒菲飲食惡衣服減自奉買書讀積二年堆滿屋手有校
編有目無牙籤無玉軸置小齋名汗竹博非廚記非簏將
老矣竟不熟青箱業教兒陸繼書香爾當勖　又筆精一
則云余嘗謂人生之樂莫過閉戶讀書得一僻書識一奇
字遇一異事見一佳句不覺踴躍雖絲竹滿前綺羅盈目
不足喻其快也六一公有云至哉天下樂終日在几案余

友陳履吉云居常無事飽煖讀古人書即人間三島皆旨哉言也　皕宋樓藏書志晏子春秋八卷元刊徐幔亭舊藏末題萬歷戊戌中秋購於閶門肆中徐𤊹識　又檜亭稾九卷元刊本面籤徐興公手書丁檜亭集徐氏汗竹巢珍藏本元板十四字　又丁鶴年詩集三卷興公書丁鶴年集徐氏汗竹巢珍藏本元板十四字

蘇門學髓開百樓火傳束緼偏中州問津欲涉富春否一葉卭須太乙舟　耿震國　裔孫廸吉

陳用光太乙舟文集河南耿氏富春軒藏書目錄序富春軒者耿徵君震國與其兄華國讀書之齋名也耿氏居襄城自奉政君顯以學行仕宦著於明者數世崇禎末富春

君偕二子殉難及我　朝而以文學稱者相接也富春君嘗購書金陵合奉政所積得三萬五百七十卷傳至訓導君應蛟而目錄遂失又五世孫迪吉乃就其父孝友君所藏書幷先世所藏重加編目又備著孝友君所手鈔及累世自著書目附於後仍繫之富春軒者從其朔也子興宗以示余余謂耿氏後能裒集遺書兢兢守之惟恐失墜富春君游高忠憲黃石齋之門而百樓先生爲孫徵君奇逢弟子雖籍西平別於襄城然固興宗五世從祖也孫徵君隱居伊洛實開潛庵之學余觀耿氏自著書中有中州道學編孝友君手鈔書有蘇門大社譜意其所述者孫氏之學乎　國朝先正事略耿先生名介字介石號逸庵河南

登封人順治八年進士由檢討出爲福建巡海道康熙元年轉山西河東道因裁缺改直隸大名道憂歸不復出詣蘇門受業於孫徵君篤志躬行倡明絕學所著有理學正經性理要旨中州道學編孝經易知敬恕堂存稾天祿琳琅續編文心雕龍元刊本有耿嘉祚印字會侯耿會侯鑒定書畫之章三朱記　昌熾案富春耿君殉明季之難自沈仁舉以下則皆明之遺老入　本朝始卒者也

南渡遺文愴刼灰葭川手眼出東萊黃巾亦爲康成屈法宋樓前萬騎回　沈嗣選仁舉

錢泰吉記沈氏嗣選南宋文鑑目嘉定張雲章漢瞻嘗輯南宋文鑑未脫稾王西莊光祿續成之乾隆甲午舉人海

甯蔣顯謨字奏平亦有南宋文鑑然莫先於吾鄉先哲沈果庵之書也果庵字仁舉名嗣選嘉興貢生乙酉奉母避兵葭川羣盜知爲老孝子戒勿犯所著有儉娛堂集卒年七十六私謚孝貞　又南宋文鑑序目跋果庵先生當兵燹之際破產聚書有法宋樓書目四卷

繞屋梅花壓萬籤道書竺典社中添南陽閨秀高陽婦紙尾猩紅小印鈐　許元溥孟宏　許心扆丹臣

康熙蘇州府志許元溥字孟宏父自昌中書舍人以篤行稱構梅花墅聚書連屋元溥生而沈靜日出其書徧觀之於經藝罔不淹通喜購書自號千卷生崇禎庚午舉於鄉

乾隆府志梅花墅者甫里許自昌所構今爲海藏庵陳

繼儒詩青山解綬修僮約紅袖焚香捧道書徐汧詩藏來竺典添香誦出世因多樂未除　黎洲思舊錄孟宏長洲人余與劉伯宗及孟宏約爲鈔書社　又南雷集感舊詩鈔書結社自劉城余與金閶許孟宏好事於今仍舊否煙雲過眼亦傷情　昌熾案士禮居題跋記所載劉子新論甫里先生文集蜆庵集皆許心扆藏蕘翁述周香嚴云丹臣爲葉九來壻故藏書具有淵源甫里集中丹臣題記有先中翰云云中翰當指自昌愛日精廬藏書志揭文安集王蓮涇跋曰壬辰購書於甫里之高陽氏丹臣許兄慨然示余孟宏及見黎洲而蓮涇在康雍之交丹臣與之同時必在孟宏之後矣攷蘇州府志藝文類孟宏長子王儼字

孝酌著有靭圃雜志閒樨軒文集滄浪亭集代萱集子懷集嶺怡草蔗庵詩草次子濰字篔屋著有辛苦吟一卷豔詩一卷從子定升著有香谷林文集淸蔭閣詩集惟心扆無攷劉子新論後轉入硤石蔣氏東湖叢鈔云有歸高陽葉氏印卷末有楙印南陽閨秀二朱記按此即九來之女丹臣之婦也

杉靑牎畔表孤忠父子南湖世攷工八十櫝書前進士西臺淚灑杜鵑紅　高承埏寓公　包樫芳子柳

錢受之嘉興高氏家傳宏光元年四月工部虞衡司主事高承埏爲其父屯田司郎中道素伏闕訟寃詔復原官越十四年虞衡子佑釲乞爲家傳屯田君諱斗光字明水改

名道素字元期萬歷已未進士承埏字寓公崇禎庚辰進士知遷安寶坻涇三縣宏光初量移工部虞衡司主事昌熾案佑釲字念祖與其弟佑鈉並能文見嘉興府志　朱彝尊前進士高公墓表公一字澤外以虞衡歸誓墓不出隱居竹林村窩著有稽古堂集　又吾妻鏡跋康熙甲辰獲覩於郭東高氏之稽古堂　又靜志居詩話先生家藏書八十櫝與項氏萬卷樓爭富雖干戈俶擾不輟吟哦其病中述志云惟將前進士慘澹表孤墳讀者比之澤畔行吟西臺痛哭　朱辰應高工部傳公亦好聚書多至數萬卷寢處其中校勘不倦時復卒卷掩抑曰先人有知魂魄猶應眷此也　玉劍尊聞包樫芳字子柳嘉興人喜書聞

有異本卽僻巷環堵必徒步相訪得之則分命左右傳寫手自摘錄垂丙夜不休客至散帙縱橫几案閒幾無所布席而了不爲異

桂井牙籤比鄴侯大參門第白檀留荒亭灑盡興亡淚碧血書囊弔髑髏　陸寶敬身　陸宇燝春明

全祖望中條先生墓表先生諱寶字敬身一字青霞學者稱爲中條先生鄞之白檀里人也陸氏爲甬上四姓之一家在細湖之西畔門施棨戟者相望鄞人各以其房別之其曰給諫房則以先生大參之官著而先生所居有雙桂皆藤本先生使工人環而結之其狀如井絡故鄞人別稱曰桂井陸氏先生之初集曰霜鏡次集曰辟塵曰悟香惟

霜鏡行於時悟香當改步之後國事君讐頌言不諱故世莫得見近者先生後人喪失其家青氈故物遂無一草一木之得保於是東棃之屬皆出而予得見之嗚呼是亦晉井之藏也矣先生藏書最富多善本吾鄉之以藏書名者天一閣范氏次之四香居陳氏又其次則先生南軒之書三十年來亦四散予從飄零之後掇拾之尚得其宋槧開慶寶慶四明二志及草廬春秋纂言皆世間所絕無也

又陸披雲先生阡表先生諱宇燝字春明別署爲披雲戇庵副使之第五弟也丙戌後棄諸生與喪職之徒游荒亭木末時聞野哭性嗜異書晚年家既貧不能具寫官乃手鈔之瀕病不倦從子官山左令其訪東萊趙隱君士哲遺

書垂歿尚以其書未至爲恨著觀日堂集八卷昌熾案戇庵副使名宇爗字周明四明六狂生之一　又明故兵部右侍郎兼都察院右僉都御史王公墓碑公諱翊字完勳慈溪人國變結寨於大蘭以起事爲大兵所執梟示甯城西關門鄞之故觀察陸公宇爗故都督江公漢以奇計竊得藏之陸氏書櫃中襲之以錦其家人亦弗之知也康熙癸卯觀察以海上事牽連赴逮其家被籍有司見書櫃中故紙斷爛陳因棄之而去觀察之女屏當書櫃得一錦函發之則人頭也觀察之弟宇爆哭曰此侍郎之首也而得不爲有司所錄其天也夫

吳下藏書鸞嘯齋柳絲縈地蘚當階東林喬木嗟何在悵望

師門一愴懷陳煌圖鴻文　陳帆際遠

楊旡咎陳典籍家傳君諱煌圖字鴻文生萬歷戊午仲冬有冬蕙之瑞乳名蘭蓀崇禎壬午副榜官翰林院典籍兼待詔事未及半載南都失君痛不欲生顧念兩親老遂歸隱於西湖田舍北山草堂　海虞詩苑是時馬素修楊維斗二先生爲江左人望公兩游其門稱入室弟子　又陳帆字際遠號南浦詩宗晚唐畫宗梅道人字宗柳誠懸

昌熾案煌圖後改名鴻子逢午字方中逢午子祖范郎見復先生也南浦亦工詩牧翁有學集有題南浦曉窗詩云陳子家貧而學富齒壯而才老　愛日精廬藏書志汗簡七卷孫本芝鈔本陳氏跋曰崇禎辛巳余年二十有四讀

書於吳門維斗師之古柏軒秋日同張孟恭至城隍廟古書鋪見此孟恭解金購歸後馮已蒼鈔得余於庚寅從已蒼借鈔質之徽友葉姓今春初知本翁有此藏本仍寫一册存之壬戌淸明日太邱陳鴻記　又李商隱詩集三卷跋曰丙戌正月借孫孝若北宋板對正時家南浦影鈔全部三卷　又温庭筠集末有南浦題識云假錢遵王鈔宋本重勘　鐵琴銅劍樓書目嘯堂集古錄鄉先輩陳鴻文先生手寫先生工篆隸書　又鹿門集陳鴻文氏傳錄絳雲本板心有鷥嘯齋藏本五字卷首有古吳陳鴻文太邱氏書記朱印　陸階昭平呈鴻文詩柳綫縈書帶榆錢壓

蘚衣邨童荷鉏去稚子抱書歸

蓮蕊自開常見佛桑田已變不言官一編中有遺臣淚歲月圖章子細看　黃翼聖子羽

錢受之黃子羽墓誌銘子羽姓黃氏名翼聖子羽其字也世家常熟之塗松里宏治中割隸太倉萬歷己丑進士參政陝西諱元勳者其考也崇禎中以諸生應聘起家蜀新都知縣升安吉州知州致政以歸者其歷官也卒於己亥十月八日春秋六十有四其所享年也瑜子也侃孫也曇曾孫也　又蓮蕊居士傳子羽服官州邑晚而削迹息心築蓮蕊樓精修香光之業遂自號蓮蕊居士云性好古銅磁器及宋雕古書搜訪把玩如美人好友屬有檀度事輒隨手散去其在蜀過郫縣搨王稚子闕數紙歸而摩挲移

日曰嘉魚官錦盡在此矣　又蓮蕊樓記子羽聞人心内瓣正八和合爲蓮華心華自然開自見佛又此花含蕊寶池視行人勤惰以爲敷萎顔其室曰蓮蕊所以志也　讀書敏求記建康實録黄子羽藏嘉祐年間鏤本吾猶及見之此則子羽家小背所鈔也　百宋一廛賦參寥歸攝六之物注云參寥子詩集十二卷驗其收藏最先爲蓮鬚閣舊物有黄子羽讀書記小印也　鐵琴銅劍樓書目林和靖詩太倉黄攝六藏本有跋云余購之於武林徐門子鋪中後歸趙靈均靈均身後藏書盡散此册獨存戊子夏趙昭攜過涇上因復留之如異鄉之見故人也攝六黄翼卷首有有明黄翼收藏圖朱記昌熾案戊子爲順治六年子

羽國變後杜門不出此跋僅題戊子而無紀元圖記冠以有明二字蓋猶有故國故君之思焉　又案黃子羽毛子晉行輩皆在牧翁之後惟以其入　本朝未仕故援遺民之例錄之明季若孫耳伯梁玉立之流祼將周京皆至九列臣節既改自不能以前明科目爲次餘人可以類推

律論流通到羅什家錢雕印過毋昭祗因玉蟹泉香冽滿架薪材責石銚毛晉子晉　子褒華伯　表奏叔　扆斧季　孫綏萬嘉年

錢受之隱湖毛君墓誌銘毛子晉初名鳳苞晚更名晉世居虞山東湖父清孝弟力田爲鄉三老子晉通明好古强記博覽壯從余游益深知學問之指意經史全書勘讎流布毛氏之書走天下生五子襄褒衮表扆襄衮皆先卒晉

生於巳亥歲正月五日卒於巳亥歲之七月二十七日年六十有一昌熾案晉又號潛在皕宋樓藏書志薛許昌詩集有毛子九讀書記鳳苞諸印子九當亦其號也褒字華伯號質庵表字奏叔號正庵扆字斧季生於崇禎十三年六月二十六日余曾見龔璛集有斧季跋自述生年甚詳可攷也晉有孫二十八人見朱彝尊所撰晉妻嚴孺人墓誌銘　海虞詩苑毛太學綏萬字嘉年號破匡汲古主人孫也前身爲吳昌白椎庵文照禪師汲古孫行最盛惟君知名於時昌熾案士禮居題跋記元英先生集汲古後人毛綏萬校卽其人也　同治蘇州府志晉世居迎春門外七星橋少爲諸生性嗜卷軸湖州書船雲集於門邑中爲之

諺曰三百六十行生意不如鬻書於毛氏前後積至八萬四千冊構汲古閣目耕樓以庋之　天祿琳瑯毛晉藏宋本最多其有世所罕見而藏諸他氏不能得者則選善手以佳紙墨影鈔之與刊本無異名曰影宋鈔一時好事家皆爭倣效而宋槧之無存者賴以傳之不朽　吳偉業汲古閣歌嘉隆以前藏書家天下毘陵與瑯邪整齊舊聞汲放失後來好事知誰及比閒充棟虞山翁里中又得小毛公搜求遺佚懸金購繕寫精能鏤板工谿來斯事推趙宋歐虞楷法看飛動集賢院印校讎精太清樓本裝潢重損齋手跋爲披圖蘇氏題觀在直廬館閣百家分四庫巾箱一幅盡三都本朝儒臣典制作累代縹緗輸祕閣徐廣雖

編石室書孝徵好竊華林略兩京太學藏經史奉詔重修
賜金紫高齋學士費餐錢故事還如寫黃紙釋典流傳自
洛陽中官經廠護焚香諸州各請名山藏總目難窺內道
場南湖主人爲歎息十年心力恣收拾史家編輯過神堯
律論流通到羅什當時海內多風塵石經馬矢高邱陵已
壞書囊縛作袴復驚木冊摧爲薪君家高閣偏無恙主人
留宿傾家釀醉來燒燭夜攤書雙眼摩挲覺神王古人關
書借三館羨君自致五千卷又云獻書輒拜官羨君帶索
躬耕田伏生藏壁遭書禁中郎祕惜矜談進君獲奇書好
示人雞林巨賈爭摹印讀書到死苦不足小學雕蟲置廢
簏君今萬卷盡刊訛邢家小兒徒碌碌客來詩酒話生平

家近湖山擁百城不數當年清祕閣亂離蹤跡似雲林
茶餘客話子晉家藏本或云王駙馬以金錢輦之去駙馬
吳三桂之壻也　汲古閣刻板存亡考相傳毛子晉有一
孫性嗜茗飲購得洞庭山碧螺春茶虞山玉蟹泉水患無
美薪因顧四唐人集板而歎曰以此作薪其味當倍佳也
遂按日劈燒之　東湖叢記毛氏於宋元刊本之精者以
宋本元本楕圓式印別之又以甲字印鈐於首其餘藏印
曰毛晉祕篋審定眞蹟曰毛氏藏書曰東吳毛氏圖書曰
汲古閣世寶曰子孫永寶曰子孫世昌曰在在處處有神
物護持曰開卷一樂曰筆研精良人生一樂曰綠谿曰弦
歌草堂曰仲雍故國人家曰汲古主人曰汲古得修綆又

有朱文大方印其文曰趙文敏公書卷末云吾家業儒辛勤置書以遺子孫其志何如後人不讀將至於鬻賴其家聲不如禽犢若歸他室當念斯言取非其有无甯舍旃天祿琳琅毛表藏荀子有西河汲古後人叔鄭後裔中吳毛奏叔收藏書畫記四印愛日精廬藏書志爾雅注疏有西河季子之印則扆所藏也嚴元照書宣和奉使高麗圖經後斧季校正補綴處皆以朱文長印鈐縫甚精好其文曰虞山毛扆手校又案士禮居題跋記蘆天錫詩集子晉手鈔板心有篤素居三字元英先生集毛晉跋於讀禮齋愛日精廬藏書志雲臺編毛晉跋於載德堂皕宋樓藏書志韓內翰別集毛晉跋於續古草廬此皆汲古遺聞可資參

攷者也

細嚼梅花讀紫騮短歌當哭酒澆愁隱湖高閣今何有翠墨題詩到古瞜　王咸與公

愛日精廬藏書志郭茷倩樂府王氏手識曰已卯四月十八日坐寶月堂校始讀梅花曲令人幽冷繼讀紫騮馬令人雄騁及後輓歌對酒諸作又不覺志念俱消欷歔泣數行下也長洲王與公識又曰已卯八月二十五日坐池上閱竟衰年讀書但可量力而止兩日頗費翻閱覺頭涔涔然作痛也長洲王與公　瞿中溶古泉山館集近得王與公咸爲毛子晉所畫汲古閣圖上有五古一首因次其韻虞山有書閣可望不可躋鵝溪尺幅絹珍踰鄴中綈裝潢

重什襲擬乞羣賢題更惜畫師名志乘無從稽琳琅散已
久巍基沒荒畦惟餘與公畫猶照太乙藜斯閣傳斯圖壽
與天乙齊　昌熾案與公爲高士爲畫師非藏書家繫於
子晉之後爲汲古之附庸卽以存南湖之掌故謂此詩亦
爲子晉作可也

昌歜芰角各有嗜不與世味同酸鹹請觀鍾法十二意論書
亦到梁天監　周榮起研農

居易錄梧溪集七卷細書工緻似鍾太傅終卷如一云是
周研農榮起手錄周江陰老儒常熟毛子晉刻校古書多
其刊正其子長源字鄴侯予在淮南時從游門下甚久研
農年八十七乃卒今歿纔五六年耳書雜八分信可寶也

女禧祜皆工畫禧名允著　東湖叢記余所藏明周研農手鈔朱性父鐵網珊瑚其珍惜之意甚至卷前有紀緣一篇云性父朱先生遇名山祕玩輒搜弆而手錄之積久成十四卷其字畫之精二百年如新曩藏姚宮詹近世鼎遷流入隱湖爲汲古閣物祕不借人汲古令似灝季迺能不靳慨然借我老年目力不勝賈勇繕謄兩年卒業時有誚讓者曰書頗不奇子何敝敝爲所役乎予謝之曰昌歜芰角其嗜不同人各有懷非爾所知也竊念朱先生勞於結網子乃逸而坐致盈丈珍奇貧兒暴富石家金谷園王家紫絲步障鬬豔爭高不如此帙多多矣記得少陵句曰詩卷長留天地間釣竿欲拂珊瑚樹予於此十四卷亦云癸

卯十一月三日六十四老人周榮起述　靜志居詩話吳中趙凡夫子婦文淑設色畫本草曲臻其妙江陰周榮公二女淑祜淑禧臨之亦成絕品

春水蛟龍卧釣磯儒冠已改姓名非商孫豈是傭書客父子空山賦采薇　金俊明孝章　子侃亦陶

魏禧朱參軍家傳吳門之隱君子曰金俊明余見之年七十一矣父曰朱參軍本姓金氏名允元七歲而孤母貧不能自存有姊適朱氏屬養焉遂冒朱姓更名矛昌云入貲授綏甯簿天啟乙丑卒俊明始爲諸生亦姓朱氏名袞後復姓更今名字孝章吳民稱曰孝章先生　汪琬金孝章墓誌銘先生既善書平居繕錄經籍祕本以訖交游文稾

凡數百種無不裝潢成帙庋置縢鐍惟謹余嘗走訪先生老屋數閒塵埃滿案自起焚香瀹茗稍出其書畫與所錄者娛客而已壽七十有四男四長上雯次侃次祐次預蚤卒先生篤於孝友晚而自號耿庵又嘗自書其堂額曰孺宜以志之　明詩綜小傳俊明初名袞字九章　靜志居詩話孝章既卒門人私謚貞孝先生平生好錄異書靡閒寒暑仲子侃亦陶繼之矮屋數椽藏書滿櫝皆父子手鈔本也　乾隆蘇州府志孝章長子遜字祖生攻篆隸善騎射少子侃字亦陶亦工書畫能詩杜門鈔書校讐精審宋元人名集祕本插架甚富　又春草閒房在臥龍街西雙林巷金俊明孝章所構書齋也姜垓詩春水蛟龍臥芳洲

薜荔衣經綸人半老兵甲客仍稀濟世名山大編年信史非行藏所鄭重不是戀漁磯　居易錄顧迂客貽所刊范石湖集凡詩三十三卷楚詞古賦一卷金侃亦陶寫校宋板本也亦陶老友孝章之子　帶經堂詩話張宗柟附識云曩嘗購得張蛻庵集卷尾有學圃李崇系跋云是集久無刊本傳世從金亦陶手鈔全本借錄凡五卷　持靜齋書目金侃鈔元八詩秋聲集四卷黃鎮成圭峰集五卷盧琦淸江碧嶂集一卷杜本傲軒吟稾一卷胡乘龍揭曼碩詩集四卷揭傒斯石田集五卷馬祖常所安遺集一卷陳泰漢泉漫稾五卷曹伯啟金囦集一卷元淮肅雝集一卷鄭允端檜亭稾五卷丁復黃文獻公集五卷黃溍南湖詩

集二卷貢性之鹿皮子集四卷陳樵居竹軒集四卷成廷珪霞外集十卷馬臻傳與礪詩集八卷傅若金道園學古錄八卷虞集靜思先生集八卷郭鈺皆其六十歲後手鈔人品與翰墨俱足珍寶不獨所選詩超然物外也有金侃仲子老迂等印　平津館鑒藏書籍記寫本琴史有春草閒房手定印　鐵琴銅劍樓書目張蠙詩集冊首有俊明懷不寐道人二朱記　天祿琳琅續編韋蘇州集有有商孫子芳草王孫孝章殷孝章四印昌熾案此亦先生印也改姓爲殷而託於有商孫子可悲也已

張燈披衣起達旦寫書目光巖電爛子綦子梱世不知聞日者言爲三歎　顧韡開林　顧道隆

彭士望長洲舊文學顧君生壙誌君名韡字開林東吳之務實君子也嘗以文章受知於提學御史倪公元珙甲申之變謝諸生性獨好書甚於飢渴飲食其有裨於身心家國天下之務足備一代之文獻者耳目所及輒展轉窮搜之必購得之爲快或書裒重及未板行而隱祕者求之益力得之則狂喜神色飛動或力有所不能得則手自鈔寫窮日夜可盡百十紙夜嘗不寐寐亦止盡數刻而張燈披衣往往達旦手不釋卷不停鈔自以爲愉快極雖老至不知也凡鈔閱校讐精審不訛一字稍涉疑義則盡記之舉其辭問晰乃已尤嗜古金石文彙蠹焚餘亦所珍惜窮力購之食脫粟衣懸鶉不顧也嘗有日者言君之子命當奇

貴君慨然曰吾生平無大罪過吾子何荼毒至此知戚傳以爲笑君曰君未讀徐無鬼篇乎九方歅相馬得而相子綦之子梱也爲失抑知世之所祥神人之所謂大不祥者乎君生萬歷乙卯今庚申之閏得三百七十甲子子男六人長執桓次國棅文煥俱諸生執禮執中執圭鄉居黄埭河濱橋因自稱河濱漁人予庚申秋在吳門君從魏叔子朱臥庵所見予文即盡鈔藏弆之喜而歎曰先生此集道德經濟非文章也今盡爲予有也矣　錢受之顧君升墓誌銘君諱世峻字君升原名延祜世家長洲埭川下堡村祖道隆爲名士藏書萬餘卷與祝京兆文待詔父子爲文字交昌熾案道隆與開林同姓顧氏同居埭川疑一家

平生目冷與心嚴六十頭顱如此髯傲雪喬松豈眞嬾畫叉
纔了整書籤　王迺昭

士禮居藏書題跋記汪水雲詩集有迺昭印信樂飢兩圖章近日見虞山王迺昭手錄詩稾始知迺昭與牧翁同時而稍後善於書法　昌熾案余藏迺昭手錄沈石田詩亦士禮居物有虞山王乃昭圖書及樂飢嬾髯槐隱諸印蕘翁跋云余偶讀金孝章春草閒房詩集有贈樂飢翁一首詩云虞山有客王髯叟歷落嶔崎世無偶孤蹤暫寄童子師所急初非爲升斗平生苦愛屬奇書見輒相誇得某某叢函巨軸姑舍諸小品遺編時在口閒來袖錢向書肆目涉手探凝立久吾儕一一老蠹魚假借搜羅費奔走不知

老至況云疲矻矻鈔藏辰至酉叟更苦心能愛畫鑒別收藏尤不苟前惟古農並二王近續阿咸堪勁後小鐺自起旋烹茶興發還傾半壺酒寓樓朝暮總看山挂畫攤書增二友君不見東鄰老翁富田畝日困催科容瘠黝盡將珍玩售途人尚恐徭期遭吏毆又不見西家主人書滿屋高弆不覯供鼠嚙子孫持賣不論錢蟫走塵封亂繩束叟無汎愛且密娛心嚴目冷與衆殊觀人取友亦如此意貴立俗存廉隅只今六十頭如雪齗齗不肯因人熱樂飢有志詎可遷窮老彌堅厲高潔謂予斯世少完人宜共初終保淸節試看嶺上歲寒松傲雪淩霜可交結予聞叟言益凜然敢不永矢心如鐵古來貧士凡幾何爲爾悠悠數前哲

據此則樂飢之愛書可見其手鈔書籍與孝章先生同樂此不疲矣因附著於此以見此書出名人手鈔未可以尋常鈔本論也　又案天祿琳琅續編貢文靖公雲林詩集有乃昭及乃昭氏兩印又有王氏家藏王印積德王印愼德三印積德愼德疑是先生後人

滄海橫流自閉門莫城西畔有孤邨篋中隱秀何須祕化作春風蛺蝶魂　馮舒已蒼　武寶伯　弟班定遠　知十彥淵　知十子

乾隆蘇州府志馮復京字嗣宗御史玘之元孫　海虞詩苑馮文學舒字已蒼號默庵嗣宗先生長子與弟定遠有二馮之目爲人悻悻負氣觸忤縣令會君撰懷舊集成遂坐以訕謗曲殺之士林痛惜焉　又馮班字定遠嗣宗次

子爲人儻蕩悠忽動不諧俗胸有所得輒曼聲長吟行市井閒里中指目爲癡先生怡然安之遂自署曰二癡著有鈍吟雜錄　蘇州府志馮知十字彥淵復京季子縣學生明亡大兵至邑格鬭死班子行賢字補之行貞字服之知十子武字竇伯亦能詩舒孫修字念修從陳瑚游昌熾案錢受之題馮子永日草馮子无咎吾故人定遠之子也易无咎者善補過也无咎當爲補之別號又按海虞詩苑行貞號白庵武號簡緣毛潛在館甥讀書汲古閣歷十餘年祕冊異本多所窺覽著有書法正傳二卷遙擲稾十卷

愛日精廬藏書志汗簡七卷馮巳蒼手鈔後有跋云崇禎乙酉避兵莫城西之洋蕩村大海橫流人情鼎沸此鄉猶

幸無恙屋小炎蒸無書可讀架上偶攜此本發興書之二十日而畢猶憶予家有舊鈔張燕公集卷末識云吳元年南濠老人伍德手錄此時何時嘯歌不廢他年安知不留此洋蕩老人本邪　何焯文心雕龍跋已蒼記云謝耳伯嘗借功甫本於牧齋宗伯宗伯仍祕隱秀一篇已蒼以天啟丁卯從宗伯借得因乞友人謝行甫錄之其隱秀一篇恐遂多傳於世聊自錄之則兩公之用心頗近於隘後之君子不可不以爲戒隱秀篇元至正乙未刻於嘉禾者即闕一葉錢功甫得阮華山宋槧本後歸虞山而傳錄於外甚少　莫氏宋元本經眼錄鹽鐵論有馮武題識云先太史藏書萬卷子孫不能讀且不知愛惜即宋元精板盡化

爲胡蝶飛去昌熾案先太史謂復京則馮氏藏書不自巳蒼始矣馮氏藏書有長樂印有上黨長方印有馮氏藏書方印巳蒼藏印曰空居閣曰上黨大馮收藏圖書記竇伯藏印曰簡緣子巳蒼自號訒道人又號孱守居士讀書敏求記吾友馮巳蒼刖號癸巳老人藏書率多異本吾邑之宿素也黃蕘圃校云巳巳冬見馮鈔汗簡上有癸巳人三字印章知老字衍文原本無之也祥符周星詒季貺校云癸巳人蓋本於五代楊凝式之自稱也詒生年與兩君同亦刻一小印恆以識藏書祕冊兒寅慕之後尋得松雪翁自稱甲寅人因亦以爲號

新城令君之才子汲古季子之婦翁東澗老人之高足其友

則大馮小馮　陸貽典敕先

海虞詩苑陸瑞徵字兆登以歲貢選江甯學博擢知浙之新城縣鼎革不仕所居頤志堂在城西南隅深林曲沼最爲靜外子貽典　又陸貽典字敕先號覿庵自少篤志墳典師東澗而友鈍吟學問最有原本篤於友誼鈍吟孫岷自遺詩皆賴君編輯付梓君歿後所著詩亦賴其友張文鑌之子道淙出諸蠹蝕之餘爲付梓焉人謂食報不遠云

錢受之唐詩鼓吹序內府鏤板用敎童豎里中陸敕先子子澈子籲偕子從孫次鄘校讐刻之　黃廷鑑愛日精廬藏書志序吾邑藏書絳雲之後尚有汲古毛氏述古錢氏羽翼之者葉石君馮已蒼陸敕先諸君子互相搜訪有

亡通假故當時數儲藏家莫不以海虞爲稱首　楹書隅錄影宋精鈔西崑酬唱集二卷毛斧季跋曰外舅覿庵先生從錢功甫本影寫又覿庵跋曰此書出郡人錢功甫手鈔余從毛倩斧季印錄者也牧翁絳雲未炬時羽陵祕簡甲於江南生平慕此獨未得見尙期繕錄一編焚諸殯宮以申挂劍之義也昌熾案據此二跋則斧季爲覿庵之壻蓋覿庵與潛在同游東澗之門故兩家遂聯秦晉也又案平津館鑒藏書籍記元刻千家注杜詩有陸貽典名貽芬印當是覿庵原名貽芬又愛日精廬藏書志武林舊事覿庵跋題康熙丁巳小春識於山涇老屋

獨從地老天荒後收拾遺文比碎瓊海內羽陵錢蒙叟一瓻

猶到射襄城　蔣之翹楚稱　蔣石林

嘉興府志秀水蔣之翹字楚稱家貧好藏書明末避盜村居收羅名人遺集數十種選有甲申前後集又嘗重纂晉書校注昌黎河東集　明詩綜小傳蔣之翹秀水布衣甲申後隱於市　靜志居詩話楚稱居射襄城楚詞晉書韓柳文集鏤板以行又嘗輯檇李詩乘四十卷晚年無子書籍散佚無餘詩乘亦亡可歎也　皕宋樓藏書志九靈山房集有跋曰我里蔣之翹隱廛市間有藏書之癖虞山錢宗伯編國朝詩集嘗就其家借書此卷首甲乙題字宗伯蹟也壬戌上元前二日鉏菜翁記昌熾案鉏菜翁曹倦圃自號也蔣布衣所著天啟宮詞倦圃刻入學海類編又案

天祿琳琅元刻本宋吳儆竹洲集有檇李蔣石林藏書印記楹書隅錄宋本履齋示兒編有檇李蔣石林藏書畫印蔣氏家藏各印記石林未詳姑附此

五陵少年誰見憐偏於墨汁有因緣作詩我亦虞山志忍使兩生竟翳然　譚應明公亮　應徵公度

錢受之跋真誥此鈔依金陵焦氏本繕寫里中有二譚生長應明字公亮伉爽傲物攀附海內鉅公名士好購書多鈔本客至鄭重出示沾沾自喜次應徵字公度此本則公度所藏也公度紈袴兒郎尤爲里中兒賤簡不知其於汗簡墨汁有少因緣如是余悲兩生身沉家亡有名字翳然之感故錄而存之昌熾案張大復梅花草堂筆談屢言譚

公亮面冷頭方世人競抬其闊達高華之好以相訾詬又云譚公亮一月熱腸金盡無色皎皎八文亦復作羊叔子之鶴毛羽氃氋而已八文者其家歌童也有譚家文一則云文眞如一樹梨花溶溶夜月文箏如楚畹數莖香韻無非大國文昭如天半朱霞疏梅掩映文簫如出水芙蓉不妨秋老八文名字可攷者僅此天祿琳琅明刻南唐書有譚應徵印公度公度氏三朱記續編晞髮集有臣徵公度氏二朱記皆牧翁所謂紈袴兒書也登祕閣矣徵字當爲徵之誤余搜采藏書家故實於姓字將湮者雖記載寥寥亦必表而出之猶東澗翁意也

藏書紀事詩卷三終

Treasures for Scholars Worldwide

藏書紀事詩箋正

中

〔清〕葉昌熾 撰
王欣夫 箋正

·桂林·
广西师范大学出版社
GUANGXI NORMAL UNIVERSITY PRESS

本册目録

卷四

卷五

藏書紀事詩卷四

長洲葉昌熾

好書盡職奉

綸音朱邸牙籤枕玉琴河間東平無愧色豈惟博物邁甄琛

怡親王　果恭親王　成親王

陸心源宋槧婺州九經跋怡賢親王收藏王爲　聖祖仁皇帝之子其藏書之所曰樂善堂大樓九楹積書皆滿絳雲樓未火以前其宋元精本大半爲毛子晉錢遵王所得毛錢兩家散出半歸徐健庵季滄葦徐季之書由何義門介紹歸於怡府乾隆中　四庫館開天下藏書家皆進呈惟怡府之書未進其中爲世所罕見者甚多如施注

蘇詩全本有二此外可知矣怡府之書藏之百餘年至端華以狂悖誅而其書始散落人間聊城楊學士紹和常熟翁叔平尚書吳縣潘文勤錢唐朱修伯宗丞得之爲多昌熾案怡府藏書始自怡賢親王之子名弘曉余聞之盛伯希祭酒云存齋所言攷之未詳也　怡親王明善堂詩集張純熙序親王冰玉主人至性夙深忠勤體國平居積學好古凡經史傳記以及諸子百家之編靡不探其深賾得其高朗　又伊都立序冰玉主人殿下天姿高華澄心墳素士安之萬卷咸披應奉之五行俱下方斯蔑如也　嘯亭雜錄果恭王諱弘瞻　憲廟第七子也嗣果毅王後善詩詞幼受業於沈慤士尚書故詞歸正音不爲凡響

昌熾謹案嗣王允禮亦工詞翰著自得園文鈔　又成親王諱永瑆爲
純廟第十一子善書法士大夫得片紙隻字重若珍寶　成親王詒晉齋集家有書積漸多矣以經史子集次其目題以長句錦軸牙籤富自誇深居也說積書家空巢未肯從東野拈買猶須歎浣花檢處熒熒銀燭短收時故故玉琴斜甄琛博物伊何有政可慙人惠子車　李文藻琉璃廠書肆記寶名堂周氏購得果親王府書二千餘套列架而陳之其書裝潢精麗俱鈐圖記平津館鑒藏書籍記元板春秋纂例孫退谷藏書有果親王府圖籍朱文方印果親王點定朱文長印元板南史有果親王府圖書記朱文長印　昌熾案怡府藏書之印曰

怡府世寶曰安樂堂藏書記曰明善堂覽書畫印記明善堂集卷端有　御題明善堂印　御題銀漢派裏圭璋器　天語盡職從知忠藎切　綸音好書猶見性情醇怡親王寶忠孝爲藩諸朱記成邸藏書余所見宋本夢溪筆談有皇十一子詒晉齋印朱記又宋刻溫公書儀有永瑆私印皇子永瑆之印朱記

絳雲未逐劫灰紅江左圖書日正中一自新宮三日哭閒繙貝葉唱宗風　錢謙益受之

曹溶絳雲樓書目題詞虞山宗伯生神廟盛時早歲科名交游滿天下盡得劉子威錢功父楊五川趙汝師四家書更不惜重貲購古本書賈奔赴捆載無虛日用是所積充

物幾埒內府視葉文莊吳文定及西亭王孫或過之中年構拂水山房鑿壁爲架庋其中晚歲居紅豆山莊出所藏書重加繕治區分類聚栖絳雲樓上大櫝七十有三顧之自喜曰我晚而貧書則可云富矣甫十餘日其幼女中夜與乳媪嬉樓上翦燭灺落紙堆中遂燬宗伯樓下驚起燄已張天不及救倉皇出走俄頃樓與書俱盡余聞駭甚特過唁之謂余曰古書不存矣宗伯每一部書能言舊刻若何新板若何中閒差別幾何驗之纖悉不爽蓋於書無不讀去他人徒好書束高閣者遠甚然大偏性未爲深愛古人者有二端一所收必宋元板不取近人所刻及鈔本雖蘇子美葉石林三沈集等以非舊刻不入目錄中一好自

矜嗇傲他氏以所不及片楮不肯借出儘有單行之本燼後不復見於人間余深以爲鑒戒　天祿琳琅宋本漢書錢謙益跋甲申之亂古今書史圖籍一大刦也吾家庚寅之火江左書史圖籍一小刦也今吳中一二藏書家零星捃摭不足當吾家一毛片羽見者詫謝比於酉陽羽陵書生餓眼但見錢在紙裏中可爲捧腹　八海記錢蒙叟撰明史二百五十卷辛卯九月晦甫畢越後日絳雲樓火作見朱人無數出入煙燄中隻字不存昌熾案絳雲災在庚寅查云辛卯誤也　橋西雜記顧黃公言虞山當絳雲樓火時親見有緋衣者指揮烈燄上乃大呼曰天能燒我屋內書不能燒我腹內書指其所撰國史也　牧翁賴古堂

文選序己丑之春余釋南四歸里盡發本朝藏書裒輯史乘得數百帙選次古文得六十餘帙忘食廢寢窮歲月而告成庚寅孟冬不戒於火爲新宫三日之哭知天之不假我以斯文也息心栖神皈依内典世閒文字眇然如塵沙積劫矣　又與王阮亭書衰遲潦倒賣身空門舊學無幾遺忘殆盡惟有日繙貝葉銷閒送老云云見古夫于亭雜錄　昌熾案牧翁紅豆山莊在虞山之拂水巖然考有學集題李長蘅畫扇册後亦署碧梧紅豆村莊又有燕譽堂雲上軒榮木樓並見讀書敏求記宋本漢書跋末云癸未中秋書於半野堂海虞瞿氏所藏宋史有牧翁題字云庚寅十月初二夜半野堂火片刻灰燼據此則絳雲樓下即

半野堂所在矣一號蒙叟其題易箋云余再蒙大難思文明柔順之義自名爲蒙叟又號東澗其遵王四子字序云頃者吉州施偉長謁臨海先廟觀周成王饗彭祖三事鼎二足篆東澗二字蓋周家卜洛時款識也余老耄不忘先烈遂自號東澗遺老其題介立詩又署峨嵋老衲徹修爲太學生約之翁君作墓表又題石渠舊史其藏書一印曰如來眞子天子門生士禮居藏書題跋記陽春白雪惠香閣物惠香閣柳如是所居卷中有牧翁印有惜玉憐香一印

東澗方羊如海若述古猶能得什三羣從翩翩雖嗜古執圭僅許覩諸男　錢謙貞履之　子孫保求赤　孫艾頣仲　族孫興祖孝修

錢受之述古堂宋刻書跋辛丑暮春過遵王述古堂觀宋刻書縹青界朱裝潢精緻殆可當我絳雲之什三　又錢令八趙氏墓誌銘我曾王父體仁生五子長爲我王父順時仲山東副使諱順德副使仲子世顯生謙貞謙貞生孫保孫保娶趙文毅用賢之曾孫女太子中允士春之女也

又列朝詩傳謙貞字履之初失祖父母徐守節自誓先君翼而長之故履之雖從祖弟猶吾弟也早謝舉子業闢懷古堂以奉母簾戶靜深書籤錯列年五十餘遭世亂坎壈不得志卒其孤孫保能讀父書　愛日精廬藏書志李羣玉唐風集皆有錢履之讀書記板心有竹深堂三字昌熾案竹深謙貞七世祖洪自號也錢陸燦常熟縣志洪字

理平與兄寬字理容世家奚浦能詩好客洪愛種竹堂曰竹深處寬號柳溪列朝詩傳府君有竹深遺稿藏於家

天祿琳琅孔子家語有錢求赤讀書記彭城匪庵諸印祥符周季貺云求赤校讎精審日讀書夜必記於卷尾曰某日讀若干頁某日起某日竟其勤如此所評明代詩文曰匪庵選本　昌熾案馮舒懷舊集履之次子孫艾字頤仲年僅二十卒頤仲亦喜誦讀每與人通假鈔錄朱黃兩毫不去手篆刻似文彭懷舊集有頤仲次韻求赤家兄詩又案求赤一名容保余所見藏書皆有錢孫保一名容保方印　海虞詩苑錢興祖字孝修號幔亭从館京師晚歷邊徼年踰五十以客死　又錢興國字孝標一名炳字尝山

幔亭之弟也　鐵琴銅劍樓書目六韜錢孝修從宋本影鈔孝修遵王從子昌熾案孝修一名純余所見明刻山谷外集注有虞山錢純孝修氏原名興祖朱記又案錢氏諸子又有錢天保字羽王見賞於宗老東澗見海虞詩苑瞿目陸宣公集求赤孝修遞相藏弆皆有名印又有錢孫臨一印鴻蒙一印孫臨當亦其昆弟行而鴻蒙其字也求赤藏書處曰懷古堂郎履之築以奉母者孝修曰在茲閣瞿氏所藏十六國春秋爲其家藏板心有此三字

張鐙高宴白門秋費盡黄金與翠裘麴肆酒坊論秤買蠟車障壁雜泥髹　錢裔肅嗣美　子曾遵王　孫沅楚殷

錢受之族孫嗣美墓誌銘從孫嗣美好聚書書賈多挾策

潛往余心喜其同癖又頗嗛其分吾好也天啟閒官史局與中州王損仲商訂宋史損仲言王偁東都事略藏李少卿家搜篋中獲之繕寫以歸人言嗣美家有宋刻善本而未信也辛丑從其子曾見之刻畫精好闕文具在則其捐館舍已十有六年矣嗟乎以余之於斯文窮年盡氣搜討不可謂不力而宋代遺文韻韻長編者近在家門而不克知余之闕漏謏聞亘可以自愧然王偁之書僅存於蠟車障壁人不能舉其名氏是子也顧獨能知而藏之藏之之久至身代銷沈之後而余乃始徬徨展玩佇想於斯人則古人所謂家有名士三十年而不知者固未可謂之晚也嗣美名裔肅萬歷乙卯以春秋舉順天卒於丙戌歲之十

月年五十有八子四人長召亦舉於鄉次名次曾次魯曾好學藏書益富　遵王述古堂藏書自序余二十年食不重味衣不完采掇當家資悉藏典籍中如蟲之負版鼠之搬薑甲乙部居粗有條理憶年驅雀時從先生長者游得聞其緒論逮壯有志藏弆始次第訪求問津知塗幸免於冥行擿埴然生平所嗜宋槧本爲最馮定遠每戲予曰昔人佞佛子佞宋刻乎相與一笑而不能已於佞也世間聚散何常百六飈回絳雲一燼圖史之厄等於秦灰今吾家所藏不過一毛片羽焉知他年不爲有力者捆載而去抑或散於麫肆酒坊論秤而盡俱未可料總之不値達人之一哂耳　又寒食夜夢牧翁詩絳雲脈望收燼餘緗帙縹

囊喜充牣盡說傳書與仲宣只記將車呼子慎自注云絳雲一燼之後所存書籍大半皆趙元度脈望館校藏舊本公悉舉以相贈　吳焯敏求記跋錢遵王此書成扃置篋中出入每自攜靈蹤微露竹垞謀之甚力終不可見後典試江左遵王會於白下竹垞故令客置酒高讌約遵王與偕私以黃金翠裘予傳書小史啟鐍預置楷書生數十於密室半宵寫成而仍返之　鐵琴銅劍樓書目宋婺本尚書十三卷吾邑錢楚殷藏本楚殷名沅遵王子也卷首鈐一圓印云傳家一卷帝王書其珍重如此昌熾案牧翁遵王四子字序曰東夏字思祚東鎮字思烈東漢字思光東表字思勤無名沅者俟攷遵王藏書處曰也是園曰述古

堂攷陳繼儒妮古錄繆貞得宋紹興丁巳邵諤所進述古圖研因以述古名堂黄晉卿爲記是述古之名不始於遵王也又案士禮居藏書題跋記漢天師世家華陽顧氏本有虞山錢曾遵王藏匪樓藏書十一小字其跋西溪叢語自題貫花道人蕘翁謂取龍龕手鑑序穿貫綫之花語意

江左征塵動鼓鼙百千紙甲爛如泥亦如陰火銷磨盡丹點煤痕滿駃騠　陳宏緒士業

先正事略陳士業名宏緒號石莊父道亨明兵部尚書士業性警敏家集書萬卷晝夜講肄以任子薦授晉州牧謫湖州經歷有石莊集恆山存稾寒衣集　石莊集續書目記余以壬戌作酉陽山房藏書記今十五載矣壬戌以前

舟楫輿馬無虛歲所至輒汲汲以訪求典籍爲首務在長安四閱月時閣部院寺暨諸司新志告成余念實錄之所未及會典之所未詳者畢載此書一代之制度條教備焉屬友人遍覓之僅得吏部太常二志其後四載舍弟士言官太僕乃得太僕志又歐邏巴國利瑪竇龐迪我輩行西洋歷法於中土徐元扈相國參驗而攷定之著崇禎歷書識者歎其奇博余亦求之未得雲間姜神超入都門余往晤之就神超索所鈔文淵閣書目神超許以見畀未數日而余已策蹇匆匆出春明矣卒未見文淵閣書目爲幾卷幾冊也居南畿最久盟友王唯士焦弱侯先生之壻也屬其假先生藏書數種唯士曰焦氏書誓不以假人言之無

益忽一日過廊下見有宋江鈿文海計一百冊書法工好裝潢精潔書賈索十金傾囊僅得三金客邸無可質貸翻閱竟日低徊不舍已恐書賈見厭坐所識他賈肆中託其持至更翻數過乃去中間頗得唐宋集十數種則口海陽錢塘之所購也數載以來祕本日益以稀因取壬戌以後所得彙爲目錄二卷以續前目四卷之後庶幾海宇安恬烽火漸息國無枹鼓之驚身無病魔之苦幅巾緼袍消磨歲月於此中則余生平志願畢矣　賴古堂尺牘新鈔宏緒與櫟園書乙酉入山葦載所藏書不下數萬卷鐵騎一來屯劄於傚居石河一勺一粒一絲一縷俱盡而所藏書悉被割剝擣扯裂作紙甲數千煤痕丹點離離駃騠之背

餘以支枕藉地數萬縹緗淪於一旦平生所輯有明文類鈔一書三十年訪求於南北詩文羅網幾盡今亦付之流水矣　黃宗羲天一閣藏書記江右陳士業頗好藏書自言所積不甚寂寞乙巳寄弔其家其子陳澎書來言兵火之後故書之存者惟熊勿軒一集而已　南雷詩歷哀陳晉州士業詩南都昔是論文地攜手同尋未見書銷盡故吾陰火力始留人物歲寒餘兩楹陽厭當春老一帖台安尚夏初身後祇餘熊氏集平生集古竟何如自注余四月寄書士業而士業卒於二月其子陳澍見荅已祗告几筵

昌熾案澍藏書記作澎未詳

萬卷書侔田氏富一拳山共米家横雕橋退谷相輝映玉鏡

蓬壺際
聖明　孫承澤耳伯　梁清標玉立
顏氏尺牘姓氏攷孫承澤字北海號退谷山東益都人順
天上林苑監籍明崇禎四年進士　國朝歷官吏部侍郎
昌熾案承澤字耳伯北海猶漢人之言北海孫賓谷其族
望也顏氏誤　曹溶萬卷堂藝文目跋明宗室藏書以灌
甫宗正爲最孫北海少宰令祥符就其第鈔經注二百餘
册載歸京師　畿輔通志承澤築退谷於西山耄而好學
有明一代典故尤瞭如指掌博古精鑒一時圖書之富比
之宋田氏云　平津館鑒藏書籍記元板春秋纂例有北
平孫氏研山齋圖書朱文方印　徵刻唐宋祕本書例近

代藏書惟北平孫北海少宰眞定梁棠村司農爲冠少宰精於經學司農富於子集吕熾案棠村梁相國清標號也相國字玉立亦號蕉林直隸眞定人明崇禎癸未進士國朝官至保和殿大學士精於鑒賞所藏法書名畫甲天下刻秋碧堂法帖竹垞有題王維伏生圖云庚戌觀於北平孫侍郎蟄室旣而歸於棠村梁相國知二公同鄉同官賞鑒亦略同也　翁方綱復初齋詩集蕉林書屋圖喬萊爲棠村作項家蕉窗粱蕉林圖書之富甲古今蕉窗圖畫我未見蕉林有此清且深作圖者誰喬白田棠村弟子館閣賢一時文儒盛簪紱相過鑒賞追聯翩蒼巖印記卷對啟秋碧堂帖工初鐫風清日朗暴秋午蓬壺玉鏡披暄妍

又云蕉林書目已不存燕南石墨裒何人諸老笑談皆典故畫者安得傳精神焚香展軸嗟李寅自注又一幅廣陵李寅爲棠村畫題云朝堂暇歸書屋展古畫脩閒福　又惲南田蕉林書屋圖構李紀蕉窗梁家軸又雙誰能惲格擬氣合李寅降　何紹基東洲草堂集眞定訪梁氏蕉林書屋晤石川司馬老屋僅存收藏久匱尚餘蕉林書屋圖册廿四幅耳慨而有作　聖人龍興大涵育先代儒臣悉甄錄近畿文藻數誰家梁氏雕橋孫退谷買書日下海王村近接孫公前後園少宰風流零落盡西山子姓幾人存眞定梁家經世變名山別墅仍幽倩又云梅村昔賦雕橋莊君恩世澤紛鋪張但知蟬冕百年盛豈識芸籤奕

葉香自注石川爲蕉林元孫

一紙書傳鉏菜翁山潛冢祕與人同古人慧命從今續盡向金陀拜下風　曹溶潔躬　褚鳳翔大愚稿 禾事雜吟注

鶴徵前錄曹溶字潔躬又字秋岳號倦圃浙江秀水人崇禎丁丑進士仕至御史入　國朝歷戶部侍郎出爲廣東布政使左遷山西陽和道著靜惕堂集　檇李詩繫溶晚年自號鉏菜翁築室范蠡湖顏曰倦圃　朱彝尊倦圃圖記倦圃在范蠡湖之濱宋岳珂倦翁嘗留此著書所謂金陀坊是已地故有廢園戶部侍郎曹先生潔躬治之以爲別業聚文史其中暇則與賓客浮觴樂飲以倦圃名者蓋取倦翁之字以自寄也　池北偶談曹侍郎秋岳好收宋

元人文集嘗見其靜惕堂書目所載宋集自柳開河東集巳下凡一百八十家元集自耶律楚材湛然集巳下凡一百十有五家可謂富矣　靜惕堂集流通古書約自宋以來書目十有餘種其書十不存四五非盡久遠散佚也不善藏者護惜所有以獨得爲可矜以公諸世爲失策也藏書家當念古人竭一生心力辛苦成書渺渺千百歲崎嶇兵攘劫奪之餘僅而獲免可稱至幸又幸而遇賞音者知蓄之珍之謂當繡梓通行否亦廣諸好事何計不出此使單行之本寄篋笥爲命稍不致愼形蹤永絕自非與古人深仇重怨不應若爾然其間有不當專罪吝惜者時賢解借書不解還書改一瓻爲一癡見之往記卽不乏忠信不

欺之流書既出門舟車道路遥遥莫定或僮僕狼藉或水火告災時出意料之外不借未可盡非今酌一簡便法彼此藏書家各就觀目錄標出所缺者先經次史次文集次雜說所著門類同時代先後同卷帙多寡同約定有無相易則主人自命門下之役精工繕寫校對無誤一兩月間各齎所鈔互換此法有數善好書不出戶庭也有功於古人也已所藏日以富也楚南燕北皆可行也敬告同志鑒而聽許或曰此貧者事也有力者不然但節讌游玩好諸費可以成就古人與之續命出未經刊本壽之棗梨始小本訖巨編漸次恢擴四方必有聞風接響以表章散佚爲身任者山潛冢祕羨衍人間予矯首跂足俟之矣　其藏

印曰兩河使者曰白學先生曰鉏荣翁又有檇李圓印秀州胡盧印並見式古堂書畫攷

梨莊本本盡精良觀宅何嘗非吉祥務抑輕華存微尚好噓嘉種爲寒香　周亮工元亮　子在浚雪客

昭代名人尺牘小傳周亮工字元亮號櫟園又號減齋明崇禎庚辰進士　國朝戶部右侍郎革職康熙初復僉事歷江安督糧道好古圖史書畫有讀畫錄印人傳字觸書影閩小記賴古堂詩文集等書　又周在浚字雪客亮工長子官經歷有雲煙過眼錄晉稗梨莊集秋水軒集　賴古堂詩集自序竟庵晉公自稱曰笠僧人率稱曰櫟下生本豫章人籍大梁然公實生梁秣陵公生於壬子四月七

日眉長垂頰人又呼之爲長眉公所著同書四卷鹽書四卷相編四卷字觸一卷詩人傳三卷賴古堂文選十卷皆次第行世　鷗陂漁話因樹屋書影述其先人作觀宅四十吉祥相其第二條架上無整齊書注云本本精良一一完善手且未觸目於何有但觀架中便知腹中此爲藏書而不讀者痛下鍼砭然余謂眞能讀書者必能珍護若但如櫟園所云適足啟子弟輕褻簡編之惡習豈雅人深致哉　徵刻唐宋祕本書例大梁周子梨莊櫟園司農長公司農世以書爲業嘉隆以來雕板行世周氏實始其事游宦所至訪求不遺餘力閩謝在杭先生萬歷中鈔書祕閣後盡歸司農而遭患難數世所積化爲烏有獨此繕寫祕

本二百餘種梨莊竭力珍護巋然獨存　又朱彝尊啟黃子俞邰周子雪客藏書累葉手澤猶新玉笈縹緗不減李鄴侯之架御書炳煥何殊孫長孺之樓　又張芳論略黃周兩君祕集惟唐沈下賢宋柳仲塗金趙閑閑先列數種其餘經史逸冊有裨名教者冀公之當世略存微尙稍抑輕華　又云吾黨平時睠念前人之著述而不可必得一聞跫音於空谷遂嘘嘉種爲寒香

不沾學究頭巾氣不墮支那文字禪辛苦奚囊遍南北饞魚更上海東船黃宗羲太沖

全祖望梨洲先生神道碑公諱宗羲字太沖海內稱爲梨洲先生浙江紹興府餘姚縣黃竹浦人也忠端公尊素長

子公憤科舉之學思所以變之既盡發家藏書讀之不足則鈔之同里世學樓鈕氏澹生堂祁氏南中則千頃齋黄氏吴中則絳雲樓錢氏窮年搜討游屐所至遍歷通衢委巷搜鬻故書薄暮一童肩負而返乘夜丹鉛次日復出率以爲常　又云公晚年益好聚書所鈔自鄞之天一閣范氏歙之叢桂堂鄭氏禾中倦圃曹氏最後則吴之傳是樓徐氏然嘗語學者曰當以書明心無玩物喪志也　又附記云公有日本乞師記但載馮侍郎京第乞師始末而已無豫乃避地賦則有曰歷長崎與薩斯瑪兮方粉飾夫承平招商人以書舶兮七昰緣於東京是公嘗偕馮東行而後諱之　昌熾案昰緣疑略錄之譌不敢輒改　南雷詩

斷簡殘編搜藏不易自絳雲既燼天一迯然物必聚于所好能不神馳黃葉邨莊乎饞眼儉腹終擲一覽大雅之堂向古亦殘墨作片時消受也 無名氏尺牘舊抄本

歷有移居詩云不爲安牀席先遺百本書推尋如逋寇斷爛恨饞魚 又偶書第五首云書院講章村學究支那語錄莽男兒驀然跳出兩般外始有堂堂正正旗 曝書雜記黃百家學箕初稾有續鈔堂書目序言梨洲保護藏書於兵火之中道雖窮而書則富昌熾棄百家梨洲子也

此是南雷都講地滿村黃葉語溪灣他鄉寒故終須別三載臯比返蕺山 吳之振孟舉

嘉興府志石門吳之振字孟舉以貢授中書有黃葉村莊詩文集 黃宗羲天一閣藏書記甲辰館語溪檇李高氏以書求售二千餘大略皆鈔本也余勸吳孟舉收之余在語溪三年閱之殆遍此書固他鄉寒故也 曝書雜記黃

葉村莊石門吳孟舉藏書處全謝山謂祁氏曠園之書精華歸於南雷奇零歸於石門卽指孟舉也昌熾案石門指呂莊生留良非孟舉也南雷講學石門時與莊生合得祁氏書見全謝山小山堂祁氏遺書記　池北偶談石門吳孟舉刻宋詩鈔百數十家多祕本蓋與其縣人呂莊生兩家所藏本而頗濱南豐尙不及載則未刻尙多也吳爲予言唐樊宗師宋二劉公是公非集其家皆有之　天祿琳琅明刻唐人萬首絕句吳孟舉藏書有延陵季子朱記

可憐坊社但狺狺心學姚江競反脣覷破東書堂內案不禁齒冷到光輪　呂留良莊生　子葆中无黨

全祖望小山堂祁氏遺書記吾聞澹生堂書之初出也其

啟爭端多矣初南雷黃公講學於石門其時用晦父子俱北面執經已而以三千金求購澹生堂書南雷亦以束脩之入參焉交易既畢用晦之使者中途竊南雷所取衛湜禮記集說王偁東都事略以去則用晦所授意也南雷大怒絕其通門之籍用晦亦遂反而操戈而妄自託於建安之徒力攻新建并削去蕺山學案私淑爲南雷也近者石門之學固已一敗塗地然坊社學究尙有推奉之者弟子之稱狺狺於時文批尾之閒豈知其濫觴之始特因澹生堂數種而起是可爲一笑者也然用晦所藉以購書之金又不出自己而出之同里吳君孟舉及購至取其精者以其餘歸之孟舉於是孟舉亦與之絕交是用晦一舉而既

廢師弟之經，又傷朋友之好，適成其爲市道之薄，亦何有於講學也。昌熾案：用晦姓呂氏，原名光輪，改名留良，字莊生，用晦其號，又號晚村。子葆中，字无黨。義門弟子姓氏錄有晚村孫呂懿歷，字敬授。（見晚村先生家訓，康熙間刋本）

呂莊生得山陰祁氏澹生堂藏書三千餘本示大火阿翁銘識墨猶新大擔論斛換直銀說與癡兒休笑倒難尋幾世好書人宣綾包角藏經箋不抵當時裝訂錢豈是父書渠不惜只緣參透達摩禪原注祁氏參臨濟宗

拜經樓藏書題跋記穆和齋集有呂氏藏書恥齋二圖記

又魯齋遺書有不違復堂難得幾世好書人無黨恥齋諸圖記

又讀書敏求記谷林先生跋云雍正甲辰蟬花居士取禦兒呂氏明農草堂善本手

校　持靜齋書目鴻慶居士集舊鈔本有禦兒呂氏講習堂印　士禮居藏書題跋記小畜集吾研齋補鈔留字皆缺最後一畫呂无黨手鈔也又栟櫚集賜書樓蔣氏藏呂无黨鈔本謹慎之至於漫滅處皆以細筆畫識之以存其眞昌熾案余見鈔本洪文惠集留字亦缺末筆有蔣子宣跋知吾研藏書散後皆歸蔣氏蔣吾郡藏書故家所謂賜書樓也

吳越野民淸曠域縹帶芸籤憶趙侯從此人家添小印不當帖尾便書頭　馮文昌研祥　江立玉屏　韓泰華小亭

杭郡詩輯馮文昌字研祥嘉興諸生有吳越野民集注云研祥爲司成開之孫以攻子褒仲贅於棲里沈氏遂徙家

依之　江藩金石錄跋研祥收藏甚富得右軍快雪時晴眞蹟因築快雪堂於西湖之孤山自嘉禾移居武林遂爲杭人焉　讀書敏求記金石錄吾友馮研祥有不全宋槧本刻一圖記曰金石錄十卷人家長箋短札帖尾書頭每每用之亦藝林中一美談也　淮海英靈集江立字玉屏號雲溪舊居杭州移籍儀徵有宋板金石錄因題其齋曰金石錄十卷人家著小齊雲山館詩鈔　張燕昌刻印跋馮研祥金石錄今爲玉屏先生所有珍重示余余爲用飛白書刻印以贈藝林中又增一段佳話矣　昌熾案是書後歸趙晉齋魏復相繼爲阮文達韓小亭所得今藏座主潘文勤師滂喜齋韓名泰華浙江仁和人官潼關道晚年

僑居金陵築玉雨堂藏書甚富有元人集百餘家皆傳鈔
精本或　四庫所無而元刊僅存者嘗欲輯元文選以十
家作一集道光庚戌首集既成即燬於兵其所著無事爲
福齋隨筆云金石錄明以來多傳鈔惟雅雨堂刻之阮文
達有宋槧本十卷即敏求記所載者文達自撫浙至入閣
恆攜以自隨一日書賈來售驚喜欲狂余得之亦刻金石
錄十卷人家小印又攷翁蘇齋詩阮公積古邁歐趙蘇齋
快與論墨緣恰逢葉子仿篆記宛如舊石馮家鐫又云葉
子篆樣又摹副其一畀我蘇齋篋則翁阮二家亦有此印
也曩年假館滂喜齋文勤師嘗出以相示有馮文昌印字
研祥馮氏三餘堂收藏馮子元家藏印平安館印五朱記

其餘各家題詞圖記充然滿幅洵驚人祕笈也　又案天祿琳琅續編分類補注李太白詩元萬玉堂刊馮氏藏本有馮氏圖書馮印文昌文字之祥文字之祥君家其昌馮氏三餘堂收藏快雪堂圖書印茅齋玩賞清曠之域茅屋紙窗筆精墨妙諸印

童子敲門送赫蹏篝燈未罷已鳴雞巫陽忽下申生駕自古厲階煽豔妻　葉奕林宗　子裕祖仁

讀書敏求記吾友葉林宗篤好奇書搜訪不遺餘力每見案頭一帙必假歸躬自繕寫篝燈命筆夜分不休我兩人獲得祕冊卽互相傳錄雖昏夜叩門兩家童子聞聲知之好事極矣林宗殁余哭之慟爲文以祭之曰昔我與君定

交杵曰奇文同賞疑義相剖又曰墊巾步屧頻煩往來尺蹏問字一日幾回君亡來三十餘年遍訪海内收藏家罕有如君之眞知眞好者每歎讀書種子幾乎滅絶矣　七十二峰足徵集葉奕字林宗好學多藏書名與石君上下子祖德祖仁皆少有才名林宗後娶妻二子俱失愛以憂死士論少之　又葉修字祖德林宗長子與弟祖仁迭爲酬唱名其集曰華蕚集　又葉裕字祖仁林宗次子右手駢指自稱枝指生游錢牧齋陳確庵之門以後母故失愛於父鬱鬱以死年止二十五虞山陸岦凡好道志怪之士也庚子歲四月九日去祖仁之亡將期年矣岦凡於紫雪壇扶乩忽飛筆書遠山微抹送橫波細骨輕軀豔綺羅云

云題鬼仙葉祖仁作林宗寶藏其筆以爲眞申生伯奇千
古同聲一哭　愛日精廬藏書志孫覿大全集葉石君跋
此書爲從兄林宗借去幾十年矣乙巳之春林宗卒爲之
整書始得檢歸　皕宋樓藏書志沈下賢集葉石君跋崇
禎戊寅得沈亞之集爲林宗乾沒近來林宗物故書籍星
散宋元刻本盡廢於狂童敗婦之手予生平不欺其心自
信書籍必不若林宗死後之慘　昌熾案沈下賢集今在
常熟瞿氏林宗自跋題崇禎四年冬十一月記於虞山之
毖室又士禮居藏書題跋記元本金石例有跋題順治乙
未夏五月雨窗支指生葉裕
金庭玉柱太湖東述古精嚴未許同石癖書淫成底事驅雞

牧揔作冬烘　葉樹廉石君

徐乾學葉石君傳葉石君者隱君子也性嗜書世居洞庭山中嘗游虞山樂其山水因家焉所至必聚書常損衣食之需以購書多至數千卷會鼎革兵燹盡亡其貲財獨身走還洞庭其鄉人相與勞苦石君顰蹙曰貲財無足言獨惜我書耳鄉人皆笑之已復居虞山益購書倍多於前石君所好書與世異每遇宋元鈔本雖零缺單卷必重購之世所常行者勿貴也其所得書條別部居精辨眞贋手識其所由來識者皆以爲當有三子時譏之曰若等無務進取但能守我書讀之足矣年六十七卒於家石君既歿而鄉人益思之以爲王君公仲長子光流亞也其友黃儀子

鴻嘗爲予言因爲之傳石君名樹蓮嘗爲邑諸生已而棄去石君其字也　藏書記要余見葉石君鈔本校對精嚴錢遵王書籍裝飾雖華不及也又云石君所藏書皆手筆校正博古好學稱爲第一葉氏之書至今爲寶好古同嗜者賞識焉　七十二峰足徵集何義門侍講亦最喜石君所閱書謂攷訂精審評隲古今源流瞭然別見手眼一時好事者因義門之言爭購其書於是樸學齋所藏不脛而走　石君獨居詠懷詩茅齋卻無機驅雞與牧豨　又和秋日言懷詩魯論半編囊底在村中只指是蒙師　昌熾案石君金石文隨錄手稾六冊何夢華藏見竹汀日記臨川李氏所藏宋拓羅池廟碑卽其家本有石君題字石君

一名萬樹廉之廉亦作蓮其藏書跋多題南陽轂道人或題南陽道轂其印曰樸學齋曰歸來草堂曰金庭玉柱人家

淺草江南緑未深太原公子裼裘臨槖金半入名山藏一片孤雲萬里心　張拱端孟恭

錢受之張孟恭江南草序孟恭晉產居吳游必就士橫經藉史好學深思　愛日精廬藏書志汗簡七卷陳氏鴻跋曰崇禎辛巳余讀書於吳門維斗師之古柏軒秋日同張孟恭至城隍祠右古書籍鋪中見此汗簡狂喜欲舞急解金購歸後馮已蒼假來鈔得余於庚寅從已蒼借鈔　又會昌一品集有題字曰崇禎庚辰冬十月名山藏收藏又

葉石君手識曰戊子年夏假得太原張孟恭所藏　昌熾案蘇州府志藝文類　國初有張拱端孤雲集詩一萬首山西人寓吴中必其人也又案漁洋感舊集有趙瑾懿侯歲暮至臨安留別張孟恭葉祖仁詩瑾爲山西太原人而集中又有虎邱月夜蘇州清明二詩則是與孟恭同里而同爲寄公於吴祖仁爲林宗之子與馮已蒼葉石君皆富收藏孟恭蓝與之友則其風尚可知矣

潦草醫方廢歷堆不教空手寶山回一尊敬爲西崑壽崩角完時倒舊醅朱之赤卧庵

楹書隅錄影宋精鈔西崑酬唱集二卷毛斧季跋云甲辰之月同葉君林宗入郡訪朱卧庵之赤其榻上亂書一堆

大都廢歷及潦草醫方殘帙中有繕整一冊抽視之乃西崑酬唱集爲之一驚卷末行書一行云萬歷乙丑九月十七日書畢下有功甫印乃錢功甫手鈔也因與借歸次日林宗入城喧傳得此最先匍匐而來者定遠先生也倉忙索觀陳書於案叩頭無數而後開卷朗吟竟日索酒痛飲而罷昌熾案天祿琳琅道命錄及明板水經山海經合刻皆有朱臥庵收藏記皕宋樓藏書志愧郯錄亦有朱臥庵朱之赤印記周季貺云臥庵著名於治熙時彭躬庵爲撰母夫人墓誌稱其學問淵雅通天文術數亦一奇士也

天祿琳琅續編自警編有朱印之赤臥庵朱臥庵收藏印狂奴正氣堂三天謫吏煙雲逸叟各朱記

楓山金澤兩官庫金剛佛子文識房半是中華流落出海天如鏡估帆張　蔣琦絢臣　蔣玢絅臣

經籍訪古志二百卷明萬歷十七年刊本楓山官庫藏有蔣琦之印絢臣父二印序目有閩中蔣氏三徑藏書蔣絢臣曾經祕藏二印　又文選袁褧刻本卷首有是書曾藏蔣絢臣家印注六源宏賢所藏唐人小說亦有蔣絢臣藏書印　皕宋樓藏書志鶴田蔣先生文集有蔣氏手跋曰此集爲楊文敏公家藏徐興公先輩得之於建甯書肆絢臣玢識昌熾案滂喜齋藏存復齋集有順治丙申蔣玢手跋又有蔣玢及絅臣珍藏圖書二印琦字絢臣玢字絅臣陸氏又合爲一人矣

參閱名登野史亭謗書酷甚腐遷刑空王難贖多生切碧血
湖隄走鬼燐　張雋文通

陸心源明鈔春秋纂言跋每冊有張雋之印案雋字非仲
吳江人一名僧願又字文通樓居積書甚富手錄者千餘
卷擁列左右南潯莊廷鑨聘修明史爲作有明理學諸儒
傳其稾別行名與斯集史案未發自知其非逃於僧舍年
已七十後與潘檉章吳炎諸人同伏法於杭州著有西廬
詩草四卷見南潯鎮志　楊鳳苞記莊廷鑨史案本末廷
鑨以朱文肅公史概稾本續纂天啟崇禎兩朝名曰明書
輯略吳江張雋名在參閱中淩遲死　平津館鑒藏書籍
記唐鑑二十四卷有張雋一字文通印　鐵琴銅劍樓書

目朱慶餘詩集一卷卷首有張雋之印字文通諸朱記

花雨生公舊講臺一牛鳴地草堂開雲陽文字歸殘刧斷瓦
牆陰長綠苔顧苓云美

錢受之顧彖垣墓誌銘長洲顧君諱維鼎字彖垣以已亥歲四月十七日卒長子苓　元和縣志顧苓字云美潛心篆隸凡金石碑版及鼎彝款識蟲魚科斗之書皆能誦之居虎邱山塘蕭然敝廬中懸思宗御書時肅衣冠再拜欷歔太息　蘇州府志塔影園在虎邱便山橋南數武文肇祉所築後顧苓云美居之更名雲陽草堂又有室曰松風寢　錢受之雲陽草堂記顧子云美卜居於雲巖之陽讀書尚志撫今懷古讀後漢書宣秉傳論其世而知其人穆

然太息顔其三間之屋曰雲陽草堂　又云云美之居去雲巖一牛鳴地入寺門平石穹然晉生公說法處也　士禮居藏書題跋記林和靖詩集余向於郡故藏書家得一鈔本云是顧云美手鈔珍藏之　鐵琴銅劍樓書目隸續顧云美氏手鈔有塔影園客朱記　又石刻鋪敘義門得諸塔影園顧氏

君如坡老愛陶潛何似老蘇愛織簾爲訪河東三篋去渡江昨夜宿蒼蒹顧湄伊人

國朝詩人徵略顧湄字伊人江南太倉人有水鄉集　江蘇詩徵湄本惠安令程新子新與顧夢麟善夢麟無嗣幼鞠湄遂姓顧氏注伊人爲織簾先生之子又傑出於確庵

之門昌熾案續簾顧先生麟士也確庵陳先生瑚也　錢受之陶廬記顧子伊人得宋刻蘇長公所書陶淵明集藏弆齋中晨夕吟諷名其處曰陶廬　讀書敏求記陶淵明集十卷婁江顧伊人藏弆宋槧本顏其讀書處曰陶廬而請牧翁爲之記伊人交余最厚眞所謂兄弟也但各姓耳見余苦愛陶集遂舉以相贈丙午丁未之交余售書季滄葦是集亦隨之而去滄葦沒書籍散入雲煙過眼錄矣伊人前年渡江念陶集流落不偶訪求得之持歸示余河東三篋亡來已久一旦頓還舊觀展卷相向喜可知也予昇之牧翁陶廬記手槀俾揭之簡端以見我兩人鄭重其書互以藏之外府爲快視世之借書爲一癡者其度量相越

豈不遠哉　士禮居藏書題跋記宋刻唐求詩有陶廬顧湄之印

寫韻樓高敞綺窗旋風葉葉捲成雙滄洲一臥何時起善本連艫盡過江　季振宜詵兮

天祿琳琅毛詩二十卷季振宜藏書有宋本橢圓印振宜字詵兮號滄葦揚州泰興人順治丁亥進士授蘭溪令歷刑戶兩曹擢御史　讀書敏求記吳彩鸞書切韻余從延令季氏曾覩其眞蹟逐葉翻看展轉至末仍合爲一卷張邦基墨莊漫錄云旋風葉者卽此眞曠代之奇寶因悟古人玉躞金題之義唐六典所以有熟紙裝潢匠之別也自北宋刊本行世而裝潢之技絕矣余幸遇此韻得覩唐時

卷帙舊觀季氏零替不知歸之何人惜哉　黃丕烈季滄葦書目序滄葦書目載宋元板刻以至鈔本幾於無所漏略余閱述古堂藏書目序有云舉家藏宋刻之重複者折閱售之泰興季氏是季氏書半出錢氏而古書面目較諸錢氏所記更詳今滄葦之書已散失每從他處得之證諸此目若合符節方信藏書不可無目且不可不載何代之刻何時之鈔俾後人有所徵信也　昌熾案天祿琳琅又載宋板文選明板長慶集皆有滄葦吾道在滄洲朱記又追昔游詩季滄葦藏有杜下史方印又明刻元豐類藁有得知千載外正賴古人書十字長印與季振宜藏書印均在序首疑亦季氏所鈐也

洞庭波兮渺愁予故人來自碧山居香山海嶽雲林箏價重
人間未見書　孫潛莜園

吹綱錄避暑錄話世傳惟稗海津逮兩本曩聞郡中某氏藏有二本一爲孫潛夫依舊鈔善本手校於稗海本上一爲鈔本而未校者余曾借得未校之本有黃蕘翁跋謂自序一篇商毛二刻所無孫氏據舊鈔本補入似即黃氏錄孫潛夫本也　士禮居藏書題跋記唐僧宏秀集孫潛夫藏本　鐵琴銅劍樓書目五代史闕文孫潛夫鈔卷末記云辛酉夏六月借黃俞邰鈔本一勘　又江文通集有孫潛之印孫二酉珍藏諸朱記　昌熾案全謝山校水經注一爲孫潛夫本謝山跋云予游吳下問諸後進莫知潛夫

之本未者矣潛夫名潛字菽園一字節生又曰知節君又附錄潛夫跋云康熙丁未十一月十八日從葉石君處借清常道人三校本一勘又用柳大中家鈔宋本再勘是日石君從洞庭來述山中所聞見如李龍眠之馬米元章楷書寶章待訪錄其所見也白樂天手寫金剛經一行一楷趙韓王家譜張循王鐵劵倪雲林手書所著江南詞其聞而未見者也

七十二峰縹緲閒具區煙水碧潺潺明懷餘韻宛然在江月松風見一斑　翁澍季霖　子校秀升　栻猶張

七十二峰足徵集翁澍字季霖博古嗜學不求仕進自號胥母山人搜羅湖山名勝人文事蹟爲具區志　又翁校

字秀升季霖長子縣諸生　又翁栻字猶張少從金耿庵先生游酷嗜藏書玉峰徐司寇蘇城顧惟岳陸其清兩家宋元鈔本皆乞借鈔字畫端楷題識歲月於後作詩八卷曰釣采吟　昌熾案抱經堂書賈陳某曾以舊鈔江月松風集求售後有跋云錢思復手稾好事家裝褫成册錢磬室曹秋岳先後收藏秋岳亡後伯兄駕徵於金閶見之傾囊得歸此本乃余手鈔校對獨細惜有闕落無從攷補至字畫閒有舛誤亦從闕疑大抵古人手筆當仍其舊不可妄以已意增損也康熙丙寅季秋之十三日東洞庭山又張翁栻識下有栻翁又張南陔三印又題云旁有朱字乃錄金亦陶夫子所改又補題竹西居士圖詩一首後注云

從金迂齋夫子處鈔來據此則猶張實爲金侃弟子足徵集以爲從金耿庵游誤也又按太湖備攷云翁澍與下堡金侃交最善延至家塾商榷古今栻爲澍子亦陶爲耿庵先生子侃尚及與澍交則栻不及事耿庵明矣校爲澍長子則栻跋中所稱伯兄駕徵當是其號栻有同伯兄駕徵自横塘返山詩二首見足徵集

骨董僧寮列肆厖碎銅玉石闘雞缸不堪重到慈仁寺寂寞雙松護碧幢　王文簡士禎

昭代名人尺牘小傳王士禎字貽上號阮亭自號漁洋山人新城人順治乙未進士官至刑部尙書乾隆閒補謚文簡

朱彝尊池北書庫記池北書庫者今少詹事新城王

先生聚書之室也新城王氏門望甲齊東先世遺書不少
然兵火散佚者半先生自始仕迄今目耕肘書借觀輒錄
其副每以月之朔望𧨏慈仁寺日中集奉錢所入悉以購
書蓋三十年而書庫尙未充也　古夫于亭雜錄昔在京
師士人有數謁予而不獲一見者以告崑山徐尙書健庵
徐曰此易耳但値每月三五於慈仁寺市書攤候之必相
見矣如其言果然廟市賃僧廊地鬻故書小肆皆曰攤也
又書賈欲昂其直必曰此書經新城王先生鑒賞者鬻銅
玉器則曰此經商邱宋先生鑒賞者士大夫言之輒爲絕
倒　藤陰雜記孔東塘尙任燕臺雜興云彈鋏歸來抱膝
吟侯門今似海門深御車埽徑皆多事只向慈仁寺裏尋

注云漁洋龍門高峻人不易見每於慈仁廟市購書乃得一瞻顏色居易錄余官都下二十餘載奉錢之入盡以購書嘗冬日過慈仁寺見尙書大傳朱子三禮經傳通解荀悅袁宏漢紀欲購之異日侵晨往索已爲他人所有歸來惆悵不可釋病臥旬日始起古稱書淫書癖未知視予何如自知玩物喪志故是一病不能改也亦欲使吾子孫知之

鹽官城畔螺浮宅月落烏啼喚奈何欲續清河書畫舫圖書松下已無多

張惟赤子皓小白孫芳湄葭士曾孫宗松宗橚載華柯元孫鶴徵張培元江亭

吳騫涉園修禊記涉園在海鹽縣城南三里故給諫螺浮

張先生所創志稱烏夜邨故阯也亭池林木之勝甲於東南而主人醧舫雅好事歲甲寅暮春之初醧舫招同人修禊和故事余爲之記　皕宋樓藏書志聖宋文選吳騫跋曰鮑以文言海鹽張皜亭主政藏有影宋本甲寅秋借陳君仲魚訪張子醧舫於涉園主人賢而好客示以祕藏諸籍獲觀是書眞生平大快也　兩浙輶軒錄張柯字晉樵一字東谷海鹽人官杭州府訓導著攓雲樓詩稾汪家穀曰張氏爲浙西望族其先螺浮先生以給諫起家城南烏夜邨有涉園其別業也學博與朱笠亭陸太沖輩日坐嘯其中圖書彝鼎望而知爲故家物　又張宗松字青在一字楚良又字蠖盧海鹽人著寒坪詩鈔楊秉初曰君性耽

吟詠家富藏書鑒別最精　楹書隅錄宋本源流至論有涉園主人鑒藏古鹽張氏小白珍藏古鹽涉園張氏守白齋珍藏書畫之章各印　鐵琴銅劍樓書目李文饒集古鹽張氏藏書有張載華印芷齋圖籍二朱記　持靜齋書目山谷刀筆有張載華芷齋圖籍古鹽張氏松下圖書朱記又樂靜集有海鹽張氏研古樓藏書及芷齋圖籍二朱記　又拾園張氏書目四冊不著書籍原委但列第幾架第幾層某函某書而已　昌熾案舊在京師順德龍伯鸞鳳鑣以所藏呂无黨手鈔後村集見示有古鹽張氏及宗橚詠川諸朱記皕宋藏書陸宣公集有張載華佩兼諸印張氏藏印諸家著錄數見不鮮顧其世系未能詳也宣統

紀元之歲暮重雕此集至第四卷張鞠生農部元濟自滬上寓書來云螺浮給諫是其先德以涉園世系見示始知螺浮先生名惟赤順治乙未進士刑科給事中長子皓號小白別號皜亭康熙壬子舉人有三子長芳溶早逝以弟子宗松爲嗣次芳湄號象賢一字葭士宗松卽其次子號青在又號寒坪著有捫腹齋詩鈔卽農部之六世祖也第五子曰宗柟號吟廬別號含厂著有帶經堂詩話第六子曰宗橚號詠川一號思巖第八子曰載華號佩兼一號芷齋柯字晉樵一字東谷葭士弟芳潢之子也鷗舫名鶴徵佩兼之長子以諸家書目藏印證之世德淸芬若合符節螺浮先生爲王文簡同年進士宜次其後是卷繕刻至葉

石君一首而農部函適至猶及改纂不先不後若有天幸豈非先哲有靈有以牖啟之乎附誌於此以箴前闕亦農部君志也歲在庚戌元日綠裻記　又案嘉興府志平湖張培元字江亭監生好書購宋元本千卷持靜齋書目金陀粹編卷首有張培源江亭氏諸印卽其人也但元作源爲異

天賜蒲陶出禁廚不將薏苡當明珠蘇詩精似吳興刻斷鶴何須泯續鳧

宋犖牧仲　子筠蘭揮

先正事略宋犖字牧仲號漫堂河南商邱人大學士文康公權子也以大臣子列宿衞官至江蘇巡撫戶部尚書子

至字山言癸未進士授編修浙江提學道著有緯蕭堂詩集筠官檢討　沈文慤奉天尹宋公墓誌銘公諱筠字蘭揮號晉齋既冠捷南宮由江西藩司晉奉天府尹　朱彝尊西陂記宋公懷童時釣游之所思築圃曰西陂命禹鴻臚之鼎作西陂魚麥圖取元結詩句冀歸老於江湖也天子書魚麥堂以賜公嘗引年　天子給以禁苑蒲陶一本曰是果結實然後請老　又巡撫宋公以新雕蘇詩施注見貽賦謝詩中丞訪得嘉泰本上客爲補由儀詞梅谿舊箋付醬瓿傳稱遺楷傳漕司目織案商邱所得宋本僅有十二卷當付雕時邵長蘅爲補其缺謬誤甚多翁蘇齋詩所謂奇哉漫堂寶殘泐惜也邵補功微愆是

也 綿津詩集齋中三詠松雪齋集一首云雅願終身作蠹魚吳興集刻至元初華亭小記增珍重不數虞山舊漢書 儀顧堂元槧白虎通跋每冊有毛子晉宋蘭揮印汲古閣祕本書目爲潘稼堂開値議價不諧其書多爲商邱宋氏所得 持靜齋書目靑綸館藏書目錄一卷 國朝宋筠撰 又耿文明詩集有商邱宋筠蘭揮氏巳丑進士太史圖書魚麥堂諸印 禹之鼎洗竹圖宋犖題詩有白馬客裔印 天祿琳琅胡子知言宋犖藏本有緯蕭草堂印 平津館鑒藏書籍記寫本雪溪詩有龢松庵白文方印雪苑宋氏蘭揮藏書記朱文長印 士禮居藏書題跋記郤埽編有宋筠蘭揮三晉提刑諸印 鐵琴銅劍樓書

目叢桂毛詩集解宋蘭揮所藏每冊有筠字圓印鐵圍山叢談卷首有宋氏蘭揮藏書善本朱記

上堂學參臨濟禪登山喜拍洪厓肩仙耶佛耶抑儒耳抱書獨上南山顛　錢陸燦爾弢

海虞詩苑圓沙先生錢陸燦字爾弢號湘靈中順治丁酉鄉試第二晚節居南山北麓老屋三間叢書兩板臨街誦讀聲出金石年近九十兩眸青碧似仙生平篤信宗門臨終洒然又似老爛頭陀云　東湖叢記湘靈先生晚歲逃禪其手校之書每押以明經別駕書經解元臨濟三十四彭祖九十七世一印又曰陸終彭祖後人余藏有先生手批元遺山集有跋題圓沙老書生記書法縱橫蓋老年筆

也鐵琴銅劍樓書目南華眞經邑人錢圓沙手閱本末有乙卯年七月二十日東圃書堂閱完一行卷首有調運齋湘靈好夢諸朱記　持靜齋書目韓子明孫鑛節鈔本錢湘靈手批朱藍炫然卷首有儒師馬文肅佛嗣熊檗庵圓沙彭祖同庚壬子癸丑草創大還堂陸燦湘靈諸印

一洗空華變闒茸瑤臺牛僕出塵封一門並擅名山藏白鹿爭高指玉峰

徐乾學健庵　弟秉義果亭　元文立齋　子炯章仲　邵長蘅傳是樓記

同治蘇州府志徐乾學字原一號健庵應聘曾孫康熙庚戌進士第三人及第官刑部尚書傳是樓藏書甲天下

徐秉義字彥和號果亭康熙十二年以進士第三人登第內閣學士兼禮部侍郎秉義通籍後以兄弟並在華省深

懷謙退杜門卻埽購求古書或借槀本鈔錄　徐元文字公肅號立齋順治己亥一甲第一名及第文華殿大學士兩江總督傅臘塔劾元文兄弟家人不法事元文奏辨遂力求罷以原官致仕舟過臨清榷關者欲構其罪登舟大索惟圖史數千卷光祿餼金三百兩而已　憺園集寄曹秋岳先生詩嗟予幾綰髮屈首事誦習博贍服芃先弇陋媿難及發憤購遺書蒐羅探祕笈從人借鈔寫瓻甂日不給　黃宗羲傳是樓藏書記喪亂之後藏書之家多不能守異日之塵封未觸數百年之沈於瑤臺牛篋者一時俱出於是南北大家之藏書盡歸先生先生之門生故吏遍於天下隨其所至莫不網羅墜簡搜抉緹帙而先生爲之

二徐書目民國乙卯
仁和王存善校印本

海若　又曰自傳注之學變爲時文空華臭腐人才闒茸
至於細民亦皆轉相模鋟以取衣食遂使此物汗牛充棟
而先王之大經大法蕩爲荒煙野草由大人之不悅學以
致之也數窮必復先生主持文運當必有以處此人將指
此樓也與白鹿爭高矣　汪琬傳是樓記徐健庵尚書築
樓於所居之後凡七楹斵木爲廚貯書若干萬卷部居類
彙各以其次素標緗帙啟鑰爛然與其子登斯樓而詔之
曰吾何以傳女曹哉因指書而欣然笑曰所傳者惟是矣
遂名其樓爲傳是　昌熾案傳是樓宋元本書目吳文瀟
同年丙湘刻之廣陵秉義有培林堂書目元文有含經堂
書目　紅豆樹館書畫記載司寇行書五言長律墨蹟引

明五行志道士歌委鬼云云
為魏奄客氏之兆

首用冠山堂印　天祿琳琅續編禮記余仁仲刊藏徐乾學家有徐炯收藏祕笈徐炯收藏書畫徐章仲所讀書徐仲子別號自彊諸朱記炯字章仲乾學之子官直隸巡道

犂牛騂角難爲爾委鬼茄花已忽諸想見東林諸老集三薰三沐四香居　陳自舜小同

鄭梁陳堯山墓誌銘君諱自舜字同亮別號堯山父朝輔明萬歷丙辰進士太僕寺少卿君始爲秋水社繼爲澹園社其間捧盤執耳皆極一時之選而當世之耳而目之者多指雲在樓之公子爲不可少蓋至是而人知太僕之有子矣雲在樓者太僕所建以爲游息之所也所蓄圖書玩好頗富手口之澤亦多君一一珍藏每遇名流鑒賞輒求

題識君卒於康熙辛卯六月廿一日距生前明甲戌七月十一日春秋七十有八子憲淇　全祖望七賢傳萬歷天啟之交黨禍方熾吾鄉以沈文恭在揆席故多爲所染陵夷至於奄難士氣益喪至有列名爰書者顧喜其家子弟多能出而雪父兄之恥陳御史朝輔有子自舜字小同甚媿其父之所爲不欲人稱爲公子棃洲先生講學甬上小同從之終日輯舊經學兀兀不休棃洲座上或言天啟時某官以某物贈奄卽御史所爲也小同爲之數日不食喜購書其儲藏爲范氏天一閣之亞

年少金閶游俠兒不工挾彈善塡詞高齋賓客今何在腸斷摩挲玉印時　納蘭性德容若　揆敘愷功　穴研齋

昭代名人尺牘小傳成德氏納喇又作納臘亦稱納蘭字容若後改名性德遼陽人太傅明珠子康熙癸丑進士選侍衛愛才好客所與游皆一時名士嘗集宋元以來諸儒說經之書刻爲通志堂經解一千八百餘卷精鑒藏尤工於詞所刻飲水側帽詞傳寫徧於郵郊郵壁　國朝詩人徵略揆敘字愷功滿洲人官至左都御史謚文端有益戒堂集　伍崇曜飲水詞跋韓慕廬稱容若嘗輯全唐詩選晚乃篤意於經史茶餘客話稱其天姿英絕蕭然若寒素擁書數萬卷彈琴歌曲評書畫以自娛　藤陰雜記明太傅自怡園延唐東江查他山課子揆敘唐有園居雜詠詩如流水游龍非馬尉赤墀靑瑣異王根想見繁華氣象東

江又有哭揆愷功詩云猶有高齋舊賓客可憐水磨好園林　知聖道齋讀書跋謙牧堂藏鈔本金張師顏南遷錄一卷又云於謙牧堂藏書中得宋元人詞二十二帙題曰汲古閣未刻詞行款字數與已刻六十家詞同每帙鈐毛子晉印皆精好　昌熾案謙牧堂愷功藏書處也容若曰珊瑚閣昔聞之潘文勤師云愷功藏書皆歸　天府天祿琳琅著錄有謙牧堂印記者皆其家書也武進費屺懷同年藏容若玉印一面鐫繡佛齋一面鐫鴛鴦館　士禮居藏書題跋記陸游南唐書丁卯歲收得穴研齋鈔本卷末一頁格旁有虞山錢遵王藏書七字　又何博士備論通二十六篇不分卷因其爲穴研齋繕寫珍之先是收

得穴研齋諸書初不知時代先後惟陸游南唐書爲虞山錢遵王藏書則在遵王先矣他爲宋人説部總得於松江故宦家有賈人知其由來謂出於康熙朝明相國家　又茅亭客話穴研齋本爲佳　昌熾案茅亭客話後歸亡友蔣香生書鈔閣香生述周季貺之言曰穴研裝潢精美似國初旗人之風雅好事者或出自明相國家與蕘翁所記賈人之言合

誰爲楚濱誰矛年草堂新築直沽前豈因小綠天亭印遂誤觀光自哲鮮　安岐儀周

非石日記書賈錢聽默云傳是樓藏書大半歸於明珠而其家人安麓村所藏亦多善本　又黄蕘圃家觀北宋本

孟東野集上有徐健庵季滄葦及安岐印每本卷末有安麓村楕方圖記　楹書隅錄北宋孟東野詩集十卷每冊有安岐之印儀周珍藏安麓村藏書印各記安岐字儀周麓村其號也亦號松泉老人天津人顏所居曰沽水草堂學問宏通極精鑒賞收藏之富甲於海內著有墨緣彙觀亦一時博雅好古士也百宋一廛賦著錄此本謂麓村乃賣骨董者誤矣周芸皐觀察內自訟齋文集謂儀周朝鮮人從貢使入都偶購得鈔本書乃前人窖金地下錄其數與藏處皆隱語徧視京師惟明國公府似之因見明公一一指視其處先後假金數百萬業鹽於天津揚州息倍之多富收藏盡以歸國云云語尤荒誕無足辨也昌熾案紅

豆樹館書畫記陳白陽古詩十九首卷有朝鮮安氏圖書朝鮮安氏書畫圖章安氏子靜鑒定安氏小綠天亭珍藏諸印是朝鮮實有安氏精鑒藏者芸皋之言得無以此傳譌乎

綠樹芳穠小草齊楝花亭下一尊攜金風亭長來游日宋槧傳鈔滿竹西　曹寅子清

昭代名人尺牘小傳曹寅字子清號楝亭奉天人官通政使江甯織造校刊古書甚精有揚州局刊五韻楝亭十二種盛行於世　宋犖寄題曹子清戶部楝亭三首序云子清之尊人於白門使院手植楝樹數株綠陰可愛因結亭其閒顏曰楝亭子清追念手澤屬諸名人賦之未幾子清

復移節白門十年中父子相繼持節一時士大夫傳爲盛
事　王槩題張見陽楝亭夜話圖詩楝亭余每坐清晝牆
隅小草穠陰覆楝乃水部手自栽亭亦早歲攤書構又云
唐渲宋槧任標舉陸海潘江半臣僕　又吳之騄詩我聞
楝亭下嘉樹影婆娑書卷擁百城尚友自吟哦　李文藻
琉璃廠書肆記楝亭掌織造鹽政十餘年竭力以事鉛槧
又交於朱竹垞曝書亭之書楝亭皆鈔有副本以予所見
如石刻鋪敘宋朝通鑑長編紀事本末太平寰宇記春秋
經傳闕疑三朝北盟會編後漢書年表崇禎長編諸書皆
鈔本魏鶴山毛詩要義樓攻媿文集諸書皆宋槧本　錢
大昕藝圃搜奇跋天台徐一夔編此書世無刊本曹子清

巡鹽揚州時嘗鈔以進　御好事者始得購其副錄
之
七品官兒竟奪儂爲攜小史當書傭丹房枕膝書親授始信
人間有蔡邕　朱彝尊錫鬯　孫稻孫稼翁　李延昰辰山
鶴徵前錄朱彝尊字錫鬯號竹垞晚號小長蘆釣魚師又
號金風亭長浙江秀水人明太傅國祚曾孫著有經義攷
日下舊聞曝書亭集注云先生又有瀛洲道古錄五代史
注禾錄諸書俱屬稾未成　曝書亭集鵲華山人詩序予
中年好鈔書通籍以後見史館所儲京師學士大夫所藏
弆必借錄之有小史能識四體書日課其傳寫坐是爲院
長所彈去官而私心不悔也　又書櫝銘予入史館以楷

書手王綸自隨錄四方經進書綸善小詞宜興陳其年見而擊節尋供事翰苑忌者潛請學士牛鈕形之白簡遂罷予官歸田之後家無恆產聚書三十櫝老矣不能徧讀也銘曰奪儂七品官寫我萬卷書或默或語孰智孰愚　松江府志李延昰字辰山上海人初名彥貞字我生大理評事中立子也師事同郡徐孚遠爲高第弟子後隱於醫居平湖祐聖觀中爲道士其卒也以書二千五百卷贈秀水朱彝尊　褚華滬城備攷李延昰字辰山號寒村原名彥貞進士尙衮孫大理評事中立子唐王某官事敗後遁跡平湖佑聖宮爲道士以醫自給聚書至三十櫃康熙辛丑卒　查愼行敬業堂集聞李辰山藏書多歸竹垞歎息詩

人失李廎栢湖回首舊游非自憐老友今無幾且喜藏書得所歸萬卷又增三篋富千金直化兩蚨飛平生謬託知交在悔不從渠借一瓻　胡濼三君詠李高士延昰一首

不見李高士琳宮鎖暮霞芸香銷蠹簡鑪火冷丹砂　鶴徵後錄朱稻孫字稼翁一字芋陂晚號娛村著有六峰閣集昌熾案竹垞子昆田早卒遺二孫一桐孫一稻孫阮文達修曝書亭詩所謂笛漁早死雙孫老誰曝遺書向此亭也蒲褐山房詩話稼翁晚年貧不能支曝書亭藏書八萬卷漸致散佚藏書印曰潛采堂曰南書房舊講官張叔未桂馨堂集詠梅會里朱氏潛采堂藏書象牙印朱文二行行五字曰梅會里朱氏潛采堂藏書詩云管領奇書八萬

卷人間此印亦千秋籤開玉版先經眼榜賜金題在上頭
七品眞推艮太史百城肯拜小諸侯南垞亭子教重建同
是
熙朝第一流自注竹垞又有一印曰七品官耳又案
儀顧堂紫巖易傳跋每冊有秀水朱彝尊錫鬯氏朱文方
印我生之年歲在屠維大荒落月在橘壯十四日癸酉時
朱文方印案屠維爲已大荒落爲巳竹垞生於崇禎二年
己巳則此亦竹垞印也又暴書亭集還鄉口號云甌舫西
偏盡竹梧紫微山石儘教鋪自注甌舫余齋名又有甌舫
箴見集中按皕宋樓藏書志東萊毛詩句解竹垞跋署新
懊齋　鶴徵錄七陸元輔傳
一見奇書喜欲顚舫田不惜筮牛眠漸鴻姓字無人識但見

南樓草接天 馬思贊仲安

金農冬心先生隨筆　李富孫校經廎集　朱彝尊曝書亭詩注　錢泰吉海昌備志

杭郡詩輯馬思贊字寒中號南樓海甯人有皆山堂詩注云南樓爲揚州推官麟翔子工詩績學諸子百家無不研貫家有道古樓插架多宋元精槧旁及金石祕玩絹素眞蹟充牣其中不減倪氏淸閟閣也　又馬翼贊字叔靜號寒將海甯人雍正癸卯進士官山東觀城知縣有寶穎堂詩鈔　愛日精廬藏書志陸狀元通鑑某氏跋曰前年謁外舅陳宋齋先生談及海內藏書家先生言其故人馬寒中購書不遺餘力嘗過龍山查氏見案頭有宋槧陸狀元通鑑百計購之不可得後查氏謀葬其親所卜吉壤則馬氏田也寒中覘知之大喜曰書可得矣郎詣查氏願效𫇭

田之易凡十畝書券盡付焉抱書疾歸若惟恐其中悔也其篤好如此　吴壽暘集舊藏英石峰高二尺許馬寒中先生物也賦此紀之詩云南樓道古箋魚蟲仇池兼伴吟香工又云占鴻漸兮甯高飛樂磐石兮其來歸自注寒中先生筮易得漸之二爻因以衎齋爲號並有坐磐石小影

拜經樓藏書題跋記竹垞初白二先生尺牘凡六十通與寒中者十九寒中爲吾邑藏書家插架多人間未見本故書中皆論典籍事或輾轉傳鈔或多方購買於此想見前輩好學之勤嗜書之篤誠可慕也　又衎齋詩卷先子跋云予家去插花山僅一舍每登樓東望惟見寒煙衰草亂雲滿目慨望昔日之風流非特琴書圖籍散亡略盡卽

道古樓之故阯且不可蹤跡頗深生不同時之恨　又朱本文中子有海昌馬思贊印中安一號漁邨圖記　又欒城集插花山馬氏藏本首葉有玉音孝友著於家庭信誼隆於鄉黨朱文印卷内有古鹽官州馬思贊之印華山馬仲安藏善本印　又剡源集寒中跋題康熙庚辰識於紅藥山房　持靜齋書目通典詳節元至元刊本有古鹽官州馬氏南樓書籍印又雪磯叢稾康熙丁亥馬素邨鈔本有古鹽官州馬素邨書畫印　昌熾案余所見殘本唐子西文集有衎齋胡盧印又衎齋師友傳遺之物亦以爲好二朱記又有前身是羅浮頭陀一印是否出寒中不可攷又案竹垞跋新莽錢範文有云歲在丁亥觀於衎齋上舍

小胡盧山書屋集中屢稱吾宗衎齋又稱宗人寒中是寒中本姓朱桑海之間改易名氏而世無有知者矣

綏若安袠髮若杇攬環結佩君子居司城豈必爲貧仕本讀司空城旦書　汪森晉賢　弟文柏季青

兩浙輶軒錄汪文柏字季青一字柯庭桐鄉人官北城兵馬司正指揮有柯庭餘習古香樓吟稾　汪文桂字周士一字鷗亭歲貢生官內閣中書有鷗亭漫稾六州噴飯集　汪森字晉賢一字碧巢官戶部郎中有小方壺吟稾

沈大成大理府知府汪君墓誌銘君祖文桂中書舍人叔祖森戶部郎中自號碧巢者也藏書甲於浙西中書子四其次繼燝歷官給事爲後於碧巢君考也君諱上堉字綺

巖子孟鋗仲鈖季鏗其適所生則彝銘也孫二人如藻如洋　嘉興府志秀水汪孟鋗字康古弟仲鈖字豐玉家故饒至孟鋗時漸落而先世裘杼樓萬卷之藏書故在孟鋗兄弟搜討其間乾隆庚午孟鋗兄弟舉於鄉丙戌孟鋗成進士有厚石齋詩集仲鈖有桐石齋詩集孟鋗子如藻字念孫舉人值　四庫館開獻家藏書一百三十七種乙未成進士入翰林終山東糧道如洋字潤民爲仲鈖後乾隆庚子會試　廷試皆第一授修撰年四十卒昌熾案孟鋗爲晉賢曾孫　錢儀吉吉石汪先生墓表先生兄厚石桐石彡石先後不祿先生盡傷心年餘謝世子如藩如瀾先生諱彝銘字寶吉吉石其別字　朱彝尊小方壺存稟序

休甯汪晉賢氏徙居梧桐鄉營碧巢當吟窩築華及之堂以燕兄弟賓客建裘杼樓以藏典籍其曰小方壺者郡城東角里之書屋也晉賢仕爲桂林通判調太平遷知鄭州事未赴　又汪司城詩序曩因周布衣靑士友汪君晉賢既又識君哲昆周士令弟季靑季靑方年少結交皆老蒼海内稱詩者相與訂攬環結佩之好　潘耒摛藻堂集序吳興多佳山水休陽汪子季靑築別業讀書其中名其堂曰摛藻之堂　龍城札記韓詩外傳云君子之居也綏若安裘晏若覆杅桐鄉汪氏嘗取裘杅二字以名其樓然其實杅乃杅字之誤杅卽盂也漢書東方朔傳有安如覆盂語正與此同　拜經樓藏書題跋記隸釋桐鄉汪氏藏書

有屐硯齋圖書印休甯汪季青家藏書籍二印記極精美
又本草衍義汪季青家藏面葉題摛藻堂藏　又蘇詩
補注桐鄉汪氏藏本面葉題初白翁原稾擁書樓收藏並
有梧桐鄉汪氏擁書樓所藏圖記　皕宋樓藏書志玉山
名勝集有休陽汪氏裘杼樓藏書印　宋咸熙桐溪詩述汪氏罘垚小傳

連屋書囊當屋簷碧雲窗外繞疏櫓平生燕越皆桑梓此意
蕘翁未解拈　胡介祉循齋

鐵琴銅劍樓書目寓簡有胡茨村印　楹書隅錄宋本東
萊博議有燕越胡茨村藏書印　經籍訪古志安南志略
十九卷羽倉用九藏清黃丕烈從五硏樓傳鈔本黃氏手
跋曰是書原本爲胡茨村藏余所藏他書亦有胡茨村印

記必好書之人矣頃友人攜徐昂發詩中有題胡茨村畫象二首急錄之以著其人之時代并識茨村果好書者云金泥小字刻牙籤連屋書囊當屋簷盡日細繙黄白本始知閒味十分甜銀魚焚卻幾經春種竹開池寄此身窗外碧雲高百尺此君清態最宜人前一首可見校書之勤後一首可想閒居之樂昌熾案茨村名介祉字循齋山陰人宛平籍少保兆龍子由蔭生歷官河南按察使著隨園詩集詳見兩浙輶軒錄毛西河詩話載其趵突泉詩一首稱其詩盛爲當時所推竹垞嘗屬其刻宋本十家宫詞有序見集中其藏書印冠以燕越二字者以南人隸北籍故耳蕘翁皆未能知也

小詩愛展納涼圖銷暑橋頭過酒壺西雅還疑承雅誤南鄰儻許結鄰無 陳昂書厓

嘉興府志陳昂字書厓官同知家梅里與朱彝尊父子居鄰並纍書亭集有同登瀫山寺謁秦女祠分韻詩笛漁小稾有題其納涼圖一詩 笛漁小稾題陳書厓納涼圖杜甫南鄰也姓朱柴門月夜每招呼新來歸作詩人伴銷暑橋邊過酒壺 拜經樓藏書題跋記歎堂集古錄先君子云世傳刊本首敘郎闕文二百四十餘言而筆畫之訛舛尤不勝計昨歲陳仲魚得舊本迺新安陳書厓昂所鈔首一序既全而字畫精好與刊本有毫釐千里之殊 又道園學古錄有陳氏家藏書厓珍祕陳書厓讀書記諸圖記

天祿琳琅前編明刻三禮攷注有湧石山房練江陳昂之印東阜先生後人天都陳氏承雅堂圖籍陳氏藏書子孫永保諸朱記續編元本冷齋夜話亦有陳書厓讀書記諸印　皕宋樓藏書志鐵厓樂府有天都陳氏西雅樓圖籍朱文方印東阜先生後人白文方印西雅疑承雅之譌

愛石何如愛書癖一拳蒼潤琢宣和粘花影鬬維摩詰種樹方鈔郭槖駝龔翔麟天石

杭郡詩輯龔翔麟字天石號蘅圃仁和人康熙辛酉順天副貢歷官御史有田居詩稾十卷田居詩續三卷注云晚年移家張駝園自號田居王石谷爲作田居圖　又金志章字繪卣號江聲錢唐人有江聲草堂集注云江聲居吳

山之麓高才博學爲龔蘅圃所重延課其子龔氏故多藏書能盡讀之　鶴徵前錄黄俞邰館江甯龔方伯署中與令子侍御蘅圃交最契龔藏書甲浙右所刻授經圖春秋纂例諸書經其校正者爲多　東城雜記玉玲瓏宋宣和花綱石也上有字紀歲月蒼潤嵌空叩之聲如雜佩本包涵所靈隱山莊舊物後歸龔侍御翔麟因以名其閣焉侍御爲太常卿佳育子　拜經樓藏書題跋記紺珠集周耕厓跋云前有横沙龔氏玉玲瓏閣珍藏圖記又有龔稼村祕笈之印校者爲田居爲江聲兎牀云稼村田居皆蘅圃先生自號江聲則金觀察志章別字蘅圃友也　笛漁小稾梁溪華胥爲蘅圃寫僧裝小影侍以雙女一拈花一捧

梵書取心經色空二語曰雙是戲題絕句云一雙天女玉差肩卑鉢羅花貝葉篇若使香門盡如此丁年儂亦願逃禪　又題蘅圃擔花圖山居要術如尋得種樹方應手自鈔

昔日堂中尊二老南雷爲師秦川父後日堂中尊二老竹垞爲賓高涼主鄭梁寒村　子性義門

兩浙輶軒錄鄭梁字禹梅一字寒村慈溪人康熙戊辰進士官至高州知府著寒村詩文選　全祖望五嶽游人穿中柱文南雷黄氏之學先生表章不遺餘力先是尊府君高州欲立祠於家以祀南雷而不果先生成其志築二老閣於所居東以祀南雷及王父秦川觀察春秋仲丁祭以

少牢黃氏諸孫及同社子弟皆邀之與祭使知香火之未墜也四方學者訪求南雷之學不之黃氏而之鶴浦即黃氏諸孫訪求簿錄亦反以先生爲大宗先生諱性字義門別號南溪浙之慈溪縣鶴浦人也以故按察副使溱爲祖世所稱秦川先生者也以故知高州府梁爲父世所稱寒村先生者也卒年七十九子二大節中節　又二老閣藏書記太沖先生最喜收書其搜羅大江以南諸家殆徧垂老遭大水卷軸盡壞身後一火失去大半吾友鄭丈南溪理而出之其散亂者復整其破損者復完尚可得三萬卷而如薛居正五代史乃天壤間罕遇者已失去可惜也鄭氏自平子先生以來家藏亦及其半乃於所居之旁築二

老閣以貯之二老閣者尊府君高州之命也高州以平子先生爲父以太沖先生爲師因念二老交契之厚遺言欲爲閣以並祀之南溪自游五嶽還閣始成因貯書於其下昔者蒲江鄭氏世奉潛溪之祀君子以爲美談今後鄭猶先鄭也而更能收拾其遺書師傳家學倍有光矣書目既成爰爲之記　余集鄭詒齋墓誌銘五嶽游人生二子君其仲也諱中節字發之號詒齋倜儻負氣節讀書不屑章句　又云學者渡孝女江抵四明達鸛浦四五里外望見崇檐傑峙天際巋然與紫蟾山若揖者爲君家二老閣百年以來南雷之書洊遭水火甬上遺老亦零落殆盡而君家遺籍獨完好如故流風餘韻髣髴猶能道之益歎鄭氏

李遇孫芝省齋吟稿卷三有題
鄭簡香徵君勳游曝書
圖亭 注云簡香高祖寒村
先生

為善繼也　朱彝尊贈寒村詩高涼太守髩成絲病後偏工絕妙詞茶肚老人全硬語龍門榮木半枯枝後來領袖歸才子左手雲煙勝畫師別久重逢轉傾倒七言三復曉行詩　定香亭筆談鄭太守梁以曉行詩得名朱竹垞嘗贈以詩元孫簡香勳以墨跡示余余和之有云別擬建堂尊二老竹垞經義曉行詩簡香因建堂祀兩先生余為書二老堂額簡香又畫二老重逢圖取竹垞別久重逢轉傾倒詩意昌熾案浙江通志梁善畫得末疾右體不遂以左手驅染如平時竹垞所云左手雲煙勝畫師也　謝振定知恥齋文集贈鄭簡香徵君序寒村先生之曾孫簡香以孝廉方正就徵至省垣訪余於南屏余亟問所謂二老閣

者故無恙而其所藏書半軼於　四庫採輯寫本還眞之日後又不戒於火雖有存焉者僅矣顧簡香生七日而孤其母氏張育教之十有八年乃能嶄然見頭角延先人之淸芬於不墜是藏書雖亡而實不亡爲可幸也已　倪大成登二老閣詩藏書自比遺金富師道原同祖德隆二老額懸光萬丈南雷鸛浦並高風

南雷文約鄭性大節喬梓校刊老耑有義門序及梨洲遺寒村書

紅豆新移選佛場莂田北去有書莊一廛負郭三分水四世傳經百歲堂　惠周惕元龍　子士奇仲孺　孫棟定宇

鶴徵前錄惠周惕原名恕字元龍號研溪江南長洲人康熙辛未進士密雲知縣李富孫案研溪所居曰紅豆書屋在吳城東冷香溪之北吳郡東禪寺有紅豆樹相傳白鴿

禪師所種研溪移一枝植階前因自號紅豆主人　包世臣惠氏四世傳經圖跋惠氏後人世昭出其冊示余第一代爲明經律和先生名有聲原名爾節號樸庵明季以諸生貢成均第二代爲其子元龍先生第三代爲大令硏谿子學士仲孺先生士奇別號半農第四代即徵君棟爲學士之子世所稱定宇先生也又號松厓世昭字槃卿爲仲孺先生之元孫　昌熾案潘星齋先生墨緣小錄惠士昭磐卿山水學椒畦顏所居曰冷香別館予題二絕云花竹蕭疏屋數間冷香溪畔白雲環看君潑墨淋漓處如見江南雨後山故園指點畫圖中家學爭推鄭小同最羨忘庵留妙筆一株紅豆倚東風磐卿之名一作世昭一作士昭兩

君皆親見當是記憶偶誤　錢大昕惠先生棟傳先生自幼篤志向學家多藏書日夜講誦雅愛典籍得一善本傾囊弗惜或借讀手鈔校勘精審於古書之眞僞瞭然若辨黑白　朱彝尊題惠周惕紅豆書莊圖一入畫圖看便好城居僻似沈尤村又云他日招邀葑田北一帆風飽似張弓　翁方綱題王文簡載書圖松厓昔侍研溪談祕笈師門一百三今日新城訪耆舊巾箱著錄果誰堪自注惠定宇所錄王氏書目凡一百三種　持靜齋書目乾象變異錄一冊有惠棟定宇紅豆山房所收善本諸印　惠氏百歲堂書目三卷見蘇州府志

天上圖書補石渠涓流撮壤比何如漁洋衣鉢猶存否鐵拐

斜街有故廬　黄叔琳崑圃　子登賢雲門　厲守謙子大

國朝先正事略黄叔琳字崑圃順天大興人康熙三十年一甲三名進士乾隆辛未重赴瓊林以文學政事受知三朝當代推爲鉅儒天下士識與不識皆曰北平黄先生弟叔琬叔琪叔璥子登賢字雲門官至漕運總督兵部尚書　竹葉亭雜記靜海厲文恭公杜訥少嗣於杜家故姓杜後欲歸宗不知其姓　仁皇帝特賜姓厲大司寇廷儀其子也少司寇宗萬其孫也曾孫翰林守謙字子大　郎潛紀聞四世翰林者靜海厲杜訥康熙庚戌子廷儀庚辰孫宗萬辛丑曾孫守謙乾隆乙丑　四庫全書總目乾隆三十九年五月十四日奉　上諭廷臣進

書如黃登賢紀昀勵守謙汪如藻等俱藏書舊家並著每
人賞給內府初印之佩文韻府各一部俾珍爲世寶以示
嘉奬　翁方綱送黃忍廬都諫視學山東詩壁簡千年新
詔輯堂開萬卷舊家風又云重訪漁洋書庫在娟
娟香祖又成叢自注尊甫崑圃先生於康熙庚寅視學山
東刻漁洋詩話崑圃漁洋門人也　無事爲福齋隨筆黃
崑圃先生萬卷樓故居在京師李鐵拐斜街

比似王筠愧未工屠龍餘技到雕蟲白頭那得兒曹健且割
烏雞療病風　查愼行悔餘　孫岐昌藥師

全祖望查先生墓表先生名嗣璉字夏重別署查田改名
愼行字悔餘別署初白浙江海甯人康熙壬午　聖

祖東巡召至　行在賦詩入直　南書房明年
特賜進士出身改翰林院庶吉士授編修時公族子昇
以宮坊久侍直宮監無以别之呼先生曰老查　海昌備
志查岐昌字藥師一字石友號巖門山樵慎行孫克念子
諸生　蒲褐山房詩話藥師著巢經閣讀古記　初白先
生敬業堂集輓呂晚村詩屠龍餘技到雕蟲賣藝文成事
事工　又鈔書三首人言冬是歲之餘自分生涯伴蠹魚
比似王筠猶有愧白頭方解手鈔書無數空花亂眼生摩
挲細字欠分明西洋鏡比傳神手八廓重開爲點睛烏雞
已療病風手秋兎猶存見獵心炳燭餘光吾若此兒曹那
不惜分陰　天祿琳琅新唐書糾繆宋刻查慎行藏有得

樹樓藏書　南書房史官海甯查愼行字夏重又曰悔餘

三印　鐵琴銅劍樓書目刑統賦解藏海甯查氏有臣名

岐昌字曰藥師朱記　持靜齋書目黿溪集十二卷有乾

隆庚午巖門山樵查岐昌跋

寫書相約到蓬山麥飯葱湯互往還西市從容彈一曲廣陵

散未絶人間　李紱巨來

全祖望臨川李公神道碑銘公以己丑進士入詞館授編

修遷至直隸總督下獄當誅尋奉　詔赦令纂修八

旗志書杜門八年授戶部三庫侍郎左遷詹事以閣學致

仕公諱紱字巨來學者稱爲穆堂先生又云公天性好士

取放翁詩題楹曰遠聞佳士輒心許老見異書猶眼明蓋

實錄也　又南昌萬公墓誌銘臨川李侍郎居宣武門南西有紫藤軒以居萬公孺廬又割其東以居予每日高春必相聚一室葱湯麥飯互爲主賓　又鈔永樂大典記是書副本貯翰林院無過而問者臨川李公始借觀之余因與公定爲課取所流傳於世者概置之即近世所無而不關大義者亦不錄但鈔其所欲見而不可得者夫求儲藏於祕府更番迭易往復維艱而吾輩力不能多蓄寫官自從事於是書每日夜漏三下而寢可盡二十卷而以所簽分令四人鈔之或至浹旬未畢則欲卒業非易事也　袁枚臨川李公傳　世宗惡其崛强欲摧折之兩次決囚皆縛至菜市宣旨赦還公博聞强記藏書五萬

卷手加丹黄其宏綱巨旨都能省記刑部郎中楊某欲試公故於押赴市曹時探問經史疑義公對赭衣白刃應荅如流楊退而告人曰李公眞鐵胎人也

坊南花竹秀而野插架青紅屋高下夢中昨見古衣冠或立而盱或拜者顧嗣立俠君

乾隆蘇州府志顧嗣立字俠君予咸子康熙巳卯舉順天鄉試壬辰進士選庶吉士　朱彝尊秀野堂記長洲顧俠君築堂於宅之北閭邱坊之南壘石爲山望之平遠也捎溝爲池郎之蘊淪也登者免攀陟之勞居者無塵𡏖之患於是插架以儲書乂竿以立畫置酒以娱賓客極朋友昆弟之樂暇取元一代之詩甄綜之得百家焉業布之通都

矣俠君乃夢有客愉愉有客瞿瞿一一十十容色則殊或俛而拜或立而盱覺而曰是其爲元人之徒歟將林有遺材而淵有遺珠歟乃借鈔於藏書者復得百家焉未已也博觀乎書畫旁搜乎碑碣眞文梵夾靡勿致稽又不下百家而元人之詩乃大備矣昌熾案嗣立元詩選初集六十八卷二集二十六卷三集十六卷又癸集若干卷　彝尊又有題秀野草堂詩云秀野堂深曲徑通巡檐始信畫圖工小山巢石屋高下清露戎葵花白紅已許糟邱成酒伴不妨蠹簡借郵筒入秋準擬登艫約吟徧江橋兩岸楓又韓菼詩甲乙千峰石青紅四部籤　士禮居藏書題跋記周此山詩集有俠君圖記又有閭邱小圃及秀野草堂

顧氏藏書印二朱記　　閩邱詩集祭書詩

脱釧難求本二千莊池玩劇亦論錢長林結得胡盧隱先署

庵名號鹿眠林佶吉人　　鄭荔鄉方坤全閩詩話

東越文苑傳林佶字吉人號鹿原康熙三十八年舉於鄉

五十一年　欽賜進士授內閣中書家多藏書徐乾

學錢通志堂經解朱彝尊選明詩綜皆就傳鈔有樸學齋

集子正青字洙雲莪字涪雲昌熾案樸學齋稾校字題名

男正青在衡在峨玉衡共四人　　鮑鈔汪鈍翁說鈴跋雍

正八年借紫幢王孫本手錄一通原本乃林舍人正書留

贈王孫者有長林二字胡盧印記面葉八分書說鈴二字

後有臣佶之印吉人之辭二朱記　樸學齋稾上御史某

公書某海陬賤士荒學無狀年來過不自量購求儒先集錄毋慮數千卷幾復鼇峰徐氏之舊而家亦緣是愈貧荔水莊池半屬他姓　又青兒得鼇峰徐興公遺書五十餘種錄其目與跋寄至京邸喜而有作幷示岍兒平生愛書癖垂老未能釋譬如饕餮人流涎嗜肥炙又如聚斂者銖錙務捃摭自哂炳燭暮時光如駒隙何苦獺祭勞甘此蠹齕冊結習顧難除把卷欣然適每嘗語兒輩胸次勿迫窄學當貫古今義須本經籍壙觀前輩賢孰不典墳索吾鄉海濱隅見聞終扞格若非事詩書何由展尋尺曩哲謝與徐勤錄肆探賾精騎裒萬餘祕本購千百市朝忽改移籤帙旋遭厄瓿覆固堪虞部分亦足惜予時丁盛年志欲奮

六翮念惟富縹緗始足恣論覈適有宛羽遺許以十城易
函脫汝毋剗佐以古玩劇煌煌二千本奕奕充余宅貧兒
暴得富匹夫竟懷璧環堵古香叢插架文光射終藉此先
資乃竟成麗澤廿年客京華不至迷阡陌策勳固在茲詒
謀詎用斁兒能繩父志好尚無頗僻所敦在芸編光陰恐
虛擲每當寄書來老父嘗啞啞昨復致二紙快意說新獲
書是徐氏遺字是鼇峰迹圖印識收藏題跋詳紬繹四十
七種書百十年閒隔一旦歸書囊如揖重來客老夫聞之
喜懽酌雙浮白遺金縱滿籯何如萬卷積久宦輒傷窮穎
禿不耐晝惟有教兒孫冀永書香脈兒解藏書好自受讀
書益長林蔚松楸藤礀紛蘿薜老夫懷歸來展書樂晨夕

又青兒南歸詩以遺之曾過虞山明發堂山形磅礴似家鄉規模未便成堂構且作長林山上莊　又欲成一隴埋吾骨先署庵名號鹿眠

茶社未忘銅井約草堂比似玉山靈家藏四世以身守誰得吾書視此銘　蕭夢松靜君

天祿琳琅明刻六子全書有蕭蓼亭印昌熾案潘氏滂喜齋藏明刻劉屏山集前有朱文大方印刻藏書銘曰名山草堂蕭然獨居門無車馬坐有圖書沈酣枕籍不知其餘俯仰今昔樂且宴如蕭蓼亭銘又有蕭蓼亭四世家藏圖籍印又有以身守之罔敢失墜印又有蕭印夢松及靜君二朱記其人本末不可攷惟林鹿原樸學齋稾有送蕭靜

君之吳詩鄧尉梅花銅井茶扁舟曾共宿僧家雲巖辛夷
長蕩柳山樓長把杯中酒去年行樂惜無詩今日送君還
此時平生最愛江南景一曲孤桐繫別思又許旭閩中紀
略云閩中巨室藏書不少偶見蕭御史震家所藏書目厚
六七寸內中多有未覩則知蕭氏爲閩中藏書舊家靜君
在康熙中嘗游吾吳但與御史輩行先後未詳
向秀書爲郭象竊葛洪記亦吳均編迺知賚爾敬游研未必
眞出方瞳仙　何焯屺瞻　弟煌心友
全祖望長洲何公墓誌銘公篤志於學讀書繭絲牛毛必
審必核吳下多書估公從之訪購宋元舊槧及故家鈔本
細讐正之一卷或積數十過丹黃稠疊而後知近世之書

脫漏譌謬讀者沈迷於其中而終身未曉也　聖祖
仁皇帝聞其姓名　召直南書房尋　特賜甲
乙科入翰林是時諸王皆右文朱邸所聚册府多資公校
之以康熙六十一年六月九日病卒其門人陸君錫疇曰
吾師最謹愼不肯輕著書苟有所得再三詳定以爲可者
則約言以記之積久遂成道古錄如干卷乃同門有荷吾
師噓拂之力而晩背之者竊其書去今遂不可得是一恨
也年來頗有嗜吾師之學者兼金以購其所閲經史諸本
吳估多冒其跡以求售於是有何氏僞書而人莫之辨又
一恨也公諱焯字屺瞻晩號茶仙先世曾以義門旌學者
稱義門先生父棟諸生子壽餘　長洲縣志何焯康熙乙

丑拔貢壬午冬以李文貞公光地薦　特賜舉人癸未會試下第再　賜進士選庶吉士　方粲如何先生墓誌銘初字潤千哭其母更字屺瞻　沈彤何先生行狀先生蓄書數萬卷參稽互證於其眞僞是非皆有題識如別黑白其校定兩漢書三國志最有名乾隆五年寫其本付國子監爲新刊本所取正　義門集與友人書家中偶起三間小屋適獲文待詔所用圓研殊不下墨底有八分賚爾敬游翰墨之用華陽隱居十二字相傳陶貞白十賚文中第九是研即其故物因名之曰賚研齋　又賚研齋歌槃槃紫石大圓研棲靜賚自方瞳仙八分十二銘其背歲久大半缺且刓　昌熾案先生弟煌字心友號小山

嘗自署何仲子義門題跋或署承筐書塾或署語古小齋又自號憩閒主人見皕宋樓藏書志賓退錄跋百宋一廛賦注何義門用小方章其文曰髯

三徑家風比杜暹

賜書高擁鄴侯籤荒涼松菊圖重繪想見廉州太守廉蔣杲子遵　蔣重光子宣

江南通志蔣杲字子遵燦四世孫康熙癸巳進士歷戶部郎中出知廉州府　婁關蔣氏家譜杲文涵第四子號篁亭生於康熙癸亥卒年四十九著有挹秀于京諸集　又重光文源第四子字子宣號辛齋府庠增貢生生於康熙戊子卒年六十一著有賦琴樓遺稾缶音小草囈語集

沈文愨蔣辛齋傳辛齋試北闈臥貼地寒溼之氣入於肌骨艱於起臥垂十五年雖絕意進取然潛心稽古手難展書令僕執卷仰覩深夜懸燈帳中不輟　蘇州府志蔣司馬宅在飲馬橋北兵部侍郎蔣元益所居中有貯書樓何焯嘗授經於此元益之父廉州太守杲焯之弟子也昌熾案杲兄楝字子範亦義門弟子　又蔣重光藏書甚富乾隆三十八年　詔開　四庫館徵四方書時重光已沒子曾瑩檢其所審定祕書百種進　御　天子嘉之　敕賜佩文韻府一部　親製七言詩書於所進職官分紀之首美其好古復惜其不遇人莫不榮之　士禮居藏書題跋記郡中賜書樓蔣氏有宋刻三

謝詩書友呂邦惟攜來楮墨古雅洵爲宋刻上駟卷端有郭氏水葉齋鑒定宋本九字末有篁亭墨蹟　又曰乙卯被災此書賴神物護持得以無失近作再續得書十二圖以此列入名曰三徑就荒蓋猶不忘篁亭之遺也　陳汝楫送蔣子遵下第東歸詩好友頻來書滿屋八閒得失總悠悠

使者輶車塞巷涂到門傔從認懸壺爲求靈藥醫書癖吳市頻來問扁盧　陸謬其清

漁洋居易錄竹垞說吳門陸醫士其清家有洪炎玉父集元人稅汝權易啟蒙小傳顧阿瑛玉山雅集又阿瑛選張伯雨詩皆毛氏刻十元人詩所不載　何焯跋柳仲塗集

陸君其清不輕與人通假書籍倦圃竹垞兩先生欲鈔錄其藏本亦必卷數葉數相當始得各易所無　翁方綱跋朱性甫珊瑚木難手稾有何義門致其翁一帖其翁者吳門陸醫士號其清所居聽雲室鑒藏圖籍甚富義門嘗往觀之即此一小札亦吳下藏書家故事矣　又題劉完庵雲樹小幀吳下醫翁富祕文顧何侈說緣氤氳始知不是松泉響果有山齋號聽雲自注往時吳門陸醫士其清與顧維岳何屺瞻游多蓄古圖書金石號聽雲室余初不解雲何以聽今乃借完庵此幀發之　持靜齋書目佳趣堂書目陸漻撰卷首有置書年分自康熙十四年至雍正八年有自序　其清佳趣堂書目自序予年九歲偶於篋中

得蠅頭細書一册乃先大父手鈔歷朝名文後書予幼時無書可讀借於人鈔錄而讀者今人有書而不思讀哀哉讀之悚然自十五歲家貧失學喜借書晝夜鈔寫嚴寒乏炭屈足腹下冷煖交換見者匿笑鈔書一葉於古書肆易刻者五葉購書歸端貯几上揖而後藏年二十得顧仲瑛玉山雅集元刻文待詔舊藏也萊陽姜友偶聞之於檇李曹秋岳侍郎侍郎云陸兄有此或典或售無所不可不然當致募中丞丁方伯轉借予謂此非禁本不介意堅卻之於是侍郎來晤歡若舊識過吳艤舟方定身先垂訪每謂山陰人曰陸生有隱操吳門第一流也甲子歲以魏仲先鉅鹿東觀集孫奕示兒編宋本見贈歲辛酉秀水朱竹垞

檢討典試江南亦造門訂交晚選詩綜有闕來借二先生往來尺牘不下四五十番夔州唐鑄萬曰陸氏子孫觀侍郎之手蹟守祖父之遺書黽勉誦習必有以文章經術顯於世者此其淸貽後之深心也內有宋元刻本宋元人鈔本明賢錄本名賢稾本出自閥閱公卿家者郡城故族舊所收藏者皆傳流有自與坊本迴異竭六十餘年之心血雖不敢自謂成一家之書實生平志之所屬故至老而不倦也丁酉端陽後十日書於淸目處平原陸漻時年七十有四

牛耳毛錢狎主盟莢山珍本出書城釀花埽葉皆淸課坐擁寒氈對短檠席鑑玉照

黃廷鑑愛日精廬藏書志序汲古毛氏述古錢氏兩家陵替吾邑藏書之風寖微然亦未嘗絕也以余所聞王照席氏慶曾孫氏虞巖魚氏皆斤斤雪鈔露校衍其一脈惟多留心於說部小集以一二零編自喜而於經史轉略　士禮居藏書題跋記顧抱沖案頭有影宋本東家雜記末有茱萸山人席鑑跋云毛省庵先輩影寫本余於丙申仲夏得之汲古閣中　天祿琳琅離騷草木疏虞山席鑑鈔本有墨妙筆精虞山席鑑玉照氏收藏朱記　又續編班馬字類有席鑑之印學然後知不足朱記　楹書隅錄影宋鈔五經文字九經字樣每冊有趙宋本墨妙筆精希世之珍虞山席鑑玉照氏釀花草堂諸印　昌熾案玉照藏書

極富所刻古今書籍板心均有埽葉山房字余曾見所藏寶晉山林集有莧山珍本印又按海虞詩苑席鎬詩有湘北寶篋玉照讀書敏遜齋猶記十五年前余亦嘗偕對揚敬修居之因題示二首小齋罷琴酌羣季尚嬰孩此日開靑案頻年閉綠苔寒氈我家物春草惠連才絃誦遙相接惟餘叔子哀其第二首云三人連袂袵萬卷浩縱橫一門羣從讀書嫻古蓋不減孫錢二氏矣

吾愛詩人孫寶洲芒鞋日日訪彬侯家書亦比牛腰大梵志山經自校讐　孫淇寶洲

海虞詩苑孫淇字寶洲號竹鄉孫氏自西川先生以來以詩世其家君繼之宗仰蓋在白蘇兩家昌熾案淇有市肆

蓄書歌爲曹彬侯作云吾生嗜好類蠹蟫此外都非性所
喜先業於今說如夢教授生徒豈得已浮沈薄俗淡世味
一卷未能輕脫屣又歲暮書懷云書載牛腰徒壓擔詩餘
雞肋未成編是亦嗜古振奇之士矣　陳祖范孫竹鄉哀
詞不踏名場專精文藝祕書可行便腹可笥錢用買文尊
開問字或纂或修山書梵志　鐵琴銅劍樓書目元氏長
慶集孫竹鄉校過後有題記云戊申六月三十日用董思
翁本校

一廛遮門充閣庋一廚連屋當屏風襟裾牛馬人間世尙有
曹生隱市中　曹炎彬侯

顧廣圻淸河書畫舫題後常熟嗜手鈔者陸敕先馮定遠

爲極盛至彬侯殿之彬侯名炎席氏客也　孫淇市肆蓄書歌爲曹彬侯作云我怪曹生市廛裏偪仄喧囂擁文史一廚連屋當屏風一匱遮門充閤庋叢殘斷缺勤購買猶禿千兔寫萬紙吁嗟市隱類古人令我長懷顙流泚世人有書不肯讀問之不荅我能揣溫飽嬉閒事游蕩飢寒齷齪憂妻子昏昏索索年復年牛馬襟裾略無恥又云曹生曹生負此癖奚翅巨擘挺眾指漫道亡羊均博塞畢竟臧穀誰非是河東街頭具五民厚貲奇貨來千里平生心跡厭喧雜市道經年罕投趾羨爾家藏萬卷餘下簾終日憑棐几茗杯香篆伴寂寞大嚼快意何煩爾從今借書數還往不惜踏穿東郭履　拜經樓藏書題跋記武林舊事鈔

本前有鶴溪主人笠澤曹炎之印彬侯四圖記

打鼓排衙花簟鋪闖然文采老於菟達人何必推書讖瑣瑣

昌英二十尉 李馥鹿山 鄭杰昌英 劉筠川

沈文慤送李鹿山大中丞歸里序福州李公弱冠爲名孝廉旣仕官西曹以守法稱出任憲副於蜀移轅江左旋任臬事晉方伯開府於浙解組去官留滯吾吳十有四年丁巳夏歸福州公去家三十年一旦仍返故鄉遨游九仙烏石南江西峽之閒其樂何可涯量 郎潛紀聞泉州李中丞馥撫吾浙時收書極富一時善本齊入曹倉每冊皆有圖記曰曾在李鹿山處後緣事頌繫羣書散逸人以爲印文之讖然亦達已 昌熾案田肇麗有懷堂集有述懷東

李鹿山詩西曹各專司繁劇江南首又云閩海有李子同事稱快友文采老於莬聲價等瓊玖是鹿山仕刑曹嘗分江南司又有送李鹿山出守重慶詩四首其二云山翠官齋映排衙打鼓齊堂開花簟覆聲動午鶬啼　儀顧堂元槧晏子跋每冊有鄭杰之印注韓居士鄭氏注韓居珍藏記印案鄭杰字人杰侯官人乾隆貢生其藏書之所曰注韓居藏書數萬卷分二十廚貯之以東壁圖書府西園翰墨林誦詩聞國政講易見天心爲誌又元槧藝文類聚有曾在李鹿山處朱文長印鄭杰之印一名人杰字昌英侯官鄭氏藏書注韓居珍藏記劉氏小墨莊藏侯官劉筠川藝文金石記曾經筠川讀諸印李鹿山鄭杰劉筠川皆康

雍乾間福建藏書家又影宋酒經跋有鄭杰之印昌英珍祕朱文方印　皕宋樓藏書志九靈山房集有鄭氏注韓居珍藏記鄭赤之印案赤當爲杰之誤杰一名人杰字昌英有印文可證前陸跋中以人杰爲杰字亦誤

墨光紙色問蕘夫已析能還舊合符七十七人金石契不教偶著一屠沽　王聞遠聲宏

士禮居藏書題跋記藏春集有蓮涇跋云康熙歲壬寅三月借婁東宋氏鈔本再校於孝慈堂之東窗蓮涇王姓聞遠其名聲宏其字蓮涇又其號也有孝慈堂書目傳世

又續錄余所收王蓮涇家書最多皆得於其族孫處猶是家藏未散本也就中有孝慈堂書目分門編類敘次頗詳

以之求蓮涇所藏雖久散之本按其冊數之多寡紙色之黄白幾如析符之復合可知書籍貴有源流也　蓮涇孫元理元音跋是書借鈔於竹垞朱先輩歲辛丑偶得石君葉先生錄本遂力疾讐校補寫闕葉於溽暑中日揮汗三斗弗顧也蓮涇學人識於四美軒之西窗　東湖叢記蓮涇居士王叔子著有金石契言敘其知交七十七人皆畸人逸士　昌熾案蓮涇亦吾郡人皕宋樓藏書志南唐書十八卷蓮涇題云雍正歲戊申陽月校於采蓮涇之孝慈堂灌稼邨翁王聞遠識時年六十有六以此推之蓮涇生年當在康熙二年癸卯也又鐵琴銅劍樓書目楊仲宏詩有王蓮涇鈔書記朱印龜巢稾蓮涇題校於率眞書屋之

南窗
玩易兼山得艮爻秫田可種謝懸匏陶元亮喜留賓飲庾仲容還哀子鈔　張位艮思　子德榮充之
李果靑芝山堂飲酒記友人張子艮思有異才志趣高遠官直隸新樂令歸居城東葑溪之上戊午秋七夕前一日招致故交四五人飲酒靑芝山堂山堂爲明襄毅韓公故園艮思新葺之壘石爲山雜樹芃密旁有荷池康熙中艮思以詩賦　召試給札　內廷修書書成出爲令和而有守歸而治薄田種秫暇則鈔宋元人小集聽二子讀書意恬如也昌熾案長元吳三邑科第譜康熙五十六年丁酉科副榜有張位字艮思新樂知縣諸生譜三十三年

甲戌邵宗師歲試入學義門弟子姓氏錄有張位字立人卽其人也　士禮居藏書題跋記桂林風土記郡先輩張青芝手鈔卷端鈐張位小印書法工秀讀書者之藏書斯爲善矣又有吳枚庵鈔本張青芝子充之與枚庵友善故得借鈔　顧承吳門耆舊記張德榮字充之號伊蒿長洲縣學生家貧力學平生好古書手鈔數百卷藏於家子感舊詩云講席鈔書不計貧愚愚眞是葛天民家風疏水尋常事留得心香一點春予少時嘗問業焉　皕宋樓藏書志隱居集張立人寫本有手跋云聽雲陸氏借錄乾隆元年嘉平朔日青芝

風水砰訇送桔槔金閶亭亦似勞勞韋公祠下摳衣拜敬爲

平園薦沚芼宋定國賓王　錢枚方蔚　顧夏珍

東湖叢記王聞遠金石契言敘知交七十七人中言宋蔚如名賓王起家市井性嗜奇書無力購弆則百方丐鈔惟以搜羅遺佚訪求放失爲事鰥居無子憑權奇以餬口

士禮居藏書題跋記吳都文粹宋賓王校本賓王本賈人而藏書之富校書之精眞讀書人不過　又云賓王所校龜巢集苦心讐勘精當無比　賓王周益公集跋益公集二百卷宋槧既湮世無嗣刻近世之士得其殘編斷簡皆奉若拱璧吾婁顧子夏珍手鈔僅得七十二卷謂余此集向藏玉峰近聞歸郡人王聲宏矣若得從之補闕訂譌亦快事也言已浩歎康熙壬寅武陵暴卒春仲有書賈自郡

來言王聲宏先生欲借校吳都文粹余遂欣然與借凡三及門時値清和畧長人困逡巡郡邸進退失據乃就韋公祠卜筊兆吉復詣得見請觀益公全集凡二十七種時錢子方蔚館於金閶余卽歸攜顧鈔往請補於先生先生具述督學某公曾遣繕書者就舍鈔成而去旣而復請許就校時與先生披閱見有差謬相爲訂正喜動顏色戲謂余曰孺子可教也予起謝詰朝復同錢子往先生遂出集首兩種錢子留校省齋余持平園以歸時夏五哉生魄也鈔對訖再詣見先生略無難色但臨行頻屬鄭重又借別槀詞科掖垣玉堂政府五種歸蓋六月將晦矣七月二十日順風揚帆亭午抵蘇目暑入城易歷官奏議奉詔承明四

種還邸日猶未銜山旅客喧闐喘吁揮汗財貨之外別無所事事而余心獨喜無寐宵雨達旦風自西颺放舟中流食頃入黑甜鄉聽風水桔橰聲相送而篙師又報維舟矣鈔竟復往易親征龍飛歸廬陵閒居游山奏事南歸毘陵玉堂雜志二老堂詩話雜志玉蘂辨證樂府凡一十二種歸校追竣還謝則爲十月中旬云念武陵始事不獲見其成爲憾然其長君開之於衰絰中猶欲纂成先志而哀毀過中又弱一个時癸卯正月二十四日乙巳距武陵忌辰祇二十一日哀哉武陵存日不獨收藏甚富而手鈔祕本充盈篋笥尤喜人借鈔蓋武陵之心公心也昌熾案此跋見東湖叢記備録於此以見古人嗜書如性命可敬可愛

據蓮涇言蔚如名賓王然攷蕘圃藏春集跋稱婁東宋定國賓王又似其人名定國而賓王其字蔚如又其號也方蔚名枚與賓王善余見菰里瞿氏藏秋厓小稾有賓王題字云康熙辛丑同錢枚方蔚閱張氏藏書志吳都文粹有方蔚跋自署乾隆十九年鎭洋七十三叟東皋錢枚耄而好學眞賓王之友矣文粹又有謝浦泰跋云宋蔚如購得此書與錢方蔚以王相國家藏宋本吳郡志及毛刻吳郡志參互攷訂凡數十次遂成善本書此以明二蔚之苦心也

史例龍門溯導觴蕉園已改睦親坊鬻書又苦無眞眼斷送雞峰普濟方浦見龍起潛　許仲堪眉岑

士禮居藏書題跋記普濟方　卷無錫浦姓書賈即浦二田之後此書有錫山浦氏珍藏印又有浦氏萯菽賞鑒印當亦二田家藏者二田故多宋本書後人不知盡皆散失余向年曾得楊倞注荀子錢佃本二程遺書俱由浦姓賤售於某坊某坊以歸余者也　昌熾案二田先生史通通釋二十卷爲讀史之津梁前有舉要門人梅里蔡焯爲之撰舉例自題南杼秋浦起龍二田釋　橋西雜記嵇氏承咸梁溪書畫徵言其鄉許氏富藏書有許眉岑仲堪者注放翁詩甚詳眉岑與鮑若洲汀交善乾隆嘉慶閒人也

安廣布山釆土風斤圓水與鬱林通市中倘見弦唐子定怪載書此寓公　王孝詠慧音

天祿琳琅續編通鑑紀事本末宋板元印有王印孝詠印慧音兩朱記　楹書隅錄宋本韋蘇州集有王孝詠印慧音太原仲子後海學人各印　昌熾案士禮居藏書題跋記汪水雲集亦有王孝詠慧音藏書印慧音先生事蹟不見於郡志惟攷長元吳三邑諸生譜康熙四十八年楊宗師歲試吳縣有王孝詠王惕夫淵雅堂集有嶺西雜記序云嶺西雜記者吾鄉王慧音先生孝詠居嶺西時所作也先生爲諸生久不利出而客游與故長沙陳恪勤公相厚善公歿而先生巋然享大年當雍正乾隆之間大有名

門外香溪送客帆氛氲花藥滿靈巖池塘猶繞孤山夢兄弟何嘗痛不咸（諸當是左傳）吳銓容齋　子用儀拙庵　成佐嬾庵　孫泰來竹嶼　元潤蘭汀　英簡舟　曾孫志忠有

堂

吴志忠璜川吴氏經學叢書緣起璜川者吾曾祖容齋先生自題其書屋之名也曾祖於雍正年守吉安歸田後居瀆川遂初園讀書其中架上萬卷皆祕笈也所以題書屋曰璜川者以我曾祖生於新安之璜源隨我高祖鄉賢公僑居松江之上海老而自松遷蘇以故里題其讀書處懷舊之思也是時載酒問奇而來者如惠松厓徵君輩盡吴下知名士而我家遂以璜川吴氏著矣曾祖歿後我祖最幼故無如書籍之散逸若北宋本禮記單疏今歸曲阜孔氏者其最顯者耳我祖嬾庵先生重自蒐羅書樓三楹環列四周有樂意軒書目四卷嬾庵偶存槀八卷讀史小論

二卷行於世昔人論藏書有二一則聚書者之藏書一則讀書者之藏書如我祖非所謂讀書者之藏書歟然樂意軒所藏書至今又分析遺散矣家君獨好甲部書著有經句說二十餘卷其續者正未央也　顧廣圻呂衡州文集序吳芃才有堂家藏足本有堂名志忠先世在吳中負藏書望所謂璜川吳氏者也　陳奐師友淵源記吳志忠字有堂與余爲中表昆弟簡舟先生名英篤學年八十著有經句說四卷有堂承庭訓又與同郡黃蕘圃顧澗薲交游故長於目錄校勘之學　湖海詩傳吳泰來字企晉號竹嶼長洲人乾隆二十五年進士內閣中書有淨名軒集

蒲褐山房詩話企晉大父吉安太守銓歸築遂初園於木

瀆雲林杳靄花藥參差其尊人用儀復購書數萬卷於其中多宋元善本遂與江浙諸名士流連觴詠座無俗客旣而兄弟爭析產出藏書而貨之幷售其園　陳鱣經籍跋文宋本禮記注疏向爲吳門吳拙庵行人所藏傳其子企晉　聽秋聲館詞話王蘭泉司寇琴畫樓詞鈔獨遺吳蘭汀大令元潤香溪瑤翠詞豈因其中歲鬩牆薄而屏之耶大令長洲人官衞輝知縣爲竹嶼中翰弟其園居春晚有懷竹嶼兄時客武林祝英臺近云歎離索幾回夢繞池塘相思渺難託夜雨連牀空憶舊時約思君門掩孤山倚闌吟徧對滿院楊花飄泊是其始非不怡怡也　平津館鑒藏書籍記唐四傑詩有吳元潤印澤均長洲吳謝堂氏香

雨齋珍藏書畫印朱記又陵陽集有謝堂香雨齋吳氏珍
藏圖書朱記　開有益齋讀書志金陵六朝記二卷唐尉
遲偓纂勞君平甫得明嘉靖辛丑歙山山人校閲樂意軒
吳氏藏本　持靜齋書目歷代傳國世次有璜川吳氏採
梅山房印又東萊集有樂意軒吳氏藏書印　昌熾案以
上諸書璜川吳氏藏書始於吉安太守銓卽所稱容齋先
生也用儀號拙庵成佐號嬾庵皆銓之子英字簡舟成佐
之子與竹嶼蘭汀爲從昆弟有堂則英子也澤均當爲元
潤之字謝堂亦其別號又按粤雅堂叢書中吳紀聞妙道
人跋下有志忠小印則妙道人者當爲有堂之號皕宋樓
藏書志嵇康集有道光十五年妙道人一跋亦志忠筆也

唐書宰相世系表史游姓氏急就篇華陽仙裔牽連錄猶及斯文未墜年　顧若霖雨時　孫珊聽玉　顧至於山

士禮居藏書題跋記余向聞任蔣橋顧氏有宋刻吳郡志倩人訪求得諸華陽橋顧聽玉家華陽即任蔣分支也聽玉之祖雨時先生喜蓄異書手自讐勘其舊鈔續圖經有跋云雍正十二年夏五月既望於崑山徐氏購得葉文莊藏本校一過　又云棠陰比事藏試飲堂顧氏顧名珊號聽玉余素與之好其所藏間亦歸余　陸恭越州石氏帖跋余爲館甥於武陵外舅復庵先生諱自名字明善尊甫可潛先生諱霖字雨時號不淄道人博學多聞搜訪法書名畫宋刊書籍復庵公繼之藏古之名聞於吳郡　昌熾

案楹書隅錄舊鈔本說文韻譜有武陵懷古書屋收藏印記顧若霖印雨時樂幽居士各印鐵琴銅劍樓書目寓簡有顧若霖朱筆記云康熙辛丑孟冬日校合之續圖經跋知其人當在康雍閒蕘圃硯箋以試飲堂顧氏本校其跋中又稱顧侍萱芃才侍萱聽玉之子余曾見韓履卿崇白雲無盡圖有顧翔雲題詩韓氏後人告余云侍萱即翔雲之號桂舲尚書延主家塾履卿先生爲其中表尊行而又受業者也任蔣橋顧氏主人號竹君見蕘圃宋本管子跋又騎龍巷顧氏名至見汪水雲詩跋王勝之同年藏程念鞠鄧尉探梅圖顧至題詩自署於山有結客皆老蒼一印雖廱豖零各有須癡愚未必竟癡愚充閭三館讐書日失卻

習珠說世珠　顧階升步巖　子應昌桐井　顧濡方水　濡子楗肇聲

何堂顧步巖小傳君諱階升字步巖家故素封獨無所慕惟以圖籍法書名畫自娛樂書齋之內縹緗插架者萬餘卷遇一編實能挹其精華幷識其刊刻鈔錄收藏所自買客挾冊至門者君爲審眞贋品高下判若黑白無不相顧愕眙以去和叔陳君病宋史之繁而臨川舊本及祥符王損仲稾本皆不傳也欲重刪修以成一家言而苦攷證之書不具備君按其目所徵求者悉舉畀之其通懷樂易如此年五十患痰厥來年八月遂以死子馥應麟　顧廣圻後序何寓庸堂所作顧君小傳藏書言之尙略吾徵諸所聞則長洲張先生思孝每稱近世藏書當數義門爲吾郡

一宗又稱君簿錄之學深造義門堂奥有類繼别攷鑒密
而包羅廣出同時諸家上君歿家中落書佚出前卅年許
吾從兄之逵頗收得咸精確祕善無一俗本　錢大昕顧
桐井墓誌銘君諱應昌殿舍字也桐井號也行第五又自
號五癡先世自金陵遷吴五傳至國本明季貢生私謚貞
孝先生者君之高祖也國學生階升其考也君生於雍正
乙卯卒年六十有二有子二人長蒓而蘩季也昌熾案蒓
即南雅先生先生逵而家書盡散矣　士禮居藏書題跋
記會稽三賦余所見三本一得諸顧八愚家一見諸顧五
癡家八愚五癡爲昆仲　又白氏文集跋東城顧五癡家
藏書甚富知余好之篤雖一鱗片甲亦自侈爲奇寶因出

破書一束指示余曰此絳雲餘燼也余開卷知是宋刻白氏文集述古堂中物也卷中燒痕尚在通冊又似經水溼天下奇書何其厄於水火之甚邪　昌熾案潛研銘五癡名應昌而何堂所作傳稱步巖二子曰蘋應麟牴牾不合豈蘋一名應昌邪又案蕘翁呂衡州集跋云余得諸顧五癡家又云得諸碧鳳坊顧氏是五癡嘗居碧鳳坊矣其跋湘山野錄乃云混堂巷顧五癡家有毛斧季校本蓋五癡先居碧鳳坊後遷混堂巷今其後裔猶居舊宅余在海甯查翼甫孝廉處見舊鈔翠寒集每葉欄外有善耕顧氏文房六字前有顧肇聲讀書記肇聲名楗官鹽山令改浦城沈冠雲有送顧浦城序見果堂集又有楗父顧方水墓表

云君諱濡字方水祖國本縣學生據潛研銘國本三傳至
階升則方水爲其從父而肇聲昆弟行也

藏書紀事詩卷四終

藏書紀事詩卷五

長洲葉昌熾

豐沛從龍諸子弟亦知注墨與流丹汰除羸卒論精騎富察終教勝納蘭　富察昌齡敷槎

袁枚刑部尚書富察公神道碑公諱傅鼐字閣峰先世居長白山號富察氏祖額色泰子四人次子驃騎將軍噶爾漢輔　聖祖致太平生公公以刑部尚書落職薨於家子三人長昌齡官編修有父風公所居稻香草堂有白雁峰蟄峰東皋南莊諸勝積書萬卷　禮親王嘯亭雜錄富察太史昌齡傅閣峰尚書子性耽書史築謙益堂丹鉛萬卷錦軸牙籤爲一時之盛通志堂藏書雖多其精粹蔑

如也今其遺書多爲余所購如宋末江湖諸集多公自手鈔者亦想見其風雅也　李文藻琉璃廠書肆記延慶堂劉氏夏間從内城買書數十部每部有曹楝亭印又有長白敷槎氏堇齋昌齡圖書記蓋本曹氏物而歸於昌齡昌齡官至學士楝亭之甥也　平津館鑒藏書籍記新刊名臣碑傳琬琰集楝亭曹氏藏書有長白敷槎氏堇齋昌齡圖書印

湖上蘿衣釀麴翁甕池編竹自爲傭眼光偶向門攤顧戌削骨頭如老驄丁敬敬身

杭大宗隱君丁敬傳隱君名敬字敬身號鈍丁自稱龍泓山人家在候潮門外鄰保皆野人也釀麴蘖自給身厠傭

販未嘗自異顧好金石之文窮巖絕壁手自摹搨著武林金石錄性耽羣籍家貧不能出重貲購買門攤市集眼光所注無留良焉小樓三楹屠戻滿室叢殘不復整理皆異冊也有三子健與傳皆諸生少子佺亦能詩　汪師韓朱西畯鳳尾硯歌丁處士敬身所贈作歌報之逋容錢唐丁翰之婆娑術藝作者師相將一片玉質研何似半卷靑蘿衣自注唐丁翰之居龍泓洞笠澤叢書丁隱君歌云華陽道士南游歸手中半卷靑蘿衣自言逋客持贈我乃是錢唐丁翰之自余爲此詩敬身遂自號龍泓館主　仇養正懷丁鈍丁詩龍泓居士眞奇古戍削骨頭如老鶴鐵筆獨傳秦漢法搜碑終日在山中

丹鳳梧桐別舊棲桃花紅到武陵谿寫生亦復含書味滄海居然賸一蠡　金檀星軺　孫可琛心山

嘉興府志桐鄉金檀字星軺諸生經史圖籍靡不徧覽好聚書遇善本雖重價不恡或假歸手鈔積數十年收藏之富甲於一邑所著有文瑞樓集銷暑偶錄　楊蟠文瑞樓書目序婁東金明經星軺自幼嗜古好蓄異書築文瑞樓以貯之此書目十二卷皆其所藏也明經籍隸桐鄉徙宅於婁東其於桑梓之文獻罔弗留意康熙己亥校刊貝清江集四十卷程巽隱集四卷後又訪購鮑徵士西谿集而不得每以爲憾其風雅可想見矣　愛日精廬藏書志皇元風雅三十卷黃丕烈跋曰書友攜來驗其裝潢是金星

韜家故物非出自尋常藏書人家　皕宋樓藏書志漢泉曹文貞公集宋賓王跋曰桃花塢文瑞樓藏元板元印字畫端楷直出松雪又丁鶴年詩集宋賓王跋曰雍正丁未得竹垞藏本於吳郡桃花塢文瑞樓　昌熾案士禮居句曲外史詩跋金心山爲吳庠生寫物生動之趣溢於楮墨又梅花百詠跋心山姓金名可採工文嗜酒而晚善畫又道餘錄跋金心山余友也住郡中馬醫科巷先世富饒及身貧窶又云心山所居曰滄蠡閣又雲溪友議跋郡中有貧士金心山余數年前曾識之不過相遇於歲科試場中知其能文章而已近心山病且死書賈以其家書籍求售方知心山爲星軺孫藏書之家淵源有自宜其殘編斷簡

亦多善本矣據此諸跋則星軺自婁東徙吳初居桃花塢後人中落又徙馬醫科巷桐鄉則其原籍也其藏書余所見者有文瑞樓結社谿山兩印 又顧學士文鈔金星軺傳

習池名士舊靑衫獨立蒼苔鶴髮髟儌幸寒灰逃小刧江湖留得棗花劖 吳允嘉志上

兩浙輶軒錄吳允嘉字志上號石倉仁和人有石甑山房詩 碧谿詩話石倉先生爲湖墅耆宿嗜學好古積數十年苦心歿後故書散落人閒予在汪氏振綺堂見其手鈔書可數百冊楷法醇古毫無俗韻望而知爲有道之士其他散見於書賈求售者不知凡幾嘗纂輯武林耆舊集其稾在吳甌亭先生處予每與何春渚陳二酉談其餘韻訪

夢闌瑣筆 元和楊復吉列歐著

其後人僉云不甚深知矣後乙卯夏重客任城訪知令嗣文思孫漢湜同客山左皆業儒文思曾中副車掌教某書院　石倉口占示兒輩詩幾卷殘書幾畝田祖宗相守已多年後人窮死休相棄免使而翁恨九泉　厲鶚哭吳丈志上詩斜廊纍畫處尚想立蒼苔自注吳丈書齋有纍畫廊　又題吳志上小象我識石倉叟長身比鶴癯青衫舊名士白髮老潛夫城市看花入溪山載筆俱襄陽習鑿齒著述近來無　夢闌瑣筆南宋陳思刻江湖小集曹楝亭寅藏有刊本後歸郎總制廷極藏諸臥內不輕示人幕客吳石倉曾得一見郎捐館遺命舉臥內書畫古玩盡畀諸火以爲殉吳袖金數鋌餽諸舉火者潛以他書易之而出

吳得是書寶愛甚至後不知轉徙何所乾隆壬寅鮑以文
獲見於吳門市中許以百金不售因借歸校家中舊鈔道
過余家於舟中舉示卷帙完好靜氣迎人洵數百年物也
鮑以文詩國寶爭新落棗花江湖處處擅才華祇須小换
紅羊刧儌幸寒灰六十家自注原刻一百二十家名國寶
新編又云卅年饞眼慰瓊琚好事曾驚出燼餘後五百年
重照眼定知何處走蟫魚　拜經樓藏書記說學齋集有
吳石倉州來氏藏書記二印
燕市歸來得楚弓古藤花下一尊同薦橋舊日諸詩老同作
新詩告殯宮　吳焯尺鳧　子城敦復　玉墀蘭陵
杭郡詩輯吳焯字尺鳧號繡谷錢唐人有葯園詩稾陸渚

鴻飛集注云尺鳧喜聚書凡宋雕元槧與舊家善本若飢渴之於飲食求必獲而後已故瓶花齋藏書之名稱於天下所輯薰習錄則紀所藏祕册也家有古藤一本構亭曰繡谷自號繡谷老人花時柔條下垂如瓔珞置酒高會吟賞不倦魏柳洲之琇詩云武林吳氏號詩藪亭子倚花名繡谷雅集當時多勝流豪吟邇日尙耆宿皆紀其實居在薦橋厲太鴻詩所云詩人家住薦橋街者也　又吳城字敦復號甌亭錢唐監生注云甌亭爲尺鳧先生長子承其先業雅好聚書儲藏所未備者搜求校勘數十年丹黃不去手所居在九曲巷口與振綺堂汪氏衡宇相望　又吳玉墀字蘭陵號小谷又號二雨焯子城弟乾隆庚寅順天

舉人由太平教諭歷官貴陽府長寨同知有味乳亭集注云乾隆開開　四庫館小谷恭進經部陸氏易解等九十餘種史部四明宅山水利備攷等二十餘種子部東宮備覽等三十餘種集部李遐叔文集等三種　欽賜

御題　宸翰拚　賜內府初印佩文韻府全函一時傳爲盛事　吳城詩先君子舊藏許渾丁卯集失去二十餘年余於京師重得之先子圖章宛然簡端撫今追昔因得長律三首手澤猶存小刼中金臺重購自城東去來空自悲雷劒得失何須問楚弓風景年年入代換殯宮寂寂夢魂通九原不共殘編作灑淚摩挲讀未終淚漫天涯劇可憐放懷隨處領山川淒涼過眼雲煙錄停泊

浮沈書畫船鐙火青熒如昨夢風簾點勘記當年縱橫私印猶完好故物歸來信宿緣汗簡芸箱破寂寥古香依舊伴清宵拜經莫笑同痂嗜啜墨何能慰腹枵檢校歸裝惟筆研思量生計只漁樵江山風月雖堪主豈忍重經丁卯橋　又趙昱詩故人繡谷翁素業今有後插架饒萬卷郎君能密受昨歲賦北征目擊心慘愀一編手澤新故物爲吾取歸來屬流詠父客若某某遺書重丁卯感逝在癸丑雲煙洵過眼聚散無乃偶身沈名自飛家禪學業久太息予索居賤老邱樊守五載京國游蹭蹬風塵走還將舊雨尋室是人琴否瓶花坐空齋老藤延几牖憶翁耽典籍愛護等瓊玖往往許假鈔校十得其九叢書精審過運管勘

不苟嗟哉衣食謀勿爲飢寒詬吾亦示兒曹制矩緬良友
誡以蒲公言三復眞不朽自注繡谷藏書頗矜惜不輕借
人獨許予鈔予所藏多繡谷亭本予偶得善冊先生見之
亦必取以勘定　又金志章詩樓居插架踰萬籤五車四
庫皆能兼丹黃一一手勘定部分鱗次何精嚴就中名集
數丁卯槧本最古心所忺何年一鴟竟羽化巧偷豪奪生
憎嫌六丁冥搜苦無計廿載抱憾歸幽潛讀書繼緒有令
子手澤每念襟常霑驅車偶然適燕市輭紅撲面塵纖纖
朝聞邸舍打門急有客持售初開函衛公故物忽驚覩悲
喜交集敬拜瞻卷端題識認遺墨左方印記留朱鈐呵護
定蒙鬼神力點涴未受蟲魚殲探囊購贖敢辭罄百鍰索

價甯嫌貧楚弓楚得足深慰摩挲繙玩忘飢饑羽陵蠹簡共什襲宛委祕冊同包緘攜歸陳書告先子水沈細炷方銅匜孝思靈爽共感召丁部重入如新添熊熊日上吐光氣南極果應星文占抽思騁祕發高詠妙處神味超酸鹹同時題贈悉巨手雕章麗句盈緗縑惟余經年負夙諾苦吟屢斷霜髭拈郢州有知應大笑笑我細響徒詁詁不如韜筆且藏拙靜看花影搖風簾　又厲鶚詩令人號知書事篇效顰速揣摩盈尺編姓氏春官錄翩然狃天門高步嘲宿讀我友繡谷翁種學恥徵逐盡出橐中金萬卷購連屋述作資見聞校勘窮反覆同心有數子牽連乃到僕渠成亦柰利借寫誇眼福翦韭論深宵對榻就家塾每歎津

逮難散亡思並蓄翁俄爲飛仙墓拱十年木有子能繼之衣食自節縮蒐羅及叢殘更續西齋目昨去長安游閲市淚滿匊詩題丁卯橋手澤喜重復紛紛紈袴兒膏粱果癡腹諒哉坡公言如倚几折足插架本無多易炊只供鬻浚雲當一笑知勿恨雌伏　又汪沆槐塘文稿卷三吳太學家傳

回首東書舊草堂深閨流涕對琳瑯蹉跎四十年前事無限心情感渭陽　趙昱功千　弟信辰垣　子一清誠夫

鶴徵後錄趙昱字功千原名殿昂號谷林浙江仁和人貢生著有愛日堂集注云子一清字誠夫能昌其家學　又趙信字意林監生有秀硯齋吟稾昌熾案信字辰垣意林其號　詞科掌錄意林與兄功千齊名稱二林　又翟晴

江東皋詩序谷林小山堂圖籍埒於祕省益之以四明范
氏廣陵馬氏之借鈔加之以吳君繡谷亭之佽助窮搜博
討傾筐倒庋而不惜　全祖望小山堂藏書記谷林以三
十年之力爬梳書庫其鑒別既精而有弟辰垣好事一如
其兄有子誠夫好事甚於其父每一聞異書輒神色飛動
不致之不止其所蓄書連茵接屋凡書賈自苕上至閶小
山堂來取書相戒無得留書過夕恐如齊文襄之待祖珽
也　又曠亭記谷林太君朱氏山陰襄毅公女孫祁氏之
所自出祁公子東遷夫人取朱氏女孫育之以遣日卽谷
林太君也方谷林尊公東白翁就婚山陰其成禮卽在祁
氏東書堂中是時澹生堂中之牙籤尚未散東白翁心思

得之太君泫然流涕曰亦何忍爲此言乎東白翁默而止
蹉跎四十餘年谷林渡江訪外家則更無長物祗曠亭二
大字尚存董文敏公之書也乃奉以歸谷林藏書中亦多
澹生舊本欲於池北竹林中構數椽卽以曠亭名之以志
渭陽之思以爲太君當新豐之門戶　又小山堂祁氏遺
書記二林兄弟聚書得之江南儲藏家者多矣獨於祁氏
諸本則別貯而弆之惓惓母氏先河之愛一往情深珍若
拱璧何其厚也　谷林愛日堂集購得山陰祁夷度先生
文集又吳門王邵棠見遺澹生堂藏書印章予蓄祁氏書
僅數十冊年來欲廣收而未能也志感二首文獻江東舊
業傳澹生堂認蠹餘篇負暄宅相搜遺集重憶館甥悲昔

年忠孝成家惟習學兵戈换劫等雲煙黄金散盡貧猶樂
何惜初時裝訂錢繆書深印赫蹏光刓角精瑩水玉方四
庫標題千帙徧一祇爭抵百縑强曠亭舊蹟荒園業遺象
清風曲水旁誰爲流傳王粲是令人尤念蔡中郎自注書
多爲黎洲先生所得又云曠亭額王百穀爲夷度使君書
予昔年來過亭已傾圮扁棄屋角亟攜以歸欲於園中構
亭仍懸是額以誌景仰　趙東潛重書曠亭記曠亭者王
百穀爲夷度使君書明社既屋陵遷谷變有以此扁來售
者先徵君輸米四石易之欲構亭於竹間而力不能就今
七父篤念太君築室三楹於古香書屋之傍命弟天庚更
書而顏之昌熾案曠亭額全謝山記謂董文敏所書當以

谷林詩東潛記爲正　碧溪詩話谷林先生同時吳尺鳧亦好藏書每得一異書彼此必鈔存互爲校勘數過識其卷首小山書畫印牙章精篆神采可愛先生卒後悉載歸廣陵馬氏比部魚亭與先生爲僚壻盡借其善本錄副以藏予館比部家十數年見先生校書跋語知先生點勘之精　趙一清東潛文稿

竹西觴詠街南屋簾幕春深紫燕斜論定異書剛讀罷陶然同醉碧山槎　馬曰琯秋玉　曰璐佩兮　又鶴徵錄馬曰璐傳

杭世駿馬君墓誌銘君諱曰琯字秋玉號嶰谷祁門人祖承運始家於揚考謙生君及季弟曰璐合四方名碩結社韓江人比之漢上題襟玉山雅集著詩十卷今所行沙河

逸老集是也春秋六十有八卒無子以曰璐子振伯爲後

鶴徵後錄曰璐字佩兮號半槎有南齋集注云馬氏小玲瓏山館儲書之富著於東南半槎與兄嶰谷並擅淸才沈酣深造不僅充漁獵之資吾浙如樊榭堇浦謝山諸先生咸主其家竹西觴詠之盛於斯爲最　全祖望叢書樓記揚州馬氏嶰谷半查兄弟居之南有小玲瓏山館園亭明瑟而巋然高出者叢書樓也迸疊十萬餘卷予南北往還道出此閒苟有宿留未嘗不借其書而嶰谷相見寒暄之外必問近來得未見之書幾何其有聞而未得者幾何隨予所荅輒記其目或借鈔或轉購窮年兀兀不以爲疲其得異書則必出以示予席上滿斟碧山朱氏銀槎侑以

佳果得子論定一語卽浮白相向方予官於京師從館中得見永樂大典萬冊驚喜貽書告之半查卽來問寫人當得多少其直若干從臾予甚銳予甫爲鈔宋人周禮諸種而遽罷官歸途過之則屬予鈔天一閣所藏遺籍蓋其嗜書之篤如此　姚世鈺叢書樓銘重屋聯櫋叢書於閒經史子集搜羅駢闐學古有獲非託空言維孝友于奉以周旋三才一貫百行同源讀書種子此爲最先仰瞻高樓遙睇陳編我揭斯義如日中天慶雲所護過者式焉　沙河逸老集街南書屋十二詠其叢書樓云下規百弓地上蓄千載文他年親散帙惆悵豈無人　又南齋集詩卷帙不厭多所重先皇墳惜哉飽白蟫撫弄長欣欣　何琪小玲

瓏山館觀汪雪礓所藏宋刻江湖小集詩我來廣陵三月半簾幕家家飛紫燕城東有園春尚賒芳樹初飄花一片主人嗜古兼耽吟歐趙風流今再見朝來示我詩一編睦親坊刻此爲冠綠蘿陰裏乍開函𩇕䵣古香紛撲面千年樹根化爲蟾來伴碧廚三萬籤誰向西州一灑淚懷君更及趙東潛

王德溥容大

杭郡詩輯王德溥字容大號澹和錢唐諸生事親至孝營幽竁十歷寒暑陸筱飲飛爲畫種松圖以寄哀先是其父鈞字馭陶耄年歸里闢養素園以自娛樹石池館之勝甲於里中澹和喜聚書又築寶日軒爲藏弆之所祕冊古槧充牣其中　又王曾祥茨檐食貧力學饘爨不給嘗假館

繡谷吳氏小山趙氏養素王氏皆藏書家莢檐左右采獲益肆力爲古文詞　又汪興穀字穎齋號松谷又號小麓晚號幻香仁和人爲趙誠夫之甥王容大之女孫壻以未得親炙爲憾嘗於春草園覓曠亭額不得歎曰昔趙氏爲祁氏外孫藏書大半歸之復得此額構亭以存其舊今趙氏書籍散佚而王氏養素園所藏亦復零落余不能珍弆繼起爲可愧耳　昌熾案澹和集中有過西馬塍市見樹根逼肖三足蝦蟇漫成短篇云千年樹餘盤根化爲蟾可長存入市相逢買得歸摩挲拂拭忘朝昏張頤如虎撑雙目似躍兩足一足蹲背上痱磊長肉芝疑有熒煌之光如吐吞　金顧裴題王馭陶耕讀圖高廩屯紅粒香芸繞碧

廚

學究靑雲別有梯行疏幅廣字難擠若言宋本皆精妙偏有麻沙出建溪　杭世駿大宗　汪一之

鶴徵後錄杭世駿字大宗號堇浦浙江仁和人雍正甲辰進士由浙江總督程元章薦舉授編修著有續禮記集說金史補史漢北齊書疏證續方言詞科掌錄榕城詩話道古堂詩文集注云先生歸田後自號秦亭老民與里中耆舊及方外之侶結南屏詩社　蒲褐山房詩話先生以言事罷歸沈文慤公送之有句云鄰翁旣雨談牆築新婦初婚議竈炊蓋惜之也先生有十子自第八子賓仁外餘皆下世　王瞿道古堂集序堇浦於學無所不貫所藏書擁

榻積几不下十萬卷董浦杭籍其中目睇手纂幾忘晷夕閒過友人館舍得異文祕冊卽端坐默識其要　道古堂集補史亭記杭子疏證北齊書旣畢越明年乃補金史先入庀屋積有餘材營度後圃規爲小亭窗楹疏達高明有融乃徙先世所遺羣籍凡有關涉中州文獻者悉置其處廣榻長几手目讐温閒有開明輒下籤記　又欣託齋藏書記汪子一之性無他嗜壹意於羣籍補其遺脫正其譌繆儲蓄旣多鑒別尤審又云宋刻兩漢書板緇而行密字畫活脫注有遺落可以補入此眞所謂宋字也汪文盛猶得其遺意元大德板幅廣而行疏鍾人傑陳明卿輩稍緇小之今人錯呼爲宋字拘板不靈而紙墨之神氣薄矣今

之挾書以求售者動稱宋刻不知即宋亦有優劣有大學本有漕司本有臨安陳解元書棚本有建安麻沙本而坊本則尤不可更僕數靑雲梯錦繡段皆成於臨場之學究而刻於射利之賈豎皆坊刻也不謂之宋刻不可也五十年以前曾與吳繡谷趙匆藥兩君斷斷切究之自矜以爲獨得之祕一之即能登吾堂而嚌吾胾可不謂之夙有神解乎欣託齋有山池之勝一之讀書其中即藏書於其中積卷至二十萬有奇可謂富矣　拜經樓藏書題跋記宋本前漢書仁和朱朗齋跋云武林汪氏有振綺堂爲藏書之所與同郡諸藏書家若小山堂趙氏飛鴻堂汪氏知不足齋鮑氏瓶花齋吳氏壽松堂孫氏欣託山房汪氏皆相

往來彼此互易借鈔借校因得見宋槧元鈔不下數百十種然其中關繫經史之大者無多惟欣託山房有魏鶴山儀禮要義一部爲經學失傳之本
查浦查田有典型涪陵留共片氈青吳山家近忠淸里燕市園鄰接葉亭　沈廷芳畹叔
鶴徵後錄沈廷芳字畹叔一字萩林號椒園浙江仁和人由兵部侍郎楊汝穀薦舉除庶吉士官至河南按察使著有隱拙齋集昌熾案杭大宗有隱拙齋箴沈果堂有隱拙齋記果堂又有沈公墓表云仁和沈公以乾隆十六年十一月壬申葬其縣皐亭山公子廷芳請表其墓公諱元滄字麟洲以副榜貢生進經籍　聖祖仁皇帝命入武

英殿書局康熙六十年授文昌縣　全祖望送沈萩林之蔚州引康熙中葉鹽官查氏之詩鼓動一時萩林尊公文昌君爲聲山詹事愛壻詹事下世查田諸老相繼歸里而風波驟起門戶蕩析文昌亦橫遭吏議萩林崎嶇患難藏書星散　藤陰雜記接葉亭在爛麪胡同乾隆丁巳沈椒園侍御寓此徐恕齋以丹贈詩云牀休論上下廨各占西東詩派追初白宦情共輭紅　楹書隅錄黃先生大全文集五十卷後有跋云黃山谷集南宋刊本吾家世藏宋本僅留此種是可寶也子孫其善守之乾隆壬戌除夕隱拙翁廷芳志各冊有查昇之印仁和沈廷芳字畹叔一字茉園古柱下史古杭忠清里沈氏隱拙齋藏書印購此書甚

不易遺子孫弗輕棄等印先生爲聲山宮詹外孫是書乃
查氏所藏而後歸沈者世無二本洵至寶矣
敝裘典盡典遺書且訪監倉策蹇驢如此長安居不易猶分
清俸苦鈔胥全祖望紹衣
鶴徵後錄全祖望字紹衣號謝山浙江鄞縣人乾隆丙辰
進士改庶吉士散館外補假歸著有鮚埼亭詩文集注云
先生有兄祖謙六歲殤太夫人哭之哀忽張目曰吾當再
來補之後十年生先生亦慧甚故小字曰補　嚴可均全
紹衣傳性好聚書弱冠時登范氏天一閣謝氏天賜閣陳
氏雲在樓遇希有之本輒借鈔昌熾案謝山有讀吳草廬
春秋纂言云鈔之同里陳同亮處士家此即雲在主人陳

小同也　鮚埼亭集雙韭山房藏書記予家自先侍郎公藏書大半鈔之城西豐氏其直矛陵講筵賜書亦多所稱阿育王山房藏本者也侍郎身後歸於宗人公之手以其爲長子也先和州公僅得其十之一宗人子孫盡以遺書爲故紙權其斤兩而賣之無一存者先宮詹平淡齋亦多書諸孫各分而有之遂難復集和州春雲軒之書一傳爲先應山公再傳爲先曾王父兄弟日積月累幾復阿育王山房之舊而國難作里第爲營將所踞見有巨庫以爲貨也發視皆書大怒付之一炬先贈公授徒山中稍稍以束脩之入購書其力未能購者或手鈔之先君偕仲父郎以鈔書作字課已而予能舉楮墨先君亦課以鈔書吾鄉諸

世家遭亂書籤無不散亡吾家以三世研田之力復擁五萬卷之儲胥其亦幸矣雙韭山房者亦先侍郎之別業在大雷諸峰中今已摧燬而先贈公取以顔其齋者也　又春明行篋當書記予年來陸走軟塵水浮斷梗家書五萬卷中常捆載二萬卷以爲芒屩油衣之伴舟車過關口稅司諸吏來胠篋者如虎一見索然相與置之而去雍正癸卯留滯長安米貴居大不易不能不出其書質之適監倉西泠黃君聞余之有是舉也請歸之於其邸黃君之邸與予有十里之遥過此以往蕭晨薄暮偶有攷索策蹇驢而爲剝啄之聲者非予也邪雞黍之請自此殷矣　謝山年譜乾隆元年先生入庶常館借永樂大典讀之鈔高氏春

秋義宗荆公周禮新義曹放齋詩說劉公是文鈔唐說齋
文鈔史眞隱尚書周禮論語解袁正獻正肅文鈔永樂甯
波府志皆世所絕無而僅見者昌熾案先生鈔永樂大典
記見鮚埼亭集外編

太卜三夢先致觭鄭人訟鹿更迷離撥灰縮粕何須爾轉瞬
鐘鳴欲覺時　董炳謂瑄　董蠡舟鑄范

兩浙輶軒錄董炳字謂瑄一字訥夫烏程人諸生雍正甲
寅薦博學鴻詞著南江詩文集陳世修序略曰謂瑄沈靜
嗜學家富藏書又嘗游其外王父曹秋岳先生之門倦圃
所藏人間不經見書謂瑄獨窺之故學有原本昌熾案倦
圃之壻名師植字聖衣一字汾園烏程諸生亦見輶軒錄

張鑑夢好樓記周官太卜掌三夢而列子六候與經不異三曰思五曰喜其爲氣淫於藏則有餘於內不足於外一也里中有沈默之士曰董子鑄范讀書志古不慕榮祿於書靡不窺而猶病其藏家之少閱市之淺顔其所居之樓曰夢好棐几竹榻百城面南以寄其深愛篤嗜之思

又云自宋歐陽氏信奝然日本古文之説而後之託安國孝經以暨毛漸三墳豐坊魯詩不一也以子之夢其必撥灰縮粕神游域外將遠駕乎皇侃論語義疏七經孟子攷文之足貴不大快歟　又云余曩在琅嬛仙館校文瀾閣未收之書得百有數十種皆非世所經見心欲鈔其副而苦無力然則余之校不過一夢而子今之夢又焉知不爲

得鄭人之鹿者邪鑄范名蠡舟烏程人爲余同年雲帆先生子世家舊姓近見其藏書目所得蓋不少矣遂爲之記

祕囊已作君山贈流電飄風不再來幾等靑田花乳癖閉門三日泣瓊瑰　王藻載揚　楊復吉列歐

蘇州府志人物傳吳江王藻字載揚平望人好爲詩初業販米嘗題桃源圖編修沈樹本見之極口延譽遂游京師乾隆元年薦舉博學鴻詞罷歸好蓄宋板書靑田石印章有友借觀誤墮地碎垂泣三日其風趣如此　又楊復吉字列歐乾隆壬辰進士歸班需次年未及壯好聚書王鳴盛深推服之　遜志堂雜鈔余好藏書借鈔於盧抱經學士王西莊光祿吳槎客明經楊列歐進士　昌熾案列歐

所著有夢闌瑣筆云宋汪彥章浮溪文粹明初板用繭紙印後附羅鄂州遺文二篇乾隆庚辰購之張太史損持後人又周霆震石初集較他本多幾倍蓰損持先生任興國時所鈔壬寅歲鮑涤飲過訪見而愛之余因持贈後有元文選之役向淥飲索之久無以報存亡不可必矣

鴛鴦不惜度金鍼字字書林座右箴三折肱爲醫國手廣長舌是佛家心　孫從添慶增

稽瑞樓書目春秋經傳類求十二卷邑人孫從添過臨汾同撰從添字石芝好聚書　黄丕烈藏書紀要跋孫慶增所藏書余家收得不下數十種其所著述則未之聞也此藏書紀要言之甚詳且備蓋亦眞知篤好者孫公去世未

遠周丈香嚴幼年曾見之時已七旬餘兼善醫術其所藏書鈐尾一印曰得者寶之殆守人亡人得之訓耶　藏書紀要自序余無他好而中於書癖家藏卷帙不下萬數雖極貧不忍棄去數年以來或持槖以載所見或攜篋以誌所聞念茲在茲幾成一老蠹魚矣同志欲標其要竊不自量紀爲八則其當與不當冀有識者諒之虞山上善堂慶增氏孫從添筆

海東耆獻隱廛市舊聞掌錄七絃谿登樓俗士煩迴駕此是龍門百尺梯　魚元傳虞巖

同治蘇州府志魚翼字振南自號鳥目山樵明開封守侃九世孫　又魚元傳字虞巖翼子素嗜書尤好金石文窮

巖絕壑手自摹搨　許行健海虞畫苑略序天池山人魚君振南負才而隱於市廛性喜畫善鑒别古蹟眞贋　又王應奎序魚翁以廉吏子孫所居臨街小樓收藏古今名蹟甚夥俗子請觀者拔梯不令上有吾子行之風撰海虞畫苑略未竣令子虞巖續成之　顧鎭魚虞巖墓表君諱元傅字虞巖常熟人既析縣爲昭文人世篤孝友君性剛於世少所可獨嗜書雪鈔露纂矻矻不少休尤熟於里中掌故凡寸縑片紙爲鄉先輩所遺者寶護如拱璧至一樹一石並識爲某家物其變遷易主曲折原委如數家具君坐臥一小樓嘗爲余言魚氏居此閱十四世矣卒時在乾隆三十三年十月初四日年六十五　鐵琴銅劍樓書目

書齋夜話四卷石田翁物歸魚虞巖閒止樓又曲消舊聞
有魚東川藏書記　持靜齋書目黠書二卷魚元傅手鈔
有魚東川藏書印
元蟬噪窗日卓午當風散書書有槐抱書太息得者誰但願
生逢晁公武　顧士榮文甯
鐵琴銅劍樓書目詩式邑人顧文甯藏卷首有臣榮之印
又吟窗雜錄亦文甯所藏文甯名榮居邑之梅里鎮詩人
也昌熾案文甯名士榮與王柳南同訂海虞詩苑其纂書
有感云元蟬噪薰風嘒嘒庭前木晴窗白晝長赤日盛炎
熇不暇傲羲皇且抱殘編纂芸馥當風散衣魚隨手撲破
損感年深校閱憐毫禿不惜傾囊購不辭胝手錄誇人未

全貧堆牀尚連屋世緣已漸忘愛此猶骨肉身後無可授
生前不能讀展看三太息將入阿誰目有聚應有散此理
籌之熟自笑尚忘疲檢點仍歸匵

杭州壽松堂孫氏蘇州壽松堂蔣氏同在乾嘉全盛時各闢
小齋貯經史　孫宗濂栗忱　子仰曾　蔣升瀛步蟾

杭郡詩輯孫宗濂字栗忱號隱谷仁和人乾隆甲子舉人
注云隱谷一試春官不見收遂息轍鄉里構堂曰壽松藏
書數萬卷以枕葄爲樂年四十三而歿一時士論惜之
杭世駿孫隱谷傳隱谷未嘗一日廢書庭有嘉樹築堂名
壽松廣儲羣籍有友六七人皆高岸無凡情時來偃息
拜經樓藏書題跋記宋本前漢書仁和朱朗齋跋云壽松

堂孫氏有温公通鑑一部較外間明刻本多增所未備洵有補於史學　四庫提要乾隆三十九年五月十四日奉

上諭今閲進到各家書目浙江吳玉墀孫仰曾汪汝瑮俱藏書舊家每人賞給初印之佩文韻府一部以示嘉奬昌熾案仰曾宗濂之子　士禮居藏書題跋記淳祐臨安志六卷簡莊賦詩云闕心志乘無全帙屈指收藏又一家自注同郡孫氏壽松堂舊藏宋本乾道臨安志三卷又東京夢華錄十卷濂溪蔣氏散出爲壽松堂孫氏收得宏治甲子刊本每葉十六行行十六字　又西谿叢語壽松堂蔣氏有錢遵王校本又有一舊鈔本　莫氏宋元舊本書經眼錄四書集注宋本鴻城蔣懷堂珍藏蔣氏跋

云曾王父諱升瀛字步蟾一字惠堂又號采若南宋希魯
公之二十世孫世居吳淞之鄧港村公自幼厲志讀書早
歲有聲庠序後遷入城蕭家巷辟鏡古齋藏書多宋槧本
郡守鼇石蘇公重刊魏公譚訓稱壽松堂蔣氏宋本校刊
者卽公所藏也同治丙寅仲夏培澤敬識

握手城東問紀羣弟兄父子並能文勘書難似孫深柳池館
松聲坐水雲　汪憲千陂　子汝瑮坤伯　瑜季懷　璐仲連　孫誠孔皆　曾孫遠孫久也

杭郡詩輯汪憲字千陂號魚亭錢唐人乾隆乙丑進士官
刑部陝西司員外郎有振綺堂稾注云魚亭性耽蓄書有
求售者不惜豐價購之點注丹黃終日不倦乾隆三十七
年　詔求遺書其長君汝瑮以祕籍經進　御

題曲宥舊聞書苑菁華二種　恩賜佩文韻府一部文綺二端足爲海內嗜學之儒勸矣　又汪汝瑮字坤伯號滌原憲長子有北窗吟稾　又汪瑜字季懷號天潛憲季子子初字緯人邑諸生　又汪璐字仲連號春園憲子乾隆丙午舉人有松聲池館詩四卷　又汪誠字孔皆號十村璐子乾隆甲寅舉人刑部主事注云十村篤志縹緗無他嗜好先世藏書最富而未有書目因取所藏書編分四部詳攷撰書人並注明得自何本閱歲而成凡書三千三百餘種計六萬五千卷　又汪遠孫字久也號小米誠子嘉慶丙子舉人候補內閣中書注云小米溺苦於學盡發先世藏書讀之所著有詩攷補遺國語攷異務正古注

漢書地理志校勘記借閒生詞購別業於水磨頭曰借閒小築因自號借閒漫士　又汪迪孫字子惠誠子　陳奐師友淵源記小米家有四世藏書振綺堂目甲於浙右卒年僅四十有三弟适孫字亞虞卒年四十邁孫字少洪卒年四十六　胡敬内閣中書汪小米傳孔皆公以君之嗜學也病中指楹書示曰他日以畀汝君著書務爲根柢之學子一曾撰　陳用光振綺堂書目序余來杭州聞汪舍人遠孫家藏書甚富借觀其目舍人既以臨安志見贈並索爲目錄序舍人之藏書分經史子集爲四部部各有子目而所攷證其書之佳否眞僞及得書之緣起自注於上方甚詳且秩然有條理也　鮑廷博輓汪魚亭比部詩整

整牙籤萬軸陳林閒早乞著書身種松漸喜龍鱗老埋玉
俄驚馬鬣新淸白家聲欽有素丹黃手澤借還頻西風誰
送山陽笛偏感春明僦宅人自注先生旣捐館余尚向鄰
架借書　龔自珍雜詩振綺堂中萬卷書乾嘉九野有誰
如季方玉粹元方死握手城東問蠹魚　張廷濟題汪小
米松聲勘書圖校書難比著書難深柳圖傳孫叔然難得
水雲今健者更搜文字到盧前自注校書難比著書難孫
頤谷侍御自題深柳勘書圖句

集注標題五百家此風作俑自麻沙東坡居士如相見捧腹
難禁鶂鶂哇　馮應榴星實　弟集梧軒圃

嘉興府志桐鄉馮應榴字星實浩長子乾隆辛未進士江

西布政使　又馮集梧號鷺庭浩少子乾隆辛丑進士授
編修　湖海詩傳集梧字軒圃有貯雲居稾　蒲褐山房
詩話鷺庭多藏書精校勘嘗刻元豐九域志杜樊川詩注
惠定宇後漢書補注　潛研堂文集星實先生沈酣於東
坡詩者有年又得宋槧五百家注元槧百家注舊本參以
施注殘本稽其同異而辨正之昌熾案唐杜韓柳集亦有
五百家注皆坊肆射利者所爲不足重也翁覃溪復初齋
集有夢蘇草堂歌爲馮星石少卿賦張叔未桂馨堂集有
馮星實夢蘇草堂圖詩爲金芸舫森賦　拜經樓藏書題
跋記馮星實太史補注蘇詩屬其戚項根堂從余借宋刻
王狀元蘇詩不意爲中閣故馮刊所引王注亦多不全未

免遺憾

蘇帖蘇詩共一龕寶蘇室願學蘇庵僧笠屐曾相訪一葦

煙蓬到嶺南翁方綱正三

先正事略翁先生名方綱字正三號覃溪順天大興人乾隆十七年進士由内閣學士左遷鴻臚卿嘉慶十九年重預瓊林宴　賜二品卿銜時年八十二矣又四年卒先生精心汲古宏覽多聞嘗得宋槧蘇詩施顧注本因以寶蘇名其室自爲補注　復初齋文集寶蘇室研銘記予年十九日誦漢書一千字明海鹽陳文學輯本也文學號蘇庵則願以蘇齋名書室竊附私淑前賢之意戊子冬得蘇書嵩陽帖癸巳冬得蘇詩施顧注宋槧殘本益發奮自

昜於蘇學始以寶蘇名室　又坡公笠屐象贊此象繪於粤東時甫得嵩陽帖載一葦之煙蓬後廿七年供於蘇齋之中乃得偃松屏贊與施顧集注共香篆而交玉虹浩乎襟袖大海長風　又跋李雁湖注王半山詩云同年盧抱經借錄予昔年得宋槧施注蘇詩今得借鈔李注王詩皆宋本之未經後人刪亂者而又皆是殘本事之相合有如此　又詩集買得蘇詩施注宋槧殘本即商邱宋氏藏者

國初海虞有二本其一寅歲收六丁維時湖南寶晉叟把卷凭闌看飛熒宋元舊本鏤次第獨此未及傳模型可憐醴泉化度法瑤臺戊削留娉婷也是園翁痛著錄不得再覯喻糜馨一朝東吳故家得四十二卷重汗青黃州判

官有舊夢笠展圖子來丁甯由儀篇忽上客補東廣徵濫
吹竽聽衙薑黠鼠到潛釆衆目特讓查田醒江南書手費
影寫掇拾想象於奇零施注實維施顧注施家蘇學詒過
庭紹興書藏嘉泰歲淮東板出倉曹廳漢稚楷書作佳話
湖州詩獄此又經石鼓文與會稽志同時校槧新發硎毗
陵先生世莫識要以土蝕成靑萍卷前惜闕譜及目世間
僅此鳳與星適者又得顧禧集文字聚合憑精靈重開此
本倘異日敢任嘉穀滋蝗螟摹公書帖奉公象笑彼亭長
署杜亭我當焚香日望拜公乎弭節來雲軿自注宣和間
禁蘇氏文字學者私記其書曰毗陵先生　自題三萬卷
齋笑論架插鄴侯籤已愧湖州目錄兼秀水廚難八萬擬

黃甘字孰兩行添漢碑草草傳洪适宋槧寥寥拜予瞻化度銘圖摹范老賜書樓印敢輕鈐　姚鼐惜抱軒詩集翁覃溪學士出示所得宋雕本施注蘇詩舊藏宋中丞家者欣賞無已乃次重九詩韻茲晨招客爲看書來似鴻儔飛撲撲雕鐫遠有嘉泰字收藏近與商邱較蘇詩傳世幾千首高語去天眞一握當年獄案可悲傷他日注家還踏駁此編晚出施顧手黨禁正解東南角後來補闕更何如虎賁雖在中郎遜耽詩愛古皆結習計短衡長非大覺曾薄富貴書何厚甘典衣裘襟可捉子瞻自是千載人學士豈比無心學佳本與公吾亦欣叩門會辦來觀數　其藏印曰蘇齋墨緣曰蘇齋眞鑒曰祕閣校理又有　恩加

二品重譏瓊林一印內閣學士內閣侍讀學士翰林侍讀學士一印

月蝕盧仝認舊題抱經分峙浙東西金峨玉几青厓宅學士姚江近會稽　盧文弨紹弓　盧青厓

沈豫皇清經解提要下卷

翁方綱抱經先生墓誌銘公姓盧氏諱文弨字紹弓號磯漁又號檠齋晚更號弓父抱經其堂顏也人稱曰抱經先生乾隆壬申一甲第三人進士官翰林院侍讀學士生於康熙丁酉六月三日卒於乾隆乙卯十一月二十八日子男四慶詒武謀慶鍾慶錄　嚴元照書盧抱經先生札記後先生喜校書自經傳子史下逮說部詩文集凡經披覽無不丹黃卽無別本可勘同異必爲之釐正字畫然後快

嗜之至老愈篤自笑如猩猩之見酒也　錢大昕盧氏羣書拾補序抱經先生精研經訓自通籍以至歸田鉛槧未嘗一日去手奉廩修脯之餘悉以購書遇有祕鈔精校之本輒宛轉借錄家藏圖籍數萬卷手自校勘精審無誤自宋次道劉原父諸公皆莫能及也　金甡題盧紹弓編修檢書圖盧郎溫潤乃如玉獨有校勘嚴仇讐目勞手倦苦相角授經餘力閒須偷剟當退食百城擁縱橫穿穴資旁搜尋蹤宛轉蛇赴壑得雋掣曳魚銜鉤後先佐證每連逮新舊逋責期畢收時時堆案礙雙肘正似獺祭陳沙洲

錢大昕抱經樓記四明古稱文獻之邦宋元之世攻媿樓氏淸容袁氏藏書之富甲於海內明代儲藏家則有天一

閣范氏而四香居陳氏南軒陸氏次之然聚多易散唯范氏之書歸然獨存浙東西故家莫能逮焉盧君青厓詩禮舊門自少博學嗜古尤善聚書遇有善本不惜重價購之聞朋舊得異書宛轉借鈔晨夕讐校搜羅三十年得書數萬卷爲樓以貯之名之曰抱經蓋取昌黎贈玉川子詩語也曩余在京師與君家召弓學士游學士性狷介與俗多忤而於余獨有水乳之投學士藏書萬餘卷皆手校精善而以抱經自號青厓與學士里居不遠而嗜好亦略相似浙中有東西抱經之目茲樓之構修廣間架皆摹天一閣而子孫又多能讀書者日積而月益之罔俾范氏專美於前是所望也　兩浙輶軒錄補遺倪象占字九山象山優

貢生著有青𣏌館詩館郡城盧青厓家盧氏有抱經樓藏書數萬卷九山俱經手校乃作抱經樓藏書記一篇石刻行世　沈德壽抱經樓藏書志序

頮面何憂脂藥錢且聽宋槧及唐鐫手持篋櫝飛雄辯玉屑霏霏落四筵　蔣宗海春農

宋元以來畫人姓氏錄蔣宗海字春巖號春農丹徒縣人壬申進士官內閣中書工詩能篆刻又善丹青著有春農吟槀　翁方綱蔣春農文集序乾隆壬申進士以古文名家者二三人餘姚盧紹弓丹徒蔣春農紹弓之文得力於校勘諸經貫串百家每聯几賦詠紹弓起步庭中以手自拭其面同人笑曰此君胸中剖別同異省卻頮面脂藥錢耳

而春農每來座中手篋櫝快辨橫飛有與商古籍者則屈指唐鐫宋槧某書某板闕某處某家鑒藏某帖如貫珠如數家珍問者各得其意以去而春農雜以諧謔初若不經意也　顧宗泰月滿樓集懷蔣春農舍人詩丁卯橋邊偶泊船爲開幽徑做芳筵注云庚寅過潤招飲椒馨閣王夢樓鮑雅堂同聚　楹書隅錄宋本大戴禮記潤州蔣氏藏書

韓非口吃著說林校讐七略似劉歆山河泡影談何易一見公羊涕不禁　紀文達昀

朱珪協辦大學士禮部尚書紀公墓誌銘嘉慶乙丑二月協揆獻縣紀公薨於位其冬公子汝傳孫樹馨來請銘按

狀公紀姓諱昀字曉嵐一字春帆晚號石雲乾隆甲戌進士辛卯開四庫全書館公實總其成筆削攷核定爲全書總目裒然巨觀　又五老會詩文達一首云宗伯河間姹口吃善著書沈浸四庫開提要萬卷餘抑揚百代上浩博衡錙銖是爲脈望蟫神仙呑丹符　李文藻琉璃廠書肆記鑑古堂韋氏頗曉事而好持高價予房師紀曉嵐先生買其書費數千金　文達閱微草堂筆記趙清常歿子孫鬻其遺書武康山中白晝鬼哭何所見之不達邪余嘗與董曲江言大地山河佛以爲泡影區區者復何足云我百年後儻圖書器玩散落人間使賞鑒家指點摩挲曰此紀曉嵐故物是亦佳話何所恨哉　又云嘗見媒媪攜玉

佩數事云某公家求售外裹殘紙乃北宋槧公羊傳四葉

爲惆悵久之

墨蹟何如薛尚功篋中打本一千通鞭笞犬豕庸非酷得失

何妨等楚弓　王昶德甫　王鳴韶鶴溪

漢學師承記王先生昶字德甫號述庵一字蘭泉又字琴

德江南青浦人乾隆甲戌進士官刑部侍郎　東湖叢記

王述庵司寇有一印云二萬卷書可貴一千通金石備購

且藏劇勞勤願後人勤講肄敷文章明義理習典故兼游

藝時整齊勿廢置如不材敢賣棄是非人犬豕類屛出族

加鞭箠述庵傳誡　鐵橋漫稾書初學記校本後嘉慶初

王蘭泉少司寇得宋板大字本余取徐本勘之得互異字

累萬　楹書隅錄宋巾箱本春秋經傳集解向爲青浦王德甫先生所藏後歸揚州汪孟慈　錢大昕鶴溪子墓誌銘君姓王氏名鳴韶字鶚起自號鶴溪子西莊光祿之弟生平喜鈔書所收多善本　又跋薛尚功鐘鼎彝器款識其墨蹟元時爲謝長源所得有周公謹趙子昂柯敬仲周伯温斡克莊達兼善王止仲諸人題此本乃明人就墨蹟影鈔者故行款字體俱不失眞舊藏虞山錢氏今爲王鶴溪得之

鄭馬鴻都起遐靜千秋斷簡發龍威埽除脈望開吟勑一樹椒花悵落暉　朱筠竹君　子錫庚少河

朱珪先叔兄墓誌銘公諱筠字竹君一字美叔號笥河順

天大典人考諱文炳生珪兄弟四人伯兄堂仲兄垣其次
公行五珪其季也乾隆甲戌進士改庶吉士散館授編修
以翰林院侍讀學士視學安徽時　上方詔求遺書
公奏言翰林院庫貯明永樂大典中逸書宜加采錄
上覽奏異之下軍機大臣議行　四庫全書得之大典
中者五百餘部皆世所不傳次第刊布海內實公發之也
公聚書數萬卷種花滿徑來請謁者不拒攷古著錄窮日
夜不倦卒年五十有三子二長錫卣次錫庚　又和竹君
兄詩前朝大典書萬部誰收整昌言陳　至尊淸聽
元露警木天輻塡咽鄭馬起遐靜斷簡發龍威高功題鳳
屛遂成千秋嘉何惜一官冷　又聞竹君叔兄歸寄懷詩

挾筴亡羊忙底事埽除脈望曬書頻　又題椒花吟舫圖
椒花吟舫誰創修笥河先生此息游十年卉木手灌植一
時過從樊張儔又云少河抱書志肯構埽除三徑芟蕪穢
椒馨花開一俯仰棠棣雖遠尙可求　先正事略先生子
錫庚字少河乾隆戊申舉人讀書好古精左氏春秋能世
其學　楹書隅錄宋本莆陽居士集有少河跋云乾隆庚
子之夏正陽門外不戒於火逼邇里居是書與家藏百衲
本史記倉猝中同爲胠篋持去余百計鉤稽始還靑氈神
物護持定非偶然有大興朱氏竹君藏書之印笥河府君
遺藏圖書錫庚閱目椒花吟舫各印
識得單行吳志本不憂善眩等黎靬可憂可喜斯文種一老

慭遺天壤閒　周錫瓚仲漣　子謝盦

昌熾案仲漣先生住閶門外馬鋪橋一號漪塘又號香嚴居士　士禮居藏書題跋記萃古齋送來吳志宋槧本始猶惜是未全之書及閱其目錄牒文自一卷至十卷分爲上袟十一卷至二十卷分爲下袟并載中書門下牒一通乃知此書非不全者汲古述古兩家書目皆載有吳志二十卷特世人不知耳明日訪海甯陳君仲魚借其津逮舫同至水月亭訪周丈香嚴香嚴識古書爲吾儕巨擘曰此爲專刻無疑未見書之必歸於讀未見書齋何巧乃爾相與談笑而別　又姚少監文集有翰林國史院官書朱印香嚴所得壬申五月十一日爲余五十賤辰以是書贈札

云尚是宋板宋印且有元官印可寶聊以當祝香嚴喜藏書今年已七十外知余有同嗜蹤跡甚密余每購一書必往借所藏祕本證之二十年來可爲同志之友抱沖壽階先後下世唯周丈與余一老一艾孜孜於故紙堆中尋活計可喜亦可憂也又云已卯秋重展去香嚴歿五月餘矣昌熾案已卯爲嘉慶二十四年上距壬申又七年是香嚴之卒當踰八十矣　又開天遺事跋香嚴季子謝庵出所著羣書綴述相質萃元明以來人著述爲目錄以續貴與經籍攷子晉之有斧季相去當不遠也　劉禧延研六齋筆記跋吾吳藏書之富以朱氏黄氏爲最楓江周氏足與之埒研六居士謝盦自其尊人漪塘已癖好聚書以故家

多善本錢辛楣段芪堂諸公常過從借閱至謝盦好之彌篤丹黄校勘無閒寒暑家且中落宋元槧本及精鈔祕本漸爲豪者餌去而餘籍尚夥所纂羣書綴述一百四十卷薈萃諸家論跋儲藏家一大掌録也此則隨時筆記然所載已多罕見本宋君彩若近與有連以綴述一書工費稍鉅筆記卷帙無多尚易爲力先刻以傳庶謝盦一生輯録之勤不至盡泯而宋君惓惓雅意已足多矣　昌熾案謝庵名未詳蕘翁跋學齋佔畢又云香嚴作古書多分散兒孫藉先世寶藏聲名挾册索重直然則香嚴諸子不能盡賢其遺書亦卽散也

毛錢馮陸故家藏根脚籤題認舊裝紅豆再傳弟子列白蓮

小築丈人行　朱邦衡秋厓　姪奐文游　余蕭客仲林

士禮居藏書題跋記經典釋文同郡朱秋厓爲余言小阮文游有影宋鈔本昌熾案文游卽奐字也秋厓爲余蕭客高弟其傳錄國語惠校本自署小門生朱邦衡蓋以仲林爲松厓弟子也蕘翁太平御覽跋云朱丈文游與惠徵君棟爲莫逆交又顧千里諸書跋尾亦多稱文游爲丈則其輩行雖較秋厓爲幼而其齒必較長矣　顧廣圻題淸河書畫舫常熟錢遵王毛子晉席玉炤陸敕先馮定遠曹彬侯各家書散出乾隆年閒滋蘭堂主人朱文游三丈白隄老書賈錢聽默視裝訂籤題根腳上字便曉屬某家某人之物　又張月霄書目序文游晚失厥嗣手斥萬籤較販

鬻家一出一入同歸於盡　吳門補乘余蕭客字仲林年十五通九經聞有異書必假鈔錄同邑朱奐藏書甲吳中館之滋蘭堂因得博覽手一編終夜不寢遂患目構一室無窗戶上穴一方以通天光設修几書冊鱗次潛心研究爲古經解鉤沈　先正事略蕭客别字古農讀書弗輟致目疾人稱盲先生　昌熾案余見邦衡手錄述古堂書目題乾隆庚子錄於白蓮里之靜怡小築

所見所聞所藏弆發凡眞有著書才安知散帙非全帙趕廟驅車日又來　李文藻素伯

翁方綱李南澗墓表君諱文藻字素伯號南澗山東益都人乾隆辛巳進士同知廣西桂林府事爲學無所不賅齊

魯間藏書家自李少卿中麓王司寇池北書庫皆罕傳君慨然以哀輯爲已任曰所藏書目曰所見書目曰所聞書目皆詳其序例卷次誌其刊鈔歲月君年四十有九有三子章郢章棉章姚　錢大昕李南澗墓誌銘南澗一字茝畹性好聚書每入肆見異書輒典衣取債致之又從友朋借鈔藏弆數萬卷皆手自讐校　南澗文集琉璃廠書肆記乾隆己丑五月予以謁選居京師五月餘日借書鈔之暇則步入琉璃廠觀書雖所買不多而書肆之不到者寡矣又云内城隆福諸寺遇會期多有賣書者謂之趕廟散帙滿地往往不全而價低朱少卿豫堂日使子弟物色之積數十年蓄數十萬卷皆由不全而至於全蓋不全者多

是人家奴婢竊出之物其全者固在日日待之而自至矣吾友周書昌遇不全者亦好買之予好書與書昌同不及書昌能讀耳

清梵雲中傍柘提借書園在濼源西伏生孔鄭同堂祀兩漢經師半魯齊　周永年書昌

桂馥周先生傳周永年字書昌濟南歷城人結茅林汲泉側因稱林汲山人先生於衣服飲食玩好一不問但喜買書有賈客出入故家得書輒歸先生凡積五萬卷先生見收藏家易散有感於曹石倉及釋道藏作儒藏說約予買田築借書園祀漢經師伏生等聚書其中招致來學　沈起元題水西書屋藏書目錄後余來主濼源書院講席得

周生矛年其文矯然其氣凝然百無嗜好獨嗜書歷下書不易得生故貧見其脱衣典質務必得得則卒業乃已今所藏經史子集二氏百家之書已數千卷皆能言其義

翁方綱林汲山房圖二首因山並寺託幽居對畫看山十載餘清梵雲中出鐘磬浩歌風外荅樵漁芳菲百本仍開圃悵望千秋更借書敧枕春明勞夢寐故鄉如此好林廬鈔從館閣逮瞿曇中麓儲藏比未堪萬卷波瀾瀉瓶水千峰結構到茅庵載書莫漫推池北名士從來屬濟南春雨欲催農事起暮雲如畫點煙嵐　平津館鑒藏書籍記詩話總龜晏元獻類要皆有林汲山房藏書傳之其人印紙渝墨敗編帙墜一一都來讀易樓不著標題能目識心如

剥蘮與蕉抽　玉棟筠圃

王芑孫讀易樓記：吾友玉棟筠圃於今輩下爲藏書家。讀易樓，其所貯書處也。迺者作圖示余，屬爲之記。筠圃於書無所不讀，自其少小以逮宦游，舟車風雨，無一日暫廢。聞一書在某所，雖千百里，必宛轉得之而後已。於是沈編墜帙，渝墨敗紙，世所滅沒不經見者，往往都來讀易樓中。於凡函幅之小大，厚薄，潢治之精觕，敝好，涉目便記，造次抽檢，未嘗輒誤。予過樓中，怪其插架不著標題，曰：吾能目識之也。其好之之勤如此。　又歲暮懷人詩玉筠圃大命棟一首：君家藏書甲輦轂，豈伊藏之實能讀。讀書無伴苦相求，襆被留君讀易樓。樓前乍種梧桐樹，悤悤出宰山東去。

歸舟未得遠相尋半道留書寫我心自注云君有書邀余紆道過其所幸之陽信縣　翁方綱題筠圃讀易樓圖一塵不爲託幽居自拓高窗日暴書萬卷瀾翻筌解外九師閣束象滋初蠅頭細點研朱後麈尾清言屑玉餘彷彿郭香碑篆在漁陽詩裏好林廬　又王芑孫撰墓志未刊稿

夢陶囘憶禮陶時搜遍中華此最奇亦似曇花開易落不禁雙淚墮如縻　周春芚兮

杭郡詩輯周蓮字予同號玉井海甯人乾隆癸酉舉人注云玉井家多藏書偕其弟春自爲師友皆以博學名　開有益齋讀書志海昌勝覽二十卷周春撰春字芚兮號松靄晚號黍谷居士乾隆甲戌進士岑溪知縣嘉慶庚午重

赴鹿鳴卒年八十六有松靄遺書行世　海昌備志松靄潛心著述所居著書齋終歲不埽除凝塵滿室插架環列臥起其中者三十餘年四部七略靡不瀏覽　顧自修宋刻陶詩跋武林鮑以文新倉吳葵里過松靄先生齋譚及陶詩序末標湯漢不知何許人也先生便拍案稱好書且告以宋史有傳文獻通攷著錄以文爽然若失隨叩陶集攜行篋否則荅云送海鹽張芑堂矣重午先生卽從芑堂借觀芑堂見書破碎而裝面用金粟箋疑爲祕冊索還甚急賴張佩兼調停出葉元卿夢筆生花大圜墨易之重一斤閱兩年而議始定蓋得之之難如此以文多方購覓丙午始得一鈔本芭堂慫恿葵里重雕共懺悔覿面失宋刻

公案則此書之流通未始非先生功德也　又黄丕烈跋
湯注陶詩宋刻眞本松靄與宋刻禮書並儲一室顔之曰
禮陶齋其書祕不示人欲以殉葬賈人吴東白談及周公
先去禮書改顔其室曰寶陶齋今又售去改顔其室曰夢
陶齋並聞他估云周去書之日泣數行下亦可想見其情
矣　楹書隅録陶詩有周春松靄海甯周氏家藏著書齋
許奎掌文有題周松靄著書齋圖七律四首　松聲山房子孫世昌自謂是羲皇
上人内樂村農等印　陳增月墀遺稾周松靄師曇花館
所藏日本國人松貞文元泰古梅園墨譜歌如此遺編不
可尋濂溪夫子最淵深中華以外書搜遍第一人間翰墨
林　又云長崎館外海雲稠造墨人還隔九州今日優曇

花下見勝他隨月讀書樓自注揚州江氏樓名樓藏日本國人所著七經孟子攷文補遺

社散南屏寺裏鐘年華終賈騁詞鋒書船何似玉川子雪壓短篷過五茸　汪啟淑秀峰

杭郡詩輯汪啟淑字秀峰號訒庵歙人官工部都水司郎中注云訒庵寓吾郡小粉場顏其聽事曰飛鴻堂嗜古有奇癖藏書百廚乾隆三十七年詔訪遺書訒庵家進呈六百餘種　恩賞古今圖書集成一部士林榮焉少工吟詠當杭堇浦太史歸田之後與樊榭諸老結社南屏訒庵以終賈之年騁妍抽祕進與諸老滷抗行其他雜著有焠掌錄水曹清暇錄小粉場雜識　鮑廷博庶齋

老學叢談跋吾友郁君潛亭所貽也閒有誤書思之不適聞某公有善本欣然借潛亭往借祕不肯宣是爲乾隆甲午迨嘉慶甲子始據錢功父本一埽烏焉之譌往讀某公所著清暇錄歷數近來藏書家而自述其儲蓄之富曾幾何時已散爲雲煙矣昌熾案清暇錄當卽訒庵所著水曹清暇錄訒庵儆帚自珍誠爲可鄙然淥飲於身後作快心之論亦非長者之言也　厲鶚樊榭山房集汪秀峰自松江載書歸招同人小集分韻雪壓扁舟浪有棱載來書重恐難勝排聯清興惟同鶴增長多聞似得朋歸洛舊傳東野句入杭新並蓼塘稱銜杯不獨相欣賞欲貸鄰居翦燭膽自注孟郊有喜盧仝書船歸洛詩　士禮居藏書題跋

記嘉慶辛酉秋坊閒收得汪秀峰家書內有五行類事占三冊其紙皆明嘉靖時冊籍紙背閒可辨識　又續錄已巳春余爲武林之游上城隍山索觀古書於集古齋蓋其主人在杭城書估中爲巨擘而去歲又新收開萬樓書也

鐵琴銅劍樓書目曲江集舊爲飛鴻堂汪氏藏書有新安汪氏啟淑私印二朱記　陸心源周易爻變義蘊跋有新安汪氏朱文方印啟淑私印朱文方印蓋開萬樓舊藏也

汪沆槐塘詩稿贈秀峯第四十初度聚書十萬卷四部紛琳瑯築樓高貯之臨風誦琅琅上下署

謁者陳農訪異書山巖屋壁或藏諸千山來雨留佳話未到青陽博士廬　周厚堉仲育　沈紹賓廷作

四庫提要乾隆三十九年奉　上諭進書百種以上

如江蘇周厚堉蔣曾甇浙江吳玉墀孫仰曾汪汝瑮以及朝紳中黄登賢紀昀勵守謙汪如藻等俱藏書舊家著每人賞給内府初印之佩文韻府各一部俾珍爲世寶以示嘉獎　松江府續志周厚堉字仲育婁縣人諸生家千山下高才淹雅工詩嘗攟摭千山瑣事成竹枝詞百首其先世與趙松雪諸名人交富藏書乾隆中開　四庫全書館厚堉進書數百種　賜佩文韻府　御製石刻又　御筆題詩於其所進宋本兩漢博聞上皆異數也厚堉敬取　御製詩中來雨字名其書樓王昶爲之記　又沈紹賓字廷作華亭人學士粲九世孫由明經官靑陽訓導博學工詩古文藏書五萬卷皆手自評閱年

七十四卒著有月灩山房稾
羽陵姓字
九重聞闕史
題詩
帝右文正是夕陽無限好白頭攜杖拜
卿雲 鮑廷博以文
嘉興府志流寓傳鮑廷博字以文本歙人以商籍生員寄
居桐邑青鎮之楊樹灣 阮文達知不足齋鮑君傳
高宗純皇帝詔開四庫館采訪天下遺書鮑君廷博集
其家所藏書六百餘種命其子士恭由浙江進呈既著錄
矣復奉 詔還其原書唐闕史及武經總要皆

聖製詩題之嘉慶十八年方公受疇巡撫浙江奉
上問鮑氏叢書續刊何種方公以第二十六集進奉
上諭鮑廷博年踰八旬好古積學老而不倦著加恩
賞給舉人俾其世衍書香廣刊祕籍亦藝林之勝事也元
案君又號淥飲世爲歙人父思詡攜家居杭州君以父性
嗜讀書乃力購前人書以爲歡旣久而所得書益多且精
遂裒然爲大藏書家自乾隆進書後蒙　御賜古今
圖書集成伊犁得勝圖金川圖壘膺　異數
褒獎彌隆君以進書受　主知謂諸生無可報稱乃
多刻所藏古書善本公諸海內至嘉慶十八年年八十有
六所刻書至二十七集未竣而君以十九年秋卒　翁廣

平鮑淥飲傳先生世居歙之西鄉父母相繼卒於杭乃卜葬於湖州烏程縣某鄉後遷居桐鄉縣之烏青戍今爲桐鄉人也生平酷嗜書籍每一過目卽能記其某卷某葉某譌字有持書來問者不待翻閱見其板口卽曰此某氏板某卷刊譌若干字案之歷歷不爽　又　賜書堂記

高宗純皇帝賜古今圖書集成先生既拜受是書闢堂三楹分貯四大廚顏其堂之額曰　賜書　朱文藻知不足齋叢書序吾友鮑君以文築室儲書取戴記學然後知不足之義以顏其齋君讀先人遺經益增廣之令子士恭復沈酣不倦君字之曰志祖蓋嗜書累葉如君家者可謂難矣三十年來近自嘉禾吳興遠而大江南北

客有舊藏鈔刻異本來售武林者必先過君之門或遠不可致則郵書求之浙東西諸藏書家若趙氏小山堂汪氏振綺堂吳氏瓶花齋汪氏飛鴻堂孫氏壽松堂鄭氏二老閣金氏桐花館參合有無互爲借鈔至先哲後人家藏手澤亦多假錄得則狂喜如獲重貨不得雖積思累歲月不休余館於振綺堂十餘年君借鈔諸書皆余檢集君所刻書余嘗預點勘余與君同嗜好共甘苦君以爲知之深者莫余若也　定香亭筆談以文嘗爲夕陽詩盛傳於時人呼爲鮑夕陽余贈以句云清名即是長生訣當世應無未見書何處見君常覓句小闌干外夕陽疏　昌熾案以文二孫長曰正言次曰正字見皕宋樓藏書志所載泣蘄錄

跋又自號通介叟其玉壺清話跋題乾隆庚子識於寶繪堂著有花韻軒詠物詩存　拜經樓藏書題跋記霏雪錄

滌飲所貽有世守陳編之家老屋三間　賜書萬卷歙西長塘鮑氏知不足齋藏書印三圖記

靑桂連蜷覆畫櫩隔窗碧色上牙籤流光明月還如昨不見懷民與子瞻　郁禮佩先

鮑廷博庶齋老學叢談跋右老學叢談楷書精整出自錢唐汪西亭氏吾友郁君潛亭所貽也　又附記郁君名禮字佩先潛亭其自號也錢唐諸生家世素封儲書充牣潛亭又增益所未備成鉅觀焉時小山堂趙氏藏書業已散佚所餘殘帙尚多異本君悉力購之家在城東去厲徵君

樊榭山房不一里傳錄其祕册尤多徵君殁其家出所著遼史拾遺手稾君以四十金購焉中閒缺五十紙百計求之不得一日余步至青雲街見拾字僧肩廢紙兩巨簏檢視之皆厲氏所棄徵君平日掌錄遼史遺事在焉亟市以歸紛如亂絲一一爲之整理適符所缺若有鬼物陰相之者事亦奇矣君恂恂儒雅尤與予暱無三日不相過過必挾書而來借書以去雖寒暑風雨不爲少閒藏書東嘯軒軒額董香光所書庭前古桂二樹相傳明萬歷閒所植交柯接葉凊陰覆檐室中牙籤萬軸都成碧色君凴几校錄晨夕不休經其庭闃如也花時每招余信宿其中香鑪茗椀婆娑竟日更深月上兩人徘徊花影下彷彿東坡與張

懷民承天寺之游自予移家烏戍遂無復有此樂矣君棄世不數年鄰架曹倉漸就零落主人避客塵榻空懸想惟舊時明月流光碧樹間耳　嚴誠九月朔日郁佩先招集東嘯軒看桂分韻得軒字連蜷青桂樹涼影滿東軒半畝勢疑壓三秋香始繁

飈輪石火百年身遺蛻空悲古逸民不見蒼梧二姚返蹇修我欲託靈均　姚瑚古香　姚虎臣

皕宋樓藏書志古逸民先生集鮑以文手跋曰是集藏書家未有蓄之者吾友錢唐姚君古香得之親串亂帙中好事者因爭傳錄未幾古香暴卒使先一年此書無從蹤跡矣古香名瑚藏書多祕冊與予交最善卒時年止三十餘

嘉慶甲戌六月通介叟時年八十有七　士禮居藏書題跋記梅花百詠傳本絕少此本出杭人姚虎臣家陳仲魚爲余購者今虎臣已故仲魚亦旋舊里好古之友無一二人誰爲之助余發憤邪

恍有金絲孔壁聞青櫺積雨潤苔紋牙籤已溢章邱笥何論琳琅金薤文孔繼涵補孟

翁方綱孔君墓誌銘君諱繼涵字體生一字補孟號葒谷曲阜人至聖六十九世孫乾隆辛卯進士官戶部主事告歸養母歿年四十五君雅志稽古於天文地志經學字義算數之書無不博綜官京師七年所手校者數千百帙集漢唐以來金石刻千餘種悉攷覈其事與經義史志相比

附遇藏書家罕傳之本必校勘付鋟以廣其傳所著名紅櫚書屋集　又過葓谷齋同觀石鼓文舊拓本積雨青櫺潤苔花似古文我來循孔壁不屑較秦斤自注青櫺葓谷齋名　又送孔葓谷農部請養歸曲阜敏捷鈔書手優閑奉母身歸當仍壯歲行及小陽春日下編初藏章卭笥更新牙籤精點勘勿笑北方人自注朱竹垞云李中麓所儲書籤帙點勘甚精北方學者能得斯趣殆無多人今葓谷鈔藏之富已過中麓矣昌熾案余在嶺嶠見郎亭侍郎所得宋元人集如周紫芝太倉稊米集陳基夷白集凡數十種皆微波榭鈔本葓谷先生以朱筆點校閒有跋語知覃溪之言爲不虛也

僇直承明舊有廬移家新賃廠東居紅橋花事休相憶日日攤錢問故書　程晉芳魚門

袁枚翰林院編修程君墓誌銘君名晉芳字魚門一字蕺園祖居新安治鹽於淮父遷益生子三人長原衡季述先君其仲也乾隆初兩淮殷富程氏尤豪侈多蓄聲色狗馬君獨好儒罄其貲購書五萬卷招致方聞綴學之士與共討論癸未　天子南巡召試第一　賜中書舍人再舉進士未幾開　四庫館君爲纂修授翰林院編修死年六十七先嗣子瀚後生子溧　昌熾案館選錄程晉芳乾隆辛卯進士　翁方綱程先生墓誌銘君有桂宧書目若干卷桂宧者君讀書室名家素饒於財自少至壯積

書三萬餘卷中年以後家落而書亦稍散失矣然其豪氣猶不減其家全盛時君諱晉芳初名廷鑽　藤陰雜記廠東門內一宅相傳王漁洋曾寓近程魚門移居以詩寄袁太史枚有勢家歇馬評珍玩冷客攤錢問故書之句　顧宗泰懷師友詩程蕺園一首云春日看花淮浦舟紅橋禊飲又句留多君終遂平生願得入承明掌校讐

銅雀藏甎鎖二喬各攜寫韻降文簫范張鉤黨今除籍好問東倉第幾橋　陸時化潤之　金元功

王昶國子監生陸君潤之墓誌銘君諱時化號聽松潤之字也太倉州人國子監學生祖毅康熙戊辰進士官陝西道監察御史父恬太學生君嗜法書名畫精鑒別嘗集生

平所見數百種記其紙絹詳其行款識者比之退谷江村兩銷夏錄又聚書萬卷購善本而手校讐之以貽其後裔乾隆四十四年病歿年六十有六子一愚卿克承其家

又云予昔讀常熟毛清傳稱清以孝弟力田起家有幹識儲書數萬卷甲於東南是以子晉舉而刻之迄今汲古閣書盈天下而晉三子咸著文譽今君熹藏圖籍書畫愚卿廣收博貯不減於子晉且以淑其三子視毛氏之祖孫何其前後同揆歟　嚴可均書明刻太平御覽後張天如先生曾孫語余曰先高祖有宋刻本御覽千卷先曾祖分授二女作嫁裝各得五百卷今但問陸願吾可以就校願吾卽先祖姑之孫陸時化字潤之號聽松之子任太倉州西

門內大橋東石皮弄口路北　士禮居藏書題跋記耕學齋詩集十二卷曹潔躬藏本適書友以東倉陸時化手鈔唐宋元明人集求售內有是集留之校對一過　前塵夢影錄先君秉鐸婁東在道光初元其時翠華軒陸氏收藏未盡散失香來芃才以其曾祖時化家刻所見書畫錄爲贄　鐵琴銅劍樓書目道德寶章有陸潤之嘯雲軒朱記又國策太倉陸氏藏本卷首有潤之所藏朱記楚詞舊爲太倉陸氏藏書卷首有陸時化印聽松老人二朱記又陳伯玉集有金元功藏書記深柳讀書二朱記昌熾案元功亦太倉人士禮居著錄新定續志卽其舊藏持靜齋書目艾軒集有金元功藏書記金氏南樓書籍二印其他印識

見於各家題跋者尚多其藏弆之富可知附見於此
晏坐花南水北亭文園銷渴爲虹屏人蔆價貴踰珠琲好爲
神農補本經　陸烜子章　沈采虹屏

兩浙輶軒錄陸烜字子章一字梅谷又號巢雲子平湖人
徐熊飛曰先生弱冠受知於諸城竇少宰後棄諸生隱居
胥山邱爲里作巢雲子傳見志沈文恪公主敷文講席撫
軍屬其采錄遺書乃引先生爲助校勘甚精　東湖叢記
梅谷刊奇晉齋叢書收藏甚富嘗見書估攜來中統本史
記後有梅谷跋侍兒虹屏書有梅谷掌書畫史沈采虹屏
印記又晏公類要後有虹屏跋云晁氏郡齋讀書志謂六
十五卷焦氏經籍志謂八十卷而此僅三十七卷然其中

有公四世孫袠補闕至歷代雜錄止蓋已爲足本矣曾南豐集有此書序爰錄冠首時乾隆辛丑四月十二立夏日是歲閏五月春事未闌海棠繡球木筆紫荆薔薇花尚繁盛新妝初畢御砑綾夾衣晏坐花南水北亭啜鏡溪新茗書眞藏書家韻事也　梅谷隨筆凡治定書必用雌黃其色久而不渝余嘗見李獻吉評杜詩錢牧翁手批元遺山集皆手澤如新修補古書漿黏中必入白芨則歲久不脫近購得宋余靖武溪集趙璘因話錄施彥執北窗炙輠皆汲古閣物裝訂極精緻而於破損接尾處皆脫蓋不用白芨之故亦藏書家所當知也　又梅谷人參譜序余得怔忡疾醫者曰非人參不可顧近日遼參貴踰珠琲貧家安

所得此因徧覽書幾百種披閱手鈔稍加論列不十日譜成而病若失乾隆丙戌重陽前一日　又范鍇攬蓮山房漫記 平湖志 春雨諸集

槐市塵封有敝廬半生飽食武昌魚歸來嘆唶摩昏眼充棟雲煙付太虛　吳翊鳳伊仲

道光蘇州府志吳翊鳳字伊仲諸生於學無所不窺卒年七十八中歲應湖南巡撫姜晟之聘繼主瀏陽南臺書院

昌熾案枚庵乾隆三十一年曹宗師歲試入吳縣學見三邑諸生譜　戴延年搏沙錄枚庵名翊鳳吳縣人酷嗜異書無力購致往往從人借得露鈔雪纂目爲之眚　又秋鐙叢話梅葊貧而工詩閒留心設色余贈詩云兒童報道晨煙斷餘事青山換米來蓋實錄也老屋一椽僅蔽風

雨所居千將里　吳壽暘贈枚庵詩槐市幽棲比鶴巢高風幾爲俗情淆自注先生居吳之槐樹街　拜經樓藏書題跋記伊仲本休甯商山人僑居吳郡家貧而好書與朱文游爲莫逆交手鈔祕册極多予至金閶必爲留連日夕得佳本輒互相傳錄後應姜度香中丞之辟挈家入楚郵筒不接者十載聞其書亦皆散失矣　王芑孫題吳枚庵明經借書圖詩君昔富搜羅藏家所爭詫偶食武昌魚儵然皆羽化晚歸空四壁往夢付嘍啃雖無千金市幸可一瓻藉久亡憶之頻驟得喜如乍昏鐙摩老眼積漸仍滿架圖成應自哂茲身亦傳舍　黃丕烈洞天清祿集跋枚庵久客楚中舊藏書籍寄貯親友所者半皆散逸　又文房

士禮蕘圃藏書題識卷二跋

殘宋本前漢書

四譜跋枚庵久而不歸故親友無忌憚而爲此也　愛日精廬藏書志游記續編有鮑以文跋曰枚庵書法秀逸手書祕冊幾及千卷今之錢罄室也一旦化爲煙雲其歸也蓋有大難爲懷者矣　昌熾案枚庵子號晉齋見士禮居沈下賢文集跋其藏書印一日枚庵流覽所及一日吳翊鳳家藏文苑　東津館文抄枚丁詩老傳略潘曾沂

爲慕一廛藏百宋更移十架庋千元生兒即以周官字俾守楹書比孝轅　吳騫槎客　子壽暘虞臣　孫之淳鱸鄉　姪昂駒醒園　春煦子撰　費念慈歸牧集注

海昌備志吳騫字槎客號兔牀家新倉里篤嗜典籍遇善本傾囊購之弗惜所得不下五萬卷築拜經樓藏之晨夕坐樓中展誦摩挲非同志不得登也得宋本咸淳臨安志

九十一卷乾道志三卷淳祐志六卷刻一印曰臨安志百卷人家其風致如此子壽照字南輝號小尹乾隆丙午舉鄉試壽暘字虞臣槎客以宋槧東坡先生集授之因自號蘇閣取拜經樓書有題跋者手錄成帙爲題跋記虞臣子之淳諸生亦能守遺籍校讀不倦海昌百年來藏書家若前步橋許氏之惇敘樓今遺籍蕩然樓亦毀矣胡陳村胡氏華鄂堂所藏僅有存者獨拜經樓完好無恙賢子孫善守之效也昌熾案兔牀先生一字葵里之淳號鱸鄉　虞臣題東坡先生鹽官縣絕句殘碑云扁舟載過蘇閣中䕶碣芸編日爲伍自注云家君得宋槧百家注東坡先生集因名藏書處曰蘇閣蓋先以蘇詩名其閣繼卽以閣名字

其子也　東湖叢記黃蕘圃主政百宋一廛吳兔牀明經以千元十架相敵故老風流猶令聞者色飛眉舞昌熾案拜經十架諸家所記皆作插架之架獨蕘圃席上輔談跋云余藏書所曰百宋一廛海昌吳槎客聞之卽自題其居曰千元十駕謂千部元板遂及百部之宋板如駑馬十駕耳潛研老人十駕齋養新錄卽此十駕之義其字作駕且從而爲之辭蕘翁同時同好不知何以傳聞異詞也　拜經樓藏書題跋記周禮宋刻二十卷陳簡莊跋云槎客得此書時適生次君虞臣故其小字曰周官　又管庭芬跋兔牀先生祖籍休甯流寓尖山之陽博綜好古纂述宏富拜經樓之藏弆足與道古得樹二家後先鼎峙嘉慶癸酉

先生年八十一下世蘇閣父子保守遺籍累世不怠亦自來藏書家所難能也　曝書雜記吳春照字子撰兔牀先生之姪擩染家學校讐極精審其兄醒園昂駒亦好古籍

棲里書堂吳越郊芋魁徑尺養寒庖洞天清祿眞銷受香雪梅花處士巢

宋大樽左彝（字咸熙嘉慶丁卯舉人著有惜陰日記輯有吳江張澹哭宋小茗排律三附後譚桐溪詩述廿四卷曾官桐鄉教諭又著耐冷譚正續廿二卷）

兩浙輶軒錄補遺宋大樽字左彝一字茗香仁和人乾隆丁酉舉人官國子助教著有學古集　王宗炎爾雅新義序宋山陰陸氏爾雅新義爲世所罕覯吾邑陸君芝榮陳君培得仁和宋助教大樽手校本審定鏤板　嚴元照書手錄雲煙過眼錄後自武林歸經塘棲里訪宋茗香觀所藏書中有丁龍泓先生手鈔雲煙過眼錄一冊　東湖叢

記焦弱侯家精鈔洞天清祿集宋茗香助教所得舊籤隸書五字類文待詔古香可愛　馬廷栩贈宋茗香助教詩辛苦風塵兩載餘攤書盡日對窗虛棠棃晷影分明在遙憶先生國子廬　陸素生贈宋茗香詩我言君豈是梅精雙眉瘦過梅根節清辭妙緒出無窮何似霏霏落香雪又言君返超山麓自采梅花煑香粥我家芋魁養徑尺煨火旋煨腴勝肉小隔百里便往來如共山窗聽風竹耐冷譚十六又續惜陰二筆記

舊塹書沿唐諱筆古銅範自蜀中鐫新篁大樹何須問霄漢貽禽總列仙　張燕昌文魚　張廷濟叔未

張廷濟桂馨堂集感逝詩文魚兄名燕昌字芑堂手有魚文因號文魚又號金粟山人海鹽人祖居大樹村與篁里

近傳是同族而譜系不可攷乾隆丁酉科優貢生嘉慶丙辰薦舉孝廉方正甲戌卒年七十七詩云獨有昂藏鶴風姿似列仙論文金石契話舊孝廉船　又篁里紀事詩江村十里徧篔簹是處天開水竹鄉多少趁墟筠徑裏新行里合號新篁　燕昌金粟箋說藏經都宋人書亦有沿唐諱缺筆者如愍偏旁民字缺末筆余居京師嘗以一本贈北平翁學士學士賦詩爲報云愍字尚沿唐諱筆我嘗證以宋槧書　金楷贈張文魚徵君詩金粟山中叟蕭閒話古懽書搜秦火賸篆補禹碑殘　士禮居藏書題跋記十一月朔往候海鹽張芑塘芑塘愛古年已七旬所見古書甚多與長塘鮑淥飲相友善　東湖叢記新篁張叔未丈

藏有古銅一片上楷書反刻易奇而法詩正而葩春秋謹嚴左氏浮誇十六字凡四行四字爲一行未翁題爲書範有自跋云此初刊書時鑿銅爲式以頒示匠者之物也韓文始鐫於孟蜀歐陽子書後云文字刻畫頗精於今世行本則此爲孟蜀敕刊韓集時鑱銅爲式可知也　莫氏宋元舊本書經眼錄皇朝仕學規範四十卷宋淳熙本有清儀閣張叔未廷濟印叔未題其首曰乾隆時武陟令查宣門開所珍貯者嘉慶時余從宣翁之子棗庵秀才購得道光二十五年乙巳七月二十日嘉興竹田里七十八歲老者張廷濟叔未甫

商瞿一經可傳子先生雖死猶不死道家何處有蓬萊卽在

蘇門百泉裏　汪中容甫　子喜荀孟慈

錢儀吉汪孝子墓表江都汪孝子諱一元字兆初縣學增廣生父艮澤病卒明年又遭母喬憂遂以毀卒妻鄒煩撋苛菀敎成其子中鬱爲通儒有孫喜孫惇至勤學　劉逢祿禮堂授經圖記予友汪子孟慈既撰次其先人述學之書而復屬屠琴隝氏系之以授經圖且哀而言曰喜孫年六歲先人寫定皇象本急就篇管子弟子職教授於禮堂嘗謂友人商瞿生子一經可遺惜旦暮入地不及見其成立耳　又云先生晚而得子慮爲俗學所囿乃自次其藏書數萬卷畀之　楹書隅錄宋本毛詩先公於己酉購之揚州汪容甫先生家　又宋巾箱本春秋經傳集解向爲

靑浦王德甫先生所藏後歸揚州汪孟慈太守道光己酉先公於太守之子延熙處得之有周玉齊金漢石之館喜孫校本汪延熙印諸朱記　又宋本周禮十二卷有江都汪氏問禮堂收藏印汪大喜孫喜孫祕笈汪延熙印汪介徽印諸朱記　昌熾案孟慈先生後改名喜荀曾見陳碩父先生朋舊尺牘一冊中有先生書十餘通甲辰以後皆署喜荀其一通云江浙人文甲於天下近儒學業度越元明欲藏書奎文閣或置之蘇門百泉招徠天下書賈廣求異書以垂後世又一通後附訪求書目自宋刻經史以逮近儒撰述凡數十種又一通欲求顧澗翁思適齋筆記爲之流傳　又陳奂師友淵源記汪喜荀傳

酒杯笑擲酡顏紅揮手千金倣屣同賸有桐華賓主意寫將
香草寄童蒙　金德輿鄂巖
昭代名人小傳金德輿字鶴年號雲莊又號鄂巖桐鄉人
官刑部主事善書精鑒藏有桐華館詩鈔　嘉興府志雲
莊檀從孫七歲能詩乾隆庚子　聖駕南巡進宋槧
書籍　賜文綺補刑部奉天司主事校正東觀漢記
諸書八種名曰史翼刊以行世　楊蟠文瑞樓書目序金
明經星軺文瑞樓書目鈔自明經從孫鄂巖比部爲桐華
館訂正之本比部博雅好古可繼明經之流風　士禮居
藏書題跋記離騷集傳宋本孫延跋云桐鄉金氏所藏卷
端畫蘭一幀方檇盦筆檇盦舍於金氏桐華館主賓相契

脫略形迹綴此數筆其殆同心之臭歟　錢儀吉跋方蘭
坻墨筍卷方處士時館金比部鄂嚴華及堂今四十年矣
處士貢筆日尠郎華及之圖書彝鼎亦皆煙雲四散　李
貽德六哀詩金鄂嚴比部一首兩峰高高避債臺歲暮逼
人西湖來徧借金錢給寒士春風仍使梅花開朱提手揮
十四萬廣廈無際生平願死後盡發篋中藏百二十紙賒
米券　鮑廷博悼鄂嚴詩誓向西湖畢此生無端一語我
心驚老輕書畫兼金值死避窮愁兩字名詩卷新排甯有
意酒杯笑擲已無聲電光石火須臾景除是斜陽寫得成
自注云藏弆書畫法帖數千金晚年脫手散去不計值也
又云方與余晚酌燭未見跋把杯一笑而逝

乞得神仙三字靈上清丹竈共延齡文章太守清寒甚那有三間柏木廳　張敦仁古餘　張徵齋

國子監進士題名碑張敦仁澤州府陽城縣人乾隆四十三年戊戌科二甲二十三名進士　顧廣圻與古樓記陽城張觀察古餘早年成進士仕宦五十載其居官也不激不隨進未有不難退未有不易階級方轉而懸車蹈禮其立身之古也百行備修恂恂訥訥不買名聲於天下而闇然日章其爲學之古也高明廣大無所不通老而不肯廢書自佚儒行之篇不云乎儒有今人與居古人與稽今世行之後世以爲楷先生有焉斯樓之所以名也樓在先生僑居秣陵之中正街宅東北隅云　彭兆蓀揚州郡齋雜

詩維揚劇郡雄財賦太守清寒似我曹絕學九章都探徧只輸能吏算錢刀牙籤壓架萬琳琅官閣新開六一堂我有貪心同脈望神仙三字要分嘗自注古餘太守藏書最富於郡廨東偏葺六一堂奉歐陽公象而儲圖籍其中設小史掌之　何紹基金陵雜述詩古餘張子舊庭階瑜珥瑤環韻自佳插架遺書多易米芬留翠墨在吾齋自注每到張家書聲盈耳然遺書盡散吾得其金石拓數種　又貞白燒丹有舊邱張郎觴詠劇風流三間柏木廳猶在可惜藏書轉角樓自注陶谷主人張徵齋藏書甚富今餘柏木廳址　楹書隅錄影宋鈔儀禮要義有張敦仁讀過文章太守二一朱記昌熾案其藏書印又曰陽城張氏省訓堂

經籍記

沖虛先傳處度注因可亦草潛夫箋精亡脈極遽長往興言宿草空泫然王宗炎穀塍　王紹蘭南陔　陳春東爲　汪繼培因可　又沈豫傳令言見蛾術堂全集

沈豫補令言蕭邑藏書之富穀塍王經師家築十萬卷樓陸氏寓賞樓陳氏湖海樓此外如王中丞南陔汪吏部蘇潭俱大族皆充棟盈車不假南面百城至讐校精工分晰眞僞王汪諸君皆精於鄭孔小學非炫飾斯文徒誇排比者可擬也　昌熾案王宗炎原名琰乾隆四十五年庚子科二甲進士見國學題名記　陳春湖海樓叢書序春資識檮眛粗習章句郬居僻左尠所聞見蓄疑未達則求教邑中有道之士得以讀其所藏之書於汪吏部蘇潭尤契

洽也吏部家富圖籍而搜訪不倦每得善本舉以相示家君高年耽寂自號沖虛七十生朝吏部持手校列子張注爲壽春梓印以呈家君囅然色喜進一觴焉春由是益思流布祕籍以爲親娛謀之吏部先擇攷證經史有禆實用者次第寫板吏部方箋釋鹽鐵潛夫二論鉤稽乙注眇極繭絲復爲春校定所刊書一字之誤繙檢累夕精亡脈極遽爾殂謝春連遘閔凶迷罔廢業追維承顏介壽之樂良朋賞析之雅歲月幾何已殊今昔輿言及此況也可歎

王紹蘭潛夫論箋序潛夫論久無善本求是去非蓋其難也吾友汪主事因可積學超奇通心而敏會萃羣刻綱羅佚聞草創於嘉慶己巳庚午閒時紹蘭讀禮家居辛未服

闕握手河梁鄭重而別忽忽者七八年紹蘭奉職無狀罷
官歸而因可墓有宿草鍵戶省愆故人長往庭蒿門雀不
復聞空谷足音矣一日陳子東爲告以因可書已代謀剞
劂受而讀之竊悲因可豐於學嗇於年又喜其能以書自
延其年東爲能行其書以延其年斯可貴也

短巷東趨積水潭古梅花下結詩龕一心供養詩千卷莫作
維摩古佛參　法式善開文

先正事略先生名法式善字開文號時帆蒙古正黄旗人
乾隆四十五年進士官侍讀自登仕版即以研求文獻宏
奬風流爲已任在詞館著清祕述聞槐廳筆記在成均著
備遺錄所居在厚載門北明西涯李文正公畏吾村舊阯

也有詩龕及梧門書屋藏書數萬卷蒔竹數百本寒聲疏影翛然如在巖壑間　翁方綱陶廬雜錄序法式善梧門撰梧門姓孟氏内府包衣蒙古世家原名運昌以與關帝號音相近　詔改法式善法者國語奮勉也　又云梧門刻意爲詩多蓄古今人集以詩龕題其書室又以陶廬自號　又跋梅磵詩話宋末吳興韋居安撰厲樊榭云全集不傳僅於天一閣借鈔此冊世間知者罕矣今歸梧門詩龕　陶廬雜錄十年前余正月游廠於廟市書攤買宋明實錄一大捆雖不全之書究屬祕本未及檢閲爲友人攜去至今悔之又得宋元人各集皆刃樂大典中采入四庫者宋集三十二種統計八百二十三卷外附廬山集

五卷元董嗣杲撰英溪集一卷不著撰者姓氏書寫不工似未及校對之本余惟物少見珍什襲藏之有人許易二千金靳弗予也　王芑孫題法時帆員外詩龕圖鳳城北出横一衢短巷曲折從東趨巷側板扉君所居入門而左潔埽治瓦屋數楹花幾枝不龕古佛龕以詩　聽松廬詩話但有梅花看何妨長閉門地偏車馬少春近雪霜温老剩書藏簏貧餘酒在樽說詩三兩客往往坐鐙昏此梧門學士詩也蕭寥澄澹如見其人

道廣平生似太邱綠窗還共布衣游目光鬚影看飛動細字黏籤在上頭丁杰升衢　錢馥廣伯

翁方綱丁小疋傳丁杰字升衢號小山又號小疋浙江歸

安人乾隆辛丑進士官甯波府學教授嘉慶十二年二月卒年七十子授經傳經皆能世其家學君北學齋在京師宣南坊與予對門而居無日不相過從共几展卷審正鏬漏每竟一編校籤細字壓黏倍其原書皆目光髯影栩栩飛動處所定　桂未谷詩集有客不識丁烝姓名口占一首云木火相扶信五行遂教雁塔表新名丁因有尾無人識劉向原來是更生自注歸安丁錦鴻久困場屋日者占運謂須木火相扶因改今名果登第　許宗彥丁教授傳教授在都十年聚書至數千卷手寫者十二三爲學長於校讎得一書必審定句讀博稽他本同異用小紙反覆細書孫侍御嘗謂曰君書頗不易讀遇風紙輒四散不可詮

次奈何　海昌備志錢馥字廣伯號幔亭世居路仲里嘗取濂溪詩意自號綠窗於是遠近以綠窗布衣目之自題所居曰小學盦年甫四十而歿門人錢唐邵書稼爲訂遺稾　拜經樓藏書題跋記歎堂集古錄先君子跋云丁升衢進士見而借校原本卒未見歸也踰年詢諸丁君乃從盧弓父學士求此本以還予開卷視之所補序跋及校字皆依予筆而書則非予原本蓋升衢交道最廣嗜古尤癖予之原本展轉傳錄不知落誰氏之手矣　又廣韻五卷錢綠窗處士手校　又字鑑二冊錢綠窗處士校本先君子識後云廣伯生平精究小學所校正字鑑及郭氏汗簡予昔嘗從之借鈔今廣伯既歿遺書盡散予偶見苕賈攜

示數種皆手澤宛然每一披對不禁泫然　又樂記逸篇

丁小疋跋題丙午二月記於巖寺鎮之鷗先草閣

沈湘爲我謝彭咸廉石歸裝穩布帆一榭五松相對峙名山

占盡積書巖　孫星衍伯淵

阮文達山東糧道孫君傳君諱星衍字淵如江蘇陽湖人

父勳河曲知縣君乾隆丁未一甲第二賜進士及第授編

修散館改主事官至山東督糧道勤於著述性好聚書聞

人家藏有善本借鈔無虛日金石文字搨本古鼎彝書畫

靡不攷其源委有孫氏家藏書目内編四卷外編三卷

姚彝題淵如觀察萬卷歸裝圖詩自興雕板易鈔胥市冊

雖多亂魯魚君自石渠繙七略復依官閣惜三餘世推列

架皆精本我願連牆借讀書政恐衡山承召起牙籤三萬又隨車　陳宗彝廉石居藏書記序丙申二月訪陽湖孫公子竹庥於五松園假歸廉石居藏書記一卷爲其先淵如先生遺書也先生官山東糧儲時有平津館鑒藏書籍記四卷此題廉石居五松園額也曩借陽城張公子小餘觀治城山館樓上藏書五楹冊首各有手書題記今竹庥昆仲分藏虎邱一榭園金陵五松祠閣有散佚　前塵夢影錄庚申吳城陷後越二年虎邱山寺見一室亂書堆積搜之頗有善本如范文正事跡祗二十餘葉字悉吳興體末有孫淵翁題跋黄蕘翁三跋淵翁云此等元大德延祐本直欲駕於宋刻尋常本之上紙堅白而極薄墨色如漆

寺中一僧目不識丁余以賤價購之書之首葉皆有印記知爲一榭園中所庋今則池館樓臺鞠爲茂草非佛家所云壞劫歟　昌熾案廉石居藏書記會稽章氏刊入式訓堂叢書平津館鑒藏書籍記三卷續編一卷補遺一卷李木齋同年刊於廣陵祠堂書目先生自刊入岱南閣叢書余見元本顏氏家訓有先生跋云過南陽湖舟覆書數十簏俱沈溼顧千里告予何義門家藏書亦皆沈水此有義門跋蓋兩經水厄矣其藏印曰東方廉使曰東魯觀察使者曰孫忠愍侯祠堂藏書

賓客淮南比小山玉臺擩染到慈鬘空談龍脯終揮斥陸賈裝空粵海還　秦恩復敦夫　江藩子屏

先正事略秦恩復字敦夫一字澹生江都人乾隆丁未進士官編修讀書好古所居玉笥仙館蓄書萬卷丹鉛不去手校刊陶宏景鬼谷子注盧重元列子注及隸韻諸書昌熾案秦氏所刊尚有李軌揚子注奉天錄唐駱賓王李元賓呂衡州諸集享帚精舍詞學叢書　顧廣圻石研齋書目序廣圻今年獲識敦夫先生入石研齋觀所藏祕笈幷示以新編書目上下二卷尋覽既周歎其體製之善也蓋由宋以降板刻衆矣同是一書用校異本無弗夐若徑庭者每見藏書家目錄經某書史某書云云而某書之何本漫爾不可別識今先生此目創爲一格各以入錄之本詳注於下既使讀者於開卷閒目憭心通而據以攷信遂不

啓燭照數計於是知先生深究錄略得其變通隨事立例惟精惟當也　又江都秦太史姬人端木氏墓誌銘公名之曰守柔字之曰慈鬘玉臺或列奇書金屋每張寶繪纔經擩染卽若肄嫺　江藩石研齋書目序敦夫太史樂志鉛黃棲神典籍蓄書數萬卷日夕檢校一字之誤必求善本是正竊怪近日士大夫藏書以多爲貴不論坊刻惡鈔皆束以金繩管以玉軸終身不寓目焉夫欲讀書所以蓄書蓄而不讀雖珍若驪珠何異空談龍肉哉若太史之兀兀窮年蓋亦尠矣又云藩昔年聚書與太史相埒乾隆乙亥丙子間頻遭喪荒以之易米書倉一空自我得之自我失之夫復何恨然師丹未老強半遺忘所棄祕笈至有不

能舉其名者惜未編目錄以誌之也　吳嵩梁香蘇山館集江子屏藏善本書甚多歲歉持用易米念之心惻自記以文屬爲賦詩藏書八萬卷讀書三十年躬耕無一畝賣文無一錢吾儕抱書死亦得忍令儒林少顏色高堂況有垂白親負米窮途感晨夕元鈔宋槧連籤廚全家不飽惟自娛一朝割愛換升斗十年感舊增欷歔　阮文達高密遺書序甘泉江鄭堂子屏嘉慶初入京師予薦館王韓城師相家終落魄歸儀驅至嶺南余延纂廣東通志書成歸揚州子屏隨手揮霍雖有陸賈裝無益也其師余仲林爲惠松厓先生之弟子嘗館子屏家

廉吏可爲未可爲槃纓請室等湘纍鼓琴誰折芳馨寄三復

于湖次仲詩張祥雲鞠園

士禮居藏書題跋記輿地廣記余借抱沖殘宋本二十一卷校勘於聚珍板上今已歸盧江張太守矣太守名祥雲號鞠園以養親乞歸閩晉江人也丁卯過吳曾見之今聞以事下獄瘐死矣壬申記　昌熾案張祥雲泉州府晉江縣人乾隆五十二年丁未科進士三甲四十六名見國學題名記　淩廷堪題張鞠園太守揚子飽帆圖飽帆曾記過中泠今日于湖見使星大抵偉人多好士由來循吏必通經相逢雖晚頭猶黑禮數都忘眼倍靑笑我攜琴歸自鼓還從流水寄芳馨自注時權蕪湖道昌熾案太守藏書甚富今多歸同里蔣氏心矩齋

一留湖上一江湄鷲嶺藏書許共窺欲到建安眞洞府選樓高處有雙碑　阮文達元

先正事略儀徵相國名元姓阮氏字伯元號雲臺乾隆五十四年進士子常生官清河道前卒福平涼知府祜舉人官知府昌熾案祜字叔錫　文達靈隱書藏記嘉慶十四年杭州刻朱文正公翁覃溪先生法時帆先生諸集覃溪寓書於紫陽院長石琢堂曰復初齋集爲我置一部於靈隱元與諸君子議曰史遷之書藏之名山副在京師白少傅分藏其集於東林諸寺孫洙得古文苑於佛龕皆因寬閒遠僻之地可傳久也今盍使凡願以其所著所刊所寫所藏之書藏靈隱者皆裒之其爲藏也大矣乃於大悲閣

後造木廚以唐人鷲嶺鬱岧嶢詩字編爲號送雲林寺玉峰偶然二僧簿錄管鑰之　又焦山書藏記嘉慶十八年春元轉漕於揚子江口焦山詩僧借庵巨超翠屏洲詩人王柳村豫來瓜洲舟次論詩之暇及藏書事遂議於焦山亦立書藏以瘞鶴銘相此胎禽七十四字編號屬借庵簿錄管鑰一如靈隱　韓崇爲妙詮和尚題焦山曝書圖詩序儀徵阮相國立書藏於焦山妙詮收掌曬晾三十餘年不懈益勤屬几谷和尚繪曝書圖同人題詠焉詩云焦仙高隱處雲海盪心目中有積書巖瑤函謹編錄山僧謹收掌不使塵手觸春秋佳日多時向晴曦曝浩浩海風來芸香吹滿屋左右青琅玕翠陰覆玉軸繪圖索題句展閱散

古馥何日寄禪關十年快披讀　李黼平小琅嬛仙館圖
詩司空博物冠今古聞自建安游洞府奇書天與特寓言
三十輛車人所睹羽陵嵩少自世閒宛委況自君家山但
然松節縛麻炬是身到處皆琅嬛　文達南宋淳熙貴池
尤本文選序元昔但得元張伯顏明晉府諸本卽以爲祕
冊嘉慶丁卯始從昭文吳氏易得南宋尤延之本爲無上
古冊矣元家居揚州舊城文樓巷卽隋曹憲故里李崇賢
所由傳文選學者也元既構文選樓於家廟旁繼得此冊
藏之樓中別爲校勘記以貽學者　又題家藏延熹華嶽
廟碑詩我今快得四明本玉軸綈囊示尊顯豐全范錢三
百年入我樓中伴文選　昌熾案余所見宋刻金石錄文

達藏本有印曰癸巳曰節性齋曰文選樓曰石墨書樓曰雷塘盦主曰亮功錫祜曰體仁閣大學士曰隋文選樓之印曰泰華雙碑之館曰五雲多處是三台曰家住揚州文選樓隋曹憲故里其　內府校書一印曰臣元奉敕審釋　內府金石文字又一方印其文曰揚州阮伯元氏藏書處曰琅嬛仙館藏金石處曰積古齋藏研處曰譜研齋著書處曰揅經室又有闕里阮孔經樓孔子七十三代長孫女諸印則文達繼配衍聖公女孔夫人也夫人著有唐宋舊經樓稾世號經樓夫人又有靜春居士阮劉書之二印文達集中屢有示書之詩當是其侍姬也

山陽笛韻不勝酸紅蕙飄零骨未寒話到靑箱靈鬼哭祗留

佳壻比韋寬　袁廷檮又愷　貝墉簡香

湖海詩傳袁廷檮字又凱號綬階吳縣人監生　同治蘇州府志廷檮更名廷壽六歲而孤生母韓教之成立家有竹柏樓韓所居也　王昶漁隱小圃記袁子又愷漁隱小圃先爲王岡齡居名江村山齋又愷之兄岡齡女夫也故是圃歸袁氏又愷拓而新之入門貞節堂三楹後爲竹柏樓蓋奉母韓太夫人而竹柏所以況其節也　錢大昕五研樓記袁子又愷向居金昌亭畔題其讀書之室曰三研齋三研皆其先世所貽一爲介隱先生物一爲謝湖草堂研則尙之先生物一爲列岫樓研則矛之先生物也丁巳歲靑浦王侍郎以所藏淸容居士研贈又愷錢唐奚鐵生

戲甘亭郡齋雜詩 酒邊臨汝話前
遊池館琹尊一霎收卻與詞人同
失路世間何事可迴頭 自註袁壽
階廷檮卜築楓溪鑒別文史極
朋簪觴詠之盛滕今亦棄筆硯
山依人憔悴矣 按張古餘敦仁守揚
州彭為幕客時嘉慶甲子乙丑間也
攜此則又愷晚節已為入幕之賓
蓋乏壯歲豪情盛舉矣 楷
再洪北江顧千里劉芙初樂
蓮裳同客郡齋並見彭集
又按臨汝謂袁臨汝郎袁而
也見世說引續晉陽秋袁虎
耕船中誦詩答謝尚遺訊語

爲作歸研圖。未幾，又得谷虛先生廉石研，并前所藏而五。是夏，又愷移歸楓橋舊居，謀藏書之所，惟茲樓宜，乃奉先世手澤及古今載籍，收藏惟謹，名其樓曰五研。暇日坐樓中，甲乙校讎，丹黃不去手。

漢學師承記：袁上舍壽階，明六俊之後。五研樓蓄書萬卷，皆宋槧元刻、祕笈精鈔。又得洞庭山徐尚書健庵留植於金氏聽濤閣下之紅蕙，種之階前，名其室曰紅蕙山房。四方名流，莫不挐舟過訪。壽階性好讀書，不治生產，坐是中落，奔走江浙間，死年四十有七。

聽秋聲館詞話：袁綬階性吝，一介不輕與。聞龍雨樵謫戍，袁湘湄典質所有，集二百金以贈，咋舌曰：是獨不畏寒餓乃。身歿未久，子若孫弗克負荷，田廬斥買殆盡。元和

書五

顧澗蘋過其故居感賦月下笛云試問樓中身前肯信破家如此又云魂歸白晝常聞哭想只戀青箱未死昌熾案綬階子爲蕘圃之壻蕘翁此山詩集得諸五研樓賦二絶志感云漫說收藏五研樓人亡人得已堪憂而今樓在人何在手觸遺編涕泗流白隄蕭瑟起悲風又見楓漁老去同從此城西蹤跡少僅存水月一哀翁山陽笛韻可爲嗚咽者已　紅蕙山房吟稾題貝壻簡香味書圖嗜好由天性詩書豈厭多一編可陶養千卷恣研摩餘興搜金石閒情託詠歌酸鹹與世別莫訝笑殊科昌熾案貝名墉字既勤有千墨盦著錄甚富同治蘇州府志墉亦好藏書好金石書畫略與廷檮相似以嗜古不事生產貧其家持靜齋

書目續疑年錄四卷貝氏友漢居鈔本有硼香居士平江
貝氏文苑諸印
廢殿城南列女圖先秦禮服古尊壺阿和阿道皆無恙但少
籯金與斛珠顧之逵抱沖
顧廣圻撫本禮記鄭注攷異序從兄抱沖名之逵元和稟
貢生殁於丁巳春年四十五　昌熾案抱沖先生乾隆四
十一年謝宗師科試入元和縣學見三邑諸生譜　黄丕
烈蘆浦筆記跋過學山堂見亡友顧抱沖手鬪汪文盛本
漢書著筆不多想未經卒業之本流落坊間忽過余眼倍
增懷舊之思矣抱沖之殁其二子皆髫齡今皆成人昌熾
案潤蘋跋高注戰國策有云留示阿和阿道即其二子小

名也　昌熾案蕘翁跋和靖詩抱沖殁於四月與澗蘋之言不同當以澗蘋爲正其藏書處曰小讀書堆　焦循四哀詩顧之逵吳中諸生乙卯遇於秦淮明年至其書室得覩藏書時校刊列女傳值君病死死數月書方成詩云抱沖奕奕目光照人鶴作形氣書爲性眞我識君屋背城面津丹鉛縱横誦讀不輟誦讀不輟今輟且絶將旅吳閶我欲迂行　瞿中溶輓顧抱沖茂才詩嗟嗟顧君好讀書百萬牙籤皆玉軸宋刊元印與明鈔插架堆牀娱心目一握書論一斛珠購來手自三薰沐黄金散盡爲收書祕本時時出老屋又云令弟風流歎阿兄遺書謹守藏家塾徧乞名公作傳銘一瓻和淚重編錄自注抱沖著有一瓻錄

得書圖共祭書詩但見咸宜絕妙詞翁不死時書不死似魔似佞又如癡黄丕烈紹甫

同治蘇州府志黄丕烈字紹武乾隆戊申舉人喜藏書購得宋刻百餘種學士顧蒓顔其室曰百宋一廛　王芑孫黄蕘圃陶陶室記同年黄蕘圃得虞山毛氏藏北宋本陶詩繼又得南宋本湯氏注陶詩不勝喜名其居曰陶陶室飲余酒屬余爲記余未及爲也後一二年又得南宋本施顧兩家注東坡和陶詩於是復飲蕘圃家而卒爲之記曰今天下好宋板書未有如蕘圃者也蕘圃非惟好之實能讀之於其板本之後先篇第之多寡音訓之異同字畫之增損及其授受源流繙摹本末下至行幅之疏密廣狹裝綴

又范鍇攬茝山房漫記

之精粗微好莫不心營目識條分縷析積晦明風雨之勤奪飲食男女之欲以沈冥其中蕘圃亦時自笑也故嘗自號佞宋主人云今者託趣於陶陶非獨喜其宋本之不一而足也蓋蕘圃宜爲縣而不爲略似陶公其力耕校書又大致彷彿故因以自寓焉然陶公處衰季求官於貴族濡足焉而後去之蕘圃遭逢盛際以高材久次隨輩獲選不由求請顧且灑然脱屣歸臥不出斯其遇遠勝陶公又陶公讀書不求甚解蕘圃則實事求是蒐亡剔隱一言一句鑒別古人所未到時以筆諸書而廣其副嘉惠方來蕘圃讀書之專且博亦非陶公所及也然則蕘圃之命其室與虞伯生諸賢之命其室者取義不同而蕘圃之趣遠矣蕘

圃年未老宋板之書靡至未已家雖不豐力能致酒春秋佳日招其二三同好盤桓乎是室臚列宋元校量完闕釐正舛錯標舉湮沈當其得意流爲篇什以視陶公當日所謂款然良對者未知同邪異也余生平讀書第取有字不能如蕘圃之精求好篤今茲晼晚曠學無復可言然蕘圃既託趣乎陶陶矣誠欲賡由房之唱而極舞詠之情其能舍余哉爲記之如此　沈士元祭書圖說黃君紹甫家多藏書自嘉慶辛酉至辛未歲常祭書於讀未見書齋後頗止丙子除夕又祭於士禮居前後皆爲之圖夫祭之爲典鉅且博矣世傳唐賈島於歲終舉一年所得詩祭之未聞有祭書者祭之自紹甫始　顧廣圻士禮居祭書詩歸家

倏忽歲將除，折簡頻邀共祭書。君作主人員不忝，我稱同志幸非虛。儀文底用矜能創，故事還應永李初。更願齊刊刊舍奠，每陪酹酒與羞蔬。又復翁詩一首卅六韻：復翁復生書不死，遠信初聞雜驚喜。歸來見面爲我泣，益信於翁是知已。翁言病中前後事，卅日昏昏臥牀第。薄寒中人疑鬽祟，季咸奔走煩禱祀。温涼補瀉錯投藥，坐覺增劇乏艮已。瀕危者再再尤甚，竟比焦原託垂趾。親戚相與興謗訕，謂翁致此別有以。虛空有物曰造物，其所深忌在書史。滿家每詫希世珍，一一均堪顛跛使。更蘇勿藥神助之，此論紛紛罔少止。特勞然否就我訊，據牀走筆付雙鯉。我聞斯言細忖度，辨說蓋失其當矣。死生有命語則云，與書曷

啻風馬似前歲某甲委盛年一丁不識至癡佁昨歲某乙
化奄忽終身甯離菀園裏翁獨安穩出風波巨海崩騰屹
山峙苦翁者醫愈翁命唯翁自審徹終始況乎翁之不合
盡爲書功臣最足恃古人地下倘有靈慧命攸寄宜降祉
方今學子多鄙夫但向緗縑求利市卜兆從郤傻句借銛
錐鑽破俗物李牛頭馬脯工借題強韻那惜識者恥翁讀
未見根性命消融名利同查滓須知超邁流俗外只此相
歧千萬里抱殘守闕碩果存殆可剝九一爻擬陽無絕本
三聖義莫斷書中眞種子果爾黃鍾律乍調見天地心霍
然起嗟我夙昔務奢願抉眞抑僞思料理哀傷吾道多榛
蕪誰解墾闢施覃耜遂乃憂心愠羣小幾欲見殺累切齒

未塡溝壑倘假年奚必河淸壽難俟從來萬事命也歟庸鬼庸人等妄耳作詩贈翁翁聽取曩我稱翁作奇士今者弗死豈偶爲放佚羣編待統紀翁能傳書書傳翁千秋不朽靡涯涘復哉復哉無恙耶肯任百年駒隙駛　瞿中溶古泉山館集題黃蕘夫祭書第二圖祭書圖作後先論妙繪同逢道子孫歎我風塵淪落久奇書空向篋中存注云前圖吳竹虛作此圖吳枚庵作浿仙嘉話古來無周墨黃書接步趨我有癡情同是癖也思補畫祭錢圖煙雲聚散本無常祇合流傳在四方但得主人眞好古校讐刊布似黃郎注云時蕘夫藏書已多轉歸他姓　又嘉平廿又三日黃蕘圃移居懸橋巷出新詩與圖見示因題四首祀竈

悤悤逼歲除，有人於此賦移居。披圖莫認村夫子，曾讀人間未見書。舊治東偏古寺西，平江一櫂接葑溪。滿船載去書千卷，入室先教插架齊。一徙楓橋一縣橋，良朋從此路迢遙。丁甯倘有奇書獲，共賞還來折簡招。滯我吳閶廿載多，身如幕燕不成窠。練祁久有歸耕願，無計移家奐奈何。

昌熾案：乾嘉以來藏書家當以先生爲一大宗。當時顧千里爲作百宋一廛賦，近潘文勤師刻士禮居藏書題跋記六卷，及門江建霞太史又刻續錄二卷，訪百宋遺聞者此其淵藪矣。先生得一奇書，往往繪圖徵詩，有得書圖、續得書圖、再續得書圖，今皆散逸，其名之可攷者，曰襄陽月夜圖，得宋刻孟浩然詩作也；曰三徑就荒圖，得蔣篁亭所

藏三謝詩作也曰蝸廬松竹圖得北山小集作也余所見元機詩思圖爲得咸宜女郎詩而作其所輯所見古書錄亦無傳惟自序兩言云編殘簡斷市希駿骨之來墨敝紙渝窺詡豹斑之見見元統元年進士題名錄跋先生號蕘圃或題蕘夫亦曰老蕘乙丑病瘳自署復翁亦曰復初氏亦曰復見心翁陳拙安爲鐫一陽更生印又號廿止醒人五十後號知非子晚年又自號抱守老人席上輔談跋時六十一歲自署秋清逸叟其藏書之印曰百宋一廛曰讀未見書齋曰陶陶室其藏詞曲之所曰學山海居又聞有署紅椒山館學耕堂者不能枚舉也　又按廿止醒人初不得其義既見士禮居題跋續錄内老學庵筆記兩跋皆

自署廿止醒人後又繫一跋云廿止醒人之自號蓋余取淵明詩意淵明詩止酒一章廿句句有廿止字止酒則醒矣余自甲寅丁外艱乙卯遭火災遂至日蹙一日二十年來夢夢今醒矣殆將自止矣淵明詩本有廿止字而今適當廿年非前定耶乙亥端陽前四日

與花同好月同明修到雙芙有幾生薰沐爲書題佛號生生世世出秦阬　張燮子和　孫蓉鏡芙川　姚畹眞

蘇州府志張應曾字若谷昭文人蒲江知縣子燮字子和乾隆癸丑進士歷官甯紹台兵備道以詞章名世　士禮居藏書題跋記元嘉四靈詩昭文同年張子和藏書也余與子和相得以彼此藏書故猶憶癸丑同上春官邸寓各

近琉璃廠每於暇日卽徧游書肆恣覽古籍一時有兩書淫之目　又題明秀集詩琉璃廠裏兩書淫蕘友蕘翁是素心我羨小瑯嬛福地子孫世守到於今道光四年甲申蕘翁爲芙川世講書於百宋一廛昌熾案小瑯嬛福地張氏藏書處芙川名蓉鏡燮之孫娶姚氏名畹眞號芙初女史亦精鑒別故其夫婦藏書印曰雙芙閣余見宋刊後村詩集殘本有芙初詩云墨林萬卷劫灰餘古本流傳此絕希八十詩翁高格調伊川擊壤想依稀潑茗薰香繡嬾拈芸編珍重展瑤籤好花明月原無主自取猩紅小印鈐又題云道光戊子二月花朝琴川女士姚畹眞芙初氏時年二十六歲淸寒淒雨病榻淹纏腕弱字劣不計工拙也無

虛佳日而已又有方若蘅跋云道光庚寅上巳桐城女士方若蘅叔芷氏假讀於鏡淸閣時盆梅尙未全落靜對古編覺幽香與墨香同耐人尋味也若蘅爲勤襄公之女自號畹芳女士　莫氏經眼錄云蜀大字本史記集解芙初女史藏本亦有勤襄公五女若蘅二印蓋當時兩家閨秀一瓻往還洵玉臺之佳話已　鐵琴銅劍樓書目宋本擊壤集芙川藏書卷三冊首空葉有芙川以血書南無阿彌陀佛六字題其後云乙巳十一月得之愛不能釋以血書佛字於空葉惟願流傳永久無水火蠹食之災　張氏藏書印記纍纍不減項子京曰虞山張氏曰琴川張氏曰淸河伯子曰蘿摩亭長曰張氏圖籍曰芙川鑑定曰曾藏張

蓉鏡家曰芙川張蓉鏡心賞曰虞山張蓉鏡鑒藏曰虞山張蓉鏡鑒定宋刻善本曰小琅嬛福地曰小琅嬛清祕張氏收藏曰在處有神物護持又曰一種心勤是讀書則芙初女史印也　又味經書屋詩稿　藏園羣書題記

談古相逢燕市中名場溝水各西東長安珠桂還如昔典盡殘書莫送窮　黄錫蕃椒升　韓配基

士禮居藏書題跋記海鹽黄椒升余二十年前友也頗藏書兼精篆刻嘗往來吳門從潛揅老人游每至必攜古書相質余時或得之後爲小官於閩中　又輿地廣記宋本第十八卷改曰建雄軍以上全缺竹垞藏本歸乍浦韓配基壬戌春余計偕北行配基亦以辛酉選拔朝考入都把

晤京邸許以十八卷前寫寄後余被黜南還配基亦未得高等彼此音問不通至今不能補全可慨也　又云韓應京兆試中丁卯科舉人在京邸求售余託五柳主人爲余出百二十金購之　又云賈人從乍浦韓氏得書數百種盛稱中多舊本有施諤臨安志歸簡莊同人賦詩紀事簡莊詩云輸錢吳市得書誇道是西施入館娃宋室江山存梗概鄉邦風物見繁華關心志乘亡全帙屈指收藏又一家況有會稽嘉泰本賞奇差足慰生涯　前塵夢影録嘉興黃錫蕃酷喜古印有續古印式一卷　持靜齋書目文房四譜五卷黃椒升藏本有醉經樓印

瘦骨淩霜破拘闟小松何似老松强吳涇延令同根否綠柳

橋西戴大章　戴光曾松門　戴大章堯聲

士禮居藏書題跋記笛漁小槀嘉禾戴五松門余舊交也今春閏月二日有事至禾中夜訪松門於吳涇橋徧閱所藏之書作詩贈之有句云從好招朋共傷心失子才蓋松門與余同好而境遇亦相等也　趙之謙張眉甲乙雜著跋此書末有小記署光曾爲戴君松門嘉興諸生以學行受知於阮文達　錢泰吉可讀書齋詩戴小松芃才培成爲松門明經光曾哲嗣馬古芸蔣花隱嘗寫懷松圖以貽之道光壬寅冬日小松奉圖見示感賦偉哉松門翁我少常接對瘦骨淩雪霜高論破拘閡不怨匠石遺絕洗庸俗態送老撫庭柯慘澹冀千載何人抱遺編有子懍惇誨遂

倩碧蘿生潑墨寫蒼黛蔣君亦成圖著紙露碨礧小松能
仰承肅若瞻泰岱老松蔭庇之風雨聞聲咳　前塵夢影
錄墨表上下兩卷禾中名士戴松門光曾輯　楹書隅錄
宋本說文解字有延令戴大章字□□一字南軒大章堯
聲綠柳橋西戴大章各印

李遇孫芝省齋吟稿

藏書紀事詩卷五終

藏書紀事詩卷六

長洲葉昌熾

新坡垷上各收藏辛苦求書髩已霜吳越浮家津逮舫宋元插架士鄉堂 陳鱣仲魚

杭郡詩輯陳鱣字仲魚號簡莊海甯人璘子嘉慶丙辰舉孝廉方正戊午舉人注云簡莊營別業於硤川之果園在紫薇山麓購藏宋雕元槧及近世罕見本甚夥 管庭芬經籍跋文書後吾鄉陳簡莊徵君生平專心訓詁之學嘗與錢竹汀宮詹翁覃溪閣學段懋堂大令抽甲庫之祕質疑問難以爲樂晚客吳門聞黃蕘圃百宋一廛九經三傳各藏異本於是欣然定交互攜宋鈔元刻往復易校疏其

異同精審確鑿其功與攷定石經無以異暮年歸隱紫薇講舍手自鈔撮成書凡十有九篇署曰經籍跋文　東湖叢記吾鄉陳仲魚徵君向山閣藏書大半歸馬二槎上舍其藏書印記云得此書費辛苦後之人其鑒我又刻仲魚圖象鈐於上　士禮居藏書題跋記萃古齋送來吳志二十卷專刻本明日訪友城西出金閶門至海甯陳仲魚寓中出此相賞并告以欲往山塘書肆遂借仲魚舟同往其艙有一小榜曰津逮舫余謂仲魚曰君好書故所乘舟以是名之今遇借此訪書則若豫知有是事也我兩人不覺掀髯而笑　吳壽暘過簡莊徵君紫薇講舍詩背倚蒼厓各一間雲生北牖抹煙鬟放翁詩句堪移贈買宅錢多爲

見山新坡舊業本黃岡卷軸丹鉛說士鄉重繼白公吟眺地紫薇花下讀書堂注云士鄉堂先生埧上藏書處昌熾案先生南部新書跋自署新坡陳鱣記於六十四硯齋又案先生歿於丁丑二月見黃蕘圃卻埽編跋

探梅圖共容中論紙帳空歸白下魂文獻未傳後死責好攜畫本訪程園　程世銓叔平　張思孝白華

士禮居藏書題跋續錄顧千里爲余言曰有宋刻鑑誡錄爲程念鞠豪奪去此事已踰二十年矣念鞠祕不示人余雖識念鞠未便索觀也近念鞠宦游江西家中書籍大半散佚惟此書尚寶藏余謀諸書賈之素與往來者久而始得見其書索白鏹三十金余愛之甚易以番錢三十三圓

書計五十七葉題跋一葉以葉論錢每葉四錢六分宋刻書之貴可云貴甚而余好宋刻書之癡可云癡絶矣時嘉慶九年歲在甲子正月丁巳日　又越歲丙寅一跋云是書千里所得叔平所收今春叔平從江西解餉至江甯旅中病卒千里館於江甯太守許因爲料理喪事令其孤扶柩歸可謂始終篤於情矣昌熾案叔平當爲念鞠之字余同年王勝之太史藏念鞠鄧尉探梅圖卷方蘭坻所繪念鞠自塡金縷曲望梅二闋後題云己酉仲夏世銓書於寸草軒中下有銓字方印鞠莪二字朱文方印因知念鞠名世銓又別號鞠莪也汪雪廬縉題此卷云先太孺人在日最喜游鄧尉而尤愛西磧逸園予兄弟嘗奉太孺人三至

其地逸園者程家園也其地絕勝以西磧爲隝以太湖爲池繞於所謂騰嘯臺下以梅花萬樹爲林程氏夫婦偕隱於中程氏婦姓顧能詩詞壇中所稱顧香生者與太孺人有好自太孺人見背予亦不復至其地矣念鞠爲太孺人再姪孫出是圖邀題念鞠與予蓋有異而同者　顧廣圻刻易林序廣圻十六七歲時從游於長洲張白華師假館程子念鞠家念鞠旣同門而頗蓄書甚相得也先是念鞠有陸敕先手校本易林後歸黃君蕘圃將謀付刊屬序其簡首回憶初知有是書之日倏忽二十五六寒暑曾不一瞬而念鞠以薄宦遠化於外廣圻亦復行年四十有三久見二毛矣方思悉數吾吳人物淵源典籍流派所聞所見

加以筆記存諸敝篋示我兒曹稍傳文獻之信而蕘圃刻是書顛末乃可爲其中一事者也昌熾案此書自甲申屬稾迄今七載粗可寫定犬馬之齒亦適四十有三非敢竊附前賢亦聊存文獻於什一而已時光緒庚寅客都門記

又案吳翌鳳絳雲樓書目跋云此冊爲張子白華所藏予嘗借閱張子疑予藏匿不返索還甚急幾至面赤張子博雅多聞獨於書斤斤護惜古人所謂讀書種子習氣未除然即此知張子能謹守勿替者矣據此則白華亦好書不愧爲澗蘋之師者也枚庵卬須集張思孝字南陔長洲人諸生有白華堂詩

不校校書比校勤几塵風葉埽繽紛誤書細勘原無誤安得

陳編盡屬君 顧廣圻千里

李兆洛顧先生墓誌銘先生名廣圻字千里以字行號澗蘋年三十補博士弟子員孫淵如觀察張古愚太守黄蕘圃孝廉胡果泉中丞秦敦夫太史吳山尊學士皆推重先生延之刻書道光十五年二月十九日卒年七十先生論古書訛舛處細若毛髮棼如亂絲一經剖析劃然心開而目明銘曰安得古書盡經君手凡立言者藉君不朽書有時朽先生不朽　案先生自號思適居士百宋一廛賦注云居士元和縣學生喜校書皆有依據絶無鑿空其持論謂凡天下書皆當以不校校之深有取於邢子才日思誤書更是一適語以之自號云　先生思適齋圖自記史稱

子才不甚校讐子才誠不校乎哉則烏由思其誤又烏由而有所適也故子才之不校乃其思不校之誤使人思誤於校者使人不能思去誤於校者而存不校之誤於是日思之與天下後世樂思者共思之此不校校之所以有取於子才也　吹網錄遯翁苦口一書節錄朱子語類錄者爲无悶子不著姓氏程稟初語余无悶子卽其師顧澗蘋先生　其藏書記曰一雲散人又有陳黃門侍郎三十五代孫一印

浮江一舸下錢塘回首昌平是堉鄉綺障未銷書有癖空求靈藥爲醫狂　何元錫敬祉

錢大昕何桐蓀墓誌銘君諱季堂字山甫一字桐蓀先世

自上虞遷於杭生四子元錫候選縣主簿　杭郡詩輯何元錫字夢華錢塘監生有秋神閣詩鈔注云夢華精於簿錄之學家多善本嗜古成癖素有狂疾姬人媚蘭故大家青衣也夢華嬖之吳江郭麐懷夢華詩云如願拌償十斛珠牙籤圍住萬蟫魚莫言狂疾無靈藥新得佳人未見書後游粵中客死　王槐秋鴻館十二人詩何主簿元錫云夢華有奇癖兀作書中蟫紫文窮石室祕簡搜瑤函披覽手著錄沐髮不及簪忽聞有清閟一舸浮江潭直以性命博豈止耳目貪歸來笑開口竟忘罄瓶甔讀君借書圖技癢心懷慚他日一瓻致不爾梁間探　張鑑訪書圖歌爲何夢華索賦夫君好古耽冥搜南探禹穴東之罘手拓金

石不知數日吟詞翰無與儔絳雲樓中焚未失化鹿寺邊竊還出一千金購吳都文八萬卷充長水宅日思誤字相貫穿手定黃墨窮鑽研涼州太守車幾兩纖簾居士手一編笑吾銜蠹亦好事縱不能訪頗爲累夜讌偷鈔述古堂朝游市闕慈恩寺憶昔渡江至揚州吾師招住文選樓連牀照軫那可說手胝口沫無時休此時何君日來往臨淄嚴安亦同賞廣集甯論翡翠裘搜尋不類珊瑚網　養新錄孔氏祖庭廣記十二卷何夢華所藏紙墨古雅昌熾案是書今藏海虞瞿氏有瞿木夫題云辛酉四月二十三日觀於何夢華三吾鴻景齋中又黃蕘翁題云今夏五月余自都門歸錢塘何夢華亦自曲阜攜眷屬僑寓於吳何固

孔氏壻也其匳贈中有元板孔氏祖庭廣記五冊裝潢古雅籤題似元人筆　拜經樓藏書題跋記鐘鼎款識爲何夢華借閱有題字云嘉慶庚午觀於護經堂之蜨影園　鐵琴銅劒樓書目九經疑難有錢塘何元錫字敬祉號夢華又號蜨隱朱記昌熾案據此則蜨影之影疑當作隱

莊叟寓言駢拇指柴窑碎片古甆缸莫輕重本兼殘本巧合延津劒一雙　張紹仁學安

予藏林和靖集張學安過校盧抱經本有張氏藏印并跋

鐵琴銅劒樓書目東坡全集有吳郡張紹仁學安藏書朱記　皕宋樓藏書志齊民要術十卷有跋署道光新元三月十九日書於仁壽里之讀異齋訒庵張紹仁　又道德眞經指歸七卷張紹仁校本跋曰此本朱墨紛然不易猝

讀今夏酷暑不出戶庭奮勉鈔成益信凡事皆當僶俛甲申閏七月蕘翁識　士禮居藏書題跋記賀方回集半部陳仲魚所贈頃張君訒庵邀余觀新收之書內有慶湖遺老詩集之半余細閱之與仲魚所贈竟爲延津之合兼畜重出本及不全本此余一已之獨見訒庵效尤卽獲奇驗鼓興弗衰藏書家不又得一人邪　又西溪叢語張訒庵本訒庵校書心到眼到手到在朋友中無出其右　昌熾案紹仁長洲人曾居喬司空巷其藏書處曰綠筠廬曰執經堂詳見士禮居題跋記

是亦灌園陳仲子草堂何在在西畇羌無故實旁皇索但識名墫字仲遵　陳墫仲遵

潘曾瑩墨緣小錄陳韋汀墫長洲人工山水用筆幽秀似趙千里　士禮居珩璜新論跋西畇草堂者陳子仲遵之居也仲遵頗嗜古書　又麟臺故事跋影宋舊鈔三卷歸於西畇草堂　曝書雜記家夢廬翁於愛日精廬藏書志記所見禪月集曾見吳門陳氏韋汀藏列朝詩文集目有白蓮集三十卷鈔其副本文集五卷已失傳所存惟詩廿五卷耳　鐵琴銅劍樓書目徂徠文集卷首有平江陳氏西畇藏書及陳墫印二朱記昌熾案說文墫舞也引詩墫墫舞我今詩作蹲其字从土正字通又有从士之墫與樽同陳君之名當从士

更無人上沈樓看詩夢初回水國寒輸與鴻堂磨欲盡猶留

蟬翼暈齊紈沈慈十峰　弟恕綺雲

持靜齋書目歐陽文忠集有沈慈十峰曾在雲間嘯園沈氏諸印　王芑孫題沈君慈十峰圖山高則稱峰竦削雲爲質九峰第平遠君才自拔出如拳蹲鶴勢無輩與之匹　又題沈綺雲恕柳波消夏圖深柳一灣書半檻乍囘詩夢小蓴山又料檢新收併舊刊筆山樓作沈樓看逕思徧借藏書讀王癸籤分甲乙觀　又三宿齋雜題門人沈恕自北郭移居城內爲留三日臨去題其新屋曰三宿齋太息鴻堂帖今同烏篆書墨棱磨欲盡紅目贋非初蟬翼翻新搨蠅頭證舊儲姑教存故物數典逑鄉閭注云戲鴻堂舊石漫漶今歸綺雲　前塵夢影錄松江沈綺雲所刻宋

本梅花喜神譜頗爲博雅君子所賞鑑沈氏家本素封有池亭園林之勝改七薌嘗居停其處　又魚元機集只二十餘葉宋槧之最精者一達官某影摹上板江建霞學使識語云此書爲松江沈十峰慈古倪園所刻余有印本二種初印本名三婦人集與明本薛濤詩宋鈔楊太后宮詞同刻後印本又附綠窗遺稾皆沈氏刻所知與叟略異也

吳山陶生鬻書者日共圍棋一局殘塵垢堆牀寓言耳當時書貴比珠玕　許宗彥周生

阮文達浙儒許積卿傳君名宗彥字積卿又字周生浙江德清人父祖京廣東布政使君九歲能讀經史善屬文嘉慶己未成進士授兵部車駕司主事君嘗訓諸子曰讀書

人第一須使此心光明正大澄清如止水故名所居曰鑑止水齋君以嘉慶二十三年十二月二十二日卒於杭州年五十有一子六兆奎延寀延澤延敬延凱延穀　蔡之定許君周生家傳君寡嗜好惟喜購異書不惜重價藏弆滿樓於書無所不讀實事求是旁及道經釋典名物象數必殫其奧而後已　嚴元照書手錄太常因革禮後　四庫全書未收予內兄許兵部宗彥曾從杭州故家借鈔副本歲戊辰傭書於杭始獲見之　持靜齋書目鑑止水齋書目一冊許宗彥撰長洲顧沅從羅鏡泉假錄余與其喆嗣子雙明府有舊聞其書兵燹後散亡殆盡不勝悵然

宗彥夏日雜詩吳山有陶生託業在書籍擕包買無人時

復就我奕　又題陳蓮汀載書訪友圖遡來嬾病百不堪

書冊堆牀付塵垢　又題吳更生引年借書圖近來書貴

比珠玕善本矜奇借亦難不傍靈威仙洞住祇應寫作畫

圖看

鄭默中經所著錄不謂私家竟庶幾幐以藕心空首幣楯輪

活碧長苔衣　倪模迂村

北江詩話倪進士模居望江之大雷岸余游匡山回阻風

華陽鎮因徒步二十里訪之其讀書草堂距家三里正面

建德諸山屋旁卽雷港也余以二水山房顏之草堂後小

閣七閒積書至五萬卷金石千餘卷平生嗜古錢撰泉譜

四卷極爲精審　趙紹祖古墨齋筆記嘉慶甲子望江倪

進士迂村名模以所拓古泉二冊索跋則上自高陽太昊以至前明旁及外國厭勝無不畢具迂村家藏書十餘萬卷自言在　四庫簡明目錄者十得其八在存目者亦得其半實吾安徽藏書之冠也昌熾案進士題名碑倪模嘉慶已未科進士　江上雲林閣書目自序嘉慶二年余曾有經鋤堂各架藏書序五年構江上雲林閣庋書十二廚中憶弱冠時江鄉僻壤聞見無多年三十一入都每見宋元善本不惜重價購之教習官學時與孫洪諸人交得祕本必假讐校琉璃廠載籍甫到輒購之贏六萬餘卷洎任鳳陽教授十二年稍有所獲屬子孫輩繕一清目以不負數十年購求鑽研之意云時道光乙酉秋九月上浣江上

雲林閣主人迂存倪模序　昌熾案同年曹根生太守言溆浦舒燾伯魯亦有江上雲林閣書目序以未見其書故無從采錄

酒誥無爲歎俄空斷爛不全亦足重此非舊言君所言誰謂古書非骨董　嚴可均鐵橋

鐵橋漫稾書葛香士林屋藏書圖後余家貧不能多聚書顧自周秦漢以逮北宋苟爲撰述之所必需亦略皆有之南宋以下寥寥焉非不欲也力不足也四十年來南游嶺海北出塞垣遇希有之本必倩精寫或肯售卽典衣不吝今插架僅二萬卷不全不備以檢近代諸家書目如世善堂天一閣萬卷樓世學樓傳是樓曝書亭及同時同好如

魯孔氏閩張氏漢陽葉氏陽湖孫氏績溪方氏以至石刻之本異國之本道釋之藏彼有而余無者多矣彼無而余有者亦不少也黄氏丕烈聚書多宋本余與久交不敢效之書非骨董未得宋本得校宋本足供撰述可耳　又書宋本北周書後宋監本大板厚紙有漫漶損缺處非余所愛重者偶檢賀蘭祥傳其篇末多出今本六十餘字書貴宋元本者非但古色古香閲之爽心豁目也即使爛壞不全魯魚彌望亦仍有絶佳處略讀始能知之

秋江月子兩頭纖畫扇齋中本事忝認取連環雙玉印綢繆紅上舊題籤　嚴元照久能　張秋月香修

錢大昕嚴半庵墓誌銘歸安嚴君諱樹蕚字芘先一字半

庵生一子即元照歸安縣學生孫男二人培均　暴書雜記苕溪嚴久能芳椒堂聚書數萬卷多宋元槧本著娛親雅言爾雅匡名　久能悔庵集書手錄儀禮要義宋本後此書載於聚樂堂書目朱錫鬯所未見者予財弱冠好宋刻書杭州汪氏藏宋刻本廿冊索值五百金予必欲得之求之急議值廿六萬錢議既定顧無從得如干錢乃盡買家所有書得錢畀之而予書癖之名遂播於一時年來貧用日絀度此書不能長爲吾有又寫此本校而藏之它日不得見中郎猶庶幾見虎賁也　東湖叢記歸安嚴修能購得宋張洽春秋集傳吾邑錢廣伯爲之作緣與朱朗齋明經往來書札皆議價值之多寡朱朗齋復廣伯云儆居

停汪九先生宋板春秋一書當時買本實係七折錢六十兩前需二百金未爲過多此書雖缺究屬久佚之遺經較尋常宋元板書差爲珍重今讀嚴先生來諭諄諄意殊可感若必執意昂價是屬市道非所以待有道也但照七折錢六十兩之數斷不可少勢不能九先生虧本以曲從耳文藻頓首又復廣伯云書籍流傳除兔園冊子外皆無益於舉業者必謂有益於舉業而後當出價購求而後當寶愛此語而出自嚴先生之口立言爲失體矣要而言之此書在汪九先生從二百金之價讓至六十金已屬減無可減在嚴先生從十六千之價加至卅五千亦屬增無可增今爲折中之論勸嚴先生再出三千五百文足成五十五

宋茗香有簪花詞十首爲嚴修能姬人秋月作。第五首云：石谿添得讀書聲，何處新啼出谷鶯。一語分明淡記取，山妻喚作女門生。第六首云：羽衛合署校書郎，小紅紅鈐貼古香。從此流傳增愛惜，美人親手爲評量。第九首云：久將奇字傲揚雄，別有玄經補化工。富貴神仙籌絕難，知己在閨中。

按學古集及牧牛村舍外集均未收入，蓋宋氏集外詩也。其稾本今在仁和姚氏虞琴處，後歸海甯王氏靜庵，丁家近人印入觀堂遺墨中。　楯

又案此稾向藏仁和勞季言昆仲家，云其丙阮湘暎茂材錄以見畀云（亟敏）

又宋氏第三首下半云：愛煞惠山泉水好，在山清又出山清。與陳氏所引易騰無錫嵇相家却相吻合

兩之數是否有當伏乞裁定　又云余所見明焦弱侯家精鈔洞天清祿集有修能跋云塘棲宋茗香助教所得舊籤隸書五字類文待詔古香可愛以香修小印鈐之昌熾案香修先生姬張秋月字也陳文述碧城仙館詩有香修詞爲嚴蕙櫋作香修姓張氏初名秋月幼賸於無錫嵇相國家。蕙櫋娶於嵇。乃謀諸中閫而胖合焉。且授十六觀經戒香薰修之語。字之曰香修。華司馬秋槎屠孝廉琴塢爲寫秋江載月團扇貽之。蕙櫋因以畫扇名齋。詩凡八首其第三首云三五冰輪是小名。秋同消瘦月同明。一聲水調歌桃葉。自向江頭打槳迎。第五首云手寫華嚴懺性靈。玉臺香近畫紗櫺。連環小印綢繆字。紅上蓮花白戲經。第八

首云百萬工錢紫玉釵定情詩卷續風懷昨從碧浪湖邊過本事新添畫扇齋　平津館鑒藏書籍記宋板類編朱氏集驗醫方有張氏秋月字香修一字幼憐朱文方印石溪嚴氏芳椒堂藏書白文印

社酒唐華憶討春舊游如夢復如塵蛛絲馬跡緣沿得好鳥飄風變幻頻　劉桐舜輝　又范鍇華笑廎雜筆　攬蓮山房漫記　張鑑潯溪紀事詩序

兩浙輶軒錄補遺劉桐字舜輝一字疏雨烏程貢生著有楚游草楚游續草聽雨軒稾　張鑑瞑琴山館藏書目序疏雨雄於貲而多家累年未三十即棄舉業遠游楚余課誦其家積十餘載之久疏雨歸則與談杭州谷林堂趙氏暨揚州玲瓏山館馬氏之耽書好客未嘗不神往焉乾隆

壬子癸丑間疏雨既以藏書自任吾湖固多賈客織里一鄉居者皆以傭書爲業出則扁舟孤棹舉凡平江遠近數百里之間簡籍不脛而走蓋自元時至今幾四百載上至都門下逮海舶苟得一善本蜘絲馬跡緣沿而購取之故吳門萃古齋既名聞當亡而下此如竹垞經義攷所云坊賈友亦不可枚數疏雨既好書而余又適館其家堂構閎曠每夏秋之交設長筵廣坐名花異卉駢列左右主人命門者延若屬呼儔嘯侶至即十餘輩余課經之暇亦相與商榷是非書既山積眞贗參半鑒别不易其時同人之與疏雨洽縞紵者如楊秋室范白舫計秋琴蔣嗜山閒亦過從或有所得傳觀以爲賞析自此疏雨之書固已不啻

數萬卷矣如是者有年適值盧氏抱經堂吳氏瓶花齋讐校精本散出四方於是疏雨所收之富又越從前數倍癸亥之秋一病遽歸道山其家不能收拾子幼爲人熒惑舉十餘萬卷之書一旦舁之他人秋室題其身前訪書圖云自古圖書厄多經劫火亡未聞豪賈奪舉作債家償洵實事也飄風好鳥變幻若此斯可歎矣今年余病肺倦游過白舫齋頭則所藏舊目與估估帳籍宛如昨日痛盛游之難再悼勝賞之莫償失今不治并有與此目同歸澌滅者因破十日之功與白舫秋琴嗜山訪其大略編爲一目知其中實有足以備金匱石室之講求啟陳農苗發之夢想者豈第涇王大唐郊祀一録同於煙銷灰燼屈指其閒不

過二十餘載世故之難問已如此之速可勝道哉此書之
失不特吾人同社眼福之薄卽謂吳興山水精英不能藴
此奇觀以供後來之抉摘奚不可也疏雨姓劉氏名桐援
例授州司馬眠琴山館其所居東廂藏書之地　王翰靑
鄂舟過劉疏雨書齋詩幾年羇旅隔天涯心每相親跡甚
賒衝凍徑來謀社酒討春先喜見唐華水精簾卷明於月
雲母窗虛白勝紗衰拙定慙珠履客墨莊偏許問籤牙
嚴可均題劉小夢憶書圖冊君家疏雨吾好友積書之癖
與吾同別來江子亭邊樹終古山陽笛裏風人有微名都
折福世間豪舉總成空衹今說着眠琴館卅六年前一夢
中　楊鳳苞題訪書圖劉三桐少好聚書楚游歸後搜羅

益富積至數萬卷築眠琴山館貯之猶以爲未備嘗屬杭人奚岡繪訪書圖以見志惜不中壽淹忽即世嗣子燠幼弱其書皆爲市人竊取以去可歎也君從子煥寶弆是卷出示索題傷逝者之不作慨遺書之悉亡頹唐老筆言之不文聊以紀實而已嘉慶十五年涂月向臏奚生畫香廚

久棄捐傷心餘簿錄過眼付雲煙壓架猶如昨充箱孰與遷藉君珍此卷想象舊瑤編自古圖書厄多經劫火亡未聞豪賈斂舉作債家償編校留希弁飄零憶蓼塘披尋一悵觸老泪忽淋浪

五色雲中有紫霓三間新築草堂棲建初地荊何時出咫尺高樓在會稽　陸芝榮香圃　杜煦尺齋　煦弟春生禾子

鐵橋漫稾書爾雅新義後乾隆十五年吾鄉丁小山得影宋本於京師孫詒穀攜歸武林嘉慶十三年陸香圃刻於蕭山　沈豫補今言蕭邑藏書陸氏寓賞樓鈔影善本之富爲第一蓋不惜工貲四方書賈雲集輻輳故插架初印元明板本俱多　暴書雜記乾道臨安志湻祐臨安志海昌蔣生光煦得陸香圃三間草堂鈔本取以校勘陸香圃未知其人跋云錄自王庶常小穀家則浙東西尚有善本可互校也昌熾案香圃所刻爾雅新義前有孫志祖詒穀跋又自跋云家農師爾雅新義世鮮傳本往得之吳山書肆騰寫譌脫幾不可讀今春假仁和宋助教大樽校本是正文字鏤板以廣其傳聞鮑廷博嘗見影宋寫本後有太

原閻徵君跋語他日庶幾見之得以覆加校定抑有厚幸焉嘉慶戊辰八月既望蕭山陸芝榮識又附農師詩二首其次首末二句云他時若綴三經後五色雲中有紫霓

皕宋樓藏書志陸宣公集有三間草堂香圖所藏忠宣第三十七世孫諸印。持靜齋書目范忠宣集有朗清汲古所及三間草堂二印。昌熾又案香圖佚事余詢諸同年王子獻太史陶星賓孝廉皆越中聞人不能詳也子獻言其鄉藏書家有杜煦尺齋杜春生禾子昆弟漢建初六年大吉買山記其所搜得卽名其藏書之所曰大吉樓著有越中金石記搜羅甚富有刊本　又祁忠惠公集　沈豫蛾術堂集

老羆當道貉子蹌眼光一睒窮八荒已有神鼉嶠外接何論

奥羽及鎌倉翁廣平海琛　彭桐橋　壺氏何許人事迹他書㒸放

蘇州府志人物傳吳江翁廣平字海琛平望人府學生性喜異書手自鈔錄不倦道光元年舉孝廉方正卒年八十二　姚鼐聽鶯居文鈔序吳江翁子海琛安貧力學之士也撰吾妻鏡補三十卷金石集錄續松陵文獻各若干卷聽鶯居文鈔三十卷　唐仲冕聽鶯居文鈔題詞瘦蛟舞浪魚兒藏老羆當道貉子蹌足跡所踵出六合眼光一睒窮八荒日往月來不可逼獨向溟底攬合璧蛟宮蜃樓不可招獨從嶠外接神嚚　聽鶯居文鈔此靜坐齋書目序彭桐橋先生見善本書必傾囊典衣購之當幕游數千百里外必挾書以出所得幕俸必購書以歸於是陸則汗牛

馬水則滯舟楫行旅之費倍於他人比抵家而游囊無幾矣如是三十餘年積書數萬冊乃築此靜坐齋以藏之齋三楹南向北向者亦三楹齋之後層樓三楹以國朝

御製　欽定　御批諸書藏於樓之中央樓之東西兩楹凡各家校刊之十三經與夫歷代經解五經總義四書小學之類皆附焉樓之下凡正史別史編年紀事與夫詔令奏議時令地理職官政事之類皆附焉齋之中則歷代諸子凡儒家壁家醫家兵農家刑法家與夫天文算法術數譜錄小說之類皆附焉北向三楹則歷代正集別集總集與夫詩文評選詞曲評選之類皆附焉登斯齋者如訪酉陽之逸典如發宛委之遺文如紬金匱石

室之藏如探天祿蘭臺之祕展閱之下不禁有觀止之歎也余生平亦同此好收藏既少又不能多攜行篋在旅館中必借觀於友人而桐橋又喜借人觀因數至其齋或檢某書或檢某故事桐橋令其諸子曰在某架某部第幾冊第幾卷不差毫髮蓋桐橋之書皆親自校訂丹黃並下故能熟記若此至其裝潢之製每冊厚過寸餘每冊之跟自書精楷以表之繙閱既久一無所損覺鄴侯溫公不得專美於前矣庚辰歲編成書目四冊問序於余余謂桐橋不獨務博覽工辭翰已也其於兄弟互相友愛教子必以義方故諸子有聲祭酒布衣諸生間他日所就其可量乎是則桐橋能享此天倫之樂者足徵燕翼貽謀之善抑亦詩

書之遺澤有以致之也

莫誤徵芝作振之參軍蠻語訂侏離綠榕城畔歸帆早不數才人張孟詞　陳徵芝蘭鄰

余舊藏徐一夔始豐稿鈔本書衣有跋語
陳署芝字審爲帶經堂物未見目中故錄吾

嚴可均北堂書鈔書後孫淵如得書鈔原本後爲何夢華所得夢華棄世其子以售於秀水令陳振之振之閩人昌熾案此書今歸同里蔣太守鳳藻顏其藏書之室曰書鈔閣周季貺星詒云陳名徵芝非振之嚴氏得之傳聞故音同字誤又讀書敏求記季貺有校語云說文解字三十卷繫傳四十卷福州陳氏帶經堂藏有宋刻本丙寅歲向星村秀才索觀則爲其從兄攜赴臺陽學舍矣悵惜久之陳氏居在文儒坊其先人蘭鄰大令以名進士爲令浙江藏

書甚富星村名樹杓亦善鑒別予書大半得之渠家　陸心源帶經堂陳氏書目書後帶經堂書目五卷陳蘭鄰大令所藏書也予粤東歸田本無出山之志後聞陳氏藏書散出多世間未有本遂奉檄一行及至閩遍訪陳氏後人僅得張清子周易纂注金仁山尚書注楊仲良長編紀事本末三書餘皆不可得其孫字星村者亦略知書詢以各種祕冊則云最祕之本其先人別儲一樓爲蟲蝕盡或者當在其中其信然耶周季貺太守謂其目爲星村所僞造然如梁溪集玉堂集等皆注明藏印及序人姓名恐非僞造後之人其再訪之　昌熾案國學題名記陳徵芝福州府閩縣人嘉慶七年壬戌科進士二甲七十名

一片湘雲盪水涯茶鐺藥臼費安排東湖西塞聽人說卻似隨齋爲直齋　錢天樹仲嘉

沈西雍柴辟亭詩集題看劍引盃圖第二首又懷當湖諸友第一首

舒藝室詩存錢夢廬天樹當湖老名士也以嗜古好客貧其家性喜竹仿竹裏煎茶圖寄予題之清波一片蕩湘雲綠映鬚眉對此君室有圖書供遣日座餘賓客快論文茶鐺藥臼憐中歲漁婢樵青數舊聞猜作元眞渾不似東湖西塞聽人分

纂書雜記夢廬篤嗜古籍嘗於愛日精廬藏書志眉閒記其所見猶隨齋批注書錄解題也

士禮居藏書題跋記卻埽編三卷讀書敏求記云王伯穀藏宋刻後歸牧翁付之絳雲一炬平湖錢夢廬新得宋書棚本不知與絳雲原本同乎異乎夢廬本爲歷來藏書家珍貴

玉蘭堂竺塢二印，文氏也。又有七十二峰深處一印，取穴研齋寫本證之，多同。述古何人舊姓錢，向時書籍等雲煙。虎賁猶作中郎想，摹本猶傳卻埽編。小劫樓頭起絳雲，六丁取去世無聞。浙中别有儲藏富，三卷居然是祕文。懷人異地各聞名，一紙書馳兩日程。忽爾夜航來遠道，開函古豔使人驚。曾留竺塢玉蘭堂，御在文家不是王。七十二峰深處好，幾家流轉感滄桑。君家書籍憶臨安，多少奇文是宋刊。十卷茅亭客話本，攜來雙璧好同看。汲古雕來穴研鈔，弁言一葉並皆抛。影橅補闕珍如寶，不獨奇疑取互交。此六絶句爲借錢氏宋刻卻埽編而作，其實未題於宋本後也。既而夢廬知有是詩，寄素箋索書。鐵琴銅劍樓書

目會昌進士詩。舊藏嘉興錢氏。有錢天樹印。味夢軒。二朱

記。又張嘯山懷舊雜記

藝芸散後歸何處盡在南瞿與北楊留得宋元書目在一編

中有小滄桑　汪士鐘閬源

同治蘇州府志黃丕烈藏書歸長洲汪士鐘士鐘摹刻宋本孝經義疏儀禮單疏劉氏詩說郡齋讀書志諸書讐對精審舉世珍若球璧　黃丕烈郡齋讀書志序閬源英年力學讀其尊甫厚齋先生所藏四部之書以爲猶是尋常習見之本必廣搜宋元舊刻以及　四庫未采者於是厚價收書不一二年藏弆日富　顧廣圻藝芸書舍書目序汪君閬源藏書甚富取宋本元本別編其目各成一冊汪

君宿具神解凡於有板以來官私刊刻支流派別心開目
瞭遇則能名而又嗜好所至專壹在茲仰取俯拾兼收並
蓄揮斥多金曾靡厭倦以故郡中傳流有名祕笈搜求略
徧遠地聞風挾册趨門朝夕相繼如是累稔遂獲目中所
列宋若干種元若干種旣精且博希有大觀海内好古敏
求之士未能或之先也　潘文勤師藝芸書舍宋元本書
目跋吾郡嘉慶時黃蕘圃周香嚴袁壽階顧抱冲所謂四
藏書家也後盡歸汪閬源觀察蔭之姑母歸觀察之子珠
林比部德英蔭少時至汪氏山塘所居其堂宇軒敞樹石
蕭森堂中懸楹聯種樹似培佳子弟擁書權拜小諸侯阮
文達隸書阮與汪故有連三十年如在目前也咸豐庚申

已前其書已散失經史佳本往往爲楊致堂丈所得兵燹以後遂一本不存今從其家得宋元書目鈔本富矣精矣眞不减東潤滄葦蕘圃潤蘋諸老爲之評定故絶無僞刻昌熾案汪氏書長編鉅冊皆歸菰里瞿氏歸楊氏者其畸零也閬源父厚齋名文琛開益美布號饒於貲郝文端刻說文繫傳序所謂假之富民汪氏未得者也其藏書印曰民部尚書印。又有三十五峰園主人印。

豁庨爲門平作架翠屏鬼斧費雕劖石函一一如靈寶但少龍威到隔凡　葛香士

嚴可均書葛香士林屋藏書圖後葛香士居林屋之山鑿壁爲架以藏古書我鄉張氏鑑爲作圖且爲文以記之余

未識香士而張氏則余舊交也林屋有靈寶石函神禹所
發故其民風往往能聚書前明如葛氏一龍蔡氏羽其尤
著也香士爲一龍族孫能承先志益張大之可謂賢矣編
有書目余未之見見其圖爲神往者久之余嘗持論幸生
右文之世挾數囊金購書蘇杭市不半年可致累萬卷
此有力者常事亦何足以自豪當視　四庫所未著錄阮
氏所未續進幸而得之區區此願霩然大公耳今檢架上
得天聖李季所編乾象通鑑等八種皆寫本世上絕無僅
有者香士好事倘亦得古書與余所藏有錙兩相稱者請
走使來告互相借鈔則藝林勝事也不然家有敝帚享之
千金將恐龍威笑人　張鑑包山葛氏澂波皓月樓藏書

記去春病起始來西山葛君香士坐余於澂波皓月樓其樓據銷夏一灣之勝前盪洪波卻負崇巘纓嵐帶阜雲譎波詭因鑿樓之兩壁以居書書不下數萬卷每當楸桐負日桂筍尋波游觀既倦難燭繼晷其書經史駢羅部帙峻整集舊者辨其薰蕕板新者慎其魚虎自甲而丙而丁依四部例悉著於目舉凡鳳館之新章兔園之祕冊不與焉

道光二年六月朔日

三世同耕不稅田後賢功可及先賢誰爲有福誰無福此語可爲知者傳　張海鵬若雲　姪金吾月霄　大鑑友柏　邵恩多服仙

黃廷鑑朝議大夫張君行狀曾祖士恆祖朝績父仁濟君諱海鵬字若雲號子瑜年二十一補博士弟子員絕意名

場篤志墳素先是君考訥齋公與伯兄靜谷公皆好藏書家多宋元舊刻君治經之暇以剞劂古書爲已任刊學津討原墨海金壺借月山房彙鈔又輯金帚編工始而君捐館矣居恒嘗語人曰藏書不如讀書讀書不如刻書讀書祇以爲已刻書可以澤人上以壽作者之精神下以惠後來之沾溉其道不更廣耶　又張月霄傳月霄名金吾字愼旃月霄其別字也祖仁濟父光基皆邑諸生月霄年廿二補博士弟子員卽棄去篤志儲藏與同里陳子準善

又愛日精廬藏書志序月霄十年來小大彙收今古並蓄合之先人舊藏已有八萬餘卷又念金源氏有中國百十餘年著作之家乘時蔚起未有裒集其文者遂矢志網羅

以補一朝之闕故於金元兩代遺集更加意搜訪中如王朋壽之類林孔元措之祖庭廣記蔡松年之明秀集注與吳宏道之中州啟劄皆當世絕無僅有之書也　李兆洛詒經堂續經解序通志堂經解之刻百餘年矣金吾張君以遺編墜簡尚不盡於此乃發其家所藏寫定爲詒經堂續經解都千二百有餘卷將以次授之剞劂　阮文達虞山張氏詒經堂記張氏金吾世傳家學代有藏書不但多藏至八萬餘卷且撰書至二百餘卷刻書至千數百卷古人實賴此與後人接見也後人亦賴此及見古人也是詒經堂詩史閣求舊書莊諸地皆羅列古今人使後人共見之地也此於古人謂之有功於已謂之有福世之有金者

無所不爲獨不肯用之於書是謂無福若在已無學術則雖有之肯之亦無能用之若是者亦謂之無福　張大鑑閒居錄跋先王父靜谷公藏書數萬卷手自校讐寒暑無倦而先大夫京華二十載優游蘭省亦惟以載籍自娛彭芸楣先生贈詩云琅嬛宛委窮皇媧蓋誌實也余承先澤耕不稅之田一編一帙罔敢失墜右閒居錄映雪老人手鈔照曠從父梓入叢書先人手澤庶幾與是刻常新也癸亥六月友柏張大鑑識昌熾案靜谷爲仁濟之兄是大鑑於海鵬爲從子於金吾則昆季行也據此跋是張氏藏書遠有端緒不自若雲始矣　張海鵬唐摭言跋摭言十五卷所見鈔本後有嘉定辛未鄭昉題識者最爲近古所稱

白頭本是也案第十卷蔣凝條云白頭花鈿滿面不及徐妃半妝後人罔知改作白頭於義甚乖雅雨堂本亦仍其失予從邵胑仙處假得舊本是正益歎校訂之難也　昌熾案曹根生同年云今雅雨堂本正作白頭當據此本訂正　又南部新書跋宋槧久無善本是編乃邵君胑仙從士禮居傳鈔者也黃氏藏書富甲吳郡邵君博學嗜古所鈔多絕無僅有之書　平津館鑒藏書籍記南華眞經有小安樂窩邵恩多印二朱記　昌熾案胑仙昭文人余在菰里瞿氏曾傳錄其山海經校本與張月霄陳子準同時張陳固爲兩大胑仙抱殘守缺亦不愧小藏家也

南宫載得

賜書還烏戍霜青夕照殷豹脚噬人蟫亂走夜深燒燭補完顏　黄廷鑑琴六

虞山人文小傳黄廷鑑字琴六諸生　常昭新志廷鑑少游趙同翮王庭筠之門精攷證研摩羣籍手校者百數十種尤練於邑中掌故撰琴川三志補記續記以補鮑廬張三志之缺　李錫疇第六絃溪文鈔序黄先生琴六館照曠閣愛日精廬兩家多藏書校讐錯脱實事求是　第六絃溪文鈔齊民要術跋余三十年來所校古籍不下五六十種惟文房四譜廣川畫跋皆從訛謬中力開眞面今得此書而三矣衰年多病炳燭餘光矻矻於陳編爛簡中作一老蠹魚自笑又自慰也道光乙酉拙經逸叟　又讀郘

不足齋　　賜書圖記烏鎮知不足齋圖書集成

賜書在焉月霄張子輯金源文以未讀鮑氏　　賜

書爲恨遂於己卯閏月買舟招余同往居停於鎮之南宮

道院日自齋中載五六百册分編披讀時當初暑揮汗如

雨日暮蚊蝱四集燒燭繼晷目爲之昏不恤也

古寺鐘聲飯後撞訪書人坐贊公窗但言捄虎前朝閣贋有

門前兩石幢陳揆子準

孫原湘天眞閣集陳揆字子準諸生購古籍手自校勘凡

邑人著述及他文集之有關常邑者自唐及今搜羅殆徧

庋諸破山寺之捄虎閣輯琴川志注續志世無傳別撰十

卷又輯虞邑遺文錄十卷補集五卷嘗以酈氏水經注詳

北略南著六朝水道疏鉤稽精密唐劉賡稽瑞一卷向來藏書家未經著錄搜得之因以名其樓　黄廷鑑藏書二友記吾邑陳子準張月霄二人家世儒學舊有藏書至兩君而更擴大之儲藏之名遂並甲於吳中四方之名士書林之賈客挾祕冊訪異書望兩家之門而投止者絡繹於虞山之麓尙湖之濱噫盛矣張居西關陳居稍南相去不半里皆面城臨水暇輒過從各出所獲賞奇辨疑有無通假相善也兩君志趣同而各有所主張則鍾於經籍而兼愛宋元人集陳則專於史志而旁嗜說部其大較以網羅散佚存亡繼絶爲宗旨其於書也張則樂與人共有叩必應陳則一室靜研愼於乞假余嘗謂月霄古書固不容吝

第得之太易則人不知珍惜昔人以鬻書與借人並稱不孝良有以也君宜師子準之愼而陳君亦宜少濟以君之通迺爲得之兩家所藏不下十餘萬卷去其世有傳本與祕而無關學問者棄宋元舊刻及新舊鈔遴其精妙尙可得一二萬卷其中多吾邑錢毛兩家舊物淪落他方百餘年而復歸故土其事殆非偶然矣　潘文勤師稽瑞樓書目序子準無子歿後書亦盡散吾師翁文端公與子準厚旣卹其身後以重値收其藏本僅得三四散失者已不少矣今稽瑞樓書目葢從翁叔平假得刊之庶可與愛日精廬藏書志並傳也　又稽瑞樓文草

四經四史同一齋望洋向若歎無涯稽天始有逢原樂此事

難教語井蛙　楊端勤以增　子紹和彥合

梅曾亮即墨縣教諭楊府君墓誌銘君諱兆煜字熙崖聊城人嘉慶三年舉於鄉大挑得即墨縣教諭子以增壬午進士　又海源閣記昔班固志藝文自六藝而外別爲九流則凡書之次六藝如諸子者皆流也非其源也況又次於諸子如詩賦諸略者乎然當秦火後餘裁數經至漢成帝時聞二百年書已至萬數千卷之多而自漢以後幾二千年以至於今附而相推繳而相摧演而愈清釃而愈支昔之所謂流者且溯而爲源而流益浩乎其無津涯故書猶海也流之必至於海也勢也學者而不觀於海焉陋矣雖然是海也久其中而不歸茫洋浩瀚愈遠而不知其所

窮惝然不知吾之所如浮游乎無所歸休以終其身爲風波之民不亦憊哉　又曰同年友楊至堂無他好一專於書然博而不溺也名藏書閣曰海源是涉海而能得所歸者歟或曰信如子言凡書之因而重駢而枝者悉屏絕之其可乎曰烏乎可游濫觴之淵而未極乎稽天浴日月之大浸是未知海之大也又安能知源之出而不可窮也哉

楊紹和楹書隅錄跋先端勤公平生無他嗜一專於書所收數十萬卷庋海源閣藏之屬伯言梅先生爲之記別闢書室曰宋存貯天水朝舊籍而以元本校本鈔本附焉癸亥甲子閒紹和里居撰海源閣書目成復取宋元各本記其行式印章評跋管窺所及閒附跋語乙丑入翰林簪

筆鮮暇此事遂輟頃檢舊稾之已成者釐爲五卷命曰楹書隅錄同治己巳仲夏聊城楊紹和彥合甫識　楹書隅錄宋本毛詩先公於己酉購之揚州汪容甫先生家辛酉皖寇犯肥城西境據予華跗莊陶南山館者一晝夜自分珍藏圖籍必已盡付劫灰及寇退收拾餘燼尚十存五六而宋元舊槧所焚獨多此本僅存十八至末三卷豈眞大美忌完理固如是乎然錢遵王有言此等書勿論其全不全譬諸藏古玩家收得柴窰殘器半片便奉爲天球拱璧而況鎭庫典籍乎　又云桐鄉陸敬安冷盧雜識云聊城楊侍郎得宋板詩經尚書春秋儀禮史記兩漢書三國志顏其室曰四經四史之齋可爲藝林佳話然先公所藏四

經乃毛詩三禮蓋爲其皆鄭氏箋注也尙書春秋雖有宋槧固别儲之先君與陸君平生未識面當由傳聞偶誤耳
瘴風鹹雨鼓靈潮二百年中字易銷識得書城如武庫守經終讓古輸廖　曾釗勉士　吳蘭修石華
嶺南文鈔小傳曾釗字勉士南海人道光乙酉拔貢生著有面城樓文存　吳蘭修字石華嘉應州人嘉慶戊辰舉人信宜縣訓導著有南漢紀宋史地理志補正　勉士面城樓記釗嗜蓄書自戊辰迄今七八年得數萬卷雜置廳事中大人詔釗曰汝蓄書亦知蓄衆而城守乎數仞之墉百雉之堞槍雷椎椁之屬徧其下寇環而攻之物未盡而城已破是物非人力弗用也大黃之弓未嘗不雨射也巡

幾之卒自若聚檁之聲未嘗廢聞也然軍法驅之久斯困困斯怨怨斯解是力非心弗承也且夫環十里而城角罘罳數千百分守則力不給合之應援將弗及勢必危勢危而猶急其力不叛則亡夫讀書亦若是焉已矣蓄而弗力學猶弗蓄也力學而弗心得猶弗力也汝其勉治汝心釗曰唯謹識不敢忘　又古輸廖山館藏書目錄序歐陽子曰好之而無力雖近且易有不能致余每誦而悲之然亦用是自豪蓋余室四壁立獨插架數萬卷且有宋元槧及舊鈔手校本紙墨奇古丹鉛淋漓清風逗簾展卷流連未嘗不私心竊喜謂幸不中廬陵之言也石華書其後云嶺南地溼易長蠹魚藏書無至二百年者吾家守經堂藏本

多於勉士而舊槧不及焉勉士嘗云當無聊時閲古人書目亦自快意可想見其癖好矣　陳昌齊守經堂記守經堂者吳君石華藏書之堂也君富於書四部叢焉獨稱經何宗聖也

藏書四千七百種著錄三十九萬言江左俊游賓從美儵儵天半若霞軒　李筠嘉修林

松江府志李筠嘉字修林上海人候選光禄寺典簿藏書甚富精於校勘　龔自珍上海李氏藏書志序上海李氏藏書至四千七百種論議臚注至三十九萬言承平之風烈與鄞范氏歙汪氏杭州吳氏鮑氏相輝映於八九十年之閒李君猶且恨生晚不獲遇　純皇帝朝親獻書

顧異日數　本朝目錄必不遺李氏吾生平話江左俊游賓從之美則極不忘李氏東南顧脩脩踞天半矣哉李君名筠嘉議敘光祿屬官銜不仕道光六年丙戌六月　喬重禧輓李筍香筠嘉詩卅載吹笙譜白華仙源幕屐麗情賒園編香雪詩人集樓倚慈雲孝子家金穴頻年傾郭況琅嬛何地讀張華海天從此風流盡高柳斜陽噪暮鴉注云君身後藏書盡散　纍書雜記孔氏祖庭廣記遞上李筍香藏金刻今爲馬笏齋所得

同有驚人祕笈藏漢唐漢晉各分疆扶風故事如相質一佳鹽官一海昌　馬瀛二槎　馬玉堂笏齋

東湖叢記吾鄉陳仲魚徵君向山閣藏書大半歸馬二槎

上舍上舍余中表行也其吟香仙館書目多世所未見之本有宋本漢書晉書因以漢晉名其齋晉書爲天籟閣故物有王弇州手鈔補闕之卷眞書林瓌寶也　持靜齋書目桂苑筆耕錄有二槎祕笈馬氏吟春仙館收藏印又曾鞏曲阜集有馬氏收藏二槎藝文宋臨安三志人家諸印昌熾案吟春吟香不同東湖是其中表當可據三志者宋周淙乾道臨安志三卷施諤淳祐臨安志六卷潛說友咸淳臨安志九十五卷皆相傳孤本也　莫氏宋元本經眼錄宋刊兩漢會要歸武原馬玉堂笏齋明經有道光壬辰識語又周易本義卷首有玉堂笏齋漢唐齋紅藥山房收藏私印諸朱記　皕宋樓藏書志洞霄詩集笏齋藏書有

扶風書隱生白文方印。又國朝名臣事略有漢唐齋白文長印、古鹽馬氏朱文方印。暴書雜記錢夢廬云重校證活人書余昔藏宋板今在豐山馬笏齋明經處或云在馬二槎處昌熾案據此可見馬氏藏書同時同姓同居浙中齋名又相髣髴當時同好已不免傳聞異詞況後來乎故此詩詳辨之

鳳子春駒郭未箋神仙蛻骨自何年滕王粉本雖天巧死作螢乾劇可憐　童銓佛庵

杭郡詩輯童銓字佛庵仁和諸生注云佛庵家北郭貧無餘貲雅性愛古市集門攤時時搜訪所得頗有佳本惜身後斥賣殆盡聞其所藏前輩小象多至數十人不知今歸

何處年七十餘賦詩而逝有亡魂願化莊周蝶只戀書香不戀花句惜佚其全什矣　郭頻伽浮眉樓詞齊天樂童佛庵有素冊爲蠹魚所蝕其鑿空處皆肖蜨形殆天巧也詞以寫之近來不食人閒字滿腔都是春恨靑簡生涯白蟫身世幻作漆園夢影羽陵困損算不似花閒棲香差穩莫羨神仙蛻餘且就此中隱有人纍來牙晝比夾雪新籤白描副本栩栩蘧蘧魚魚雅雅兩翅尚黏殘粉滕王休哂是癡絕書生香匳吟吻展向春風半窗芸葉冷　又沁園春二娛謂余題蠹蜨卷子比物象形裁雲縫月後有作者未能或之先矣酒酣以往逸氣坌湧聞爲變調以攄鬱塞之懷并示二娛鑽紙蠅癡伏案螢乾男兒可憐笑吾其魚

矣人言善幻蘧然蜨也或羨成仙五蠹書成一生花活游戲其閒然不然君休問看此中有鬼蟲亦能天　爲君試質前賢更有箇吾家博物傳是蒙莊闊達未離文字謝郎輕薄多爲詩篇磊落景純蟲魚詮釋鳳子春駒有闕焉亡應補任叢殘科斗零落蝸涎　梁同書蠹蜨詩蠹蝕成蜨形大小二鬚翅皆具好事者裝冊索題戲作二絕問爾適從何處來多生結習故書堆自從食盡神仙字一夢南華便脫胎展卷分明見栩蘧世閒金粉畫猶輸蟫魚恥作螢乾死幻出滕王飛白圖　昌熾案張廷濟桂馨堂集有爲童佛庵梁題所集梅花詩又有童佛庵粱以平安錢問梨刀消息幷繫詩次韻奉荅詩同時同姓字又同好古是否

卽一人俟攷

山薑倚牆放疏蕊蒼藤喬木水爲鄰舊廬正在瓶山麓掇拾寒灰歎積薪　程廷獻書城

張鑑楓溪程君祔葬墓記楓溪擁巖程君卒十載季子文犖來謁文案略君諱廷獻字書城擁巖其號也弱不好弄輯古佚書帝王世紀三輔決錄凡十餘種舊居瓶麓藏書甚富得舊鈔北堂書鈔與明世所行海虞陳氏校補者大異復感發輯蒼頡字林尤備視孫任兩家不啻有積薪之歎焉　又楓涇程氏藏書甚富長夏蘭川主人遣僕以瓶麓讀書圖索題二首鈿軸牙籤萬卷餘井眉大好讀書廬異時苗發從相訪長水長塘或不如此生結習每流連觸

熱披圖亦壘緣安得借鈔親撥棹一株平仲指山前注云瓶山因積酒器而成見縣志　又南陽村圖歌楓涇鎮市尾曰南陽村有舊廣宅三面環水蒼藤老樹百年物也蘭川得之將移居遣人徵書畫因成此寄之君家老屋涇水濱近復卜築來南村水三面環隔咫尺舊時喬木今猶新又云山薑倚牆放疏蕊珠簾壓架交長根家具雖少有雞犬洪厓婦子顏温存汗牛經史萬卷富充箱金石千番屯日長無事坐花下歐趙洪薛殊斷斷昌熾案蘭川疑爲文榮之別號

牝雞持鬻百錢時高閣秋燈憶母慈好鳥飄風三歎息第將甬上祝延之　計光炘曦伯

張鑑秀水計氏澤存樓藏書記秀水計氏二田介王徵士研農以所受尊甫慕雲先生藏書來請爲記二田承餘緒非一世築澤存樓縮衣節食引而弗替凡得自書賈書船以及長塘鮑氏借鈔者總經史子集爲卷六萬二千有奇余自束髮至南北舟車所接皆藉書卷爲淹滯而旋聚旋散不勝飄風好鳥之歎就所見瓶花齋之散吾友眠琴山館得其苕溪集德清許部曹得其隸釋隸續皆舊鈔本小山堂之散於友人處見蜀石經毛詩殘帙急勸鬻之爲士禮居豪奪去天籟閣之散則字畫多於卷籍神仙起居注其一也曝書亭之散於吳門書肆買得北盟會編前有竹垞著錄之一之印方是時渠家賸新滕張簡庵遺書未散

而所著瀛洲道古錄槀本尚在也又嘗因海上之役兩登天一閣太息三百餘年靈光巋然夫士微時不能具竹素楊士奇之母至爲鬻牝雞以易史略釋文十書直音其得之難如是若既聚之可不思所以永其傳令二田少孤撫於其母閉門力學有劉氏墨莊之風余故述散聚之由卒歸之甬上以爲頌禱之辭云道光甲午中秋　又澤存樓藏書後記秀水計曦伯母沈太孺人能以詩書勗子孫如新喻劉式妻陳之治墨莊余過高明之家網羅放失汗牛充棟迨其後風鐙石火撤焉灰燼其故何也必先有不能爲之主持定識定力如計氏於是益欽太孺人直超出尋常萬萬斯克成此偉觀也　又二田齋記聞溪計氏曦伯

多積書籍以培其基閒好畫以陶鑄其性靈舊藏多沈石田惲南田真蹟因以二田自號并名其所居之齋　又題計二田光炘洽音閣校書圖高閣疏林外攤書日掩門淵源文苑舊家世黨人尊葉埽秋鐙矛鉛研春露緐百年聊晤對風雨正忘言

苜蓿闌干老廣文江南雙鯉寄殷勤論詩欲訂疑年錄未必禮堂事鄭君　王雨樓

開有益齋讀書志王黃州小畜外集三十卷爲河閒紀文達公所藏據以錄入　四庫者也余後至菰城晤王雨樓學博始見宋刊本亦止七卷未知即文達所藏否　皕宋樓藏書志寶祐會天歷李銳跋吾友徐秋厓孝廉過訪云

其友人王雨樓文學博雅好古喜收祕笈金望欣跋湖州雨樓廣文余丙子同年王海濤之弟也收藏古書最富道光壬寅余客歸安時相過訪　又嵇康集十卷王雨樓表兄家藏乃叢書堂校宋鈔本從士禮居轉歸雨樓妙道人書道光十五年十一月初九日　張文虎懷人詩王生世彦雨樓一首經年住江北回首憶江南鄭重寄雙鯉語少意自諳欲知我衰意絲鬢不勝簪昌熾案雨樓廣文道光閒人其年不在嘯山先生下何以北面稱弟子或名世彦者別一雨樓乎記此以俟攷

湖上羣山山上樓校書人共住樓頭寫官樓下雁行列門外借書人繫舟

錢熙輔鼎卿　熙祚錫之　熙泰鱸香　熙載嘯樓　熙經心傳

張文虎愚庵錢公家傳公諱樹芝字瑞庭別號愚庵先世自奉賢遷今之金山祖鏗嗣父溥義公生無他嗜好閒以金石書畫自娱五子熙恩熙輔熙祚熙哲熙泰　松江府志錢熙輔字鼎卿蕪湖教諭婦翁吳省蘭輯刊藝海珠塵至八集而止熙輔續輯壬癸二集以竟其業弟熙祚字雪枝敘選通判好表章古今祕籍嘗輯刊守山閣叢書及指海珠叢別錄素問靈樞凡數百種儀徵阮文達序其書謂於人謂之有功於已謂之有福後以謁選病歿京邸熙泰字鱸鄉廪貢生署靖江教諭　又錢熙載字嘯樓好藏書　張文虎候選訓導錢君殯誌君從弟錫之輯守山閣叢書招予佐其事君多藏祕帙時假校錄君諱熙經字心傳

別自號潄六祖溥義父樹立子培名培炳培繼　又顧尙之別傳君名觀光字賓王尙之其號世居金山鄉錢氏多藏書恆往假恣讀之錢教諭熙輔輯藝海珠塵壬癸二集及刊重學錢縣丞培名輯小萬卷樓叢書君皆與參訂

又勤有書堂牘稾序鼎卿先生好沈默淵覽晚歲常居郡垣谷陽門外別業聚書益多春木姚丈爲取韓退之語額之曰勤有書堂　又孤麓校書圖記浙江文瀾閣在西湖孤山下功令願讀中祕書者許領出傳寫道光乙未冬錢錫之通守輯守山閣叢書苦民閒無善本約同人僑寓湖上之楊柳灣去孤山二里許面湖環山上有樓樓下集羣胥閒日扁舟詣閣領書命鈔畢則易之同人居樓中校讐

湖光山色滉瀁几席閒意豁如也是役也校書八十餘種鈔書四百三十二卷同游六人金山錢熙祚熙泰顧觀光平湖錢熙咸嘉興李長齡南匯張文虎　又十三閒樓校書圖記西湖寶石山之半蓋有宋十三閒樓舊地爲東坡守杭時治事之所今地入彌勒院郡人瞿君世瑛重葺已亥庚子秋錢君熙泰續文瀾閣校書之役借予兩寓於此樓前爲後湖夾岸卽錦帶橋動止寢寢皆在竹陰嵐翠中

張鑑金山錢氏守山閣藏書記去金山縣十八里曰秦山山石柔脆道光丁酉官以築海塘伐石別駕錢雪枝尊甫持論爲無益廬墓千計徒被毀掘命雪枝倍其輸以告當事得已由是閭里相與慶於路乃構宗祠於麓復爲閣

以貯藏書顏曰守山蓋自其祖羽章先生來居此垂二百載冀與此山相守於無窮也　熙祚西湖雜詠詩楊柳灣邊儀小樓畫中詩思鏡中秋清風入座丹黃罷四壁湖山作臥游一角孤山倚日邊文瀾光彩照湖堧草茅何福窺中祕身到琅嬛第四天自注閣凡三層連平地爲四

百衲絲桐藏篋衍一牀金薤整籤題風流罪過登彈事空有蓮臺善業遲　劉喜海燕庭

鮑康劉氏長安獲古編序燕庭先生爲文正文清公孫文恭公子韋平之閥室無長物惟手輯金石文字踰五千通服官中外廿餘載所至不名一錢而篋中錢幣尊彝載之兼兩蓋博古君子也　又題唐泥造象搨冊唐善業泥造

象前人未經著錄道光己亥劉燕庭丈游慈恩寺始於雁
塔下拾得或全或闕大小凡八具全者一面一佛坐蓮臺
二尊者侍下或蹲二獸蔭以娑羅樹一面則大唐善業埿
壓得眞如妙色身三行十二字陽文遒勁若敬客書　又
題燕庭金石苑後卽送之入都詩卅載搜奇書滿家藏來
寶刻徧天涯斜陽古市無人迹爲讀殘碑剔蘚花　錢泰
吉校史記雜識少時閱讀書敏求記心羨百衲史記恨不
得見戊申初夏諸城劉燕庭方伯言於廟市購稾集宋本
每卷多有季滄葦名字印當是敓遵王爲之者一南渡以
前本但有集解一本兼有索隱恒字愼字缺筆當是南宋
本一本卷尾有建安蔡夢弼傅卿謹案京蜀諸本校理眞

梓於東塾二十字　又云劉方伯所藏。尚有集解索隱正義合刻本。卷末有校對宣德郎祕書省正字張耒隸書木記。與天祿琳琅所記同。　開有益齋讀書志助字辨略五卷濟甯劉淇武仲撰劉燕庭方伯欲鐫不果余送方伯於嘉禾舟次方伯曰六藝綱目未得盧抱經校本寶刻類編未補其闕卷助字辨略未刊三憾事也　昌熾案先生在浙藩時以風雅好古爲某中丞劾罷潘文勤師言曾見所藏宋刻唐人集數十家皆精本也

吾識虞東隱君子晁陳絕學守叢殘高齋雞黍猶前日悵絕牙絃不復彈　瞿紹基蔭棠　子鏞子雍　孫秉淵敬之　秉濬性之　季錫疇菘耘

同治蘇州府志瞿鏞字子雍歲貢生居菰里村父紹基好

購書收藏多宋元善本鏞承先志益肆力搜討常邑自絳雲汲古以至愛日稽瑞二百餘年閒儲藏家代不乏人鏞所著鐵琴銅劍樓書目既博且精足爲後勁　黄廷鑑恬裕齋藏書記出賓湯門十里其塘曰南塘辛峰左峙清水東瀦有村曰罟里沃壤千畦桑竹彌望故學博蔭棠先生隱居在焉有齋曰恬裕其藏書之所也君以明經選授廣文一試職卽歸隱讀書樂道廣購四部旁搜金石歷十年積書十萬餘卷昕夕窮覽嘗繪檢書圖以寓志時城中稽瑞愛日兩家競事儲藏先後廢散君復遴其宋元善本爲世珍者拔十之五增置插架由是恬裕藏書遂甲吳中嘗慨世之好典籍者皆爲造物所忌今君之哲嗣子雍明經

克成先志搜奇羅逸不懈益勤則藏書爲造物忌之說於是不售矣道光庚子十月朔　張星鑑懷舊記季明經錫疇字菘耘太倉州人敦品勵行爲文謹守先正出入震川堯峰之間晚年館虞山瞿氏館中多善本書得於黃氏士禮居者爲多君悉跋尾遂成藏書志若干卷　同治常昭兩縣志流寓傳錫疇校書盈千種異同舛誤靡不悉心攷證咸豐十年避寇李墅抑鬱以終遺書千卷燼於火　張瑛虹月歸來圖記咸豐庚申四月粵寇陷蘇州吾邑瞿氏家世藏書聞警敬之濬之昆仲檢世所罕有者分置邨北之荷花溇西之桑壩及香塘角又取經部寄於周涇口張氏八月常熟陷親至各處捆載舍去十之二三擇千餘種

一寄歸市董氏再寄張市秦氏復運至鹿阿唐氏已而土寇蜂起復運至定心潭蘇氏同治元年十二月吾邑首先反正四鄉蹂躪殆徧瞿氏之書一劫於菰里再劫於香塘角所存僅蘇氏一處乃更擇宋元刊及祕鈔精校本彙集十夾板二年二月渡江藏之海門大洪鎮五月寇退載書回里其幸存者計若干種可謂艱矣　昌熾案瞿氏藏書今尚巍然無恙秉淵字敬之秉濬字性之皆子雍先生子也賢而好客余嘗偕管子申季王子芾卿三度訪之敬之兄弟盡出藏書以見示并以鐵琴銅劍樓書目屬爲補輯每到必盤桓日夕談晁陳之學相得甚懽自丙子以後余南北奔走不復能再叩琅嬛而敬之兄弟亦先後殂謝眷

念黃壚爲之三歎

西湖三篋空手寫煙水秦淮正黯然回首東園高樹畔颯書嘒嘒正鳴蟬　朱緒曾述之　甘福德基

陸心源開有益齋讀書志跋上元朱述之先生諱緒曾道光初舉人一目十行無書不覽藏書甲於江浙累官浙江秀水孝豐知縣有循聲其書仿郡齋讀書志之例而精核過之　劉壽曾開有益齋讀書志跋上元朱述之先生以研經博物聞名東南所著開有益齋集都十餘萬言佚於兵火此讀書記六卷金石文字記一卷蓋全集三之一先生哲嗣桂模之言曰先君子藏書至富每遇祕笈尤喜傳鈔咸豐癸丑粵寇陷江甯先君子方官浙中慨收藏之灰

燼因取旅次所存數十篋日夕關覽掇其大旨筆於別簡其假自友朋者亦爲題記嘗曰吾集與甘泉鄉人稾相類無空言也　甘元煥讀書續志跋先生所居秦淮水榭藏書十數萬卷丹黄斠讐皆精審先石安仲兄喜搜鄉邦掌故及金石雅訓之學時從討證先生輯金陵詩徵亦假余家津逮樓書祗借往還幾於置驛先生官浙水又獲鈔文瀾閣本故所弆宋元祕笈多外間所罕見者昌熾案甘君字建侯爲余丙子同年　開有益齋讀書志緒曾祖父雲浦公年八十手寫爾雅以爲娛老清課故緒曾七歲即熟誦此經嘗於秋日先父攜至東園苑家橋蟬聲嘒嘒鳴高樹命誦釋蟲篇蜩屬索解不已　纂書雜記述之權知海昌

得縱觀所藏書余擬助之編纂書目述之謂任嘉興遂不果後其書載歸金陵已付劫灰矣　張文虎感逝詩藏書遭賊焚三篋還自寫一官落西湖所不愧風雅何時鏡湖水流到西陵下注云朱述之太守家江甯藏書甚富燬於賊君在浙公暇寫書不倦咸豐十年賊破杭州客死山陰又秋日懷人詩萬卷殘書付劫灰烽煙回首尚驚猜西湖收拾閒風月珍重瑤編遠寄來注云朱郡丞緒曾在浙得祕籍輒以見寄　續纂江甯府志人物傳甘國棟字遴士江甯人晉于湖敬侯卓裔也家有津逮樓積書至十餘萬卷子福遐年延年福子煦字耆壬弟熙　又孝友傳甘福字德基號夢六生平嗜學慕古蓄書極富至今談收藏者

猶稱甘氏津逮樓焉著有保彝齋日記鍾秀錄　又目錄類甘福津逮樓書目十八卷

河閒君子館甎館厰肆孫公園後園月老新書紫雲韻長歌聊爲續梅邨　劉位坦寬夫　子銓福子重

何紹基懷都中友人詩退翁餘韻在檐楹天咫宧中面百城妙有兒郎能好古勤收翠墨饌先生自注劉寬夫所居即孫退谷遺阯乃郎子重亦好古昌熾案寬夫先生名位坦子重名銓福大興人藏弆極富貴筑黄子壽師其女夫也余客歲館子壽師次君再同前輩京邸見宋刊婚禮備要月老新書紫雲增修校正禮部韻略皆先生舊藏月老新書尤爲奇祕余倣梅邨祭酒體作長歌一首紀之再同

云先生疊書龕在城中廣濟寺因得河間獻王君子館甎名其居曰君子館甎館又曰甎祖齋所居在後孫公園其門帖云君子館甎館孫公園後園今其孫尙守舊宅而藏書星散矣

授經如見伏生圖八十分湖一釣徒白髮紅顏相對寫阿翁何似趙凡夫　陸筠瓠尊　章金益齋

錢儀吉陸瓠尊翁筠八十象贊積書滿家耄學勤珊羨擿誤理放紛門庭整潔禮教敦苑枯一致娛斯文有晬者容長說忻淑我里閭皆德薰蒲輪他年資方聞乞言百歲此隱君　曝書雜記瓠尊名筠本貫吳江後寄居秀水其子孫遂爲秀水學官弟子吾友金岱峰之婦翁也　又云咸

涫臨安志頃從秀水章益齋廣文金案頭見舊鈔本乃趙東潛借繡谷亭本過錄者益齋云以校汪氏新刊有可補闕　又云益齋年踰古稀鈔書不輟二十年前嘗鈔樂書全部影宋精絕共計一千二百餘葉以舊藏宋本更假東津亭馬氏所藏宋本校正閱兩年而成圖譜多其長子婦所繪吾家几山文學善揚之女也自陸丈瓠尊下世吾鄉劬書者章君爲魯靈光矣　又陸蕡香纂書圖跋瓠尊先生所藏書皆校勘精審得一善本丹黃不倦晚年猶從余假何義門兄弟後漢書校本過錄余亦從先生得錄三國志評點本未幾先生下世所藏盡散而蕡香能守叔父之所授表而章之　張鑑題陸蕡香鑚鬱林山館圖吳趨諸

陸朱兩轓族均顧氏源平原又云他年相訪臨頓里何知
不是桑苧園

九經已有四經亡披髮巫陽下大荒一旦復還詩要義鄉雲
如蓋覆書堂　胡惠墉篴江

皕宋樓藏書志。麗澤論說集錄十卷。有當湖小重山館胡氏篴江珍藏朱文長印。胡氏名惠墉平湖人道光中藏書家也　曝書雜記記錢夢廬語云龍龕手鑑昔年書友顧姓攜遼板大字本余慫恿小重山館主人購藏不果　莫氏宋元本經眼錄毛詩要義有錢天樹跋云魏鶴山九經要義　四庫全書載周易儀禮尚是全帙尚書春秋皆非完本揚州阮氏得尚書三卷卽　四庫所闕之卷又禮記

三十一卷首闕曲禮上下二卷其餘四經竟無從咨訪矣壬辰仲春篴江壻不惜重值購得宋槧毛詩要義首尾完整觸手如新爲曹楝亭舊藏眞希世之祕笈也郡城金氏藏有宋槧禮記首二卷即阮氏所闕之帙當訪求之從此易詩書二禮五經皆成完書眞大快事也篴江席豐履厚而不以他好縈心惟古人祕笈搜訪不遺餘力是可尚已

四面天靑立秋隼搶榆肯共鸞鳩飛樊桐南野雖已矣元會仲容或庶幾　曹言純種水　管庭芬芷湘

纍書雜記同邑曹種水明經名言純自弱冠後專心詞章之學家苦無書借人書籍節取其精華蠅頭細書三十餘年無慮千百冊余嘗勸其仿庾仲容子鈔馬元會意林鉤

元提要彙爲一編種水領之而未暇爲今遺書滿籝恐無人收拾矣近時海昌喜鈔舊籍而端楷不苟者莫若郭溪葛淬南繼常余嘗從管芷湘庭芬處見其手寫談孺木海昌外志周松靄海昌勝覽因至郭溪訪之相與訂交淬南涫篤君子也芷湘與潘梧君藹人皆喜鈔書梧君專錄名人文集寒暑不倦芷湘留心海昌掌故與淬南同而於目錄之學尤爲專門近校讀書敏求記視邗上新刊者爲勝陳節亭名欣時專鈔明季遺事不下數十種若排比成書亦談氏國榷之亞　李貽德贈曹種水詩我昨艤棹鴛湖旁白眉爲我談古香樊桐南野不可作後之勍者尤飛揚少時森森挺玉筍藏鏹半爲買書盡草閒狐兔不敢驕四

面天靑立秋隼自注古香種水舊號　昌熾案種水藏書處曰五千卷室亦見曝書雜記

頴上蘭亭內景經靑花蕉葉製爲銘學官充棟吳橋本籥舞歌鍾共一庭　錢泰吉輔宜

王拯錢先生家傳先生諱泰吉字輔宜自號警石先世本何居浙之海鹽甘泉鄉養於邑錢翁數傳至復官大興縣令先生考也先生官海甯州學訓導年甫三十七在海昌爲曝書雜記兩卷自道所得成一家言海內藏書家爭購傳之　甘泉鄉人槀藏書述余六經粗畢先大夫曰我有書數千卷在吳橋縣王氏當取以畀爾迨先大夫喪歸過吳橋縣之連兒窩王氏以書來歸遂攜以南籤排甲乙先

宜人顧而喜曰兒好書可以畢父兄之志矣惜吾家耆英堂數萬卷盡屬他姓否則恣所流覽也歲丁卯世父得語溪吳氏黄葉村莊藏書盡舉以賜從兄衎石贈以通典通攷南昌新刊十三經注疏從父中丞公又賜胡氏所刊通鑑文選三十年來遇善本非力所不能得必購藏焉今雖不及儲藏家十分之一而學舍中一堂二内所以充棟者皆書也　又跋元西湖書院所刊蘇氏文類余舊藏建安劉氏翠巖精舍所刊紙墨極精壬辰八月假莊芝階舍人所藏校核乃至元二年西湖書院雕印之本也　又跋校本元文類修德堂本由字缺筆當刻於明天崇時庚寅冬日既用翠巖本校勘一過今春於蔣生沐芪才所見西湖

本假歸細校中有成化重刊訛字不少蓋今所見西湖本皆印於明時不及翠巖本之爲元時初印也　又跋晉藩刻元文類余見於吳山書肆有年矣道光己亥以事至杭州偕金岱峰登山閱肆此書插架如故也乃市以歸暇日當校其異同且訪求他本也　又記兩漢書校本初從李廣文遇孫假其大父敬堂先生手錄義門校本自己丑十一月至辛卯十月畢壬辰假　武英殿本校一過蕭氏音義宋氏三劉氏之刊誤館閣諸公攷證悉錄簡端欲續校後書未能也癸巳春日得義門弟小山所校兩書乃先校後書繼校前書甲午六月畢又得諸草廬先生所錄義門校續志三十卷李本未備者得補錄焉甫里所謂精實正

定可傳或庶幾焉　又泠齋勘書圖記丁亥泰吉始爲海甯州訓導先世遺書萬餘卷盡攜之學舍中取仇山村官泠身閒可讀書之句以名其齋　又深廬肆書研銘道光庚戌二月得潁上蘭亭黄庭舊拓本暮春之初獲此青花研集帖中語銘之欣於所遇得於已快然自足不知老閒暇無事修太平玉石落落是吾寶

關西夫子何爲者六經黜刖無完膚天下靡然嚮風矣一家偏好詅癡符　路愼莊子端

張星鑑書關中事盩厔路德名進士也主關中書院講席苦五經卷帙之多妄爲刪削所存者不及半書肆樂其易於鋟板也俗師亦樂其便於生徒習之既久幾不知五經

眞本咸豐末浙西愼編修毓林視學陝甘以經題試士士子茫然不知在何經叩其故所讀者皆路德所刪之本耳使者大駭出示嚴禁欲燬其板一時燬之不勝燬也將入奏中丞某公止之由是學者因陋就簡之心固結不解而其書流傳各省卽都下鉅公亦有奉爲圭臬者　　鮑康觀古閣叢稾路子端侍御見和詠泉長律三十四韻再疊奉酬憶向都門去欣窺鄴架全平遮窗皎潔圍作壁精堅甲乙排鱗次縱橫詡繡聯軼搜秦漢上槧記宋元前香逐牙籤冷輝生錦贉鮮祕書曾補綴寫本更端妍倉許儕曹氏船應倣米顚丹黃勞點訂標碧耐鑽研志續晁公武人如邊孝先佳辰頻造訪鎭日共流連世有詅癡客時深翰墨

緣祇誇陳玉蹤也自質金鈿充棟層軒鎖盈車遠道牽新
如手未觸讀笑顧虛懸縱詡桓譚富何曾伏勝傳蝕徒供
蠹飽涴或篆蝸涎誰及南臺彥深居小洞天奇貪應誚賈
淸福勝登仙棐几明於鏡芸編白似緜分鈔禿筠管補逸
潑松煙縷密紛能析珠穿爛若駢舊觀還許證眞面識艮
便駿業名山擅騊光福地延報瓊宜倒篋引玉但拋甎蒲
截原推路槎乘佇劾觿參苓齊采擷梨棗倍雕鐫定喜增
新帙無忘寄彩箋癡懷思借仕妙悟得眞詮願挈人三五
還拌酒十千甘居讐校列一一爲塗鉛自注云子端藏書
六萬餘卷多宋元雕本有蒲編堂書目八十卷又云子端
慨晉以前書多名存篇佚因取他書所引證者一一析而

出之俾還舊觀作漢魏遺書續鈔已成四十餘種　昌熾案子端爲閏生太史之子道光十六年進士太史制義風行天下三家村塾寶爲金科玉律子端獨篤志好古藏書甚富其後人筮仕於淮乙酉之秋捆載遺書到吳求售余曾得舊刻數種有正統本兩漢書陳簡莊歎爲至佳者爲丁泳之丈所得至今猶懸夢寐中也

不爲父母昆弟容舊誣一息鄭司農從前幾被南昌誤堂密原來有美樅葉名澧潤臣

張星鑑懷舊記葉侍讀名澧字潤臣湖北漢陽縣人道光十七年舉人官內閣侍讀家門鼎貴依然寒素汲引人才惟恐不及著敦夙好齋詩集八卷咸豐九年歿於杭州

潘文勤師橋西雜記序葉丈潤臣擁書數萬卷有志纂述所著有周易異文疏證禮記鄭讀疏證戰國策地名攷皆未卒業橋西雜記則隨筆最錄之書橋西者丈所居紀文達故宅當京師虎坊橋之西也　橋西雜記邵君蕙西購書甚富名澧與之言曰彭文勤公嘗詆讀書敏求記染骨董家氣我輩讀書當用力於其大者未可蹈此蔽也後閲錢氏纂書雜記引鄭康成戒子書吾家舊貧不爲父母昆弟所容康成大儒不應出此語攷元刻後漢書康成本傳無不字與唐史承節所撰鄭公碑合今本乃傳刻之誤此校書之有功於先賢者名澧始悔前言之陋　又云朱子嘗著韓文攷異校勘之學宋儒所不廢　又云偶憶李生

甫先生跋盧氏抱經堂所校方言云冷淡生活勝於徵歌選舞多矣歎爲至言　昌熾案潤臣父東卿先生名志詵收藏金石書畫甚富余曾見其家藏印曰葉志詵及見記又有葉名琛名灃兄弟同鑒定一印

車驅車驅洛陽肆不得歸來夢中囈何如沮誦未舩初穴居盱盱無文字　邵懿辰位西

曾文正公仁和邵君墓誌銘位西仁和邵氏諱懿辰覃思經籍著尚書通義孝經通義書古文若干卷　孫琴西方伯位西遺書跋位西初以中書直軍機處歷刑部員外郎深識偉論往往驚其儕輩咸豐己未予由安慶引疾歸位西在杭州未相見明年杭州陷遂及於難　又跋云位西

文字今可見者儀禮通論上卷古文三十餘篇吳仲宣制府刻之淮安其讀書日記所謂忱行錄者丁君丙刻之杭州　橋西雜記邵君蕙西居京師購書甚富案頭置簡明目錄一部所見宋元舊刻本鈔本手記於各書之下以備他日校勘之資　蕙西遺稾偕伯言過廠肆買書有作莊生貧如涸轍鱗豈有羣書供獺祭翻新不肯襲糟粕屬書離辭何詄麗古者私家無竹帛閭塾相傳但經藝後來著作日紛紛棗木行將塞四裔傳摹甚易得不難翻使聰明受揜蔽當年制字煩鬼哭更欲燒書起秦帝就中古冊不可無一二精英擢蕪翳連鑣不厭百回看洛陽市肆歡游詣先生庋架盈古香十萬驊騮簡精鋭此皆下駟不足貪

識寶波斯偶留憩叨同雅好耽緗素愧與市人生校計得
虞重費囊底羞失每牽懷夢中囈先生一笑予歸休臥想
陶陶結繩世
羣玉英光訪寶章積書忙似鼠搬薑匳中舊史遺蠶室別下
叢編繼兎牀蔣光煦生沐
錢儀吉蔣母馬安人傳安人海昌馬氏歸候選布經歷蔣
君星槐亦州人也蔣君簉劉氏生子光煦十歲蔣君卒安
人課之讀涕泣告誡之光煦亦感動自厲於學　甘泉鄉
人稾以常南陔刻率更千文贈蔣生沐生沐報以漳蘭四
盆賦寄生沐詩蔣君邇來富墨妙佳刻喜得英光堂欲師
米老錄待訪寶章一一加評量自注生沐近得岳倦翁所

刻米帖　光煦刻拜經樓藏書題跋記後序光煦少孤先人手澤半爲蠹魚所蝕顧自幼卽好購藏三吳閒販書者皆苕人來則持書入白太安人請市焉輒歎曰昔人有言積金未必能守積書未必能讀若能讀卽爲若市以故架上書日益積稍長欲得舊刻舊鈔本而苕賈射利之術往往索時下諸刻與易而益之金則輾轉貿易所獲倍蓰未幾凡余家舊藏世所恆有之書易且盡矣今計先後裒集者蓋得四五萬卷　昌熾案先生撰東湖叢記其小引題咸豐六年丙辰七月放庵居士蔣光煦識於商觚周鼎秦鏡漢甓之齋又嘗刻別下齋叢書涉聞梓舊世稱善本弟光焴字寅昉吾友查翼甫燕緒之婦翁也亦好藏書翼甫

匧贈中有元中統本史記余嘗見之

文字因緣在石林開禧插架尚森森公書剝落生芒未願向琳琅祕室尋　胡珽心耘　楊文蓀秀實

呂晉昭胡文學傳胡君樹聲字雲之又字雨棠原籍休甯父印川習鹺業遷蘇郡君應商籍補仁和博士弟子員喜藏書所購多宋元舊本不吝値或更手自繕錄積至千百卷顏其居曰琳琅祕室子二珽勳常　吹網錄胡心耘名珽浙江仁和人太常寺博士僑居吳下好收宋元舊本書手自校勘有得卽記數年來與余爲賞奇析疑之交庚申冬避亂滬城辛酉四月歿於旅舍年四十所著有石林燕語集辨嬾眞子錄集證二書皆未刻蒐采詳贍可傳之作

也　又石林奏議宋本十五卷百宋一廛賦所謂賑石林之奏議鬱剝落而生芒也後歸三十五峰園汪氏未幾汪氏藏書亦散爲吾族人某所得欲重梓而無力近聞胡君心耘搜羅祕籍遂介余以歸之胡君欣然影鈔數本流布四方而以原本精裝什襲蓋自開禧鋟板七百餘年幾至湮沒而復傳於世亦公之精神默爲呵護哉　又浦西寓舍雜詠貽友他鄉慰索居誓收祕籍劫灰餘如何遽返瑯嬛地拋擲遺編飽蠹魚注云仁和胡心耘欲廣收已散之書辛酉夏賫志而殁遺書且莫保矣　昌熾案石林奏議今歸苕上陸存齋觀察已影寫付雕矣石林燕語集辨嬾眞子集證二書在及門張孝廉叔朋處心耘所居在吾郡

定慧寺巷其所排印琳琅祕室叢書四集三十種宋于庭
徐山民爲之序世甚珍重同時寓公海昌楊文蓀字秀實
號芸士亦好藏書余在習里瞿氏見龜溪集金亦陶鈔本
卽芸士舊藏也錢衎石給諫楊芸墅小象贊云鬱天人之
策而功在藝林踐退讓之節而名聞東南久不相見何貌
之臞何思之深誦暮年之詞賦感不絕於余心
聞道黄巾入室時飲香詞館玉參差但嫌架上無精本未向
先生乞贈瓻勞權平甫　弟格季言　張文虎懷舊雜記
師友淵源記勞權字平甫格字季言居浙江仁和之塘棲
鎮髫年俱以治經補弟子員後遂不與試丹鉛雜陳專攻
羣史時人有二勞之目　丁寶書勞氏讀書雜識序勞氏

羣從長青主攷巽卿幼季言爲笙士先生之哲嗣笙士博覽多聞撰唐折衝府攷未脫稾季言續成之爲世所稱季言校元和姓纂大唐郊祀錄北堂書鈔蔡中郎集文苑英華及唐宋各家文集示予皆丹黃齊下密行細書其引證博而且精　又云巽卿精於校讐之學季言所著殘缺失次予窮數年之力輯成讀書雜識十二卷又唐御史臺精舍題名攷二卷郎官石柱題名攷二十六卷爲仁和趙星甫太史鉞創稾而季言續成之　勞檢亡弟季言事略季言嘗鐫一小印曰實事求是多聞闕疑凡所校之書必鈐其印於卷端同治三年甲子四月二十五日歿於同里寓舍年僅四十有五無子　葉廷琯浦西寓舍雜詠眞讀書

人賊亦欽纖塵不使講帷侵黄巾知避康成里漢季儒風又見今注云仁和勞季言家塘棲累代富藏書季言尤以博洽名賊酋至其門戒其徒謂此讀書人家毋驚之入室取架上卷帙觀之曰聞此家多藏祕籍何此皆非善本殆移匿他處邪徘徊良久不動一物而去賊亦知書異哉季言人素篤實貽札自述當非虚語　皕宋樓藏書志西溪叢語勞巽卿藏本題云咸豐丁巳八月二十六日仁和勞權記於秋井草堂一題蟫隱一題丹鉛精舍主人記又酉陽雜俎題云巽卿權識於拂塵埽葉之樓又丁鶴年集題云癸卯九月四日書於玉參差閣臥室又詩家鼎臠題云八月二十一日蟫隱初度又扣舷集題云咸豐甲寅六月

逭暑滬喜亭得閒鈔此飲香詞隱記於池上西窗下又眉庵詞題云咸豐甲寅閏七月移家玉參差館飲香生記樓臺海上湧金銀織罽西來自大秦誰識子雲高閣畔遺書寂寞訂先民　郁松年萬枝　顧秉源澗齋

同治上海縣志郁松年字萬枝號泰豐恩貢生好讀書購藏數十萬卷手自校讐以元明舊本世不多見刊宜稼堂叢書　昌熾案泰峰道光二十五年恩貢見上海縣志選舉表　師友淵源記松年饒於財凡宋人典籍有未刻或刻而板廢者不惜重資以羅置鄴架吳門黄氏百宋一廛所藏歸山塘汪閬源家近亦散布而入滬瀆矣　莫氏宋元舊本書經眼錄魏鶴山毛詩要義三十八卷儀徵相國

采進遺書亦未見上海郁泰峯氏乃搜獲曹楝亭舊弆宋槧本於嘉興士家海內更無第二本遂卓然爲宜稼堂數十宋槧之冠　甘泉鄉人稾沈曉滄炳垣寄贈徐君渭仁新刻思適齋集詩沈侯嗜好別流俗休沐逍遥辭劇務好事近得郁與徐異書校勘爲點注自注云上海郁松年所刻宜稼堂叢書曉滄亦曾相贈徐郁兩君所刻書皆曉滄精心爲之校定　持靜齋書目建康實錄有郁泰峯己酉年所收書印

松江府志顧秉源字瀾齋南匯人監生少有神童目長益探討經史購藏書萬卷人擬之小瑯嬛

先譽當年本後收雲煙難得幾時留五陵裘馬非吾好上紹山來與慧樓沈彬惠翠嶺

昭代叢書補編沈維鐈序吳江沈君翠嶺有昭代叢書之刊其友人迮君青厓爲乞序其書凡十集而先刊其八集張山來楊慧樓先生所輯也壬癸二集沈君方謀補輯以待刊余聞沈君居縣之雪巷門臨流水市遠囂塵慷慨捐數千金以成此藝林盛事謂非有豪傑過人之識而宅心遠大者其能然歟　又李星沅序沈君所輯自　國初亭林梨洲及今耆宿凡所譔述粲然具陳識大識小皆與聖人之道合焉其書精深浩博堪以昭示來茲而無疑　又朱珔序書之爲物豐財則後收歉財則先鬻寒儒購且不能奚有於刻素封之家恣聲色侈裘馬愿者卒亦肥田宅庇子孫云爾焉肯輸厚值而鑽故紙是則沈君斯舉誠度

越乎尋常者矣　俞曲園先生昭代叢書序康熙間張心齋止甲乙丙三集乾隆中震澤楊列歐又輯成五編曰新曰續曰廣曰裨曰別各五十種至道光間吳江沈翠嶺先生又輯二編曰補曰萃從張氏之例命新編曰丁集續編曰戊集廣編曰巳集裨編曰庚集別編曰辛集補編曰壬集萃編曰癸集又就原書汰其小品之無裨掌故有乖大雅者凡六十種別爲一編命曰別集而補以有用之書仍如其原數

吳下名園顧辟疆蛾眉列屋爲添香荒攤檄紙難收拾竟使遺聞付夢粱　顧沅湘舟

錢泰吉可讀書齋詩集吳山遇吳門顧湘舟沅知其收藏

舊籍及金石文字甲於三吳劇談良久旣而過訪寓齋以其姬人綠卿素君紫娟合畫團扇見贈屬題繡餘讀書圖率成三絕句東吳顧文學卅載舊知名閒肆得相遇高談四座驚贈我白團扇丹青一一工腐儒無豔福也幸拂清風南面百城擁豪於列屋居豈知讀書後分校數行書

持靜齋書目周易旁箋顧沅家藏有古吳武陵叔子湘舟氏珍藏印樊川文集有武陵懷古書屋收藏祕香閣收藏顧沅湘舟氏諸印徐正字文集顧沅跋云山陰沈霞西精鈔本紹郡獲此如得奇珍昌熾案湘舟辟疆園在郡城甫橋西街庚申之劫其所藏盡爲豐順丁中丞捆載以去持靜齋書目所著錄多其家書也去歲己丑余游琉璃厰閱

肆在一荒攤見破書三册皆湘舟自刻同時人贈言及所刻書序初僅索價京錢三四千繼視余把玩不釋疑爲奇貨可居遽藏去不肯售湘舟遺事遂不能詳至今耿耿於懷不能去也

世上居然有唐本千年古鏡出塵埋飑隤我亦馬生疥欲得君家枯柳揩　莫友芝子偲

曾文正公翰林院庶吉士遵義府學教授莫君墓表君諱與儔字猶人一字傑夫貴州獨山人嘉慶己未進士子九人友芝道光辛卯科舉人　松江府續志流寓傳莫友芝字子偲博學嗜古尤精小學著有郘亭文鈔　友芝唐寫本說文解字木部箋異引同治改元初夏舍弟祥芝自祁

門來安慶言黟縣宰張廉臣有唐人寫說文木部之半篆體似美原神泉詩碑楷書似唐寫佛經栝栢諱闕而柳卬不闕例以開成石經不避當王之昂蓋在穆宗後人書矣余命錄副以來廉臣見祥芝分毫摹似倉猝不得就慨然歸我近人獲蜀石經殘拓寶過宋槧矧此千歲祕笈絕無副迻逕須冠海內經籍傳本何僅僅壓皖中名蹟也廉臣名仁法陝西山陽進士　又詩云湘鄉相公治經如治兵號令罷茶齟齬皆崝嶸莫府軍閒結習在刊徐左許時鏗鏗謂余此卷雖晚出試數四部官私誰第一元鈔宋刻總奴隸爲子性命耽書報艮直　曾文正公題詞插架森森多於筍世上何曾見唐本莫君所得殊瑰奇傳寫云自元

和時問君此卷有何珍流傳顯晦經幾人君言是物少微識殘箋黯黮不能神豪家但知貴錦袠陋巷誰復憐綦巾黟縣令君持贈我始吐光怪干星辰許書劣存二百字古鏡一埽千年塵篆文已與流俗殊解說尤令耳目新乾嘉老儒耽蒼雅東南嚴段并絕倫就中一字百搜討詰難蠭起何齗齗暗與此本相符契古轍正合今時輪乃知二徐徇鹵莽詒誤幾輩徒因循我聞此言神一快有如枯柳揩馬疥我昔遡朝陪庶尹頗究六書醫頑蠢四海干戈驅迫忙十年髀肉銷磨盡卻思南閣老祭酒舊學於我復何有安得普天靜欃槍歸去閉戶注凡將　昌熾案莫君所著宋元舊本書經眼錄三卷附錄二卷其家已刊行子繩孫

跋云同治乙丑迄己巳先君客游所見或解題或攷其槧
鈔善劣或僅記每葉行字數目或並錄其序跋及藏家跋
語印記皆經眼時隨筆志之以備循覽繩孫謹次爲三卷
更集他書衣及碑帖題語爲二卷附焉吾家影山草堂儲
在黔南舊藏粗備尤多先人手澤亂後散佚略盡不可復
得今卷中勵存一二先君少時所校也念之泫然同治癸
酉七月丁未朔第二男繩孫謹志於江甯旅舍

山外風煙蟬蚓鳴山中金璧光瑩瑩百楹樓屋容登未八月
洞庭湖水平　劉康春禧　袁芳瑛漱六

何紹基東洲草堂集閩甯鄉劉春禧康紅豆山房藏書目
喜而有贈藏書不解讀如兒嬉戲得珠玉讀書不能藏如

千里行無糗糧劉侯生自湖湘秀要與俗儒飾寒陋善本
瑩瑩金璧光古人堂堂天地壽深山樓屋可百楹新篇蠹
冊皆有情山中日月聖賢宇山外風煙蟬蚓鳴賤子藏書
無最目讀書貪多不貪熟正流歧港各有會要與壑源同
一族示君此語然未然何時鉛槧相周旋期君來躡蓬山
路共校金繩柵府篇昌熾案湘中袁漱六芳瑛乙巳進士
官松江知府其臥雪樓藏書極富黄再同前輩曾見其書
目四大冊漢書宋元刊本多至十許部餘可知矣李木齋
同年隨父中丞公宦湖南得其書最多

未聞脈望餐煙火豈有爰居饗鼓鐘君本清才難作吏可憐
横死到黄龔劉履芬彦清

高心夔代理江蘇嘉定知縣劉君墓誌銘君諱履芬字彥清生於雲間故號泖生以同知直隸州充蘇州書局提調光緒五年江南鄉試嘉定知縣程其珏調分校君往代受事之日民先有逼嫁致死督部檄一幹下縣決殺者君已不懌此幹笑侮之因迹求民間數事密聞諸臺句捕盡得君慈恕不忍文致親送囚行省且陳其疑此幹請必盡殺迺止君痛悔失圖茹憯危遽不自勝反嘉定疾作滿有日矣或詐告殺人需詣驗君神明已傷仰天言吾德薄災殃及民不如死也其日不食夜分不寢遲明從者叩扃無聲翹而入僵於地喉骨斷裂血污被膺右手短翦握固未脫几燭將跋洗冤錄端展宛然事上撫部固始吳公重君所

以死也厚郵之　又劉彥清莎廳課經圖册書首吾之君所恆見以面覆書書上下五色相刺字紉句緝充篋溢架耳目所際身所周旋皆書寒暑晦明殆不徵其氣候與游八九年樂未有以徙也　葉裕仁劉泖生莎廳課經第二圖後序江山劉泖生刺史性嗜書遇善本必傾囊購之其不能得者手自鈔錄日課數十紙終日伏案矻矻未嘗見其釋卷以嬉也　昌熾案泖生先生與余爲忘年交其子名毓盤先生歿時甫襁褓今已爲學官弟子且能讀父書矣顧先生廉吏家貧甚其書已不能守頃聞吳中有持元刻郭茂先樂府陸敕先校本求售此先生祕笈余所素知者也此書出先生之書盡出矣

標識分明卷帙精鞠花涼雨盪簾旌纍纍天籟珍藏印又見
敔翁與石箏　楊繼振幼雲　崇恩語鈴
鮑康爲繼幼雲跋幣拓冊子春宇同年之弟幼雲與余有
同癖壬申解組旋都下聞幼雲收藏益富　又爲幼雲跋
陳氏十鐘拓冊秋雨初過盆菊已花披讀數過不覺紅日
之西墜塵海中獨余與幼雲最閒慊從往來必以墨拓相
示未始非淸福之一端也　又戲柬繼幼雲詩從來同癖
氣相求拓本紛傳等置郵涼雨一簾花滿屋翩然塵海兩
閒鷗　昌熾案春宇先生諱宜振漢軍鑲黃旗人道光乙
巳　恩科進士工部侍郞同治乙丑視學江蘇昌熾以童
子受知幼雲先生不獨藏泉最富金石圖書亦皆充牣近

漸散佚。昌熾得其奇零小種，藏印纍纍，每冊有楊宇圖印、石箏館、猗歟文雲印、兩紙黏合處有雪蕉館騎縫印，卷首有長方巨印，其文曰：予席先世之澤，有田可耕，有書可讀，自少及長，嗜之彌篤，積歲所得，益以青箱舊蓄，插架充棟，無慮數十萬卷。暇日靜念，差足自豪，顧書雖聚而易散，即偶聚於所好，越一二傳，其不散佚殆盡者亦鮮矣。昔趙文敏有云：聚書藏書，良非易事。善觀書者，澄神端慮，靜几焚香，勿卷腦，勿折角，勿以爪侵字，勿以唾揭幅，勿以作枕，勿以夾刺。予謂吳興數語，愛惜臻至，可云篤矣，而未能推而計之於其終。請更衍曰：勿以鬻錢，勿以借人，勿以貽不肖子孫。星鳳堂主人楊繼振手識，并以告後之得是書而能

愛而守之者。又題後云予藏書數十萬卷率皆卷帙精整標識分明未敢輕事丹黃涂劫楮素至簡首卷尾。鈐朱纍纍。則獨至之癖。不減墨林。竊用自喜究之於書不為無補

又案宗室語鈴方伯崇恩亦富收藏身後為琉璃廠肆雅堂捆載而去裝潢精整觸手如新余近得其所藏劉燕庭金石苑。卷首一印。曰語鈴所藏。初印精本。得者寶之。庶傳久遠。其餘藏印。曰玉牒崇恩。曰繡漪精舍。曰繡漪老漁。曰壺青閣。曰澹園。曰敔翁。曰澗郇。

雷塘弟子追成錄雪苑賓僚憶賦詩猶是羽陵親到處不堪東閣再窺時座主潘文勤公諱祖蔭　黃子壽師諱彭年子再同編修國瑾

潘文勤師圖書金石之富甲於吳下其藏書印曰八求精

舍曰龍威洞天曰分廛百宋迻架千元癸未奉諱歸吳廷
昌熾館於滂喜齋盡窺帳祕宋刻金石録十卷卽敏求記
所稱馮研祥家本宋刻白氏文集殘本後村先生集殘本
葛歸愚集淮海居士長短句皆士禮舊藏北宋本廣韻則
澤存張氏所刊祖本也其他高編大冊斷璧零縑皆世閒
希有之祕每覩一書輒爲解題成滂喜齋讀書記二卷賞
析之樂宛如昨日客冬十月遽遘龍蛇之厄越月而又聞
貴筑黃子壽師歿於鄂渚師開藩吾吳獎掖寒畯惟恐不
及昌熾受知最深戊子之冬公子再同編修相約至京館
於其邸得盡見所藏書再同孤介違俗顧獨與余有水乳
之契病肺誤服温劑致失音驟罹大故一慟幾絕正月南

旋朋輩往送別皆憂其不起乃未幾而訃至矣余此槀再同曾錄副而文勤師欲爲付梓不意數月之閒師友淪喪泚筆賦此不勝梁木之感云辛卯二月晦日

聽鼓秋風臥白門舊游無復海王邨同時一个君先弱珍重錢唐宋板孫

朱澂子清　孫鳳鈞銓伯

咸豐庚申英人焚　淀園京師戒嚴持朱提一笏至廠肆卽可載書兼兩仁和朱修伯先生得之最多長子澂字子清次子溍字子安先後以道員需次江甯子清亦好聚書家藏既富又裒益之精本充牣著結一廬書目庚寅子清歿遺書八十櫝盡歸張幼樵副憲幼公朱氏壻也孫銓伯貳尹名鳳鈞與子清同鄉藏單行本魏志撫州本公羊皆

世間絕無之本簿錄之學一時無比人呼宋板孫云　昌熾案此槀付雕銓伯尚在故有珍重之句今亦捐館矣

蓬萊道山皆荒渺芳茉疏雨亦寥寥守先高閣苕溪畔紉緩卿雲覆絳霄　陸心源剛父

李宗蓮皕宋樓藏書志序余少識潛園先生於鄉校先生博聞綴學偶見異書傾囊必購備兵南韶丁封翁艱歸裝有書百櫝迺復近鈔遠訪惟日孳孳林居六年有何假南面之樂　詔書再起權總閩鹺被搆罷歸誓墓不出而求書之志益勤殆蘇長公所謂薄富貴而厚於書者耶十餘年來凡得書十五萬卷而坊刻不與焉其宋元刊及名人手鈔手校者儲之皕宋樓中若守先閣則皆明以後

刊及尋常鈔帙案　四庫書目編序而以近人著述之善者附益之念自來藏書未能垂遠今春奏記大府以守先閣所儲歸之於公而以皕宋寶藏舊刻精鈔爲世所罕見者輯其源委仿貴與馬氏竹垞朱氏月霄張氏例成藏書志一百二十卷自古言藏書者瑯嬛石室蓬萊道山皆荒渺無足徵信若吾鄉富於典籍者梁沈約聚書二萬卷見於本傳宋元之際月河莫氏齊齋倪氏寓公若資中三李陵陽牟氏皆不下數萬卷周草窗三世積累有書四萬卷癸辛雜識稱石林葉氏有十萬卷然攷少藴避暑錄話亦祇謂家舊藏書三萬餘卷而已惟直齋陳氏書錄解題之作可攷見者五萬一千餘卷明代白華樓茅氏其卷數不

可攷然九學十部之編以制藝爲一部則其取盈緗帙者亦僅矣近乾嘉閒石冢嚴氏芳茮堂南潯劉氏疏雨山房皆以藏書名余嘗見二家書目著録寥寥豈足與先生比長絜短哉歸雲川先生云書之所聚當有如金寶之氣卿雲輪囷覆護其上余與先生衡宇相望長空糺縵之瑞庶幾旦暮遇之　昌熾案存齋儀顧堂題跋言明人書帕本刻書而書亡又糾汪刻衢本讀書志之謬謂不如不刻善矣然其所刊叢書亥豕縱橫不可殫述几塵風葉未可輕下雌黄也公子純攴中翰嘗爲余言守先閣藏明人集至多吾吳先哲如都南濠楊君謙皇甫司勳之類無所不有登閣傳鈔俟諸異日謹書於此以當息壤

吳兒纖嗇好治生不狂迺竟得狂名我來長嘯書鈔閣下有蜩螗聚沸羹蔣鳳藻香生

同邑蔣香生太守鳳藻家世貨殖納貲爲郎嗣以知府分發福建補福甯府爲陳伯潛學士所論奏開缺送部引見遂不出君雖起自素封未嘗學問而雅好觚翰嗜書成癖在閩納交周季貺司馬盡傳其目錄之學又與仁和魏稼孫錫曾談金石甚契頗得其緒餘閩垣未經兵燹前明徐興公謝在杭及近時帶經堂陳氏遺書流落人間者君留心搜訪多歸插架季貺絓誤遣戍君資以三千金季貺盡以所藏精本歸之遂蔚成大國舊鈔本北堂書鈔孫淵如嚴鐵橋兩先生所手校君築書鈔閣貯之以余粗涉校勘

屬刊鐵花館仿宋本六種及心矩齋叢書一字異同郵筒商榷至於再三不可謂非精於鑒別者矣吾吳自咸同以來壇坫闃如一二達官之好古者皆在朝居鄉士大夫無能提唱而猗頓之徒奉錢神爲職志三君八顧謚爲至愚百宋千元駭若河漢君少通倪不矜細節尤爲里中兒所賤簡聞君收藏書籍譁然相告引爲破家殷鑒及君歿而市駿者懸巨金以求發篋則又動色嗟訝嗟乎自蕘圃香嚴距今不過百年何以風流歇寂月旦弁髦望影吠聲羣自居於原伯魯亦書林之一厄也余幼長里閈寄食東陵習聞治生之說雖好書而不能不斷斷論價精鈔祕槧交臂失之每一囘思如象罔之珠不可再得八識田中留一

苞根種子蓋剷除三十年而未能盡也嗟何及矣
右原槀六卷終於蔣香生太守舊附錄佚名四家釋道兩家自換書士人以下鬻販投贈鐫刻裝訂皆牽連而及者也今重刻仍斷自香生爲止而以新補九首又增入之寫官兩首共十一首輟此卷附錄諸詩合編爲一卷次第七原槀刪聞書臺一首增沈翠嶺一首又刪羅紹威一首而以附見之王思範别錄於朱遵度下附傳南都戚氏下增胡仲堯鄭夾漈下增林時隱蘇伯修下增張貞毅宋景濂下增曾得之吳方山下增伍老人又涉園張氏一首本以無攷列附錄四家中今知爲康熙間張給諫螺浮移次王文簡之後蜀帥紐鄰之孫一首

江刻以寄槀在後附刊簡末今亦以時爲次列元代宣
統二年吾生之第二己酉清明後一日昌熾記

藏書紀事詩卷六終

藏書紀事詩卷七

長洲葉昌熾

補九首

此稾例不錄生存，初脫稾時，趙撝叔、周季貺兩公已先後捐館，而昌熾未之知也。歲月如馳，又踰十載，海內舊雨號爲精鑒别、富收藏者，觀乎九京，墓草皆宿。此書藉建霞之力付刊，而建霞亦作古人矣。聽山陽之笛，韻盡焉有懷；訪羽陵之遺，文存者無幾。愴然命簡，共得九首。諸家文章氣節，各自可傳，詩之有無，何足輕重，但藏家故實，未可闕如，且以抒懷舊之蓄念云爾。緣裻識於

奇觚庼

經過趙李小藏家十頃花田負郭斜劫火洞然留影子舊山樓上數恆沙　李芝綬申蘭　趙宗建次侯

昌熾二十五六時游虞山出北郭登趙氏舊山樓觀所藏書問主人則駕言出游矣稍舊之冊不以示人樓中插架無佳本時甫自菰里瞿氏校書歸觀於海者難爲水惘然而返又在瞿濬之丈坐中見李申蘭先生鬚眉龐古神觀矍鑠玉舟太守之尊甫也時未識玉舟不敢貿然造謁但聞其篴於流略之學洽孰虞東掌故頗收藏祕籍此二家者雖非泱泱大國自魚虞巖孫慶增席玉照而後毛錢之流風餘韻亦稍稍衰矣適讀徐子晉前塵夢影錄述兩家舊事錄而存之以爲此邦之後勁　申蘭先生前塵夢影

錄序吳郡徐君子晉博雅嗜古光緒丙戌主花田趙君家出前塵夢影錄示余嗟乎三吳爲文物之邦載經劫火古物蕩然所謂老人讀書只留影子余與晉翁以浩劫餘生相逢皓首撫此一編豈獨爲吾兩人身世之感哉裘杼漫叟李芝綬　徐康前塵夢影錄自序客夏養痾虞暘舊山樓地鄰北麓几研無俗塵日憶疏錄得數十則牽連及文房紙研書畫書籍　張退齋廣文舊山樓記趙君次侯舊居北山之麓因其舊而新之名其樓曰舊山樓趙氏自前明文毅公直諫以氣節世其家次侯食舊德誦清芬詩酒自放徜徉山水歸然一樓與名賢遺跡並傳

奇觚大篆翳纖兒責字爲粻技止斯絕妙好詞誰得似辛家

皮與勤家皮

趙之謙益甫　孫古徐

趙先生名之謙字益甫又字撝叔自號悲盦或曰思悲翁浙之會稽人與李㤅伯侍御爲中表各以文章遨游公卿閒頗以名相軋嘗聞潘文勤師言撝叔藏祕册甚富先後付梓今叢書僅四集三十一種知其未刻者尚多也所輯補寰宇訪碑錄乃其少作後深悔之書畫篆刻妙絕古今下至飲饌服御游藝之屬探源溯委窮析微奧同治甲子高平祁季聞在都門舉鼻煙論難著勇盧閒詰一編吾友程蒲生太史序之云閒詰者淮南之佚文也勇盧者何龍魚河圖云鼻神之號也屢試春官不第以江西一縣令終

撝叔仰視千七百二十九鶴齋叢書自序余年二十一

山陰孫古徐好聚書得王氏佐北征日記張氏岱石匱文編狂喜余語古徐盍取家藏本希有者刻叢書是歳道光己酉吾鄉沈氏鳴野山房藏書初散精本半歸楊器之猶可假錄蒐訪五年得百三十餘種古徐病作尋卒事不克成　又云同治初元航海入京師棲遲逆旅煑字爲粻幸積數金復稍稍置書雖昔之所見不能重遇而零篓斷楮轉多新得　又云庚辰春病咳四月不瘉夜夢鶴山仙人之所都也老者坐茅舍中告余東壁下有丹篆二十四記之當瘳文曰奇己鷂大復豖翳纖兒作是子鳥所擲弓則弛技止斯吾憐爾　勇盧閒詰燒料鼻煙壺乾隆以來巧匠刻畫千名百種淵乎清妙凡所造作或稱曰皮最著者

曰辛家皮勒家皮　又書嚴賸稾跋魏𨺚尹錫曾嘗言爲
前人蒐拾殘賸文字比掩骼埋胔余謂欲人弗見令蔿焉
蹴平世多有矣異時當節縮衣食刊行庶有封樹置防護
昌熾案痛哉斯言爲書續命先哲有靈實共鑒之最錄於
此以告世之能愛惜古人者
第一楊風癸巳人韭花帖裏證前身鷗波生日兒初度更錫
嘉名是甲寅　周星詒季貺
周季貺別駕名星詒河南祥符縣人兄星譽字玉叔由詞
林官至廣東鹽運使季貺少藉華膴收藏甚富精於目錄
之學四部甲乙如別黑白筮仕閩垣獲譴虧公帑無以償
亡友蔣香生太守出三千金貲之遂以藏書盡歸蔣氏心

矩齋余未識季貺嘗從香生聞其緒論同官中尚有大興傅節子太守名以禮工文能詩嘗見其所刊宋傅崧卿夏小正校勘精核一字不苟仁和魏稼孫𨱋尹名錫曾嗜碑版之學輯有績語堂碑錄此三君香生皆嚴事之故晚年頗窺學問流略非復吳下阿蒙矣季貺書數十櫝余在心矩齋盡見之雖無宋元舊槧甄擇甚精皆祕冊也尤多前賢手錄之本及名家校本朱黃爛然各有題跋今散爲雲煙矣季貺生於道光癸巳仿楊少師之例鐫癸巳人一印。藏書精本用以押尾其子亦仿趙鷗波有甲寅人一印。詳見前馮定遠詩注

書庫兵閒憶抱殘更從湖上起

文瀾宜堂雖共苕溪盡守藏依然屬漢官　丁丙嘉魚

俞蔭甫先生丁松生家傳丁君諱丙字嘉魚別字松生晚年自稱松存浙江錢塘人父諱英生二子長申字竹舟次即君也粵寇陷杭君出城至留下市中買物以字紙包裹取視皆　四庫書驚曰　文瀾閣書得無零落在此乎君之搜輯　文瀾遺書實始此矣倉皇奔走書籍束以巨緪每束高二尺許共得八百束皆載之至滬請陸君匊珊繪書庫抱殘圖紀之君先世本富藏書君祖掌六公有八千卷樓君益以二樓曰後八千卷曰小八千卷然𤻟較君所藏固不止三八千也君以　天語有嘉惠士林之獎因總名藏書之所曰嘉惠堂　袁忠節公丁徵君墓表孤

山聖因寺乾隆間　敕建文瀾閣天下七閣之一四庫所藏縹題玉檢兵閒散亂剽失君避難留下收買積萬餘冊亂定庋之府學尊經閣光緒初稟商撫部茶陵譚公鳩工架搆巨閣是營以所得還守藏吏集寫官鈔補復四部八萬卷之舊士人集廡下傳鈔無虛日　陳蓉曙觀察丁徵君墓碣君藏書甲東南所著有善本書室藏書志四十卷　陳光甫松存先生遺事詩善本編目一首序云徵君藏書甲兩浙旣輯八千卷樓書目幷擇其尤精者建善本書室以庋之編書目自跋云積書什一積善什九

昌熾案歸安陸氏皕宋樓精本與守先閣所藏明以後刻本日本以六萬金幷金石拓本捆載而去是時匋齋制府

督兩江聞丁氏書亦將散思其爲平原之續亟屬繆筱珊前輩至武林訪之盡輦之白下開圖書館以惠學者兩家之書同一不能守而松存身後不至流入海舶視存齋爲幸矣亦匋公之力也

長箋垂尺密於簾插架堆牀甲乙籤朔乘和林金石攷文園遺稾寄靈鶼　李文田仲約

李仲約侍郎名文田號芍農廣東順德縣人咸豐己未一甲三名進士官至禮部侍郎直　南齋最久書法唐賢精嚴似信本遒麗似登善嘗爲汪郎亭師摹蘇孝慈墓誌一通能亂眞一時豐碑鉅製皆出其手昌熾未通籍卽介先師潘文勤公納交於侍郎不以昌熾爲不肖每得古書舊

拓輒出賞析並許通假喜談風鑑見輒揶揄曰一老教官耳余笑應之曰浮湛木天侏儒一囊粟與苜蓿闌干何異焉其邸舍在北半截胡同几榻之外惟圖籍列櫝數十皆啟其鐍手題書籤長至尺許下垂如簾甲乙縱橫密於櫛比精於碑版之學覃研乙部而於遼金元三史尤洽孰典章輿地攷索精詳所著有元祕史注元史地名攷耶律楚材西游錄注元和江建霞太史其戊子典試江南所取士也刻靈鶼閣叢書以侍郎所著朔方備乘札記和林金石攷付梓焉昌熾亦從譯署得和林石刻攝影本輯錄其全文將有所攷釋見侍郎書而止所見京朝士大夫耄而好學獎掖後進通懷樂善不啻口出如侍郎者今豈可得見

哉

仙人漢節下津輕唐寫何論宋槧精玉躞金題卷子本銀鉤鐵畫楷書生　黎庶昌蒓齋

黎蒓齋觀察名庶昌貴州遵義縣人黔中有莫鄭之學觀察獨治古文尤好談經濟家言咸豐閒以諸生上書釋褐宰吾鄉青浦縣循聲著聞曾文正公以奇才薦光緒中兩充出使日本大臣宜都楊惺吾廣文守敬隨之東渡廣文精於校勘學問淵博日本爲同文之國楓山金澤諸官庫私家如松崎狩谷藏書皆未散值明治改革之初彼都士夫不甚留意於古學觀察遂於其時搜訪墜典中朝所已佚者好寫精雕又得楊君助之成古佚叢書如干種影宋

蜀大字本爾雅三卷紹熙本穀梁傳十二卷覆正平本論語集解十卷元至正本易程傳六卷繫辭精義二卷舊鈔卷子本唐開元御注孝經一卷集唐字老子注二卷影宋台州本荀子二十卷莊子成元英疏十卷覆元本楚詞集注八卷辨證二卷後語六卷影宋蜀大字本尚書釋音一卷影舊鈔卷子殘本玉篇三卷半廣韻覆宋本五卷覆元泰定本五卷覆舊鈔卷子本玉燭寶典十一卷文館詞林十三卷半琱玉集二卷影北宋本姓解三卷覆永祿本韻鏡一卷舊鈔卷子本日本見在書目一卷影宋本史略六卷影唐寫本漢書食貨志一卷仿唐寫本急就篇一卷覆麻沙本草堂詩箋四十卷附外集一卷補遺十卷傳序碑

銘一卷目錄年譜詩話各二卷影舊鈔卷子本碣石調幽蘭一卷天台山記一卷影宋太平寰宇記補闕五卷半𡧍然巨帙摹勒精審毫髮不爽初印皆用日本皮紙潔白如玉墨如點漆醉心悅目書成旋節至滬卽以其板付江蘇官書局貯之流通古籍嘉惠後學與敝帚自珍者異矣潘文勤師時奉諱在里聞之矍然曰蒓老眞豪傑之士哉昌熾識公於都門公方赴川東道任同人設祖帳餞之聞公談東游所見古籍唐寫宋槧如數家珍惜未能請閒詳問而疏錄之　張裕釗濂亭文集送黎蒓齋使英吉利序朝廷方簡重臣通使外國於是黎君蒓齋自州牧授三等參贊大臣從使英吉利　蒓齋觀察庚寅讌集三編統序

余以光緒七年冬奉使日本與國同文暇輒與搢紳儒流會飲或爲詩文以張之十三年奉　命再至國好日密益得與諸君子道故舊爲燕樂　日本島田重禮送淸國公使蒓齋黎君序君被　簡命出使歐洲又持節此土者前後凡六年遺文墜典存於今日者竭力搜訪之積成巨帙名曰古逸叢書翻雕行世　觀察刻古佚叢書自序古籍之僅存兵燹腐蠹之無常不日趨散亡不止何幸復見於異邦予得之且以付刊焉庸詎知非天之有意斯文而啓予贊其始也書凡二百卷二十六種刻隨所獲概還其眞經始於壬午告成於甲申以其多古本佚編命之曰古逸叢書光緒十年七月　袁忠節公水明樓集悼

黎蒓齋詩方丈仙人持漢節竹王游女奏雲英如何風起
青蘋末頓使沈薶玉樹驚
東丹副葉寫書根顯若昆吾切玉痕此是碧琳琅館本典裘
持付海王邨　方功惠柳橋　按方柳橋曾輯碧琳琅館叢書中秘本數十集內余蕭客文選音義廿卷向之刻本家著名
方柳橋太守名功惠湖南巴陵縣人起家鹽筴曾一攝潮
州府篆饒於貲喜收書所藏明賢集尤富光緒丙戌丁亥
間昌熾游幕至五羊介程蒲生太史求一窺其冊府未得
請越十餘年至庚子春太守已捐館其家捆載遺書至都
門求售過廠肆見樣本一睹其裝潢圖記卽知爲粵中裝
訂碧琳琅館舊藏也每冊有東丹箋副葉可以辟蠹書根
朱字齊如刀切顧紬於資望羊興歎僅典衣購得吳中鄉

先哲書五六部皇甫司勳集其一也尙有錢叔寶續吳都文粹一百卷鈔本索高價正往來商榷而拳禍作倉皇避地遂不復可問津矣　太守刻全唐文紀事跋惠少時好收書近尤喜刻書數十年來收藏十餘萬卷願見而不得者漸少惟其書未刻則不可得見耳近人精博之書而未刻者有陳範川先生唐文紀事惠服官於粵與哲嗣子因大令同官得盡讀其全帙　又陳蘭甫先生序嘉慶中詔輯全唐文編修嘉興陳先生爲總纂官彙萃攷證錄於別紙積一百二十二卷名曰全唐文紀事季子子因藏此書柳橋太守出貲寫刊仍以元本付子因藏之　又草堂詩箋序方柳橋太守得元刻本於南海吳荷屋中丞

家太守好聚書官粵東三十年歲歲購藏凡數十萬卷而此書爲最　昌熾案方氏所刻草堂詩箋全唐文紀事之外尙有夏英公古文四聲韻袖珍本以汪秀峰舊藏付梓

文采紅蘭與紫幢意園籤架竹閒窗寒煙師友眞詩讖不僅儒林祭酒雙　宗室盛昱伯希　王文敏懿榮

宗室伯希祭酒名盛昱希字同音或作熙亦作義或署伯兮別號□盦　國初肅親王豪格之後丁丑進士選庶吉士授職編修官至國子監祭酒直言敢諫興學崇賢長成均時屢上封事皆關天下安危宗社大計劉更生之亞也邸有意園池臺喬木蔚然深秀集南學高材生絃誦其中深居簡出到門投謁者輒見拒然歲時文酒之會未嘗不

至座中亦非車公不樂也猶憶甲午之前同在海王邨閱肆不覺日曛正陽門已下鍵至米市胡同一酒樓索飲同游者沈子培方伯子封學使黃再同仲弢兩前輩傭保伍伯衩衣雜坐酒酣解衣槃礴腰際圍鵝黃帶旁坐者咸指目既而皆稍稍引去庚子之難祭酒已於前一年冬捐館外兵至東城邸第尠得免者獨式其閭禁止剽掠邸中所藏彝鼎圖書充牣至今尚無恙　又王廉生祭酒名懿榮字正孺山東福山縣人也庚辰進士由翰林直　南書房三長國學庚子拳禍奉　命總辦團練都門陷投園池以殉　予謚文敏琅邪本之冡望族憑藉高華見聞賅洽又嘗從宦至成都往來燕趙秦蜀之郊留心訪古見輒

收之過寶雞渡河至禱於陳寶神願得古器獲方鼎一小鼎一彝觚劒各一以爲神佑其癖好如此京邸食不兼味而廠肆揮霍不少吝遇有銘心絕品旋購旋質子母相權倍蓰其值轉展而後能得之余嘗縱觀其所藏石刻鑒別之精近時收藏家無以過也刻有天壤閣叢書又輯有天壤閣雜記一册記其鄉里及川陝途中所見古器而書爲詳　天壤閣雜記得宋贛州本大字文選六臣注殘本於蓬萊縣城太和銀樓銀估好聚舊書索重值又傳有文天祥手批十七史　又云得六臣注本文選行款與宋淳熙本同先詒堂侍講公藏書也　又云新年到外家賀節見郝蘭皋丈及先從祖姑俛佺安人所集宋元明本史書及

殿本成廿四史逐卷有校籤黏其上　又云到陝西城隍廟得明初印元史殘本有太史英國公印章。四明范氏印。己卯由川回京過此肆得宋南雍大字明印本魏書北齊書北周書合以舊有之明庫冊紙元本隋書元本北史明繙宋秘閣本大字晉書元大德本塗改稱乾道本之漢書慨然有集舊本全史之志　又云到城隍廟得元諸路本每葉有某路某學字樣殘本北史與前黑口元本不同愛之　昌熾案以上所述在天壤閣中皆非甲選節錄於此以志發軔之初搜輯之勤未可以菅蒯而棄之　樊山方伯詩續集伯熙游小五臺歸以紀游詩見示賦長句奉贈祭酒卓犖天潢英勸學奕過周荀卿園林橋莊或綠野

文采紅蘭及紫瓊　又廉生屬題劉平國碑卷中題者十一人大半皆古人矣卷中師友半寒煙倚燭看碑輒泫然

珍重儒林雙祭酒周京獵碣共長年　昌熾案文敏殉難時滿祭酒爲文貞公熙元字吉甫余己丑同年也又同出周郁齋先生房聯軍入京全家殉節今國學有雙忠祠祀文貞文敏兩公張文襄詩人紀未淪文未喪巍然十鼓兩司成儒林祭酒與意園鼎足而三矣猶憶京師陷之前三日昌熾尙入直　史館遇兩公於　東華門外停車數言人天遂隔悲夫

眞賞齋中有仲宣銘心絕品不論錢甘陵鉤黨人閒籍天上樵陽作散仙　江標建霞

江氏以編脩簡湖南學政在任時特旨以四品京堂候補迨報滿回蘇尚未覆命而康梁政變慈禧太后重行垂簾江氏亦革職永不敘用之旨未幾抑鬱以卒士林莫不惜其才而憾其擇交之不慎也

元和江建霞太史名標號師鄦又自署笘誃天姿英悟妙解文章與兄霄緯觀察有雙丁之目丙戌丁亥之閒從余問字同客嶺嶠戊子己丑聯捷成進士與余同入翰林視學楚南未報　命以病卒年未四十自建霞殁而搜輯金石文字無相余者矣建霞童時讀書外家舅氏華篴秋先生名翼綸家富藏弆耳擩目染遂精鑒別研精許學酷嗜鼎彝文字所作篆籀皆有古法書畫篆刻旁逮天算格致一見輒能深造殆有宿慧家本寒素不善治生起居服御如豪貴家屢諷之而不能改也京秩本清苦長安又不易居所得古器及宋元精槧名畫輒以易米余所見書畫之精者如鄭元祐僑吳集有黃蕘翁跋沈西雍訪碑圖

踰時問之。已寄諸外府矣。奉使三湘。不名一錢。歸裝惟有輯刊靈鶼閣叢書五集五十六種。仿宋陳解元書棚本唐賢小集五十家。今遺書數十櫝。其子孟聰茂才尚能守之。然精本則寥寥無幾矣。其嗜書出於天性。眞知篤好。宋元刻本舊鈔舊校源流眞贋。瞭如指掌。輯黃蕘圃年譜一卷。潘文勤師輯士禮居藏書題跋記。網羅極博。建䚡又徧訪藏書家。得補遺一卷。天假之年。冐其名位。名山之藏。未知觀止。雀䯄以不樂。損年范滂以淸流。被錮其命矣夫。

附錄二十二首

築屋西陳盡累甎扞撖何似石倉堅荒年乞得監河粟猶是江南舊俸錢　江南王別駕

紫桃軒雜綴余昔在西陳有王貢士者遇儉歲知余好書數以書來易粟云其曾祖作江南別駕歷官所蓄盡買書築甎屋藏之云書不在世業例子孫才者許就讀今以族衆頗多不類者每每竊出甎屋亦就圮矣貢士所得粟不敢私必與族均沾余益賢其人而樂與粟然以歸途遠非道里所便止易二十一史凡三竹簏以回中多善本可與新者相校

淸淚淒然滴玉蜍非熊說夢竟何如傷心獨拜他鄉臘更啟殘書祭歲除　泰山趙氏　宛陵太守　沈宰祖

天祿琳琅說文五音韻譜有閩南開府所得之書泰山趙氏藏書之印　又明刻陳書有沈宰祖奉守遺書之印

又明刻周書有宛陵太守書籍六男翰臣珍藏一印下六字分行小注昌熾案兩家子弟保守遺書可敬可愛爲人後者若以兩賢之心爲心晉江父子不得專美於前雖名氏僅存不可不表而出之哀宗不幸冢嗣傾亡伏臘他鄉孑然顧影平生網羅散失雖不逮藏家之什一要於古人不爲無補已矣今且爲若敖之鬼矣楹書付託悵望何年敝帚自珍此心靡懈亦聊賢於博弈而已丁酉上元後四日記

彼岸還須一葦航蓬壺宛在水中央靈文開篋驚烏有天遣風雷下取將杭州張氏

居易錄杭州孝廉高式青說其鄉張氏藏書甚富造樓水

中庋置甲乙悉有次第以小舟通之晡後即禁往來一日忽有煙氣出樓窗大驚往視之則門扃如故比登樓煙亦不見如是者三最後細檢視煙自書廚中出開廚則凡天文奇遁之書悉爲燼惟空函在焉餘書無恙

天策文章花蘂詩一簽一笠鎮相隨非無三乘旁行字胡跪問師師不知　釋文瑩道溫

文瑩玉壺清話序玉壺隱居之潭也文瑩收古今文章著述最多自國初至熙甯閒得文集二百餘家　又文瑩至長沙首訪故國馬氏天策府諸學士所著文章擅其名者惟徐東野李宏臯東野詩浮脆輕豔侑一時尊俎爾宏臯雜文十卷皆駢枝章句雖齷齪者亦能道信乎行文之難

也　又續湘山野錄王平甫安國奉詔定蜀民楚民秦民三家所獻書可入三館者令令史李希顏料理之其書多剝脫而得一般紙所書花蘂夫人詩乃花蘂手寫而其詞甚奇棄之可惜遂令令史郭祥繕寫入三館禹玉相公傳其本於是盛行於時文瑩親於平甫處得副本凡三十二章　鮑廷博玉壺淸話跋宋僧文瑩字道温錢塘人工詩喜藏書尤留心當世之務

酉陽羽陵到者誰望壺樓下說無爲送書道士形如繪相鶴何如竟相龜　陳景元　無爲道士

避暑錄話程光祿師孟吳下人喜爲詩效白樂天而尤簡直至老不改吳語元豐閒道士陳景元博識多聞藏書數

萬卷士大夫樂從之游身短小而傴師孟嘗從求相鶴經得之甚喜作詩親攜往謝末云收得一般瀟洒物龜形人送鶴書來徐舉首自操吳音吟詠之諸弟子在旁皆忍笑不能禁時王侍郎仲至在坐顧景元不覺失聲幾仆地

東觀餘論跋陳碧虛所書相鶴經後云隋善書者丁道護道媚有法今觀碧虛子陳君小楷殊得道護筆勢　宣和書譜陳景元手自校正書有五千餘卷　通志校讎略臣嘗見鄉人方氏望壺樓書籍頗多其家云先人守無爲軍日就一道士傳之尚不能盡其書也如唐人文集無不備

這箇幾時近飯喫那箇幾時近飯喫磊磊落落囊中物不覺絕倒座上客　換書士人

道山清話張文潛嘗言近時印書盛行而鬻書者往往皆士人躬自負擔有一士人盡揹其家所有約百餘千買書將以入京至中塗遇一士人取書目閱之愛其書而貧不能得家有數古銅器將以貨之而鬻書者雅有好古器之癖一見喜甚乃曰毋庸貨也我將與汝估其直而兩易之於是盡以隨行之書換數十銅器亟返其妻方訝夫之回疾覗其行李但見二三布囊磊塊然鏗鏗有聲問得其實乃詈其夫曰你換得他這箇幾時近得飯喫其人曰他換得我那箇也則幾時近得飯喫因言人之惑也如此座皆絕倒

佛鐙青照古城南木葉山花共一龕指大一籖黏未脫好從

異世覓桓譚　蘇叔敬

讀書敏求記古列女傳七卷續列女傳一卷晉大司馬參軍顧愷之圖畫定爲古本無疑牧翁亂後入燕得於南城廢殿卷末一條云一本永樂二年七月二十五日蘇叔敬買到當時采訪書籍必貼進買人氏名鄭重不苟如此內府珍藏流落人閒不勝百六飇回之感　百宋一廛賦注殘本任淵山谷大全詩注有黏籖一條云永樂二年七月二十五日蘇叔敬買到抱沖道人得南城廢殿本古列女傳有此卽載於敏求記者其外未聞更見於他書也予嘗擕就小讀書堆驗之字蹟正出一手

打包僧似野雲孤善本煩師寄澉湖蟫藻雁鐙相映碧剔鐙

圖後贈書圖　程洪溥木庵

甘泉鄉人槀跋衛氏禮記集說癸卯徽州程木庵洪溥以通志堂經解寄贈余有詩紀事幷繪贈書圖以報木庵之贈以余纂書雜記有未得衛氏禮記集說語既得集說竟未循覽木庵爲傷惠矣勉讀一過冀無負木庵耳　又可讀書齋集徽州程君木庵洪溥博物好古延海昌六舟上人達受爲拓所藏鐘鼎彝器款識六舟贈以蔣氏別下齋叢書木庵見余纂書雜記深相契合讀至第二卷知余未有通志堂經解因以儲藏副本屬六舟弟子虛山攜贈訂交賦誌二律九經一百四十部唐宋元明衆說殫近愧專家忘舊業遠煩善本寄新安交論異地勞相賞客詫奇緣

索共觀一藝未通嗟已老短書敢詡拾叢殘平生恨未識陳元聞道山居述作繁絕品銘心勤譜錄奇辭奥指溯根源漫誇博士書驢劵難共高人隱鹿門韻事流傳到儒釋遺經善守勖兒孫　又題程木庵小象何時短棹訪衡茅來與山僧共打包又云昨寄贈書圖一卷黄山深處伴幽居自注木庵贈予通志堂經解予屬海昌道士汪鶴憩雲寫贈書圖卷前畫木庵六舟及予小象同人多爲題詠昨歲以寄木庵　東湖叢記余幼時舅父馬雨如公鈺賜以全唐文嗣從同邑吳鱸鄉芃才假拜經樓藏本以資校勘而徽州程木庵翰目洪溥因六舟上人貽以式古堂書畫彙攷尤難得也　何紹基竟甯銅雁足鐙詩序六舟上人

爲程木庵拓輯彝器文字中有此鐙相傳爲建安鐙也六舟鍼剔氈印字畫朗朗深自矜喜屬陳月波作剔鐙圖縮已象於盤底之間作握鍼剔剝之狀　又題程木庵所藏彝器拓本家學未荒蟫藻碧古光先證鴈鐙紅　昌熾案據警石先生禮記集說跋及贈木庵詩皆云名洪溥近閱徐子晉前塵夢影録有程音田墨一則云音田名振甲爲名進士歙人僑居吳門曾充銅商折閱因自號音田取無心意思江建霞太史注云程字木庵好收藏金石有木庵藏器目所記與錢氏絕不同豈木庵初名洪溥後改名振甲耶蔣生沐稱爲翰目不言其中進士然紀其與六舟往還則必好藏金石者何子貞太史詩亦皆爲彝器文字而

作木庵之得交於貞老及讐石老人爲之作介者皆六舟也以此參攷可證其爲一人時在道咸間去今不過六十年而傳聞異詞已如此其可歎也

敝帚千金久自珍明珠脫手尚逡巡勸君不用波斯襲此去豪家盡柳津　沈峙公

厲鶚樊榭山房詩集鬻書和沈峙公收處心常損拈來淚欲垂誰憐非長物竟遺易晨炊宿讀人難得長貧我自知秖愁肉食者還有鬼名嗤自注南史人勸柳津聚書荅曰吾嘗請道士上章驅鬼安用此鬼名耶　彭兆蓀小謨觴館集賣書行十家士人九不給貧極捻書成俗習萊蕪室內鳴飢腸故紙堆中搜祕笈當年甲乙重標題萬卷遥知

費編輯芸葉曾防羽陵蠹錦贉或用波斯襲浮雲世事不可久卻爲兒孫覓升斗遺業曾無八百桑舊家自有千金帚傾筐倒篋驅鱏魚載以兼兩薄舂車易錢難比璐華乘書券分明博士驢富兒有書不解讀貧兒欲讀無其福餠金輦致玩好同插架牙籤手誰觸白氏楊枝臨去吟教坊後主新降曲明珠脫手各傷心同向豪家成一哭東鄰西舍何紛紛此厄不啻江陵焚平生我亦書是癖搜羅八索窮三墳飢來貸盡監河米獨抱遺經不求濟請讀難窺中祕書癡懷尙羨河閒邸年年乞食非良圖此事甯保他年無徑須急辦五畝區去作識字耕田夫倉箱謀卒歲秔稻收東吳穰穰但祝年屢豐雖貧不賣杵與舂人閒長策無

如農農夫一笑稱未善君不見鉏犁昨爲輸租典
誰描蛺蝶繡鴛鴦紙尾題詩欲斷腸自是簪花書格妙新篇
一一和琳瑯　陳坤維
厲鶚樊榭山房集桑弢甫水部買得元人百家詩後有小
箋黏陳氏坤維詩蓋故家才婦以貧鬻書者惜不知其里
居顛末爾讀之有感次韻一首并徵好事者和焉姓字深
閨豈易知偶傳紙尾賣書詩難追寫韻仙家事應共牽蘿
絕代悲彤管更添高士傳墨卿別注有情癡迴腸似共繅
緗往惆悵令人展卷時附陳氏坤維原作典及琴書事可
知又從案上檢元詩先人手澤飄零盡世族生涯落魄悲
此去雞林求易得他年鄴架借應癡亦知長別無由見珍

重寒闈伴我時丁巳又九月九日廚下乏米手檢元人百家詩付賣以供饘粥之費手不忍釋因賦一律媵之陳氏坤維題　汪遠孫次閨秀陳坤維手題元人百家詩韻詩在方雲泉隱處寂寞閨心一卷知臨池親寫媵書詩窗前風雨牽蘿恨貧裏光陰輟筆悲破甑生塵空性巧殘編惜別最情癡百年遺墨流傳在幾度重陽遇閏時　兩浙輶軒錄謝垣買得漢隸分韻舊本中夾繡鍼綵線花樣諸物章程墨妙慕無雙狐腋千金集衆長染練已憐描蛺蝶懸鍼猶記繡鴛鴦蔡邕遺法能傳女衞鑠浮名空蔽王欲使簪花臨筆陣青牛文帳護琳瑯

範銅制出膠泥上屈鐵縈絲字字分一日流傳千百本何人

不須會通君畢昇　華燧文輝　華珵汝德　華堅

夢溪筆談慶歷中有布衣畢昇爲活板其法用膠泥刻字薄如錢脣每字爲一印火燒令堅先設一鐵板其上以松脂蠟和紙灰之類冒之欲印則以一鐵範置鐵板上乃密布字印滿鐵範爲一板持就火煬之藥稍鎔則以一平板按其面則字平如砥若止印二三本未爲簡易若印數十百千本則極爲神速　邵文莊會通君傳會通君姓華氏諱燧字文輝無錫人少於經史多涉獵中歲好校閱同異輒爲辨證手錄成帙遇老儒先生卽持以質焉旣而爲銅字板以繼之曰吾能會而通之矣乃名其所曰會通館人遂以會通稱或丈之或君之或伯仲之皆曰會通云君有

田若干頃稱本富後以劬書故家少落而君漠如也三子
埍奎壁　嚴元照書容齋隨筆活字本後此翻宋紹定間
所刻每番中縫上方有宏治歲在旃蒙單閼八字下有會
通館活字銅板印八字書後有華燧序　天祿琳琅白氏
長慶集每卷末有錫山蘭雪堂華堅活字銅板印記　無
錫縣志華珵字汝德以貢授大官署丞善鑒別古奇器法
書名畫築尚古齋實諸玩好其中又多聚書所製活板甚
精密每得祕書不數日而印本出矣吕熾案燧之子埍奎
壁名皆從土旁埕堅疑亦其羣從而珵爲埕之誤余所見
錫山華氏活字本又有春秋繁露蔡中郎集皆甚精

聖人

詔下紫泥緘海嶽遺聞訪翠巖唐宋元明朝市改一家世業
守雕劖　建安余氏　翠巖精舍

九經三傳沿革例九經世所傳本以興國于氏建安余氏
爲最善逮詳攷之余本閒不免誤舛不足以言善也　天
祿琳瑯續編儀禮圖是本序後刻崇化余志安刊於勤有
堂案宋板列女傳載建安余氏靖安刻於勤有堂乃南北
朝余祖煥始居閩中十四世徙建安書林習其業二十五
世余文興以舊有勤有堂之名號勤有居士蓋建安自唐
爲書肆所萃余氏世業之仁仲最著岳珂所稱建安余氏
本也　又禮記每卷有余氏刊於萬卷堂或余仁仲刊於
家塾　續東華錄乾隆四十年正月丙寅　諭軍機

大臣等近日閱米芾墨蹟，其紙幅有勤有二字印記，未能悉其來歷。及閱內府所藏舊板千家注杜詩，向稱爲宋槧者，卷後有皇慶壬子余氏刊於勤有堂數字。皇慶爲元仁宗年號，則其板是元非宋。繼閱宋板古列女傳，書末亦有建安余氏靖安刊於勤有堂字樣，則宋時已有此堂。因攷之宋岳珂相臺家塾論書板之精者，稱建安余仁仲，雖未刊有堂名，可見閩中余板在南宋久已著名，但未知北宋時卽以勤有名堂否。又他書所載明季余氏建板猶盛行，是其世業流傳甚久。近日是否相沿，並其家刊書始自北宋何年，及勤有堂名所自，詢之閩人之官於朝者，罕知其詳。若在本處查攷，尙非難事。着傳諭鍾音於建甯府所屬

訪查余氏子孫見在是否尚習刊書之業並建安余氏自宋以來刊印書板源流及勤有堂昉於何代何年今尚存否或遺蹟已無可攷僅存其名並其家在宋時曾否造紙有無印記之處或攷之志乘或徵之傳聞逐一查明遇便覆奏此係攷訂文墨舊聞無關政治鍾音宜選派誠妥之員善爲詢訪不得稍涉張皇尤不得令胥役等借端滋擾將此隨該督奏摺之便諭令知之尋據奏余氏後人余廷勷等呈出族譜載其先世自北宋建陽縣之書林卽以刊書爲業彼時外省板少余氏獨於他處購選紙料印記勤有二字紙板俱佳是以建安書籍盛行至勤有堂名相沿已久宋理宗時有余文興號勤有居士亦係襲舊有堂名

爲號今余姓見行紹慶堂書集據稱卽勤有堂故阯其年代已不可攷昌熾案　四庫著録林之奇尚書詳解黃倫尚書精義亦皆建安余氏刊其他見於各家書目者不知凡幾翠巖精舍所刊本有玉篇元文類陸宣公奏議注

臨安鬻書陳道人芸香累葉續芸頻其他鞔鼓橋南宅亦與江鈿共姓陳　陳起宗之　陳思　陳世隆彦高

瀛奎律髓陳起睦親坊開書肆自稱陳道人字宗之能詩凡江湖詩人皆與之善嘗刊江湖集以售宗之詩有云秋雨梧桐皇子府春風楊柳相公橋哀濟邸而誚彌遠也或嫁其語於敖器之言者論列劈江湖集板宗之坐流配

戴表元題孫過庭書譜後杭州陳道人家印書書之疑處

卒以己意改令諧順殆是書之一厄　陳伯玉寶刻叢編序都人陳思賣書於都市士之好古博雅蒐遺獵忘以足其所藏與夫故家之淪墜不振出其所藏以求售者往往交於其肆且售且賣久之所閱滋多望之輒能別其眞贋

夢闌瑣筆陳思棄刻羣賢小集自洪邁以下六十四家流傳甚罕鮑以文詩云大街棚北睦親坊歷歷刊行字一行喜與太邱同里閈芸編重擬續芸香注云陳解元詩名芸香稾子名續芸　楹書隅錄錢心壺先生跋所藏棠湖詩稾云卷末稱臨安府棚北大街陳氏印行者卽書坊陳起解元也曹斯棟稗販以南宋名賢遺集刊於臨安府棚北大街者爲陳思而謂陳起自居睦親坊然予所見名賢

諸集亦有稱棚北大街睦親坊陳解元書籍鋪印行者是不爲二地且起之字芸居思之字續芸又疑思爲起之後人也予案羣賢小集石門顧君修已據宋本校刊亦疑思爲起之子思又著有寶刻叢編尤爲淵博蓋南宋時臨安書肆有力者往往喜文章好撰述而江𨥁陳氏其最著者也錢大昕藝圃搜奇跋元末錢塘陳世隆彥高天台徐一夔大章避兵檇李相善彥高篋中攜祕書數十種檢有副本悉以贈大章大章彙而編之世無刊本　皕宋樓藏書志宋詩拾遺二十三卷舊鈔本元錢塘陳世隆彥高選輯案世隆書賈陳思之從孫　天祿琳琅容齋隨筆目錄後記臨安府鞔鼓橋南河西岸陳宅書籍鋪印攷杭州府

志鞔鼓橋在城內西北隅當時臨安書肆陳氏多著名
昌熾案陳思所撰尚有書苑菁華十二卷海棠譜二卷今
皆存
三輔黄圖五色描別風樅詣望嶕嶢尹家鋪子臨安市平水
書林正大朝 尹家書籍鋪 平水書籍王文郁
志雅堂雜鈔先子向寓杭收異書太廟前尹氏嘗以宋畫
三輔黄圖一部求售每一宮殿各繪畫成圖甚精妙爲衢
人柴氏所得 讀書敏求記茅亭客話十卷元祐癸酉西
平清眞子石京募工鏤板此則尹家書籍鋪刊行本也
士禮居藏書題跋記續幽怪錄四卷臨安府太廟前尹家
書籍鋪刊行本也茅亭客話遵王記之而此書絕未有著

於錄者可云奇祕矣　許古新刊韻略序平水書籍王文郁見禮部韻嚴且簡私韻又無善本精加校讐少添注語僕嘗披覽賢於舊本遠矣　錢大昕跋平水新刊韻略黄蕘圃孝廉得平水新刊韻略元槧本前載正大六年河間許古道眞序卷末有墨圖記二行其文云大德丙午重刊新本平水中和軒王宅印或即文郁之後　昌熾案道眞序後署書於嵩郡隱者之中和軒則王宅即爲文郁之後無可疑者自正大六年己丑至大德丙午已七十餘年書林世業亦北方之余氏矣

高士南州以禮羅前蓑後珮接雲蘿龍邱一葉藏書舫臥聽煙波漁父歌　童珮子鳴

王世貞童子鳴傳童子鳴名珮世爲龍游人父曰彥倩子鳴少依父游詩有淸韻尤善攷證諸書畫名跡古碑彝敦之屬兄珊舉於邑爲諸生子鳴歸必就兄書舍買升酒相勞苦高淳韓邦憲出守衢行部過其家龍邱山塢中索所輯唐故邑令楊炯邑人徐安貞集鋟梓行之遂下教邑綱紀南州杜門文舉首驂北海爲政康成標里龍邱逸民之藪前萇後珮千載兩賢萇猶託跡功曹一試綦組而童君畢志雲蘿聲跡俱挫可謂皭然不滓瞻之在前矣其樹楔左閭以風在野子鳴卒年僅五十四有藏書萬卷皆其手所讐校　少室山房筆叢龍邱童子鳴家藏書二萬五千卷余嘗得其目頗多祕帙　列朝詩傳童書賈珮字子鳴

一字少瑜從其父以鬻書爲業往來吳越間買一舫不能直項帆檣下皆貯書讀之窮日夜不休　王漁洋跋董子鳴集余觀南宋陳思撰寶刻叢編歎書賈中乃有嗜古雅尚如斯人者龍游童子鳴亦以賈書有詩名其集吳郡黃河水所定凡六卷

翁年七十瘦如柴日走公卿一刺懷袖有奇書休問訊老韋高價本難諧　老韋

李文藻琉璃廠書肆記瑞錦堂卽老韋之舊肆本名鑑古堂八年前書甚多　又云延慶堂劉氏在路北其肆賈卽老韋前開鑑古堂近來不能購書於江南矣韋頗曉事而好持高價査編修瑩李檢討鐸日游其中數年前予房師

紀曉嵐先生買其書亦費數千金書肆中之曉事者惟五柳之陶文粹之謝及韋也韋湖州人陶謝皆蘇州人　又云周書昌嘗見吳才老韻補爲他人買去怏怏不快老韋云邵子湘韻略已盡采之書昌取視果然又嘗勸書昌讀魏鶴山古今攷以爲宋人深於經學無過鶴山惜其罕行於世書昌亦心折其言韋年七十餘矣面瘦如柴竟日奔走朝紳之門朝紳好書者韋一見諗其好何等書或經濟或詞章或掌故能各投所好得重値而少減輒不售人亦多恨之

儥畫者王儥陶顧市印者吳市硯詹同與陶翁居近市不言龍斷學雞廉　陶正祥庭學　子珠琳蘊輝

孫星衍清故封修職郎兩浙鹽課大使陶君墓誌銘君名正祥字庭學號瑞庵少貧以賣書爲業聞見日廣能知何書爲宋元佳本有誰氏刊本板貯何所誰氏本善且備誰氏本刪除本文若注或舛誤不可從都中鉅公宿學欲購異書者皆詣君車轍滿戶外會開　四庫全書館安徽提學朱君筠言於當道屬以搜訪祕書能稱事子珠琳由內廷三館供事敘用得兩浙錢清場鹽課大使貤贈君如其官君在官署踰年敎子引退曰汝多疾而素餐不如歸賣書也君旣家吳門僑寓都下賢士大夫往來輻輳廣求故家書籍祕本歷數十年嘗慕陳思之爲寶刻叢編也語余云恨不爲一書記所過目宋元明刊刻經傳諸子各本

卷帙文字異同優劣補書目家未備惜今晚矣與人貿易書不沾沾計利所得書若值百金者自以十金得之止售十餘金自得之若干金者售亦取餘其存之久者則多取餘曰吾求贏餘以餬口耳人之欲利誰不如我我專利而物滯不行猶爲失利也當是時都門售書畫有王某售舊瓷什器有顧某意見悉如君皆盛行於時老子言欲取必與左邱明言以欲從人其道然也君以嘉慶二年八月二日卒於都門春秋六十有六子珠琳以予僑居金陵寄至元金陵志爲潤筆作君墓碣予念世之稱事者少雖書賈無復如君之知書也爲文且銘曰不知書何足數斗筲人媿書賈教子歸來似其祖不求甚解能嗜古我銘其墓不

爲訣兼金可御書可取　錢儀吉跋董用晦楹帖董君元鏡名用晦字農陽老人其自號漢軍人乾隆末爲戶部員外郎年幾七十矣貌黑瘠目近視而篤嗜書終歲尋誦纍置數百冊几榻閒卷悉黯黴同時方茶山孫淵如兩先生與用晦游有市書者陶市印吳市硯詹雖賈皆長者皆七八十歲淵翁爲之作三老傳者也用晦往往在此三人舍中談笑閱視日暮忘返　李文藻琉璃廠書肆記五柳居陶氏在路北近來始開而舊書甚多與文粹堂皆每年購書於蘇州載船而來五柳多璜川吳氏藏書卽吳企晉舍人家物也　昌熾案珠琳字蘊輝黃蕘翁稱其熟讀讀書敏求記爲蕘翁購宋本王右丞集卽所謂山中一半雨本

元刻許丁卯集卽所謂較宋板多詩幾大半本蕘翁得書多與商榷

不須刮目用金鎞根腳題籤望不迷此調書林今絕響空煩重訪白公隄　錢聽默

嚴元照書春秋經傳集解宋刻殘本後宋刻左傳四卷萃古齋主人錢景開所貽景開名時霽湖之書估也寓於蘇州能詩善鑒別宋元板刻幷法帖書畫以此書貽我昇以錢不受亦稱有雅尚者　士禮居藏書題跋記白隄錢聽默開萃古齋素稱識古所見書多異本　又續錄白隄錢聽默書友中巨擘也其遺聞逸事有關於書籍者所得最多嘗謂余曰絳雲未火之先有白髮老人自稱放翁示夢

於汲古毛氏謂我有集在絳雲樓曷假之既寤異其夢遂
向假歸越日火發放翁集得免於厄　又向聞錢聽默言
書籍有明刻而可與宋元板埒者惟明初黑口板爲然故
藏書家多珍之　顧千里題淸河書畫舫常熟錢遵王毛
子晉父子席玉炤陸敕先馮定遠曹彬侯各家書散出予
見之最早最多乾隆年間滋蘭堂主人朱文游三丈白隄
老書賈錢聽默能視裝訂籤題根腳上字便曉屬某家某
人之物　又笠澤叢書跋二十年前老書估錢聽默嘗告
余曰聞吳宮詞大姑蘇兮小長洲善本大作火小作沼
天祿琳瑯盤洲集毛鈔本有白隄錢聽默經眼一印
痀僂登場語婞嫛好錢笑駡儘由他闕文借乘吾猶見江北

江南兩疥駝　侯駝子　陳駝子

異說披昌雜林之紙充溢於市估人長袖善舞者皆以販舶書爲業問以古籍瞠然不知所對余幼時識侯念椿短而僂貌寢行賤日登壟斷以售黎邱之技然頗曉事多識簿錄舊鈔舊刻何年何人收藏何省何地裝訂寫槧先後題跋眞僞一見紙墨輒能言之不爽老友劉泖生丈蒿隱前輩皆與往還蒐遺獵忘四方收藏家至吳門訪古者亦無不造世經堂焉揚州陳姓估亦弓背佚其名與侯年相若識古差不逮侯但裏下河地未經赭寇焚蕩故家出所藏求售者較多其見聞亦稍廣自癸酉至丙子余三度至白門省試輒節舟車之費以游其肆其人喜奔走豪貴之

門視寒士如土苴雖有祕冊不能見也當時好事者稱書估至謂大江南北有兩駝子宣統紀元重編是集閔古學之就湮悵解人之難索援圬者王承福種樹郭橐駝之例二人合撰一傳以繼錢聽默之後昔見今亡未可以人廢也緣裂述

難得臨池筆一枝東津可比宋漕司從來精槧先精寫此體無如信本宜　傅穉漢孺　明周慈

癸辛雜識施宿字武子湖州長興人父元之乾道閒爲左司諫宿晚爲淮東倉漕時有故舊在言路因書遺以番蒲陶有憾其不已致者劾之無以蔽罪宿嘗以其父所注坡詩刻之倉司有所識傅穉字漢孺湖州人窮乏相投善歐

書遂俾書之鋟板以賜其歸因摭此事坐以贓私　日本島田翰古文舊書攷論衡二十五卷東津草堂本嘉靖中袁褧所刻卷末題曰周慈寫案嘉靖袁褧刻十一行六家文選世所稱以爲精絕亦有周慈寫三字宜乎是書筆畫遒勁可以接武於文選　又尙書正義一則云明有記書手鐫工於縫心者如正德六年刻十行本孝經正義云書手陳景淵謄刊字江操是也　又元明淸韓刊本攷宋本之所以精者以書必倩名人刻必用巧手也　又趙孟頫書結構精嚴丰神蕭洒而書胥學之不達側筆取姸徒求似其面目元本之陋又多出於吳興之書盛行書胥輩學不至也　昌熾案古人刻書必先妙選書手精寫上板故

其書首尾如一毫髮不苟宋史趙安仁補梓州榷鹽院判
官以善楷書奏留書國子監刻五經正義孟蜀毋氏家刻
皆其門生孫逢吉輩所寫不出於俗工也大抵宋初精本
歐褚顏柳無不具體而惟信本爲最宜嘗見北宋刻廣韻
及相臺本五經剛健流麗各擅其妙視開成十三經但石
本木本之不同耳其書之精妙無以異也　國初尚有此
風林鹿原爲漁洋書精華錄又寫竹垞纍書亭集汪遯翁
堯峰文鈔

夾板何如胡蝶裝黃衪更畫道家妝若將畫法評書法平視
雲間改七薌許翰屏

前塵夢影錄嘉慶中胡果泉方伯刻文選校書者爲彭甘

亭顧千里影宋寫樣者爲許翰屏極一時之選翰屏以書法擅名當時刻書之家均延其寫樣如士禮居黄氏亭帚樓秦氏平津館孫氏藝芸書舍汪氏以及張古餘吳山尊諸君所刻影宋本皆爲翰屏手書一技足以名世洵然

又云亭帚樓刻吕衡州李翺等集顧澗翁更覓得足本沈亞之等集七家皆用昌皮紙浼翰屏精寫不加裝訂但用夾板平鋪以便付梓余訪澗翁文孫河之孝廉曾一見之

又云魚元機集宋槧之最精者黄蕘翁得之裝潢爲胡蝶式後爲一達官某倩許翰屏影橅上板改七薌補繪元機小象於卷首　昌熾案胡刻仿淳熙本文選但有江甯劉文奎文楷鐫字而不題翰屏名吳山尊刻晏韓二子與

石研齋所刻書亦無寫官也余爲蔣香生太守刻鐵花館叢書仿宋精寫皆金緝甫芃才筆摹峷更體秀勁亦不減翰屏緝翁雅不願署姓氏然無好寫即有良工又安從得佳槧自宋以後錄三人焉才難不其然乎

蠶絲牛毛善離合得錢即買酒盈缸書根雙腕能齊下嘉話眞堪繼湧幢　胡貿　虞山孫二　錢半巖

湧幢小品荊川先生胡貿棺記書傭胡貿龍游人父兄故書賈貿少乏資不能賈而以善錐書往來諸書肆及士人家余不自揆嘗取左氏歷代諸史及諸大家文字稍删次之以從簡約既披閱點竄竟則以付貿使裁焉始或篇而離之或句而離之甚者或字而離之其既也篇而聯之句

而聯之又字而聯之或聯而後離離而後聯錯綜經緯要於各歸其類而止蓋其事甚淆且碎非特他書傭往往束手雖士人細心讀書者亦多不能爲此賀於文義不甚解曉而獨能爲此蓋其天竅使然余之於書不能及古人牛毛繭絲之萬一而賀所爲則蠶絲牛毛之事也賀平生無他嗜而獨好酒傭書所得錢皆盡於酒所傭書家不問傭錢必問酒能厭否賀無妻與子傭書數十年居身無一壠之瓦一醉之外皆不復知也賀無一錢之蓄死而有棺無棺不可知念其爲我從事久也以一棺畀之而書此以爲之券云　藏書紀要虞山孫姓行二者寫書根最精一手持書一手寫小楷極工今罕有能者　士禮居藏書題跋

記續錄近事會元五卷裝池出良工錢半巖手近日已作古人惜哉其子雖亦世其業而其裝池卻未之見不知能傳父之手段否甲戌閏春復翁偶記

鑄鼎然犀如此獠光天罔兩出招摇黎邱苗裔今猶是豈但人妖物亦妖王廷珸越石　黄正賓黄石

韻石齋筆談定窯鼎宋器之最精者成宏間藏於吾邑河莊孫氏曲水山房嘉靖間爲京口靳尚寶伯齡所得毘陵唐太常凝庵負博雅名從靳購之遂歸於唐萬歷末淮安杜九如納千金攜鼎以去九如殁傳子生之有王廷珸者字越石慣居奇貨以博刀錐矚杜生游平康以八百金供纏頭費逆料其無以償且示意不欲酬金而欲得爐也爐

竟歸之詭稱其值萬金求售於徐六岳徐惡其譎拒不納乃質於人十餘年間旋質旋贖紛如舉棋又求其族屬之相肖者方圓數種並置篋中多方壟斷泰興季因是企慕唐爐廷珸以一方者誑之售直五百金毘陵趙再思舊游於唐稔知此鼎偶過季季問唐家定窯方鼎君曾見否趙大笑曰唐之定鼎體圓而足三公云方鼎何居季廢然曰此獠欺我南科屈靜源吾中州所取士今致書靜源道其事當爲我處之屈君屬有司追理廷珸抱頭鼠竄挽人講解僅免狴犴焉而黄黄石之事起黄石名正賓以貲郎建言廷杖憑藉聲氣游於搢紳頗蓄鼎彝書畫與廷珸同籍徽州稱中表有倪雲林山水一幅估價百廿金託廷珸轉

售仍暗記花押於隱處廷珸心豔倪畫屬高手臨橅待正賓取時即以摹本還之殊不知有默記也正賓遣蒼頭王佛元取畫裝池宛然惟失花押佛元黠人也謬云主人不惟遣來取畫兼欲觀定爐且議價耳廷珸方授爐而正賓亦至謂廷珸曰柰何作狡獪技倆廷珸搏顙發誓正賓詰之曰吾有私記今安在正詬讓間佛元從旁執鼎兼以左右指摳鼎耳示無還理廷珸奪之鼎墮地如裂瓦廷珸恨絕頭撞正賓傷脇時正賓被逐於南都方鬱鬱不樂又遭廷珸之侮越夕奄逝廷珸宵遯潛蹤於杭時潞藩寓杭遣承奉俞啟雲咨訪廷珸出贋鼎誇耀把臂甚歡引謁潞藩酬以二千金承奉私得四百金以千六百金畀廷珸潞藩

乏主藏吏命一廚役司其凭鑰其人頗椎鹵居無何王欲觀鼎廚役啟匣取鼎戛然有聲忽折一足廚役懼投水死

大兵入杭潞藩赴北承奉沈廢鼎於錢塘江中　許宗彦題韻石齋筆談鑑賞本韻事末流乃取鬧巧偷與豪奪利必錙銖較茲編紀鼎事朗若然犀照一生無長物方知孝伯妙　珊瑚網馬待詔鶴荒山水圖崇禎丁丑王越石持來余以仇英南極星祥圖宋板國策一部易之　又蘇文忠書唐方干詩天啟癸亥獲觀王越石物　昌熾案李遜之三朝野紀汪文言者歙人也因黄正賓以交於諸君子注云正賓故中書萬歷中以密揭事疏論申吳門之阻冊立廷杖下獄又天祿琳琅錢謙益以千二百金得兩漢

書於黃尙寶卷中有黃正賓印卽其人也

右年代名號無攷者舊有四家除涉園張氏卽張螺浮給諫移列卷四王文簡之後尙餘三家釋道兩家換書一首訪書一首贈書一首鬻書二首活字板一首書估八首寫書二首裝訂一首骨董一首別爲附錄以資談助與續增詩九首合爲一卷次於末內蘇叔敬一首舊在第二卷今移書估末一首寫官兩首舊無今補鞠常校畢自記

藏書紀事詩卷七終

葉氏未採入各家坿後

張貞 安邱 半部亭

吳棠 盱眙 樊南文集補編序

方貞觀 桐城 南堂詩抄題 分守書目

黃之雋 華亭 鶴徵後錄

彭啓豐 長洲 世近名家集 書目序

薛傳均 甘泉 說文答問疏證序 墓志

彭翀 長洲

柯崇樸 維楨 鶴徵後錄

蕭穆 桐城 悔私軒集傳 天放樓續文言 傳 又敬孚學顏傳末

趙元益 新陽 敬孚類稿

陳世鎔 懷甯 天放樓續文言

丁日昌 順德 曝書亭詞拾遺序注

周中孚 烏程 石經閣集 別集 傳 謫麐堂集 墓表

陸心源 歸安 皕宋樓藏書志

陸元輔 嘉定 己未詞科錄楚話

王龍文 湘鄉 平養堂文集 平養堂藏書記

繆荃孫　江陰　年譜

費寅　海甯　復盦先生文集

楊劍星　錢塘　松鄰遺集　壆華堂藏書記

唐翰題　嘉興　唯自勉齋書目自序　後跋

金蓉鏡　秀水

施念曾　宣城　閏章孫　[illegible]微後錄　全祖望集墓志

忻寶華　秀水　寰鄉

徐時棟　鄞　烟嶼樓讀書志序

李貫之　江陰　初學集　書序　又堯圃藏書識　草莽私乘跋尾　李如一疑即其人

范必英　吳　貫徽錄　有懷堂集　杞跋

顧修　石門　羣雅集注

陳逢衡　江都　同上　喬梓

姚燮　鎮海　容膝軒文集　大梅山館書目記

蔡鴻鑑　甯波　又　墨海樓藏書記　觀

藏書紀事詩是葉昌熾耗時七年而成為其所有著述中影響最大者該書為中國首部以紀事詩形式為歷代藏書家立傳之作其體例仿效厲鶚南宋雜事詩及施北研金源紀事詩全書共收七百餘人每人或每家詠七言絕句一首詩下附注注中包含藏書刻書古籍版本目錄等多種史料被書界譽為藏家之詩史書林之掌故葉德輝於書林清話中稱讚是書為於古今藏書家上至天潢下至方外坊估淮妓蒐其遺聞佚事詳注詩中發潛德之幽光為先賢所未有即使諸藏書家目錄有時散逸而姓名不至滅如甚盛德事也該書問世後深受書界人士所喜陸續有人依其體例而作同類著述如倫明辛亥以來藏書紀事詩莫伯驥藏書紀事詩補續吳則虞續藏書紀事詩王謇續補藏書紀事詩胡道靜上海近代藏書紀事詩及徐信符廣東藏書紀事詩

等等
該書有六卷本與七卷本之分六卷本爲江標光緒二十三年刻於長沙七卷本爲葉昌熾宣統二年刻於蘇州江標將該書刻入靈鶼閣叢書第五集序云標於壬辰年在京師奉歸錄一副冊欲付手民而未能甲午奉使湘中函以寫冊乞師自定之日月易遷又越兩紀至今年春始以稿本寄湘即付鍥者十月寫刻畢然此六卷本內容並非葉昌熾最終定稿訛誤頗多寫刻亦非精故次年江標將刻好之書呈葉昌熾過目時葉僅以尚精好三字評價日記中於此事僅一句帶過十九日建霞來並呈所刻書拙著藏書紀事詩尚精好渠作一序其門人湘潭劉茂才肇隅任校勘附一跋於後
葉昌熾雖然已於光緒二十三年春即將書稿寄至長沙但此後一直

陸續修訂每次修訂皆於日記中有詳細記載直至宣統二年重刻之前尚不斷補撰是年二月葉昌熾將該書由六卷改爲七卷該月補撰者有沈楙德趙之謙周季貺李文田盛昱王懿榮李中簡趙次侯許翰屏黎庶昌方功惠丁丙及江標等人並稱再添則蛇足矣其賦江標詩曰真賞齋中有仲宣銘心絕品不論錢甘陵鉤黨人間籍天上樵陽作散仙詩下注稱自建霞殁而蒐輯金石文字無相餘者矣注中尚有江標之簡介及所爲著述卻没有片語談及藏書紀事詩

賦江標而不提藏書紀事詩並非葉昌熾對茲事不滿而是悲痛回避之舉江標刻此書後兩年因病去世葉昌熾聞之大慟竟然聯想至江標病故是緣於藏書紀事詩之不詳其於日記中稱嗚呼建霞竟死矣天生美才不善用之摧殘沮抑至於不永其年良可痛惜余所著藏書

紀事詩以此得罪樞要十年沉頓悔讀南華秋水篇矣潘文勤師欲付梓甫發德音騎箕遠去今建霞刻成而逝豈真為不詳之物邪以一聯挽之云藏書紀事幸付叢編蕩節言旋張范盛名攖黨禁士禮徵文遂成絶筆苑裘未築應劉幽憤損天年

葉昌熾對江標所刻藏書紀事詩之不滿緣於對自己書稿未精即付剞劂江標所刻之本並非最終定稿其中多有引書踳駁前後顛倒之處葉昌熾事後頗為後悔於自刻本自序中稱建霞固與聞詩坐之言者越十年卒取而傳之其可感也已然自是不能自秘承海内宏達君子高權疑義糾正訛字竊又自悔流傳之太早遂在潘祖年提議並協助下於宣統元年開始重校是書並補撰脩訂潘祖年為葉昌熾座師潘祖蔭之弟與葉昌熾交遊極深葉昌熾去世後其遺稿奇觚廎文集

寒山志辛臼簃詩隱即由潘祖年整理校刊而後付梓嗣後又欲將葉昌熾日記中詩詞部分單獨輯出刊行惜事未蕆而身已逝茲事遂半途而止葉昌熾家境一直不甚寬裕宣統三年四月潘祖年還特意託人贈兩百金予葉昌熾助其刊刻文集並稱蓄念已久本欲當面相贈但每次尚未開口即遭拒絕葉昌熾以文集尚未整理未知何時始能告竣為由再三辭之潘祖年不肯收回贈金轉而稱不作刊刻文集之資則作刷印藏書紀事詩之紙墨費用寒齋藏藏書紀事詩三部一部為江標刻本兩部葉氏自刻本此其一也另一部為硃印本上有佚名批校其中或有潘祖年所捐助紙墨也

此本一函六冊無牌記前有王頌蔚光緒十七年序目錄後有葉昌熾宣統二年自序卷中鈐印纍纍可知曾為曹允源葛昌楣所藏葉昌熾

跋語後尚有葛昌楣墨筆題記三段

其一乙亥重九客吳門獲此書於唐氏書林爲曹復庵尤源一字根生觀察藏本復庵丙戌進士兵部主事官終漢黃德道先大父齊年友也書中有復庵友人致其小楮一通署名安般審爲昆山李橘農廉訪傳元手痕橘農爲予四從母之伯舅以有姻婭之連爰貯諸篋衍焉重陽後二十日昌楣自姑蘇歸棹漫記

其二十年前季父曾獲六卷本於滬肆盋江建霞年丈校刊於湘中學署者以非全豹特再蒐之

其三葉氏編攟藏家精華匯著於錄可謂極作述之能事顧容有千慮一失者予於羣書瞥覩蒐藏故實偶爲葉氏所漏網者縱一鱗半爪之微輒綴於本書本事之下以備編輯兩浙藏書錄之張本有志未逮識

之為他日券翌日又記楣

曹允源字根蓀號復庵室名鬻字齋光緒十二年進士曾任湖北襄鄖荆兵備道鼎革後回歸故里不久後出任江蘇省立圖書館館長其時館中原有圖書七萬餘卷曹允源出任館長後續購三萬卷在原有經史子集叢五類上新增新部專門收集新出之西學書及實業書以便異域名著時流學説皆可臚舉入目不僅如此曹允源還親自編寫書目於新部下分文學政事實業三類又將哲學公報雜誌及工商等單獨列屬皆為其首創也出任館長期間其又被推為吴縣修志局主任伏案不輟病重臨終時猶顫抖手指作翻書狀口中喃喃不休可謂盡瘁所著有復庵類稿鬻字齋詩畧及淮南雜誌等

葛昌楣字詠莪號蔭梧出自浙江平湖藏書世家素有平湖葛氏之稱

葛氏藏書最早起自葛金烺其字景亮號毓珊官刑部主事改户部郎中博通經史藏書處為傳樸堂另有藏畫處名鷗舫後因伊秉綬為其書愛日吟廬隸書匾額喜其書法氣勢雄偉遂延之名齋葛金烺長子葛嗣瀠助父收書藏書素有孝名父喪後大慟傷身數月後隨父於地下年僅二十九傳樸堂與愛日吟廬遂為葛金烺第三子葛嗣浵繼承葛嗣浵字稺威一字詞蔚曾任法部主事後棄官歸里興文辦學創有稺川義塾為繼承父兄遺志葛嗣浵不遺餘力蒐訪羣書日積月纍藏書充棟以致無可容身遂於鳴珂里舊新建書樓一座命名守先閣並請姻新張元濟題額張元濟題額後跋曰稺威親家仰承先恩思有以光大之光緒歲己亥乃建斯閣移書庋其中名曰守先所以鑿楹之訓也越三十餘年積書逾四十萬卷稺翁復與猶子蔭梧學部編訂藏目

將以行世兼示後人洵可美已稱翁命書閣榜謹志數言以志欽仰跋中所稱蔭梧亦葛昌楣為葛嗣瀠之子葛嗣浵有子葛昌楹葛昌枌兄弟二人另有齋名以成室舞鶴軒五璽閣等善鑒賞喜集印輯有傳樸堂藏印菁華

傳樸堂曾撰有平湖葛氏書目及守先閣藏書目惜皆為寫本不曾刊印又有愛日吟廬書畫錄及續錄別錄於宣統二年付梓繆荃孫曾為平湖葛氏書目作序稱平湖葛氏文武世德弁冕鄉閭戶部君至性孝友蓄志利濟博訓子弟讀有用書孝廉君稟承先志廣購書籍詞蔚法部創建書樓榜以守先彙集纍世之藏約過十萬之數與猶子詠莪學部遂日增益同志讎校常見者注明何本罕見者詳述指意用四庫全書例分類編成廿卷可謂富矣可謂勤矣令人痛心者傳樸堂與衆多

江南藏書樓一樣命途多舛於民國二十六年毀於日軍炮火守先閣藏書與舊宅同付一炬

葛昌楣購此書於民國二十四年時江標葉昌熾皆已作古由題記可知葛昌楣曾有意輯兩浙藏書録然最終並未成事其原因或與兩年後傳樸堂毀於炮火藏弆歸田祿所存資料亦付之灰燼有關該書第六冊末頁有葛昌楣輯補葉氏所漏網者名録計三十人姓名之下注以籍貫籍貫之下復以小字注明資料來源然此三十人中如繆荃孫丁日昌金蓉鏡三人應當非葉昌熾所漏輯而是因為此三人尚在人世而葉昌熾序中明言舊例不録生存斷自蔣香生太守為止檢緣督廬日記鈔葉昌熾繆荃孫丁日昌等皆有書事往來不可能不知道其藏書事避而不談生者為葉昌熾謹慎之處

宣統元年十二月十七日葉昌熾日記載深昏有叩户投函者心怦然以為乞米帖也亟視函面署上海新垃圾橋北長康里張緘仍茫然不知其來歷發而讀之則張菊生農部函也以從亡友蔣香生十印齋遺書中得鄞人藏書紀事詩寫本涉園張氏一首即其先德世譜有絣開宗系一紙見示又以蒐訪宋元舊槧及精鈔本付石印引為同志見示簡章二紙可謂空谷足音知矣非所料也讀此即可揣知葉昌熾緣何不錄生者其紀事詩既有敘事兼有月旦亡者雖已蓋棺一旦有誤尚有後人代為發聲倘若被賦者尚在生未知覩詩會作何想又有何申訴索性回避為是

王大隆先生曾與葉昌熾先後同居蘇州西花橋巷似乎兩家舊居相距不遠葉昌熾去世時王大隆年僅七歲二人或許並無交遊但是對

於這部前賢著述王大隆始終不離案頭遇葉書中有所訛誤者隨手記於書眉又若干年後上海古籍出版社出版藏書紀事詩附補正其原稿即王大隆先生以宣統二年葉氏刊本藏書紀事詩書眉上批語整理而來蛾術軒篋存善本書錄中王大隆跋藏書紀事詩中稱蓋古今羣籍浩如煙海何能責先生之必見況多後人所著者哉王大隆可謂緣督廬主人之知己也

時次癸巳年孟秋上浣韋力識於芷蘭齋

乙未端夏時節寄龕代鈔

藏書紀事詩

藏書紀事詩箋正

下

〔清〕葉昌熾 撰　王欣夫 箋正

·桂林·
廣西師範大學出版社
GUANGXI NORMAL UNIVERSITY PRESS

本冊目録

藏書紀事詩箋正　王欣夫

藏書紀事詩箋正

王欣夫

序目

顧澗薲先生嘗欲舉藏弆源流彙所見聞述爲一編稍傳文獻之信　五〇

欣夫案：有學集卷八十四錢叔寶手書續吴都文粹跋云：「余欲取吴士讀書好古，自俞石磵以後，網羅遺逸，都爲一編，老生腐儒笥經蠹書者，悉附著焉。庶功甫輩流不泯泯於没世，且使後學尚知先輩師承在也。」據此，則牧齋已先澗薲有志於斯事矣。

卷一

蜀本九經最先出　五三

毋昭裔守素　蔡金重藏書紀事詩引得序云：「宋史卷四百七十九毋守素傳及十國春秋毋昭裔傳，知毋昭裔、毋守素爲父子，並非一人。此二人誤合爲一人。」宋史卷四百七十九西蜀孟氏世家：「毋守素字表淳，河中龍門人。父昭裔，僞蜀宰相。昭裔性好藏書，在成都令門人句中正、孫逢吉書文選、

初學記、白氏六帖鏤版。守素齎至中朝，行於世。大中祥符九年，子克勤上其版，補三班奉職。」欣夫案：宋史著昭裔、守素爲父子甚明，此引失於裁節，至混爲一人，遂至開卷第一人、引書第一條便成大誤。葉先生學問文章，平生所服膺，此書爲談藏書掌故之淵海，尤愛披誦，因亟亟爲之箋正，非敢揭發前賢之失以爲己功也。

道家藏室幾蓬萊　五六

無事爲福齋隨筆　藝風藏書續記法華經零葉：「蜀王鍇寫本。每半葉五行，行十六字，共二十三行。王鍇字鱣祥，前蜀宰相，藏書數千卷。潼川府城外琴泉寺有塔，乾隆十一年爲雷震倒，頂貯法華經，鱣祥所書也。沈清任守潼川，得五葉，裝潢以眎吴白華，白華潼川府學記所謂『嘗購數紙以傲我』者也。後有沈清任題詞并記。劉燕庭批竹汀日記云：『此經在蜀，未能得。劉寬夫以韓小亭所贈二紙分惠十行，吉光片羽，亦足珍也。』亦可見此經之罕見矣。」丁國鈞荷香館瑣言：「竹汀日記鈔言：『印庚實屬題蜀平章王鍇書妙法莲華經殘葉，云得之潼川府琴泉寺，有「武成三年」字，蓋王建年號也。』吴荷屋記云琴泉寺古塔，乾隆十五年五月，雷震塔圮，内有法華經十餘卷，錢擇石、吴白華皆得數卷。按鍇字鱣祥，書法遒勁，當時重之。經庋塔中千年，而楮墨如新。咸豐元年，劉寬夫以韓小亭所贈二紙分惠十二行，吉光片羽，亦足珍也云。」藝風師言，光緒庚子秋，書估以琴泉寺

經五葉求售，出龍銀八十圓得之，每紙五行。燕庭所云十二行，「二」字蓋衍文。

墨莊兩字濫觴誰　六〇

李果墨莊記　欣夫案：文禄堂訪書記元至正刊伯生詩續編有「墨莊藏書」印，疑是朱氏所鈐。滂喜齋藏書記明刻存復齋集有「師竹齋圖書」印，劉喜海誌云：「師竹齋，李墨莊藏書處也。」欣夫案：此又一墨莊。春融堂集懷舊詩有綿州李舍人墨莊鼎元，自注：「辛酉春，墨莊奉命勑封琉球，過訪敷文書院。」如即其人。又案：李墨莊有師竹齋集。

御府圖書熠玉宸　六六

胡應麟少室山房筆叢　欣夫案：洪説見容齋四筆卷十三「榮王藏書」條，胡引略有刪節。葉先生此書未及洪書，故從胡轉載耳。

熨斗親舒紙凸凹　七六

晏元獻殊　四庫提要詁訓柳先生文集云：「在宋時已有四本。（略）一則晏元獻家本。」默記下云：「達奚盈盈傳，晏元獻家有之，蓋唐人所撰也。（略）此傳晏元獻手書，在其甥楊文仲家。其間敘婦人姿色及情好曲折甚詳，然大意若此。」欣夫案：元獻子幾道字叔原，號小山，亦好藏書。墨莊漫録三記其贈妻詩，云：晏叔原聚書甚多，每有遷徙，其妻厭之，謂叔原有類乞兒搬漆碗。叔原戲

作詩云：「生計惟茲碗，搬擎豈憚勞。造雖從假合，成不自埏陶。阮杓非同調，顔瓢庶共操。朝盛負餘米，暮貯籍殘糟。幸免播間乞，終甘澤畔逃。挑宜筇作杖，捧稱葛爲袍。儻受桑間餉，何堪井上螬。绰然徒自許，嘑爾未應饕。世久輕原憲，人方逐子敖。願君同此器，珍重到霜毛！」

誰説長安不易居　七七

郡齋讀書志　研北雜志：「宋宣獻綬，楊徽之外甥。徽之無子，盡付以家所藏書。後與父皋同在館閣，每賜書，必得二分。子敏求、敏修，並以文學見稱於世。其藏書之盛有以也。」

魏了翁遂初堂書目跋後　欣夫案：容齋續筆卷十五「書籍之厄」條所載略同。

圖書充牣邯鄲志　八五

遂初堂書目　焦竑國史經籍志：「李氏邯鄲書目三十卷，李淑。」

亳州祁氏饒吴氏　八八

郡齋讀書志　焦竑國史經籍志：「荆南田氏書目六卷，田鎬。」

紫桃軒雜綴　謝肇淛五雜組：「宋人多善藏書，如鄭夾漈、晁公武、李易安、尤延之、王伯厚、馬端臨等，皆手自校讎，分類精當。又有田偉者，爲江陵尉，作博古堂，藏書至五萬七千餘卷。黄魯直謂：吾嘗校中秘書，及遍游江南名士，圖書之富，未有及田氏者。而名不甚彰，惜夫！」

宋時諸州公使庫　九一

老學庵筆記　容齋續筆卷十五「書籍之厄」條：「晁以道記：『（略）劉壯輿家於廬山之陽，自其祖凝之以來，遺子孫者唯圖書也，其書與七澤俱富矣，於是爲作記。』今劉氏之在廬山者不聞其人，則所謂藏書殆亦羽化。」

五老峯前白石庵　九九

揮麈録　遂初堂書目目録類：「鄱陽吴氏書目。」

誰爲篤耨與都梁　一〇〇

周紫芝書洪駒父香譜後　焦竑國史經籍志：「沈諫議書目三卷，沈立。」

鑑湖不住住横塘　一〇四

賀鑄方回曾旼彦和　墨莊漫録卷五云：「藏書之富，如宋宣獻、畢文簡、王原叔、錢穆父、王仲至家，及荆南田氏、歷陽沈氏，各有書。（節）吴中曾旼彦和、贺鑄方回二家書，其子獻之朝廷，各命以官。皆經彦和、方回手自校讎，非如田、沈家貪多務得，舛謬訛錯也。」

葉石林賀鑄傳　程俱作墓志云：「讎書至萬卷，無一字一畫訛闕。老且病，搰搰不置云。」繫年要録云：「紹興二年正月甲子，詔平江府守臣市賀鑄家所鬻書以實三館。二月戊午，將仕郎賀廩獻書五千卷，

詔吏部添差廩監平江府糧料院，仍官其家一人。廩，鑄子也。」雲麓漫鈔卷二云：「中興重興秘省，賀方回之子首以獻書得官。秦太師付以搜訪遺逸，外舅之兄張公觀言以所藏託賀納之秦府，秦進之上。」老學庵筆記　程俱北山小集卷二秋夜寫懷呈常所往來諸公八首，其二屬賀方回，云：「外監嗟已遠，吾猶識其孫。森然見孤韻，辯作懸河翻。低頭向螢窗，有類鶴在樊。讎書五千卷，字字窮根源。頗携未見書，過我樵無煙。」

欣夫案：直齋書録解題卷十六潤州類集十卷，監潤州倉曹曾旼彦和撰。明覆宋本國秀集曾旼跋：「此書唐書藝文志洎本朝崇文總目皆闕而不録，殆三館所無。浚儀劉景文頃歲得之鬻古書者。元祐戊辰孟秋，從景文借本録之，因識於後。龍溪曾彦和題。」又：「大觀戊子冬，賀方回傳於曾氏，名欠一士，而詩增一篇。」

長夏消磨在六經　一一〇

直齋書録解題　遂初堂書目目録類有葉石林書目。

平生不識新經義　一一四

陳師道朝奉郎魏君墓志銘　壽親養老新書卷三云：「魏衍昌世亦彭城人，從後山學。年五十餘，見異書猶手自鈔寫，藏數千卷云。」

靜几明窗善校讎　一二〇

四庫提要　滂喜齋藏書記宋刻東觀餘論：「按是書紹興丁卯其子訒初刻於建安漕司，有跋。伯思有校定杜子美集二十二卷、楚辭十卷及汲冢師春書，皆經刊板，亦見訒跋。」

轅固口授無章句　一二二

困學紀聞　四庫全書廣川書跋提要云：宋董逌撰。逌字彥遠，東平人，題曰廣川，從郡望也。政和中，官徽猷閣待制。王明清玉照新志云云。丁特起孤臣泣血録云云。欣夫案：困學紀聞翁元圻注即本提要。我友余嘉錫四庫提要辨證考據極詳：「建炎以來繫年要録卷二十五云：『建炎三年七月，中書舍人董逌充徽猷閣待制。逌爲宗正少卿，官省而罷。旋入西掖，至是纔逾月也。』注云：『逌，益都人。』則逌之官待制在南渡從駕之後，提要以爲政和中者誤。三朝北盟會編卷七十八云：『二十九日己未（靖康二年正月），差董逌權司業，監起書籍等，差兵八千人轉赴軍前。』則逌之官司業，具有日月可考，不待取證於宋齊愈之獄牘也。」云云。

第四坊迷養素園　一三一

瞥記　中州集甲集：「宇文虛中字叔通，成都人，宋黄門侍郎。以奉使見留，仕爲翰林學士承旨。皇統初，上京諸俘虜謀奉叔通爲帥，奪兵仗南奔。事覺，繫詔獄。諸貴先被叔通嘲笑，積不平，必

欲殺之，乃鍛錬所藏圖書爲反具。叔通嘆曰：『死自吾分。至於圖籍，南來士大夫家例有之，喻如高待制士談，圖書尤多於我家，豈亦反耶？』有司承風旨，并寘士談極刑，人至今冤之。」欣夫案：梁氏瞥記説本此。

或籍於床或栖櫝　一三八

渭南文集跋京本家語　欣夫案：毛晉劍南詩稿跋云：「甲子秋，得翁子虡編輯劍南詩稿。」

渭南文集跋子遹所藏國史補　欣夫案：明建業張氏銅活字本開元天寶遺事卷末，有「紹定戊子，刊之桐江學宮，山陰陸子遹」書跋一則，知子遹又喜刻書。又案：子遹又刻其父渭南文集，「游」字皆缺末筆。遇宋諱，或缺筆，或云「某某廟諱」，見蕘圃藏書題識卷八。静嘉堂秘籍志逍遥詞舊抄本，有紹定元年十一月陸子遹跋，蓋刻於山陰郡齋。書録解題謂子遹曾刻其祖佃爾雅新義於嚴州。直齋書録解題：「徂徠文集，陸子遹刻於新定。」嚴州新定續志：「郡有經史詩文方書八十種，中有鉅鹿東觀集一目，紹定元年陸子遹知嚴州時，與潘閬逍遥集、楊朴東里集同刻。」子遹後序對三氏詩歌造詣推崇備至。

饑當肉兮寒當裘　一四一

直齋書録解題　盛宣懷刻遂初堂書目跋：「一書兼載數本，開近日目録兼載各本一派。」欣夫案：

此目祇經總類有成都石刻、杭本、舊監本、高麗本、江西本，正史類有川本、嚴州本、吉州本、越州本、湖北本、舊杭本，其他皆不著。袁説友淳熙辛丑文選李善注跋：「説友到郡之初，倉使尤公方議鋟文選以實故事，念費差廣而力未給。説友言曰：『是固此邦缺文也，願略他費以佐其用，可乎？』乃相與規度費出，閲一歲有半而後成。（略）文選以李善本爲勝，尤公博極羣書，今親爲讎校，有補學者。」

監蜀何能比相臺　一五一

曝書雜記　滂喜齋藏書記宋刻國語補音有二方印，曰「相臺岳氏」，曰「經遠堂藏書印」，蓋岳倦翁舊藏也。中國版刻圖録春秋經傳集解元岳氏荆溪家塾刻本云：「卷後有『相臺岳氏刻梓荆溪家塾』牌記兩行，前人因肯定相臺本羣經爲宋時岳珂家刻本。别有九經三傳沿革例，亦肯定爲岳珂編著。張政烺先生謂相臺本羣經乃元初義興岳氏據廖瑩中世綵堂本校正重刻，與岳珂無涉。按張説甚確。謝應芳龜巢集跋岳氏族譜：『岳氏爲常之望族，岳王弟經略使之孫，自九江來居，由宋而元，子孫蕃衍。』可見岳氏遷居常州，至元初已歷數世。荆溪爲義興古名，元屬常州路，明、清屬常州府。常州岳氏，當即義興岳氏，荆溪家塾，亦即義興家塾。鄭元祐僑吴集送岳山長序：『某嘗館於義興岳君德操長兄漢陽君之家，人言其完盛時，延致鉅儒，讎校羣經授諸梓，號爲岳氏九

經。』萬曆宜興縣志：『岳浚字仲遠，飛九世孫。積書萬卷，一時名士多游其門。』據上舉資料，漢陽君與岳浚，必是一家眷屬。因此可以肯定，相臺本羣經刻板負責人似非岳浚莫屬。宋咸淳間廖瑩中世綵堂校刻羣經，周密癸辛雜識、志雅堂雜鈔記述甚詳。義興岳氏據廖氏總例增補成九經三傳沿革例，刻之家塾，自與宋代岳珂無關。」

聚訟紛紜説總非　一五二

昌熾案　寶禮堂宋本書録附釋音春秋左傳注疏殘本，有「史氏家傳翰院收藏書畫」圖章，四明續志有「舊學史氏後隱」書印。欣夫案：「翰林」「翰苑」作「翰院」，「復隱」作「後隱」，未知孰是？

日融月釋心形化　一五九

葉適櫟齋藏書記　崑山縣志：「櫟齋在石浦街，衛湜正叔藏書之所，葉適爲記。」

不見神仙白玉蟾　一六二

養新録　鄭元慶湖録：「嘉定四年，爲溧水教授，三載去官歸。起補紹興。寶慶三年，充興化軍通判，莆田攝郡。端平三年三月，以朝散大夫知台州，兼權浙東提舉常平茶鹽事，八月正除。嘉熙元年，改知嘉興府，升浙西提舉。淳祐九年，以□部侍郎致仕，家居，修吴興志，討摭舊事頗詳。未幾卒。」欣夫案：所載仕履較二錢氏所考爲詳。欣夫案：洪咨夔平齋文集卷十八有軍器監簿陳振孫除諸王宮

大小學教授制，爲前人考直齋事跡者所未知。

四庫全書總目　欣夫案：清容居士集云：「定武禊帖損本多有『叔信父』篆印，翰林承旨趙孟頫家本，得於霅溪陳侍郎直齋，其家藏書冠東南，今盡散落，予家亦得其數十種，此本亦有『叔信父』印。然則直齋終官侍郎無疑矣。」鄭元慶湖録云：「聞之竹垞先生云，書録解題一十六卷，常熟毛氏藏有半部宋槧本，亟訪之，乃託言轉於玉峯，不獲一見。惜哉！予竊從通考彙抄之，不分卷，亦裒然二册矣。大約馬氏收羅殆盡，或未必有所芟棄也。」

曝書雜記　直齋書録解題今武英殿聚珍本係從永樂大典輯出，當時任搜輯者爲鄒炳泰。鄒字仲父，號曉屏，無錫人，官至協辦大學士。著有午風堂集，此事即見集中卷一。

狎客平津慣吮癰　一六六

志雅堂雜鈔　欣夫案：癸辛雜識稱廖玉瑩中。天禄琳琅宋版春秋經傳集解引趙均石蹟記：「廖瑩中刻世綵堂帖。瑩中名玉，號羣玉，爲賈似道客。」然則瑩中本名玉，而後以字行歟？

癸辛雜識　欣夫案：志雅堂雜鈔卷下所記略同。

天禄琳琅　天禄琳琅後編卷八論語一函三册：「何晏集解，每卷末有『盱郡重刊廖氏善本』方印，或亞字形。廖氏即廖瑩中，世所傳世綵堂，最爲佳刻也。」又：「孟子趙岐注，每卷末亦有『盱郡

重刊廖氏善本』各種印。」三續疑年録：「廖用中七十四，剛。生熙寧三年庚戌，卒紹興十三年癸亥。」

注：「高峯集附録。」待查。梧州府志藝術傳：「姜泓似字巢雲，善畫花鳥，得徐黃遺意。又精於鑒賞。宋末以諸生游賈秋壑之門，博學多才，一時名重。與廖瑩中極友善，廖氏世綵堂所刻書，皆姜所校刊。五十後目失明，遂隱冰井寺，時賈勢亦敗矣。」

式古堂書畫考　欣夫案：據全祖望廖氏世綵堂韓文跋，爲嚴嵩鑒定書畫者爲文休承。

石磵先生善言易　一六九

七十二峰足徵集　有學堂集卷八十三淳熙九經跋云：「淳熙九經槧本，元人俞石磵所藏，後歸徐子容侍讀。余得之於錫山安氏，孝經、易經後俱有王文恪題字。此書楮墨尊嚴，古香襲人，真商周間法物，可作吾家宗彝也。石磵者名琰，隱居吴之南園，老屋數間，古書金石充牣其中。傳四世，皆讀書修行，號南園俞氏。金張七葉不足羡也，吾子孫得如俞氏足矣。」王都中故處士俞先生行狀云：「先生天姿高邁，博識强記，於書無不讀。工詞賦，内附後棄所業，開門授徒，日以圖書自娱。（略）吴興趙公孟頫嘗題其所居曰石磵書隱，學者因稱之曰石磵先生云。其所著述有幽明辨惑二卷、書齋夜話四卷、席上腐談四卷，詩文曰石磵拙稿若干卷。先生以寶祐戊午四月十四日生，以泰定丁卯二月二十一日逝，春秋七十。」

七十二峰足徵集　有學集卷四十六聶崇義三禮圖跋云：「此本有俞貞木圖記，先輩名儒汲古嗜學，其流風可想也。」王璲故承事郎都昌令俞先生墓志銘云：「先生初名楨，後更貞木，字有立。（略）卒於洪武三十四年。」欣夫案：此作字有立，與足徵集異。徐有貞序顧彦彰師友集，亦稱包山俞有立爲其所師。顧沅吴郡文編案語：「石磵書隱在府學西，元隱士俞炎所構，因自號石磵。中有詠春齋、盟鷗軒、端居室，皆其孫貞木所作。貞木孫振宗又作九芝堂，皆久廢爲菜圃。」欣夫案：至正十三年，諸生陳謙爲仲温撰石磵書隱記，鄭元祐題跋。至正二十五年，會稽張憲爲貞木撰盟鷗軒記。貞木又自撰詠春齋、端居室二記，其端居室記云：「端居室者，山人俞楨讀書寢處之所也。楨幼尚淡泊，於世利紛華無所嗜，常讀書，必冥心端坐以求其趣。因嘆曰：『學所以適用也，不仕則無以及人。』乃習舉子業，將以明經舉科第。既而幡然改曰：『學爲己，知在人，何以投世名哉？』於是悉棄所業，潛心蒙象，一室之間，左圖右書，淡然無外慕，乃題其額曰端居。」

列朝詩傳　欣夫案：吴寬有杜東原先生墓碑。王鏊有杜東原詩集序：「家吴城之樂圃里，（略）在吴城西，其東有原焉，故世稱東原先生。先生好着鹿皮冠，故又稱鹿冠道人。」吴縣志：「東原先生宅在清嘉坊，構如意堂以奉母，治圃則有延緑亭。」欣夫案：徐有貞有如意堂記，吴寬有重建延緑亭記。

高氏牟氏三李氏　一七一

齊東野語　楊瑀山居新語云：「曾見草窗家藏徽宗在五國城寫歸御批數十紙。」又記至元十三年，宋三宮赴北，内人安康朱夫人、安定陳才人以抹胸自縊事，云：「余嘗聞之先父樞密。因觀周草窗日抄，亦載此事。又得祈請使日記官嚴光大續史，所說相同。二書皆寫本。」

卷二

開卷鬚眉一笑同　一七九

天禄琳琅　龔立本煙艇永懷：「李郡丞諱維柱，字本石，京山人。以孝廉署予邑教諭，書法顔魯公。仕終夔州郡丞。殁後，邑人立祠虞山下，春秋俎豆焉。」

博進新償十萬緡　一八二

莊肅恭叔　同治上海縣志：「案莊肅前志列元，據本傳，肅仕宋，並未仕元，故移置於此。」欣夫案：葉先生亦依舊志列元，據此當移入宋。

嗚咽江頭變徵聲　一八三

昌熾又案　欣夫案：牧齋外集卷二十五鈔本元微之集跋云：「微之集，舊得楊君謙鈔本，行間多空字。後得宋刻本，吴中張子昭所藏，始知楊氏抄空字皆宋本歲久漫滅處，君謙仍其舊而不敢益也。」欣夫案：宋刻草窗韻語有張雯跋云：「至正十年三月，浚儀張雯得之於高文遠書肆。五月，重書於吴下樂志齋。」

鐵琴銅劍樓書目　四部叢刊景印簡齋詩外集元人鈔本，有「三吴張氏」「張子昭印」二印。

家世何嫌賣布翁　一八八

古夫于亭雜録　虞集跋陸友仁所模金石款識：「古人著作見於後世者，學士大夫求之詩、書、易、春秋，而儀禮、周禮，其專書也；其次惟金石款可見耳，而世不能多見。吴陸友仁所模藏既博又古，時閲之，何異見朱虎、熊羆、汝鳩、汝方、太顛、閎夭、散宜生於一日之間哉！」

讀書敏求記陸友墨史：「友字友仁，蘇州人。善爲歌詩，工八分隸楷，博極羣物。闢小室僅可容膝，清坐竟日。自號研北生，著研北雜志，檇李項氏刊行之。又著墨史。」章鈺校證：「友仁嘗至都下，虞集、柯九思薦之朝，未及用，歸。見姑蘇志。」

溯峽舟輕灎澦堆　一九三

少室山房筆叢　欣夫案：豫章漫鈔爲明陸深所撰。

祇陀山下雲林閣　一九四

明史　蕘圃藏書題識宋景祐本漢書倪瓚跋云：「右宋景文公以諸本參校，手所是正，并附古注之末。至正癸丑三月十二日，雲林倪瓚在凝香閣謹閲。」仇英畫雲林小象卷有文嘉書、王賓撰墓志銘，石渠寶笈三編收入。

泗北郫居舍外坡　一九六

四友齋叢説　郎瑛七修類稿四十：「洪武中，松江孫道明，屠兒也，每借人書，坐肆中且閲且寫，

密行楷字，積寫千餘本也。至今人家書本後有孫道明題字。」讀書敏求記校證補遺：「孫道明似是高隱一流，惟四友齋叢説有泗涇市井人一語，而郎瑛七修類稿則直以松江屠兒目之，足廣異聞。」

學津討原昌熾案　讀書敏求記校證：「此書藏有劉履芬影寫本，手鈔之人正作夏頤。葉昌熾曾以鄭元祐停雲軒記松江夏頤貞事，謂學津討源跋封氏聞見記之夏庭芝疑即頤貞，而脱『貞』字。考夏頤有東園友聞一書，入錢大昕補元志，證以此録後記亦無『貞』字，知葉説未諦也。」欣夫案：皕宋志舊抄續夷堅志二卷跋云：「遺山先生續夷堅志二卷，乃吴中王起善抄本，今歸芥甫夏侯。至正二十三年癸卯歲，閏三月十七日丁亥借録，至四月七日丙午録畢於泗北村居映雪齋。華亭在家道人孫道明明叔，時年六十又七也。」欣夫案：靜嘉堂秘籍志廣川畫跋六卷跋云：「華亭孫道明明叔謹識，年六十又九，時至正乙巳十一月廿三日，書於泗北村居映雪齋。」讀書敏求記陶穀清異録：「至正二十五年，華亭孫道明借果育齋本手録。二十六年，又得常清淨齋藏本校讎。」讀書敏求記校證自號録：「道明又作道易，字景周。四庫存目小説類有東園客談一卷，外又有廣客談一種，卷末題：『洪武十二年歲次乙未，八月二十九日壬辰，雲間映雪老人孫道易寫於平溪草舍，時年八十有三。』原書有『毛晉私印』『徐乾學印』『士禮居藏』諸朱記，見王頌蔚古書經眼録。」藝風藏書記西清詩話跋：「陳直齋書録解題曰，西清詩話『題無爲子，或曰蔡絛使其客爲之也』。遂

假且且齋本寫於華亭集賢泗北村居且喫茶處。時洪武五年歲在壬子，四月七日甲申，映雪老人謹志，年七十有六。」王昶春融堂集臨漢隱居詩話跋：「向無刻本，余所見乃常熟毛氏藏本。（略）卷尾跋云：『洪武九年歲在丙辰，閏九月壬辰、癸巳雨日，在華亭集賢外坡草舍雨窗寫。映雪老人誌，時年八十歲。』」欣夫案：此較敏求記所録爲備，故再據之。

一線驚濤逼麗譙　二〇一

朱睦㮮灌甫

明萬曆戊午吕邦燿刊徐自明宋宰輔編年録第二序云：「萬卷堂者，伯榮藏書之所也。萬卷堂書目已自卷帙浩煩，覽之終日不能竟，書可知矣。書目中所有者，或梓本，或鈔本，皆善本也。而漏卷漏葉及錯亂之甚者，則置之敝簏中，有其書而無其目。編年録梓完，已裝成帙矣。適月之六日，伯榮曬書於萬卷堂下，偶檢敝簏，於亂書中得是書焉。因漏逸三卷，故沈埋敝簏，而新刻所佚之十七卷、十八卷則宛然在也。噫，奇矣哉！始也索之於千里之外，失之於一室之内；今也得之於一室之内，合之於千里之外。其始也孰秘之，今也孰見之耶？豈非造物者有數存乎其間耶？天生神物終當合耳！此事之奇，何讓豐城劍也。然畢竟合之於伯榮，豈文獻之家即造物之所注耶？固知宇内奇事未有不天人參焉者也。」欣夫案：王惟儉先得此書抄本於焦太史竑，闕十七、十八兩卷，吕邦燿從周藩朱勤美宗正補全付梓，首有勤美序，不作「美」，且知其字伯榮，能世灌甫之業者。

藩獻記卷一云：「鎮國中尉睦欅，周鎮平王諸孫也。父奉國將軍安河，以孝行聞。嘉靖十二年正月，勑賜嘉奬。欅字灌甫，博洽文雅，好著述，尤深於經。家故饒資財，僮奴數百人，皆逐羸車屑麥執藝自給。欅傾身游諸貴顯間，名譽籍甚，自督撫重臣以下，莫不敬禮之如上賓。嘉靖四十二年六月上疏，請以資爲父安河建祠廟，令有司歲時崇祀。詔許之，第令欅自主祀事。已而舉欅文行卓異，爲周藩宗正者十餘年。以經義督課宗生，大興宗學，周藩宿習，焕然改觀。凡國中有大製作，皆屬欅具草。欅名動海内，撰河南通志、中州人物志若干卷。」

萬卷堂書目跋　隆慶張爐覆宋刻元城先生盡言集張應福序：「廬山張公祖購之四方者累年，一旦於汴中宗藩西亭氏得之，如獲拱璧。」

明詩綜小傳　汪璐藏書題識鈔本萬卷堂家藏藝文目：「曹溶墨筆題詞云：『有明宗室工藝文者莫多於隆萬，而灌甫宗正爲之最。考其持躬謹潔，多門内之行，蒙勑奬風諸藩。今觀其書目部分完整，卷逾數萬，所嗜在此，故能剗削豪習，與古作者並馳也。孫北海少宰初令祥符，猶就其第鈔經注二百餘册，載歸京師。崇禎壬子，賊決河隄，書堂付之巨浸，徒其目存耳。余因慨太平難覯，以二百七十年金甌無闕，而自楊文貞葺文淵閣書目外，未嘗一遣求書之使，設校讎之官，亦當時之闕典也。道不終衰，固宜有若灌甫者出任其責。然灌甫竭一生心力，所致止於斯，異書猶不謂盡出。

今之號爲藏書者，不過斥金帛之有餘，羅市肆所習見。吾知聖賢典籍其不至漸澌滅者，亦倖焉而已。倦叟記。』」

靜志居詩話　欣夫案：睦㰖聚樂堂嘉靖四十三年刊張洽春秋集注，三十六年刊周易集解。汪璐藏書題識：「聚樂堂藝文目録四册，鈔本。朱彝尊跋：『此係西亭王孫著録。王孫嘗刊李鼎祚周易集解，每翻列聚樂堂名。世所傳萬卷堂目都無卷數，不若此本之該備也。』」

曹溶靜惕堂集　五雜組：「今天下藏書之家寥寥可數矣，王孫則開封睦㰖、南昌鬱儀兩家而已。開封有萬卷堂書目，庚戌夏，余托友人謝于楚至其所抄一二種，皆不可得，豈秘之耶？于楚言其書多在後殿，人不得見，亦無守藏之吏，塵垢汗漫，漸見零落矣。」

天禄琳琅續編　欣夫案：四庫提要：「救荒本草八卷，明周王橚撰。橚，太祖第五子，洪武十一年封，十四年就藩開封。建文中廢，徙雲南，永樂初復爵。洪熙元年薨，謚曰定。」明史本傳。

明詩綜小傳　讀書敏求記臞仙史略：「賢王奉藩多暇，敦詩説禮者有之；貫穿歷代興亡，提綱舉要，較其良惡，千古瞭如指掌，蓋未有如寧王者。」欣夫案：朱權重編宋葛長庚海瓊白玉蟾先生文集六卷、續文集二卷，於正統壬戌序而刻之，署南極遐齡老人臞仙重編。朱氏藩獻記所舉寧獻著述有通鑑

匡廬山前雲氣濃　二〇四

博論二卷，漢唐秘史二卷，史斷一卷，文譜八卷，詩譜一卷，神隱、肘後、靈樞各二卷，壽域神方四卷，活人心二卷，太古遺音二卷，異域志一卷，遐齡洞天志二卷，運化玄樞、琴阮啓蒙各一卷，乾坤生意、神奇秘譜各三卷，采芝吟四卷。又作家訓六篇，寧國儀範七十四章。其外尚多，見天一閣書目。

九師易是劉安授　二〇六

茶餘客話　欣夫案：周藩嘉靖十七年刊有金丹正理大全四十一卷，序稱周藩嵩嶽主人，下有「樂善齋」「悊殿圖書」「嵩嶽主人圖書」三印。按明史諸王世表，當爲恭王睦㰘。

甘泉鄉人稿　欣夫案：皕宋樓藏書志明刊天原發微：「有嘉靖庚戌秦藩掌中道人刊板序。」儀顧堂續跋舊抄至書：「前有嘉靖丁巳秦王五友軒序。」案明史諸王世表，秦定王惟焯，正德四年襲封，嘉靖二十三年卒。

光澤系出自遼府　二〇八

明詩綜小傳　殷泉案：遼藩光澤王刻有陳後山詩注，稱梅南書屋，又刻林霽山集，皆在嘉靖時（林集刊於戊子）。壬申送竈夕。欣夫案：光澤王嘉靖八年刊東垣十書，跋云：「書於敕賜博文堂上。」有「止菴」「光澤王印」「梅南深處」三印。

居易録　文禄堂訪書記明抄左氏傳説王士禛跋云：「吕東萊左氏傳説二十卷，鈔本，二十年前得之青州，高唐王府藏書也。」欣夫案：居易録此段末有「杞園云：曾見岱翁篆書入藥鏡一篇，淳整茂密，亦希有也」廿二字，可證岱翁素工篆書，陽春白雪當即其手書。以篆文刻書，遠在張照五經、江聲尚書之前，世蓋鮮知之矣。鄭振鐸嘉靖本篆文陽春白雪跋：「近在杭州石渠閣得殘本篆文陽春白雪二册，爲明嘉靖間宗室高唐王所刊，詫爲罕見。按明刻詞集最少，陽春白雪在朱彝尊編詞綜時已不可得，以篆文寫之詩餘，尤爲絶無僅有，雖殘本亦足珍也。」又云：「陽春白雪題『皇明宗室高唐王岱翁集篆』，和居易録所言可互證。明史無王傳，故士禛未知其名。考明史諸王世表五有高唐王，名厚㷿，爲懿王祐榕考庶八子，嘉靖二十二年封，二十六年薨，無子，除，謚悼僖王，當即其人。此本於篆文後復附以今體文字，蓋懼世人不盡識篆文也。」又云：「此本篆文一卷，凡六十八號（即六十八頁），每半頁七行，行九字；今體文一卷，凡十六頁，每半頁十四行，行二十四字。中縫有『時習軒』三字，書名別作篆詩餘。」

天禄琳琅　洪武正韻十六卷，隆慶元年衡府厚德堂刊本。藝風藏書記：「攝生衆妙方十一卷，明隆慶三年衡府刊本。」

拜經樓藏書題跋記　元刻圖繪寶鑑吴騫跋云：「卷首有『廬江王書畫記』印章，蓋明藩邸舊藏也。

按明史，鄭靖王瞻埈庶子見滴，弘治三年封廬江王，四傳至王載禋，居懷慶，崇禎十七年二月，流賊陷城，王朝服罵賊而死。此書雖未著王名，然其裝潢極精，外用磁青花緞包裹前後，以黄緞細標卷目貼於面，款式非民間藏書可比，又豈特所謂宣綾包角藏經箋而已。」見文禄堂訪書記。

讀書敏求記　讀書敏求記校證：「明袁宏道有蟋蟀經一卷，見明徽藩所刻欣賞編。」

千頃堂書目　嘉靖十四年徽藩崇古書院刊錦繡萬花谷，當爲恭王厚爝，嘉靖五年襲封，廿九年薨。

邵寳對客燕談云：「某在許州時，一日徽府二校尉來索馬。某曰：『何往？』曰：『將買書於張潘鎮王僉事。』某曰：『何書？』曰：『文苑英華。』某曰：『此書某借在此。』校尉稍退，從容問曰：『某等粗識宗管書籍，此書聞焉而未見也，願得一本觀之。』某遂與觀。觀畢索馬而去，徑啓王。王命儀衛副殷霖賫書並官板通鑑綱目一部來借前書，云：『以綱目質當。』某謂霖曰：『某借人書，豈敢擅主！』霖問王僉事，王曰：『吾已送邵太守矣。』某力辯借送之異。霖以令嚴求不已。某即還書於王僉事，令自進之，且爲啓，令諸生王軺奉綱目納還，其略云『書係王某物，若遽以進，雖竭獻芹之誠，難免乞鄰之誚』云云。王曰：『邵太守太計較。』受書後以白金十兩酬王僉事，綵緞二匹賜某。某復令王軺辭納，啓略云：『綱目與綵緞前後皆蒙德意，辭受豈宜異同？』王復書云：『欲再致，恐累清德，太守諒之。』弘治乙酉。」明嘉靖辛亥刻詞林摘艷卷後有「嘉靖辛亥歲仲秋吉旦，

徽藩月軒道人重刊」兩行。據明史諸王世表，月軒道人名載埨，嘉靖三十年襲封，三十五年罪廢，國除。

偶來山廨餌蒼朮　二一二

徐達左良夫　俞貞木建寧府儒學訓導徐良夫墓志銘云：「卒於洪武二十八年，著有四子書十卷、家□一卷、年譜三卷、金蘭集三卷、耕漁文集一卷。」

蘇州府志　欣夫案：儀顧堂續跋元刊傳道四子書八卷：「顏子二卷、曾子二卷、子思子二卷、孟子二卷，題吴郡後學徐達左編次。有達左總序，四子各有達左自序。下有印三，曰『徐達左印』、曰『良夫』、曰『耕漁軒』及『會溪蔣直儒刻』一行，至正庚子辛丑刊本。」又云：「洪武初，鄉人施仁守建寧，請爲其學訓導，六年卒於建寧。見俞貞木撰傳。著有耕漁軒詩。」

青城劍氣在松陵　二一四

列朝詩傳　朱存理記虞氏書册：「笠澤虞氏爲丞相雍公之後，有名淂者，老而居貧，其先雍公遺像、世譜手跡、所遺古劍等物俱在。學士邵菴公省墓來吴，所留詩卷，其祖勝伯先生遺稿及宋元人詞翰累百軸，古書殆千卷，藏於家。家惟草屋數間，蕭然江渚。余知翁家在焉，買舟造之。翁適曝日南榮之下，偶同一客往，翁不樂，拒弗之見，期明日。而余果再詣，翁歡然延入，乃盡出其所藏，爛

然文錦，秀溢於目。翁爲雞黍信宿之留，所遺盛唐詩數家，莊、列諸子等書，皆宋時紙版，經收藏之凡幾，印章累累相屬。後復得數種，名不能俱録。葉文莊公時與進士鄭公詣拜翁牀下，時翁方病不能起。公一大臣，其待鄉老如此。卒，爲撰志文，俾葬先墓。公於其家遺書一無所取，止持丞相奏議一部，付廣州守沈琮刊行。復見其幼子拳，言於巡撫劉公，薦爲吴江縣陰陽學正銜。葉公有詩示拳，眷顧之意甚至。拳既官，病死，而拳之命一何薄也！其後丞相、學士諸像皆爲崑山族人啓東得之，世譜一帙，有丞相家傳十卷，是勝伯手筆，及備録世系等文與丞相數帖，不知流落何在。所謂古劍者，尚存於一士人家，楊鐵崖作劍歌一通，余别得之，云丞相有古遺器四，劍其一也。其瓦琴、石磬、蜀王硯皆不及見。學士書丞相誅蚊賦已歸沈石田，余亦得學士遺跡凡六帖。勝伯所著鼓枻稿、雜著文字、鳴鶴餘音共二三册，並義塾序送勝伯求遺書詩文共二卷。陳吉士玉汝與翁家聯姻，又盡得其所秘者。至今笠澤里中人有一二殘編，尚知爲虞氏故物也。瑞雲觀道士有丞相鈞堂一帖，帖後歸之僕矣，太史吴公原博跋其後。暇日理篋中之藏，凡得虞氏者萃而爲一，因識此語，俾知虞氏昔之衣冠家世之盛，今之子孫衰替，不能有振其先者。雖然，天道未可必也。嗚呼！古今聚散爲理之常，又何足較哉！」

蘇州府志　常昭合志：「虞子賢以字行，宋文憲謂子賢博雅好古，絶出流俗之上。楊維楨極稱之，

謂篤於士行，尤孝其親云。」

乾隆蘇州府志　明刻元豐類稿正統十二年樂安姜洪序云：「歲四月過宜興，訪友人鄒大尹，爲洪道其始，得稿寫本於國子司業毗陵趙公琬，謀刻之。繼又得節鎮南畿工部左侍郎廬陵周公忱示官本，彼此參校，梓成屬序。」

牧馬真能除害馬　二二〇

丁日昌禹生　林達泉太僕文鈔卷下百蘭山館藏書目録序云：「雨翁都轉博雅好古，藏書甚富，暇時盡出所藏，屬某編爲目録。因仿四庫全書例，分爲經史子集四部，復約分數類，以便檢查。（略）自兵燹以來，大江南北，兩浙東西，所謂文宗、文匯、文瀾三閣，庋置秘本，都已化爲灰燼，無有存者。都轉乃搜羅薈萃，收拾於委棄瓦礫之餘，購集之多，幾及三四萬卷，洵所謂壹其所好，好之而有力者也。」百蘭山館詩集以書贈坡樵廣文約來樓觀書詩自注云：「吳門黃蕘圃百宋一廛所藏宋槧書歸余者甚多。」欣夫案：陸心源儀顧堂續跋元刊玉海跋云：「先是，道光中，上海郁泰峯茂才松年以六百金得書於揚州鹽商家。同治初，豐潤丁雨生日昌開府江蘇，余過其官舍，出以相詩，並載入持靜齋書目，所謂墨光燭天者也。及余自閩中罷歸，有以郁氏書求售者，余閲其目，是書在焉，因以善價得之。詢其何以仍歸郁氏之由，知雨生介紹應敏齋廉訪至郁氏閲書，自取架上宋元刊

本五十餘種，令材官騎士擔負而趨。時泰峯已故，家已中落，諸孫尚幼，率其孀婦追及於門。雨生不能奪，取其卷帙少者自置輿中，其卷帙多者僅携首帙而去。後經應敏齋調停，以宋刊世綵堂韓文、程大昌禹貢論、九朝編年、毛詩要義、儀禮要義、金刊地理新書等十種爲贈，餘乃返璧。余始恍然。」欣夫案：王同愈吴郡文編跋云：「咸豐庚申，赭寇陷省垣，時先生已歸道山，嗣孫康如茂才年尚幼，蒼皇避地，金石圖書之屬，委而去之。同治癸亥冬，蘇城克復，豐城丁公日昌入城安撫，即馳赴先生園第，蓋耳先生名，欲籍以一探琅嬛也。於是藝海樓之孑遺，悉爲持静齋之珍秘。」欣夫案：卷六顧沅詩先生自注云：「湘舟辟疆園在郡城甫橋西街，庚申之刦，其所藏盡爲〔豐順〕丁中丞捆載以去。持静齋書目所著録，多其家書也。」

一騎傳宣至北平　二二三

式古堂書畫考　顧文彬過雲樓書畫記趙仲穆行書洛神賦册有「袁氏珍玩子孫寶之」印。丁氏善本書室藏明正統覆宋淳化本漢書，有「尚寶司卿袁氏家藏」方印。

涌出飛泉映佩刀　二二四

葉文莊盛、葉恭焕伯寅、葉國華白泉　王世貞菉竹堂記云：「生平無他嗜好，顧獨篤於書，手自抄讎，至數萬卷。」葉文莊公書跋書傳家集後云：「司馬温公傳家集八十卷，六十六至終卷初借録於同年

進士浦宗源，廣州見司馬昌訓導，又録得目録至四十卷，今年從大理正卿所録補四十一至六十五卷，始爲全書也。夫以余歷三人者之家，積二十餘年之久，而後克成一書，亦難矣！吾後之人乃欲易視吾書，可乎？吾平生模録書册，其紙板字行多依原本，故譌字雖或未免，若脱行漏板則無之，如此書是已。並書以示子孫。」愛日精廬藏書志何義門跋舊鈔本金石録云：「金石録三十卷，崑山葉文莊公故物，首尾二紙，則公手所自書，余收得吴文定公寫本書亦皆然。乃知前賢事事必有體源，貴乎多見而識之也。」欣夫案：中吴記聞己未重陽前四日毛扆跋云：「中元前四日，訪崑山葉九來，以一册贈之。九來爲文莊公後人，文莊書甲天下，所傳菉竹堂書目者也。因訪其藏本，答云此書尚屬文莊故物，目前未遑遽檢。時余將詣金陵，丁寧再三而别。秦淮返棹後造九來，申前請，則已檢得矣。並指示是正者一百三十餘處，且多補録一則，不覺狂喜叫絶。遂與借歸，窮一日夜之功，乃校畢焉。菉竹藏本係棉紙舊抄，行數字數俱無定准，每卷首尾間一行連寫，開卷有文莊名、字、官銜三印。（略）葉文莊子孫不啻數世，尚能守而勿失，健羨之餘，感慨係之矣。」隆案：國華字德榮，其手抄法帖刊誤自跋云：「書於娱齋。」其藏書印曰：「葉印德榮」「國華葉德榮甫世藏」「葉氏藏書章」，又楷字長方之「葉文莊公家世藏」一印，每與德榮印並見，亦爲德榮所鈐無疑。頃得崑山潘道根手抄白泉詩兩册，中多與陳言夏、毛子晉唱和之作，未刊秘籍也。一九五七年十月，欣夫。

欣夫案：文禄堂訪書記王蓮涇校崑山葉氏鈔本雲間清嘯集、桂軒詩集：「黑格，板心刊『葉氏小有堂抄本』七字。」欣夫案：姜宸英有爲葉九來撰小有堂記。欣夫案：舊抄説學堂稿隆慶辛未秋九月二十八日括蒼老人恭焕跋云「嘉靖辛酉歲，震川歸師從余覓危太僕文」云云，則恭焕爲歸有光弟子。又案：恭焕刻有雲僊散録、清異録。同治蘇州府志列傳：「葉奕苞字九來，國華次子。」雲僊雜記十卷，明隆慶玉峯葉氏菉竹堂刻本。陳德驥吉雲居書畫録葉文莊公幸學詩碑二十八跋：「卷末有國華跋，稱六世玄孫。」吉雲居書畫續録王麟洲書菉竹堂歌軸：「歌云：『昔我文莊公，敦詩景淇澳。比德於魏武，爲堂顏菉竹。勁節標霜霰，高名等金玉。於戲大雅今亡矣，兩字清風在人耳。圖書尚挾琅玕色，輪奐那知無地起。千畝何須問子孫，一經要使素風存。清芬不歇五世澤，復有賢者高其門。左圖右史萬事足，隙地猶能結茅屋。神明頓使還舊觀，韻態如聞著新緑。君不見侯家畫閣迴參天，那數君家數尺椽。須臾失勢落人手，傳舍徒爲行路憐。又不見金谷園中樹沙堂，名花更有平泉莊。山丘不帶繁華去，草木難傳姓氏香。朝菌由來夕成槁，何如日對此君好！吁嗟文莊不可忘，五畝之宅君其保。』名臣葉文莊公舊以菉竹名堂，所蓄圖史多用此印記，而堂以清貧未立。玄孫伯寅氏力學志古，思述祖德，爰輯故居，牓題舊號。余嘉乃志，爲歌以詠其世德焉。隆慶壬申秋八月，牆東居士王世懋識。」後又有俞允文跋。讀書敏求記東家雜記：「壬戌冬日，葉九來過訪草堂，云有宋

槧本東家雜記，因假借繕寫。」讀書敏求記校證梁公九諫：「賜書樓藏舊抄本。黄丕烈云：『賜書樓，顧抱沖云是葉氏樓名。余得張乖崖集宋刻半部，是賜書樓抄本。』」欣夫案：顧云葉氏，不知誰屬？文莊顯宦，宜有賜書，姑附於此。汪璐藏書題識鈔本雜志：「題籤云『宋版校正』，卷上首葉題云『玉峯菉竹堂珍藏』，末題『崇禎壬午年下學齋鈔藏』。」九來藏印曰「南陽叔子苞印」白文方印、「二泉」朱文方印、「下學齋圖書記」朱文大方印。欣夫案：白泉詩，順治十一年甲午年七十推之，當生於明萬曆十二年甲申，詩終於康熙二年癸卯春末，則壽已七十九矣。又詩題中屢及「苞兒」云云，則九來即白泉之子。此爲葉先生所未知。葉奕苞經鉏堂文稿賓告篇有一則云：「書之難難於說部，太腐則俚，太艷則妖，然而寧腐無艷。如御覽、廣記卷帙最爲浩博，不免流於蕩佚。山園藏書無幾，經史子集而外，擇唐宋以來名人雜志有助見聞者，皮置繙閲，若猥褻鄙陋之詞，未嘗寓目，敢告無坊刻小說。」

邢生邢生盎無糧　二三八

黄省曾貧士傳　文震孟邢布衣傳：「邢蠢齋先生量，字用理，居葑門之東。陋室三間，青苔滿壁，折鐺敗席，淡如也。僉憲陳直道公致政歸，嚴峻不交一客，唯挾册就先生質疑，清談竟日，不設湯茗。吴文定歸自少宰，訪叩其門，先生曰：『我方執爨，未有五尺應公，奈何？』公乃假鄰家胡牀

坐門外良久，候其終食乃進。先生清瘦若削，自經史、釋老、方技無不兼通，詩甚秀逸。（略）門人朱存理收其遺詩，僅數篇。」又云：「邢參字麗文，或云即用理先生之族孫也。爲人沈靜有醞藉，固而不陋。嘉遯城市，貧無恒業，惟教授鄉里，以著述自娛。」吳寬書隱者邢用理遺文後：「用理，吳之狷士也，隱居葑門之東，以醫卜自給，不出閭里，葑門人有不識其面者。室多藏書，手自校定，至前説謬繆，多能是正。卒時年六十二。」

列朝詩傳　欣夫案：陸紹曾有邢麗文先生遺稿錦帆逸史葉九蘭手鈔本，中多與朱性甫唱和之作。文禄堂訪書記校明刻述異記跋云：「梁任彦升新安太守述異記三十九紙，乃葑門邢麗文先生手寫。爲散亂失去六紙，今補足全袠，實爲完書也。此書難得，野竹保之保之！嘉靖元年正月上元日記。」欣夫案：野竹當爲沈與文。吳焯繡谷亭薰習録麗文集一卷：「明□□□麗文著，有婁東王錫爵、海虞錢岱序。」

亭館相通旁五湖　二三二

列朝詩傳　汪砢玉珊瑚網法書題跋卷一王羲之每思帖有「南濠都穆觀於松陵史氏淡心齋」一行。欣夫案：有「松陵史明古藏書」記。欣夫案：有學集聶崇義三禮圖跋云：「余舊藏本，出史明古家。」

池北偶談　欣夫案：毛晉吳郡志跋云：「余舞象之年入郡，謁韋刺史祠，見西廡方策半架，塵封蠹蝕，

抽而視之，廼吴郡志，不知何人所作，何代所鐫也。泉從太史公錢師榮木樓獲宋刻范文穆公吴郡志，珍爲髻珠，亦不知其板何在也。適禹修方公爲雲間刺史，葺理郡志，馳書召余與眉公先生共事，因携此帙入頑仙廬。眉公開卷見門類總目，擊節歎賞，得未曾有，題數語於後。時有史辰伯在座，眉公指謂余曰：『貴郡文獻都在此老腹笥中。』史因掀髯縱談，撫卷曰：『此志爲趙宋紹定刻，板藏學宫韋刺史祠中。』余恍然昔年所見，深愧童蒙，覿面失之，亟理棹入吴門，再拜韋祠，但見朽木五片叠香爐下，摸板尋行，與藏本無二，叩訪其餘，已入庖丁爨煙矣。嗚呼惜哉！」

亨父鼎儀謝弗及　二三四

明詩綜小傳　文林故浙江布政使司右參政陸公墓志銘：「公諱容，字文量，崑山惠安鄉人。（略）生平無他嗜好，惟聚書數千卷。老猶自課不厭，勤劇且樂焉。」

明畫録　吴郡名賢圖象讚云：「王時敏字遜之，號煙客，晚號西廬老人。（略）詩文書畫師黄公望，八分師魏受禪碑，參用夏承碑法。寸縑丈幅，海内珍之。」

吴偉業和王太常西田雜興韻　吴綺林蕙堂集王煙客八十詩云：「彩衣捧杖多才子，寶閣藏書自上公。」沈受宏白漊集同題云：「斑駁尊彝三代上，丹鉛圖史百家餘。」王晫今世説：「王煙客插架千卷，皆丹黄勘讎。每當賓朋雜坐，舉史傳中一事，輒援據出入，穿穴舊聞。」

吏部東廂晚年筆　二三五

昌熾案　讀書敏求記孟子注疏：「是叢書堂録本，簡端五行爲匏翁手筆。古人於注疏，皆命侍史繕寫，好書之勤若是。」

文定家藏集　楊士奇處士伊允德墓志銘云：「子男四。次侃，登正統丙辰進士第。」藝風藏書續記五色線：「明刻本。爲明弘治丙辰華陰刊本，係御史沁水李叔淵所藏。書後有高胤光跋：『右此書乃浩然翁邵文伯手抄於鶴城所寓之怡雲軒。後於野亭先生處得此本，傳於伊氏奉遠樓讀書處。』」欣夫案：伊爲希姓，以藏書名者尤不經見。此跋在弘治丙辰之前，案其時與吴寬、楊士奇約相當，然則奉遠樓者爲伊侃讀書處歟？

一月何能付棗梨　二三七

錢泰吉王刻史記跋　欣夫案：王刻史記於集解序後有「震澤王氏刻於恩褒四世之堂」隸書雙行牌記，又目録後有「震澤王氏刻梓」篆文雙行牌記。又末跋云：「林屋山人王延喆識於七十二峯深處。」又案：延喆又刻明王銈撰本草單方八卷。

士禮居藏書題跋記　大隆案：徐玄佐藏書有「徐氏玄佐」「震澤草堂圖書」「孺子後人」三印。徐玄佐才調集跋：「蜀韋縠才調集十卷，本朝所未刊，諸名公所未覩者也。先君文敏公素有此書，

蓋宋刻佳本，惜分授之時，匆忙失簡，逸去其半。後逾三十年，幸交符君望雲，獲聞其親錢復正氏有鈔本家藏，因而假歸，特浼知舊馬公佐照其款制摹以配之，共計一百十有六幅，凡二千七十三行。裝池甫畢，展卷焕然，頓還舊觀矣，後之人勿視爲尋常物也。萬曆甲申臘月十日，華亭徐玄佐記。」欣夫案：徐縉吴縣人，而玄佐自署華亭，俟考。又馮舒跋：「崇禎壬申，嚴文靖曾孫翼館於余家，携宋本至，前五卷爲臨安陳解元宗之家刻，後五卷爲徐玄佐録本。」徐玄佐影宋抄本書苑菁華跋：「書苑菁華其原本乃先君文敏公所遺，宋朝佳刻也。仲兄珍藏篋笥，宦游携行，已經三十年餘。近兄物故，猶子不暇檢閲，逕失去第十六卷至終一册，余甚惜之。復恐他日並其所有而亡，遂取過摹寫，藏於齋閣。後聞五芝龔君亦有是書，且不吝假人，又得請歸續録完之。噫！凡物聚散得失固有時也，亦由乎人也。今偶留心典籍，以全古人之書，以存先子遺書之意，豈不快哉！萬曆七年七月既望，東海徐玄佐謹識。」

望洋欲叩草堂門　二四一

王文恪通議大夫都察院右副都御史徐公墓志銘　欣夫案：吴越所見書畫録卷四有明諸名賢贈徐仲山使節清風圖卷，係仲山於弘治辛亥以武部郎奉使封鄭藩，當時諸賢贈行之作也。李應禎送竹窗徐君序云：「始余從翰林吴修撰原博求鄉人之賢，得仲山而友之，過其家，拜其父竹窗。君長厚人也，

其季澄亦侍側，恂恂雅飭，蔚然金芝玉蘭之並秀也。」

排闥狂呼月未闌　二四三

文徵明朱性甫先生墓志銘　吴越所見書畫録卷三文衡山春遊書畫卷自題：「二月望，與次明、道復汎舟出江村橋，抵長沙遵陸，邂逅朱堯民、錢孔周，登天平，飲白雲亭，次第得詩四首。時嘉靖甲辰春也。」文震孟刑布衣傳云：「用理門人朱存理，篤學善談名理，讀書杜户，稱其師傳，與同時朱凱堯民稱兩朱先生。」朱存理野航詩卷自序：「名『野航』者，野人所乘之舟，泛泛江湖，詩盟有年，既得江湖之詩，稇載而多，録以成卷矣。辛亥九日，野航主人漫書。」野航著葑溪編，自爲序引，題弘治辛亥重九。又朱性父詩有楊循吉、祝允明兩序。

昌熾案　欣夫案：東湖叢記載周榮起述抄珊瑚鐵網緣起云：「朱先生吴中高士，多讀未見書。生弘正間，與文待詔衡山、吴閣學匏菴、沈徵君石田稱素心莫逆友，故一時耳目覩記，迥絶凡流。而更留心研討，所遇名山秘玩，輒收弆而手録之，積久薈萃成十四卷，大都皆勝國時人筆墨卷軸，大而忠孝節義，小而書畫文章，散而儒玄典教，靡弗備焉。觀止矣！」

朱堯民凱　劉鳳續吴先賢贊：「朱凱堯民善和良承意，能爲弟子都養，與諸生游甚款。五七言有可觀。」

嬰婦蓬頭稺子嘑

二四四

列朝詩傳　劉鳳續吳先賢贊：「楊循吉（略）購書甚富，既性所嗜，聞某所有異本，即夙夜求之，亦是時有故家傳藏之者。今悉散佚，閱其篇目，索之多不得矣。」楊循吉自撰生壙碑云：「性偶好書，結廬天峯院，折松枝爲籌，課麟、葩經，稍通章句，旁涉子史百家又及千卷。」讀書敏求記校證博雅：「正德乙亥支硎山人手跋。此本山人惜逸其氏名，亦一佳士也。鈺案：顧廣圻跋愛日精廬藏本云：『支硎山人，遵王惜逸其氏名，然跋後副葉有與劉太守札稿，自名曰庠，曾爲河南巡撫，壬申歲以户侍歸。其別墅曰東溪，著東溪吟稿，求楊儀部序，似非不可考者。』案明成化壬辰進士題名碑録，鄧庠籍湖廣郴州宜章縣。四庫存目有東溪稿十卷，爲鄧庠撰。提要云：『庠字宗周，南京户部尚書，終蘇州巡撫。』是庠曾撫吾吳，故以集乞楊儀部循吉作序。儀部亦成化進士，爲當時壇坫，浼人乞請，情事所有。其實支硎山人即儀部別號，姑蘇名賢小記載儀部結廬支硎南峯，朱承爵存餘堂詩話又稱中吳楊禮曹支硎先生，皆足爲證。以遵王一時失考，澗薲先生乃舍近就遠，留此疑問。蒐考得之，爲之大快。」

吳寬跋劉參政與楊君謙手簡　陳鑑贈友人劉憲副欽謨還河南序云：「天順間，欽謨以薦擢憲副河南，專提學政。（略）服其教法者則相謂曰，劉憲副今之安定也；誦其文章者則相謂曰，劉憲副今

之歐蘇也；仰其學問之正、踐履之方者則相謂曰，劉憲副今之程朱也。」

海鶴詩中萬卷堂　二四七

文莊勿藥集　汪璐藏書題識：「姚咨錦里耆舊傳跋：『是編得之門人秦汝操氏，汝操又得之沈辨之氏。惜乎祇後四卷，缺前四卷，未得爲全書。大抵古書之存於世者，多殘缺不全。先達邵文莊公嘗云：「麟角鳳毛，奚以多爲？」愚於是編亦云。』」

突如焚如涕漣如　二五一

李廷相邊公神道碑　李開先閑居集曬書詩：「邊劉並及余，癖好在收書。注：『邊尚書華泉，劉太常西橋。』又注：『邊在家失火。』」馬履泰秋藥庵詩集卷二歷下雜詩云：「一夕煙橫勢鬱攸，玉啼寶唾浩難收。古今聚散俱如此，何事催心萬卷樓。注：『邊華泉自焚萬卷樓後，惋憤成疾而歿。』」

尚書江左擅詞宗　二五二

四庫提要　遜志齋集二十四卷，附録一卷，正德顧璘刻本。

列朝詩傳　戒菴漫筆：「南京顧英玉璟知許州時，掘地得燒成骰子一窖，約兩三石，每以六枚作小匣置之，歸遺親友，蘇州沈辨之與文曾得之。」乙亥秋九月殷泉。

千頃堂書目　欣夫案：焦竑國史經籍志同。

風雨羣騶徑叩門　二五三

列朝詩傳　楊循吉爲都玄敬序都氏月樓集云：「循吉居濠上久矣，有積書數千卷，而能得當世名公翰墨累累者誰家哉？蓋惟有都氏而已矣。」明刻爾雅翼正德十四年都穆序：「余舊藏宋刻本，以歸李工部彦夫。」

鷗波墨妙妙天下　二五七

甲乙賸言　李開先閒居集寄題李蒲汀尚書藏書樓云：「兩世尚書百世芳，書樓突兀應文昌。古經當日曾分借，新刻別來屢寄將。皇甫一車蒙國賜，景文百軸作家藏。忽驚螢火簷前過，疑是然藜夜有光。」

楹書隅録　滂喜齋藏書記：「元刻松雪齋文集，有蒲汀印。」

千頃堂書目　欣夫案：焦竑國史經籍志同。

石川張氏崇古樓　二五八

蘇州府志　劉鳳續吴先賢贊：「陳察（略）嘗請簡儒臣一二盡校天下書，非掌故業者無得蓄，時尤怪之。」北京大學圖書館善本書目：「兩陳公文集二種，明陳察、陳寰撰，陳玉陛輯。明萬曆常熟陳氏家刻本。」

蘇州府志　欣夫案：吴越所見書畫録卷二宋文信國手札卷，有嘉靖庚申崑山張寰題跋并詩，鈐「石川浪叟」印。然則寰爲崑山人。文徵明張安甫墓志銘：「世居崑山蕭墅。（略）子寰以家學取進士，連守濟寧、濮、開三州，召爲刑部員外郎。」

獺髓真成續命膠　二六〇

上海縣志　欣夫案：儼山於嘉靖丙申刊史通，世稱善本。

上海縣志　嘉靖甲辰雲間陸楫刻古今説海，首列校書名氏十三家，有雲谷黄標良玉，太學生，出藏書三十卷，總校勘編次。欣夫案：陸楫刻古今説海而黄標任總校勘編次，故上海縣志亦歸其名於黄也。

蜀水京山天下秀　二六三

孫楨仲牆　丹陽縣志書籍：「孫楨，西莊詩集、痘症論、淳化閣帖釋文、十七帖釋文。」又：「輯孫氏燼餘録，吉夢熊跋：『余繙閲再四，知孫氏園林嘉靖時倭寇蹂躪，一夕燬於火，其詩文俱付祝融。思行侍御之仲子石雲名楨者，集殘碑，搜斷簡，並諸人所記憶者，得詩文雜著若干首，釐爲十卷，顔之曰燼餘録。』」欣夫案：思行名方，正德辛未進士，官監察御史。

好古堂書畫記　許棟古均閣寶刻録夏承碑跋：「仲牆名楨，字志周，熟精經史及象緯之學，凡彝

鼎書畫，寓目即辨真贋，著有閣帖釋文考證。陳眉公序其遺集，比之楊新都、王太倉云。」欣夫案：夏承碑宋拓孤本即其所藏，許雙鈎刻之。讀書敏求記天元玉曆璇璣經：「丹陽孫仲穡得録本於江右陶孔啓。」章鈺曰：「『穡』當爲『牆』之誤。」

孫育思和　又丹陽縣志文苑：「孫育字七峯，由文生貢太學，游王守溪、楊石淙、靳企庵之門，皆愛其才，以賈洛陽稱之。構七峯山房，工詩文翰墨，與唐寅、祝允明齊名。屢困場屋，會詔以筆札取士，得直文華殿中書。又著七峯山人集六十卷，又輯陳少陽盡忠集。」

楹書隅録　欣夫案：顧元慶夷白齋詩話：「陸元大晚寓丹陽孫曲水館。」據此，諸印則爲孫禹見也。又丹陽縣志文苑：「孫雲翼字禹見，萬曆辛卯舉人，知廣東龍川縣，擢知彝陵州，解綬歸，三十年不謁守令。左圖右書，終日披誦。生平撰述甚富，文工齊梁體。」又書籍：「著橘山四六箋注、啞紹編、清暢齋駢語、鼇陽漫稿、梅亭四六，又輯廣福山志。」陳仁錫孫公傳：「嘗赴春官，不挾書策，以家藏橘山四六一書護郡牒。橘山者，宋相國李廷忠號也。舟中無事，間爲披閱，隨手箋注，引用羣書以相證。及抵京師，已成帙。」

昌熾案　又丹陽縣志：「賀世壽原名烺，字函伯，萬曆庚戌進士。顧憲成、高攀龍講學東林，當事不善也，力排之。世壽年少氣盛，兩疏争之，語侵太宰趙焕，引去。官至户部尚書。」世壽著靜香池稿，

錢謙益序之。又有思聞録、清音集、間坪雜識。

昌熾案　又丹陽縣志：「賀裳字黄公，號蘗齋，邑文生，與吴門張溥、楊廷樞執復社牛耳。葺載酒園，與名流觴詠其中，一時推爲風雅之宗。著少賤齋集、史折、續史折、戰國論略、紅牙詞、載酒園詩話、皺水軒詞筌。」

書法歐虞畫右丞　二六五

昌熾案　滂喜齋藏書記宋刻東觀餘論，又有「鐵研齋」、曰「五峯樵客」、曰「放情山水之間」。

昌熾案　欣夫案：皕宋樓藏書志張立人手抄貞白先生陶隱居集文嘉跋云：「嘉靖甲辰，假得崑山周□□氏所藏紹興刻本，因手録一帙，藏於蕭閒齋。」

明史　蔡金重云：「式古堂書畫彙攷書攷目録下：『文震孟字文起，號湛持，萬曆二十二年鄉薦，名從鼎，後改爲震孟。天啓二年進士及第第一，官至東閣大學士、禮部侍郎，謚文肅。』由此知文震孟、文從鼎爲一人，而誤分爲二人。」欣夫案：長洲縣志：「文震孟，待詔徵明曾孫也。初名從鼎，字文起，號湛持。」許穀明兩京國子博士文公墓志銘：「先生諱彭，姓文氏，字壽承，人稱爲三橋先生。（略）孫男五人。從鼎，元發出，卜以萬曆十一年癸未葬於石湖。」申時行端靖文先生墓志銘：「先生諱元發，子悱其字，别號湘南，晚更稱清涼居士。（略）子男四。長即震孟，初名從鼎，萬曆甲午舉人。」

欣夫案：震孟生於萬曆二年甲戌，其兄弟初以從字排行。壽承葬在萬曆十一年癸未，震孟年十歲，尚未改名。至元發葬在萬曆三十年壬寅，震孟年廿九歲，則已改名矣。戊子爲萬曆十六年，時年祇十五，本未改名也。至其初字定之，則他處所未見。又震孟爲彭之孫，此云嘉之孫，亦誤。葉氏引天禄琳琅而未加攷證，且亦誤以震孟、從鼎爲二人，實爲巨謬。元刊草堂雅集跋：「玉山草堂雅集十三卷，爲家藏善本。卷首標目出先國博府君，亦楷書之最精者。友人錢受之、王淑士各借鈔一部，人間流傳未廣，猶可稱竺隝帳中珍也。時天啓元年新正三日，淑士持還，因記此語於清瑶嶼中。震孟。」

靚室含醺坐碧梧　二七一

文徵明錢孔周墓志銘　藝風藏書續記太玄集注卷末題識：「此本舊藏唐子畏家，後以贈錢君同愛，更無副本，惟賴此傳誦耳，錢君幸珍藏之。丁巳冬徐禎卿識。」

眉公筆記　欣夫案：徐禎卿撰朱性甫募買驢疏，仇英繪圖，首列秀才錢同愛奉贈白金六錢。

草堂寂寞面湖開　二七二

朱良育叔英　乾隆吳縣志：「朱良育字叔英，少游縣學，爲父辨冤，語激，褫衣冠。督學御史陳選憐其孝，白之。子鴻漸既登第，良育方貢入都，不受官歸。」

蘇州府志　欣夫案：朱性甫募買驢圖次列西崦朱良育贈銀五錢。

百宋一廛賦注　欣夫案：陸心源儀顧堂集宋刻崇古文訣跋云：「朱名叔英，今刊本百宋一廛賦注作叔榮者，誤也。」

豹房昨降五雲箋　二七四

開有益齋讀書志　欣夫案：徐霖，本姑蘇人，徙金陵，能書善畫，其事跡載名山藏、藝苑卮言、金陵瑣事、松江志寓賢傳。

尤侗詠明史樂府徐髯仙　欣夫案：子仁又號快園叟。見吳越所見書畫録自書詩卷鈐印。

千頃堂書目　欣夫案：焦竑國史經籍志同。金陵瑣事：「太守印岡羅公鳳，家居廿有餘年，年踰八十而卒。博雅好古，所蓄法書名畫金石遺刻多至一千種。間爲詩，與諸名勝相屬和。老猶矻書，所著延休堂漫録數十卷，皆手自謄寫云。」

五嶽歸來憶昔游　二七六

列朝詩傳　皇甫汸黄先生墓志銘云：「君諱魯曾，字得之，人稱爲中南先生。（略）父葵庵公善操其息，立致萬金産，析子各千餘。君與弟省曾，即五嶽山人也，盡以購書讀之。（略）白首牖下，誦覽不輟，鉛槧日操，多所校輯，若孔氏家語、兩漢博聞、漢晉唐四傳、唐詩二選、仙家四書、大哈、小哈録、詩説諸集行於世。」

列朝詩傳　勉之刊有水經注、山海經，淳父刊有兩漢紀，均極精。又於嘉靖時刊列仙傳。欣夫案：吴越所見書畫録所載姬水題詩，下鈐「黄志淳父」四字印，又「志」字、「淳」字各一字印，然則姬水字志淳，非「淳父」也，此誤。

昌熾案　欣夫案：陸時化吴越所見書畫録卷一唐解元風木圖有史臣紀題詩，下鈐「史叔載甫印」，似其字爲叔載。藝風藏書記貞白先生陶隱居文集跋：「嘉靖甲辰，文休承從玉山周生得紹興刻本，手録藏之。余亦寫此册。（略）辛酉冬日，吴郡史臣紀叔載題。」欣夫案：臣紀字叔載而非載之，陸心源穰梨館過眼録誤於前，而葉先生承於後，而以史載之方作詩爲辨，可謂以不誤爲誤矣。

藝菊一畦書滿架　二七八

姑蘇名賢小紀　郎瑛七修類稿：「武林舊事十二卷，杭刻其六，全者在吴人袁飛卿家。」

山居何有濟時心　二七九

柳僉大中　逸老堂詩話：「宋楊學士應之題所居壁曰：『有竹百竿，有香一爐。有書千卷，有酒一壺。如是足矣。』余友柳大中僉性惟嗜書，搜羅奇籍，傳寫殆徧，親自讎校，不吝假借，由是人益賢之。間爲吟詠，手録白氏長慶集，題其後云：『兩三年寫自經手，七十卷書纔到頭。』山居云：『煮粥燒松子，梳頭就菊花。』述懷云：『百竿竹與身同老，千卷書曾手自鈔。』余嘗造訪其居，修竹翛然，

焚香獨坐，左圖右史，充棟汗牛。昔人之所慕者，今大中俱得之矣。與世之朝秦暮楚、驅馳勢利之塲者，大相遼絶哉！」

讀書敏求記

讀書敏求記校證白蓮集：「勞權云，柳跋一本，今歸丹鉛精舍，九行十八字，副葉中有『秋夏讀書冬春射獵』白文方印、『函雅堂收藏書畫記』朱文長印。孫序後有『籛後人謙益讀書記』朱文大方印，『季印振宜』、『滄葦』朱文二方印，『金氏文瑞樓藏書記』白文長印。目録後『季振宜藏書』朱文小印。風騷旨格目録後半葉題記云：『陳氏直齋書録云，唐僧齊己白蓮集十卷，風騷旨格一卷。今兼得之，爲合璧矣。元書北宋刻，傳世既久，湮滅首卷數字，尚俟善本補完，與皎然、貫休三集并傳。嘉靖八年歲己丑，金閶後學柳僉謹志。』前後空三行，低三格，卷内間有蒙叟朱筆評點。」欣夫案：大中抄書又有隨隱漫録，見皕宋書志；剡溪詩話，見瞿氏志；夢粱録，見北平館目。余藏白蓮集，何義門跋云：「柳僉字大中，所藏唐人詩集多善本，其人稍前於毛豹孫。」又云：「祝希哲有贈安愚柳大中詩云：『章甫玄端行秘書，穹窿山下竹林居。淫如玄晏道不遠，愚似龍城樂有餘。』蓋畏榮好古之士也。」讀書敏求記校證禪月集：「陳鱣云：『渌飲曾云東嘯軒郁氏有影宋抄本，當借校讎。』勞權云：『郁氏本亦出自述古堂舊藏，今歸丹鉛精舍，是柳大中用叢書堂書格手鈔，十行廿字。首册副葉有「函雅堂收藏書畫記」朱文長印，吳融序後有「籛後人謙益

讀書記」朱文大方印。』周跋後半葉題云：『時正德九年六月十三日，吴中布衣柳僉大中録畢於桐涇别墅之簡静齋中。復值病起，聊以詩紀歲月云：「病愈入城懶，斯書敗筆書。山林圖自在，風雨欲何如？白滿秧田水，青翻柳浪魚。不知塵不到，岑寂是安居。」』前後俱空二行，低三格，字頗古拙。書中有蒙叟朱筆校字。」

士禮居藏書題跋記　文禄堂訪書記校抄本墨莊漫録唐寅跋云：「正德辛巳夏五月端午後一日，燈下勘畢。姑蘇唐寅借勘俞子容家鈔本。」又陸思道跋云：「嘉靖乙巳，借俞守約墨莊漫録看一過。」欣夫案：「思道」疑「師道」之誤。然跋中稱衡山取觀而不稱師，則似别一人，俟考。日本丹波元胤中國醫籍考：「俞氏弁脈證方要。又醫藏目録十二卷，未見。」逸老堂詩話云：「祝枝山先生希哲嘗序家君約齋漫録二十卷，今録其略云：『俞君寛父，吴之耆儒也，秉操貞介，守道篤學，慎交簡出，泊然安素。其爲學也，好劇殆飴，勤彰逐月，外視權要若仇，聲利若漚。黄卷賓主，墨訂朱讎，日與古哲者游，蓋皇甫玄晏之流也。』文浩瀚不暇盡録。楊君謙見之，乃曰：『太史公筆不過是也。』又贈先君詩云：『水南雄市萬人趨，水北還容陋巷居。三尺素桐陶靖節，百篇華賦馬相如。心抛世俗争爲事，手録前賢未見書。欲繼姓名高士傳，惟君嫌我近睢盱。』家君白髮種種，嗜學不倦，每見奇書，手自謄録。時年八十餘矣，未嘗一日廢鉛槧也。」又云：「書敘指南近年爲人竊去，

余惋歎累日，飲食不能下咽，乃另爲詩以志吾感云：『四十年前録此書，任渠癡笑宋人愚。追思跋語渾如夢，安得驪龍頷下珠！』指南，任德儉著，其後有俞貞木先生題跋，貞木家貧，一日絶糧，廢簪珥衣服，僅存是册，蓋惜青氈舊物故也。余今六旬矣，不知更復見此書否？是我幸也。」祝允明約齋漫録序：「約齋先生俞君寬夫，吴之鄉校師也。（略）其嗣弁字子容，鳳毛蘭種，尤益親余。」

俞弁逸老堂詩話自序：「余性疏懶，平居自糲衣粗食外無他嗜好，寓情圖史，繙閲披校，竟日忘倦。古人有云，緩步當車，晚食當肉，此林下人一種真樂。余亦自謂有真樂三，而此不與焉。讀經史百家，忽然有悟，朗誦一過，如對賓客談論，而無迎送之勞，一樂也；展玩法書名帖，追想古人筆法，如與客弈棋，臨局而無機心之勞，二樂也；焚香看畫，一目千里，雲樹藹然，卧游山水，而無跋涉雙足之勞，三樂也。日復一日，蓋不知老之將至，何必飫膏粱，乘輕肥，華居鼎食，然後爲快哉！遂扁一室曰逸老堂，日居其中，鉛槧編帙未嘗去手，意有所會，欣然筆之，久而成帙，勒爲二卷，藏諸篋笥，因名曰逸老堂詩話，聊以志我之樂，且求愈於飽食無所用心者云爾。嘉靖丁未五月望日，戊申老人自敘。」

皕宋樓藏書志　汪璐藏書題識柳僉蟹略跋：「『澤國風霜後，漁郎網罟前。波濤愁欲避，朝野急於賢。螃蟹無能事，鱸魚不值錢。須知畢吏部，不讓季鷹先！』嘉靖十年歲次辛卯，閏六月吉，姑

蘇金閶柳僉録畢蟹略，作此詩書後。」又塵史跋：「塵史三卷，通計一百十葉，原刻本字多舛誤，今録此本藏於家。其間可證者改之，可疑者闕之。時嘉靖改元五月十日鈔起，至十八日録竟。鉏、耒、耜三子皆出痘方愈，柳僉志喜。」藝風藏書記八雲溪友議跋：「唐賢小説家若雲溪子友議最可觀者。摅子七歲能詩，世傳家學，見郡閣雅譚。兹本傳俞約齋先生家藏本，後宋九霞飛卿得宋刻本，止三卷，上中下編者。洞庭山人陸元大借校，因其訛舛反多於舊，余參校同異。嘉靖庚寅因置二本力疾重録一過，俞本爲佳，陸本次之，是知金銀魚魯在宋已然，覽者自得之矣。東吴柳僉謹志。」

皕宋樓藏書志　又汪璐藏書題識鈔本括異志跋：「正德十年歲次乙亥，仲春癸丑日，長洲俞約齋録。」

欣夫案：約齋爲俞弁父寬父字，當改入補遺。

家本靈威古洞天　二八一

文徵明閻起山墓志銘　劉鳳續吴先賢贊：「閻秀卿者，長洲人，有睿資，沈深好書，泊如也。」

雅宜山人王履吉　二八二

蘇州府志　欣夫案：吴越所見書畫録卷三文待詔落花詩册：「曾孫從簡題弁首『棐几怡情』，知爲公瑕物。公瑕以棐几名齋。」文禄堂訪書記抄本貞白先生陶隱居文集題云：「庚申春日，周天球借校於玄泊齋。」過雲樓書畫記周公瑕墨蘭卷：署「萬曆甲午冬日，八十一翁周天球作於鑒止堂。」

文房遠在白雲間　二八五

王文恪鏊陽山草堂記　祝允明集有顧秀才陽山草堂詩。

列朝詩傳　顧元慶陽山新録序：「余自埭川移家山中，又共十五題，題各記之以詩。首以大石，近而勝也。」欣夫案：大石山房之名，蓋取之此。據文房小説後附牌記「梓於陽山草堂之大石山房」，則草堂、山房爲一家所有。王鏊記之於前，王穉登志之於後，頗疑元慶爲仁效之後。又案序所云，則始居陽山者即元慶也。疑仁效、元慶即爲一人。四庫提要卷六十傳記類存目：「雲林遺事一卷，明顧元慶撰。元慶字大有，號大石山人，長洲人，都穆之門人也。」卷八十七目録類存目：「瘞鶴銘考無卷數。」卷一百九十七詩文評類存目：「夷白齋詩話一卷。」均元慶撰。

平津館鑒藏書籍記　大有藏印曰「顧大有印」白文方印。

昌熾案　文房小説後附牌記甚多，其一曰「嘉靖己亥，吴郡顧氏刻梓於陽山草堂之大石山房」，在亞形中。欣夫案：梓吴即文房小説之初名。

江左清談擅籍咸　二八七

王世貞袁魯望墓志銘　讀書敏求記葛洪神仙傳：「袁陶齋藏書，後歸秦四麟又玄齋，流傳至胤伽居士春雪樓。三君皆好古碩儒，所藏率多舊抄本，故其書正定可傳。」章鈺校證：「秦酉巖跋玉照

新志云，得吴門袁别駕陶齋遺書云云。蘇州府志：『袁表字邦正，臨江通判。』當即其人。」

蘇州府志　汪璐藏書題識影宋鈔本古今事類：「跋云：『嘉靖庚寅冬十一月二日燈下，吴門袁表識，時年六十三。』下有『袁父邦正』印。」唐皮日休文藪十卷，正德袁表刻本。

昌熾案　欣夫案：袁褧刊世説新語，末有「嘉靖乙未歲，吴郡袁氏嘉趣堂重雕」一行。六家文選卷三十末有「皇明嘉靖壬寅四月立夏日，吴郡袁氏㒳庚草堂善本雕」兩行。嘉趣堂又刻大戴禮記。日本島田翰古文舊書考卷二論衡：「通津草堂本之稱，以其版心有『通津草堂』四字，起自嘉靖中袁褧所刻，首有嘉靖十年春三月吴郡袁褧引，（略）卷末題曰『周慈寫』。案嘉靖袁褧刻十一行本六家文選，世所稱以爲精絶，亦有『周慈寫』三字，宜乎是書筆畫遒勁，可以接武於文選。」欣夫案：世傳通津草堂本論衡大都闕袁褧引，四部叢刊影印本亦然，故鮮有知爲袁褧刻者。目録後明有「嘉靖乙未春，後學吴郡蘇獻可校刊」一行，未見袁引，在所未明。藝風藏書記六家文選目録：「昭明序後有『此集精加校正，絶無舛誤，見在廣都縣北門裴宅印賣』三行。第三十卷後有『皇明嘉靖壬寅四月立夏日，吴郡袁氏㒳庚草堂善本雕』兩行。第四十卷後有『此蜀郡廣都縣裴氏善本，今重雕於汝郡袁氏之嘉趣堂。嘉靖丙午春日。國朝改廣都縣爲雙流縣，屬成都府』四行。第四十一卷後有『藏亭』二字、『付抨板十四片，陸板五片，嘉靖丁未三月，吴趨陸潮雕』。第五十二卷後

有『毋昭裔貧時，常借文選不得，發憤曰：「異日若貴，板鏤之以遺後學者。」後至宰相，遂踐其言。出揮麈録』三行。第五十六卷後有『戊申孟夏十三日，李清雕』一行。第六十卷後有：『余家藏書百年，見購鬻宋刻本昭明文選，有五臣、六臣、李善本、巾箱本、白文、小字、大字，殆數十種。家有此本，甚稱精善，而注釋本以六家爲優。因命工翻雕，匡郭字體，未少改易。刻始於嘉靖甲午歲，成於己酉，計十六載而完。用費浩繁，梓人艱集，今摹搨傳播海内，覽兹册者毋徒曰開卷快然也。皇明嘉靖己酉春正月十六日，吴郡汝南袁生褧題於嘉趣堂。』」

磐石山樵西舜城　二八九

朱承爵子儋　李詡戒菴漫筆：「朱子儋承爵，余邑名流也。惜余生稍晚，且株守章句，未遑追隨。今老矣，不勝懷賢之感，因思徐玉几尚德挽章，描寫頗盡：『身騎鸞鶴下天池，手搏雲光五色絲。漢鼎商彝聊説志，秦碑宋梓益搜奇。已醒石上三更夢，遠欠人間萬首詩。山白堂前夜深雨，杜鵑來傍翠屏啼。』」欣夫案：據此，則子儋所居又有山白堂。文徵明朱子儋墓誌銘：「君諱承爵，字子儋，號舜城居士，晚更號左菴。先世婺源人，（略）再徙江陰之文村。（略）父昶，母王氏，太保王文肅公之女。（略）君内襲累葉懿美，而外引文肅之緒。（略）爲文古雅有思致，詩亦清麗，尤工筆翰，時出緒餘，寫花鳥竹石，亦秀潤合作。又精鑒别古器物書畫，所蓄鼎彝名畫法書及古墨刻，皆

不下千品。居常坐小齋，左圖右史，鉛槧縱横，尋核讎勘，樂而不厭。（略）所與游若唐寅子畏、薛章憲堯卿輩，皆一時名流。其仕而顯者，若陳侍講魯南、王太僕欽佩、顧憲使華玉，皆折節與交。（略）其所著有鯉退稿、灼薪劇談、存餘堂詩話，他著述尚多。君生成化庚子正月二日，卒嘉靖丁亥十二月廿日，年四十有八。」欣夫案：菊裳先生徵子儋始末未詳，今録文志以補其闕。

讀書敏求記　讀書敏求記庚開府詩集：「朱子儋重刻庚開府詩四卷於存餘堂。」

士禮居藏書題跋記　藝風藏書續記放翁律詩鈔：「明刻大字本，明朱承爵鈔並序。子儋明代聞人，所刻庚開府集，天禄琳琅以爲宋刻，其精可知。去冬得此，版刻殊佳，口上有『集瑞齋雕』四字，想其齋名。至黄蕘圃謂其以愛妾易宋版漢書，則松江朱大韶事，蕘圃誤記耳。」

天禄琳琅續編　蔡金重云：「天禄琳琅續編羣經音辨作『竹素齋圖書記』印」。欣夫案：盛宣懷存餘堂詩話跋引「竹」亦作「行」，似沿葉誤。四部叢刊景印元人抄簡齋詩外集，又有「承爵存餘堂印」「江陰朱氏珍玩」。

昌熾案　列朝詩集丁集中：「朱太學承爵，字子儋，江陰人，有存餘堂詩話，自署盤石山樵。」欣夫案：四庫提要卷一百二十六子部雜家類存目：「灼薪劇談二卷，明朱承爵撰。承爵字子儋，不知何許人，其書作於正德癸酉。」又卷一百九十七詩文評類存目：「存餘堂詩話一卷，明末朱承爵

撰。」存餘堂詩話：「吴人黄省曾氏刻劉叉詩，其跋語云：『假太原少傅秘閣本校正一十二字，始得就梓。』其用心亦勤矣。余家舊藏本古律類分三卷，有自問一首云：『自問彭城子，何人接汝顛？酒腸寛似海，詩膽大於天。斷劍徒勞匣，枯琴無復絃。相逢不多合，賴是向林泉。』今黄本所遺。」李如一存餘堂詩話序：「詩話初刻於家塾，繼爲顧大石氏元慶刻置之四十家小説中，故傳之甚廣。余每遇子儋遺墨，即片紙皆收之，以擬斷璧殘珪，矧詩話固海内詞家之所日浸焉者乎？但題曰『盤石山樵』，四方知爲余邑人者殆亦罕矣。盤石山在邑之西舜鄉慶雲里，與子儋居相邇，原名慶山。」盛宣懷存餘堂詩話跋：「天禄琳琅載黄太史精華録後有承爵跋云『任子淵精華録選，余嘗得其目録，蓋宋元祐間刻版而亡其文，愚輯其辭而完刻之』云云。館臣以板式紙質，誤定元人，其刻之精可知。（略）明江陰藏書兩家，得月樓李氏居縣東赤岸，子儋居縣西舜城。兩家之書均已星散，得月樓尚存一節本目録，子儋並目不存，尤爲興慨云。」

潦倒書淫墨癖中　二九〇

列朝詩傳

吴焯繡谷亭薰習録古易世學十五卷：「明鄞豐坊存禮著。嘉靖癸未進士，授禮部主事。（略）是本篆書爲禮部真跡，體勢詰曲，終卷若一。其著述未免欺人，其翰墨洵可傳世也，今藏趙氏小山堂。」鄞縣通志人物編：「豐坊家有萬卷樓，蓄書數萬卷。負郭田千餘畝，盡鬻以購法書名帖。

暮年寄居蕭寺，往往絶食，臨池之興勃如也。」

全祖望天一閣藏書記　潘祖蔭滂喜齋藏書記：「宋刻雲齋廣録有『□氏萬卷樓藏書記』『世爲忠義□氏』兩印，朱文甚古，疑爲豐人翁藏書。『忠義』下一字微蝕，右首从邑，尚可辨，疑當爲酆，豐之受姓所由始也。」欣夫案：藏書記亦菊裳先生所撰，今此不取者，其以疑未能定耶？

稚子迎門婦下機　二九三

龔立本常熟志　蒼虬按：李詡戒菴漫筆卷五記錢東湖、楊五川二家藏書事甚詳，可補書林掌故之闕，文長不録。乙亥九月初五日。李詡戒菴漫筆：「五川先生（略）。屍未及寒而萬卷樓之積先爲松江莫甥是龍携其珍襲者以去，而餘所存半爲好事賂蒼頭所得，半爲親友散漫袖竊，乃膏粱之子懵然不知也。子後依棲於余鄉周氏，有見其以繡囊宋墨供木工，以祖父敕命紵面與家人婦，令人不爲五川公出涕者幾希！」陶貞一虞邑先民傳略：「楊儀字夢羽，家居以讀書著述爲事。構萬卷樓，聚書其中，多宋元舊本，及名人墨跡鼎彝古器之屬不可勝數，性簡亢。御史錢籍横於鄉，縱家奴爲盗，儀惡之。當事或問籍於儀，儀曰：『此盗魁也，何辱問焉？』籍銜次骨，遂誣儀子殺人，困辱至斃，儀亦忿恨死。外孫雲間莫是龍白其寃狀於按部御史，捕籍子死獄中，而家奴爲盗者論斬。儀藏書盡歸莫氏矣。」北京大學圖書館善本書目：「明良記四卷附保孤記一卷，明楊儀撰，萬曆卅四年江

陰李氏刻本。」

士禮居藏書題跋記　蒼虬按：七檜山房鈔本支遁集，即黃蕘翁以付吾與庵寒石上人重刊之祖本也，曾藏莫氏銅井文房。其散出時乃入於一不知者之手。惜哉！欣夫案：所見有「吳郡楊儀夢羽收藏圖書之記」「楊氏夢羽」「華陰世家」諸印。鈍吟雜録：「俗人讀書不多，好以意改古書，如邑人五川楊儀，號爲多讀書名士也，得其萬卷樓所藏書，雌黃處皆不足據，他人可知矣。」

整齊舊聞汲放失　二九五

彭文勤公知聖道齋讀書跋　光緒武進陽湖縣志隱逸：「唐宇昭字雲客，弟宇量，皆崇禎間舉人。宇昭，孫慎行門人，後師蘇州陳元素，元素重之，易其字曰孔明，以諸葛亮、韋臯相期許。工詩文，善書畫，兄弟偕隱，皆無意用世。當事迫上公車，中途遁歸，人呼唐氏二難云。」昭代名人尺牘小傳：「唐宇昭字半園，江蘇武進人，明崇禎舉人。與惲南田稱石交，工詩善書。」

雲煙已逐邊劉散　二九六

李開先伯華　開先明史有傳，當摘録。開先所著閑居集有改定元賢傳奇序云：「如經學止知尊朱子，便舉業，勿論漢疏，雖宋儒之説悉置之不問，問之不知，每經止舉一家。如楊慈湖之易，林之奇之書，詩則王氏總聞，春秋則木訥經筌，及衛湜之禮記集説，多有高出朱注之上者。此外能發明經旨者，

抑又不止四五十家。宋刻已古，抄册漸訛，再過百年，俱失傳矣。必需題請之後有京板，以及各書坊有鏤板，始可遍行天下。不然則以拘拘背朱爲嫌，而經術不幸，不減秦火矣。」又張小山小令後序云：「既登仕籍，書可廣求矣。惟詞書難遇，以去元朝將二百年，抄本刻本多散亡。洪武初年，親王之國必以詞曲一千七百本賜之，對山高祖名汝楫者，曾爲燕都長史，全得其本。傳至對山，少有存者。人言憲府好聽雜劇及散詞，搜羅海内詞本殆盡。又武宗亦好之，有進者即蒙厚賞，如楊循吉、徐霖、陳符所進不止數千本，今宜詞曲少而小山者更少也。京師積書家如李蒲汀、沈竹樂，詞書成編者不過十餘部云云。」欣夫案：五色線毛扆跋云：「辛酉夏日，余訪書於章丘李氏，中麓先生之後。於亂帙中得冀京兆刻本，乃有中卷者，其序述原委甚明。喜而携歸，已十年矣。」閒居集曬書云：「邊劉併及余，邊尚書華泉，劉太常西橋。癖好在收書。亡豈惟三篋，漢張安世能記補三篋亡書。邊在家火失，余在舟遭水，存者尚多，劉則散失無遺矣。多應付五車。搬移紛僕輩，曬晾滿庭除。祇恐傷科斗，莫教飽蠹魚。」又藏書萬卷樓記云：「藏書不啻萬卷，止以萬卷名樓。以四庫眇類不盡，乃仿劉氏七略，分而藏之。樓獨藏經學時務，總之不下萬卷，餘置别所凡五。書，文明火象也，又天地精華，多則爲祟，古之善藏者每分之，庶不災於火，吾樓書不過萬，以此。」

讀書敏求記　欣夫案：毛斧季跋新刊張小山北曲聯樂府云：「章丘李中麓開先曉音律，善作詞，

最愛張小山，謂其超出塵俗。其家藏詞山曲海不下千卷。」

煙波四面閣玲瓏　二九九

明詩綜小傳　閻若璩潛邱劄記：「右司馬范欽字堯卿，號東明，性喜藏書，購海内異本，與王鳳洲家藏以書目取較，各鈔所未見相易，故浙東藏書家以范氏天一閣爲第一。」鄞黄家鼎天一閣藏書顛末攷：「天一閣在郡治月湖之西，范堯卿以少司馬解組歸，乃構是閣，遇海内異本即購，尤喜收説經諸書及先輩詩文集未傳世者。同時有豐考功坊，家多宋槧，侍郎嘗詣借抄，並匄考功爲藏書記，張東沙尚書亦有文紀其事。又傳嚴分宜鈐山堂所藏籍没時，亦爲侍郎刺取，以是善本冠兩浙。（略）閣通六間爲一，而以書廚間之。其下乃分六間，面鑿一池，廣僅數弓。（略）嘗輯刊秘本玄包數總義、乾坤鑿度等二十種，校勘精善，世竟罕有知之者。迨乾隆中奉旨采書，其裔孫秀才懋柱進書六百二種，邀賜古今圖書集成一部、平定回部得勝圖十六幅、平定兩金川戰圖十二幅，御題其所藏書二種。又簡織造使詣閣，看其房間制造之法，並書架款式丈尺呈宸覽，可謂顯榮至矣。閣書有目，始於太沖登閣時草創，凡坊間易得及時人之集、三式之書皆未及，侍郎礽孫左垣乃鈔補足之。閩人林佶嘗見其目而嫌其不傳，不知是固豐氏之餘耳。嘉慶八、九年間，阮文達按試來鄞，命范氏後人分廚編寫，成目録十卷。越五年，巡道陳廷杰校而刻之，文達爲之序。其時書綜四千九百四種，五萬

三千七百九十九卷。其藏弆碑刻，自三代訖宋元凡七百二十餘通，如石鼓文、秦泰山石刻皆北宋搨本，漢西嶽華山碑乃未裁割者，碑額兩旁有李贊皇題名二道，碑文空處亦有宋人題名，金石家皆未之見也。乾隆某年，侍郎八世孫懋敏編目一卷，有錢宮詹序，曰：『明代好金石者，惟都元敬、楊用修、郭允伯、趙子函四家，較其目録，皆不及范氏之富。若于司直輩，道聽塗説，徒供覆瓿耳。此書出，將與歐、趙、洪、陳並傳焉。』今之所傳書目、碑目者即此本也。道光辛丑，英吉利擾浙，兵踞郡城者數月，刼灰横飛，不及於閣，殆有神物呵護。咸豐辛酉，粤寇陷郡，閣書驟遭土匪搬取。相傳有奉化堂𡒄人以賤值收之，用穢物湅紙。亂定，其後人畢力披尋，返者十或七八，完全者十不二三。近年無錫薛叔耘觀察浙東，延郡人董明府沛編爲現存書目六卷，碎珠殘璧，朗若列眉，范氏賢裔固得按目訪求，世有好事者亦可據目代搜於叢殘中，趙璧楚弓，或亦有望。雖然書多不完，惟一卷一帙均歷浩刼而不能磨滅者，斯閣斯書，洵海内魯靈光也。邦之君子，宜如何珍重而善衛之耶！」欣夫案：此文及抱經樓藏書顛末攷均載長白廷愷編刊二黄合稿。

全祖望天一閣藏書記　姚椿樗寮日記稿本：「至天一閣觀藏書，閣在月湖西，地勢曠遠，隔别闤闠，又自爲一院，與居室相絶。閣上下皆六楹，前後水石皆勝，中一峯尤秀絶，西湖文瀾閣前石峯蓋仿此。閣前後列三十六大廚，廚下皆置小石峯，云是密巖物，可避蠹。中一廚奉高宗御製書册，御題魏了

翁易經要義、馬總意林二種，平定回部圖十六幅，御賜圖書集成全部五千册。又啓一廚，皆史部，内有宋隱士柴望丙丁龜鑑鈔本一册，向未見。下閣後過石橋，登高處眺望而歸。閣中間有牆壁間隔，阮侍郎書目序所云通六間爲一者，似未細審。」

鄭梁訥庵范公傳　甬上耆舊傳：「大澈字子宣，以太學生再試不第，補鴻臚寺序班，凡七奉璽書，晉秩二品。性酷嗜抄書，與里中賢士大夫品書題畫，垂二十年，年八十七。初，司馬公歸里，於宅中起天一閣，藏書極浙東之盛。子宣數從借觀，司馬不時應。子宣怫然，益徧搜海内異書秘本，不惜重價購之，充其家。凡得一種，知爲天一閣所未有，輒具茗酒佳設，迎司馬至其家，以所得書置几上。司馬取閲之，默然而去。其嗜奇相尚若此。」欣夫案：上海圖書館善本書目：「大觀法帖總釋十卷，明四明范氏卧雲山房鈔本。」李氏木犀軒書目：「石刻鋪敘二卷，附二王帖目録評釋三卷，明卧雲山房抄本。」范氏集古印譜十卷，范大澈藏印，范汝桐惟同集，萬曆二十八年鈐印本。首有萬曆庚子句章灌園叟范大澈子宣甫敘云：「不佞自嘉靖己酉年二十有六，書劍無成，從仲父東明先生游燕京，吏隱螭頭，典客三朝，凡四十餘年。海内賢豪，謬承友善，奉使滇南、秦、晉、遼左諸邊，沔游之所，天下名山大川踪跡什之七。每以筆耕之入，捃摭書畫碑帖，三代秦漢器識，飢以爲食，寒以爲衣。不佞有痰疾，每疾作，則命雪兒出種種於前，疾便退却。人欲奪，重直不售，

真成蠹癖。文壽承彭曰：『希奇之物，人多罕見，今遇目而又得價，夫何吝哉？』余曰：『此駔估射利之徒，非鑒賞家事也。』乙酉歸來，六十二歲矣，開視所藏之書，多爲白蟻所蝕。構一鷦鷯之棲，連歲凶荒，食指繁，征科猛，帖畫奇物，質之於人，多爲所負。又被奸奴盜之，構亦未就。可奈何！疇曩豪興，消耗盡矣。」

昌熾又案　蔡金重云：「光緒鄞縣志范欽傳內，子大沖字少明，以恩例授光禄署正。由此知少明名大沖，少明其字也。」

僵李居然可代桃　三〇五

天禄琳琅　談愷於嘉靖丙寅刻太平廣記，汴與唐詩並與校勘，見談氏附記。無錫金匱合志藝文：「懷李齋集，秦汴撰。」

鐵琴銅劍樓書目　欣夫案：秦汴繡石書屋嘉靖十五年刊有錦繡萬花谷，係重刊宋本。

昌熾案　欣夫案：上海圖書館善本書目：「學史十三卷，明邵寶撰，明嘉靖秦氏容春精舍重刻本。」疑亦秦汴所刻，俟攷。

鐵琴銅劍樓書目　欣夫案：王百穀金閶集卷四童子鳴傳云：「所最善爲無錫秦柱。柱爲人負氣節，有古烈士之風，君過吳，必主其家。余善秦君，並及君。」據此，繡石書堂藏書多得自子鳴。滂喜齋藏書記元刻雪樓程先生文集文嘉跋：「嘉靖庚申五月，向秦汝立處携歸，留几上月餘，草草傳抄副册，還瓻志感。汝立博雅好古，留心古書，必能寶此也。」

昌熾案　沈曾植寐叟題跋穴硯齋藏王雅宜小楷千文真跡册跋云：「無錫縣志：『秦柱字汝立，秦金之孫，工書，師歐陽率更，草師孫虔禮，以薦授中書舍人。』士禮居藏書記屢稱穴硯齋抄本，而不知其時代前後，觀此乃知汝立印也。」欣夫案：菊裳先生據黃蕘圃何博士備論題識，謂穴硯齋出

於康熙朝明相國家，故附於卷四納蘭性德下。子培先生定爲秦汝立家齋名，自可據信。至周季貺謂裝潢精美，似國初旗人之風雅好事者，則或其書曾入王府及明珠家所改裝也。

膠山樓觀甲天下　三〇六

無錫縣志　安氏活字本鶴山先生大全集嘉靖間邵寶序云：「鶴山先生文靖魏公集若干卷，故有刻本，自宋迄今，凡三百餘年，廢缺鮮傳。今太子少保、工部尚書内江李公，以公蜀人，爲鄉邦先生，撫政之暇，訪而得其什九。輒用校勘，命吾邑義士安國以便版從事。」莫伯驥曰：「邵氏撰温硯銘，安國爲之製刻。」

天禄琳琅　石田詩選十卷，明沈周撰，華汝德選。明正德無錫安國重刻本。欣夫案：汝德名埕，即以活字印渭南文集者。明施仁左粹類纂十二卷，明嘉靖錫山安國弘仁堂刻本。滂喜齋藏書記宋刻殘本梁溪集，有「膠陽安氏珍玩」「錫山安國寶藏」二印。

湖上垂綸二十年　三一〇

無聲詩史　馮時可陸符卿先生集序：「先生名師道，字子傳，五湖其别號云。」

乾隆蘇州府志　欣夫案：文禄堂訪書記元刊李學士新注孫尚書内簡尺牘陳道復跋云：「嘉靖壬戌八月十日，借沈潤卿家工裝於金臺玉河橋邸。道復志。」有「白陽山人」印。又明初宋璲有刻本

淵潁吴先生集有跋云：「嘉靖丙戌秋日，陳淳讀於雙桂軒。」欣夫案：張寰撰道復墓志，待攷。汪璐藏書題識影宋鈔本古今類事：「卷末墨筆跋云：『正德戊辰，在翠雨堂鈔完。』下有『閱騷堂』印。又墨筆跋云：『閱騷堂乃陳白陽印，此數字亦類白陽，當是其家藏物。』下有『又玄子』印。」欣夫案：「颿」「騷」形近，不知孰誤？又玄子爲常熟秦四麟。

微行門巷有倡條　三一一

列朝詩傳　欣夫案：皕宋樓藏書志會稽掇英集二十卷續集五卷，錢叔寶手鈔本，文文肅手跋云：「吾吴叔寶錢先生游先太史門下，日取架上書讀之，聞人有藏秘籍，必宛轉借鈔校勘，丙夜不置，故所藏充棟。手纂續吴都文粹、南北史摭言、三刺史詩，惜未登梨棗。若其繪畫，特餘事耳。此會稽掇英集皆集唐宋名賢詩文，宇内流傳絶少，是其早歲所抄，無一惰筆，乃從宋刻本而録者，爲世珍重可知矣。萬曆庚申如月花誕，雁門文震孟跋於青瑶嶼。」文震孟姑蘇名賢小記云：「叔寶先生不爲家，家逾貧。先太史過而題其室曰『縣罄』。先生笑曰：『吾志哉！』而其嗜讀日益甚，手録古文金石書幾數千卷。所纂輯有三國文類鈔、南北史摭言、隱逸集、長洲志、三刺史詩、續吴都文粹。」

愛日精廬藏書志　善本書室藏書志成化本宋史：「嘉靖甲寅冬十一月，沈玄洲所贈宋史，舊缺志九卷，列傳二十四卷。手自鈔完，藏於十友齋。穀記。」

藏印有「中吴錢氏攷藏」「縣罄室錢氏叔寶」「三吴逸民」。

明詩綜小傳　烏程董斯張靜歗齋遺文答潘昭度書：「吴門錢少室諱允治，乃叔寶氏之子，渠尊人有隱行，能寫山水障，弇州亟稱之。少室年已近九十許，守先人藏書，爲吴中甲，有古棲逸君子風。」

又云：「吴中惟錢少室家有奇蓄。」

讀書敏求記　欣夫案：錢功甫影宋鈔猗覺寮雜記跋云：「此書乃丙辰九月十日借張千里本連日夜鈔完。丁巳六月十三日，江陰李貫之借歸，至十月十二日，留住真本，以此册見還。十二月二十一日，常熟錢受之借，拆散影抄，顛倒訂。今年戊午閏四月初六日始還，一向怕看。七月初九日始復拆散理清，草訂如右，然其中多譌，不知無算也，借與人書，不可不慎。裝完因書於後。七十八翁記。」案此可攷功甫交友及愛書之性。欣夫案：毛晉楊太后宫詞跋云：「丁卯花朝，一友密緘遠寄，云是少室山人手訂秘本，即命予附鐫花蕊後，以成宫詞快觀」云云。少室山人似指功甫。萬曆錢氏懸罄室刊吴郡圖經續記。萬曆刻顧從敬編類選箋釋草堂詩餘六卷，錢允治箋，附續選草堂詩餘二卷及國朝詩餘五卷，錢允明箋。欣夫案：允明疑是允治弟。褚亨奭姑蘇名賢後紀：「錢少室先生（略）家無恒産，賣文爲活，惟終日掃地焚香，啜茗自娱，即瓶粟之罄，泊然不以介意。聞人有書，必多方覓致，或手鈔成帙。（略）年八十。」藝風堂藏書記明刊海録碎事張象賢後有「萬曆己亥清和閏月，

吴郡錢允治書并校」一行。又續記皮陸從事唱和集：「明許自昌刻本，末有萬曆丁巳錢允治序。」

廉吏還山賸寢丘　三一四

顧德育克承　馮元成集：「顧德育初號少潛，晚稱安雅生，吴縣人。抱甕灌蔬，以資朝夕，暇則垂簾焚香趺坐。尤好讀書，得異本必手鈔，至數十百册。詩法岑嘉州，字法鍾太傅。」王世貞三吴楷法跋：「德育書法酷似徵仲，惟老密處有別耳。」

蘇州府志　欣夫案：志本文震孟世隱顧君子武傳。傳作「隱其中二十餘年」，今節其文而誤衍一「隱」字。傳又云「克承自號曰少潛」。

鐵琴銅劍樓書目　欣夫案：「求」一本作「承」，此誤。蒼虬案：吴中舊事顧氏真蹟本今藏予友丁初我所，其精妙爲湘素樓中羣鈔之冠。欣夫案：此書今歸予蛾術軒珍藏。

鼂鼎云回古篆凝　三一五

松江府志　嘉靖甲辰，陸楫刻古今説海，首列校書名氏十三家，有「東川顧定芳世安，太學生，授太醫院御醫，出藏書二十卷」。

天禄琳琅　欣夫案：從德別號方壺山人，嘉靖廿九年刻重廣補注黄帝内經素問，又刻法帖考正，皆極精。又四庫提要卷一百十四藝術類存目印藪六卷：「明顧從德撰。從德字汝修，上海人。」欣夫案：

菊裳先生未檢提要，故從德之字汝修，據秦漢印統黄序推之也。

天禄琳琅　欣夫案：上海圖書館善本書目歷代名臣法帖釋文考異十卷：「明顧從義編，明正德刻本。」四库提要卷八十六目録類法帖釋文考異：「明顧從義撰。」蒼虬案：顧氏刊書甚富而精，不可悉數。又有顧從敬字汝所，刊草堂詩餘四卷，原刊世不多有，曾得一本，尤勝天一閣舊藏也。欣夫案：靜嘉堂秘籍志校本倪雲林集顧氏跋云：「雲林高士集久已梓行，此刻本所不載者，皆石田、衡山諸名先生見而珍録，輯爲一編，真可寶也。友人江陰袁希舜見而知重，乃手録以贈。雲間顧從敬。」

四萬卷書百籤畫　三一七

列朝詩傳　何氏語林三十卷，嘉靖繙經堂刻本。

四友齋叢説序　四友齋叢説：「宋人説經，始於劉原甫。劉有七經小傳，言簡理暢，尚不失漢儒之意。余始得抄本，後以與朱文石司成已刻版於南太學。又劉原甫又有春秋權衡一書甚好，余有一册，是宋本，今亦在文石處。又關尹子，余家舊有一刻本，是宋板，只十來葉。又嘗得蘇東坡注廣成子一抄本，只五六板，余録而藏之。又古人云：『校書如拂几上塵』，言旋拂旋有也。余每至長夏，置棐几於前榮，横陳一册，朱白不去手，則是日不知有暑。又古人言：『誤書思之，亦是一適。』苟適其適，又何憚也。故見者雖或嗤誚之，不置也。」

鐵琴銅劍樓書目　劉向新序十卷、説苑二十卷，明嘉靖何良俊刻本。

昭德先生書滿家　三一九

千頃堂書目　欣夫案：莫伯驥五十萬卷樓藏明鈔大明實録殘本，有晁氏藏書銘楷字章云：「曹誠廣舍，真廟賜名。丁顗聚書，子孫繇興。匪學胡成，非詩胡學？蓄斯貽後，珍如渾璞。龜蒙緝借，張公却鬻。咨我同志，遵此軌躅。鬻爲不孝，借亦一癡。咨我後昆，戒之敬之。春陵晁瑮藏書銘。」又案：「李開先閒居集，有寄題晁春陵藏書屋詩，有云『牙籤悉付傒奴掌，緗帙頻勞使者將』句。晁氏三先生集八卷，宋黄汝嘉輯，嘉靖晁氏寶文堂刻本。晁氏儒言一卷，宋晁説之撰，嘉靖卅三年寶文堂刊。晁氏客語一卷，宋晁説之撰，嘉靖寶文堂重刻宋黄汝嘉本。法藏碎金録十卷，宋晁迥撰，嘉靖寶文堂刊本。晁文元公道院集要三卷，宋晁迥撰，嘉靖三十三年寶文堂重刻宋慶元黄汝嘉本。李開先閒居集寄題晁春陵藏書屋云：「世史子長名姓芳，春陵父子俱官翰林。雄文巨筆述明昌。牙籤悉付傒奴掌，緗帙頻勞使者將。科斗周書掘冢得，龍蛇禹穴出山藏。讀書莫鑿匡衡壁，自有窗前明月光。」

老子韓非竟同傳　三二一

吴興藏書録　姚翼玩畫齋雜著編卷一有玩畫齋記，謂藏書千卷，私心所耽好者，獨在羲文之畫，

因以名齋。

湘靈雪屋共追攀　三二六

蘇州府志　顧麟士續過雲樓書畫記沈石田虞山紀游圖卷：「石翁、匏翁偕游虞山，舟中各有詩三章，孫西川以里人作導師，他日乞兩翁書之，即今附於圖後者。（略）和者盈卷。（略）西川好客爲不虚矣。鄧文度嘗贊其像云：『開門引萬里不羈之客，赤手鑿千仞未闢之山。生平知己，石田、東湖。』數語盡之。東湖即錢士弘也。」欣夫案：吴越所見書畫録卷三文衡山仿松雪水村圖卷黄姬水跋：「萬曆戊寅臘月，與虞山孫七政、華亭顧正心、新安畢竟可同觀於尊生齋中。」郏掄逵虞山畫志：「孫艾字世節，官刑部員外郎。風流儒雅，以任俠聞。好吟詩，畫師黄子久，晚學王叔明。所居有園亭水石之勝，與文徵明、吴原博、皇甫子循聯社，居虞山麓，號西川翁。晚以子貴，封膳部郎。著西川集。」又：「孫藩字孝維，號留松，西川六世孫。善山水，亦能詩。」

蘇州府志　欣夫案：文禄堂訪書記宋建刻本六臣注文選有「孫朝肅恭生按疑「甫」之誤。」、「孫孝若圖書記」。

士禮居藏書題跋記　欣夫案：護浄居士爲馮巳蒼別字。

蘇州府志　欣夫案：吉雲居書畫續録明張翰宸手書金剛經册有「康熙庚申，孫朝讓年八十有八」跋。

鈐「大石山房」「孫印朝讓」「本芝翁」三印。

愛日精廬藏書志　欣夫案：靜嘉堂秘籍志及附儀顧堂題跋載是印均作「虞山孫孝維攷藏圖書」，無「藩仲」二字。過雲樓續書畫記墨井道人南皋圖軸有孫孝維藩題詩。（略）孝維別號留松，善書畫，亦常熟人。志稱其高情雅志，弱冠即以文章聲氣名動公卿間，著有貽燕集。

一枝一梧狀若丌　三二九

蘇州府志　欣夫案：樓又有吴音奇字，陳瓚孫子虛先生傳及蘇州府志均云四卷，瞿氏鐵琴銅劍樓抄本萬鄉陸鎡銓次補遺者一卷，今印入吴中文獻小叢書。

百川集　讀書敏求記校證唐僧弘秀集：「勞權云：『曾見其所藏書，末題「樂安孫氏丌册庋收藏書籍」，自序爲「九一子」，其字印依説文作「䫌」，又有「䫌山人校閱」一印。』」

吁嗟彈鋏食無魚　三三二

懷舊集　欣夫案：曾見清常道人手抄黄省曾西洋朝貢典録三卷，附録孫跋云：「此書序見黄公五岳集久矣，往來於胸中者三十年，無從覓得爲恨。歲己未，錢受之太史頗搜秘册，於郡城諸收藏家得公手稿，歸以貽余，遂得童子録之。其注脚有未入本録者，因另校定。此書初未入梓，自稿本外祇此册了。保之！保之！萬曆己未孟冬，校閲於薖溪草堂。東川居士孫胤伽。」

烏有子虛亡是公　三三三

海虞詩苑　欣夫案：文禄堂訪書記明鈔賓退録孫氏跋云：「賓退録十卷，上下二册，先王父硯北公遺書。己卯春，陸兄勑先借抄竟，爲傭書者□竊。後歸潘氏顯甫，因得復全，亦藏書之一□也，孫江岷自記。」有「孫唐卿收藏」印。汪璐藏書題識孱守老人近事會元跋：「是書是秦季公所藏，余從孫岷自借鈔之。」

得一奇書失一莊　三三六

少室山房筆叢　五雜組：「王元美先生藏書最富，二典之外，尚有三萬餘卷。其他即墓銘、朝報，積之如山。其考核該博，故有自來。」

東湖叢記　丁國鈞荷香館瑣言：「貞元本唐德宗年號，明王弇州以恰符其名字，故所藏宋槧精本，往往摹『貞元』二字鈐之。又有『伯雅』『仲雅』『季雅』三印，分印各本，以別甲乙。天禄琳琅載宋咸淳本四書及宋版兩漢書均有『貞元』印，而四書下有『季雅』一印，漢書下有『伯雅』一印，蓋皆爲弇州舊藏之本。乃編校者誤摹『貞元』字爲『鼎元』，遂謂二字無考。又以『伯雅』臆指爲昆弟行，爲好古鑒藏書云云，真嚮壁虛造矣。」欣夫案：「伯雅」「仲雅」「季雅」三印分鈐以別宋本甲乙，較毛晉語更詳晰。

莫子偲經眼録　王錫爵南京太常寺少卿麟洲王公墓誌銘：「公名世懋，字敬美，别號牆東生，更署曰損齋，學者稱麟洲先生。」

競讀尊生第七箋　三四〇

昌熾案　滂喜齋藏書記宋刻三因極一病證方有「古杭瑞南高士深藏書記」。欣夫案：陸心源宋刻千金方跋云：「高瑞南刻瑞竹堂經驗方。」余有藍格精鈔雞肋集半部，鈐有「高瑞南藏書」巨印，友人周叔弢亦獲半部，適可牉合，不知何時南北分析。因即寄贈叔弢，亦藏書佳話。欣夫見嘉靖十五年秦汴繡石書屋刊錦繡萬花谷，有「武林高瑞南家藏書畫印」。欣夫案：王國維曲録：「玉簪記、節孝記，明高濂撰。濂字深甫，號瑞南，錢塘人。」然則深甫、瑞南爲一人，葉説未明。蕘圃據此謂爲明神廟時人。欣夫案：四庫提要存目：「雅尚齋詩草二集二卷，明高濂撰。濂字深甫，號瑞南，仁和人。」前有萬曆辛巳自序。靜嘉堂秘籍志：「芳芷栖詞二卷，抄本，明高濂撰。」

千羊不如一駱多　三四三

昌熾案　汪璐藏書題識吴焯張米菴真跡日録跋：「張丑字青甫，號米菴，玉峯人，又字廣德，崇禎朝人。」又云：「米菴清河書畫舫頗稱淹洽，此係續録，皆從目所見者，詳諦審慎，非比他著録家游光掠影之談。」藝風藏書記李如一寶晉英光集跋：「寶晉英光集六卷，叢書堂板，舊鈔，吴文

定公原博故物也。已爲張青甫改竄，雜取吴中贋跡，增至十卷，將以行世。余恐其亂真，亟索故本録之。」上海圖書館藏名山藏廣記二百五卷，明張丑撰，明萬曆刻本。欣夫案：皕宋志勞巽卿校本西陽雜俎附録張丑跋，題「泰昌紀元八月望日，玉峯張丑廣德甫記」，知其又字廣德。勞權跋稱「此米菴舊藏抄本」，則又字米菴。過雲樓書畫記文彥可米菴圖卷：「張青父得米襄陽寶章待訪録後榜曰米菴，思翁爲作擘窠書，彥可以界畫法爲之圖。款云：『米南宫楷書寶章待訪録凡四千餘字，相傳爲勝國趙文敏公物，有「趙氏子昂」印。在我明爲陸冢宰所有，内兄青父氏從陸氏後人踪跡二十年餘，始傾資購歸，遂自號米菴』云云。」

昌熾案　欣夫有何義門、陳少章手批唐詩鼓吹，有顧千里題識，云嘉慶三年得於張秋塘所。中附署名庚者致千里尺牘一通，云：「何校唐詩鼓吹係舍表弟之物，其值前已面致一切，如已端正，幸爲酌給，以濟其用」云云，則知秋塘名庚無疑。

家住冶城西復西　三四六

無聲書史　欣夫案：無聲詩史又稱，仲交别號大成山樵。

列朝詩傳　藝風堂藏書記明朱杜村鈔本隸釋跋：「右隸釋二十七卷，迺瓠翁吴文定公所收。余往年假於柘湖鈔之，留蒼潤軒中。昨杜村先生來軒中，主講席之暇，手録爲書，既裝潢成册矣，命余

題一言於後。嘉靖辛酉二月八日，大城山樵雲浦子盛時泰謹題於拙貽堂。」

夜霜如月月如雪　三四七

松江府志　章鈺讀書敏求記校證金石録：「昔者吾友馮硯祥有不全宋槧本，刻一圖記，曰『金石録十卷人家』。案：兔床先生云，金石録十卷，後歸雲間朱太史大韶，其家有侍姬工楷書，因令補録李易安跋語於後，尤爲精絶。」滂喜齋藏書記宋刻金石録朱大韶跋云：「丙辰秋，偶得古書數帙，中有金石録四册，然止十卷，後二十卷亡之矣。因勒烏絲，命侍兒録此序於後，以存當時故事。易安此序委曲有情致，殊不似婦人口中語，文固可愛，余夙有好古之癖，且亦因以識戒云。丙辰七夕後再日，前史官華亭文石主人題於欽天山下學舍味道齋中。」

偃暴餘談　欣夫案：象玄序何良俊四友齋叢説，署「舊史氏廣乘山人朱大韶」。

昌熾案　蔡金重云：「明史文徵明傳有徐獻臣字伯臣。知譌爲徐獻臣字伯忠。」

鐵琴銅劍樓書目　繆荃孫雲自在龕隨筆卷四：「宋東平董彦遠畫跋六卷。（節）館中有明人藍格抄本，末有：『書不偏讀而多藏，是余之愚也。藉以提身而致用，固愚之志也。愛我者亮之，毋久假而不歸。後之人其念之，當守而勿替也。文石氏識。』正書五行，一印朱文。此朱太史文石跋。

明畫録　欣夫案：雪居工畫，多鈐以「漢陽太守」章。

吾服南禺著録才　三五〇

華夏中父　無錫金匱合志文苑：「華夏中歲與吴下文徵明、祝允明輩爲性命交，構真賞齋於東沙，藏三代鼎彝、魏晉以來金石縑素，品鑒推江東巨眼，徵明爲之銘。真賞齋拓本妙埒宣和，停雲、快雪而下不敢望也。」

豐道生真賞齋賦　滂喜齋藏書記宋刻東觀餘論豐人叔跋：「右東觀餘論宋刻初搨，紙墨獨精，卷帙甚備，世所罕見。嘉靖己酉六月癸亥，道生觀於東沙華氏真賞齋。」

皇象山人姚舜咨　三五二

無錫縣志　無錫金匱合志藝文：「姚咨春秋名臣傳十三卷，見明史、續百川學海。」

士禮居藏書題跋記　皕宋樓藏書志舊抄續談助跋云：「續談助五卷，宋刻本，爲故友秀水令江陰徐君子寅家藏。子寅没後，其家人售於秦汝立氏。汝立迺余門人汝操之弟，青年癖古，儲蓄甚富，亦友於余，假而手録，閱三踰月始訖事。惜乎斷簡缺文，未敢謬補，藏之茶夢閣以俟善本云。嘉靖壬戌之秋八月二日，皇山人姚咨識，時年六十有八。」藝風堂藏書記三里韃事略跋：「嘉靖丁巳秋九月望夜，句吴茶夢道人姚咨識於華秋館之寒緑軒。」文禄堂訪書記明抄經鉏堂雜志跋云：「嘉靖癸亥秋七月借來，至甲子四月望始録完上册。」又云：「嘉靖甲子五月二十三日寫起，至八

月二十四日下册。噫！艱乎其爲力哉。」汪璐藏書題識姚咨錦里耆舊傳跋署：「嘉靖戊午冬十一月，月既望，句吴皇山人姚咨舜咨甫識，時年六十有四。」

皕宋樓藏書志　欣夫案：靜嘉堂秘籍志舊鈔寓簡跋云：「嘉靖己酉春正月，館童凌定摹門生秦汝操鈔本。」又云：「此編抄之已二十三年矣，始借門生華水部所得宋刻本讎校一過，乙其誤舛數百字，方爲全書，藏之茶夢閣上，爲老境消閒之具，同志者見之，必嘉余清癖也。書已一笑。隆慶辛未冬十月二十三日，皇山七十七翁姚咨漫志。」文禄堂訪書記抄本清波雜志跋云：「嘉靖戊申春三月望，茶夢散人姚咨識於鴻山學士之西館。」

昌熾案　欣夫案：藏印又有「姚伯子手校書」「勾吴布衣」「潛坤居士」「道在是齋中人」「姚氏舜咨圖書」。

鐵琴銅劍樓書目　無錫金匱合志：「唐詩字子言，志行高潔，杜門讀書，所爲詩沖和古淡。顔其居曰白雲高隱，世稱唐山人。」談愷於嘉靖丙寅刻太平廣記，詩與秦汴同與校勘，見談氏附記。

少年趺宕爲書忙　　三五五

常州府志　欣夫案：起經曾注王右丞詩集，有嘉靖時奇字齋刻本，自序後有「嘉靖卅四年涂月白分錫武陵家墅刻」一行。起經又輯刻小十三經，善本書室藏書志標題補注蒙求：「明勾吴顧起綸補輯，

萬曆元年奇字齋刻。」

無錫縣志　無錫金匱合志文苑：「顧宸操文場選柄數十年，每辟疆園新本出，一懸書林，不脛而徧海内。好藏書，插架充棟，後厄於火。」尺牘新鈔王士禛與顧修遠：「文選樓刻文選，妙絶佳話。前有蕭維摩，後有顧辟疆。」

徵刻唐宋秘本書例　拜經樓題跋記孫復春秋尊王發微，影鈔本，有「修遠氏」「顧宸之印」。

昌熾案　讀書敏求記劉敞七經小傳：「辟疆主人云：『雖新刻，最爲罕遇。』」章鈺校證云：「顧修遠宸嘗撰杜詩注解，以辟疆園標目，當即其人。」

太素終當勝雪窗　三五七

昌熾案　顧嘉譽横山志略冢墓：「明鄉貢士吴元恭墓，在吴山西麓。」

草索相從敢畏譏　三六〇

錢受之何仲容墓志銘　欣夫案：初學集卷八十五一笑散跋云：「此書傳自秦酉巖氏。（略）何季公者，酉巖之友，讀書好古人也，亦手鈔此書，余從其孫士龍借看，題其後而歸之。」

夜爇巨燭擁皋比　三六一

懷舊集　欣夫案：静嘉堂秘籍志鈔本金谷集跋云：「金谷集一卷，乃慈公何先生借抄，云得自越客

者。并有沈休文集一册，以書近二三百葉，姑舍以俟後日。崇禎四年秋九月十三日，虚舟子筆於一字齋中。」案：虚舟子俟攷。欣夫案：何大成輯唐六如集外編，序題：「萬曆丁未佛誕日，吴趨何大成題於妙香閣。」又一序題：「萬曆甲寅宿月縠雨，吴趨何大成君立題於金臺之摩訶菴。」

小兒逃塾含飴樂　三六三

吴興藏書録　大樸主人文集九卷、詩集七卷，明歸安沈節甫撰，萬曆中刊本，見上海歷史文獻圖書館書目。欣夫案：節甫編紀録彙編二百十六卷，萬曆刻本。

千頃堂書目沈啓原存石草堂書目十卷　焦竑國史經籍志同。

昌熾案　嘉興府志卷五十二：「沈啓原字道初，謚子，嘉靖己未進士，仕至陝西關南道副使。（略）林居嘗手一編，雖醫藥卜筮之書，靡不探討。著麟經攷、鷃園近草四卷、巢雲館詩紀、星卦論等書。藏經籍甚富，有存石草堂書目十卷。」欣夫案：葉氏偶失檢。上海圖書館善本書目：「沈隱侯集四卷，明萬曆檇李沈啓源刻本。」欣夫案：「源」疑「原」之誤。

問訊橋邊野竹齋　三六五

四友齋叢説　蒼虬案：戒菴漫筆載此事尤詳，云青州城北四十餘里豐山下麥地古冢，得厚蛤殼四五千枚。（略）沈辨之得百枚回。（略）或是北朝時饜鎮物爲近，又燒成骰子。已補録於前「顧

璪」一條。

經籍訪古志　欣夫案：沈與文嘉靖時刻何景明何氏集二十六卷，上海文物保管會有之。

鐵琴銅劍樓書目　文禄堂訪書記抄本邵氏聞見録跋云：「嘉靖十三年夏日，對宋本校勘一過。前本與中間一册在予家四十年始得湊完，可見奇書則不能遇也。保之！保之！野竹居士記。」葉德輝郎園讀書志卷五顧璘近言一卷，亦辨之刊，有「吴郡沈氏繁露堂雕」八篆字。滂喜齋藏書記明刻書史會要，有「姑餘山人」「野竹齋藏書」二印。

笥經蠹書老牖下　三六六

士禮居藏書題跋記　欣夫案：文禄堂訪書記明抄玉壺清話吴岫跋云：「傳海内止五卷，岫訪於松江士人家，得十卷。此五卷得於蘇之書儈家，爲妄人删節，中有塗抹，乃令書吏録之，遂爲此帙益。嘉靖二十六年秋中，東明山人識。」據此吴爲嘉靖時人之證。别字東明山人，則葉氏所未及也。

昌熾又案　欣夫案：涵芬樓燼餘書録明嘉靖刊本張説之文集，集首永樂七年六月廿四日濠上貞隱老人伍德記，自言手自抄録，欲梓無力，冀後世子孫有能新之，以續有唐文獻。記後有「嘉靖丁酉，椒郡伍氏龍池草堂家藏本校刊」一行。然則伍德入明猶存，且其後能繩祖武矣。案吴王張士誠以癸巳起義，爲公元一三五四年。伍德跋張燕公集在此時，已自稱老人，而嘉靖刻本跋爲永樂七年，

公元一四〇九年，亦自稱老人，乃相去五十五年，兩處必有一誤。竊謂刻本出其子姓，當較可信，然則誤在巳蒼乎？嘉靖丁酉爲公元一五三七年，去永樂抄時亦越一百廿九年矣。

仰屋微聞嚄唶聲　三六八

朱彝尊書萬歲通天帖舊事　滂喜齋藏書記宋刻東觀餘論子京跋：「隆慶二年冬月，仲兄少溪官居南都，公務之暇，惟以書史娱目賞心。得此善本，持以見示，知余所好，授之襲藏，永俾無斁。墨林項元汴記。」

聲國崇禎甲戌進士　辛未進士，甲戌廷對。見嘉禾徵獻録。

昌熾案　嘉興府志：「項夢原字希憲，山西副使。」蔡金重云：「天禄琳琅容齋三筆，有『聖師苗裔』印。『聖師』或即『聖師苗裔』，印遺『苗裔』二字也。」欣夫案：子長著有今獻備遺四十二卷，萬曆十一年項氏萬卷堂刊本。欣夫案：子長於萬曆中重雕宋建安漕司本東觀餘論，末有「嘉禾項氏萬卷堂梓」木記。

十斛明珠聘麗人　三七〇

明詩綜小傳　讀書敏求記校證補遺：「馮柳東云：『六臣注文選，余嘗見曹倦圃侍郎藏本。（略）第一卷有「浙西項氏篤周萬卷堂圖籍」印，篤周，子京初名，其長兄子長名篤壽，兄弟并好收藏，

築萬卷堂貯之，斯時尚未有天籟閣也。』」

韻石齋筆談　沈炳巽權齋老人筆記云：「禾中項墨林每書後必記所得之價以示後人，使不賤售。然墨林殁後，所藏即已星散。其長子某，爲我宗先世憲副公壻，早殁無嗣。其餘諸子，俱不知寶惜，視爲長物。雖記亦何益耶？余曾得其宋板周易一部，乃族祖姑携歸之物，卷尾記云：『萬曆辛丑，得於華亭何氏，用價一百二十金。』然板即云宋板，亦不值此數，恐此老狡獪，設此以疑後人，亦未可知也。」欣夫案：寒雲手寫所藏宋本提要北宋本北山録卷尾欄外下角，墨林題「原值壹金」四字。

讀書敏求記劉勰文心雕龍：「墨林項氏每遇宋刻，即邀文氏二『承』鑒别之，故藏書皆精妙絶倫。」

嘉興府志：「項元汴博雅好古，不習舉業，萬曆間被徵不起。（略）獲古琴，有『天籟』字，遂以顔其儲藏之閣。」五雜組：「項氏所藏如顧愷之女箴圖等，不知其數，觀者累月不能盡也。其他墨跡及古彝鼎尤多。其家累世富厚，不惜重貲以購，故江南故家寶藏皆入其手。至其纖嗇鄙吝，世間所無。且家中廣收書畫而外，逐錐刀之利，牙籤會計，日夜不得休息，若兩截人然，尤可怪也。近來亦聞頗散失矣。」

昌熾案　讀書敏求記王黄州小畜集：「是本後有嘉靖乙丑岳西道人復初氏跋語，藏於栩栩齋。」欣夫案：章鈺校證不注復初何人，余疑即項德新也。欣夫案：汪砢玉珊瑚網法書題跋云：「項君復

初爲墨林公第三子，余時詣其讀易堂。」欣夫案：上海圖書館善本書目：「蘭亭攷十二卷，附羣公帖跋一卷，明檇李項德弘刻本。」董其昌容臺集墨林項公墓志銘：「公蒙世業，富貴利達非所好也，盡以收金石遺文、圖繪名跡。凡斷幀隻行，悉輸公門。雖米芾之書畫船、李公麟之洗玉池，不啻也。所與游皆風韻名流，翰墨時望，如文壽承、休承、陳淳父、彭孔嘉、豐道生輩。初稱墨林居士，皇甫子循作墨林賦以貽之。晚年意在禪悅，與野衲游，因感異夢，更顏其齋爲幻游。憶予爲諸生時，游檇李，公之長君德純，實爲宿學，以是日習於公。公歿數十年，而次君德成圖公不朽，屬予以金石之事。他若子姓曾玄之屬，具京山先生行狀中，不復載。」欣夫案：欲考墨林子姓曾玄，當檢行狀。容臺集題跋四：「米元暉作瀟湘白雲圖，余從項晦伯購之。又松雪鵲華秋色圖，余二十年見此圖於嘉興項氏。今年長至日，項晦伯以扁舟訪余，携此卷示余。」欣夫案：晦伯不知何名。嘉興府志：「項嘉謨字君禹，初名定謨，號祖洲，國學生。高祖元汴，著聽月樓詠史詩、筠菴詩辨、有清居詩話、木石居雜録諸書。」欣夫案：德裕跋下鈐「君卿父」「梧下生」二印。欣夫案：靜嘉堂秘籍志卷四元刊通鑑續編有「檇李項氏寶書齋圖書記」朱文長印，不知誰屬。欣夫案：靜嘉堂秘籍志三十明刊録異記有「檇李項藥師藏」朱文長印，曰「浙西世家」、曰「萬卷堂藏書記」，見滂喜齋藏書記宋刻名臣碑傳琬琰集。

昌熾案　嘉興府志：「項禹揆，縣學生。明亡，與如皋李之椿同遇害。」

昌熾案　欣夫案：德棻於天啓甲子校印奇字通，見繆記。

新田呰窳寢丘貧　三七四

震川集　震川先生集卷五題星槎勝覽云：「余家有星槎勝覽，辭多鄙蕪，上海陸子淵學士家刻説海中有其書，而加删潤。然余性好聚書，獨以爲當時所記雖不文，亦不失真，存之以待班固、范曄之徒爲之可也。凡書類是者，余皆不憚讎校，卷帙垢壞，必命童子重寫，蓋余之篤好於書如此。」滂喜齋藏書記鈔本説學齋稿：「前一册後有歸震川跋云：『前三十年從吴純甫借觀，今問其家，已半佚矣。命童子録而存之。』後一册有葉文莊孫恭焕跋云：『嘉靖辛酉，震川師從余覓太僕文不得。自隆慶丁卯後乃獲此卷，實先文莊鈔存，師已仙去不獲見，可感也。』」

黄宗羲天一閣藏書記　欣夫案：繆荃孫藏書之所曰雲輪閣，義取之此。

槁項黄馘山澤癯　三七七

嘉定縣志　馬元調刻容齋五筆紀事：「有鬻容齋隨筆者，歸以告本師子柔先生，先生曰：『吾向從丘子成先生見此書而不全，汝亟取以來，吾將卒業焉。』去年春，適丘子成先生家鬻舊書，得向不全本，攷其序，乃弘治中沁水侍御李公瀚所刻。」

死後精英尚不磨　三七八

明史　「著有松石齋集，在違禁書目全燬之列。劉遜夫藏其初印本，自題『無漏居士趙用賢』。（略）己巳春，殷泉。」欣夫案：文毅於萬曆十年刊管、韓二子，爲世善本。欣夫案：用賢仲子祖美，字叔度，見煙艇永懷。

常熟縣志　欣夫案：琦美初名開美，萬曆中刊新唐書糾謬，每卷後有「海虞趙開美校刊」一行。

錢受之刑部郎中趙君墓表　龔立本煙艇永懷：「琦美別號玄度，性嗜典籍，所裒聚凡數萬卷，絶不以借人。其在鄉邦許借者僅三友，而余居其一。」

讀書敏求記　欣夫案：楊守敬日本訪書志卷八：酉陽雜俎二十卷、續集十卷，明刊本。明海虞趙琦美序云：「美每從吴門過，必於書攤子上覓書一遍。歲戊子，偶一攤見雜俎續集十卷，以銖金易歸。堂兄可菴案頭有校本雜俎前集，詢其據何本，兄曰：『吾婦翁繆舍齋可貞氏嘗見崑山虞質夫有宋刻雜俎，因讎是書，吾轉録此耳。』美携之歸，較三四過，又爲搜廣記、類書及雜説所引，隨類續補。歲乙巳，嘉禾項羣玉氏復以數條見示，又所未備也，復爲續之，乃知是書必經人删取，不然何放逸之多乎？丁未，官留臺侍御内鄉李公自美案頭見之，欣然刻焉。」欣夫案：有學集卷四十六營造法式跋與此大同，惟稱玄度爲天水長公。敏求記職官分紀：「清常道人惜舊鈔譌謬，借金陵焦太史

本讎勘，而焦本亦多殘闕，復賴此本是正之。清常又從書賈搜得宋槧本第七卷補訂入。前輩好書之勤如此。」

三八一

祖龍之所弗能燔

明詩綜小傳

欣夫案：少室山房筆叢卷四録歐陽修集古録序、蘇軾李氏山房記、李清照金石録後序而論之曰：「夫書好而弗力，猶亡好也，故録廬陵集古序；夫書聚而弗讀，猶亡聚也，故録眉山藏書記；夫書好而聚，聚而必散，勢也，曲士諱之，達人齊之，愈益見聚者之弗可亡讀也，故録易安金石志終焉。」因樹屋書影：「夷堅志，宋洪邁所著，蘭溪胡元瑞筆叢謂其書有百卷，今行世者十之一耳。元瑞曾得秘本，後歸之同邑章無逸。常熟毛子晉家亦有宋板者，甲至癸流號計百卷，與無逸所收同。無逸貧士，子晉作古，料無好事者爲之梓行矣。洪文敏此書自甲至癸爲集者二百卷，又支甲至支癸一百卷，三甲至三癸一百卷，四集僅成甲乙二十卷而公薨，全書蓋四百二十卷。元瑞所有，合支甲、三甲得百卷，全書四分之一也。其書係舊抄本，每集各有小序，如隨筆之例，不知子晉家所藏視此異同何如？」王世貞石羊生傳：「胡元瑞者名應麟，一字明瑞，嘗自號少室山人，慕其鄉人黄初平叱石成羊事，更號曰石羊生。（略）元瑞自髫鬌厭薄名利，於子女玉帛聲色狗馬服玩諸好一切泊然，而獨其嗜書籍自天性，身先後所購經史子集四萬餘卷，手鈔集録凡十之三，分别

部類，大都如劉氏七略而加詳密。築室三楹貯之，黎惟敬大書其楣曰二酉山房，而屬余爲記。旦夕坐卧其間，意脩然也，恒自笑蠹魚去人意不遠。又謂我故識古人，恨古人乃不識我。其託尚如此。（略）元瑞所著有二酉山房書目六卷。」五雜組：「胡元瑞書蓋得之金華虞參政家。虞藏書數萬卷，貯之一樓，在池中央，小木爲杓，夜則去之。榜其門曰：『樓不延客，書不借人。』其後子孫不能守，元瑞噉以重價，紿令盡室載至，凡數鉅艦。及至則曰，吾貧不能償也，復令載歸。虞氏子既失所望，又急於得金，反託親識居間減價售之，計所得不什之一也。元瑞遂以書雄海內。王元美先生爲作酉室山房記，然書目竟未出而元瑞下世矣，恐其後又蹈虞氏之轍也。」欣夫案：此記元瑞得書事較人海記爲詳。葉氏著書愛人以德，故隱惡揚善。今則苟有記載，不害兼收，所以爲巧取豪奪之戒耳。

得一古書益一友　三八三

陸文定中江莫公墓志銘　　蒼虬案：戒菴漫筆卷五記楊五川藏書事甚詳，亦云：「五川屍未及寒，而萬卷樓之積先爲松江莫甥是龍携其珍襲者以去，而餘所存，半爲好事賂蒼頭所得，半爲親友散漫袖竊，乃膏粱之子懵然不知也。乙亥九月記。」蒼虬藏雲卿詩集手稿本，勘與石秀齋集不同，先叔祖子誂公之遺藏也。有「澹園」及「安麓村」「姚際恒」諸朱記，姚又手跋之。

天禄琳琅　　滂喜齋藏書記宋刻殘本妙湛和尚偈頌卷尾題字云：「莫雲卿氏城南精舍藏書。」又云：

「辛巳夏日，鄔佐卿觀於廷韓石秀齋中，孫棨、鄔憲同觀。」又宋刻校正詳增音訓周禮句解有「五隖山房」「松江莫氏壽樸堂書籍」兩朱記。欣夫案：此或是雲卿藏印，俟攷。

爲慕玄亭揚子雲　三八六

昌熾案　王應奎柳南隨筆：「予見宋版大戴禮，乃秦景暘閱本。（略）景暘諱四麟，係前代邑中藏書家。校訂頗精審可據，馮嗣宗先賢事略中稱之。」欣夫案：景暘之即四麟，得此可釋葉先生之疑，不必兩列，以一人誤分爲二。惟「陽」作「暘」，或係刻誤。

愛日精廬藏書志　欣夫案：曾見趙琦美跋鐵網珊瑚云「我海虞秦酉陽四麟所藏也，其伯子小酉君」云云。作「酉陽」，俟攷。又案：皕宋樓藏書志舊抄玉照新志有酉巖山人跋。又案：文禄堂訪書記明抄隸釋版心上刊「玄覽中區」四字，此即德化李氏藏本，有周治校，徐波跋。汪璐藏書題識影宋鈔本古今事類不具名跋下有「又玄子」印。欣夫案：據敏求記葛洪神仙傳：「袁陶齋藏書，後歸秦四麟又玄齋。」此書前有袁表跋，則又玄子即四麟別字也。

鐵琴銅劍樓書目　欣夫案：弗乘爲錢龍惕夕公四十後所易字，大究集有名貰字弗乘説一篇。

錢受之虞逸夏君墓誌銘　欣夫案：皕宋樓藏書志舊抄支遁集葉奕跋云：「原本乃嘉靖乙未七檜山房抄，爲景陽主人舊籍，五川居士校，各有印記。」

玉笈珠囊製駱駝　　三八八

明詩綜小傳　嘉慶江寧府志：「居中一字海鶴，由監丞遷貴州黄平州知州，投檄不赴歸。」

周亮工黄母宜人七袠壽序　文禄堂訪書記：吴兔牀校鈔本千頃堂書目録杭世駿跋云：「右千頃堂目，金陵黄俞邰所輯。俞邰徵修明史，爲此書以備藝文志採用，横雲山人删去宋、遼、金、元四朝，刺取其中十之六七爲史志。史館重修，仍而不改，失俞邰初旨矣。」池北偶談云：「金陵黄俞邰以諸生入召明史館，食七品俸，予時向其借書。」

錢受之黄氏千頃齋藏書記　開有益齋讀書志朱氏家集云：「次郊公稱南仲公有手寫古今書目，爲黄俞邰、龔蘅圃所得，以備史料。按黄虞稷家富藏書，著有千頃堂書目三十二卷，蓋即參取南仲公書目而成，而公原書不可得矣。」

東湖叢記　「温陵黄俞邰氏藏書印」朱文方印。

海上驚沙起浪淘　　三九一

杭州府志　海昌藝文志：「祝以豳號惺存，又號靈苑山人，著貽美堂集。有李氏本寧、董氏其昌、陳氏繼儒、沈氏德符序。」

松江府志　嚴昌堉海藻卷七：「李可教號鶴鳴，有碧梧軒詩系。」

十指如椎凍不信　三九五

明詩綜小傳　謝肇淛五雜組云：「書所以貴宋板者，不惟點畫無訛，亦且刻畫精好，若法帖然。凡宋刻有肥瘦二種，肥者學顔，瘦者學歐，行款疏密任意不一，而字勢皆生動，箋古色而極薄不蛀。」因樹屋書影：「宋末汶陽王質號雪山先生，著詩經總聞二十卷，其家櫝藏五十年。淳祐中，吴興陳日强守汶陽，刻之郡齋，始行於世，後又無傳矣。謝在杭録之秘府，諸子盡賣藏書，近爲陳開仲購得之，歸於余。」周亮工尺牘新鈔謝在杭與徐興公陳有七不便，其一云：「文弱之人，酷耽書史，行立坐卧，不能相離。而欲一旦棄置柔翰，傾倒簿書，譬之纂組纖纖之女，令之親操井臼。」

榕城詩話　欣夫案：謝氏鈔本用黑格，板心下刊「小草齋鈔本」五字。余藏有沈下賢集，其鈐印有「晉安謝氏家藏圖書」。

白馬西來十二部　三九七

四庫提要　臧懋循負苞堂文選與曹能始書：「聞趙玄度所輯中晚唐詩文，悉鈔録於蜀中，續梓詩紀，不審果否？便間幸示之。僕兩年間亦頗有所蒐羅，向見徐興公云，建寧楊氏有諸寫本，未盡散失。擬於明歲過貴省訪之。」欣夫案：能始刊有石倉歷代詩選五百六卷（此云詩紀，疑爲初名），見邵亭知見傳本書目。亡友鄭振鐸又得殘本六百六十卷，二百四十七册，見劫中得書記。吴琯編唐詩紀

一百七十卷，僅成初盛而無中晚。此云趙輯中晚唐詩，又云續梓詩紀，殆將續成吴書歟？

筆精　福建通志列傳：「馬森字孔養，懷安人，嘉靖乙未進士，官至户部尚书，卒謚恭敏。」欣夫案：明史有傳。

筆精　欣夫案：陳暹之書，多歸徐𤊹。羅振常善本書所見録卷三明抄新印六壬總要有長方正楷木記，文曰：「義谿方伯陳公暹，精於讖緯抄奇篇。厥後散佚如雲煙，末學徐𤊹收得焉。重加裝飾師前賢，是爲崇禎甲戌年。」欣夫案：陳暹字德輝，閩縣人，嘉靖乙未進士，官廣東布政使，著有廣中五先生詩選二卷，見閩侯縣志藝文。

課虚責有寂求音　三九八

嘉興府志　姚士粦見只編：「歲丁酉，馮具區先生方祭酒南雍，以沈約宋書中多訛謬，命余覆校。取漢晉諸史及通典、通志略、諸子、諸集互相校質，其偏旁點畫是正凡數千字。他如『毣』作『羽毛』，『嘗』作『侃言』，一字作兩字者甚多。又如引老子『同於得者亦樂得之』爲『亦未得之』，蓋當時書者草『樂』如『未』，遂訛爲『未』耳。至高祖紀『使乞士張幟山上』，不得其解，因發通典，作『乙士』，蓋乙士次於甲士者。惟張暢有二傳，山居注多剥蝕，恨無善本可補耳。先生序之曰：『休文宋書畢工三年矣。余初閱數篇，猶有差誤。會友人布衣姚叔祥自檇李見訪，叔祥故博雅，即以委之。

乃手對舊本，參以南北史、通典、通志等書，帩帩三月，始得竣事。凡補舊闕七十字，增一百九十餘字，餘點畫差誤而改正者約數千字。已，余又從叔祥所更定復加校勘，而所爲是正者尚多有之，以此信校讎之難，古人喻之掃塵，愈掃愈有，果然。然宋書至是亦可以稱善本矣。』」毛晉春渚紀聞跋云：「江南藏書家指不勝屈，姚叔祥謂沈虎臣多蓄隱異，遂抽伊架上何薳春渚紀聞與陳眉公，梓入秘笈。」因樹屋書影：「姚叔祥自云：『余十三而孤，年二十猶目不識丁，以寫照自給。寓居德清學博姜孩日先生家，姜謂余曰：「男子何可不知書？」遂句讀授余。』叔祥二十窮苦，猶不識丁，晚乃卓然自立，爲當代名碩，人不可不自立如是，人不可以年自廢如是。叔祥著述甚多，余僅見三數種。」

嘉興府志　又姚士粦見只編：「余年二十有四，以書削自給於姻家呂氏。呂氏子兆禧字錫侯，少余十二歲，時已通一經，善屬文，志復慕古，與余讀書，非丙夜不休。錫侯十六爲諸生，十八卒。有呂氏筆記，胡孝轅先生爲序而刻之。」呂錫侯筆記：「宋刻陸賈新語辨惑第五其末云『權歸於三家，邑土單於彊』，下便云『無以制其剛』，文理甚不接。嘗與友人王季常讀之，得其脱簡於慎微第六『人不堪其憂』之下，『齊夫用人若彼』至『不操其柄者則』凡二百二十七字。考之閩浙新本皆然。如南雍子彙，河北兩京遺編，俱名公校讎，亦復仍誤，當是千慮一失耳。」

傳家有集不虛來　四〇一

嘉興府志　盛楓嘉禾徵獻録卷二十四：「胡彭述少孤，事母孝，好藏書，有好古堂書目。子震亨字君鬯，一字孝轅，晚號遯叟。才識通敏，於書無所不讀。（略）病唐人詩集不能衣被天下，乃悉搜録，編爲十籤，曰唐音統籤，行於世。又著海鹽圖經、靖康資鑒録及赤城山人集。子夏客亦英敏好學。」欣夫案：毛晉津逮秘書序云：「邇鹽官胡孝轅氏復以秘册二十餘函相屬，惜半燼於玉林辛酉之火，予爲之補亡并合。予舊刻不啻百有餘種，皆玉珧紫絃，非尋常菽粟也。」王士禛分甘餘話：「胡孝轅輯唐詩統籤，自甲至癸凡千餘卷，卷帙浩汗，久未版行，余僅見其癸籤一部耳。康熙四十四年，上命購其全書，令織造府兼理鹽課通政曹寅鳩工刻於廣陵，胡氏遺書幸不湮没。然版藏内府，亦無從而見之也。」歷史語言研究所藏鈔本李杜詩通，有胡夏客識語云：「先大夫孝轅府君搜輯唐音，結習自少，至乙丑歲始克發凡定例，撰統籤一千卷，閱十年書成。又箋釋太白、子美兩大家詩，加以評論，成李杜詩通，寫就頻繙，鉛黄重疊，迄於七年，時年七十四，復盡卷竄訂焉。旋遘改革，頻屬小子夏客藏稿本山寺，行遁不懌而卒。兵燹既過，夏客次第捧歸，深幸手澤無恙。夏客感激涕零，死且不朽，將行乞四方，圖盡刻統籤全帙。風雅同好有如子蔡、子若其人者，是編與並行可幾也矣。」唐音戊籤楊鼐序：「先生嗣君宣子、念齋，一爲博學名儒，一爲二千石良吏，皆足力承先

業，用付剞劂，惜乎功未半，相繼捐館。今先生文孫有令修、翁耆、韶九、思黯諸君，悉彬彬雋雅，爲鄉黨典則，能卒業祖父書，累年分讎，孜孜靡已。而戊籤乃於康熙乙丑之夏先告成焉。」欣夫案：據此則令修爲孝轅之孫，與梨洲説異。

宣綾包角藏經箋　四〇三

全祖望祁六公子墓碣銘　山陰志藝文：「藏書樓書目，無卷數，寫本，國朝祁理孫。理孫字奕慶，魏耕、徐緘、張杉、陶素耜有序。」

靜志居詩話　杭郡詩三輯吴振棫祁忠敏公遺硯歌自注：「公家淡生堂藏書萬卷，皆散佚。『曠亭』一額，委棄野人家，乾隆間，趙谷林先生以米四石易之。」

其藏書印　曰「淡生堂經籍記」、曰「子孫永珍」。

黄金布地花雨天　四〇六

靜志居詩話　明立名居中。欣夫案：兆申，萬曆中貢生，有謝耳伯先生詩集八卷。福建通志文苑傳：「謝兆申字耳伯，建寧人，嘉靖一作萬曆。間貢生。（略）歲游吴越間，每出，必載書數車。聚書如貨殖，處一室，以書爲牆垣。（略）以游故，不時於試，試復不得當而歸，後客死麻城。書留僧舍中，散佚殆盡。」龔立本煙艇永懷：「耳伯性嗜書，所至鈔謄忘倦，游貲往往罄竭。」

老去書城許策勳　四〇八

陳第季立、高儒　欣夫案：高儒嘉靖時人，陳第萬曆時人，高先於陳，二名應易次。

列朝詩傳　道光二十八年，七世從孫斗初撰年譜：「先生好藏書，收羅甚富，所傳世善堂書目，載一千九百餘部，皆五代以後書，先伯祖振圖公幼年猶及見之，後爲巡撫趙公國麟久假。」近人金雲銘撰年譜：「萬曆三十二年甲辰秋末，聞焦狀元弱侯先生老而好學，造訪不通姓字，談論竟日，夜即宿書樓，秉燭閱藏書幾遍，誤者指而正之。明日，先生笑曰：『君殆閩之季立耶？』相得益歡。自是恒往來其家，借讀所未見書。」絳雲樓書目陳第毛詩古音考二册，陳景雲注云：「陳將軍季立，出戚少保麾下，一時名將也。」

鮑以文世善堂書目跋　焦竑國史經籍志簿録類：「百川書志二十卷，古涿高儒。」黄虞稷千頃堂書目簿録類：「古涿高儒百川書志二十卷。」欣夫案：葉德輝重刻百川書志，題「百川子古涿高儒子醇撰」，自序云：「予遭際文明之運，叨承祖蔭，致身武弁，素餐無補，日恐流於污下。蓋聞至樂莫逾讀書，典籍流散，見遇人間者，不校乏力。故雖嬴賣金之厚，聚非一日，雖有萬軸之儲，讀可一時乎？此重積書之功，書目所由作也。書無目，猶兵無統馭，政無教令，聚散無稽矣。閒居啓先世之藏，發數年之積，不啻萬卷，各以類從，少著大意，條目昭明，一覽之餘，仰見千載聖賢

用心之確，非擅虚名，實資自勵，庶慰先人教子之心，以逭聚散不常之誚也。時大明嘉靖庚子歲，夏五月端陽日，書於志道堂之楹。」又序云：「百川書志既成，追思先人昔訓之言曰：『讀書三世，經籍難於大備，亦無大闕，爾勉成世業，勿自取面牆之嘆。』予對曰：『小子謹書紳。』至今數年，音容迥隔，遺言猶在，愈勵先志，鋭意訪求，或傳之士夫，或易諸市肆，數年之間，連牀插架，經籍充藏，難於檢閲。閒中次第部帙，定立儲盛，又恐久常無據，淆亂逸志，故六年玫索，三易成編，損益古志，大分四部，細列九十三門，裁訂二十卷，書志不備者，蓋聚多而未已也。書刻類中，注陳書後，頓忘寒暑，蠹檢篇章，志略始成，襟懷方遂，珍藏芸笥，以勉成先志，玩繹身心，稽驗清聚云耳。後三日吉，百川子再志於藏書室。」又案書志卷十九蘭坡聚珍集條云：「先父諱榮，字邦慶，涿鹿人也。先任尚寶丞，後轉錦衣，積階鎮國將軍。」

東原赤岸李如一　四一〇

錢受之李貫之先生墓志銘　蔡金重云：「牧齋全集有學集李貫之先生墓誌銘作『諱鶚翀』，則『鶴翀』誤矣。」蔡澍江陰志李如一傳：「如一少爲邑諸生，多識古文奇字，早謝舉業。（略）自詡以來，積書日益，仿宋晁氏、尤氏目録，自爲詮次，發凡起例，井如也。（略）晚與虞山錢受之定交，受之撰明史，嘗貽書姚叔祥，訪求鄭端簡、后妃、權倖等十二傳以助之。崇禎庚午卒。」欣夫案：

如一集邑人説部，刊藏説小萃，陳繼儒序之。其目爲：湯沐公餘日録，張誼宦游紀聞，張衮水南翰記，朱承爵存餘堂詩話，徐充暖姝由筆，汴游集，唐震龍延州筆記及其祖戒菴漫筆。李詡玄孫成之重刻戒菴漫筆跋：「先大父近復公雅志删述，雖困於膠庠，而得失不以介懷。凡諸懸之國門、藏之名山者，靡不殫力羅致。即鄉邦文獻，與夫古刻法書，斷碑遺碣，有一字繫先代者，皆搜羅恐後至。吴越藏書家不遠千百里求之，一時賈人射利者亦奔集如鶩。自輯有友鄉録、禮記輯正等書，因卷帙浩繁，未遑付之梨棗，所作文章詩賦亦如之。不意乙酉秋，里中乘易代之變，盗賊四起，烽煙滿目，余兄與姪盡遭慘禍，而數世藏書，悉歸烏有。（略）得月樓書雖盡亡，其書目幸存於家，季將俟刻之，聊志先大父彙集之苦心云。」欣夫案：據此，如一又字近復。得月樓書目今刊入常州先哲遺書者，非足本。汪璐藏書題識清常道人歷代帝王傳國璽譜跋：「癸卯二月九日，因謝弔至赤岸李氏，談間因及此書。余異其書名，即令童録於舟中。（略）此公博雅，多蓄異墳，如録鬼簿、湘山野録等書正多也。又説其里中人有宋本管子云。」

錢受之草莽私乘跋　善本書室藏書志景宋抄禮記集説：「江陰李貫如一從事三禮，借是書於絳雲樓，焚香肅拜而後起視。」欣夫案：牧齋云「獲異書則焚香肅拜」，指此。欣夫案：陸心源儀顧堂題跋明抄草莽私乘云：「是書手稿嘉靖中爲王弇州所藏，江陰李貫從王氏録副以傳。貫字如一，好古嗜書，

致盡減先人之産。嘗從事三禮，借錢謙益衞氏湜禮記集説，焚香肅拜而後啓視，其愛書之癖如此。」

池北偶談　繆荃孫刻得月樓書目跋：「此目止百九十餘種，雖云摘録，然世間已佚之書，如李廉春秋諸傳會通廿四卷，陳伯宣史記注八十七卷，劉攽東漢刊誤一卷，汪應辰唐書列傳辨證二十卷，吕祖謙新唐書略三十五卷，李德裕大和辨謗略三卷，歐陽靖聖宋掇遺一卷，蔣之奇魏公逸史二十卷，倪思正齋臺諫論二卷、中興集議名臣言行録三十卷，吕東萊觀史類編五卷，胡恢南唐書十卷，劉恕十國紀年四十二卷，宋敏求河南志二十卷，周淙臨安志十五卷，趙抃成都古今記三十卷，楊侃職林二十卷，張著翰林盛事一卷，白太素續通典二百卷，万俟卨紹興貢舉考法五十卷，丁謂景德會計録六卷，顧烜錢譜十卷，陶岳貨錢録一卷，董逌續錢譜十卷，陳彝山堂遺集十卷、續八卷、文苑摘粹十卷，共二十七種。」欣夫案：繆氏所舉較葉氏爲詳，故并録之。藝風藏書續記藏説小萃八册：「明刻本，江陰李如一貫之彙刻，皆江陰人著述。共八種，分十集。」有「龍飛萬曆柔兆敦牂歲重光單閼月，赤岸李氏銓於前書樓，付金閶梓人鐫行。」

黎洲思舊録　欣夫案：有學集李忠毅公遺筆跋云：「次見子遜之鉤摹檻車遺書，刻之於石。」又云：「遜之九齡藐孤，佩服遺訓，嶄然無忝所生，人謂次見有後矣。」

魏叔子落落齋記　四庫提要卷一百二十八戒菴漫筆八卷：「明李詡撰，詡字厚德，江陰人。少爲諸生，

坎坷不第，年八十餘而卒。所作世德堂吟稿、名山大川記諸書，皆已亡佚，惟是編爲其孫如一刊行。」

欣夫案：漫筆首有萬曆丁酉冢孫如一識語，王穉登後序。

昌熾案　欣夫案：李詡有戒菴漫筆，刻入常州先哲遺書中，作「翊」者誤。菊裳先生未加訂正。

遠上寒山石徑青　四一三

錢受之趙靈均傳　蔡金重云：「式古堂書畫彙攷趙氏端容文石良薑圖款書：『辛未仲夏，天水趙氏文俶畫。』有『趙氏文俶』印。知『文淑』應爲『文俶』。」欣夫屢見端容畫真跡，字皆從人作「俶」。

欣夫案：文禄堂訪書記校本述異記葉石君跋云：「趙靈均歿後，圖籍星散。」

細柳旌旗首渡江　四一六

潘曾紘昭度　有學集卷四十六東都事略跋云：「宋史既成，卷帙繁重，百年以來，有志删修者三家：崑山歸熙甫，臨川湯若士，祥符王損仲也。（略）今聞損仲草稿與臨川宋史舊本並在苕上潘昭度家。」

吴興藏書録　千頃堂書目卷二：「潘曾紘春秋確。」

虞初九百有新説　四一八

鈕石溪　嘉靖三十年辛未，宛陵梅守德重刊正德本越絶書跋云：「宋嘉定甲申，紹興前守新安汪公綱仲舉嘗以蜀本刻置郡齋，世遠無存。正德己巳重刻於吴中。茲來守越，因語同年給事會稽鈕

君仲文，以是書越中典故，不可無傳，君乃得吴本見寄，以成予志，遂再梓之。」云云。康熙會稽縣志選舉：「鈕緯，嘉靖十三年甲午科舉人，二十年辛丑科進士，官僉事。」欣夫案：本書以科第先後爲次，則此條應移列於前。

居易録　鄭振鐸劫中得書記：「稗海之初名稗海大觀。首册多出序、凡例及編校姓氏等，此種重要之文獻，後印本皆已佚去。總校之鈕緯字仲文，浙江會稽人，即明代有名之世學樓主人，藏書極富。稗海大觀中各書，殆皆出於鈕氏之藏。分校爲商濬及陳士元二人，故各書或題濬校，或題士元校不等。同校爲謝伯美及鈕承芳。承芳殆亦世學樓之裔也。總校中尚有陶望齡，則爲當時之名流，亦會稽人。」附録商濬萬曆壬寅序云：「吾鄉黄門鈕石溪先生鋭精稽古，廣構窮搜，藏書世學樓者，積至數百函，將萬卷。余爲先生長公館甥，故時得縱觀焉。每苦卷帙浩繁，又書皆手録，不無魚魯之訛。因於暇日，撮其記載有體、議論的確者，重加訂正。更旁收縉紳家遺書，校付剞劂，以永其傳，以終先生惓惓之宿心，凡若干卷，總而名之曰稗海大觀。」

天禄琳琅　明張時徹皇明文範，有周文燭贈石溪鈕仲文之祁門序。欣夫案：據此則石溪之即仲文，信矣。讀書敏求記有會稽鈕氏世學樓藏本墨子。

武夷神君不可見　四二二

徐𤊹惟起　欣夫案：徐𤊹，明史文苑傳附見鄭善夫傳中。閩侯縣志文苑傳：「𤊹所居鼇峯之麓，藏書七萬餘卷，曹學佺爲構宛羽樓庋之。又構數椽於山園，環視三山之勝，名曰緑玉齋。（略）謝肇淛其甥也。（略）與曹、謝情好尤篤。」

列朝詩傳　因樹屋書影：「家語，閩徐興公有王肅注者，中缺二十餘板。毛子晉家亦有宋刻王肅注者，與興公藏本稍異，憾不能合徐、毛兩家本對校鐫行。」又：「吴門林若撫雲鳳詩數卷，其子藏之家。閩中徐興公前輩，與若撫爲通家好，亦有若撫詩鈔，興公之子延壽藏之。」五雜組：「吾友有林志尹者，家貧爲掾，不讀書而最耽書，其於四部篇目，皆能成誦。每與俱入書肆中，披沙見金，觸目即得，人棄我取，悉中肯綮。興公數年之藏，十七出其目中也。」閩中南居益序鼇峯集云：「性喜蓄書，常聚書至數萬卷。每見異本，典衣購之。或道旁小肆，蠹簡半殘，觸目輒繙檢鬻去。」欣夫案：毛晉存悔齋詩跋云：「余家藏元人集未逮百家，意欲擇勝授梓。閩中徐興公許以秘本五十種見寄，奈魚雁杳然，惄如也。」紅雨樓題跋鄭杰序云：「吾閩藏書之富，嘉靖後歷歷可數，陳方伯暹、馬恭敏森、林方伯懋和、王太史應鐘。乃馬公季子能讀，陳公後昆寢微，散如雲煙；王、林二公捐館未幾，書盡亡失，飄蕩四方，吾閩先輩間有得者。厥後如陳季立、鄧汝高、謝在杭、曹能始、徐興公皆有書嗜。陳盡毀夫人之手。究之參訛訂異，前題後跋，惟興公蒐討爲最。又幸有器之、存永二

後人維持保護，故雖展轉流遺，仍皆存之吾閩鄉先輩家。不佞潛心購覓，得徐氏汗竹巢、緑玉齋、宛雨樓、紅雨樓藏本十有一二，搜録題跋若干首，先付梨棗云。」

皕宋樓藏書志　繆荃孫雲自在龕隨筆卷四：「徐興公自署曰竹窗病叟，曰讀易園主人，曰天竺上人，曰筠雪道人，曰筆耕惰農，曰三山老叟。所居之廬曰柿葉廬，曰柿葉山房，曰鏡瀾閣，曰汗竹巢，或作軒。曰緑玉山房，或作齋。曰柯古陸楂館，曰宛羽樓，曰風雅堂，曰竹藤齋。雖遜於蕘圃，然亦不少。」

欣夫見徐氏藏書有「閩中徐惟起藏書記」朱文長印、「鰲峯徐氏宛羽樓藏」朱文長方印。

列朝詩傳　福建通志文苑傳：「絳雲樓災，延壽寓書相三日之哭。」尺牘新鈔：「徐延壽有宛羽樓遺集。」

南渡遺文愴劫灰　四二八

錢泰吉記沈氏嗣選南宋文鑑目　光緒嘉興縣志：「沈嗣選字仁舉，順治初歲貢生。早破産聚書，謂蕭統而後，代各有選，而南宋闕焉，乃輯南宋文選百卷。」欣夫案：本書以科第次先後，則此當移入卷四。又藝文：「沈嗣選法宋樓書目四卷，自序略曰：『用焦弱侯國史經籍志例，分爲四部，惟自藏書籍，撮其大意，每書作一論，而挨次編排之。』」

繞屋梅花壓萬籤　四二九

康熙蘇州府志　欣夫案：自昌刊有分類補注李太白詩、集千家注杜詩、甫里集。董其昌容臺集中書舍人許玄祐墓志銘：「玄祐諱自昌，少讀書，即好漁獵傳記兩漢四唐之業，築倉而藏之，飲食其中，不屑屑爲經生言。與玄祐交者，吾邑陳徵君、景陵鍾伯敬、山陰祁夷度及不佞輩，咸樂其曠逸。花時柑候，命駕相期，雀舫布帆，閒集梅花墅下，開簾張樂，絲肉迭陳。玄祐性闊達，雖生長素封，不問奇贏子母事，生平以讀異書、交異人爲快。所居與陸天隨故址近，爲剔莽構祠祀之，刻其唱和詩。他如盛唐名家集行世者，多出其校讎。」欣夫案：孟宏藏書上承玄祐，應補列自昌名。據董志，自昌著有秋水亭草、吐餘集、樗齋詩草、樗齋漫録。

黎洲思舊録　欣夫案：孟宏著吴乘竊筆，余已印入叢編。亡友顧巍臣建勳言收得其家抄本不少，終秘不肯出示，今不知若何矣。

昌熾案　蒼虬見道光時翻宋小板本晁具茨詩，有「許心扆」朱記，則爲蕘翁并時人耳。欣夫案：丹臣確是康熙時人，此印或偶同姓名，先兄誤也。汪璐藏書題識夏忠靖公遺事跋：「甲戌夏，先外父自山左量移江右，便道歸南，余逗留鹿城，晤公奭内弟於水閣，圖書滿架，中有夏公遺事一集，假以携歸。又於内父尺木居見夏公小照，即摘數語於上，以示高山之仰。一時兩快，俱無意遇之。庚寅中秋六日，丹臣記。」欣夫案：丹臣即許心扆，甲戌當爲康熙三十三年，而庚寅則四十九年也。

云内父尺木居，當指葉九來。善本書室藏書志王文正公遺事：「明刊本，有『葉氏藏書』『葉德榮甫世藏』『心宸之印』三印。後有『康熙庚寅七月廿九日，曝書檢及，補印小鳳圖記，時年五十有二。内子書將另編録目。昨秉燭話舊，駒隙堪驚。丹臣識霖玉軒瓶蘭北窗。』丹臣姓許氏，松江人，葉九來先生壻也。玩其題印，當是奩中物。」欣夫案：丁氏謂丹臣松江人，不知何據？此題有康熙庚寅紀年，可確定爲康熙時人，不必據蓮涇跋語推得。其婦之字小鳳，則可與劉子新論諸印相參。當時葉氏藏書奩贈必多，故有另編録目之語，且可證香嚴之語爲有據也。崑新兩縣續補合志：「許虬字竹隱，號敏庵，元和甫里人，崑山籍。少穎異，補諸生，與從兄弟儼、定升輩有高陽八才子之名。順治戊戌成進士，官至永州府知府。詩爲新城王士禛所推，與汪琬、尤侗輩相唱和。次子心宸字丹臣，太學生，亦以詩名。」案：丹臣世知爲葉九來壻，而不知爲竹隱子、玄祐曾孫，得此而其世系可明，且補葉先生所失考。

杉青牐畔表孤忠　四三一

錢受之嘉興高氏家傳　盛楓嘉禾徵獻録卷十五：「高承埏字澤外，號寓公。（略）隱居竹林，書七萬餘卷，著稽古堂集。盛支焯案：集中有藏書序、稽古堂書目序、藏書録自序、書直編年序、書籍轉輪録序、求書補書録序共六首，可謂求之勤而嗜之篤矣。」

朱彝尊靜志居詩話　欣夫案：寓公刊有稽古堂日鈔十七種。

朱辰應高工部傳　欣夫見嘉靖本徐問著讀書劄記，有「樵李高承埏字九遐家藏書記」朱文、「高承埏印」白文兩方印。

玉劍尊聞　光緒嘉興縣志：「樫芳，嘉靖三十五年進士，官邵武同知。」案：樫芳科第前於承埏，當移前。

桂井牙籤比鄴侯　四三三

全祖望中條先生墓表　續甬上耆舊傳云：「先生南軒藏書，其富爲范氏天一閣之亞。」

楊無咎陳典籍家傳　欣夫案：煌圖爲祖范之祖，見陶貞一虞邑先民傳略。

吳下藏書鸞嘯齋　四三五

海虞詩苑　郟掄逵虞山畫志：「陳帆字蒙谷，號南浦，性狷潔。山水師梅道人，書學柳誠懸，絶妙，尤工詩，宗晚唐，與邵青門、汪東山唱和，時稱三絶。」過雲樓續書畫記墨井道人南皋圖軸：「款署『辰春上日詩畫爲蒙谷先生壽』。（略）蒙谷爲常熟陳帆，字際遠，號南浦，性狷介，善詩書畫。見縣志及海虞詩苑。」

愛日精廬藏書志　欣夫案：本芝爲孫朝讓字，見前。

蓮蕊自開常見佛　四三八

昌熾案　子羽藏印曰「印溪黄子羽氏藏書記」，朱文方印。

律論流通到羅什　四四〇

毛晉子晉　欣夫案：滎陽悔道人撰汲古閣主人小傳云：「性嗜卷軸，榜於門曰：『有以宋槧本至者，門内主人計葉酬錢，每葉出二佰；有以舊抄本至者，每葉出四十；有以時下善本至者，别家出一千，主人出一千二佰。』於是湖州書舶雲集於七星橋毛氏之門矣。」隱湖題跋陳繼儒敘云：「吾友毛子晉負姤古之癖，凡人有未見書，百方購訪，如緇海鑿山以求寶藏。得即手自鈔寫，糾訛謬，補遺亡，即蛛絲鼠壤、風雨潤濕之所糜敗者，一一整頓之，雕板流通，附以小跋，種種當行，非杜裁判斷硬加差排於士人者。蓋胸中有全書，故本末具有脈絡；眼中有真鑒，故真贋不爽秋毫。無論寒膚嗛腹之儒，駭未曾有，雖士大夫藏書家李邯鄲、宋宣獻復生，無不侈其博而服其鑒也。」江熙掃軌閑談云：「毛潛在先生晉家隱湖，創汲古閣，刻經史諸書。中爲閣，閣後有樓八間藏書板者。樓下及廂廊俱刻書所。閣四圍有緑君、二如等亭，招延天下名士校書於中，風流文雅，江左首推焉。潛在第四子斧季扆最知名，又補刻書數百種。許吟亭云：『毛氏本有三閣：汲古閣在載德堂西，以延文士；其雙蓮閣在問漁莊，以延緇流；一失名，俗呼爲關王閣，在曹溪口，以延道流者。今俱

廢。又有一滴庵，爲潛在父子焚修處，揭一聯云：「三千餘歲上下古，八十一家文字奇。」爲王新城先生手書。』」金農冬心先生隨筆云：「古史六十卷，宋蘇轍著。康熙戊子歲，余讀書吴門先師義門家塾，虞山毛斧季先輩携觀此册，宋咸淳刻本也。毛丈是時年七十餘矣，目光如炬，言笑弗衰，真有道之士也。」徐𤊹元人十種詩集序云：「海虞友人毛子晉操雅鏡古，凡人間所未見之書，殫精搜索，雲間眉道人擬之縋海鑿山以求寶藏，誠然哉。」又云：「子晉家富宛委之藏，所收當不止此十種，乃先行之。予性癖耽書，亦喜蒐先代遺稿，尚有元集五十餘家。崇禎戊寅長至，閩郡徐𤊹書於吴門之蓮華菴。」欣夫案：王咸畫汲古閣圖，題云：「子晉社主結藏書閣於隱湖之濱，顔曰汲古，次以甲乙，分以四庫，非宋元繡梓不在列焉。牙籤玉題，風至則琅琅有聲也。余寓讀湖齋，遂盈一紀，所得於繙閲者殆半。壬午秋，子晉出鵝溪素絹，命余作圖，因繪此以贈，並繫一詩，聊補點染之未備云耳：傑閣閟深樹，不許凡庸躋。藏書比石室，一一函緗綈。甲乙列四庫，古香溢標題。居恒每共登，魚亥相讎稽。推窗眄緑野，瓜疇接秔畦。百城真自雄，丙夜吹青藜。爲君寫其炤，東壁光應齊。長洲社弟王咸請政。」靜志居詩話云：「汲古閣主人毛子晉性好儲藏秘册，中年自五經、十七史以及詩詞曲本、唐宋金元别集、稗官小説，靡不發雕，公諸海内，其有功於藝苑甚鉅。」陸世儀桴亭詩集贈毛子晉云：「高閣藏書擁百城，主人匡坐校讎精。名傳海外雞林識，學重都門虎觀驚。捲

幔湖光浮几案，憑欄山色照簷楹。滄桑世界何須問，緱嶺吹笙月正明。」釋蒼雪南來堂詩集賦贈毛子晉壬午赴試南闈云：「千金萬金置田屋，誰見揮金買書讀？世皆貴金不貴書，書價安知倍不足。」李清汲古閣觀書記云：「毛子晉汲古閣藏書十三經與十七史，皆不以藏，以刊，所尤難者則購斯摹，摹斯梓，必宋本是準，其他野乘家集未易枚舉。（略）子晉家藏諸秘，余目擊十三經、十七史宋本，又册府元龜與文選諸宋本，森列鄴架。（略）子晉又云金本尤工，亦購致數種。」陳瑚爲毛潛在隱君乞言小傳云：「江南藏書之富，自玉峯菉竹堂、婁東萬卷堂後，近屈指海虞。然庚寅十月，絳雲不戒於火，而巋然獨存者，惟毛氏汲古閣。登其閣者，如入龍宮蛟肆，既怖急，又踊躍焉。其制上下三楹，始子訖亥，分十二架，中藏四庫書及釋道兩藏，皆南北宋内府所遺，紙理縝滑，墨光騰剡。又有金元人本，多好事家所未見。子晉日坐閣下，手繙諸部，讎其譌謬，次第行世，至滇南官長萬里遺幣以購毛氏書，一時載籍之盛，近古未有也。」淄川唐濟武日記云：「毛子晉十七史板，以逋賦質之故糧道盧澹巖，得四千金。已而盧負官庫將還，以子晉無以償也，乃再質之洞庭席氏。席，洞庭巨室也，以史板故，分一子住常熟，然則席氏史本毛子晉原刻也。翻本圖記云平江趙氏，非席氏。」見鄧之誠骨董瑣記。馮武遥擲稿療忘集外舅隱湖公六十生辰，其三云：「載酒爭馳問字車，知名無不願相於。斑狸博辨千年物，藜火光分夾注書。多爲前人留著述，不教新學誤蟲魚。玉

山當日風流在，未比昆湖起盛譽。」因樹屋書影云：「宋人李誠之有營造法式卅卷，皆徽廟宮寅製度，如艮岳、華陽諸宮法式也。聞海虞毛子晉家有此書，凡六册，式皆有圖，款識高妙，界畫精工，竟有劉松年等筆法，字跡亦得歐虞之體。紙版墨白之分明，近世所不能及。子晉翻刻宋人秘本甚多，惜不使此書一流布也。」讀書敏求記校證洛陽伽藍記：「題詞本有『毛潛在汲古閣，售書者之藏書也』句。」欣夫案：遵王對子晉屢有微詞，而此尤顯著者。欣夫案：姚少監詩集：「隱湖晉潛在丁酉春朔識於追雲舫中。」六十種曲序：「登高日閱世道人題。」

東湖叢記「海虞毛子晉圖書記」。

東湖叢記「毛表之印」朱文方印、「華伯氏」白文方印、「看到子孫能幾家」朱文長印。

毛扆斧季魏禧汲古閣元人標點五經記云：「常熟毛君扆承其家學，好搜輯古槧本，考訂討論，正世本之失。嘗悼五經爲萬世文章之祖，古聖賢道統治統所寓，而字義之錯，章句倒置，莫由攷定，於是頓首告先聖，願得五經古本訓正世俗。未幾，得元本春秋胡傳於書賈丁氏，已從錢君頤得元板詩集傳，從馮君班得元板易傳義，從陸君廷保得元本書傳輯録纂注，而禮記舊板求訪百端，終不能得。久之，在震澤葉君樹廉所，見架上有舊書，隨手抽覽，則元板禮記集説也，然止八卷，餘悉逸去。扆乞以歸，且喜且恨。於是更頓首告先聖，願得禮記之闕者。復以告何君畂，畂云：『曾見陸君貽

謨有禮記舊本，亦殘闕。』貽謨，扆外舅貽典從弟也。扆欣然立折柬索之來，則適合前書九卷以下，標識皆出一手，於是五經咸具。扆募工補綴裝潢，以五色分護五經，既成，陳几以拜先聖及告其先君晉。自是每歲元旦設先君遺像，則先陳五經而拜之，蓋扆先君博雅好古，多藏古本書，所以校讎剞劂之書精工絶天下，天下所稱毛氏汲古閣書是也。扆其季子云。」文禄堂訪書記校本金荃集毛文光跋云：「宋本温庭筠詩集，照馮定遠先生閲本燈下對畢。前庚子春二十有一日，覿庵先生與先季父省庵同校訂於汲古閣下。今康熙庚子仲秋，予從俟思弟處假歸，再勘一過。先季父校於六十年之前，余校於六十年之後，年庚相符，春秋略異，真奇事也。文光識於道東軒雙桂花下。」欣夫案：以褒字質庵、表字正庵例之，知省庵爲扆字，前人所未及。文光稱扆爲季父，則不知其爲褒子抑表子？毛氏世業仍代不絶，應爲表微。又宋刻育德堂集有「中吴毛斧季圖書記」「毛扆字斧季别號省庵」二印。又影元抄四書通證卷末有「琴川汲古閣秘鈔校定本」篆書一行。又鈔本瑟譜墨格板心下寫「汲古閣」三字。又讀書敏求記夢粱録：「斧季從輦下還，解裝出書二百餘帙，邀余往觀，皆秘本也。因笑曰：『僕頃游南昌，得詩三十餘首，子今搜奇覓異，捆載秘書而還，視余幾句窮途酸語，所得不已遼乎？』斧季歎曰：『浪跡兩年，未嘗遇一真好書人，歸而求之於子，有餘師矣。當悉索以供繕寫，毋煩借書一瓻。』余因次第借歸，自春徂秋，十抄五六，夢粱録亦其一焉。」欣夫案：詩經闡

秘毛扆跋：「於此靜坐。」汲古閣書目云：「朱性甫手書鐵網珊瑚十四卷，當年宋中丞下車訪其書在常熟，特託陶令物色之。余以先君當年得此，曾有歌詠，一時同人酬和，成一大卷，不忍輕棄。李海防每本加二兩，余亦不允。後車駕南巡，時高江村託徽州友人戴姓來，許十兩一本，欲以進上，亦辭之。去年病中無貲覓葠，止當銀二十兩，買葠四兩，得以病愈，今猶未贖也。」

毛綏萬嘉年　欣夫案：文祿堂訪書記毛破崖校本薩天錫詩集，跋云：「歲在甲申，秋九月重陽後，風雨浹旬，檢得雁門集抄本，手校一過。兩集殊多異同，頗有讀書之樂。兩集雁門較勝。破崖居士九月十有八日校畢。晚窗略有霽色，然亦明日陰晴未定也。」有「破崖先生」印。

細嚼梅花讀紫騮　四四六

愛日精廬藏書志　欣夫案：涵芬樓燼餘書録明抄本姚少監詩集毛晉跋有云：「但未及招與公於臨頓里中，亦用率更筆法，與浪仙、長吉媲美，洵一恨事。」然則與公又善書，所居在臨頓里。欣夫案：金臺集毛晉跋云：「前後諸序跋，不但評論詳覈，書法亦極精妙，因倩友人王與公摹而副諸棗，若初本臨本，予亦不能辨。」

瞿中溶古泉山舘集　欣夫案：汲古閣圖藏李木齋所，曾付石印，周叔弢以一幅見貽，題詠極多。

昌歜芰角各有嗜　四四七

居易録　陳驥德吉雲居書畫録全椒吴孝子小影卷有榮起題贊，署「江左硯農周榮起」，鈐「深柳書堂」「周印榮起」「中榮」「江左硯農」四印。陳氏注云：「字硯農，江陰諸生，畫得米家精意。能詩文，工篆書。」詩觀二集：「周榮起字仲榮，江南江陰人。」婁東詩派顧夢麐次韻周仲榮同字雲林畫記事詩序云：「周子仲榮從江上過隱湖，示余此畫，款識凡十七字，曰：『雲林寫榮木筠石圖，甲寅二月，贈仲榮高士。』」按留青日札沈萬三秀亦字仲榮，擁厚資，與雲林同時，畫當爲沈作。甲寅即洪武七年，雲林以是歲十一月避地江上，畫藏一青樓處，青樓相城人，又沈舊地，其流傳皆可憑。仲榮三十五年前偶見此畫，至庚辰、辛巳之間始購得之，陳寒山先生有詩紀其事。城民難作，仲榮逸而出，孑身無所携。其兄伯高於圍城孔棘中獨檢此畫遺致仲榮，明日伯高遇害。寒山先生止以同字爲異，謂今仲榮即昔仲榮後身，而不知有沈萬三秀若及聞圍城遺致伯兄遇害之詳，其惋歎又何如？恨不能起九原之靈告之也。

静志居詩話　杜濬變雅堂集有卧病江陰周仲榮宅仲榮出其二令女畫册相賞五古一首。

春水蛟龍卧釣磯　　四四九

魏禧朱參軍家傳　　復社姓氏傳略云：「朱衮字九章，本姓金，少隨其父永昌宦寧夏參軍，往來燕趙間。馳騎游獵，頗任俠自喜，諸邊帥争欲延入幕府，意不屑也。既歸里，始折節讀書，補縣學生。復本

姓，改名俊明，字孝章。數試於鄉不利，最後復赴試，筮易得蠱之艮，遂不終試而歸。踰年明亡，又踰年清兵渡江，人始服其知幾云。善書畫，長於梅竹。卒年七十四，私謚貞孝。有春草閑房詩集、退量稿。」顧麟士過雲樓續書畫記金耿菴墨梅對題册第一幅對題鈐印，曰「一名沈」，曰「字㟁人」。世僅知先生本姓朱，名衮，字九章耳，以沈爲名及㟁人之字，賴此備前人著録所未及。

汪琬金孝章墓志銘　欣夫案：文掞金耿菴先生小傳：卒於康熙乙卯。

乾隆蘇州府志　歸莊集金亦陶運甓圖序：「余之子壻金侃字亦陶，其父孝章先生以其生於崇禎之年，中原多故，故名之字之，以陶士行相期也。」

張燈披衣起達旦　四五二

彭士望長洲舊文學顧君生壙誌　靜嘉堂秘籍志抄本吴中故蹟詩朱之赤跋云：「此顧開林手抄本也。丙寅仲春借歸，倩汪子曾貽抄之。」

平生目冷與心嚴　四五五

士禮居藏書題跋記　欣夫案：陸紹曾有白石翁詩一册，後有款識云：「甲子清和王乃昭手抄，時年七十有七。」前後印文七：「匏如珍藏書籍私印」「樂飢老人」「槐隱」，此三印朱文；「寒士精神」「王氏乃昭」「嬾髯」「衡泌」，四印白文。陸見楊炤歲暮貽王髯詩云：「朱明寺前半間屋，

中有一翁鰥且獨。苦雨淒風形影孤，天寒歲暮月日促。夜半繩床鄉夢回，日高土銼炊煙續。東家燈火喧兒女，西家節序市酒肉。塊然孑處常冰霜，應教百感填心曲。誰如此老胸中異，不共今人較榮辱。書籍賣去存百卷，畫圖捻來賸幾軸？心閒開看飢可忘，有客相尋茶正熟。眼中之人誰當意？貫時忘菴并石谷。但傷乍失彭城老，雙林時復西州哭。吁嗟百年難稱心，天公吝與尤清福。人間煩惱自妻孥，世上憂危是金玉。煩惱憂危不到身，獨鶴孤雲亦自足。只今歲寒花一瓶，亂插山茶與天竹。掀髯一笑送殘年，又見吳洲春草緑。」又見槐隱圖小册，忘菴、石谷合寫，題詩俱是前明遺老輩唱和佳章，今藏宋秋崖表兄處。

昌熾案　欣夫案：文禄堂訪書記王迺昭手鈔釣磯立談，末有跋云：「康熙改元，歲次壬寅，春王正月二十有六日，懶髯野叟鈔於東城書舍。」有「迺昭印信」「牆東隱閉」「身著白衣」諸印。藝風藏書記杜東原詩集跋：「康熙十六年歲丁巳，二月五日，七十嬾髯安録於豁爾間。」

昌熾又案　吳焯繡谷亭薰習録玉山草堂集：「此吳門王慎德懶髯楷録倦圃秘藏本。」又友石集：「此吳人王慎德乃昭□録。余得乃昭所書元明人集凡二十餘種，并袁□□□，斯亦可謂崦嵫不迫者矣。」欣夫案：據此則是名慎德，字乃昭，號嬾髯。吳氏所藏乃昭鈔本至二十餘種，其所稱必可據信。且名字義亦相應，積德或其兄弟行。葉氏之説疑誤。

滄海橫流自閉門　四五七

乾隆蘇州府志　曾見舊精抄嗣宗所著説詩補遺八卷，末有巳蒼、定遠跋：「亡友丁芝孫，常熟藝文志不載，驚人秘笈也。」

海虞詩苑　定遠手校白蓮集，署名作「馮辮」「馮彬」「馮賁」「馮斑」「馮彪」不一。

愛日精廬藏書志　讀書敏求記校證封氏聞見記：「勞權云：『馮本今歸丹鉛精舍，每葉左闌外上方有「馮氏藏本」小隸字，上卷末巳蒼手識云。』」繆荃孫馮校本王建詩跋：「京佑以常熟馮巳蒼鈔本見眎，行款與宋本同。黑格，後角有『馮氏鈔本』四字，卷五、卷十後有巳蒼手跋，又有朱書『馮氏不借本』五字。校勘圈點，細密慎重，固馮氏之家法。首葉邊闌『馮氏』朱文小印，末有『孱守堂』三字並列朱文方印、『馮巳蒼手校本』朱文小方印、『上黨馮舒』白文小印。」馮武遥擲稿療忘集書肆見先伯父遺書有感云：「歷代圖書聚一門，牙籤玉軸屬雲孫。今來市上抛殘帙，腸斷丹黄認舊痕。」注：「先憲副以來書籍皆歸世父。」

莫氏宋元本經眼録　巳蒼藏印：「馮巳蒼手校本」朱文方印、「馮氏藏本」朱文方印、「空居閣藏書記」朱文方印。欣夫案：前得己蒼校鈔竹書紀年，有手書長跋，署名爲護凈居士，罕見。此書已割讓與周叔弢。勞權校讀書敏求記：「巳蒼以此自號，殆生於萬曆癸巳耶？」

莫氏宋元本經眼録　馮定遠藏印又有「一字虎」白文方印、「上鄀馮氏私印」折疊朱文仿官印。

蘇州府志　馮班海虞三義傳云：「舍弟名知十，字彦淵，爲人慧黠，先君愛之。又行第十，遂名之曰知十。後更名鵬舉，如相如之慕藺也。」欣夫案：文禄堂訪書記抄本貞白先生陶隱居文集，馮知十崇禎乙卯清明後一日跋云：「原本爲鹿城張氏所藏休承真跡。是役同購者有宋刊長吉歌詩編、徐度却掃編二書。海虞馮彦淵燈下識於荔園。」又抄本追昔游詩有馮武題云：「明故烈士彦淵馮公遺書，長子武藏。」有「馮彦淵讀書記」。

新城令君之才子　四六〇

海虞詩苑　常昭合志：「諸生陸貽典宅在城西南隅，有頤志堂。」

獨從地老天荒後　四六二

嘉興府志　盛楓嘉禾徵獻録卷十五：「之翹少應郡邑試，爲奸人所誘，罣誤終身。乃致力古學，游焦竑之門，注釋離騷，復正晉書訛繆，注韓、柳集行世。國破時家漸貧，授徒自給，困益甚。變而爲賈，復大折閲。乃出所藏書，售之同里侍郎曹溶。閉户不問世事，採本郡人詩爲槜李詩乘四十卷。年六十四卒。」

昌熾案　欣夫案：石林即蔣之翹之號。海鹽張氏涉園藏書目録：「蔣石林先生遺詩三卷，清秀

水蔣之翹楚撰，清光緒二十二年刊本。」葉氏分列二人，誤。靈芬館詩話八：「聞川雜詠，蔣石林之翹作也。」

五陵少年誰見憐　四六四

錢受之跋真誥　涵芬樓燼餘書録何義門校法書要録跋云：「第十卷錯謬尤甚，復脱去數帖，亦有本不可通曉者，因以譚公度所藏墨池編鈔本參校之。」

卷四

好書盡職奉綸音　　四六七

怡親王明善堂詩集張純熙序　　欣夫案：涵芬樓藏明刊唐人萬首絶句，有「怡親王寶」「冰玉山莊」「賜額忠孝爲藩」「綸音好書猶見性情醇」諸印。明善堂集耿覲光序：「冰玉主人於九經、諸子靡不詳加釐定，使閲其書者不致有亥豕魯魚之歎，知主人信古之深、嗜古之篤矣。及得游藏書所，牙籤縹袟，充盈棟宇，凡有關於世道人心及爲諸經羽翼者，不下千百種，而文集、詩集尤爲鉅觀。永叔云：『物聚於所好，好得於有力。』亶其然乎？」

平津館鑒藏書籍記　　隆案：嘉業堂善本書影宋刊本春秋左氏傳句解，有「恭邸藏書」「錫晉齋印」二白文方印。法式善存素堂文集石倉十二代詩選跋云：「四庫全書提要云，石倉歷代詩選五百六卷，禮邸委校勘者則一千七百四十八卷，較四庫所收多至千餘卷矣。書歸十日而禮邸有回禄之變，此書不可知矣。」

絳雲未逐劫灰紅　　四七〇

曹溶絳雲樓書目題詞　　宋徵輿林屋文稿：「婁東王士騏，弇州先生長子也。家有一書，乃編輯先朝名公卿碑志表傳，如焦氏獻徵録之類，而益以野史，搜討精備，卷帙頗富。士騏甚秘惜，錢牧

齋知其有是書，不得見也。士騏殁，後人不肖，家漸落，先世所藏圖籍次第流散。錢乃令人以微資購得其書，欲攘爲己有，乃更益以新稗及聞見所記，傅會其中。尤喜述名賢隱過，每得一事，必爲旁引曲證，如酷吏煅煉，使成獄而後已。其意以爲彼名賢實然，於己行乃便，以是捃摭十餘年，書未就。漫題卷上曰諱史，俟成，擇令名名之，如秦阿房宫云。庚寅，錢壽七十，欲於懸弧日成書，因置酒高會，竟以篇目繁多，不能如期。後數日乃告成，書成之夕，其所居絳雲樓災，即編纂之地也。是夕大雨如注，而火勢更猛，亦不旁延他所，惟樓盡燼。於是所謂諱史者遂不可復見，而王氏舊本亦亡矣。錢意猶未已，乃取嘉定箠傭程孟陽所撰列朝詩集一書，於人名爵里下各列小傳，就其燼餘所有及記憶所得，差次成之。小傳中將復及人隱過，會有以鬼神事戒之者，乃不敢。然筆端稍濫，則不能自禁，蓋天性然也。丙申余在京師，吴梅村祭酒言如是。今觀此詩序曰：『庚寅陽月，融風爲災，插架盈箱，蕩爲煨燼。此集先付殺青，幸免於秦火漢灰之餘。』云云，所言皆與祭酒合。且祭酒婁人，與士騏同里，購書之説，必非誣也，并爲記之。」王澐輞川詩鈔虞山柳枝詞十四首之五云：「玉堂金屋好藏春，新築朱樓擬上真。舉止曾無羞澀態，何妨婢子作夫人。」自注云：「錢納姬，構絳雲樓居之。真誥：『安妃降楊君家，紫微夫人贈詩有云：「乘飆儔衾寢，齊牢携絳雲。」』取以名樓。」其十二云：「遠山初展理金徽，秘府圖書滿繡幃。巫雨忽來雷伯怒，一朝化作絳雲飛。」

自注云：「錢平生所蓄古玩珍寶秘書甚富，及自著野史，皆藏絳雲樓。一日大雨，雷火焚樓，僅以身免。」曉青高雲堂詩集輓錢牧齋先生第三首云：「烈焰未能拋舊疏，殘燈如待續新編。」自注云：「絳雲樓火，典籍俱燬，唯諸經録點畫無損。」又云：「翁有增集傳燈藏本。」因樹屋書影云：「虞山先生嘗爲余言，丙戌年在都門，於灰燼中檢出宋刻唐詩數册，乃宋人趙氏所彙集，分門別類，無體不備。自序言其家藏唐人詩集千家，彙成此書。計全書可五百餘册，虞山所得，不過天文等一二類。中多未見詩，如薛濤，世但傳其絶句耳，此中載濤律詩甚多，他可類推。其書是明仁宗東宮所閲，上有『監國之寶』。後先生絳雲樓災，並此數册亦不可得見矣。」分甘餘話四：「錢先生藏書甲江左，絳雲樓一炬之後，以所餘宋槧本盡付其族孫曾字遵王，有學集中跋述古堂宋版書即其人也。先生逝後，曾盡鬻之泰興季氏，於是藏書無復存者。聞今歸崑山徐氏矣。」曹溶絳雲樓書目題詞：「自宗伯倡爲收書，虞山遂成風俗，馮氏、陸氏、葉氏皆相效尤，毛子晉、錢遵王最著，然皆不及宗伯。賈人之狡獪者率歸虞山，取不經見書楮墨稍陳者，雖極柔茹靡爛，用法牽綴洗刷如新觸手，以楮襲其裏，外則古錦裝褫之，往往得善價，他方所莫及也。然此目猶有可疑者，昔余游長安，堂上列書六七千册，宗伯間日必來，來則徧翻架上，遇所乏，恒借鈔，如是數四。余私冀異日遂可借宗伯書也，嘗請曰：『先生必有路振九國志、劉恕十國紀年，南歸幸告借。』宗伯許諾。丁亥，余挈眷寓閶門，宗伯先

在拙政園，相見首及二書，疾應曰：『我家無此書。』曰：『我家無此書，曩言者妄爾！』余以先輩之言，誠不敢再請。嗣後弔其災，坐久，忽自歎曰：『我有惜書癖，畏因借展轉失之，子曾欲得九國志、十國紀年，我實有之，不以借子。今此書永絶矣！使鈔本在，余可還鈔也。』余不樂而退。乃目録亦並無此二書。宗伯暮年鍵户注佛經，於書無所不采，禪林推爲該博，何故道藏則瑣細必收，釋氏雖法苑珠林、宗鏡録等俱不載？近人刻有學集，集中體制頗擬議宋文憲公，其文集當朝夕省覽，目亦闕之，足徵目非其全。宗伯真不可測也，安得起九原而問之。」牧齋遺事云：「大江以南，藏書之富無過於錢，自絳雲災後，其宋元精刻皆成劫灰。世傳牧齋絳雲樓書目乃牧齋平日想念其書，追録記之，尚遺十之三。惟故第在東城，其中書籍幸無恙，北宋板前後漢書幸存焉。初，牧齋得此書，僅出三百餘金，以後漢書缺二本，售之者故減價也。牧翁寶之如拱璧，徧囑書賈，欲補其缺。一書賈停舟於烏鎮，買麵爲晚餐，見鋪主人於敗簏中取書二本作包裹，諦視則宋板後漢書也。賈驚，竊心喜，出數文錢買之，而首葉已缺。賈向主人求之，主人曰：『頃爲對鄰裹麵去，索之可也。』乃并首葉獲全，星夜來常。錢喜欲狂，款以盛筵，予以廿金，是書遂爲完璧。其紙質墨色炯然奪目，真藏書家不世寶也。入本朝，爲居要津者取去。」王應奎海虞詩苑：錢曾寒食行注云：「絳雲一燼之後，所存書籍大半皆趙玄度脈望館校藏舊本，公悉舉以相贈。」

天禄琳琅　江藩舟車聞見録云，「錢謙益藏書之所名絳雲樓，順治七年十月，不戒於火，宋槧元刻，及秘笈精抄，俱爲灰燼。謙益云：『漢晉以後，書有三大厄：梁元帝江陵之火，一也；闖賊入北京焚燒文淵閣，二也；絳雲樓火，三也。』」

昌熾案　讀書敏求記春王正月考：「予昔侍牧翁於雲上軒，晨夕伏承緒言。」顧苓河東君傳：「河東君者，柳氏也。初名隱，繼更名是，字如是。（略）虞山錢宗伯爲築絳雲樓於半野堂之後。房櫳窈窕，綺疏青瑣。旁龕金石文字，宋刻書數萬卷。列三代、秦、漢尊彝環璧之屬，晉、唐、宋、元以來法書名畫。官、哥、定、汝、宣、成之甆，端溪、靈璧、大理之石，宣德之銅，果園廠之髹器，充牣其間。君於是乎儉梳倩妝，湘簾棐几，煮沈水，鬥旗槍，寫青山，臨墨妙，考異訂訛，間以調謔，略如李易安在趙德父家故事。」欣夫案：據前趙德父下附李易安，此處亦應附柳如是。

東澗方羊如海若　四七四

錢謙貞履之　錢龍惕大兖集孝節先生錢府君墓志銘：「先生姓錢氏，諱謙貞，字履之。資性敏悟，妙解音律。讀書通曉大義，過目久乃不忘。作詩攄寫性靈，搜抉新秀，清聲麗句，見者怡悦。（略）沈静不樂榮利，杜門却掃，圖書彝鼎，蒲團茗碗，花藥竹石，以終其年。」又未學庵詩稿序：「家叔履之先生，憲副春池公之孫，牧齋先生之從弟也。（略）築室種樹，似仲長統；明窗棐几，丹黄

校勘，似陸龜蒙；蒲團茗碗，棲心釋梵，似白樂天；臨池潑墨，淋漓絹素，似米元章；鐘鼎彝器，金石翰墨，辨别款式，似趙明誠；而忍辱不較，闔户自守，又似管幼安。於虞山城東構懷古之堂，愚公之榭，居平棲遲，偃仰其中，一觴一詠，移日易月，將以是終身焉。」

昌熾案　欣夫案：靜嘉堂秘籍志卷十二，元刊樂府詩集，有「錢孫保一字容保」白文方印、「彭城」朱文腰圓印、「錢孫保字求赤」白文方印、「孫保」朱文方印、「錢氏校本」朱文方印、「天啓甲子」朱文方印，又有「錢興祖印」白文方印。欣夫案：文禄堂訪書記，校本長江集有錢孫保兩跋，署名「木訥野人」「木訥逸人」，其第二跋云「乙酉九月二十一日，從東鄉移亡弟遺書」云云，當指孫艾。又校抄本李中碧雲集，錢孫保跋云：「崇禎甲申七夕後五日閲竟，幽吉堂主人識。」又云：「順治乙酉，錢求赤氏閲本。有『錢氏幽吉堂攷藏』印。」求赤藏印曰「匪庵」朱文長方印、「求赤氏」、「錢印孫保」二白文方印。

昌熾案　又錢龍惕大兗集祭族弟頤仲文：「弟性有别慧。（略）喜學書，初得顔魯公茅山碑，臨寫旬日，即遒勁有骨法。後遇法書，未嘗不傾囊購求，裝潢玩弄。其於古人文集傳記隱僻不易得者，俱鈔寫校閲，詳審正定，然後置之几榻。每風窗月榭，牙籤縹帙，膽瓶花藥，剪然無塵埃，曰吾性所適也。」

鐵琴銅劍樓書目昌熾案　孝修藏印曰「錢印興祖」朱文方印。

張燈高宴白門秋　四七七

遵王述古堂藏書自序　錢曾也是園書目自序云：「諸家經籍志惟焦氏詳而有法。余每思悉舉所藏，編定目録，自慚四庫單疏，區類詮次，登之簿籍，未免有挂一漏萬之譏，緣是卒卒中止。今年春，止宿隱湖，燒燭檢書，快談至夜分，倦思寢，毛子誘而使之言，意將窮余所藏書而後已。余嘉其志，遂條悉以對，胸中秘而久不欲宣於人者，竟如猩猩血縷縷而出矣。毛子復誘余寫書目，時勑先在旁，目笑我兩人，間或出一二語相慫恿。余歸，遂發興叢書於堂，四部臚列，頗效焦氏體例，稍以己意參之，釐爲十卷，浹辰始畢，然終不敢謂已成一家之書目也。唯是聊且録之，如甲乙帳簿，命侍史備遺忘，便檢覓，以應毛子之請，不煩借書一瓻可耳。」讀書敏求記春秋經傳集解：「此等書不論其全不全，譬諸藏古玩家收得柴窰殘器半片，便奉爲天球拱璧，而況鎮庫典籍乎？」又徐鍇説文解字繫傳：「此等書應有神物呵護，留心籍氏者勿謂述古書庫中無驚人秘笈也。」又史記：「今此本乃集諸宋版共成一書，小大長短各種咸備。李沂公取桐絲之精者雜綴爲一琴，謂之百衲，余亦戲名此爲百衲本史記。」又飲膳正要：「余擬築一室，顏曰養生主，而列一聯於其旁云：『也飲酒，也噉肉，素心何必素口？自擔柴，自運水，勞力不肯勞神。』」又朱存理鐵網珊瑚：「閒窗靜坐，爐香郁然，覽茲墨妙，是正書中一二譌字，覺人世間榮名利養之樂，罕有逾於此者。」欣夫案：讀書敏求記中

雋語甚多，今摘録數則於此。趙孟升讀書敏求記序：「遵王錢先生以布衣聚書，自人世諸秘記，暨霞宫丹甲，汲冢覆釜諸等靡不備，雅無愧宣獻、文簡諸鉅公。」錢謙益述古堂宋刻書跋：「辛丑暮春，過遵王述古堂，觀所藏宋刻書，縹青朱介，裝潢精緻，殆可當我絳雲樓之什三。縱目流覽，如見故物，任意漁獵，不煩借書一瓻，良可喜也。吴兒窮眼，登汲古閣相顧愕眙，如入羣玉之府，今得覯述古堂藏書，又復如何？」常昭合志：「述古堂在城西虹橋，邑士錢曾藏書處。」汪森小方壺文鈔自桐川抵虞山記云：「往朱竹垞檢討寓書於余，謂虞山錢氏尚多藏籍，屬余往觀，録其未見者。丙寅仲春，至三里庵，過遵王別業，堂中所列，悉宋元版本，餘無他籍。語次索其藏書目録，云寄宛平公矣。次日招飲，出宋抄國語及陶詩示余，紙色書法知其非近時物。飲散，復出香籢詩繪及輿地圖，裝製頗精。」又小方壺存稿錢遵王招飲城東別業兼出藏書相示賦三斷句云：「溪橋竹樹帶籬門，左列琴書右鼎樽。遠訪錢王老孫子，欲分萬卷恣評論。」「樓臺金粉香籢集，鮫蜃冠裳異域圖。整頓牙籤標甲乙，不知經史更奇無？」「虞山山翠對君堂，濯露梅花疎影長。坐我春風斟美酒，古香披拂那能忘！」

鐵琴銅劍樓書目昌熾案　遵王藏印曰「虞山錢遵王藏書」朱文長方印。

萬卷書侔田氏富　四八四

徵刻唐宋秘本書例昌熾案　盧文弨庚子消夏記序：「曩余於黃崑圃先生家，見退谷手書畿輔人物志稿數十幀，秀勁可喜。（略）退谷萬卷樓藏書今大半在黃氏昆季家。」

徵刻唐宋秘本書例昌熾案　庚子消夏記卷五：「季滄葦與梁蕉林書稱：『向聞嘉興高氏有宋刻舊唐書，歸之鄴架，門人不揣冒昧，求見賜，倘得遂此願，不敢忘重報。道遠數千，望夫子憐而慰之。』」孫籍山東益都，梁籍直隸真定，何得謂同鄉？

何紹基東洲草堂集　玉立藏印曰「蕉林藏書」朱文方印。

一紙書傳鉏菜翁　四八八

靜惕堂集流通古書約　曹溶絳雲樓書目題詞：「余偕同志申借書約，以書不出門爲期。第兩人各列所欲得，時代先後卷帙多寡相敵者，彼此各自覓人寫之，寫畢各以奉歸。崑山徐氏、四明范氏、金陵黃氏皆以爲善，流通而無藏匿之患，法甚便。余又念古人詩文甚夥，其原本首尾完善，通行至今者，不過十二三。自宋迄元，其名著集佚者，及今不爲收羅，將遂滅没可惜，故每從他書中隨所見別出，補綴成編，以存大概，如孫明復、劉原父、范蜀公等，頗可觀。（略）使人盡此心，古籍不亡，斷自今日始矣。」藝風藏書續記圭塘欸乃集：「舊鈔本。版心有『檇李曹氏倦圃藏書』八字。」何小山法書攷跋云：「張伯起手鈔本。向藏倦圃先生，先生歿後，將舊鈔宋元版書五百册質於高江村，

竹垞先生倍其值而有之，此册亦在數中。」汪璐藏書題識姚世鈺金石録跋：「卷首有印記，知爲曹氏古林舊鈔本。古林多藏書，尤富於金石文字，號稱賞鑑家。然如此本訛字最多，略不一校，何歟？嘗見何義門先生跋新刻蘇子美集云：『近人讀書但備數而不求善本，雖倦圃、竹垞猶不免，觀此逾信。』」陸隴其三魚堂日記：「至郡，寓曹園，會秋岳次子敬勝諱彦桓，言有宋版書一大橱，俱爲成德取去，蓋不敢不應也。」

其藏印曰　潔躬藏印曰「曹溶」白文方印、「潔躬」朱文方印、「檇李曹氏」朱文方印。

不沾學究頭巾氣　四九三

全祖望梨洲先生神道碑　王晫今世説：「黄太沖家多藏書，裝本厚二寸，洒墨塗乙，參互散亂，人求不得，太沖獨省記之。」南雷文定附吴任臣致梨洲尺牘：「拙著十國春秋，專竢薛居正舊五代史略爲校讎，遂爾卒業。前已承允借，今因仇滄兄之便，希慨寄敝齋，一月爲期，仍從滄兄處璧上，斷不敢浮沈片紙隻字。切禱！切禱！」欣夫案：薛著五代史，據此則梨洲確有藏本，且已允借，然任臣雖情辭懇切，而迄未借到，其原書亦致湮佚不傳。惜哉！惜哉！

此是南雷都講地　四九五

天禄琳琅　孟舉藏印曰「黄葉村莊」白文方印。

可憐坊社但狺狺

全祖望小山堂祁氏遺書記　沈玉清冰壺集云：「石門呂晚村與梨洲先生素善，延課其子，既而以事隙。相傳晚村以金託先生買祁氏藏書，先生擇其奇秘難得者自買，而以其餘致晚村，晚村怒。又晚村欲刻劉蕺山遺書，致刻資三百金，先生受金不刻，而嗾姜定庵刻之，附晚村名於後。晚村愠甚，輒於時文評語中陰詆先生爲僞學，甚且遷怒陽明，而先生亦蚩之爲紙尾之學。兩家子弟門人各樹幟而争，幾於讎仇，而先生之名亦爲之稍減矣。」案此説與全氏不同，存以俟考。沈字玉心，山陰人，乾隆間舉博學鴻詞。莫伯驥跋呂无咎抄苕溪漁隱叢話云：「卷末有『禦兒呂氏南陽講習堂鈔藏』墨筆一行，有『呂印補忠』白文章、『无咎』朱文章。全書爲呂氏留良第五子補忠手寫，編中『學』字『留』字俱缺末筆，蓋補忠本生祖諱『元學』，官繁昌知縣。『留』字則其父諱也。晚村七子：公忠、主忠、寶忠、誨忠、補忠、納忠、止忠。公忠改名葆中，字无黨，補忠字无咎。諸大藏書家聞有无黨遺筆，若无咎則不多見。」陸隴其三魚堂日記：「呂无黨來，言晚村與梨洲不合，因争高旦中之墓志起。」欣夫案：无黨自言固屬可信，蓋購祁氏書之隙尚非其起因也，惜其所争已不詳。查慎行代陳世南柬呂无黨：「家伯父在京邸時，曾奉命纂輯賦彙一書，已經進呈。但刻期告竣，掛漏尚多，目下方欲廣搜散逸，合成大觀。屈指近地藏書之家，舍敝鄉花山而外，惟老□暨梅里老人

而已。而梅里先生久淹吳門，未便馳謁，花山所有，業已蒐索略盡。度鄴架所收，富於猗頓，銖寸累積，不如探一寶藏。本欲親懇，緣多事匆遽，特託舍姪孫□□叩齋告借，惟望傾囊倒篋，助成全書，使數千年篆刻之家有所歸宿，何快如之。」金農冬心先生隨筆云：「會稽三賦，宋王龜齡所作，計書三十八頁，一卷。禦兒呂氏所藏亦宋時刻本，呂氏破殘，巢無完卵，其書不知歸誰何插架矣。」又魯齋遺書有不遠復堂難得幾世好書人無黨恥齋諸圖記　　欣夫案：「尋」「得」篆書形近，此「得」必「尋」之誤。

士禮居藏書題跋記　　隆案：无黨初名公忠，其手抄書版口有「觀稼樓鈔書」五字。丁氏善本書室藏書志影鈔洪武本程雪樓集有「无黨校正圖書」「呂公忠印」「无黨手鈔」「難尋幾世好書人」諸印。頃收无黨手鈔宋遺民録及所藏舊鈔唐子西集，又有「構書良不易，子孫守勿替」朱文長方印、「觀稼」白文腰圓印、「玉乳山房」朱文圓印。曾在嘉業堂見呂氏抄本元遺山詩集，書口書「南陽講習堂抄書」，或作「南陽耕釣草堂」，或作「南陽村莊呂晚村藏書」。欣夫案：无黨手鈔金石録有「吾研齋藏書印」朱文長方印。又案：儀顧堂續跋舊抄春秋集傳微旨又有「南陽」二字白文圓印、「木石鹿豕□□」六字白文方印、「善人里」三字白文方印、「呂氏藏書之印」朱文方印。

吳越野民清曠域　四九九

杭郡詩輯　臧懋循負苞堂文選題六臣文選跋：「往余游白下，偕客過開之署中，於時梧陰滿席，涼飔徐引，展几上文選，諷誦數篇以爲適，蓋開之平日所秘珍宋版書也。客有舉楊用修云古書不獨無謬處，並有古香，不知香從何生？余曰：『爾不覺新書紙墨臭味乎？』開之爲絶倒。迨庚子秋訪開之於湖上，方校刻李注文選甚工，因索觀前書。開之手取示余曰：『獨此無恙。比雖貧，猶幸不爲王元美漢書也。』余曾見元美漢書，有趙文敏跋。愧同吴興人，不能作文敏書以爲此文選重，聊題數語識歲月云。」

江藩金石録跋　西湖志：「馮開之築室孤山之麓，家藏快雪時晴帖，名其堂曰快雪。」欣夫案：馮夢禎得右軍「快雪時晴」真跡，因刻快雪堂帖及集，非研祥也。江藩説誤。葉氏遂於金石之學，亦未訂正。

讀書敏求記　讀書敏求記校證金石録：「勞權云：『馮氏故居在唐棲水南，去余家不半里，後宅捨爲尼寺，今尚稱馮菴。余得金刻潛夫論，有錢受之及研祥印，亦其故物也。』」

昌熾案　滂喜齋藏書記宋刻金石録江藩跋：「馮研祥字文昌，祭酒夢禎之子，幾社黨人。開先（當作「之」）收藏甚富，得右軍『快雪時晴』真蹟，因築快雪堂於西湖之孤山，自嘉禾移居武林，遂爲杭人焉。」欣夫案：江氏明言開之收藏甚富，得右軍快雪時晴真跡，原是不誤。葉氏節去兩句，

而易「開先收藏甚富」爲「研祥收藏甚富」，遂致大誤。或不知「開先」當是「開之」，爲夢禎之字，是其疏略也。又案：江氏謂馮研祥字文昌，與杭郡詩輯異。欣夫案：「平安館印」爲葉志詵藏印，此誤。

昌熾案　滂喜齋藏書記順治十八年搢紳册阮元跋：「道光間，此册又爲農部韓小亭世長所藏。」又丁嘉葆跋：「小亭農部二兄博學好古，於歷史、掌故、文獻皆能審别源流，有所稽覈。此順治辛丑搢紳册是其收藏。」丁申武林藏書録：「仁和韓文綺字蔚林，號三橋。乾隆癸丑捷南宫，歷官至右副都御史。以疾請退，悠然林下。好聚書，築玉雨堂以儲之。孫泰華字小亭，由兵部郎歷官陝西糧儲道。公餘搜訪金石，忘其爲風塵中吏也。」欣夫案：小亭爲嘉興沈濤壻。文廷式純常子枝語：「小亭爲余友人沈子培刑部曾植、子封編修曾桐之母舅。聞小亭晚年落拓京師，其所藏金石書籍悉爲人所盜賣。其所見元人舊集，距今不過三四十年，而海内藏書家有不及見者矣。其元文選目猶存，惜未及借抄也。」小亭藏印曰「玉雨堂」朱文大方印、曰「韓氏藏書」、曰「小亭鑒定」。

童子敲門送赫蹏　五〇二

讀書敏求記　讀書敏求記陳基夷白齋稿：「稿本舊藏葉林宗家，林宗嘗出示余，摩挲玩賞，移日不休。（略）迴念疇曩，良友過從，奇書欣賞，曾幾何時，等之威音劫矣。展卷懷人，不覺潸焉出

涕。」錢龍惕大兖集二葉詩稿序：「吾黨葉君林宗家於洞庭之東山，而僑寓於虞。其爲人質直篤厚，性無所嗜好，獨好書籍圖史。凡羽陵宛委二氏四部之遺無不搜，山崖碑版盤鑑彝鼎之鐫無不購。間有挾以求售者，雖數百里之遠不憚往，損衣縮食不憚費；其未經梨棗者，或轉相借貸，分手鈔録不憚勞。故入其室者，見其堆積几案，縱横壓叠，無非書也；見其焚膏宿火，據梧隱几，無非丹黄也；見其傳寫正定，刊落誤謬，無非善本也。嗚呼，其亦可謂之好學也已！林宗二子，長曰修，字祖德；次曰裕，字祖仁，皆年少能文。」葉樹廉金石文隨録跋唐都尉文墓志：「右碑係正書，字類褚河南，余於弱冠之年見此碑於友人家。時有趙靈均題帖數種未售，友人自誇，以爲趙所未見。旋有族兄羽遐購此碑貽林宗，林宗愛之如重寶，靳於示人。今思當日愛護之風如昨日事。友人遭王龍標之禍，書帖散落，已屬雲煙。林宗所藏，變易於成殮之後，煙臺膏擔，亦無從究。嗟乎！翰墨一文藝雅事，止可自娱，不可貽厥，何造物之吝惜乃爾？都門旅舍購得此本，風窗展玩，爲之歎息。」

七十二峯足徵集　讀書敏求記校證張世南游宦紀聞：「勞權云：『道光丁未，得下帙後五卷於書肆。（略）卷十末有「枝指生葉祖仁讀書記」白文方印、「宋少保石林公二十一世孫裕」白文方印。』」又韻語陽秋：「勞權云：『也是翁藏宋刻本，每葉二十八行，行二十四字，字法歐體，精細可愛。葉林宗子修字祖德，以校正德二年葛諶刻本，增入卷三後「郛子稍學作小詩」一條。副葉有葉石君

跋，隸書「葉萬」白文印一，「石君」白文印一，「鶴汀」朱文長印一。林宗卒年六十一，祖德早夭，遵王行三，皆見是跋。』」

昌熾案　欣夫案：皕宋志影宋本周賀詩集有葉林宗跋，題「手鈔於松風書屋」。汪璐藏書題識抄本麈史跋，題「震澤葉奕記於虞山之覃思館」。

金庭玉柱太湖東　五〇四

徐乾學葉石君傳　陸隴其三魚堂日記：「於葉石君處借陸德明經典釋文，凡九本，八百餘頁。此書係葉之族人借錢牧齋絳雲樓藏本鈔録，不易得之書也。余喜而爲之跋，鈔手亦精妙。此書除第一卷敍録外，餘俱散見各經中。然末有一跋，云此與注疏中所引往往不同，當查之。又葉石君曰：『曾見鈔本孟子注疏，比今刻本增多。』大約今之注疏皆非復初定之本矣。」又：「借葉石君羣經音辨，此書宋賈昌朝輯，係鈔本。」

藏書紀要　欣夫案：孫慶增上善堂書目石君校藏者甚多，是石君身後歸之孫氏，故藏書紀要云然。

七十二峯足徵集　七十二峯足徵集：「葉樹廉字石君，南葉之隱君子也。僑居虞山。（略）居恒損衣食以購書，多至數千卷。會鼎革，遭兵燹，書盡散失，貲亦盡，獨身歸洞庭。其鄉人相與勞苦，石君顰蹙曰：『貲財無足言，獨惜我書耳。』鄉人皆笑之。已後居虞山，購書倍多於前，藏樸學齋中。

石君所好書與世異，每遇宋元鈔本及收藏古帙，雖零缺單卷，必重價購之，世所常見者勿貴也。其所得書條别部居，精辨真贋，手識其所由來，識者皆以爲當。東海徐司寇慕其名而未相識，石君既殁，司寇乃爲作傳。」欣夫案：以上爲葉氏引文所删，今因可見石君愛書之篤，故補録之。

昌熾案　欣夫舊藏原刻懷舊集，有石君手跋，署名鶴汀，鈐以「古道自持」白方長印，又見有「南葉」二字印。又案文禄堂訪書記卷三述異記石君跋，末署「洞庭東山清遠堂主人記」。

淺草江南緑未深　五〇七

張拱端孟恭　吴縣志：「張孟公字孟恭，太原人。父慶，昭勇將軍，官於吴，遂家焉。孟恭以諸生應徵辟，授職方主事。好奇任俠，游楊廷樞、徐汧之門。國變後逃於禪，易名興機，築别墅於虎丘，棲隱其間，以其學授二子七女，皆工詩善畫。晚年失明，年九十餘卒。」明遺民詩卷十六云：「釋興機字震岩，山西太原人，住金陵天界寺。」馮鈍吟集有贈張孟公詩，言從予學符篆。以上據莫伯驥説。長江集何焯跋：「辛巳春，見張孟恭家宋槧本，前闕目録，出自定遠先生抄補。張氏子言孟恭昔以白金十兩市之朱方初。」

潦草醫方廢歷堆　五〇八

朱之赤卧菴　欣夫案：彭士望題卧菴小象云「古今道士惟徐鴻客、安世通爲出色，此真驅霹靂，

役鬼神者，卧菴固有其意」云云，則卧菴之爲道士也益信。欣夫案：吴越所見書畫録卷五有明季朱卧菴小像立軸，題「卧菴道士小像，時年四十」，惜無年月，有姜埰、彭士望、魏禧、吴兆騫及蒸砂方塘題詩。方塘字問渠，號蒸砂老人，休寧人。少游桑弢甫之門，乾隆丁未寓潯，見南潯鎮志。

楹書隅録　欣夫案：涵芬樓燼餘書録抄本江月松風集鮑以文録朱之赤跋，末云：「康熙丙寅，月潭朱之赤識於吴郡俠香亭中。」又案：元刊朝野新聲太平樂府，有「休寧朱之赤珍藏圖書」「卧菴所藏」「寒士精神」三印，然則卧庵籍休寧而喬吴者。蔣鳳藻心矩齋尺牘云：「朱名之赤，自號卧庵，蓋有明王孫，國亡後爲南京朝天宫道士，亦八大山人同時一流人物。精賞鑒，多藏法書名畫及名人手寫書籍，凡絶佳之品，每見『朱之赤』並『留耕草堂』『寒士精神』等印。」欣夫案：蔣謂卧庵爲有明王孫，不知何據？此函即致葉氏者，所以不録者，或以未得所出耳。欣夫見「卧庵道士」一印，則蔣説可據。静嘉堂秘籍志抄本吴中故蹟詩跋云：「王光庵先生集，友人姚昱初、陸繩仲皆有抄本。此顧開林手抄本也，丙寅仲春借歸，倩汪子曾貽抄之。雨窗無事，遂爲訂正，尚多錯謬，當俟假姚、陸二君本一爲對勘乃爲得耳。二月初十日，休寧千秋里人朱之赤手識。」

楓山金澤兩官庫　五一〇

經籍訪古志　欣夫案：静嘉堂秘籍志卷十元刊韋齋集，又有「蔣絢臣曾經校藏」朱文長方印，宋刊

呂東萊外集，有「晉安蔣絢臣家藏書」朱文長印。

皕宋樓藏書志昌熾案　欣夫案：「玢」「琦」，「絢」「絅」，皆篆文，形近誤認，經籍訪古志、滂喜齋藏書記皆不足爲據。葉氏承誤，分屬兩人，而反疑皕宋樓藏書志，非也。文禄堂訪書記卷五鈔本謝宗可詠物詩一卷，有蔣氏手跋云：「有鴛鴦梅一律，未知從何本採入，留之爲存疑可也。九日，絢臣玢校識。」又有郭柏蒼跋云：「蔣玢字絢臣，崇禎間閩縣庠生，雅尚氣節，藏書數萬卷，時多秘本。子夢蘭，太學生。孫晟，康熙間進士。俱能詩，知名於世。」欣夫案：郭氏閩人，所記當實，葉説誤也。閩侯縣志藝文：「玉筍堂集，蔣玢著。玢字絢臣，順治間諸生。」欣夫案：與郭柏蒼云崇禎庠生異。王晫今世説蔣絢臣與周櫟園論詩條：蔣名玢，一字用崁，福建閩縣人。

參閲名登野史亭　五一一

陸心源明鈔春秋纂言跋　欣夫案：文禄堂訪書記元刊順齋先生閑居叢稿張雋跋云：「丙申十一月，得之錢生，云周恭肅家舊藏物。」

花雨生公舊講臺　五一二

蘇州府志　顧苓塔影園記云：「虎丘塔影園者，故上林録事文基聖先生之别墅也。先生爲待詔公孫，國博公子，詞翰奕世，宏長風流。自停雲玉磬，境與人杳，雖茅舍竹籬，而播諸詠歌，傳爲盛事。

初於虎丘南岸誅茅結廬，名海涌山莊，鑿池及泉，池成而塔影見。張伯起先生爲賦詩云：『雁塔朝流舍利光，半空飛影入空塘。應知不是池中物，會有題名在上方。』因以塔影名園。」

鐵琴銅劍樓書目　欣夫案：曾見云美題畫，鈐有「擇木亭印」一印。

君如坡老愛陶潛　五一三

士禮居藏書題跋記　欣夫案：舊藏潘道根手鈔伊人詩一册，惜已失去。

寫韻樓高敞綺窗　五一五

昌熾案　欣夫案：文禄堂訪書記宋乾道刻本説文解字有「季因是珍藏」印。滂喜齋藏書記元刻揚子法言亦有是印，並「御史振宜之印」。宋刻雲門匡真禪師廣録有「欽差處置邊務關防」。案因是爲滄葦父寓庸之字，天啓二年進士，官至吏部主事，明亡不仕。今乾道本説文有其藏印，然則季氏藏書始於寓庸也。

洞庭波兮渺愁予　五一七

吹網録　潛夫手抄南遷録跋：「辛酉六月，借周雪客寫本抄録内闕二段，不知世有全本否？俟訪得補之始快也。連日毒暑，揮汗從事，三十日早起，因隔夜得涼識此。蕘園，六十四。」又葉石君跋：「壬戌之春，句容孫凱之來，示余此書，並北狩行録、北狩見聞録，因得校正若干字。蕘園即凱之也，

余樸學齋老人也，年小凱之一歲。」欣夫案：據此則潛夫又字凱之，句容人，生萬曆四十六年戊午。又因此而推得石君生萬曆四十七年己未，可補正三續疑年録。欣夫案：舊抄西崑酬倡集葉石君跋云：「孫潛夫勘定本照改。孫云己未十月一日，用黄俞邰藏本勘正，改九十餘字。黄本從抄本，闕詩三首，亦改正二十餘字。字山法頂識。字山法頂，潛夫别號也。」欣夫又案：曾見嘉業堂藏葉石君校趙刻玉臺新詠，有跋云：「辛卯三月一日，假馮氏校定本對讀。不獨辨其魯魚，且并存其字體，至三日早晨訖。道人瀍頂。」葉跋亦云借孫本對録異同，又云孫即瀍頂。

鐵琴銅劍樓書目　隆案：孫二酉名爵昌，常熟人，在潛夫後，非一人也。康熙廿年生，雍正八年卒。陶正靖晚聞先生集六有墓志銘云：「有懷文抱質之士曰孫君二酉，諱爵昌，又字酉山，不幸早世。君積學工文，讀書務默識，兀坐終日，尋味無倦。有所述造，不輕示人。間玫論古今得失，如列眉指掌，卒未嘗以博綜自矜衒也。」

七十二峰縹緲間　五一八

翁澍季霖　歸莊集彙刻江南春詞序云：「倪雲林嘗作江南春三詞，手書與王氏兄弟，風流可愛。後百數十年，文徵仲得之，遂補畫圖而和其韻，一時名彦如啓南、昌穀、子畏、希哲、君謙、履吉、九逵諸君子並和之，文、沈乃至三和，聯爲一卷。詞既窮態極致，書法亦各自成家，蓋吴中前輩風

流萃於此矣。近爲洞庭翁季霖購得之。季霖工詩詞，善鑒賞，收藏古書畫甚多，一旦以此卷爲甲，蓋難諸名家之畢聚也。因自和其韻，復强余和，彙而録之以流傳，願四方文人學士從而繼之，其風雅好事如此。」

骨董僧寮列肆厖　五二〇

朱彝尊池北書庫記　帶經堂集世説新語跋云：「世説新語、侯鯖録二書及白孔六帖、萬花谷，皆吾家舊書，時在順治戊子、己丑間，余尚童稺，未爲諸生也。余游宦三十年，不能以籯金遺子孫，唯嗜書之癖老而不衰，每聞士大夫家有一秘本，輒借抄其副，市肆逢善本，往往典衣購之。今余池北書庫所藏，雖不敢望四部、七録之萬一，然亦可以娱吾之老而忘吾之貧。康熙辛未，余官兵部侍郎，居京師，此二書適在笈中，繙閲憮然，如遇貧交於契闊死生之後，其悲愉感慨有出於尋常相萬者。故劍之情，詎可忘耶？因重裝之而手記於卷首，涑輩其珍惜之。中秋前四日書。」汪璐藏書題識鈔本青瑣高議跋：「阮亭書於京邸匏墨齋。」

居易録　文禄堂訪書記明抄左氏傳説有「濟南王士禛」「王阮亭藏書記」「池北書庫」「宫詹學士」「國子祭酒」「寶翰堂章」各印。

鹽官城畔螺浮宅　五二一

鐵琴銅劍樓書目　光緒海鹽縣志文苑：「張載華字佩兼，貢生，藏書萬卷，遇一善本，手自鈔録，刻有初白菴詩評。」海鹽陸以謙芷齋張先生墓志銘：「苕谿書賈持秘册求售，或爲諸兄所得，先生戲曰：『於此微有妬意。』然彼此傳鈔，各藏一本，互相校讎以爲樂。又云嘗語人曰：『近日有快事二：三伏曝書數十日，不遇疾風暴雨；檢酒庫，得數年前所遺舊釀一罇。』」

昌熾案　海鹽張氏涉園藏書目録末附張氏世系，較此爲詳，今據以補此所未及。張奇齡字符九，明萬曆癸卯舉人，名讀書之廬曰涉園。子惟赤字君常拓大之，惟赤子晧更手葺涉園。晧子芳湄。芳湄子宗松字楚良，別號蠖廬，清國學生，性耽吟詠，家富藏書，凡圖書彝鼎之屬，鑒別最精，藏書處曰清綺齋。五弟宗柟字汝楝，號含广，一意讀書，服膺漁洋。六弟宗橚，家多藏書，好吟詠，尤工詞。七弟載華，貢生，藏書萬卷，遇一善本，手自鈔録。宗柟嗣子鶴徵，字選巖，號雲汀，別號鷗舫，清監生。惟赤著入告初編、二編、三編各一卷。宗松著清綺齋藏書目四卷，乾隆六年刻王荆文公詩箋注五十卷。宗柟乾隆二十五年編刻帶經堂詩話三十卷。宗橚乾隆四十年輯刻詞林紀事二十二卷。載華乾隆四十二年輯刻初白菴詩評三卷。其藏書印：晧曰「古鹽張氏小白珍藏」、曰「涉園主人鑑藏」、曰「皜亭主人審定」。宗松曰「清綺齋書畫記」、曰「海鹽張氏清綺齋藏書」。芳湄曰「張印芳湄」。宗柟曰「吟廬圖籍」、曰「涉園主人」、曰「涉園」。宗橚曰「宗橚之印」、曰「一字思嵒」、曰

「宗欂」、曰「詠川」。載華曰「張印載華」、曰「佩兼」、曰「松下藏書」、曰「甚欲讀書奈嬾何」、曰「芷齋圖籍」、曰「烏夜村農」、曰「金篆香清好讀書」、曰「海鹽張氏研古樓藏書」、曰「研古」、曰「研古樓鈔本」。又有「古鹽張氏」一印，則各人多有之。

天賜蒲陶出禁廚　五二六

先正事略　欣夫案：毛扆詩經闡秘跋云：「商丘宋公，博學君子也，每見異書，輒焚香誦讀。巡撫江南歷十餘年，境内名人碩士，無不折節下交。戊子春來登汲古舊閣，羈留信宿，凡閣中所藏書籍，逐一觀覽。」又宣和奉使高麗圖經跋云：「此本抄手最劣，且多錯簡，久置不觀。甲申五月，從宋中丞借得宋槧本，自六月十五日校起。時方校訂詩詞雜俎，鳩工修板，因多間斷，至七月二十三日方畢。他日從此録出，可稱善本矣。」宋至緯蕭草堂詩買書一絶云：「自分生涯逐蠹魚，畏人止合就閒居。妻孥笑我迂疎甚，元日街頭先買書。」據此則山言亦好藏書。

禹之鼎洗竹圖　牧仲藏印曰「宋犖之印」白文方印、曰「西陂詩老書畫府」朱文長方印。藝風藏書記舊抄本嵩山集，商丘宋氏榮光堂藏書。

上堂學參臨濟禪　五二九

鐵琴銅劍樓書目　欣夫案：文禄堂訪書記錢湘靈批圭峯羅先生文集跋云：「康熙三十一年八月乙酉

十五日，雨窗校一過。鐵牛虞山錢陸燦爾弢閲。」藏印此已録外，又有「鐵牛老學」「鐵牛文字禪」「嬾菴居士」「虞山劍門詩文塔主」「乾坤一草亭」「斯文亦吾病」「提起最上一層」各印。莫伯驥五十萬卷羣書跋文：錢湘靈批校周易本義藏印，又有「好夢翁」、曰「景福樓」、曰「圓沙」、曰「臣燦頓首言」、曰「生平不作皺眉事出入幾重雲水身」、曰「光禄河陽里第」、曰「玉齋藏」、曰「杜子美白樂天同壬子生」。

一洗空華變闒茸　五三〇

同治蘇州府志　萬斯同石園文集傳是樓藏書歌云：「東海先生性愛書，胸中已貯萬卷餘。更向人間搜遺籍，直窮四庫盈其廬。先生珍奇百不好，聞書即欲探其奧。故此網羅遍東南，猶復採訪窮遠道。樓高百尺勢矗天，兩樓並峙如比肩。左右以書爲垣壁，中留方丈容人旋。光華入夜燭天漢，斗府東壁在户牖。嫏嬛秘藏不足奇，雞林賈人都驚走。即今海內藏書家，殘編散落如春花。錢氏絳雲歸一炬，祁國緗帙亦堪嗟。但聞白下黄氏室，亦有吾鄉范氏樓。兩家卷帙盈數萬，高視亦足霸一州。此皆小邦自倔强，中原初未當强侯。若將此樓相絜量，何異八百歸西周。玉峯當代盛人物，君家昆弟真英傑。論才宇內原無雙，積書寰中亦第一。憶昔漢代有曹曾，石倉置書何嶒崚？鄴侯之架唐世羡，牙籤萬軸亦足稱！放翁嗜書有書巢，作文自記意頗驕。遥遥今古千百載，僅此數者擅名高。先生後

起書亦富，彼哉自欲呼兒曹。只此風流當世絶，眼前何人堪并豪！昨年招我置其下，亦欲啜醨還餔糟。恍如上林看春卉，目不給視徒鬱陶。奇篇異本多未見，到此翻令人意亂。寶山身入還空回，至今追想足流汗。何日重來此室居？拓我心胸啓我愚。歐九不學雖自媿，猶願其中作蠹魚。」欣夫藏友于齋抄本清人尺牘，有徐乾學與顧維岳一札云：「延令尾欠已悉，九芝虹縣算二百金，價似太浮，今亦不敢瑣瑣。宋六帖雖佳，然價太昂，弟力不能得。若百五六十金，仍乞爲購之，否則可以不必，已遣人送御矣。」又云：「宋版書及章丘本幸以目示。」案延令當指季滄葦，是時健庵方向季氏購書，而顧當爲作介者。九芝據下文知爲書卷名，章丘指李中麓也。前二十七葉「翁栻」條引七十二峯足徵集，謂蘇城顧維岳、陸其清兩家宋元抄本云云，則顧亦我蘇藏書家，當考。蘇城顧氏藏書見本卷末，不知維岳是其族人否？李氏木犀軒有抄本仇遠山村遺稿四卷補遺一卷、雜著補遺及附録四卷，顧維岳輯。

黄宗羲傳是樓藏書記　邵長蘅傳是樓記云：「大司寇徐公健菴名其藏書之樓曰傳是，吴門汪鈍翁、甬東黄梨洲皆爲之記。鈍翁之言曰：『先生召諸子登樓而詔之曰：「吾先世故清白起家，吾無美田宅園池臺榭、金玉玩好之物以傳後，所傳者惟是耳。」遂名其樓曰傳是。』而梨洲則以爲世之藏書者未必能讀，讀者未必能文章，而先生並是三者而有之，非近代藏書家所及。」欣夫案：憺園中有怡顔堂，

今所見怡顔堂抄本疑是徐氏之本。張雲章樸村文集自序：「東海諸公（略）屬余考定傳是樓藏書，如馬端臨、晁昭德著爲一書。余亦竊有依歸，惜乎甫畢易、書兩種而中輟。」彭士望躬菴傳是樓藏書記：「庚申暮春，余因顧子景范、陸子拒石得登崑山徐公之傳是樓。樓十楹，跨地畝許，特遠人境，無附麗，啓後牖，几席與玉峯相接。中置庋閣七十有二，高廣徑丈有五尺，以藏古今之書，裝潢精好。次第臚序，首經史，以宋版者正位南面；次有明實録、奏議，多鈔本；又次諸子百家二氏方術稗官野乘齊諧，靡不具備。曲折從横，部勒充四阿，各有標目。」徐釚南州草堂集菊莊藏書目録自序云：「吾吴藏書之富，數十年來推海虞錢氏、泰興季氏，近則吾玉峯司寇。海虞自絳雲一炬，錦軸牙籤，都歸刼火。泰興殁後，編簡亦多散亡。惟司寇傳是樓所藏，插架盈箱，令觀者相顧怡愕，如入羣玉之府，爲當今第一。」健庵藏印曰「健庵」朱文橢圓印、曰「傳是樓」朱文方印、曰「健庵攷藏圖書」朱文方印、曰「崑山徐氏家藏」、曰「黄金滿籯不如一經」。

同治蘇州府志　陸隴其三魚堂日記：「會徐果亭，徐言學問不在多積書，然書可以備查考；書亦不必皆宋版，然宋版可以資校對。」

天禄琳琅續編　徐炯藏印曰「傳是樓」（朱文長印）、曰「彭城中子審定」（朱文長印）、曰「徐仲子」（朱文長印）、曰「御賜」（白文）、「忠孝堂」（朱文長印）。

犂牛騂角難爲爾　五三三

全祖望七賢傳　鄞縣通志人物編：「陳自舜精小學，凡字彙、正字通、古今韻略諸書，有一字未經收入者，悉爲補輯。」

年少金閶游俠兒　五三四

昭代名人尺牘小傳　陸隴其三魚堂日記：「錫鬯言通志堂諸書，初刊時皆有跋，刻在成德名下，後因交不終刊去，然每頁板心『通志堂』之名猶在。」又：「侯大年言陸翼王所著禮記集説補正，徐氏以三百金買之，刻在成德名下。」欣夫案：容若刊書事皆徐乾學經辦。

知聖道齋讀書跋昌熾案　欣夫案：愷功隙光亭雜識卷二云：「余向藏宋板書經，武成篇『既戊午，師逾孟津』，今本『逾』皆作『渡』。」又卷三云：「元時刊書尚襲宋時避諱，即今時下所刻，若依宋本者，仍其闕筆。或乃據此以定宋刻之真僞，陋矣。」

士禮居藏書題跋記　愷功藏印曰「謙牧堂藏書記」白文方印、「謙牧堂書畫記」朱文方印。

士禮居藏書題跋記　欣夫案：據沈曾植寐叟題跋穴硯齋藏王雅宜小楷千文真跡册跋，穴硯齋爲明無錫秦柱齋名，見卷三秦汴條，此當移改。欣夫案：穴研齋鈔本每半葉十二行，行二十字，每葉魚尾下有「穴研齋繕寫」五字。

士禮居藏書題跋記昌熾案　欣夫案：書鈔閣，周季貺藏書處，香生襲其名歟？抑或有誤？

誰爲楚濱誰永年　五三七

非石日記　丁國鈞荷香館瑣言：「藝風師藏安麓村像，爲吾邑楊子鶴筆，王石谷補竹石。麓村趺坐絨茵上，面蒼頳，無鬚，氣韻頗俗。繆曰芑、錢陳羣諸公皆有題詠。案麓村即明珠太傅之奴安三也，收藏極富。粤雅堂所刻墨緣彙觀四卷，不審松泉何人，誤以爲汪文端，不知實麓村所著，松泉蓋其別號。」查禮銅鼓書堂遺稿自題畫梅云：「安儀周老人貌儁神清，性好古，精鑒賞。築古香書屋數椽於沽水上，中貯牙籤萬軸，餘盡商周秦漢青緑寶器，唐宋元明名家之翰墨也。寢食其間，俗夫不得窺户牖，時人比之清閟閣。」錢陳羣香樹齋文集安麓村五十壽序：「麓村遭際皇上御極之三年，陞天津爲州，尋改爲府。城瀕海，斥鹵土疏易壞，願以家財修城。凡陶冶工作，麓村必躬自督視，擘劃盡善，經六寒暑工竣，費白鏹數十萬，存活失業窮民數千人。」石渠寶笈卷四十二御題黄公望富春山居圖卷：「丙寅冬，安氏家中落，將出所藏古蹟求售於人，持富春山居卷並羲之袁生帖、蘇軾二賦、韓幹畫馬、米友仁瀟湘圖等共若干種以示傅恒，恒舉以告，朕命將以來。」

楹書隅録昌熾案　安順姚大榮墨緣彙觀撰人考：「彦合、菊裳皆不信麓村爲朝鮮人，豈知彙觀載有唐僧懷素苦筍帖暨宋蔡襄謝賜御書詩卷，展轉歸利津李佐賢，著録入書畫鑑影。前後均有『安

儀周家珍藏」『儀周鑒賞』『朝鮮人』『安岐之印』等四印。又唐臨右軍二帖後爲南海吴榮光收藏，録入辛丑銷夏記中，有『朝鮮人印』『安岐之印』二印。此外，各書著録者尚多，舉不勝舉，則芸臯稱儀周爲朝鮮人，固的然非妄，特非從貢使入都後仍歸國耳。又麓村刻孫過庭書譜，末有布樂亭跋，稱麓村爲從父，下押『布樂亭』『敬齋』二印。布樂亭不類漢人之名，而子靜、敬齋意義相成，當即一人，亦足爲麓村本係朝鮮，後入旗籍鐵證。可以解楊氏、葉氏之惑。」又云：「嘯亭續録云：『明太傅擅權，時其鉅僕名安圖最豪横，士大夫與之交接，有楚濱野獲編云，游七名守禮，號楚濱，江陵之僕也。蕚山嚴嵩奴嚴年，又名永年，號蕚山先生，見明史；又號雀坡，見呂種玉言鯖。之風。其子孫居津門，世爲鹺商，家巨富。近日登入仕版，有外典州牧者，不肖宗室至有與連姻眷，亦數典忘其祖矣。』觀此知明氏巨僕實名安圖，其居津門者乃是安圖子孫。麓村虎居津門，擁厚貲，其同居者尚有猶子，以年輩推算，則可斷定其爲安圖少子。據麓村刻孫過庭書譜所載陳奕禧跋，稱康熙四十七年戊子，陳子文奕禧自京赴南安郡守任，道出天津，晤麓村，爲作書譜釋文，旋即據以上石。是時麓村年二十六歲，已習與當世文人接納，其非曾充廝隸，皎然可見。書譜刻成，有猶子布樂亭爲之跋，可知麓村爲安圖之子，布樂亭爲安圖之孫。傳至嘉道間，其族尚盛，故宗室有與連姻眷者。蓋安氏入旗籍，或是各項包衣，並小五處旗人之類，故得與滿族通婚，而不得與宗室覺羅抗禮，則本俗旗制有然，故嘯亭

識之。」荷香館瑣言稿本云：「葉菊裳藏書紀事詩以麓村爲天津人，而辨周芸皋內自訟齋集麓村朝鮮人，隨貢使入都云云爲荒誕。案吳荷屋辛丑銷夏録宋徽宗白鷹圖龔子敬自書詩卷皆有『朝鮮人』『安岐之印』。趙子固自書詩卷亦有『朝鮮人安儀周書畫之章』一印。然則麓村實籍朝鮮，芸皋所言不謬。至吾邑孫子瀟天真閣集中宋宮團扇歌，指麓村爲賈似道門客，則真荒誕矣。」欣夫案：姚氏墨緣彙觀撰人攷對麓村家世淵源考據翔實，一掃前人之誤傳。其書祇有一九一九年排印單行本，寥寥數葉，頃已不可得見。一九六十年十月，承葉遐庵先生自北京寄閱，亟摘録於此以備考。

緑樹芳穠小草齊　五三九

李文藻琉璃廠書肆記　藝風堂藏書記李文藻校隸續跋：「楝亭嘗爲竹垞刻曝書亭集，未畢而竹垞卒。集內有爲作詩序，蓋竹垞之友也。」

七品官兒竟奪儂　五四一

鶴徵前録　朱桂孫竹垞府君行述：「康熙乙酉，上南巡，王父至杭州迎駕。四月初九日，朝皇上於行殿，進經義考一套，又進皇太子經義考一套。上諭查供奉聲山：『朱彝尊此書甚好，留在南書房，可速刻完進呈。』十二日駕回蘇州，十五日皇太子命織造敖公召王父進見，問藏書幾何？回奏臣家素貧，不能多購。命以書目進呈。皇太子問這書目是誰寫的？回奏是臣孫寫的，蒙皇太子稱好。又

問平日著述幾何？王父開目進呈。皇太子顧謂近侍曰：『這老翰林是海内第一讀書人，汝等看看亦是好的。』」陸隴其三魚堂日記：「在朱錫鬯所。（略）見宋陳均皇朝編年録要，係宋板。又見李燾長編，係鈔本。」又：「於仇滄柱寓中遇朱錫鬯，見元板黄鶴杜詩注。錫鬯言著書必載其姓氏，採其言而没其姓氏者竊也，此病起於明朝。」又：「朱錫鬯來，言永樂中胡廣等纂大全，多襲取先儒之書，可見其爲小人，今宜將先儒原書刊行，庶天下知廣等之陋。」嘉興府志經籍：「曝書亭著録，李富孫編次。序云：『竹垞先生好聚書，多秘鈔善本，其最難得者，首頁識以「購此書甚不易願子孫勿輕棄」印章。於是構亭池南以曝之，計得八萬卷。先生嘗欲編其著録而迄未成，不數十年，漸就散佚。從弟金瀾於其家得曝書亭書目一册，錯綜登載，並不次以四部，亦但記册數，不記卷。有廳東西甌舫、娱老軒諸皮書處，僅標第幾廚而已，八萬卷亦尚未全。復從吴門黄蕘圃主事假得吴君枚菴手鈔本，略分四部，亦非原書，而所録較多，因即先生所定八門釐加編次。至明人别集，本各分省，曾於六忍居見有寫本。又得潛采堂所藏焦氏經籍志，於明人集下先生手注某省，益足徵信。今書已散，幸兹録存，則或猶未散也。』」

鶴徵後録　欣夫案：竹垞又有朱文長方印云「别業在小長蘆之南殳曳山之東東西峽石大小横山之北」，「朱彝尊錫鬯甫」白文方印，又「得之有道傳之無媿」朱文方印、「小長蘆釣魚師」朱文腰圓印、

「南書房謫史記」朱文方印、「秀水朱十潛采堂圖書」朱文方印。

松江府志　檇李詩繫：「延是少負逸才，遭時變亂，乃隱於醫，流寓平湖西宮道院三十餘年，得錢即買書，積至四五十櫃。坐卧一樓，花香茶熟，蕭灑自得，無一點塵氣。露鈔雪纂，著述甚富。年七十忽病作，出所藏書，悉散之友人，命龕趺坐而逝。」欣夫案：延是著有南湖話舊録二卷，嘉慶廿三年刻本六卷，民國四年排印南湖話舊録廿四卷，補遺一卷，附録一卷。延是又有補彭孫貽靖海志四卷，抄本，在北京大學圖書館，爲德化李氏舊藏。嚴昌堉海藻卷七，李延是所著有諸方書及放鵬亭集。又采過宣和嶺至義烏界追憶先師孝廉徐闇公先生相期卜葬處詩，案知辰山爲闇公弟子。

一見奇書喜欲顛　五四四

杭郡詩輯　海昌藝文志：「思贊字仲安，號衎齋，監生，工詩及書。所居道古樓，插架悉宋元舊本，爲東南藏書之冠。」又：「道古樓藏書目一册，見清綺齋書目，云鈔本。」又：「翼贊，思贊弟，號素村。」又：「寒中詩集四卷，張曾裕序：『癸酉秋，忽遇武林道上，握手牽臂，偏行廛肆間。時闈期已近，十一郡人士畢聚，僧舍市廛皆滿，争自奮勵，摇首咿唔，斯須不稍休。寒中獨悵悵隨一小奚，挂青蚨十數貫，往來書坊骨董鋪中，一遇異書古帖，秦漢印章，官哥磁器，北苑、大痴、衡山、石田諸名畫，輒不論值，必得之乃已，則婆娑題詠，欣賞彌日，幾不知有場屋事也。寒中所得既多，或

甚之，則自喜益甚。每出游，必盡携以隨，舟中纍纍爲之滿。所居花山，去鎮可十里許，或當旱乾時舟不能達，則雇有力者負之以趨，至今龍山人傳以爲笑云。』」吴騫拜經樓詩話：「馬寒中上舍居插花山中，擁書萬卷，築道古樓，與婦查氏惜日唱和其中，世望之若神仙中人。」金農冬心集拾遺宋拓鍾鼎款識册跋：「寒中先生出游必遞書畫金石墨拓自隨，連艑巨舸，捆束塞坐。先生凝然摩挲，十指勿釋，陶峴三舟之載不足數矣。」又冬心先生隨筆：「經解一百三十八種，成德校勘，刻於崑山徐大司寇家，十三年而後成。吾友海寧馬寒中先生蓄典籍最多，有經解所未雕版者六十五種，惜其逝矣。其書散失，當俟執業之徒搜輯刻之。」

吴壽暘集　藝風藏書續記北山小集：「舊鈔本。有『衎齋』朱文長圓印、『道古樓鈔藏』朱文長印。」又云：「古物辨名二卷，鄱陽鐂有信所著。刻手既佳，而裝治更善。書皆倒摺，四周外向，設遭蟲鼠之厄，於中無損也。亡友馬寒中先生秘藏。先生殁後，其子好摴蒱，已準百錢落博徒之手矣。悲夫！」

持靜齋書目　案素村爲翼贊字。

昌熾案　欣夫案：查慎行扶風琬炎録跋：「吾邑之馬氏，顯於元，歷四百餘年，墳墓不遷，椒聊繁衍。吾友衎齋，系出於朱，其祖某爲後於馬，始改姓馬氏，今幾世矣。」然則衎齋之改馬姓，非爲桑海之間，

蓋已三世矣，葉氏未攷致誤。思贊康熙戊辰刻剡源文集，序後二印：一曰「馬思贊印」，一曰「朱仲安氏」。

綏若安裘晏若杼　　五四八

兩浙輶軒録　吳銘道小方壺文鈔序云：「户部郎中碧巢汪先生，自其妙年即以才藻名天下，藏書數萬卷，築裘杼之樓，開浮溪之館，手披口誦，目無停晷。」汪森小方壺文鈔卷四書尚書詳解後云：「乙卯二月，仲兄鷗亭偕余泛舟濮川，見居民以舊籍鬻於市，盡數購歸，中有鈔白本，乃尚書詳解也。」

朱彝尊小方壺存稿序　乙亥九月五日，得初印本詞綜三十卷，其標葉云「朱錫鬯、汪晉賢同輯」，又云「明詞嗣出」，「裘杼樓藏版」，有「裘杼樓」大圓印、「休陽汪氏圖書」大方印。初得通行本，乃王述菴時翻板，不見有是標葉，其非初印者亦無此二朱記也。殷泉記。按此條爲王欣夫先生長兄殷泉所記。

兩浙輶軒録　沈樹德汪柯庭先生小傳云：「所居古香樓，鼎彝圖籍充列左右。」柯庭餘習古香樓云：「何物滿高樓？宋鐫與秘録。青藜最可人，黄嫺我所欲。香清凝座隅，色古悦心目。焉敢傲百城，擁書聊自足。」又古香樓偶作云：「緗帙牙籤列四圍，此間漸覺古香肥。有涯歲月期從事，無限塵勞賴息機。開卷蟫魚如水溜，下簾芸篆隔窗微。可憐文苑多名目，一自兵殘世遂稀。」又題謝文侯爲余寫勘書圖四首云：「束髮貪書力未疲，雕蟲豈是壯夫爲？文園病渴難消遣，賴有丹鉛了歲時。」

「清簟琴尊已絶塵，小胥侍立捲書勻。誰言亥豕如風葉，倦眼差堪較對頻。」「災梨汗竹遞傳訛，欲辨其如寡陋何？嘗想古人心跡晦，遺文金石更搜羅。」「幾年離索寓西吳，曩日交游出處殊。千里驗君圖畫在，分明散帙坐詩癯。」

拜經樓藏書題跋記　季青藏印曰「古香樓」朱文大圓印、曰「汪季子文柏柯庭氏」、曰「雙溪草堂圖記」。

連屋書囊當屋簷

楹書隅録　「胡氏茨村藏書」朱文長方印。

經籍訪古志　余藏查昇雜鈔手稿本，中有題胡茨村行樂圖，注：「圖寫唐王孫李洞『四五百竿竹，二三千卷書』之句，禹鴻臚寫。」王赤抒五律腹句云：「看竹寧論主，藏書亦借人。到門寒玉亂，連屋古香親。」查夏重七絶之二云：「侍女能編書甲乙，家僮好報竹平安。此生此景不多得，只是人情重一官。」聲山自題七絶之一云：「脩竹茅亭着此身，書淫書癖總前因。生平未識先生面，展卷方知名士真。」

經籍訪古志昌熾案　李慈銘越縵堂日記：「同治八年三月初七日，閲茨村詠史新樂府上下二卷，山陰胡介祉著。介祉字存仁，號循齋，禮部尚書銜秘書院學士兆龍之子，康熙間，官湖北僉事道。」

欣夫案：循齋又刊有谷園印譜。繆荃孫馮校本王建詩跋：「現行毛斧季本、胡介祉本皆八卷。」

小詩愛展納涼圖　五五三

嘉興府志　王昶春融堂集澱山唱和長卷跋：「竹垞太史以康熙庚辰四月來游澱山，同游者陳君書匡名昂。（略）觀書匡詩，其先世居於澱湖之濱，又居於吾珠街里戚家橋下塘之西。生平好書好客，曾見其所藏，多宋元間舊本，皆有名字印之。楊謙注曝書亭集，因西畯有『杜甫南鄰也姓朱』之句，故謂之秀水梅會里人。意書匡或有市廛在梅會里，而籍貫實係青浦，非秀水也。其稱同知者，係入貲所得，未曾出仕也。又題詩云：『梅花書屋亦安在？』自注：『書匡所居。』」欣夫案：據書匡藏印稱「天都」，稱「三十六峯」，則其原籍新安，兔床之説爲是。秀水、青浦皆其寄寓。光緒嘉興縣志流寓：「陳昂字書匡，休寧人，僑居梅里，與朱彝尊父子鄰，並相唱和。」汪森小方壺存稿卷八摸魚子簡陳書匡下半闋云：「房櫳靜，插架牙籤萬軸，賞奇肯許同讀？」

天禄琳琅前編　滂喜齋藏書記金刻玉篇又有曰「陳昂之印」、曰「三十六峯陳昂書匡父」。

愛石何如愛書癖　五五四

鶴徵前録　丁申武林藏書録：「龔佳育字祖錫，號介岑，由經歷知安定縣，入爲户部主事，歷兵部正郎，遷山東按察司僉事，分巡通、永，以政績聞。特擢江南布政使，内遷太常卿，改光禄。歷中

外數十年，以清介著。生平無他好，惟收藏圖史，課子誦讀，以毋墮家聲爲戒。子翔麟。」云云。

笛漁小稿　平津館鑒藏書畫記宋李公麟十八羅漢卷有「紅藕莊龔翔麟印」。

昔日堂中尊二老　五五六

全祖望五嶽游人穿中柱文　欣夫案：天一閣書目首册附二老閣進呈書目四十四種。查慎行跋唐明皇孝經注石刻：「丁酉五月，慈溪鄭義門過余，携石刻拓本見贈。（略）自天寶以來千有餘年，碑石之在長安者未必完好，而今拓本無纖毫殘損，其爲數百年前舊搨無疑。」

全祖望二老閣藏書記　姚椿樗寮日記：「至鶴浦，訪鄭氏二老閣，規制略似范氏天一閣，但范閣下有屋，此僅離地數尺耳。主人云：『乾隆丙午間曾被焚毁，又進呈書皆未領回。』此二事，後來考文獻者不可不知。」

紅豆新移選佛場　五六〇

包世臣惠氏四世傳經圖跋　欣夫案：是圖於一九五六年春無意中爲余購得。

翁方綱題王文簡載書圖　「惠印士奇」朱文方印、「紅豆村莊」朱文方印。

持靜齋書目　「紅豆齋收藏」朱文長方印、「紅豆書屋」朱文長方印、「惠棟之印」白文方印、「定宇」朱文方印、「臣棟」白文、「松崖」朱文聯珠印。

比似王筠愧未工　五六四

海昌備志　海昌藝文志：「查克念，慎行子，字惟聖，號雙峯，雍正甲辰補科舉人。」

天禄琳琅　悔餘藏印曰「慎行」白文長方印、曰「初白庵主」朱文方印。

坊南花竹秀而野　五六八

朱彝尊秀野堂記　閻丘先生自訂年譜：「康熙二十八年己巳除夕，取架上手自校勘諸書陳列草堂，清香樺燭，酒脯具設，再拜祝之。因作祭書行，亦陶、犀月、大臨、日容並屬和焉。」又：「三十年辛未，始與犀月詮次元人詩集，亦陶出手鈔本六十餘種，因以甲乙分編，人各爲一小傳。蓋竊取遺山中州集、牧翁列朝詩集例爲之也。三十一年壬申，從傳是樓、培林堂、含經堂及藏書家借得元人文集百餘種，與犀月朝夕編選不輟。三十八年己卯，上巡行江浙，車駕至蘇州，嗣立進元百家詩九卷，奏曰：『此是元朝一代之詩，向無刻本，臣以甲乙次序分編，留心數年，始得成書。』復進韓愈詩集注十一卷，奏曰：『此集悉照李漢所編，後以集外詩附焉。』上心甚悦，手加繙閲，命十三皇子將所進書一一留覽。三十九年庚辰，訪朱檢討竹垞先生於小長蘆，借得元人小集，復編輯元詩二集。四十一年壬午，元百家詩二集告成。五十九年庚子秋八月，元百家詩三集告成。余自壬午廣搜博采，凡吴下藏書家靡有所遺。乙酉應詔入都，分編四朝詩選，因得盡窺内府秘本，抄存行

篋。乙未假旋，南溯瀟湘，北登嵩岱，訪求遺佚，裒益滋多。倦游歸轍，合二十年所得重加詮次，得一百六十餘家，其所傳詩未滿數首者編入癸集，共計三千餘人。」

茶社未忘銅井約　五七三

天禄琳琅昌熾案　涵芬樓藏明刊李文饒公文集有蕭氏藏印甚多。此所録外，有「晉安蕭蓼亭手定書籍」「蘭陵世家」「藏之名山傳之其人」「玄賞齋」「蘭話堂」「閩中蓼亭蕭夢松圖史之章」「蘭話堂書畫印」諸印。頃見蕭夢松朱藍兩色手批汲古閣本史記，殘存四册，每卷末有題識，并及當時瑣事。其藏書印除此已録外，又有「杜門謝客，齋居一室，氣味深美，山華野草，微風動摇，以此終日」朱文大方印，「天地奇文，聖賢遺澤，蓼亭藏之，珍若圭璧，愛日軒中，以朝以夕，傳諸後人，其永無斁」白文大方印，「澂之不清撓之不濁」白文方印，「偃息琴書之側」方印，「蕭齋」白文長方印，「蓼磯真賞」朱文長方印。其題識有云：「丁巳秋，避地金沙之豫林，次年冬歸閩，凡七閲月。再至金沙時，家難甫定，意始得學。」有云：「是日賈自姑蘇回，韓慕廬先生，顧有典、有常二兄各有覆札。韓送錢飲光詩、文集各一部，并得王鼎中前輩凶問，惋惜久之。」有云：「于善壺以蔡夢弼杜詩及宋版韓文來質錢。」其署名有「蓼磯」「静君」「蕭齋」。最後一跋則署「閩中蓼磯蕭松識」。據此知蕭於康熙初曾避地金沙，與蘇人韓慕廬等交，可略知其事跡。欣夫記，時一九五七

年四月廿八日。王澍虛舟題跋卷八賈秋壑玉枕蘭亭跋云：「太平清話載賈秋壑得定武蘭亭，使廖瑩中以燈影縮成小字，令王用和以靈璧石刻之。（略）明末在陳盤生家，康熙壬子秋爲閩中蕭長源給諫所得。時耿逆方鎮閩，欲取之，蕭靳固不與，後耿反，蕭遂遇害。其子靜君，金壇虞氏壻也，携此石來逃，性命守之，今尚在也。」欣夫案：福建通志列傳：「蕭震字長源，侯官人，順治壬辰進士，官山西道監察御史。耿精忠變作，縊死震於南關下。雍正四年，其子蕭大爵狀奏白其事。」然則震即長源，夢松或爲大爵之改名，本屬父子，其本末亦有可考。葉氏未詳，兹特正之。又卷四唐李邕少林寺戒壇銘跋云：「此碑傳本絕少，此本閩中蕭氏所載。蕭以耿亂被害，其子靜君拾取遺書，逃來江南，爲吾友許奕晉所得。余從奕晉借觀，褫而有之。」

向秀書爲郭象竊　五七四

昌熾案　義門藏印有「何焯之印」白文方印、「太學何生」朱文方印、「心好異書性樂酒德」朱文長印、「義門藏書」朱文長方印。

何煌心友　吴縣志：「煌字仲友，欣夫案：當作字仲子，一字心友。初隨兄往京師，歸里後與蔣杲、陳景雲輩以文字往來。所居曰語古齋，喜收舊籍，遇宋槧，即一二殘本皆購藏之。平生校書頗富，經籍而外，若前後漢書、説文、通典。流傳至今最著者，有國初説文汲古閣本，毛斧季因筆畫小譌，每

多剜改，致失宋本之真。煌以朱筆糾正，且識之曰：『勸君慎下雌黄筆，幸勿刊成項宕鄉。』阮文達校刊十三經注疏，於公羊、穀梁皆據煌所校宋槧官本，又校孟子經注舊刻。嘉慶時，元和顧廣圻以樸學名家，極稱煌所校本爲精碻云。」

昌熾案　欣夫案：文禄堂訪書記義門校刊謬正俗有「何堂仲子攷藏」「虹橋何氏」「小何水部」諸印。

三徑家風比杜暹　五七七

婁關蔣氏家譜　欣夫案：文禄堂訪書記蔣篁亭校困學紀聞彭兆蓀跋云：「篁亭先生手校諸經史不下數十百種，類皆丹黄精謹，藝林所稱貯書樓本，得者藏弆，以爲善寶。（略）今貯書樓遺籍十佚八九，存者亦多蟫損，而此編在余行篋，尚完好如故。」欣夫案：又蔣氏手抄謝宣城詩集跋，題「香巖小隱蔣杲」。沈巖蔣篁亭稿序：「吾友蔣子篁亭，爲前明憲副雉園先生玄孫。（略）戊子秋試報罷，乃大悔其少作。（略）屏跡其家貯書樓，益肆力於六籍根柢之學。」

沈文慤蔣心齋傳　滂喜齋藏書記宋刻續資治通鑑長編一百八卷：「是書舊爲吾郡蔣辛齋藏書。辛齋名重光，乾隆時人，富於藏弆。有其跋云：『丙午冬，於書賈陳天士見是書二十册，以三十金易之。甲寅，又於虎丘萃古齋購得二十册，爲玉峯徐司寇藏本，裝潢紙色與前無二，囑雙山楊兄精校録補，始成完書。』」彭啓豐蔣重光墓志銘云：「中年杜門，博收遺書，參互稽考，著述日益富。

乾隆三十八年詔開四庫館，徵四方書，君已下世，子曾辔檢君所鑒定秘書百種進御。天子嘉之，敕賜佩文韻府一部，親製七言詩，書所進職官分紀之首，美其好古，復惜其不遇。人莫不樂君之遭而因以羡君之有子也。」案府志即本彭志。

使者軺車塞巷涂　五七九

陸漻其清　同治蘇州府志藝術：「陸漻字其清，吴縣人。博聞多藏書，手鈔及千卷，有朱存理、錢穀之風。精賞鑒三代秦漢器物及唐宋而下書畫名跡，四方士大夫之好古者，莫不就漻是正焉。」通志。

其清佳趣堂書目自序「不下四五十番」句下原有何義門跋一段，删去，今仍補録，云：「義門何庶常見而喜，跋其後云：『惓圃、竹垞兩先生晚年家居，力不能多致，聞人家有未見難得致之本，汲汲借抄，或計卷帙多寡，互出以相易，往來白下與吾郡，精神所注，惟此一事。著述中尤留意尺牘，尋所與其清陸君諸手筆，辭氣藹然，似宋代名流，尤可愛翫。好事者若合并刻之，故是一段佳話爾。』」

藝風藏書續記：「孝慈堂書目一大册。」

牛耳毛錢狎主盟　五八二

席鑑玉照　張雲章樸村文集工部虞衡席君傳：「吾吴中洞庭東山之有席氏也，自唐武衛將軍温始，至故明太僕寺少卿本振而益振。君，太僕之季子也，名啓寓，字文夏，號治齋。君之居故在東山，

以其僻左，曾奉太孺人命，别卜宅於虞山之陽。既歸，則往來兩地，板輿畫舫，優游怡愉，極色養之樂。其於學者，有雕本十三經、十七史行於世，又輯唐人詩百家付之梓，於是世之人讀席氏書者爲多。諸孫振振，且十人焉，其立志邁俗，發名成業者蓋不少云。」欣夫案：啓寓之後，分洞庭、虞山兩支。其在虞山者，承毛、錢之風，多好藏書刻書，啓寓自刻之十七史，世臣刻之四朝别史，板心均有「掃葉山房」字，然則非爲鑑也。傳稱諸孫十人，不列名，疑鑑即其一。十七史板後入書坊，印行較多，故莫友芝郘亭知見傳本書目誤掃葉山房爲嘉道來蘇城書肆。光緒嘉定縣志藝文：「橘隱寓言一卷，

注：『席鑑撰。鑑字玉照，常熟人。國子生，張覲光贅壻，橘隱其甥館也。』」

吾愛詩人孫寶洲　五八四

陳祖范孫竹鄉哀詞　王應奎柳南文鈔有孫竹鄉詩序。

孫淇市肆蓄書歌爲曹彬侯作　欣夫案：此詩載王應奎海虞詩苑，「大嚼快意何煩爾」句下原有注云：

一匱遮門充閣庋　五八五

「曹居當屠門，故有此戲。」

拜經樓藏書題跋記　欣夫見彬侯印，其名亦有從「玉」作「琰」者，疑今作「炎」者，後人避仁宗諱而省去「玉」旁。

打鼓排衙花簟鋪　五八七

李馥鹿山　福建通志列傳：「李馥字汝嘉，號鹿山，福清人。康熙甲子舉人，官至浙江巡撫。（略）好藏書，多善本。（略）年八十四卒，有李鹿山集。」

郎潛紀聞　柳南隨筆：「李中丞馥，號鹿山，泉州人也。中康熙甲子科舉人，歷官兩浙巡撫。嗜書，所藏多善本，每本皆有圖記，文曰『曾在李鹿山處』。後坐事訟繫，書多散逸，前此所用私印若爲之識者。夫近代藏書家若吾邑錢氏、毛氏，插架之富，甲於江左。其所用圖記，輒曰『某氏收藏』『某人收藏』，以示莫予奪者，然不及百年而盡歸他氏矣。中丞所刻六字，寓意無窮，洵達識也。」

欣夫案：郎潛紀聞所述即出於此，而此爲詳，故備録之。

鄭杰昌英　福建通志文苑傳：「鄭杰字昌英，侯官人，乾隆間貢生。父庭湓，積書三萬卷。杰自弱冠爲諸生，即潛心稽古。（略）好讀韓詩，欲合閩人方崧卿、魏仲舉、廖瑩中諸家，廣爲輯注，因注昌黎文集四十卷，外集十卷，逸文、附録二卷，凡五易寒燠，尚未脱稿，題其書室爲注韓居，自號注韓居士。喜博覽肆搜，於閩中文獻，尤寶貴勿失。每獲一碑版卷軸有標題可識者，曰：『此吾鄉先輩物也。嗚呼，幾亡之矣！』每獲一詩文集，或版漫漶不恒見，或稿完具而未録者，曰：『此吾鄉先生之著述也。嗚呼，幾湮没矣！』由是什襲珍藏，唯恐廢墜。」鄭杰輯國朝全閩詩録初

集二十一卷、續十一卷，又輯注韓居叢書，均有刻本。

儀顧堂題跋　傅以禮華延年室題跋李氏原槧本宋稗類鈔：「此本得之三山坊肆，爲侯官劉筠川故物。劉喜儲藏，精鑒别，嘉道間知名士也。」欣夫案：傅氏宦閩有年，熟於掌故，當有所據。案筠川名永松，與郭柏蒼同輯烏石山石刻志，有刻本。李遇孫金石學録：「劉永松字筠川，福建侯官人，輯烏石山志，詳於石刻。」案筠川爲劉家謀號，芑川之弟。

皕宋樓藏書志　欣夫案：杰本字人杰，不誤。

墨光紙色問蕘夫　五八九

蓮涇孫元理元音跋　欣夫案：涵芬樓燼餘書録抄本元音鮑以文録蓮涇跋爲全文，此有删節。

昌熾案　聲宏藏印曰「太原叔子藏書」白文長方印、曰「華亭王聞遠印」朱文、「右軍後人」白文聯珠印、「東吴王蓮涇藏書畫記」朱文長方印、「購書良不易子孫守勿替」朱文長方印、「青氈是我家舊物」白文方印、「擁書豈薄福所能」白文方印。欣夫藏舊抄吴中古跡詩一卷、光庵集一卷，有「王印聞遠」白文、「蓮涇」朱文、「太原叔子藏書記」白文諸印，「子孫保之」朱文、「蓮涇珍藏」白文。

玩易兼山得艮爻　五九一

顧承吳門耆舊記　長元吳三邑諸生譜乾隆二十年乙亥李宗師科試，長洲有張德榮。

皕宋樓藏書志　欣夫藏充之手抄龍筋鳳髓判，凡「位」字均缺半筆，避其家諱也。文禄堂訪書記張充之手鈔湛淵静語韓應陛跋云：「按此册與鐵圍山叢談蕘圃跋稱張充之手鈔者筆跡相似。彼書每遇『位』字皆缺末畫，此書『位』字偶檢幾處末筆衹得半畫而止，與全缺一筆者用意當同，蓋避家諱耳。」

風水砰訇送桔槔　五九二

宋定國賓王　太倉州志列傳：「宋賓王字蔚如，幼喪父，奉母極意色養。居市廛，冶銀爲業。篤好詩書，稍閒即吟詠鈔録不輟。尤究心字學，手校書籍，辨駁正譌，輒爲善本。同里沈起元、顧陳垿稱其學有根據。鎮洋知縣金鴻修縣志，聘請分校，人稱宋布衣。」又藝文：「宋賓王字體辨譌，沈起元序。」

賓王周益公集跋　「雍正甲辰閏四月，借朱端愱益公文選校一次，係萬曆間清漳吳廷晏所刻不全失次本也。間采譌字附於旁，俟高明者考證焉。吾妻吳長卿震元先生於明崇禎間，集諸名臣如黄道周、董其昌、陳繼儒輩數十人作南北宋相眼（又名宋相譜）一書，摹刻未成，聞名莫覯。乙巳春初，偶偕黄齊卿過吳慎修齋頭復見之。其中周文忠公相眼具載公本集中，有關國典之文甚悉。後獲借校，

獲益良多，逐卷中凡硃筆點識者是也。雍正三年立秋後十九日，校訖於琅琊萬卷樓之西，虞錢子方蔚實政之。古瀛洲流寓宋賓王記。」欣夫案：以上據靜嘉堂秘籍志卷三十六校補，尚有兩跋及謝浦泰跋，不録。

賓王周益公集跋昌熾案　賓王藏印曰「宋蔚如攷藏印」朱文長方印。隆案：屢見賓王校本，絶未見定國之名，惟所鈐小印「賓」作「㝈」，而「王」字獨作朱文，驟視之作「国」形，似「國」字，故蕘圃致有此誤也。欣夫案：嘉業堂藏謝浦泰抄黄與堅願學齋文集四十卷，跋題「太倉浦泰心傳（本姓謝），又題「惺廛」，時爲雍正六年，亦借諸宋蔚如者。有「浦泰之印」「心傳別字惺廛」「杏華小廬」「抄書老更痴」「婁東謝氏家藏」諸印。

史例龍門溯導觴　五九六

浦見龍起潛　蔡金重云：「其詩及所徵引書俱述二田之事，而未言及見龍，或爲起龍之誤。」無錫金匱合志文苑：「浦起龍字二田，雍正八年進士，官蘇州府教授。（略）居邑之前礀，肆力於古，於書靡不窺，丹黄甲乙，積數十年。從學者質問經史，輒舉某書某卷某頁以告，檢之無不合。」浦起龍不是集上陳榕門：「涑水傳家集梓工於二月杪竣事。（略）兹集校刊頗極詳慎，足稱全璧，其中不無口眼順溜，偶一差譌，古今鋟版盡然，諒或可幸無罪。惟裝潢進呈書一件，卑職初次辦理，

未諳事宜。（略）因而問道已經若邵北厓、何心友諸老宿，並云寧敬謹有餘，無疎略取戾。」欣夫案：乾隆六年，陳宏謀刻傳家集八十卷，二田爲任校讎，刻印均極精，此簡即言其事。又致李漪亭：「某負痾還山，七年於此。龐公言空諸所有，如爲我説。惟老屋三間，坐擁五千餘卷，資之作遣年之具而已。」又致王斂齋：「我輩以詩書朋友爲性命，比來老不能謁客，貧又不能致客，晨興兀坐，望思愁歎之境攖於其心，而聲不絶於其耳。獨喜架上書未鬻，觀書老眼未眊，與古人把臂入林，虚懷往復，天之於僇民所不窒其生趣者有此耳。」又與蔡敦復：「近换得荀、袁前後漢紀廿本甚善，繙檢援據，殊不餒矣。僕每治一書，必有應期而至之助，亦一奇也。又申左篇『尼父鄭穆』一條，略一疎懶便誤，賴有世德堂六子考正之，注書之不可急易如此。」欣夫案：「此謂所著史通通釋。無錫王鑑醉經草堂文集稿本與浦二田疏：『向聞尊府藏書甚富，不減劉家之墨莊、張氏之書樓，擬欲就學於石昂，自愧讓能於劉炫。意珍藏秘本，定非一種，如長源先生集，亦人間所罕有。愚偶假觀，不意慨然見賜，二老先生高懷雅致，誠超出庸流萬萬也。』」無錫浦氏家譜錢大昕撰修職郎浦君玉田墓志銘云：「君諱褀，字揚烈，一字玉田。先世自無錫遷常熟，家於任陽里。平生無他嗜好，揵户讀書，晨夕弗輟，庋藏幾及十萬卷。吴興估客携書求售，君一見即能辨其優劣，且言是書有數刻，某本善，某本不善，某本譌某字，某本脱某字，座客好事者歸檢視，悉如其言。手定留輿

齋書目一卷，皆精當，無俗本。生於雍正十一年十月四日，卒於乾隆六十年十月廿九日，春秋六十有三。銘曰：『晁里昭德，宋坊春明，葉標菉竹，祁榜澹生。圖籍之富，榮於簪纓。厥子播穫，何羡金籯。矻矻浦君，坐擁百城。咀嚼肯綮，芟除榛荆。聞名十載，一瓻未盛。重泉無憾，視我斯銘。』」欣夫案：浦氏藏者當舉玉田，二田乃著作家，顧以名盛，又稱名相似，時亦相近，世遂知二田而不知有玉田。錢文不載潛研堂集，兹爲表微於此。

士禮居藏書題跋記　欣夫案：皕宋樓宋贛州學刊文選，有「留與軒浦氏珍藏」朱文方印、「浦玉田藏書記」方印，不知與二田一家否？又案：宋刊名公書判清明集亦有此二印。袁克文寒雲手寫所藏宋本提要黃氏補千家注紀年杜工部詩史，有「浦祺之印」「浦氏揚烈」「浦伯子」「浦玉田藏書記」「留與軒浦氏珍藏」各印，當查入補遺。

門外香溪送客帆　五九八

顧廣圻吕衡州文集序　曾釗面城樓集卷三云：「吴成德字懶菴。其父號容齋，藏書甚富，北宋禮記單疏本其最著也。與惠松崖徵君游，世稱璜川吴氏。容齋卒後，書稍散佚，懶菴重自搜羅，築書樓三楹，題曰樂意軒。其孫名志忠，號有堂，亦好刻古書。余藏正德本孫可之集，有堂手校，字小似蜉蟻，端楷可愛，然則吴氏讀書蓋數世矣。」

陳奂師友淵源記　陳奂璜川吴氏經學叢書序：「有堂表弟喜刻古人鈔本未刻之書，恐其湮没，爲之流傳，其所刻者大抵經義爲多，故總其名曰經學叢書。」

平津館鑒藏書籍記　欣夫案：文禄堂訪書記吴志忠校禮記注疏跋云：「松崖所校北宋單疏，書屬我家故物，惠稱璜川書屋，先曾祖藏書之舍也。□讀遂初園中，園甚著，沈歸愚宗伯輩皆有詩文以紀，今爲靈岩名跡。稱拙菴行人者，忠先伯祖也。稱企晉博士者，忠之伯父，號竹嶼，名泰來。後舉乾隆庚辰進士，壬午南巡，召試，授内閣中書，與松崖先生等七人齊名都中，目爲『吴中七子』，有吴中七子詩合刊行於世。當時璜川書塾有兩書爲希世珍，一禮記，足本；一前漢書。漢書以後歸當路呈進，入天禄琳琅書目，禮記則歸曲阜孔葒谷家，世遂不得復見。」藏印曰「璜川吴氏收藏圖書」朱文方印。

唐書宰相世系表　六〇三

顧若霖雨時　張雲章樸村詩集有九月三日同魏昭士楊可師朱贊皇沈確士蔣香山諸君集顧雨時懷古書屋詩。許廷鑅顧可潛先生墓志銘：「先生諱若霖，字雨時，别號可潛。詩歌古文外，兼工書法繪事。晚年留心内典，喜談禪，又號不淄道人，繪逃禪圖自娱。喜購未見書及古彝鼎名書畫，終日摩挲不倦。人知先生嗜古成癖，不知其抑鬱無聊，假此以消遣世慮耳。」

陸恭越州石氏帖跋　欣夫案：涵芬樓燼餘書録抄本吴郡圖經續記，爲雍正十二年顧可潛於崑山徐氏購得葉文莊所藏宋刻本用以覆校者，蕘圃跋謂得諸華陽橋顧氏，即朱筆，可潛氏之後也。鈐有「荆蠻顧霖」「可潛」二印。欣夫案：虞景星不緇道人傳云：「吴之臨頓里人。晚逃於禪，有逃禪圖。」

昌熾案　鐵琴銅劍樓藏宋本禮部韻略，有「可潛」「顧霖」「勤有堂讀書處」「吴下阿霖」「茂苑顧氏世家寶玩」「無上上品」諸印。顧德育手鈔吴中舊事，有「勤有堂」「顧中子」「顧霖印」「懿儒」諸印。

昌熾案　先兄蔭嘉云：蕘圃湖山類稿等又一跋有顧至手跋，蕘圃謂顧君玉臺云云，疑玉臺亦於山之號。欣夫案：顧至與碧鳳坊顧氏非同族，查族譜無其人。長元吴三邑諸生譜，乾隆二十九年科試，長洲有顧玉臺。注：「改名至。」據此則玉臺爲於山原名，非號也。

雞靡豕零各有須　六〇四

錢大昕顧桐井墓志銘　顧莼顯考桐井府君行述：「受業師張白華先生告不肖曰：『東莊先生遺書極富，皆善本。有借讀者絶不吝，曰：「吾父嘗言，我有書不能讀，得他人讀之，我書庶不徒具。吾今何敢吝爲？」』其善承先志如此。」張思孝顧生玉書小傳：「玉書姓顧氏，名廖，行八，讀柳州愚溪詩序而悦之，因以八愚自號焉。尊人東莊先生藏書數千卷，率皆秘本。唐宋以來法書名畫，

充棟插架，以及尊罍彝器，杯盎几案，入其室無一近今物。士大夫之博雅好古者，遂往無虚日。玉書讀課之暇，嘗侍其旁，聞其談論，能默識之，其嗜古若性然。棄舉子業，好博覽載籍，常居硯北，書體近趙吴興。賞鑑所購，益富於舊，晨夕展玩。曰：『人日擾擾俗塵中，聊藉此以淘洗之耳。』尤好蓄名硯，嘗得趙寒山半硯，思構半硯齋以爲吟嘯地。花月之夕，時偕詩人墨士杯酒爲歡，其風流好事如此。然外侮頗多，假託山水游，囊其古書畫器，如米家船故事，至洛中，未半載而卒於羈旅，所携半散失。」

昌熾案　顧蒓思無邪室遺集先考桐井府君行述：「府君諱應昌，原名馩，字殿舍，號桐井，又號五癡，元和人。」欣夫案：馩即應昌，葉先生未見此文，故致疑也。

昌熾案　欣夫案：碧鳳坊之居爲明季顧鵬自應天遷來，其後子孫蕃衍，因分居於華陽橋、任蔣橋、騎龍巷、混堂巷、善耕橋各處。

昌熾案　藝風堂藏書記東國史略：「善耕堂顧氏鈔本，每葉欄外小耳『善耕顧氏文房』六字，末有『顧肇聲讀書記』一印。」欣夫案：善耕，橋名，今稱雪鷺寺東橋，繆氏誤。　欣夫案：皕宋志顧千里校刊謬正俗有雍正甲辰顧楗跋。彭啓豐有顧肇聲傳。　欣夫案：張雲章顧文學方水先生傳：「濡父端，長洲縣諸生。濡四子，楗其季也。」沈廷芳貞吉顧公神道碑云：「公諱端，字藝光，別字貞吉。

（略）子二人：濡，吴縣學生。（略）乾隆二十三年秋，中書君槤介余弟都致書幣，並録馮先生文，乞余撰碑，立石於神道。」沈彤顧方水墓碑云：「槤，國子監生，頗好古，近與余善。」

昌熾案　盛王贊君寧顧君墓志銘：「君諱國本，字子輝，號君寧。其高祖諱鵬，自應天徙長洲之碧鳳坊。（略）家多蓄古書法帖，性耽山水，嘗築小園於舍旁，顏曰澹園，有凝碧亭、春華館、聽濤、鶴汀諸勝。甃瓦爿爲徑，繞植名花卉。時與范長倩、陳仲醇、鄭士敬輩詩酒往來無間。余嘗謂曰：『仁者樂山，智者樂水，君殆兼之矣。』子五：長端，次竑。孫二：次濡。」

卷五

豐沛從龍諸子弟　六〇九

李文藻琉璃廠書肆記　欣夫案：潘祖蔭批注竹汀日記鈔謂昌齡爲曹楝亭之壻。

丹鳳梧桐别舊棲　六一二

楊蟠文瑞樓書目序　顧陳垿抱桐軒文集卷八故工部都水司主事金君墓志銘（代張廷玉）略云：「君諱�樟，字匡秀，别號南廬。占籍休寧，王父秉公游浙東，愛桐鄉風土，又寄籍焉。考學汾生四子，君孟也。庚辰成進士，己丑移居太倉。子男三，弘勳，四川巴縣令。」欣夫案：樟當爲檀之兄，其自休寧遷桐鄉，更遷太倉，所載甚明。弘勳，爲四川巴縣令，又與符曾詩合。

皕宋樓藏書志　欣夫案：涵芬樓燼餘書録宋賓王跋草堂雅集，云在蘇郡盍簪坊金星軺藏書之室得見玉山草堂雅集。

昌熾案　欣夫見有「金星軺藏書記」朱文方印、「家在黄山白岡之間」白文方印、「文瑞樓主人」朱文方印。欣夫案：星軺姪元功，名弘勳，亦好藏書。傳世古籍，往往有金元功藏書印者必佳。星軺於康熙己亥刻巽隱程先生全集，首題「後學金壇星軺編輯，姪弘勳元功校」，書口有「燕翼堂」三字。菊裳先生未攷得，誤附列陸時化後，當更正移此。今所見元功藏書印無作「弘勳」者，必因

避清高宗弘曆諱而改以字行。嘉興府志金元功有傳，録於後四十四頁（「金元功」條下）。欣夫曾見錢塘符曾春鳧小稿未刻手稿一册，爲雍正六、七年所作，有送金元功之蜀七律二首。

昌熾案　欣夫案：李福花嶼讀書堂詩鈔追輓詩：「金心山可堔，吴縣諸生，善飲，晚工繪事。」蔣寶齡墨林今話卷六：「金心山可堔，字甸華，嘉興籍，吴縣諸生。其尊人星軺先生喜刊書，有文瑞樓諸刻。」欣夫案：雲谿友議堔手跋稱「家祖星軺公」，故蕘圃知爲星軺孫也。

習池名士舊青衫　六一四

碧谿詩話　欣夫案：乾隆杭州府志：「吴允嘉字志上，又字石倉，錢唐人。生平愛藏書，丹鉛點勘，晨書暝寫，凡山經地志，墓碣家乘，下逮百家小説叢殘之書，蒐討不遺餘力。晚年嗜好尤篤，有四古堂文鈔、石甑山房詩集、石倉存稿、石倉戕奏、武林文獻志，藏於其家。」汪璐藏書題識朱文藻揮麈前録四種跋：「右書四種，合爲一書，裝六册，皆鈔本，吴石倉手校，有印。觀其筆記，雖省墓必携之舟中，前輩讀書之勤於此可見。」又吴石倉西吴里語跋：「丙午花朝日，石倉老人校閲於清溪縣官署，時年七十。」藝風藏書續記舊抄蹈海録跋：「丁未三月上巳後三日，書於得聽居之玉蘭花下。石倉老人。」

厲鶚題吴志上小象　欣夫案：石倉小像，余年二十時曾於吴市某骨董肆見之，同時人題者數十家。

久懸求售，紙已微黦。又於冷攤得石倉手鈔鐵牛翁詩數種，尋亦失去。

拜經樓藏書記　石倉藏印曰「寒山一片石」朱文長方印、「延陵季子」白文方印、「寄雲樓」朱文長印。

燕市歸來得楚弓　六一六

杭郡詩輯　杭州府志文苑：「吴焯九歲能詩，毛奇齡執手稱畏友。康熙四十四年南巡獻賦，召試。五十六年奏進所著書。所居瓶花齋聚書萬卷，蒔花種竹，足不越户外而車轍常滿。流連文酒，自抒所學，撰述十餘種。晚號繡谷老人，雍正十一年卒。」汪璐藏書題識吴焯武林舊事跋：「大凡舊籍不經校讎，終非善本，且傳鈔尤多魯魚帝虎之憾。萬卷豈易盡閲，惟日不足，苦心者自知之。」繡谷藏印曰「吴焯之印」白文方印、「尺鳧」朱文方印、「流傳勿污損」小長方印。

杭郡詩輯　汪沆槐塘文稿卷三云：「城字敦復，號甌亭，六世祖占籍錢塘。考尺鳧翁喜聚書，凡宋雕元槧與舊家秘册，若飢渴之於飲食，求必獲而後已。君克承先志，殫心羣籍，插架所未備者，復爲搜求，暇即校勘訛脱，並成善本。君嘗客遊京師，於報國寺上見有宋版許丁卯集，先公之題跋私印宛在，不覺狂喜，出豐價購之，一時輦下名流咸歌詠以紀其事。家有繡谷亭，亭前朱藤一本，爲尺鳧翁手自携植，出所藏古名甆酒器一百八件以觴客。又作禪龕一座，設於讀書之瓶花齋，杜門却軌，

每下幔趺坐龕中。念吾杭郡爲雅材淵藪，昭代以來，有專集者寥寥，爰鋭意搜羅，得二千三百餘家。病中屬季弟玉墀稍爲釐正，繕成副本，藏諸篋笥。没年七十有一。」汪璐藏書題識朱文藻清波别志跋：「此書鈔本。吴焯字尺鳧。子名城，號甌亭，余見時年已七十矣。其蓄書處曰瓶花齋，距振綺堂數百武而近，兩家主人常以文酒娱佳日，借書之伻，往來無虚日。」汪沆槐塘詩稿：「吴繡谷先生有宋雕許丁卯集，逸去多年。先生既殁，哲嗣甌亭游京師，得於書肆，以豐價購歸，至爲裝潢，邀余賦詩以紀其事：『古人重手澤，寶之逾珠嬪。物薄意則厚，不忍忘其親。余友瑚璉質，守先多謹循。遺書富鄴架，校勘秃老豼。惟此郢州集，羽化綿冬春。中念乃翁跋，積思含酸辛。朅來長安市，滾滾多沙塵。王充慣閲市，何以慰鮮民。思專鬼神通，趙璧竟返秦。詎同塞上馬，肯惜捐千緡。古香溢妙錦，載歸光重新。東南多望族，書庫什襲珍。易世供覆瓿，徒令旁觀嗔。一編尚爾爾，遑暇堂構論。聚散亦無定，負荷匪異人。凡百有父書，式是書諸紳。』」又挽吴甌亭：「萬卷遺書富鄴架，宋槧元雕見者訝。丁卯舊集重購歸，先公手澤難論價。」又送小谷入都赴四庫館：「校勘趨朝鼓，傳鈔倚夕曛，夫君富緗帙，奕世代耕耘。」光緒杭州府志藝文七：「配松齋詩集四卷，國朝錢塘吴城敦復撰，一作甌亭小稿。焯子。」

詞科掌録　杭州府志文苑：「趙昱與弟信同舉鴻博，同報罷歸，讀書自娱。築春草園，饒池館之勝。聚異書數萬卷，藏書之所名小山堂。」全祖望廖氏世綵堂韓文跋：「仁和趙徵士谷林之子小林，得宋槧韓吏部集於曲阜孔氏，乃廖瑩中世綵堂本也。瑩中所刊之書，其工料莫精於九經，而草窗評之以爲不如韓柳二集之善。今觀小林所得良佳。（略）在昔湖上養樂園爲賈氏第左之别墅，其傍香月鄰即瑩中所築也。是集之播遷流轉而仍歸趙氏，足爲湖上故物，縹緗其有幸焉。顧安得九經連軸並柳先生集亦惠然而至成合璧耶？小林其更博求之。」曝書雜記咸淳臨安志：「頃從秀水章益齋廣文全案頭見舊抄本，乃趙東潛借蟫花居士繡谷亭藏校本過録者。卷前有『東潛小山堂趙氏藏本』朱文印，版心有『雨香草堂』四字。」沈廷芳隱拙齋詩集懷人絶句趙功千意林云：「便便腹笥愛玉孫，喜見鷗波舊德新。各有奇書藏别業，叢殘原比百城尊。」杭世駿道古堂文集寶慶四明志跋：「鄞縣全君紹衣爲余言，其家尚有此書，余固而不敢信也。雍正壬子孟夏，紹衣入都，道武林，竟以是書來，乃宋末雕本，與吴丞相續志合刊者。余驚喜出望外，亟走書屬友人趙谷林爲紹衣謀脂轄之費，而以書納之小山書庫。酌酒相賀，紹衣爲長句五百言紀其事。」又咸淳臨安志跋：「穄翁以宋槧十七册求售，亟從臾誠夫以三十金易之。」丁敬硯林詩集有雪中集南華堂趙谷林兄弟出觀蜀廣政石經毛詩殘本宋廖瑩中世綵堂刻韓集作詩。

全祖望小山堂藏書記　朱文藻宋史記跋：「卷中間有朱書一清案語，一清者，小山堂主人趙谷林先生之子，字誠夫也。又有丁敬身墨筆標籤。蓋小山主人聚書，父子賓客環坐，校勘之勤，於此可見。」欣夫案：誠夫自署勿藥子。汪璐藏書題識龍飛紀略跋：「雍正九年冬至前二日，勿藥子記。」又鈔本雜志、刊本暌車志跋亦均題「勿藥記」。杭州府志藝文：「小山堂藏書目二卷，趙一清撰。」光緒杭州府志藝文七：「東潛文稿二卷、趙勿藥詩集二十卷，國朝仁和趙一清撰。」

竹西觴詠街南屋　六二六

杭世駿馬君墓志銘　揚州府志：「馬曰琯字秋玉。（略）與弟曰璐互相師友，闢小玲瓏山館，偕諸名士結詩社。（略）曰璐乾隆初舉博學鴻詞，不就。家多藏書，積十餘萬卷，築叢書樓貯之。三十七年，徵藏書家秘本，乃編次七百七十六部恭進，蒙御賜古今圖書集成一部，藝林以爲榮。」欣夫案：文禄堂訪書記乾隆丙寅姚世鈺跋校本公羊注疏云：「馬氏叢書樓有何義門先生手校此經，余因携本借勘，凡句讀悉仍其舊。佩兮四兄又出家藏宋鄂州州学官書，俾余覆校，並記其異同於邊欄之上。」

全祖望叢書樓記　阮元廣陵詩事：「馬秋玉徵君、半查昆弟並嗜古能詩，家藏書籍極富，貯叢書樓。裝訂精好，書腦皆用名手宋字。數人寫之，終年不能輟筆。」又淮海英靈集：「秋玉生平勤學好客，

酷愛典籍，有未見書，必重價購之。世人願見之書，如經義攷之類，不惜千百金付梓，以故叢書樓所藏書畫碑版甲於江北。」

姚世鈺叢書樓銘　姚世鈺孱守齋遺稿叢書樓銘：「廣陵二馬君秋玉、佩兮築別墅街南，有叢書樓焉。樓若干楹，書若干萬卷，其著録之富，丹鉛點勘之勤，視唐宋藏書家，如鄴侯李氏、宣獻宋氏、廬山李氏、石林葉氏，未知孰爲後先。若近代所稱天一閣、曠園、絳雲樓、千頃齋以暨倦圃、傳是樓、曝書亭，正恐無所不及也。而二君奉母閒居，兄弟自相師友，定省餘暇，間出而與四方博雅君子稽經諏律，專文字之契好，意懇言下，缺然若懼，恐類於誇多鬥靡者之所爲，而以不克體夫書之所以云之意爲己病。」欣夫案：葉先生不載序文，今爲補録之。

何琪小玲瓏山館觀汪雪礓所藏宋刻江湖小集詩　佩兮藏印曰「南齋」朱文小長方印、「半查」白文方印、「臣璐私印」朱文小方印、「南齋秘笈」朱文小方印。

千年樹根化爲蟾　六二九

杭郡詩輯　丁申武林藏書録卷下：「錢唐王鈞字馭陶，耄年歸里，闢養素園以娱老，樹石池館之勝甲於里中。子德溥字容大，號澹和，事親至孝，喜聚書，築寶日軒爲藏弆之所，秘册古槧，充牣其中。嘗輯北郭詩鈔，未成而卒。按丁龍泓先生馭陶先生七十壽序云：『養素園者，王秀才容大

奉其尊人馭陶先生養老之所也。容大天資純懿，性尤勤敏於學，綺妙之年，即已聲噪藝林，爲儕偶所推。乃益聚四庫書，構寶日軒藏之，鍵户披誦，嚴督課其諸子，暇則手自編纂舊聞，勤勤不已。』又汪劍秋先生題小米松聲池館勘書圖詩有『武林藏書家，吴趙王與汪』之句，注云：『吴氏瓶花齋、趙氏小山堂、王氏養素園及君家振綺堂，皆著名者。』」丁敬硯林印款武林王容大藏書刻章云：「刻章出於法書要録鄴侯所用家藏印，硯林叟記。」光緒杭州府志藝文七：「静便齋集十卷，國朝諸生仁和王曾祥麟徵撰。」

學究青雲别有梯　六三一

蒲褐山房詩話　吴騫愚谷文存重校千頃堂書目跋：「俞邰既殁，遺書散佚，此稿又未經授梓，是以流傳絶少。余屬鮑君以文物色之數年，始從苕估購得審視。」陳鱣簡莊隨筆云：「堇浦先生輯歷代藝文志，用數十年之功，搜羅記注，誠鉅觀也。稿存於家，其子以半部質於維揚馬氏小玲瓏山館，半部質於武陵孫氏壽松堂。今馬氏藏書俱散，不知歸誰何云。則堇浦先生道古堂藏本也，有其手跋。它日面質之，先生亦不自知其所以然。蓋堇浦晚歲雙足恒不良於行，侍史往往竊架上書以賣。不意此本展轉流傳，仍爲我輩所得，信昔人所謂有翰墨緣者也。」

道古堂集欣託齋藏書記　欣夫案：丁申武林藏書録卷下：「一之諱日桂，字一枝，號一之。仁和貢生，

爲首禾先生之弟。首禾諱日章，由中書入直樞垣，歷官江蘇巡撫，聲施洋溢。家居義井巷，有春草堂，頗具園林之勝，老宿如丁龍泓、吴西林、周亦耕多與盤桓。兄弟十人，登科者五。日贊、日永、日孜、日茨，俱見杭郡詩輯。一之相與切磋，覃研經史，足以抗衡，文采風流，照耀一時。」莫友芝郘亭知見傳本書目卷五：「十六國春秋一百卷，乾隆辛丑仁和汪日桂重刊本。」丁敬硯林集拾遺跋周密雲煙過眼録云：「右雲煙過眼録二卷，爲周公謹屬筆。初本所記多周詳源流，足資稽古者考訂，與他刻本不同。借鈔於吾友汪承齋通守，真秘册也。」又硯林印款承齋藏書云：「吾友承齋先生恬淡嗜古，尤篤於書，增益先世之藏，必求善本，手自校勘，不貸苗髮。史稱陸天隨藏書雖不多，皆正定可傳，承齋不愧斯語已。余以懶拙，謬爲承齋推重，每借不吝，不煩下春明賃宅之直。余實德之，手製此印奉之，聊代束脩羊之禮云爾。友弟丁敬記。」又附丁傳新鈔武林金石録跋云：「家大人著武林金石録一册，共一百四十紙。老友吴君槎客得之梧桐鄉，從海昌買棹而來，慎重見示，乃汪澄齋家藏本也。往歲傳自粤東同澄齋度梅嶺，方舟歸浙，澄齋語傳曰：『亡兒性耽金石，嘗借得尊甫先生所著武林金石録，鈔有副本，當檢以歸子。』及澄齋還家，藏本已失云云。」

拜經樓藏書題跋記　欣夫案：雍乾間杭汪氏藏書名者二家，曰欣託山房，曰振綺堂。承齋與丁龍泓交，其名待考。不知二汪氏誰屬？丁申武林藏書録亦不載，姑附於此。

查浦查田有典型　六三四

全祖望送沈萩林之蔚州　隱拙齋詩集隱拙齋八詠之一云宋刊黄山谷集：「江西詩派黄雙井，詩並眉山長帽翁。愛此麻沙村裏本，眼光頻散墨花風。」又硯林精舍二十詠聯句之一宋刊郭茂倩樂府詩集：「入眼絶魯魚，特珍宋雕本。廣擷風謡遺，上溯伊耆遠。熏之玉蕤香，籤列尊藝苑。」之二元雕韻式：「家令譜四聲，後代踵事多。元音追總明，細畫精么麼。小小便懷袖，一字喜勿訛。」

楹書隅録　欣夫案：文禄堂訪書記明抄水經注沈廷芳跋云：「乾隆戊寅夏初，余甫自東粤歸，將赴修門，道出海昌之石漾，登先外祖宫詹查公澹遠堂，獲之書估。」下鈐「盥蒙居士印」。

敝裘典盡典遺書　六三六

鮚埼亭集雙韭山房藏書記　鄞縣通志人物編：「盧鎬執贄全祖望門下。祖望每歲客游，假大江南北藏書家鈔本，捆載至數百册而返，鎬與諸同學遞閲之。」

太卜三夢先致觭　六三九

兩浙輶軒録　范來庚南潯鎮志：「董熜字謂瑄，一字訥夫，號南江，邑庠生。少即精究於六經子史百家言，靡不綜貫。嘗從儀封張清恪公，得其指授。又與何義門、徐壇長、王雲衢、方文輈、儲六雅諸前輩相切劘，於是文益撥華就實，歸於大醇。詩自漢魏以下，親定其甲乙，丹黄無虚日。

尤得力於韓、杜，著作甚富，藝林重之。雍正甲寅、乙卯間，郡邑兩薦博學鴻詞，不就。晚年名益高，而接引後學，先器識而後文藝。嘗爲松陵書院山長，有經師人師之目。年六十八卒，學者私謚曰瑞文先生云。」又：「子豐垣，字曁之，號菊町，乾隆辛未進士，河南扶溝縣知縣。」滂喜齋藏書記明刻巾箱本五經有「南潯董氏家藏」「子孫寶之」諸朱記。欣夫案：是書爲怡府藏書，則董氏當爲謂瑄無疑。

祕囊已作君山贈　六四一

蘇州府志　沈廷芳隱拙齋詩集懷人絶句王載揚云：「向禽已畢名山願，桑柘陰陰十畝間。鶯脰湖莊詩數卷，花紅玉白滿人寰。」

遜志堂雜鈔　張士元楊列歐傳：「君姓楊氏，名復吉，字列歐，號慧樓，乾隆壬辰中會試，以知縣銓選。居家博覽子史，專意著述，至選期，引疾不謁選。（略）終身樓居，著書甚多，有文集二十二卷，又有遼史拾遺補、昭代叢書新編、虞初餘志等書。」

昌熾案　吴翌鳳跋山居新話：「東園友聞云：『乾隆丙午五月，買得此本，閲月，借松陵楊慧樓進士藏本校對，補録前後序文並卷尾脱葉，可稱完本矣。慧樓淡於功名，抄撮元人説部甚多。又集前賢翰墨爲昭代叢書續編，振奇好古，近日鮮有其人矣。并書於此，亦樂吾道之不孤云。』」東湖

叢記：「震澤楊慧樓進士復吉編輯元文選，搜羅最富，惜未能刊行。」欣夫案：慧樓自序云：「凡爲卷三十，爲篇一千有奇。其本諸文類者僅百二十首，餘則皆從捃摭而得之。銖積寸累，頗極苦心。」

鴛鴦不惜度金鍼　六四二

稽瑞樓書目　欣夫案：春秋經傳類求十二卷，乾隆己卯閩漳王南珍序云：「石芝孫先生長於經濟，世之鉅公多重之，參制撫軍書數十年，而諸子百家以逮句漏、涪水之書無不旁通博覽。顧知先生之淹該者，或不知其長於時務，而資其贊畫者，又不知其沈潛於經學。吁！其能盡先生之用乎？」汪璐藏書題識鈔本雜志跋、刊本研北雜志跋均題「新安慶增識」。趙一清跋謂「新安孫慶增氏」。欣夫案：新安當是慶增原籍。

黄丕烈藏書紀要跋　常昭合志：「孫從添，諸生。善醫，用藥出人意表，婦稚呼爲孫怪。居郡城，大吏皆器重之。有書癖，家雖貧而所藏逾萬卷，其讀書室曰上善堂。」唐大烈吴醫彙講：「孫慶增名從添，號石芝，常熟人，遷居郡城葑溪。年七十六歲，殁於乾隆丁亥，所遺石芝醫話。」藏印有「孫從添」白文、「慶增」朱文二印。

海東耆獻隱廛市　六四三

顧鎮魚虞巖墓表　吴卓信澹成居文鈔傳：「虞巖嗜書，尤好金石文字，窮巖絶壁，手自摹搨，證

以志傳。秦漢銅器，宋元名跡，立辨真贋。熟於里中掌故，邑志闕佚及違異者，搜討古籍及名賢碑板，訂誤拾遺，邑人推舊獻焉。」

鐵琴銅劍樓書目　陳祖范明開封守魚侃墓表，爲裔孫元傅作。欣夫藏元傅手抄讀畫録，爲乾隆三十一年跋，署「書於來鷗軒」。藏印有「閑止樓」朱文長印，「每愛奇書手自鈔」一朱文、一白文，「魚虞巖閑止樓珍藏書畫印」白文，「東川」朱文長印。

元蟬噪窗日卓午　六四五

顧士榮文寧　王應奎柳南文鈔顧甘樵傳：「君諱士榮，字文寧，所居當市要街，老屋三間，喧囂聒耳，而君顧視爲念一之所，意殊安之。日以賣藥自給，米薪既具，則閉肆讀書，終日吟諷不輟，書聲與市聲時相錯雜也。」柳南隨筆：「吾友顧子文寧，貧士也，而其世父雪坡翁遺詩有海粟集數卷，不惜典鬻琴書以給剞氏，俾開以行世。又其友馬旦、程椿相繼云亡，文寧收拾其遺詩，囑予選定，亦次第鍥板。此種風義，當於古人中求之。文寧名士榮，家邑東之梅李，爲人端正純雅，能詩善書，雖居市廛，如在巖壑，蓋有隱君子風云。」又：「趙松雪書飽滿圓潤，所見石刻皆然。而吾友顧文寧所藏松雪黄庭墨跡，蓋臨右軍本也，用筆頗以側取致，以瘦標骨，以澀見古，與石刻迥然不同。邑中書家如馮竇伯武、孫子逸祖詒俱極賞之，定爲松雪真本。竇伯居瀕海，每入城，道經梅李，

輒向文寧索觀，把玩不忍釋手云。」

杭州壽松堂孫氏　六四六

莫氏宋元舊本書經眼録　欣夫案：余得就堂上人手鈔唐詩英華，首有胡駿聲摹蔣懷堂小像，江湜題云：「澹庵手鈔唐詩英華全帙，爲鄉先生懷堂蔣先生所藏。先生博學嗜古，所居鏡古齋，藏書多宋槧本。與黄蕘圃、錢竹汀、王愓甫三先生遊，更得討論校讎之助。此册係所珍玩，故甫里陳氏紺雪齋中未曾刻入。今其曾孫培澤以先生尤愛是書，倩胡君芑香特摹先生小影於卷端，以志先澤，屬爲題之。丙寅二月望日，江湜謹記。」

握手城東問紀羣　六四八

杭郡詩輯　汪氏藏本有楷書木記云：「聚書藏書，良匪易事，善觀書者，澄神端慮，净几焚香。勿捲腦，勿折角，勿以爪侵字，勿以唾揭幅，勿把穢手，勿展食案，勿以作枕，勿以夾刺。隨損隨修，隨開隨掩。後有得吾書者，並奉贈此法。」見莫伯驥五十萬卷樓羣書跋文寫本棠陰比事跋。

杭郡詩輯　杭州府志藝文：「振綺堂書目五卷，刑部主事錢塘汪諴十郵撰。諴祖憲，有書録十卷。父璐，有題識五卷。子邁孫，有簡明目二卷。此五卷最爲詳括。」

陳奂師友淵源記　陳奂國語校注三種序：「小米喜讀漢書地理志，又留心於春秋、國語及陸氏經

典釋文，聞京都藏書之家有舊鈔本，出重財購得之，欲作釋文注若干卷。」

胡敬內閣中書汪小米傳　杭郡詩三輯嚴杰題小米重得舊藏呂東萊春秋大事記後：「聚書甲我杭，牙籤靚盈屋。尤多宋元鐫，雌黄勤勘覆。誤字每思摘，精深遠過僕。不遭俗士污，是乃書之福。出示大事記，疇昔儲家塾。佚而今復得，仰思等喬木。腦角慮卷折，展誦反瑟縮。百宋一廛賦，亦足補其目。」

集注標題五百家　六五一

蒲褐山房詩話　欣夫案：詩話，鷺庭校刊。又有盛庸三儀禮集編、畢秋帆續資治通鑑，刻未及半，重校刻成之。葉氏所引未全。

月蝕盧仝認舊題　六五七

錢大昕盧氏群書拾補序　陳康祺郎潛紀聞三筆卷一：「盧抱經先生性嗜古籍，官俸脩脯，悉以購書，讎校刊行，不假人助。先生没，無以爲家。其執友有爲謀以抱經堂數萬卷歸有力，有力傾助其家，待先生子孫如約取歸，如南陽井公與晁昭德故事。先生子慶鍾、慶録曰：『是先人手澤存焉，雖貧，安忍一日離也。』」

金甡題盧紹弓編修檢書圖　王鳴盛題盧侍讀紹弓檢書圖：「平生文字緣，夙世結習染。失脚軟土中，

駛景去忽閃。偷閒擁殘編，自笑生活淡。盧君我同志，百氏肆披檢。衣袖有油素，藩溷必鉛槧。六扇紙窗風，二尺短檠焰。食蓼逾覺甘，渾忘羹不糝。怪君架利途，嗜退憚趨險。於此顧獨貪，兀兀意未嗛。去年簡内直，晨入五更紞。歸來捲書帷，依然板扉掩。紛紛紺軸排，一一雌黄點。馬史十年來，紕漏尚可攬。桐川兼秘省，宋刻互增減。爬梳一何精，毫髮庶無憾。君撰史記攷證。我聞集賢館，東廊資校覽。體中彼何如，上車毋乃玷。如君職業勤，直匹歆與儉。一鴟許來借，子袪我能摻。燒燭復引杯，扁舟忽興感。」紹弓藏書曰「盧文弨」朱文、「檠齋」白文小聯珠印、「武陵盧氏手校」朱文小長方印、「抱經堂寫校本」朱文小長方印、「鍾山書院」長白文方印、「抱經堂藏書」白文方印。

盧青厓　隆案：青厓名址，鄞縣人，諸生。其藏書多歸吴興劉氏嘉業堂。欣夫案：頃得姚椿樗寮日記手稿，道光元年辛巳十二月十七日記云：「支山遺人來，邀登盧氏抱經樓，其族人在者五六人，諸規制皆仿天一閣。其先人青厓名址，中年失明，有和陶詩一册，得謝山遺書，益恢廣之。所藏凡四十七廚，先觀書目，因覽魏鶴山儀禮要義、沈炳震新舊唐書合鈔、李映碧南渡録、温睿臨南疆逸史，周元公、謝疊山二集，全謝山四明文獻一百四十卷，三十二册，手評王荆公詩箋注。」餘書尚多，不及細録。一九五七年一月十七日識。袁鈞瞻衮堂集代盧登書顯考青崖府君行述云：「吾父諱址，

字丹陛，一字青崖。幼而奇嶷，年十九，受知於學使者長洲彭公，充鄞縣學弟子員。乾隆十六年，郡中大饑，輸粟助賑。大吏以聞，得旨以貢生議敘，連試布政司不利，以例授中書科中書，猶焚膏繼晷，攻苦不輟。」又云：「生平喜聚書，遇有善本，不惜重賈以購。朋舊中有異書，必宛轉借抄。晨夕讎校，往往至廢寢食。搜羅三十餘年，所得書凡數萬卷，將爲樓以貯，取昌黎贈玉川子詩語，名之曰抱經，詹事錢公大昕爲文記之。」鄞縣志云：「盧址字青崖，諸生。博覽嗜古，又喜聚書，建抱經樓，藏書數萬卷，幾出天一閣上。羡天一閣之有圖書集成也，竟至北京購得圖書集成底稿以歸，以爲抗衡范氏之資。當時一爲底稿，一爲賜書，競美一時，甬人引爲藝林佳話。」

錢大昕抱經樓記　鄞黄家鼎抱經樓藏書顛末攷：「距月湖二里許爲君子營，有盧姓聚族而居。市廛稍遠，一樓魁然，時有雲氣輪囷覆護其上，詢之即盧青厓先生藏書處也。先生名址，字青厓，雍正間諸生。博雅嗜古，性好聚書，其先世所藏，已積數千卷。先生懸重價求善本，以故葉氏菉竹堂、豐氏萬卷樓、毛氏汲古閣、祁氏淡生堂、汪氏古香樓、金氏文瑞樓諸舊藏，如水歸壑。聞親知有異書，輾轉索借，鈔而後已。嘗以未得內府圖書集成爲憾，乃破產遣羣從入都市購求。書到，衣冠迎於門，其結癖之深如此。歷三十年，得書之富，與范氏天一閣埒。乃於居旁隙地構樓，修廣間架，悉仿范氏，惟廚稍高，若取最上層，須駕短梯。四面有圃，圃外環以垣牆，略植花木以障風日。用韓昌黎贈玉

川子詩語，名其樓曰抱經。嘉定錢竹汀、象山倪九山各有記。（略）九山曰：『樓曰抱經，推其意，則以經之外，史而子，子而集，雖無不有，而惟經足盡之也。烏乎，知所貴矣！顧嘗論有力者之於書也，不難於聚而難於讀，不難於讀而難於善讀，凡書皆然，而況經乎？自漢唐宋元明來諸儒之注疏集解，莫不斤斤焉守一家，傳授出人之意見，求合於聖人之旨。夫聖人之旨豈有他哉？在乎示以所當然而行其道耳！是故善讀者不鉤深以立異，不支蔓以求奇，循循擇其所當守，以之立身，以之及世，而其行於以明，其道亦以行，而後於諸儒之討論引而申之者爲不負。雖然，難言之矣，經豈不日聚於學者之庋閣哉！余游甬上，居斯樓近十年，既愧未能畢讀斯業，而又時時好及他子史集，譬如投孩提以金錢餅餌，觀所擇，則取餅餌而去，不知金之貴於餅餌也，亦可笑已！然知之不能自克也，則是經之道未易究，而取向之路固岐耶。青厓索余記，必有以教之矣。』嗣後學使朱秀伯、觀察李石泉、邑侯程朗岑、郡人童蕚君先生俱登樓留墨。杭州文瀾閣亦嘗以遺佚鄞鈔，於是數兩浙藏書家者，范氏之外知尚有盧氏，浙西抱經堂而外，莫不知有浙東抱經樓也。其保守之法，亦祖述天一閣，平日封鎖，禁私開，禁煙火，禁出借。每歲伏日檢曝，非雲礽畢集不上樓。其所以無中墮，無偏廢，良有以也。逮髮逆竄擾，郡城淪陷，以樓在東南隅，幸免劫火。迺奸民乘機扇誘土匪，盡掠所有，航海遠販，爲常鎮通道同邑楊憩棠所見，縻二千六百金購之。事平，學使吴和甫侍郎聞其事，

屬陳魚門太守勸楊歸書於樓。楊慨然允，不受值，蓋太守與楊有連耳。書由南村而歸北村，一時傳爲佳話。惜捆載交還經書賈手，其中精本被抽匿不少，然完好者尚十之八九，不得謂非大幸也。今盧氏後人歲於曝書日祀楊於樓以報。書目早有編次，仿鄭夾漈例，衹載撰人、時代、名氏，不著解題。有必須申説者，尚能撮要舉綱，簡而不陋。例言十二則，亦頗條暢其言。倘有阮文達、陳巡道其人校勘而序刻之，當與天一閣目並傳遐邇。先生又嘗窮搜鄉邦文獻，都爲一書，得百四十卷，題曰四明文獻集，至今籤帙整齊，余曾讀竟數過，安得好事者並書目而付剞劂氏，固盧氏裔孫所望，而亦邦人之責焉爾。」陳康祺郎潛紀聞二筆卷八：「抱經樓書，粵匪亂後爲商人楊某所得。先叔父魚門太守勸還故主，今已自南村歸北村矣。盧氏後人歲於曬書日祀楊，以酬楚弓趙璧之惠，可云古道。」青厓藏印曰「四明盧氏抱經樓藏書記」白文大方印。

頩面何憂脂藥錢　　六六〇

宋元以來畫人姓氏録　　欣夫案：寶山李保泰撰傳云：「春農先生字星巖，號冬民。乾隆十七年舉於鄉，後成進士，授内閣中書舍人，選入軍機處行走。先世多藏書，先生增購益富。余嘗從先生乞假丹黄歷録，卷帙峻整。晚年猶矻矻不止，聞人家有秘本，必借録之而後已。讀書不事浮華，力探根柢。今四庫館開，江浙藏書諸大家各爲録目上之，館閣諸公推揚州所進爲第一，皆先生所别擇手定者也。

輯丹徒縣志，未及成書。今存文集若干卷，詩集有索居、南歸叢稿各二卷。」以上見莫伯驥五十萬卷樓羣書跋文元刊詩人玉屑跋引，藏書印曰「丹徒蔣氏一號冬民」朱文。

韓非口吃著説林　六六一

文達閲微草堂筆記　欣夫案：文禄堂訪書記紀昀手評蘇詩有「瀛海紀氏閲微草堂藏印」。滂喜齋藏書記順治十八年搢紳册又有「紀氏樹馨」「香林鑒定」二印，則昀之子也。

墨蹟何如薛尚功　六六三

漢學師承記　春融堂集跋陸師道隸書周易本義後：「姑蘇名賢小記云：『子傳師事文待詔，刻意爲文章，工小楷及古隸，皆入能品。』閲是册信然。余家藏王雅宜離騷、何義門周易觀象、汪退谷趙閑閑滏水集，皆録全部，蓋前輩功力專精，自始迄終，無一懈筆，是以爲藝林秘實。後有文休承跋，前有錢叔寶印，其爲兩公欣賞可知。」法式善存素堂文集南宋書書後云：「明嘉善錢公士升撰南宋書六十八卷，王述菴侍郎家塾抄存之。王惕甫附識云：『述菴侍郎之歿，僕往弔其家，門牆蕭颯，有詩紀事。今其遺宅入官，藏帙恐不免散佚。惟王芥子文集，僕嘗抄取其副，其餘秘笈，殆難考索。即已刊之版本，恐亦不能保守。奈何！奈何！其鄉人無好事者，而僕又無力，浩歎而已。』」

錢大昕鶴溪子墓志銘　春融堂集王鳴盛傳：「鳴韶字鶴溪，少從兄鳴盛游。（略）爲新陽縣學生，

時鳴盛已官翰林，鳴韶獨晨昏侍父母，閉户研究，典衣購書，額其堂曰逸野。傍闢一室，懸蓑笠以見志，嘗自作蓑笠軒圖。（略）於逸野堂授徒講業以終。」

鄭馬鴻都起遐靜　六六四

朱珪先叔兄墓志銘　嘉慶丙寅彭元瑞刻權載之文集係據朱竹君藏舊抄本，首朱珪序云：「詢諸姪錫庚，問其所得之由，曰五柳居陶書賈告予父司，有不可得之書在某公處，公能以宋槧名本易之可得也。予父允之。陶果得其書，請假抄一部，以原書歸予父。然則海内不過二本耳，不敢輕以示人。」王昶蒲褐山房詩話：「竹君昆仲早登高第，並著才名，而君爲白眉。兼綜經史，精求古義，家積書數萬卷，金石碑版亦數千通。」

識得單行吴志本　六六六

周錫瓚仲漣　欣夫案：長元吴三邑科第譜「周曰漣漪堂，吴縣乾隆三十年乙酉科副貢。」錫瓚原名曰漣，琴清閣書目多鈐「曰漣」二字小印。段玉裁宋槧白孔六帖跋云：「乾隆甲辰，余於江寧承恩寺書肆廉其爲宋版也，以元絲二定得之，不甚重之也。乃以贈王蘭泉少司寇，亦不之重也。余偶以告周明經漪塘，漪塘曰：『噫！世所希有也。』索諸蘭泉而得之，遂爲漪塘物。余轉從漪塘借抄，存其副焉。」欣夫案：三邑科第譜、琴清閣書目均稱曰漣，而他處則稱仲漣，猶漪堂一作漪塘，即

一人也。三邑諸生譜：乾隆二十八年癸未，長洲有周贊。注：「乙酉。」案乙酉爲三十年，是香嚴入學時原名贊，鄉試改名曰漣，至錫瓚之名，又在其後。段玉裁經韻樓集周漪塘七十壽序云：「乾隆嘉慶以來，吴中之能聚書者，未有過於周子者也。自余於壬子居吴，借書以讀，所恃惟周子。周子以篤好聚物，自明季諸君以及何氏、朱氏之善本，每儲偫焉。牧翁曰，有聚書者之聚書，有讀書者之聚書。周子非僅以聚書鳴也，實能讀書。自京師歸後，廞門數十年，無一切他好，終日與古爲徒，讎校不倦。」又跋白氏六帖三十卷宋本云：「漪塘藏書最富，其於古版今刻源流變易，剖析娓娓可聽。」吴縣志藝文：「琴清閣詩稿，周曰漣撰。」隆案：香嚴有琴清閣書目，舊藏盛氏愚齋，今在約翰大學圖書館。又有潄六樓書目，今在瞿氏鐵琴銅劍樓，皆硃墨塗乙，猶是手稿。

士禮居藏書題跋記昌熾案　欣夫案：以段玉裁周漪塘七十壽序，嘉慶十六年二月廿一日爲其誕辰推之，則生於乾隆七年壬戌。壬申爲嘉慶十七年，時漪塘年七十一，故蕘圃謂今年已七十外也。卒於廿四年己卯，實年七十八歲，此云當逾八十，誤。

劉禧延研六齋筆記跋昌熾案　隆案：皕宋樓藏書志卷六十二舊鈔本唐逸史有嘉慶二十二年十一月既望，長洲周世敬謝庵氏跋，知謝庵名世敬。藝風藏書續記嵇叔夜聖賢高士傳三卷附虞槃佐高士傳：「傳鈔，周世敬輯本。不與皇甫謐所撰相雜，勝於黃省曾本。」

毛錢馮陸故家藏　六六九

士禮居藏書題跋記㠯熾案　惠棟松崖筆記：「孔穎達春秋正義三十六卷，淳化元年本，慶元六年重刊。前後各八行，每行十六字，卷末有馮嗣祖、趙彦穮校勘姓名。此書北平孫氏藏本，康熙末歸季滄葦，後又歸東海徐氏。朱君文游以八十金得之。文游名奂，篤行好學士也。」

吴門補乘　任兆麟余仲林墓志銘：「君諱蕭客，字仲林，一字古農，吴縣人。幼有奇禀，尤攻苦自勵，家甚寠貧，而書卷不啻千計。皆奔走數十里，或扁舟，或柴車，聞一異書，必假鈔寫或得觀乃已，故其家率多善本。定宇先生殁，世之欲傳惠氏學者，多從之游。」藝風藏書續記九僧詩余蕭客鈔本跋：「乙未冬初，假滋蘭堂鈔本録畢記之。古農余蕭客。」

所見所聞所藏弆　六七一

翁方綱李南澗墓表　王昶蒲褐山房詩話：「素伯嘗約其友人周編修書昌，取經史著述之未甚傳於世者，刻爲貸園叢書。而素伯殁，其後遂不能續，今所傳者止此十二種而已。」素伯藏印曰「李文藻印」白文方印、「素伯」朱文方印。

清梵雲中傍柘提　六七三

桂馥周先生傳　王培荀鄉園夢憶録二云：「先王父在都日，寓舍比鄰，家僕田升亦代周料理。所刻

書多寄余家，代爲消散。其家藏書最多，在館時蒙上垂問，家藏書籍刻有書目二部，遂以進呈。點出一千餘部進之，後即以御寶發還。堂官某求暫留借觀，未數日而其家籍没，遂入大内矣。出門每以五車自隨，在德州書院將歸，以書寄朋好處，逮反，而其書盡爲人竊去。在濟宣時，留書某家，爲水漂失。益都李南澗文藻窮經好古，肆力於漢唐注疏，嘗與林汲取經史著述之未傳世者，刻爲貸園叢書，未竟而卒。林汲一號書倉，以七品官奉旨國史列傳，異數也。」

平津館鑒藏書籍記　藝風藏書續記浮溪文粹：「舊鈔本，有『周印書昌』白文、『書昌一字書愚』朱文兩方印。」

紙渝墨敗編帙墜　六七四

王芑孫讀易樓記　法式善詠筠圃云：「南有天一閣，北有讀易樓。得一賢子孫，勝蓄千琳璆。閣尚巍然存，樓今爲墟丘。」又詩云：「買書容易到斜陽，讀易樓中萬卷涼。零落都門諸梵宇，鮮紅小印辨王黄。」自注云：「玉棟筠圃藏書多收自漁洋、崑圃二家，今零落矣。」見存素堂詩續集。

王芑孫惕甫未定稿卷十三山東信陽縣知縣玉君墓志銘：「余所識輦下藏書家，無過玉棟筠圃，嘗爲作讀易樓記者也。筠圃所藏書，於集部尤富。」又云：「君字子隆，玉棟其名，筠圃其自號也。本襄平民家姚氏，有貤贈光禄大夫、福州將軍良貴者，自太祖時編入内府，爲正白旗漢軍。」又云：

「性頗嗇財，獨奢於聚書，人亦以是靳之。嘗過廠市，酬一書如其常值，弗與；求益，因倍之，仍弗與；再倍之，又弗與。君怒，拂衣登車去。夜不獲寐，破曉，卒遣騎奴以三倍值馳取書歸，其篤好若此。」欣夫見劉氏藏明柯刻史記有「玉楝之印」白文方印、「讀易樓藏書記」朱文扁方印、「筠圃」朱文方印，又見「讀易樓秘笈印」朱文長印。

夢陶回憶禮陶時　六七六

顧自修宋刻陶詩跋　讀書敏求記校證錢杲之離騷集傳：「吴騫云：『壬寅秋日，過吴門訪宗人伊仲，適逢渌飲，因談次伊仲言有宋刻離騷集傳欲售，未幾遂歸渌飲。余欲借觀，渌飲疑余有欲得之心，僅出抄本見示。時方有周松靄大令秘奪張芑堂明經宋刻陶詩之事，實從余借之。余方深抱歉，遂不敢復請而退。』」

楹書隅録　欣夫案：靜嘉堂秘籍志卷十三影元抄本周易集傳有「周春」白文、「松靄」朱文方印、「松靄著書」朱文方印、「著書齋」白文長方印。

社散南屏寺裏鐘　六七九

杭郡詩輯　汪沆槐塘詩稿贈秀峯弟四十初度：「我年六十四，君今四十强。衰老我不懼，所懼學殖荒。羡君保先業，束髮事文章。力祛膏粱習，結交多老蒼。聚書十萬卷，四部紛琳琅。築樓高貯之，臨

風誦琅琅。」

士禮居藏書題跋記續録　漢銅印叢朱檸序云：「吾友汪君秀峯嗜古有奇癖，藏書百廚。」訒庵集古印存凡例題：「乾隆二十五年，太歲在上章執徐陽月，訒庵汪啓淑書於小粉場之開萬樓中。」杭州府志藝文：「開萬樓藏書目，錢塘汪庚撰。」

謁者陳農訪異書　六八一

四庫提要　蒲褐山房詩話：「仲育居婁縣干山，其先世與趙松雪諸名人交好，自元及明，藏書至萬卷。父忠倚工隸書。是時，詔求天下遺書，周氏經進者多，上賜以御纂佩文韻府，又以御製石刻賜之，又題其所進宋本漢書，皆異數也。辛丑，仲育從余遊，邀余過山中，因得拜而誦之。仲育取詩中『來雨』字以名其書樓，屬余爲記，當爲我松他日佳話云。」欣夫案：來雨樓記，查春融堂集不載。周中孚鄭堂讀書記：「來雨樓書目二卷，山舟堂自寫藏本，國朝周厚堉編。厚堉字仲育，婁縣人。是書乃其自編家藏書目，上卷爲經史子集四類，下卷爲總選、類纂二類，類纂又分理學、經濟、博雅、技術，間叢五子目。所分門目大都雜亂無章，而博雅一門内又大半不著卷數。考仲育於乾隆三十九年曾進呈書籍三百六十六種，蒙恩賞給内府初印佩文韻府一部，以示嘉獎。凡曾經進呈之書，具以『進呈』二字印於上闌云。」欣夫案：御題兩漢博聞，周氏世藏，近始散出。杜君詩庭曾見之，乃

嘉靖黃魯曾刻本，非宋板也。御題七律一首，取校周厚堉輯干山志抄本，詩多附注各條，疑據御製詩集。詩云：「遷創班承范繼哉，纂言功足補秦灰。博聞特舉兩書要，頗繆還兼百卷該。史記一百卅卷，舉成數也。撰者或訛楊侃及魯，黃魯曾。攷晁公武讀書志以兩漢博聞爲楊侃撰。其書采前後漢書中雋語爲標目，先載本文，而備列諸家注釋於下，不加議論，亦類書之體。明嘉靖間長洲黃魯曾購得其本，刻而傳之，今板久佚。原本因有黃魯曾序，該撫遂稱爲黃魯曾撰，誤也。注之卻讓馬司馬貞和裴。駰。史記裴駰集解、司馬貞索隱爲主，而張守節正義尤詳，今三注並行。其餘若徐廣、傅瓚諸家之説附見者不可縷數。而前漢書注惟載顏師古，後漢書注惟列章懷太子賢，其諸家注釋雖亦附列，不能如史記之三注並行也。因披遺籍知來雨，周厚堉家藏書處名來雨樓。是時盼雨澤甚殷，見樓名亦爲心動，故落句及之。正值望霖雨庶來。乾隆甲午仲夏上浣御筆。」有「乾隆御賜之寶」「翰林院印」「乾隆三十八年十二月，江蘇巡撫薩載送到周厚堉家藏兩漢博聞一部，計書六册」長方木鈐記、「雲間第八峯周氏藏書」諸印。據詩注，則周氏藏書處原名來雨樓，非取御詩中字爲名，王昶説誤。

羽陵姓字九重聞　六八三

阮文達知不足齋鮑君傳　趙懷玉知不足齋叢書序云：「鮑君以文識曠行高，自其先人即嗜文籍。君復勤搜遐訪，積數十年，家累萬卷。丹鉛校勘，日手一編，人從假借，未嘗逆意。既又以其異本刊爲叢書，曰：『物無聚而不散，吾將以散爲聚耳。金玉璣貝，世之所重，然地不愛寶，耗則復生。

至於書，則作者之精神性命託焉。著古昔之㫖㫖，傳千里之忞忞者甚偉也。書愈少則傳愈難，設不廣爲之所，古人幾微之緒，不將自我而絶乎？乞火莫若取燧，寄汲莫若鑿井，懼其書之不能久聚，莫若及吾身而善散之也。』鮑君於是乎遠矣！」

翁廣平鮑渌飲傳　錢塘魏之琇柳洲遺稿鮑以文移居桐谿四絶之一云：「年來有興狎樵漁，卜宅桐谿計未疏。家具滿船無長物，牛腰笥束半圖書。」讀書敏求記校證新雕校正大字白氏諷諫：「陳鱣云：『渌飲嘗從武林書肆檢得宋槧白氏諷諫一卷，置之案頭，尚未議值。後至他所檢閱，及還，已爲糊蠶箔者買之，急追之不可得矣。』」

朱文藻知不足齋叢書序　盧文弨徵刻古今名人著作疏：「吾友鮑君以文者，生而篤好書籍，於人世一切富貴利達之足以豔人者，舉無所槩於中，而惟文史是耽。所藏弆多善本，并有人間所未盡見者。進之秘省之外，復不私以爲枕秘，而欲公之。晨書暝寫，句核字讎，迺始付之梓人氏。棗梨既精，剞劂亦良，以是毁其家不卹也。」讀書敏求記校證張憲玉笥集：「陳鱣云：『貞復堂所藏玉笥集凡三本。』勞權云：『貞復堂即鮑氏。』」欣夫案：文禄堂訪書記抄本宋國史秋堂公詩文集戴光曾跋云：「余與鮑丈渌飲交二十餘年矣，余之性愛古書及搜羅前人秘笈，皆渌飲講習討論。每得異書，彼此借抄，相與傳觀訂正以爲樂。渌飲老年貧病，且有家累，不通音問經年矣。癸酉五月十日，忽偕夏

君儼過余，形神枯槁，索然意盡。新患頭疽雖愈，而窘態日甚，心計日粗。詢以近況，自云生平以書爲命，今開卷輒泣，精神不振，檢束藏書已散，不復向此中討生活矣。余聞之酸鼻，送之去。因檢渌飲歸余之書及借抄之本，内有二册係渌飲手校前人遺集，久假未歸者，共四種。此秋堂集則余已録之副本也。既歎渌飲老境之衰，益惜秘書之不可再得，因附記於此。」又跋云：「嘉慶癸酉七月，渌飲忽奉特恩賞給舉人，此異數也。晤於省垣，老病初愈，後福正未有艾。」又跋云：「甲戌七月，聞渌飲已歸道山。此種書籍，皆經渌飲手校秘藏而余假録者，不可多得也。」

昌熾案　欣夫案：文禄堂訪書記抄本清波雜志鮑以文跋云：「乾隆甲申，龍泓館本重校於貞復堂。」拜經樓藏書題跋記　又見「遺稿天留」朱文方印、「通介叟」白文方印。又有「老眼向書明」印、「天都鮑氏困學齋」印、「黄金散盡爲藏書」白文方印、「鮑氏知不足齋藏書」朱文方印、「知不足齋鮑以文藏書」朱文方印。

青桂連蜷覆畫櫓　六八七

鮑廷博庶齋老學叢談跋　欣夫案：静嘉堂秘籍志卷三十九抄本竹素山房集鮑廷博跋云：「右竹素山房詩集，郁君佩先爲余抄自樊榭山房。」皕宋志舊抄笠澤叢書吴騫跋云：「渌飲嘗言郁君陛宣收藏抄本最佳，秋日因偕過郁君東歗軒借得。」鮑刻古文孝經朱文藻序云：「渌飲與郁氏東歗軒參攷

有無，互爲鈔借。」莫氏五十萬卷樓有抄本絳帖平，板心有「東齾軒」三字。讀書敏求記校證唐大詔令：「吴騫云：『此書武林郁氏東齾軒有宋槧本半部。』」丁敬抄本安禄山事跡跋：「辛巳上元，郁秀才陛宣携此書過草堂見贈。」朱文藻説文解字繫傳跋：「南唐徐鍇説文解字繫傳四十卷，今世流傳蓋尠，吾杭惟城東郁君陛宣購藏鈔本。」丁申武林藏書録：「郁佩宣名禮，號潛亭，錢塘諸生。家有東嘯軒，軒額爲董香光書。庭前雙桂猶明萬曆間所植，交柯接葉，清蔭滿簷，藏書充牣，緑映牙籤。潛亭又增益所未備，頗成鉅觀。」

颸輪石火百年身　六八九

皕宋樓藏書志　欣夫案：文禄堂訪書記勞季言校本五峯集有「曾在姚古香處」印。

士禮居藏書題跋記　黄丕烈題史癡翁畫册：「有杭州姚君名之麟字虎臣號南溪者過吴，囊中携書畫數種，介海寧陳君仲魚示余。姚君素擅長人物，於古衣冠皆能識其制度。聞余藏顧凱之所畫列女傳宋本，索觀而歎其精妙，并許爲余畫一人物卷軸相贈，旋即返杭。後探聽消耗，已作古人。」錢泰吉曝書雜記：「嘉慶辛酉，南城曾公官兩淮鹽運使時，刻元人影宋抄繪圖爾雅三卷，下卷分前後二卷，實四卷。正文有注有音，大字，極悦目。圖爲姚處士之麟所摹繪，亦極精，似勝列女傳圖也。」藝學軒重刊元人影宋鈔本爾雅音圖嘉慶六年曾燠序云：「此書贈自曹大農文植，弆藏已久。適孫

觀察星衍、張太守敦仁見而譽之，屬廣其傳，復得姚處士之麟摹繪付刊。特識顛末，以質來者。」

恍有金絲孔壁聞　六九〇

翁方綱送孔葓谷農部請養歸曲阜昌熾案　補孟藏印曰「孔繼涵印」白文方印、「葓谷」朱文方印、「繼涵之印」白文方印、「南洲」朱文方印、「斲冰詞客」白文方印。

銅雀葳蕤鎖二喬　六九三

前塵夢影録　嘉興府志：「金宏勳字元功，樟子，附貢生。保舉發往四川，署雙流縣，授安岳，調巴縣，擢安徽六安州，以福建汀州府知府致仕。」

鐵琴銅劍樓書目昌熾案　欣夫案：涵芬樓藏鈔本草堂雅集宋賓王跋云：「今年春，雍正丙午。桐鄉金元功得洞庭翁氏本，亦首陳基者，借之較對」云云。又云：「續於雍正十年五月夏至前三日，在蘇郡盍簪坊金星軺藏書之室，得見玉山草堂雅集。」然則元功籍係桐鄉而非太倉，又疑與星軺爲一家。欣夫又案：元功名弘勳，星軺之姪，當附列前星軺條，菊裳先生未考致誤。

晏坐花南水北亭　六九六

兩浙輶軒録　光緒平湖縣志列傳：「陸烜字秋陽，號梅谷。弱冠補庠生，一赴鄉試不售，即棄去，廢産購書，鋭意著述。兼通岐黄家言，性嗜山水。（略）所至以醫自給。著有書義、曲禮要旨、羣

經詁字、梅谷詩文集、奇晉齋叢書、梅谷雜著、夢影詞、二蠶詞、人參譜。」又藝文：「寶蹟録，陸烜著。未刊。」緣督廬日記鈔卷十六：「八月十一日，爲翰怡作張懷瓘『紛紛欣欣，心開目明』。內有尚書義一部，平湖陸烜子章撰。全帙皆侍妾沈虹屏所書，小楷娟秀。裝池者觀其小印，亦釵而非弁，誠爲玉臺之佳話，鎮庫之尤物。既勸翰怡藏之，亟先録之，共十二册。所見爲首尾二册，乾隆五十一年正月自序，序後署侍史沈彩書。堯典後有題識云：『主君作書義，皆命彩手抄，故嘗贈彩詩有「傳經可有粲花舌，詰屈聱牙記伏生」，又「妙筆簪花非玩物，藉傳皇極答蒼生」之句。此三易稿也，始寫於乾隆丙午十二月十七日，爲立春日。時連朝雨雪，江梅初包，天寒手皸，僅免呵凍云。胥山蠶妾沈彩識。』下鈐『沈采』印。舜典後題『侍妾沈彩繕寫』，下鈐『沈采』『繡窗餘暇』二印。呂刑後題『女史沈彩虹屏抄』，下鈐『簪花格』『虹屏』二印。文侯之命後題『女史沈彩寫』，有『希衛』印。費誓後題『侍史沈彩書』。秦誓後題『女史沈彩手書』，下鈐『某谷掌書畫史』『虹屏翰墨』兩印。秦誓後又有跋云：『彩受主人命謄校尚書義，一日玉嵌夫人謂曰：「婦人之事，精五飯，幕酒漿，縫衣裳而已。今爾乃如此，雖屬難得，終爲廢業。且煌煌大典，出簪裾膏沐手，毋乃近褻乎？」彩因告主人，主人即呼夫人謂曰：「關雎化本，始於房中。堯舜大典，亦先釐降。道本夫婦，與能也。天象紫微垣北極帝星後即爲尚書五星，其星主天下，道明則見，道不

明則晦。尚書之名，聖人蓋取義於此，非先有書而後有星也。至後代以尚書命官，則又在其後，皆以星爲朔也。其尚書星左即爲女史星，故今文二十八篇，亦以伏勝女傳，若無今文，則古文亦無由攷而傳也。今謄校之役以授虹屏，是亦天道也。」夫人諾之，因命彩書於後。時乾隆五十二年臘月廿四日，女史沈彩識。』下鈐『沈彩』『虹屏』二方印。末一葉鈐『飄香手裝』方印，飄香亦似侍兒小名也。」又繆荃孫雲自在龕隨筆卷四：「梅谷得右軍二謝帖並感懷帖，遂書小額，顔春雨樓之左室曰奇晉齋。齋中聯句云：『門栽彭澤五株柳，案有山陰二謝書。』乾隆丙申六月廿五日。」欣夫案：

梅谷妻彭貞隱亦能文，著有鏗爾詞，當附入。

東湖叢記　欣夫案：嘉業堂有虹屏精抄梅谷所著尚書義，並附長跋。當湖葛氏傳樸堂有虹屏手抄斜川集，均得寓目。欣夫案：繆荃孫雲自在龕隨筆卷四：「虹屏記燕文貴溪山蕭寺圖後云：『乾隆丁酉九月廿三日，時花南水北亭新加塗墍，木葉淒然欲落。海上青山微着霜色，如眉新掃。亭外一帶芙蓉如畫，亭邊老瓦盆列佳種菊英二十餘品。亭中對設長几，一置周施章父敦，秘色柴窰，供佛手、柑花木瓜各數個，靈壁峭峯一座，一陳法書名畫，共主君及夫人展觀。及此卷，適鴉鬟送新橙蒸梨至，乃相與徘徊歎賞，幾疑身不在人世。』云云。有『梅谷掌書畫史』『沈采』『虹屏』印記。撰春雨樓集十四卷，刻甚精。」

六九八

槐市塵封有敝廬

吴翊鳳伊仲　石韞玉吴枚菴先生墓志銘：「先生諱翌鳳，字伊仲，初號枚菴，晚歲又自稱漫叟，江南吴縣人。（略）年四十即絶意干禄之學，惟仰屋著書。獲一未見書，必手鈔。所鈔書盈筐篋，皆校讎精覈，無一訛字。（略）卒於嘉慶二十四年七月初二日，春秋七十有八。」潘曾沂東津館文集亦有吴枚菴墓志銘，俟查録。

吴壽暘贈枚菴詩　嚴昌堉海藻卷十七張位中：「吴枚菴借書圖詩『鄭虔三絶畫書詩，精妙乃爾人言癡。州來伯子更癡絶，還書借書無休時。無錢買書借亦可，點圖自詅夫奚爲？揭來作客楚水湄，捆載戢戢牛腰垂。案頭羣書稍借讀，一一細楷闌烏絲。積銖累寸行篋滿，問君右手將毋胝？君言手鈔尚强半，出門恐飽蟫魚飢。男兒識字亦寂寞，如此嗜好寧非奇！乃知借書不徒借，遇得意處無停披。菁華盡取糟粕在，還人空本人遭欺。偶然相誚幸勿怪，伸紙竊效神仙疲。君真癡絶不可訾，嗟彼童子夫何知？兩脚重趼應告瘁，手提肩荷還欣嬉。』」

拜經樓藏書題跋記　吴騫愚谷文存桐陰日省編上：「伊仲家吴趨，甚貧而有書癖，凡收藏家珍祕善本，罔不宛轉借鈔，且手自校勘。乾隆丁未，挈家人爲楚游，惟書不能載，留於家，今皆散佚。余與仲魚各收得數種，丹鉛宛然也。」又重刻羅昭諫讒書跋：「猶憶乾隆丁未暮春，與枚庵相約同

訪慧樓於松陵，茗話之頃，適西莊光禄亦至，相與流連款洽，極文酒之樂，夜漏數十刻始各散去。無何，枚庵即挈家入楚，而光禄亦謝世，二家書籍均多放失。」

愛日精廬藏書志　靜嘉堂秘籍志古歡堂抄本六朝事跡類編跋，題「枚莽漫士記於奇懷室」。

昌熾案　枚庵藏印曰「吴翌鳳枚庵甫珍藏」朱文方印、曰「枚庵」朱文小方印。

爲慕一廛藏百宋　七〇〇

吴騫槎客　查揆篔谷詩鈔卷十六感舊十五首吴兔牀大學騫云：「少謝科舉學，老却徵士聘。門前賣書船，谿上看花徑。校讎友鮑渌飲。盧，抱經。根柢溯許鄭。佳槧如錢刀，每感脱手贈。」云云。

海昌備志　海昌藝文志：「吴騫，仁和貢生。居邑之小桐溪，築拜經樓，貯書甲於一邑。又構別業於陽羨，搜討桃溪諸勝殆徧，與同里陳簡莊、周松靄諸君子日事校讎，不預户外事。卒年八十一。」孫之淳尖陽叢筆跋：「昔先大父聚書萬卷，手不停披，潛志探討。兼好網羅遺事軼聞，搜剔名蹟古器，多所表著。」吴騫愚谷文存桐陰日省編下：「吾家先世頗乏藏書，余生平酷嗜典籍，幾寢饋以之。自束髮迄乎衰老，置得書萬本，性復喜厚帙，計不下四五萬卷。分歸大、二兩房者不在此數。皆節衣縮食，竭平生之精力而致之者也。非特裝潢端整，且多以善本校勘，丹黄精審，非世俗藏書可比。至於宋元本精鈔，往往經名人學士賞鑒題跋，如杭堇浦、盧抱經、錢辛楣、周松靄諸先生，

鮑淥飲、周耕崖、朱巢欽、張芑堂、錢淥窗、陳簡莊、黄蕘圃諸良友，均有題識，尤足寶貴。故余藏書之銘曰：『寒可無衣，饑可無食，至於書，不可一日失。』此昔賢詒厥之名言，允可爲拜經樓藏書之雅率。嗚呼！後之人或什襲珍之，或土苴視之，其賢不肖真竹垞所謂視書之幸不幸，吾不得而前知矣。」

東湖叢記　蒲褐山房詩話：「槎客喜搜羅宋元刻本，如陶淵明、謝玄暉諸集，皆取而重刻之，學者珍爲秘寶。」陳鱣愚谷文存序：「築拜經樓，聚書數十萬卷，丹黄甲乙，排列几筵。又有圖繪、碑銘、鼎彝、劍戟、幣布、圭璧、印章之屬，丹漆、陶瓶、象犀、竹木之器，充牣其中，皆辨其名物制度，稽其時代款識，著之譜録。」陳鱣新坂土風注：「新倉一名小桐溪，吴上舍兔牀嘗駕一舟，載書百卷，往來溪橋漁汊間。作詩曰：『十二橋南煙舍，第三灣口漁翁。青篛緑蓑歸去，桃花細雨東風。』好事者往往傳諸圖畫，謂之桃花扇。兔牀更以『細雨東風』顔其舟。」槎客藏印曰「拜經樓吴氏藏書」朱文方印、「小桐溪上人家」朱文圓印、「兔牀經眼」朱文長方印。

海昌備志　壽暘，歲貢生。

海昌備志　杭郡詩三輯：「鱸香寶守楹書，雖至饑渴困頓，不敢有所鬻棄。且舉所遺題跋記付蔣生沐刊入别下齋叢書，俾傳於世。視彼扃鑰矜秘，徒飽蠹口者有間矣。」海昌藝文志：「吴之淳，壽暘子，

字鎛和，號鱸香。錢泰吉附記：『鱸鄉善承祖父之志，研究遺書，實有心得。所藏宋本漢書、元本史記，余借校留齋中數年。今纂修志乘，方資一瓻之惠，而鱸鄉遽爾殂謝。重過拜經樓，不勝悵惘。』」光緒杭州府志藝文七：「雲根室偶存稿，國朝海寧吴之淳撰。」又杭郡詩三輯：「吴昂駒字籋雲，號醒園，嘉慶戊寅歲貢。醒園雅好聚書，讎校裝訂，殆無虚日，不愧拜經樓家風也。」

曝書雜記　海昌藝文志：「吴春照字遲卿，號子撰，諸生。精讎校，家藏書数千卷，丹黄幾遍。錢塘汪久也重刊咸淳臨安志，延子撰佐校勘，并爲校史、漢。」欣夫案：春照兄衡照、乙照，以照字排行，此作「昫」，誤。曝書雜記作「照」不誤。

棲里書堂吴越郊　七〇三

兩浙輶軒録補遺　丁申武林藏書録云：「宋大樽字左彝，號茗香，仁和人。乾隆丁酉順天舉人。工校讎，有學古集、牧牛村舍集。子咸熙，字德恢，號小茗。嘉慶丁卯舉人，官桐鄉教諭。有思茗齋集，中有借書詩，序云：『藏書家每得秘册，不輕示人，傳之子孫，未能盡守，或守而鼠傷蟲蝕，往往殘缺，無怪古本之日就湮没也。先君子藏書甚富，生時借抄不吝。熙遵先志，願借與人，有博雅好古者，竟持贈之，作此以示同志。』詩云：『金石之物亦易泐，況兹柔翰歷多年。能抄副本亟流播，

劫火來時庶不湮。翳余老病子猶痴，過眼雲煙看幾時？濁酒一瓻何用報，先公泉下亦怡怡！』小茗先生承遺訓，紹家傳，守流通古書之約，其有功於載籍者大矣。」

舊槧書沿唐諱筆　七〇四

張廷濟桂馨堂集感逝詩　光緒海鹽縣志文苑：「張燕昌字文魚，號芑堂，生平力學好古，尤嗜金石，搜羅甚富。」

張廷濟桂馨堂集篁里紀事詩　蒲褐山房詩話：「芑堂屏居村落，孤介爲懷，夙嗜金石，尤愛小品，搜奇采癖，凡斷缺零星，都爲一集，名金石契，余所藏西漢雁足燈亦並著焉，又撰古來飛白書考。嘗往寧波，入范氏天一閣，在藏書中獲北宋石鼓文搨本，摹勒以歸，重刻之，因撰石鼓文釋存，證以篆籀，考其偏旁點畫，較薛、楊、潘、董諸家更爲精審。」

金棤贈張文魚徵君詩　欣夫案：皕宋志朱竹垞手抄賓退録張燕昌跋云：「書於娱老書巢。」

東湖叢記　光緒嘉興縣志：「張廷濟字叔未，領嘉慶三年省解。（略）結廬高隱，以圖書金石自娱，建清儀閣藏之，古香溢翰墨間。」

商瞿一經可傳子　七〇六

楹書隅録　滂喜齋藏書記宋刻金石録十卷汪喜孫跋：「嘉慶辛未，喜孫卧病里門。吳興書賈持宋本

金石録見示，置問禮堂一日，匆匆索去，悵惘無已。」孟慈藏印曰「汪喜孫孟慈印」白文長方印，「小字阿買」朱文方印。

昌熾案　欣夫案：孟慈致碩甫尺牘，舊藏江氏靈鶼閣，後爲葉遐菴先生所得。昔年以余喜搜羅經師遺墨，即以撤贈，今猶珍儲焉。

酒杯笑擲酡顔紅　七〇九

士禮居藏書題跋記　春融堂集桐鄉訪門人金西曹雲莊德輿：「閑扉晝常掩，俗侶矢弗告。花影上書籤，茗香浮畫軸。計自遂初衣，十載理幽獨。自注：『雲莊謝病歸田亦久。』矧有同心人，賞雨共茅屋。自注：『謂蔣君龍光、方君薰。』」蒲褐山房詩話：「雲莊能詩善畫，累世所藏法書名跡及宋刻書甚富。南巡時，擇善本以進，有文綺之賜。（略）所居銅華館，擅圖書花木之勝，與蔣君元龍、方君薰等留連文酒。四方名士過桐鄉者，必造請盤桓而後去，掃門投轄，初無倦意。」桐華館校刻九經三傳沿革例甚精。欣夫案：雲莊爲其師李良年校秋錦山房集甚精。欣夫於一九五九年九月得雲莊手寫詩稿一册，爲乾隆乙卯仲春贈方蘭士者。欣夫案：金錫爵號辔庭，嘉禾人，蕘圃跋中屢及之。藏書處曰玩華居。又宋刊禮記要義跋署「拜五經齋主人錫爵」，鈐以「辔庭」二字小印。江蘇書局刻本未摹印文，遂不知其爲誰氏，或以同名而疑爲潘𨚕侯者。紀事詩未及，應補。文瑞樓書目嘉慶辛未金錫𨚕跋云：「右

文瑞樓書目，先曾叔祖星軺所訂也。」又云：「此册鈔自家叔比部鄂巖先生，爲桐花館訂正之本。」

案此則爲鄂巖之姪沾染家風者也。

乞得神仙三字靈　七一一

張敦仁古餘　許槤古均閣寶刻録夏承碑跋：「古愚名敦仁，進士，官至雲南鹽法道。」

何紹基金陵雜述詩　陳康祺郎潛紀聞卷七：「道光中夷船入江，金陵戒嚴，兵民乏食。山陰人張澄齋淳爲白下僑舊，慨然發藏粟三千石，傾家財七萬有奇，悉以供軍糈，賑民饑。城完寇退，口不言功。大府上其義行，有詔褒録，留江南以知府用，並賞孔雀翎，是亦我朝一卜式矣。惜澄齋需次歲餘遽謝世，不及稍有所厝施也。」欣夫案：張澄齋之與張徵齋，時地均合，疑即其人。「澂」「徵」形近易誤，其詳待攷。菊丈與古餘並列，疑爲一家人，似非。

楹書隅録　有「古餘珍藏子孫永寶」。欣夫案：又有「薦粢」「葆采」印，則古餘二子也。

沖虚先傳處度注　七一三

沈豫補今言　蕭山縣志稿：「王宗炎，乾隆庚子進士，截取知縣。聚書十餘萬卷，築十萬卷樓以居。」王曼壽重論文齋筆録序：「重論文齋者，族父晚聞先生暨其冢嗣小穀太史兄讀書所也。先生自乾隆庚子成進士，澹於名，終身不筮仕。敬敏好學，嘗聚書十餘萬卷，構樓以貯，世所稱十萬卷樓是也。」

欣夫案：曾見「王宗炎所見書」朱文方印。

陳春湖海樓叢書序　越縵堂日記：「前日節子爲余言，蕭山克復時，至濠湖陳氏家，見有盧抱經氏手校殿本十三經、二十四史及馬氏繹史，已散亂，有佚者。近不知如何矣。此皆人間至寶，在在皆有神物護持者也。」

王紹蘭潛夫論箋序　又蕭山縣志稿：「汪繼培字厚叔，號蘇潭，嘉慶乙丑進士，官禮部主事。淡於宦情，乞假言歸。嫻習子史，搜討不倦。父輝祖晚年所著遼金元三史同名録、九史同名録，未成而逝，皆繼培爲續成之。輯有尸子三卷，較孫星衍所輯爲詳。刺取各書證釋同異，釐訂爲上下二卷，語皆可徵。其古本引用違舛者，别爲存疑一卷。又爲潛夫論箋九卷，皆行於世。」

短巷東趨積水潭　七一五

翁方綱陶廬雜録序　文禄堂訪書記，抄本存素堂書目四卷、續一卷，書畫録一卷，法氏手跋云：「書目著録，歷代史家所不廢，或紀篇目，紀歲時，或兼考撰述世系，雖繁簡不同，要其别興廢、鑑得失，一也。余束髮嗜藏書，北地書值昂貴，貧士尤難辦。三十年來，一瓻一衺，悉以易書。交游既廣，大江以南，愛余者多以副本見貽，益以生徒所繕寫中祕本，積漸纍纍然充楹溢棟矣。偶一檢視，携取維艱，載諸簿册，庶便觀覽。卷數不著，義例不詳，從省文也；前後重複不删，防遺失也。青

山有緣，白髮無恙，余嘗從容編校，勒成一書，留示子孫，傳諸奕世，宋之陳振孫，明之楊士奇，何多讓焉。補遺一卷，併不分類，隨手登記，附册目、卷目、軸目、扇目四門，總期易於點勘耳。米顛船内，其不廢此也夫！嘉慶三年十一月初六日，詩龕居士識。」亦載存素堂文集，無末二行。存素堂稿有校永樂大典記，謂嘗以唐人張燕公、陳子昂、顔魯公、權載之、獨孤及、韓昌黎、柳柳州、劉賓客、李義山諸氏之文取校大典，較通行本各有增益，其不習見者蓋往往而有云。欣夫案：此依莫伯驥五十萬卷樓藏書題跋轉録，所見存素堂文集無此篇。法式善存素堂文集卷二宋元人集抄存序云：「朱學士筠奏請就永樂大典各韻采掇成書，而宋元人集見録於當時者次第復出。法式善備員編纂，因得借本廣付鈔胥，其書有關係而世罕傳本、又篇葉較少易於蕆功者先録之。閱十五年，得宋人集八十九家，七百七十七卷；元人集四十一家，三百二十八卷，裝潢爲一百七十七册。」又萬曆二十五年順天鄉試録殘本跋云：「偶於老嫗補窗破紙中檢出殘葉計三十有九番，爲有明神廟二十有五年順天鄉試齒録。」

道廣平生似太丘　七一七

海昌備志　阮元小學盦遺稿序：「海寧處士錢廣伯，下帷教讀，言行不苟，乃父許其一意讀書，不治舉子業，因得沈酣經籍中。余於乙卯歲視學來浙，聞處士名，訪於校官，望其出試，而竟不投牒，

若將終身焉。是非於學實有所得，惡能知之篤而守之堅若此？」廣伯書嚴久能所藏宋本左傳後：「世人藏書咸貴宋本，蓋以其尠誤也。然宋景文筆記、洪容齋隨筆，已往往言當時傳刻之謁，則宋本亦未必盡善也。爲當奈何？是在乎廣搜博致焉耳。宋人刻書，或頗讎校，故有此謁而彼不謁者，必廣見然後識其是非焉。」

沈湘爲我謝彭咸　七二〇

阮文達山東糧道孫君傳　王芑孫孫淵如萬卷歸裝圖贊云：「吾友孫君淵如觀察東魯，權陳臬事。其歸也，行李無加於舊，獨聚書益多，好事者爲作是圖，一時士大夫題詠甚盛。後四年，將復出山，乃以示余於揚州，爲之贊曰：『在官寫書，古以爲過。我思其人，天下幾個？謝公作郡，昌黎在縣。還讀我書，官亦可願。君繼其風，典訓是服。以我書歸，抵彼留犢。歸擁百城，坐逋萬鎰。福此蒼生，携書再出。作圖紀事，申詠連篇。我爲之贊，以諗後賢。』」

昌熾案　「孫氏祠藏」白文方印。

賓客淮南比小山　七二一

先正事略　揚州府志云：「秦恩復字近光，號敦夫，江都人。乾隆五十二年進士，改庶常，授編修。嗣丁內艱，疽發於背，醫治就痊而體弱不支，由是閉户養疴。横屋東偏，築室三楹，顔曰玉笥仙館，

藏書極富。家居幾十載，宿疾盡蠲。嘉慶間，阮文達公撫浙，延主講詁經精舍，兩淮鹽政又延主講樂儀書院。後聘校刊欽定全唐文。（略）平居收藏書畫法帖洎瓷銅玉石之類，鑒别精確。勘定古書，慎選良工以剞劂，海内争購。曾刊列子、鬼谷子、揚子法言、駱賓王集、李元賓集、奉天録、隸韻諸古本行世。卒年八十有四。」

顧廣圻石研齋書目序　李祖望鍥不舍齋文集卷三汪孟慈海外墨緣册子答問：「秦敦夫石研齋書目，多藏宋元舊本，昔曾見之，分經史子集四册，列欽定各書冠於首，『欽定』二字用朱書出格寫，餘以歷代分類編序於後。景刊宋元本皆精於校讎，多出顧澗蘋手。道光乙未春燬於火，後書籍亦頗亡失。」敦父藏印曰「臣恩復」白文、「秦伯敦父」白文兩方印，「石研齋秦氏印」朱文長方印。

阮文達高密遺書序　藝風藏書記八燈下閒談跋：「乾隆丙申，假滋蘭堂本粗録一過。十月初三日，江水松。」又跋：「此書乃汲古閣從葉林宗處借鈔本，余歸之滋蘭堂朱氏。余蕭客館於江氏時託余借出，命弟子鄭堂手録者。幼時字跡如此，然校正頗精，將命善書别録一本傳之。聽默又記。」

廉吏可爲未可爲　七二五

凌廷堪題張鞠園太守揚子飽帆圖　欣夫案：静嘉堂秘籍志卷十九明嘉靖刊齊乘有「温陵張氏藏書」朱文長印、「鞠園藏書」朱文方印。有蕘圃四跋本。

一留湖上一江湄　七二七

昌熾案　欣夫案：「石墨書樓」爲翁覃溪印，此誤入。

山陽笛韻不勝酸　七三〇

湖海詩傳　嘉興丁子復見堂文鈔袁壽階傳云：「遺書萬卷，點勘考索不少休，聞一善本，必購得乃快。其時錢詹事大昕、王侍郎昶、光禄鳴盛、江徵士聲、段大令玉裁諸公，皆以耆德碩學，研經考史，各發明成不朽業。君上下議論，具有根據，諸公折節，訂忘年交。與周明經錫瓚、黄主事丕烈、顧明經之逵號藏書四友。主事多宋槧本，往復商榷尤契合。卒年四十八。著有紅蕙山房集、五硯樓書目、金石書畫所見記、漁隱録諸書。」顧蒓思無邪室遺集紅蕙山房銘云：「徐健庵尚書修書於洞庭山隅，植紅蕙，流傳至今。山之隱君子鈕非石以贈袁子壽階，壽階珍之，顏其書齋。余爲之銘曰：『藹藹袁子，惟書是娱。毛鈔宋槧，充篋盈車。芬郁重息，昕夕維俱。棗臺棠館，比類應殊。』云云。」

漢學師承記　瞿中溶萇生子年譜：「嘉慶十三年接友人信，知袁壽階作古，惋歎竟日。壽階裔出明之六俊，淹雅多才，善交游。其母夫人有苦節，徧求名公卿詩文以爲表彰，集刻霜哺遺音一册。聞先代片紙隻字及一研一畫，必多方購歸。聚書插架，多舊刻鈔本，辟別業於楓橋，名漁隱小圃，中築五研樓，名流過從，時爲文酒之讌。家故饒於財，逮後中落，鬱鬱以至於歿。惜哉！」袁寶璜寄

蛣廬集殘宋拓本李陽冰滑臺新驛記跋：「五硯樓爲余家從曾伯祖又愷先生手築，當時藏庋，多宋元刻印書籍、舊拓碑版。家中落後，所儲多散失。觀臧氏庸堂、陳氏仲魚、吴氏拜經、錢氏竹汀、段氏茂堂諸家文集題跋所稱引，其展轉之踪跡，存散大半猶可推求。五硯者，一爲清容居士遺物，王侍郎集中所載歸研圖記者是。餘亦宋明物，硯背均有銘款。璜幼時侍先君子側，曾得敬觀其拓本，其時研已歸潘氏矣。又愷先生專精漢學，博交通人，收羅之餘，於前澤尤惓惓不忘，雖片楮隻字，不惜重貲購求之。璜家猶得敬藏先世手書詩册函札數件，皆當日先生之力也。」

聽秋聲館詞話　欣夫案：丁子復撰壽階傳，次子兆篪，娶黄主事女，主事教使成立。

貝墉簡香　欣夫曾見鈔本貝氏家譜，有簡香傳，摘録於左：「先生姓貝氏，諱墉，字既勤，號簡香，又號定甫，蘇之吴縣人，乾隆四十五年七月十九日生。官太學生候選布政司經歷。工行楷，兼善篆隸。多聚古人名墨，詳判真贋，泐諸石，曰寶嚴集帖，曰千墨盦帖。嘉慶甲戌刻於五經笥堂。序知不足齋履齋示兒編。梁山舟贈聯云：『萬卷百城多善本，一盦千墨是精摹。』道光廿六年二月初二日卒，年六十七。没後千墨藏書胥付兵燹，並石刻化爲灰燼。」丁子復千墨菴銘序云：「平江貝君墉，性篤嗜墨，每遇舊搨，傾囊什襲，十餘年來，得千餘卷，於齊門別業構千墨菴以藏焉。辛未冬，余校刻新舊唐書合鈔，來寓臨頓里拙政園，復交黄復翁丕烈。觀所藏宋刻百種，大半出竹垞、義門諸

先生所點勘，摩挲不忍去。後交貝君，盡發庵中藏，動魄驚心，淵淵乎彷彿作金石聲。余寓去兩家近，時過披閱爲快。」銘云：「卓犖貝君，派出清江。窮羅荒怪，析極毫芒。斷圭裂璧，盈庫塞倉。證經糾史，補漢輯唐。一字刱獲，百憂都忘。圓菴結構，流水方塘。苕花繞屋，春草羅房。何如石墨，盎然古香。我來覯止，觸目琳琅。書聲東來，黄氏墨莊。一廛百宋，排列縑緗。兩家門巷，青楊白楊。過從晨夕，遺文共商。東吴風軌，流徽未亡。」

紅蕙山房吟稿　簡香藏印曰「定夫居士」朱文方印、「貝墉所藏」白文方印、「貝墉曾讀」朱文長方印。

廢殿城南列女圖　七三四

黄丕烈蘆浦筆記跋　吴騫愚谷文存元和顧氏重刊宋本列女傳書後：「元和顧抱沖氏性好藏書，家多宋元以來善本。余以乙卯春訪之，過其小讀書堆，寤言片晷，不及遍覽秘籍而别。丙辰再過，會其方燕客武邱，不晤。今年夏復至吴趨，則抱沖已染瘵物故。疾亟時以新刊宋本劉向列女傳屬其從弟千里致余。千里亦博綜嗜古，撰攷證一卷附刊卷末。余攬涕而讀之，洵列女傳之善本已。」

得書圖共祭書詩　七三六

同治蘇州府志　張燮味經書屋詩集寄黄蕘圃同年云：「吾邑藏書甲天下，前有汲古後述古。零編

斷帙徧人間，百年價重鷄林賈。汲古主人小毛公，偃蹇適丁明運終。斥賣膏腴事梨棗，素封轉眼金錢空。其時朝廷議加餉，按畝誅求同剽掠。先生無田但有書，隱湖觴詠全高尚。聞風述古錢遵王，簪紱承家門祚昌。弱齡挾策走槐市，歸來破産購緹緗。裝潢能沿宋人法，覆之古錦扃檀匣。護持不化絳雲灰，室比曹倉架如鄴。流風餘韻近何如？我幼猶看共買書。不惜揮金酬祕本，還教録副集抄胥。到今大半高閣置，人不好書專好利。寒士耽書歎少錢，富翁多錢不識字。間聞一二鶩虚名，南面居然擁百城。緘縢扃鐍作家寶，此厄更甚燒秦嬴。我生書癖消錢癖，卅年積買八千册。飢寒難當飯兼衣，磨耗精神鬢且白。恰有同心江夏黄，片函苟古必收藏。郭京易每舉其正，束晳詩能補厥亡。吴人愛花兼愛酒，否亦聲華競馳走。君獨翛然抱一編，世味紛華不能誘。昔人著作有本原，心所得處形爲言。謄寫類函抄韻府，流傳謬種尤紛繁。六經可見聖人意，諸史能知古今事。立言貴有益於時，率爾操觚等游戲。批風抹月誨邪淫，側調么絃亂正音。字作史皇鬼夜哭，早知流弊痼人心。管窺那得知全豹？下筆須根忠與孝。不用詞壇負盛名，開來繼往持風教。邇來小説重虞初，狐穴蛇床競剔梳。合召六丁炎火畀，枝詞一例痛删除。百年鼎鼎去如電，不幸方以文章見。君今降格作才人，百斛珠宜穿一綫。我將乞養返東吴，願君數游尚父湖。筆牀茶竈拏輕舫，何減西園雅集圖？君善注經我注史，休問人間金與紫。一卷書輕萬户侯，磨鉛握槧從兹始。」趙懷玉亦有生齋文集黄紹甫移居圖贊云：「吾

友黄君紹甫，故居蘇州城西，再遷至懸橋巷，其卜居之意，已詳自所爲記中。君好藏書，而又精於研訂，非徒炫其插架之儲者。今天下以藏書稱，首范氏天一閣，次則鮑氏知不足齋。然范藏雖久，鮮善本之刻；鮑刻雖富，未及君別擇之審。是君固喜其地之宜，而地亦得君以爲重矣。浙吴履作圖，同人各題詩詞志美，予遭憂廢詠，因爲贊曰：維聖有戒，擇不處仁。傳亦有言，千萬買鄰。緊夫君之卜宅，去浮薄而就淳。贉軸與丹墨，時面稽於古人。然則疏泉累石，不如日積一册。排戟擁旌，不如坐傲百城。王謝之堂，奚若孟之窟、曹之倉乎？」

昌熾案　欣夫案：范鍇花笑廎雜筆卷三：「吴郡黄蕘圃主政丕烈，藏書甚富，宋元版及影鈔舊本，無不精善。嘗出示士禮居刊行書目，以刊行之年月先後爲序。其書價册數均注明某書之下，並記付梓之歲，録之以備後有觀覽者。國語五册。一兩二錢，庚申。汲古閣書目一册。八分，庚申。國策九册。二兩，癸亥。博物志一册。一錢六分，乙丑。季滄葦書目一册。一錢二分，乙丑。百宋一廛賦一册。六分，乙丑。梁公九諫一册。六分，丙寅。焦氏易林四册。一兩，戊辰。宣和遺事二册。二錢六分，庚午。輿地廣記七册。二兩四錢，辛未。藏書紀要一册。六分，癸酉。三經音義論、孟、孝經。一册。三錢二分，癸酉。儀禮三册。一兩二錢，甲戌。船山詩選二册。四錢四分，丁丑。周禮九册。二兩，戊寅。洪氏集驗方二册。四錢四分，己卯。夏小正附集解。一册。二錢，辛巳。傷寒總病論三册。一兩二錢，癸未。汪本隸釋刊誤一册。四錢八分，丙子。前有『書價

制錢七折』六字，後有『滂喜園黄家書籍鋪』『蘇州圓妙觀察院場』兩圖章。」今雨集顧蒓與顧湘舟姪書：「刻書最爲佳事。僕嘗論吾鄉有錢者甚多，而所作所爲俱極可憐，惟蕘圃用得其當，以其能刻書，且能擇書而刻也。」友人平湖葛昌楹傳樸堂藏陳曼生刻「百宋一廛」白文長方印，鐫款云：「蕘翁顔新居室曰百宋一廛，爲藏宋槧本書所，屬曼生刻印。」

與花同好月同明　七四四

蘇州府志　孫原湘張子和墓志銘云：「生平自奉儉約，惟積書數萬卷，丹黄雜施。」欣夫案：張鴻題瞿氏虹月歸來圖詩注云：「子和公藏書室名爲小瑯環福地，芙川公所居名雙芙閣。」又張蘭思詩注云：「余近從卍園宗氏轉抄張芙川夫人雙芙閣吟稿，諸老輩題詠甚多。」單學傅海虞詩話：「張子和取司書之義命其長孫小名曰長恩，即今蓉鏡也。亦喜收書，每屬余題跋，可謂繩其祖武者矣。」

張氏藏書印記　子和藏印曰「臣張燮印」白文方印、「詞垣珥筆秘殿抽書版部持籌雲樓定律」朱文大方印。子和藏印曰「張燮」朱文小方印、「癸丑詞臣」白文小方印、「張子和珍藏書畫圖記」朱文方印、「張氏藏」白文方印。欣夫案：「蘿摩亭長印」係喬松年印，此誤入。

鐵琴銅劍樓書目　欣夫案：對客燕談姚咨手鈔本，芙川以血書一大佛字，並跋云：「道光己酉三月二十九日丁酉吉辰戌刻，展讀一過，以血書佛字於首頁保護，以免蛀厄。芙川蓉鏡誌。」

張氏藏書印記　芙川藏印曰「蓉鏡私印」朱文方印、「琴川張氏小琅環仙館藏書」朱文方印、「味經書屋」朱文小方印。

談古相逢燕市中　七四七

士禮居藏書題跋記　續古印式二卷，王鳴盛、吳騫序均稱海鹽黃君晉康，然則錫蕃字晉康而號椒升也。光緒海鹽縣志文苑：「黃錫蕃字椒升，精鑒賞，工八分書。少饒於貲，購求金石文字，日坐小樓從事丹鉛，好古之士咸就質焉。年九十一。著金石攷、海上竹枝詞。」葉景葵卷盦書跋：「武進費氏歸牧庵舊藏海鹽黃椒升先生遺書鈔本三種：一、閩中書畫録十六卷；二、閩雜記二卷；三、閩中録異二卷。版心有『擘荔軒』字樣，蓋著者清稿也。」

持靜齋書目　椒升鈔本版口有「醉經樓鈔本」五字。

韓配基　蔡金重云：「韓配基爲韓維鏞。」

士禮居藏書題跋記　光緒平湖縣志列傳：「韓維鏞字配賁，號銅上，又號銅士。嘉慶六年辛酉拔貢，十二年丁卯舉人，十九年甲戌進士，湖北穀城知縣。生平博學好古，精於鑒賞，家有金鼇山房，金石書畫，收藏甚富，人比之項氏天籟閣云。有金鼇山房詩稿。子潮，字春卿，道光戊戌進士；韻海，字季卿，道光癸卯舉人。」欣夫案：維鏞科年與蕘圃所述均合，必是其人。惟傳無配基之字號，或

配貢之誤歟？

瘦骨淩霜破拘閡　七四八

士禮居藏書題跋記　欣夫案：文禄堂訪書記松門手鈔秋堂集跋云：「余與鮑丈淥飲交二十餘年矣。余之性愛古書及搜羅前人秘笈，皆淥飲講習討論。每得異書，彼此借抄，相與傳觀訂正以爲樂。」

錢泰吉可讀書齋詩　光緒嘉興縣志：「光曾書法出入歐虞，腕力清勁，畫松有名。」隆案：松門，嘉興貢生，官至河工同知。有「省心齋藏書」，見丁氏藏書志。欣夫案：文禄堂訪書記松門手抄秋堂集，有「嘉興戴光曾鑒藏」「從好齋書畫」印。

前塵夢影録　「戴氏秘笈」朱文腰圓印、「松門手書」朱文方印。

楹書隅録　滂喜齋藏書記元刻揚子法言有「邗江戴大章」印。

卷六

新坡垷上各收藏　七五一

管庭芬經籍跋文書後　吴騫經籍跋文題詞：「余與簡莊孝廉少日皆酷嗜書籍，購置不遺餘力，凡經史子集，得善本輒互相傳觀，或手自校勘相質，蓋數十年如一日云。（略）所撰諸經跋之鈎沈索隱，凡古本之爲後之妄人竄亂删併者，莫不審攷其原來次第而寫之。更改淆混，一一校正，令人復得見本來面目，不其偉而。」

吴壽暘過簡莊徵君紫薇講舍詩　仲魚印曰「海寧陳鱣觀」朱文長方印、「仲魚過目」朱文方印、「仲魚手校」朱文長方印。

探梅圖共客中論　七五三

程世銓叔平、張思孝白華　欣夫案：叔平係白華弟子，二名應互易。

士禮居藏書題跋續録　讀書敏求記校證夢華録：「黄丕烈云：『聞東城顧五癡家有宋本，惜未之見。』又云：『後於張白華處見之，裝潢精妙，楷墨古雅，板大而字細，似元板中之出色者。惟『祖宗』二字空格，餘字不避宋諱，恐非宋刻。因顧抵於張，張又急欲求贖，故余從澗蘋借觀焉。惜需值每本二十金，一時頗難得之。』」

顧廣圻刻易林序昌熾又案　欣夫藏白華堂詩集附鶯邊詞原刻本，係吴枚菴選定。

不校校書比校勤　七五六

李兆洛顧先生墓志銘　王昶春融堂集爲顧秀才千里廣圻題其兄抱沖小讀書堆圖第四首云：「桐橋日暖春融融，與君相見樽酒同。自注：謂千里。衣冠必中動作慎，氣象頗有前賢風。惠施既往沈戴逝，自注：謂果堂、東原。賴有君家好兄弟。應作金華獨角麟，剖析微言疏大義。」夏寶晉奎文閣典籍顧君墓志銘：「君以諸生屢應鄉試不利，孫兵備舉爲衍聖公典籍。（略）君讎校最精，爲當世所貴。（略）補亡糾繆，頓還舊觀，有功於古人甚鉅。然特以貧故，見役於人，一生精力實耗於此。身通六藝，僅爲謀食之資；學貫百家，窮於反古之道。終以不遇，豈不悲哉！」彭兆蓀小謨觴館詩集揚州郡齋雜詩云：「異書讎盡宿羅胸，奇士端應讓顧雍。亦是諸侯門下客，太阿秋水要藏鋒。」自注：「顧澗薲廣圻同客郡齋。」

吹網録　欣夫案：靜嘉堂秘籍志卷十六舊抄刊謬正俗有「武原顧千里校本」朱文印、「顧澗薲藏書」朱文方印。

莊叟寓言騈拇指　七六一

張紹仁學安　藝風堂藏書記二舊抄本春明朝退録跋：「嘉慶戊辰夏日，長洲張紹仁書於靜寄東軒。」

是亦灌園陳仲子　七六二

曝書雜記　藝風藏書續記西畇寓目編十一册：「稿本，陳墫撰。墫字復初，又字葦汀，吳縣人。書法南田，畫近錢松壺、改七香。此手寫本，自署南湖花隱，字跡精妙之至。」

更無人上沈樓看　七六三

沈慈十峰、沈恕綺雲　王芑孫惕甫未定稿卷十二候選州同沈君墓志銘：「沈君諱恕，字正如，一字屺雲。君好藏書，又好刻書，所刻有未竟者，其弟慈次第續成之。」欣夫案：據此則恕兄慈弟，葉先生誤倒。又續稿題紹熙雲間志：「生雅好收書，會吾鄉袁君廷檮家遺書大出，先後得其數十種以去。」又沈君繼室曹宜人墓志銘：「宜人曹氏，諱蘭秀，字蕋枝，亦字澧香，蘇州人，歸華亭沈君恕爲繼室。沈君故高貲，逾冠補諸生，敘職府同知，未即出仕，而田連阡陌，家有園池。所居靜好樓，多聚法書名畫，招致游從，琴樽間作，水石清華。自得宜人，益愜其趣，窮極歡娛，夜以繼日。宜人自小知書，嫁而學畫，弄筆爲花鳥寫生，頃其賓客，市廛有鬻其跡者。」

前塵夢影録　欣夫案：十峯又刻紹熙雲間志，顧千里任校勘，極精。

鄭默中經所著録　七六七

北江詩話　欣夫案：姚文田邃雅堂集鳳陽府教授倪君墓志銘：「童時受經於世父某公，每旦從羣

兒牧，輒背誦所受書不去口。嘗夢神人告之曰：『欲知今古事，須讀五車書，斯言良可玩味。』覺異之，以此益肆力典籍。每見異書，必傾貲購之，家藏書七萬卷。」又：「君諱模，字預掄，自號迂存。銘曰：錢之癖非和嶠儔，書之淫與皇甫侔。貫穿今古窮源流，山經地志皆探搜。」

趙紹祖古墨齋筆記　王引之王文簡公遺集倪教授行狀：「倪教授模字迂存，安徽望江人。教授性嗜古書，每得秘本，手寫口誦，夜以繼日。校讎經史諸書，無慮數十種，自少至老，曾無倦時。居京師，日遊書肆，不惜以重價購舊本，至於質衣以償。嘗應禮部試，不第，載古書五千餘卷以歸。其好學如此。」欣夫案：模字迂存，而非迂村，姚王二文及書目自序可徵。古墨齋筆記恐誤，當正。

江上雲林閣書目序　經鋤堂藏書目序：「紀曉嵐、彭芸楣、翁覃溪師多蓄秘本，皆列架疊窗，縹囊緗袠。每宛轉假録，治護以還，諸公頗見推許。癸丑出都，所以紀大宗伯有『書藏金匱鈔應滿』、孫觀察有『深柳書堂擁百城』、方比部有『清潮書藏大小雷』之句也。」年譜：「乾隆四十六年辛丑，居京師，寓琉璃廠。日遊書肆中，得舊本，不惜重價購之，偶不給，則質衣以償，朱學士筠每以書癡目之。」又：「甲辰，居大雷岸。所藏書皆手加丹黄，舊家世族偶有善本，必丐以校正。」又：「壬子，桂太令馥撰句云：『好古不妨錢有癖，買書那管俸無支。』書楹帖以贈。」又：「嘉慶十三年戊辰，伊太守秉綬撰句云：『家藏書至七萬卷，所與游皆第一流。』書楹帖以贈。」迂存藏印曰「經鉏堂藏書」

朱文方印。

酒誥無爲歎俄空　　七六九

鐵橋漫稿　　袁昶安般簃集題江子屏小象詩自注：「曾賓谷開校刻全唐文館，吴山尊薦江先生入館。（略）南城卒不見收録。時嚴鐵橋亦以不得入館，負氣去，撰全上古三代漢魏六朝文鈔，目録搜羅極富，欲以壓倒唐文館，其傲兀之氣不可及也。」勞格校明刻本北堂書鈔跋：「聞烏程嚴鐵橋先生曾刻過五十餘卷，迄今未畢事，曾見其底本一册於高宰平處。」又：「歸安嚴鐵橋先生校刊本一之廿六，百卅二至百六十，共五十五卷。」袁寶璜寄蛣廬文集嚴鐵橋上古三代秦漢三國晉南北朝文編跋：「鐵橋先生半生精力悉萃此書，與全唐文相頡頏。然全唐文公官修書，集羣策羣力之用，功雖鉅而事尚非難。先生以一書生，綱羅散佚遺聞，上起三古，下訖先唐，遠羅九澤，旁及釋道兩藏，博稽金石文字，省并重複，畫一整齊，肆力二十餘年。一字一句之異同，無不覆檢審訂，手自寫定，不假衆力，洵可謂巨刃摩天，决不沈没者。自此書出，而世所行文紀、百三家集及前代選家諸文集，皆可東諸高閣，且導後人以校書之法甚詳且備。是讀一書而可收數書之益者，此當首屈一指矣。先生自著校例，言後人覆校未可用梅氏、張氏據補，其言良是。」鐵橋藏印曰「嚴可均印」朱文方印、「鐵橋」白文方印。陳康祺郎潛紀聞二筆：「嚴鐵橋少負糧課，跳入京師，用宛平籍充鄉舉。」

秋江月子兩頭纖　七七〇

曝書雜記　欣夫曾見修能手校爾雅注疏，每卷後題識有署「管香生」者，與元照、修能雜出。此別字殊罕見，意與香修有關。

東湖叢記　郭麐懺餘綺語鳳皇臺上憶吹簫題九能畫扇齋秋怨詞有句云：「香修幾生到此書？縫列芳名，指印同留。」

社酒唐華憶討春　七七四

兩浙輶軒録補遺　欣夫案：疏雨藏書鈐有「烏程劉桐字秋崖秘玩」印，則又字秋崖。又有「蠡香樓藏」一印，疑亦疏雨藏書處。

張鑑暝琴山館藏書目序　施國祁汲古閣寫本滏水集説：「曾記往歲存德堂中主人揮金購書，估值逾倍，琅函秘册，無足而前。武林、金閶諸賈與織里貿書家争先求售，溪上檥舟恒滿。每當風日清美，花樹盈庭，酒炙茶煙，佳賓列座，相與辨舊刻，校足本，商略古今，以上下其論説，窮日夕不休。所蓄益富，聲譽且益高。耆德如錢竹汀先生，欣然扶杖，一再遇之，並許作山館藏書記，載一時盛事。向視前朝顧玉山、項墨林諸大家，殊有德色。轉瞬未幾，而主人逝矣，館書座客，散如浮雲，今所遺架上者，千之一耳。春窗點勘，燈炧眵昏，老淚涔涔，不堪回首。」欣夫案：范鍇華笑廎雜筆卷五：

「同里劉疏雨桐字舜輝，藏書甚富，嘗屬奚鐵生岡畫訪書圖手卷，錢竹汀、黄蕘圃、楊秋室、丁見堂、張秋水及鍇皆有題詩，並録卷中。」又卷六：「劉疏雨桐與余爲同里總角交，性磊落好客，善談藝，鋭志聚書。嘉慶初，時值萬卷樓、小玲瓏山館、瓶花齋諸處漸次散出，故得其宋元槧暨影抄舊本不少，築眠琴山館以藏之。好古知名之士，或扁舟過潯，靡不題襟延接，出奇書以相欣賞。錢竹汀少詹許作藏書記，未就而疏雨逝世。子幼，山館之書無人司理，竟爲族戚鼠竊鯨吞，競博書賈之利，不數月悉歸烏有。其罹阨之速，又古所未聞，爲之三歎。余之舊好藏書者，若歙之方東山，歸安之嚴久能，近聞散佚，豈爲造物所忌耶？」劉氏藏印曰「劉桐珍賞」、曰「老來徒費買書錢」、曰「偶爲烏程劉氏珍藏」。范來庚南潯鎮志：「劉桐字舜揮，號疏雨，好交游，善談藝，鋭志聚書。時值汲古閣、小玲瓏館、瓶華齋、萬卷樓諸處漸次散出，故得其宋元槧暨影抄舊本不少，築眠琴山館以藏之。」白舫名鍇，亦富藏書，有「華笑廎藏」「華笑主人」印。施國祁禮耕堂詩集屠維大荒落三月眠琴山館藏書爲書賈售去悲憤口占短句十首再哭疏雨並示小疏姪：「葉石林。李秀巖。陳直齋。周草窗。萬軸空，皆郡人。清名終始妬天公。主人久作修文去，忍拾書倉舊蠹蟲。疏雨逝後，架上書扃鐍甚固，友人相約不假一冊。紀年幸不絳雲災，儘有高門可作媒。懶事老人還曉事，一家物與一家來。養粉藏芸要主張，博貲酒債豈尋常？同室有爲此者。不如倒篋交書賈，也算眠琴好下場。紙裹牙籤竟不靈，敢

緣諧價斬零星。負恩門客真梟絶，雷電居然駭六丁。贾等皆疏雨昔日門下客，欲以低價勒買，余怒斥之。架頭打疊忍重看，背地諸君那得干。自恨不辰何至此，眼明東倒與西般。輟耕録語。千金陋寫墨林編，緗帙經營二十年。白地送教無片紙，剩留裝潢幾多錢！疏雨每求善本不計值，且裝池極精。齋瓶花。樓開萬。堂抱經。閣汲古。校鈔精，□□傳鐫願不成。此日悟來真偶爾，識章紅沫可憐生。馆中每得精本，必以『偶爲烏程劉氏珍藏』長印鈐之，竟成讖語。頷珠豪奪口銜碑，鶴煮琴燒念念差。便輯叢題裁小録，雪灘鴻爪鏡簽花。小疏商刻眠琴山館藏書遺録。賣書清白不多金，執友殘年屬望深。綽楔他時須壯觀，堂封何日更傷心！余嘗語小疏云：『建坊全乃翁之心，大葬全乃翁之身。』」

楊鳳苞題訪書圖　舜輝藏印曰「劉桐珍賞」、曰「老來徒費買書錢」、曰「偶爲烏程劉氏珍藏」。

五色雲中有紫霓　七七八

鐵橋漫稿　王端履重論文齋筆録題香圃種菊圖詩云：「文苑羨君排四部，草堂容我坐三間。」注：「君藏書最富，書室名三間草堂。」

持靜齋書目　杜春生道光丁酉重刻景宋本會稽三賦。

昌熾又案　隆案：兩浙輶軒續録「杜煦山陰人，字春暉，又字尺莊，嘉慶丁卯舉人，截取知縣。道光元年舉孝廉方正。」

昌熾又案　隆案：善本書室藏書志：「杜春生字禾子，喜鈔書，家有知聖教齋，藏善本之所也。嘗與兄煦撰越中金石記十卷。有『杜氏知聖教齋藏書』印。」

老羆當道貉子蹌　七八〇

唐仲冕聽鶯居文鈔題詞　欣夫案：滂喜齋藏書記明刻道園學古録有「海琛」「支郎琛志」二印，疑爲廣平所藏。

聽鶯居文鈔　隆案：桐橋名慶長，初名潛，更名湘，字管三，號桐橋，陽湖人。國子生，候選縣丞。有此靜坐齋詩鈔、黔游、粵游等集，見邛須集卷四。

莫誤徵芝作振之　七八四

陸心源帶經堂陳氏書目書後　譚廷獻復堂日記卷一：「見陳氏帶經堂書目，多有影宋鈔本。蓋黄蕘圃舊藏，後歸王惕甫。陳徵芝蘭鄰官浙江時，又得之惕甫，乃入閩，此其流傳端緒也。」蘭鄰藏印曰「帶經堂陳氏藏書印」朱文長方印。

一片湘雲盪水涯　七八六

舒藝室詩存　光緒平湖縣志列傳：「錢天樹字子嘉，號夢廬，監生，嘉興籍。（略）與人接，抑然自下，海内名流往顧之，觴詠無虛日。工寫竹，尤精於鑒賞，凡書畫碑碣以及鼎彝尊壺之屬，到眼真贋立判。

著有是耶樓詩稿。」又經籍：「番錢譜，錢天樹著。」注：「又有味夢軒吉金小影，嘉興徐同柏釋文。」

藝芸散後歸何處　七八八

潘文勤師藝芸書舍宋元本書目跋　周星詒自題行篋書目曰：「復翁以百宋一廛諸刻本售與山塘益美布商汪閬源，雖殘帙十數葉，亦有至十數金者。閬源購書，有復翁跋，雖一行數字，亦必重價收之。以故吴中書賈於舊刻舊抄雖僅一二卷，倘有復翁藏印，索價必倍。若題識數行，價輒至十數金矣。即至殘破籤題，毁損跋語，亦可售一二金，至今猶然，蓋自汪氏始也。」欣夫案：阮雲台爲汪氏所作隸書聯，渾厚雅健，傑作也，先大父曾撫勒懸諸隨怡堂。余幼讀書堂中，朝夕相對，愛之不忘，惟上聯爲「種樹類求佳子弟」，潘伯寅誤記二字耳。吴縣志雜記：「黄蕘圃孝廉殁，其書爲汪觀察士鐘捆載而去。（略）汪氏又得青浦王氏所謂千金帖者，故阮文達公贈聯云：『萬卷圖書皆善本，一樓金石是精摹。』」閬源藏印曰「汪士鐘字春霆號朖園書畫印」朱文長方印。

豁庨爲門平作架　七九〇

嚴可均書葛香士林屋藏書圖後　隆案：張鑑冬青館乙集卷八太學生葛君墓表：「香士名祚增，直隸州州同。工吟詠，善八法。」

三世同耕不税田　七九二

黃廷鑑朝議大夫張君行狀　隆案：常昭合志稿：「仁濟字敬堂，諸生。家有照曠閣，藏書萬卷，多宋元舊刻。子光基、海鵬。」隆案：靜谷名仁美，字遷里，附貢生。有寶閒齋書目。洪亮吉學津討源序云：「張君若雲生於海隅，而嗜古若渴，家藏書至數十萬卷。而又校讎精審，登采謹嚴，其僞者黜之，無關緊要者削之，又益以家所藏及新購得者，共百七十餘種，刊布遠近，名曰學津討源。雖本毛氏之書而增損之，而義理益嚴，復加之攷證，可云善之善者。嗣又得宋本太平御覽，不日將刻成以公同好。」趙懷玉墨海金壺序云：「君嘗爲其配屈夫人作行狀，述其言曰：『世人知積而不知散，積書與積金其愚等也。』善夫君之此舉，是散金之餘而廣書之傳也。」

黃廷鑑愛日精廬藏書志序　郭麐靈芬館雜著三編愛日精廬記：「昭文張君月霄，今之爲古之學者也。聚書數千卷，誦習其中。家舊有書舍，其先德嘗取曾子『愛日以學』之語，名曰愛日精廬。」張金吾愛日精廬文稿詒經堂記云：「詒經堂凡三楹，古今詁經之書藏焉。堂之西曰愛日精廬，則金吾讀書之所，而謹以藏先君子手澤者也。廬之南曰世德齋，則曾大父、大父詩集暨十世祖端巖公、從父若雲公校刊各書在焉。又其南曰青藜仙館，毛子晉、何義門、陸勑先諸先輩手校諸書在焉。廬之西有閣曰詩史，以藏元刊中州集。金吾集金源一代之文，成金文最一百二十卷，凡金人著述及當時碑版足資采集者咸附焉。閣之南曰巽軒，昔年從錫山得活字十萬有奇，排印長編二百分，於焉貯之。

堂之東曰求舊書莊，宋元明初刊本藏焉。莊之南曰墨香小艇，元明舊寫本藏焉。循莊而北，長廊數十步，有精舍三楹，榜曰積書，則先君子創建以貯書者，凡史子集三部通行之本咸在焉。此詒經堂藏書之大凡也。」又叔父若雲府君家傳云：「金吾自讀書外無他嗜，田租井税，尤不措意，惟日究心於聲音訓詁名物度數之學。見有宋元舊槧，及秘不經見而有關經史實學者，不惜重金，要以必得。叔父既卒，益以聚書爲事，蓋四方書賈奔走門牆者二十年，而家業盡矣。」又宋蜀大字本月令跋云：「嗚呼，歲云暮矣！積逋未償，窮愁困苦之中而讀書不輟，豈性之所好不以境遇易哉！蓋仰屋而唏，徒然無益，且安知天非故厄其遇，俾之家無長物，心不外馳，大肆力於經籍訓詁章句之業，而外物之紛紛者不致累其靈臺也。不然如今日者，方持籌握算之不暇，又奚能逌然物外，商榷經義，訂一字兩字之異同哉！」藝風藏書續記景寫本説文解字補義跋：「此本猶是元時舊槧，余從李松門書坊中以廉值得之，如獲奇珍瓌寶，思欲據爲帳中秘矣。適錢塘何夢華元錫先生過余齋頭，見之擊賞不置，欲從余假録副本。余以希魯著述甚富，今皆散佚無傳，惟是書僅存。今既幸歸余手，若不公諸同好，廣爲流布，則雖寶如球璧，什襲而藏，於是書何裨？於余又何裨？且余喜藏書，不能令子孫亦喜藏書，聚散無常，世守難必。即使能守，或僮僕狼藉，或水火告災，一有不慎，遂成斷種，則余且爲包氏之罪人。用倩善書者録副本以贈。余之不敢自秘，正余之寶愛是書也。」又舊抄本作邑自箴，

每葉邊闌有「愛日精廬彙鈔秘册」八字。張金吾藏印曰「秘册」朱文長方印、曰「張印月霄」朱文方印、曰「愛日精廬藏書」朱文方印、曰「曾在張月霄處」。張金吾影寫宋刊本北山小集跋云：「嘗見藏書家得一宋元舊籍，輒思秘之帳中。噫！此何說也？古之人讀書稽古，萃一生之心思才力以成一書，難矣！萃一生之心思才力以成一書，而歷七八百年，幾經兵火，舊槧如新，抑又難矣！愛古者碎金片石，斷磚剩瓦，猶且公諸同好，互相激賞，況書籍爲作者精神所寄，靈爽所憑者歟？得之者其亦思古人成書之難何如，流傳之難何如，今既幸爲己有，冥冥中鄭重付託，大望後之人廣爲傳布者又何如，乃謬爲愛護，秘不示人，甚無謂也。」

張海鵬南部新書跋　欣夫案：朖仙又號臬薌山人。文禄堂訪書記卷三朖仙跋校宋本齊民要術云：「吳門黄氏士禮居藏校宋本半部，壬戌九月稽瑞樓借勘，十日訖事。今於此舊刻殘缺再臨校，十二日始竣。道光丁亥四月二十日，臬薌山人識。」

古寺鐘聲飯後撞　七九八

孫原湘天真閣集　陳揆稽瑞樓文草論書貴舊本云：「餘姚盧太史好校書，亟稱舊本之書。其言曰：『凡書所以貴舊本者，非謂舊本無一誤也。近時之本曾經校勘者，非不賢於舊本，而專輒妄改者不少矣。舊本之誤，猶可循其字之形與聲而得其真，若近時本則率意而竟改之矣，此舊本之所以可貴

也。』蓋近時校勘之學盛行，盧氏之書稱爲至精，而其論如此。余少喜聚書，生平無他嗜好，常汲汲於此。顧尤喜舊本書，每用以是正文字，略識一二。而余性既魯，學問未至，荏苒歲月，精力蚤衰，近年來頗深悔之，然於舊本書則猶好之不厭。片片愛惜，不能自釋，豈非所性之僻不可强耶？因思人之嗜好固有不同，而古之君子亦有類乎是者。以歐曾之學而惓惓於金石文字，雖殘碑斷碣，猶有取焉。若以舊本書例之，亦不爲媿矣。然自校勘之學盛行於世，世皆知舊本爲可貴，藏書之家争羅致之以相誇，而鬻書者又因以爲利。如余之無力，又安能攘臂其間，自附於當世好古之士耶？猶幸一二零落篇籍，多藏之家以爲無足重，而余之鄙陋得稍聚之，以適吾所好爾。然而書所以貴舊本者，非獨校勘之爲貴也。夫古人遠矣，而古人所讀之書，與今人不甚相遠也，而今又得其所讀之書，如接其謦欬而見其手澤。展卷以思古人之所學如彼，而今之人何以不能及也。且思此書之傳閲幾百年，異時學者幾經沈潛反覆而獲此書之益。至其聚散往來，零落殘缺，又知身外之物不能自必，而古人所以長存者，則有在矣。是故余所以喜舊本者，以爲好古之士其情當然，而不必爲校勘者貴之也。」

張金吾愛日精廬文稿陳子準别傳云：「君藏書先金吾十餘年，彼時郡中若周香巖錫瓚、袁壽階廷檮、顧抱沖之逵、黄蕘圃丕烈四先生輩，皆以藏書相競，珍函秘笈，流及吾邑者蓋寡。及金吾有志儲藏，袁氏書早散不及見，而三家之宋元舊槧及秘不經見者陸續四出。嘉湖書賈往往捆載而來，

閲之如入龍宫寶藏，璀璨陸離，目眩五色。君與金吾各擇其尤者互相誇示，而要必以書賈先至其家爲快，五六年中，兩家所得蓋不下三四萬卷。嗚呼，何其盛也！吾邑藏書自汲古毛氏、述古錢氏後百六十年來無繼起者，至君與金吾而此風復振。乃不及二十年，金吾以逋負而散，君以身死子幼而散，豈藏書果爲造物所忌歟？不然，何聚之之暫而散之之速也？後之人必且有援我兩人以爲戒者。藏書一道，蓋自此歇絶矣。」又稽瑞跋云：「余友陳君子準藏唐以前書略備，然秘不肯示人，唐劉賡稽瑞者，其尤秘者也。稽瑞世無傳本，子準得之吴興書舶，蓋明嘉萬時刊本也。以其絶無僅有，即以名其所藏書樓，秘之十年，且要約不得借抄，始出示金吾，蓋一見之難如此。未幾子準死，書盡散，稽瑞以值昂無過問者。子準嘗曰：『書貴緘秘，不緘秘則流布廣而視之必輕，使是書由我而輕，我之罪實甚。』金吾則曰：『書貴通假，不通假則扃鐍固而傳本絶，使是書由我而絶，我之罪更甚。』」

四經四史同一齋　八〇〇

楊紹和楹書隅録跋　陳康祺郎潛紀聞三筆卷二：「陸立夫制軍嘗語人曰：『吾向以楊至堂好蓄書，今乃知其得一書必閲一書也。』」

楹書隅録　楹書隅録元刻梅花百詠楊以增案語云：「咸豐辛亥，有估人持此本與宋刻梅花喜神譜來袁江求售。余極思并購，而喜神譜忽爲他人攜去，至今猶縈夢想云。」李詳媿生叢録云：「宋

刻梅花喜神譜，黄氏士禮居舊藏，百宋一廛賦載之。黄氏之書展轉數手售於楊至堂河帥，余友文登于彤侯之先德官南清河日爲之平章，其人以是書及宋版蘇老泉集相贈，傳至彤侯，復轉售於潘伯寅尚書。彤侯親爲余言。此譜海内無二本也。」士禮居宋本於道光庚戌售與文登于氏者数十種。于名昌進，其藏印有「文登于氏小謨觴館藏善本」白文長印、「文登于氏家藏」「小謨觴仙館昌進收藏」「于昌進鑒賞」「不夜于氏藏書印」「清俸買來」諸印。其弟昌遂號漢卿，亦嗜書，宋刊梅花喜神譜歸之，其書失而復得，其跋語頗饒風趣。藏印有「青棠紅豆廬」「漢卿寓目」諸印。東魯藏家，楊氏父子外當推于氏昆仲，當徵其事跡以補之。一九五八年十二月廿三日，王欣夫。常熟瞿氏已有于氏舊藏，想於咸豐庚申前已散。

瘴風鹹雨鼓靈潮　八〇四

嶺南文鈔小傳　隆案：南海縣志：「釗喜藏書，分四大部，陸續搜羅，其秘本或雇人影寫，或懷餅就鈔。尤嗜古籍，其宋刻元印、元刻明印分辨精詳。性不善詩，而購宋槧李太白集直至白金四十兩，謂其古色古香，殊堪寶貴也，其癖好如此。」

藏書四千七百種　八〇六

龔自珍上海李氏藏書志序　欣夫案：周中孚鄭堂讀書記即李氏慈雲樓藏書志。欣夫案：同治上海

縣志云：「笋香購書六千餘種，藏諸樓，有藏書目八卷。精校勘，嘗斥明姚叔祥輯吳陸公紀易注采及公紀京氏易傳注爲昧於經學、數學之別，近孫步堂爲補遺，亦不知攷正。又駁惠定宇易大義以中庸説易之非，江艮庭尚書集注音疏之過泥。人服其辨。」戴望外王父周先生述：「先生姓周氏，諱中孚，字信之，别字鄭堂，浙江湖州府烏程縣人。（略）旋以龔兵備薦，客上海李氏，爲定其藏書志。」案慈雲樓藏書志爲周中孚所編，當時龔自珍序而未及刊。其不全稿本三十四册歸丁氏持靜齋，又百餘册歸朱爲弼。吳興劉丈翰怡得朱藏本付刊，即今行嘉業堂刻鄭堂讀書記七十一卷本也。别有慈雲樓藏書志全本清稿，由武昌徐氏歸葉丈揆初。商務印書館以劉刻重印，而據葉藏補逸，始爲全本，惜未用李氏原名。吾友周子美撰慈雲樓藏書志攷，據劉本核之，有宋刊六種，元刊二十種，明刊數百種。欣夫案：頃見筍香杖鄉圖，徐渭仁篆首，郭麐等十餘人題詩。嚴昌堉海藻卷二十一：「李筠嘉字脩林，號筍香，例貢生，光禄寺典簿。生九月而孤，母毛撫之成立。所居有吾園，春秋佳日，奉母游覽。每招至名流，宴集其中，刊投贈篇什爲春雪集六卷。好藏書，精校勘，又刊慈雲樓藏書目八卷。工書法，文采風流，一時照耀。」

同有驚人祕笈藏　八〇七

東湖叢記　欣夫案：馮登府馬君二槎藏書記云：「馬君二槎嗜古媚學，每得一帙，舌耕肘書，必

手自斠勘。積數十年，搜耆之勤，藏不必富而惟精之是求。若東萊呂氏書説爲徐健菴藏本，重言重意周禮爲季滄葦藏本，晉書爲王鳳洲、宋牧仲藏本，本草衍義、活人書、卻掃編爲黄蕘圃藏本，皆宋槧之最著者。其他若咸淳臨安志爲盧抱經、錢竹汀校鈔本，較竹垞所見增多兩卷。總輿圖爲述古堂鈔本，錢遵王跋之，見敏求記。餘亦類多汲古閣、萬卷樓、曝書亭秘笈。縹緗鍬縫，排陳一室，昕夕坐擁其中。客至則設茗碗香鉦，相與道古某書之沿革，某卷之增損，某氏某代之聚散離合，莫不條入葉貫，沿波討源焉。」

馬玉堂笏齋　光緒海鹽縣志文苑：「馬玉堂字笏齋，道光辛巳副貢。性耽書籍，聞人有善本，必展轉購録。庋藏秘册甚多，杜門讎校，未嘗謁官府。上元朱緒曾博學好古，令嘉興時，聞玉堂至郡城，就訪於書肆，劇談竟日，人兩賢之。後遭喪亂，書籍散失。著有讀書敏求續記、十國春秋補傳，餘多不傳。」

莫氏宋元本經眼録　欣夫案：嘉業堂藏乾道臨安志舊抄本有「道光壬辰二字寫填。歲，武原馬氏漢唐齋收藏書籍」。分兩行，洪武字體，墨印木記。又填「乙未」、藍印，又有填「癸巳」。笏齋藏印曰「馬印玉堂」朱文方印、「笏齋」朱文方印、「武原馬氏藏書」白文方印、「古鹽馬氏笏齋珍藏之印」朱文大方印。欣夫案：靜嘉堂秘籍志三十，明刊莆陽比事有「道光閼逢敦牂，扶風書隱生馬玉堂跋」。

又二十九，景宋抄新刊歷代制度詳説馬玉堂跋，題「書於庚申閣上」。

山薑倚牆放疏蕊　八一二

張鑑楓溪程君祔葬墓記　許槤古均閣寶刻録夏承碑跋：「蘭川名文榮，官江寧北捕通判。酷嗜金石文字暨宋元本書籍，而尤熟於目録之學，自漢唐藝文、隋書經籍、陳氏書録、晁氏讀書志，於各家著録卷數，皆能縷指。著有嘉郡金石志、阮刻薛氏款識校誤、隸續補、隸續目次攷、南邨帖攷等書。咸豐三年，賊陷江寧，捐軀殉難。其所著述，惟帖攷久已梓行，隸續目次考，吴江翁叔均大年於沈匏廬觀察處得之，余爲付梓，餘俱在署，並無副墨，想與夏承碑本同遭劫火矣。」欣夫案：張文虎舒藝室詩存卷五感逝二十首第一首爲蘭川作，注云：「嘉善程蘭川諱文榮，癖嗜金石，有茹古樓圖，予嘗爲記。著古帖攷，爲古人所未有。所藏石刻本鐘鼎款識，世無二本，常以自隨。任江寧北捕通判，咸豐三年二月，登陴禦賊，死之，贈道銜、雲騎尉世職，從祀本地昭忠祠。」

張鑑南陽村圖歌　李富孫校經廎文稿卷七程别駕文榮舊居楓涇卜宅南陽村繪南村圖索題云：「錦贉牙籤羅萬軸，金釐琳琅燦溢目。博蒐羣籍富儲藏，暇披圖畫香芬馥。」欣夫案：文榮爲錢熙祚妹壻，佐校守山閣叢書。欣夫案：文榮著有南邨帖攷，葉先生邃於金石之學，疑所未見。

牝雞持醬百錢時　八一三

計光炘曦伯　嘉興府志：「計光炘字曦伯，性高尚，厭舉業，孝事二母。（略）慕石田、南田品高志潔，自署其齋曰二田，藏書六千餘卷。又喜搜藏畫帙，遐方文士造訪者，羣集小滄浪，重結詩社。有守甓齋詩詞集。」

張鑑題計二田光炘泠音閣校書圖　藏印曰「計印光昕」朱文、「曦伯所藏」朱文聯珠印。

苜蓿闌干老廣文　八一六

皕宋樓藏書志　欣夫案：蘇州、湖州各有一王雨樓，同時而同好藏書。至名世彥者，爲又一王雨樓，時輩均後，嘯山不言其好書，似可從刪。蔡雲輯蔡氏月令，道光甲申王氏校刊，江沅序云：「君既卒，高足王君雨樓、程君賡堂奉遺言以屬沅。」欣夫案：妙道人爲吳志忠別字，雨樓爲其表兄，則爲吳人無疑。蔡雲輯蔡氏月令爲王雨樓所刻，此必黃丕烈、吳志忠所稱之王雨樓。

張文虎懷人詩王生世彥雨樓一首　隆案：雨樓名幹，吳縣人，周孝壎之壻，見還讀小廬詩鈔。名世彥者別一人，非也。黃丕烈鈔本玉峯志跋云：「崑山亦有藏書家，丁丑秋，余送考至其地，有張若木秀才邀余披覽書籍，就中最佳者爲宋賓王手校周益公集，索直百二，余以半直估之。遷延三載，近始與羣書歸郡中王雨樓。」

湖上羣山山上樓　八一七

張文虎愚庵錢公家傳　錢熙祚守山閣叢書自識：「家故藏書，夙耽泛覽，文有異同，輒丹黃以識。曩閲昭文張若雲氏海鵬墨海金壺，稟依四庫，體例整齊，頗多秘袟。刊行無何，遽燬於火。然所采既駁，校讎未精，竊嘗糾其魯魚，幾於累牘，脱文錯簡，不可枚舉。遂擬刊訂，重爲更張，二三同人，慨焉稱善，叢書之舉，爰始於此。南匯張君嘯山文虎，同邑顧君尚之觀光，深思遐覽，實襄商榷。嘉善妹壻程君蘭川文榮，平湖族弟即山熙咸，暨從兄漱六熙經，胞兄湛園熙恩、鼎卿熙輔，舍弟葆堂熙哲、鱸鄉熙泰，同志參校，不憚往復。於是昕夕一編，靡間冬夏，咨諏詰難，或致齗齗。窺管所及，隨文附注，置卷於首，以別原案，逸文可采，並著簡末。一書甫畢，旋授梓氏，續有尋繹，別記校勘繫之。（略）經始壬辰，迄茲十載，爲目百有十，爲卷六百五十有二。」又至元征緬録跋：「此與招捕總録二種，皆歸安嚴修能元照手繕本。」又九國志拾遺跋：「傳抄本十二卷，乃邵氏晉涵從永樂大典録出，周氏夢堂重爲編次。」又古今姓氏書辨證後跋：「此書刊成後，復得不全宋槧本，紙墨精好，殆即提要所謂紹興本也。」又奉天録跋：「此書流傳甚尠，余得自琴川書肆中，蓋即張氏愛日精廬藏書志所云舊鈔本。」錫之藏印曰「錢熙祚鑒藏書畫之鈐記」朱文方印。

松江府志　胡培翬古松樓賸稿序：「歲己亥秋，訪老友陳碩甫於西湖之汪氏山莊，日詣文瀾閣抄録中秘。惟時金山錢鱸香茂才與其友南匯張嘯山同寓彌勒院，亦常携書來閣就校，一見如舊相識。」

張文虎顧尚之别傳　錢培名小萬卷樓叢書自識：「自先君捐館舍，名心灰冷，遂廢舉業。間循覽載籍，覺開卷有益，因與南匯張君嘯山文虎時相講論，擬輯叢書，竟先君子未竟之志。不拘門户，不限時代，要以有關於學問文章風俗教化者爲斷。凡古書殘闕者，或采逸文，或繫札記，隨校隨刊，不以次。（略）余家舊有萬卷樓，培名近徙張溪，故名其樓爲小萬卷，即以爲叢書之號云。」欣夫案：培名號賓之，熙經子。

百衲絲桐藏篋衍　八二一

錢泰吉校史記雜識　欣夫案：劉氏抄本，黑格，板心下刊「東武劉氏味經書屋藏書」十字，左欄外刊「燕庭校鈔」四字。燕庭藏印曰「清愛堂」盤龍朱文長印、「嘉蔭簃藏書」朱文方印、「文正曾孫」白文方印、「喜海」白文方印、「燕庭藏書」朱文長方印。欣夫案：以上各印均爲楊瀚所刻牙章，今藏余蛾術軒。「東武鎦氏味經書屋藏書印」朱文長方印。

吾識虞東隱君子　八二三

同治蘇州府志　李兆洛署陽湖縣學訓導瞿公墓志銘云：「公諱紹基，字厚培，别字蔭棠。（略）尤嗜書籍，值佳本必購之，所藏至十萬卷。」王家相瞿蔭棠廣文傳云：「君自奉謹約，有一裘三十年之風。惟好聚書，經史子集，手自校讎，不下數萬卷。吾邑自明以来，映雪孫氏、汲古毛氏、述古錢氏

皆號爲藏書之家。近則陳子準、張月霄兩茂才亦頗蒐集。君鼎峙其間，殆有過之無不及焉。」

黃廷鑑恬裕齋藏書記　常昭合志稿藏書家瞿子雍先生傳云：「瞿鏞字子雍，罟里村人。（略）父紹基。（略）性喜購書，收藏稽瑞、愛日及士禮居諸家宋元善本，不吝重值。鏞承先志，搜羅不懈，積十餘萬卷。有齋曰恬裕，其書室也。（略）子秉淵字敬之，秉清字濬之，並諸生。當粵寇之難，邑中藏書大半毀失，秉淵兄弟獨不避艱險，載赴江北。寇退載歸，雖略有散亡，而珍秘之本保護未失。乃繪虹月歸来圖，乞人題詠以志幸，並刊書目十卷。」張瑛濬之瞿君家傳云：「瞿氏自陽湖府君以来，儲藏之富甲於海虞，逮竇山府君而益擴之。嘗得鐵琴銅劍，遂以名其藏書之樓。其時當嘉、道之間，海宇昇平，江表無事。於是大江南北，浙水東西，書賈雲萃，自前明暨國初以来諸家舊藏之本，咸集其門。府君輒出重價購之，不足則謀諸質庫以應之。嗜書若慾，治荒剔蠹，視愛日、稽瑞諸先輩家殆有過焉。府君既歿，君與敬之承家學不懈益勤，延太倉季君菘耘、同邑王君寶之館於家，校勘舊編書目。」季錫疇題蔭棠檢書圖云：「余嘗念藏書與藏貨財雅俗自異，乃往往不久散亡則同焉者，何歟？或曰聚必有散，或曰專一己之有，爲造物所忌。是二說者皆非也。古人之精神寓於著述，其書之傳之久者，尤其精神之不敝者也。藏書之富是直聚數千年來千百古人於一堂之上。今夫人有賓朋燕集，而漠然不與酬接，鮮不怒而思去矣。然則書之散亡，亦藏之之人未相酬接而古人怒

而去之耳。使其日與相親，古人得一知己矣，將暱就之不暇，而肯輕去哉？先生非徒藏之而能讀之，且義方有訓，教其子子雍爲高才生，以博聞著吴中，諸孫誦聲琅琅一室。蓋非徒一己讀之，且欲令世世子孫讀而守之，以迄於無窮。此檢書圖之作，所以垂示方來，意深遠也。」又楊文蓀題詩，其一云：「聚書事良難，讀書尤不易。善本勤搜羅，非徒侈珍秘。校讎正譌舛，檢勘證同異。古訓今僅存，聲音與文字。自從有明來，末學逞私智。刊版太疏漏，臆改殊妄恣。增減淆史策，竄亂失經義。所貴宋元本，審擇別真僞。君家累世藏，精華久彙萃。丹鉛弗嫌疲，一字肯輕置？勿顧俗士笑，書淫有深意。」其二云：「海虞藏書家，絳雲與述古。同時目耕樓，秘籍尤罕覩。邇來二百年，盛衰幾散聚。繼起日以少，張月霄。陳子準。指堪數。稽瑞餘殘編，愛日賸空簿。先生嗜好專，重值酬書賈。精勤謝塵事，研覃閱寒暑。君能紹家聲，媚學蹈前矩。雌黄勿妄下，攷核戒莽鹵。流風式曩賢，琴川志堪補。」翁同龢題虹月歸來圖云：「瞿氏三世聚書，所收必宋元舊槧，其精者尤在經部，乾嘉以來通人學士多未得見。龢嘗戲謂敬之昆弟，假我二十年日力，當老於君家書庫中矣。」欣夫案：瞿氏書目之編，人咸知季菘耘錫疇，而王寳之振聲則無聞焉。蓋季有著述刊行耳，實則王學問樸實優於季。菊裳先生附季而略王，余撰藏書記事詩補遺，已蒐羅王氏事跡入之。徐兆瑋瞿良士檢書圖記云：「當宣統己酉，學部奏設圖書館，時端匋齋攝督兩江，見日本島田彦楨皕宋樓藏書源流攷，

有『瞿氏書近亦求售』之讕語，屬繆筱珊索鐵琴銅劍樓書獻之圖書館，以京卿爲報酬，曰張南皮意也。書朝上，命夕下矣。文襄時方直樞廷，故涇陽借以爲重。良士不爲利祿所歆，力持不可，涇陽氣懾而止，良士因進舊刊及影抄本五十種以塞其意。後繆氏編學部圖書館善本書目，於良士所進書每不注所出，蓋猶未忘前憾云。」瞿鏞鐵琴銅劍樓詞鈔望江南云：「吾廬愛，藏弆一樓書。玉軸牙籤頻自檢，鐵琴銅劍亦兼儲。大好似仙居。」

西湖三篋空手寫　八二七

陸心源開有益齋讀書志跋　開有益齋讀書志中興禮書續中興禮書云：「此書爲嘉興錢味根明府所得。余宰嘉禾，延味根掌教鴛湖書院，商校元徐碩至元嘉禾志，因出此以相贈。余不敢受，曰：『此書朱氏得之，則錢氏失之，非流傳之廣也，假抄可乎？』卷帙繁重，爰付鈔胥六人，八閱月始成，以原書歸錢氏。（略）余獲此書，每出示同好，武林勞季言、吴門顧湘舟皆從余借録。」欣夫案：此法最善，既廣孤本之流傳，又不奪人之所好，凡嗜書者當守是言。

續纂江寧府志　開有益齋讀書志帝里明代人文略云：「甘祺壬通議以聚珍板印成，郵寄一部，且屬爲補其闕略。（略）祺壬藏書數萬卷，余亦有數萬卷，儻合成之，當更有所益也已。」欣夫案：祺壬當即耆壬。又景定建康志云：「陽湖孫星衍淵如以總督費公淳所藏本重梓行世。（略）孫板

歸甘祺壬家。」朱琦甘氏津逮樓藏書目録序：「余來金陵，博諮詢，約舉所知，祇寓公數人，如方伯唐六枳師，暨方茶山廉訪、張古餘觀察，俱頗富，而土著殊寡，今乃得之甘君夢六翁之津逮樓。翁性喜書畫，工賞鑒，於典籍尤癖嗜，凡市肆陳卉，旁及窮鄉僻壤，蟫蝕鼠齧之餘，靡不珍重購歸，躬爲補綴。復節衣食，買舟游吴越間，覓善本，蓋辛勤逾三十年，樓之藏經史子集積十萬卷有奇，可謂篤矣。」又云：「好古如翁，而哲嗣畸人明經又能矢精力鑽研考録，此豈尚因仍儕俗哉！」甘熙著有白下瑣言。

河間君子館甎館　八三〇

何紹基懷都中友人詩　張穆閻潛邱先生年譜附注：「大興劉寬夫侍御位坦藏拱乾、漢槎諸人所書大方廣佛華嚴經墨跡，末有跋曰：『拱乾曩曾發願書華嚴經，望洋未敢就。戊戌冬入圜中，偶吴孝廉蘭友言及蘇州半塘寺有宋景濂學士三世共書華嚴經，自敘其兩世爲僧，一世爲學士，筆畫猶犁然未湮没也。因與同罹諸君子，約以己亥元日，沐手揮毫，不意出關期迫，乃晝夜竭蹷，以竣厥事。各隨心願所及，腕力所成。方拱乾書八卷，方亨咸書七卷，姚其章書五卷，陸鳴時書四卷，方元成書四卷，查學詩書四卷，張恂書三卷，王樹德書三卷，趙瑞南書三卷，張湛書三卷，方章鉞書三卷，郁之章書二卷，孫伯齡書二卷，李倩書二卷，吴蘭友書二卷，錢威書二卷，張明薦書二卷，邵庚書

二卷，徐榮書二卷，齊維岳書二卷，吳兆騫書二卷，張天植書一卷，諸豫書一卷，丁澎書一卷，李燧升書一卷，黃鈊書一卷，張文書一卷，劉隱如書一卷，孫暘書一卷，莊允堡書一卷，孫梗書一卷，李夢先書一卷，沈始然書一卷，張賁書一卷，公書一卷，共八十一卷。竟以是三十四人之一生，代宋學士之三生。嗟乎！是三十四人者一生之升沈易險，且堪代人百年，不第三生矣。裝潢費約五十餘金，陳時斌及諸檀施外，率諸君子隨所給，及其舊朝裳繡衣而爲嚴飾。讎校則惟李燧升、齊惟岳力，以正月朔肇，二月朔成。成施廣濟寺，寺有僧超文，爲張司馬天植外弟兄，目擊司馬之難而傷心薙染。經原本因超文請之寺中，故永供寺中也。此書經時節因緣，而拱乾爲之記。己亥二月初一日方亨咸書。」

欣夫案：藝風藏書記一舊鈔本大學本旨有「大興劉氏校經堂藏書印」朱文長方印，疑是寬夫父子。又莫友芝金石萃編補目跋：「咸豐庚申夏，大興劉子重銓福以寧鄉黃虎癡此目清本見示。」劉位坦，道光五年乙酉拔貢，咸豐元年由御史出爲湖南辰州府知府。黃彭年陶樓文鈔祭外舅劉寬夫文云：「博嗜廣究，語必窮源，書惟求舊。」銓福又號白雲吟客，官刑部主事，藏有乾隆本甲戌脂硯齋重評石頭記著聞。

授經如見伏生圖　八三一

曝書雜記　隆案：顧廣譽陸蕢鄉傳：「吳江黃家溪有陸君鈞璈諱鐄者，自號蕢鄉，明季由浙之平

湖徙居其地，而君從其仲父筠隸秀水，爲縣學生。絶意進取，而好藏書，好字畫，好古文辭，如飢渴於飲食然。」程庭鷺多暇録邕州集條云：「此邕州集詩七十二首，係竹垞老人手鈔，爲潛采堂藏書八萬卷之一。秀水陸蕢薌得之，索題，以册無餘紙，僅署觀款。朱蘭坡學士跋攷據最詳。」欣夫案：頃於畫像展覽會見陸蕢薌傳畫樓主人五十五歲小像册頁，有俞岳贊云：「粹然其德，靄然其容。潛心嗜古，經史羅胸。筆牀茶竈，天隨遺風。書滿鄴架，詩遞郵筒。交徧吴越，名流鉅公。穆溪之右，舜水之東。西村而後，君其繼蹤。」一九五九年三月三十日。

章金益齋　隆案：益齋名全，此作「金」，誤。嘉興府志：「章全字益齋，歲貢生，天台縣學訓導。」曝書雜記　欣夫案：余藏嘉慶乙亥勤業堂攷定本易緯八種，題「秀水章全遂衷氏句讀」，則益齋名全而字遂衷，菊裳先生蓋沿曝書雜記之誤。朱琦小萬卷齋詩續稿題陸蕢鄉秀才鬱林山館圖二首之一云：「鬱林太守人姓陸，卷石歸裝重如玉。儒修遠肯希廉風，構得湖干數間屋。紛紛甲第誇連雲，獨狎鷺侶兼鷗羣。草堂幸富千萬册，遺訓傳留注周易。」

九經已有四經亡　八三三

皕宋樓藏書志　欣夫案：靜嘉堂秘籍志廿九舊抄六帖補有胡惠孚印，不作「墉」，俟攷。所見印記均作「惠孚」，此誤承陸志。光緒平湖縣志經籍：「小重山館書目六册，胡惠孚著。」注：「惠孚，

錢天樹墉，天樹精鑒賞，所購諸書，皆天樹過目。內寫本居十之六，餘多宋元精刻及國朝諸名人手校之册，錢警石曝書雜記甚稱之。」篴江藏印曰「胡惠孚篴江氏珍藏書畫之印」朱文長方印、「篴江鑑賞」朱文方印、「當湖胡篴江珍藏」白文長方印。

四面天青立秋隼　八三四

曝書雜記　光緒嘉興縣志：「曹言純字古香，貢生，刻苦勵學。（略）家故貧，妻女篝燈夜紡。手一編，分光硯北，掌録口哦無虛日。（略）著徵賢堂集、種水詞。」郭麐靈芬館詩話：「近識曹君言純於揚州，貌古氣醇，自力於學。先時藏書甚富，家中落後斥賣無多，然皆手自丹黄一過矣。」

曝書雜記　海昌藝文志：「管庭芬字培蘭，又字子佩，號芷湘，諸生。博覽載籍，兼工繪事，嘗佐錢學博泰吉纂修海昌備志。」花近樓叢書自序：「入秋以來，風鶴頻警，余奉母遠遁鄉曲，其寓僅破樓一間，聊蔽風雨。遥見烽火燭天，炮聲殷地，日藉筆硯以消鬱壘，笈攜小品盡手録之，不足，復於村塾及鄰近告借以續之。頃余雖旋里。（略）而故家典籍，大半燬於劫火，深爲天喪斯文之嘆。因彙萃所存，得七十餘種，署之曰花近樓叢書，蓋取杜少陵『花近高樓傷客心』意也。」章鈺讀書敏求記校證補輯類記：「芷湘，海寧諸生，錢警石先生弟子。嘗館硤石蔣氏慎習堂，爲校行別下齋諸書。著有海昌經籍志、渟溪舊聞，見甘泉鄉人稿；渟溪老屋自娱集，見杭州府志；詩采入杭郡

詩三輯及兩浙輶軒續録，三輯小傳記其著述尤備。平生好手寫書籍，鈺所得見者爲待青書屋雜鈔五百三十八種，内自撰散記一種、消夏録四種、一瓻筆存一百二十四卷，今在天津圖書館。咸豐庚申杭垣被陷，芷湘蟄居鄉曲，尚借鈔小品七十餘種，續二十餘種，名曰花近樓叢書。其序跋二卷，上海有印本。」杭郡詩三輯芷湘典衣買書歌：「天涯有客芷湘子，青山嬾隱隱村市。貧居陋巷無所求，願與史籍同生死。既耕還讀甑屢虚，仰天狂笑心不舒。天生我材必有用，供我豈乏今古書。叩門喜接西吴客，一笑相逢皆秘册。繞牀真奈阿堵無，欲捨仍留費籌畫。緼袍挂體春衣間，呼童且質錢刀還。奇文換得自欣賞，絶勝夢游嫏嬛間。芸香謹貯心亨室，讎校樂可銷永日。丹黄塗乙且呻唔，兩手晨昏少停筆。吁嗟乎富兒插架爲門奇，開卷茫然何所知？深房空鎖少人跡，蠹魚作糧蛛縈絲。寒士寥寥虚卷軸，箇中欲想得清福。苦心積得幾殘篇，也要後人能善讀。」

潁上蘭亭内景經　八三六

甘泉鄉人稿　光緒嘉興縣志：「泰吉積書數十櫝，大半丹鉛所點勘，於四庫名籍幾徧，兩漢書、元文類尤精校者。」志采王拯撰傳，俟查。

關西夫子何爲者　八三九

張星鑑書關中事　欣夫案：陸心源儀顧堂續跋舊抄本周易詳解云：「聞山西路小舟有宋本，今已

散落，不知何所歸矣。」欣夫案：郘亭知見傳本書目亦屢及之，當係別一人，另入補遺。

鮑康觀古閣叢稿　北京人文科學研究所書目：「蒲編堂路氏書目，鈔本，二十七册，附漢魏遺書續鈔序目，清路慎莊編。」

不爲父母昆弟容　八四二

潘文勤師橋西雜記序　蘄水陳沆簡學齋詩鈔葉雲素師移居虎坊橋長歌志賀云：「人言先生一錢無，誰知其富兼京都。不見移家先移書，琳瑯壓倒雙輪車。馬馱不足繼以驢，背負篋笥長鬚奴。前街後街行貫魚，衆星移舍連斗樞。八萬卷過秀水朱，甲乙丙丁無差殊。屋三十間堂臺廚，人與書各分區區。先生有德德不孤，古今事如髮在梳，心細足償書中逋。長年家無隔日儲，不改其樂水與蔬。獨抱一編坐咿唔，午熱不廢丹黃塗。」欣夫案：雲素名繼雯，漢陽人。程鴻詔有恒心齋文九有事迹。

羣玉英光訪寶章　八四六

錢儀吉蔣母馬安人傳　海昌藝文志：「蔣光煦字日甫，一字愛荀，號生沐，自號放菴居士。諸生，候選訓導。」管庭芬別下齋書畫録序：「蔣氏自夢華上舍以風雅倡率後進。所居來青閣，收藏書畫之富，不異雲林清秘。兼工詩詞，一時名流如郭祥伯、尤二娱嘗主其家，時相唱和。著有讀書吟評二卷。所見宋元以來名蹟無不品題，惜未竟其業而殁，賞鑒家皆深惜之。生沐廣文則其從姪也，

少日即耳濡目染，勤於搜訪，年逾弱冠，骨董家即不敢以燕石相欺。所貯書畫精品，得於吴中及武原、當湖故家者居半。且别下齋中藏書數萬卷，不乏宋鈔元刻，亦皆手爲讎勘，丹黄燦然。每得一書一畫，必商之於丹徒嚴太史問樵、嘉興李學博香沚、吴江翁處士小海，故插架所列，亦不亞於來青閣。」李富孫涉聞梓舊序：「海昌蔣君生沐少失怙，性嗜古，好讀書。自十齡即喜購書，迄今十餘年，積有數萬卷。其中宋元舊槧、舊精鈔本、並世所希覯者。將於讎校之餘，擇其尤精者，陸續梓以問世。則不獨能藏，且能讀，而且能與人共讀也。」錢熙祚覆蔣生沐書：「王象之輿地紀勝，全書世尠傳本，僅見於儀徵相國詁經精舍外集，聞兄處有之，未審能慨賜一讀否？且見别下齋藏書之富，媲美詁經，他日一瓻之借，源源而來，祚將如鼹鼠飲河，以一飽眼福爲快也。」欣夫案：「詁經精舍」當是「孳經室」之譌。杭郡詩三輯：「生沐延攬名流，如張叔未、費曉樓、翁小海、管芷湘諸老嘗主其家。尤喜收藏書畫金石，充牣几架，所著有東湖叢記六卷，攷索精審，足資討古，復刻羣玉堂、英光堂殘帖，幾亂厥真。彙刊别下齋叢書，多未見之本。又論書目絶句二十首，和馬笏齋玉堂明經。」

光煦刻拜經樓藏書題跋記後序　張元濟校史隨筆：「晉書有宋刊十四行二十五字本，即東湖叢記所稱王弇州鈔補舊藏天籟閣項氏、吟香仙館馬氏者，其書固佳，然未爲最。此本爲硤石蔣氏所藏，版印絶精，邵位西、錢警石各有題記，均極推重。惜無載記，即以弇州藏本配補，行數相同，字數

僅差一二，可謂伯仲之間。」

昌熾案　海昌藝文志：「蔣光焴字寅昉，號吟舫，貢生，候選大理寺評事。武昌張裕釗曰：『蔣君寅昉好讀書，藏圖籍數十萬卷。遭粤賊陷浙東西，出走海上，泝江以至於楚，轉徙江漢之間，然必以其藏書自隨，不少時委去，蓋好之至也。』」蔣光焴敬齋雜著與張銘齋孝廉書：「光焴幼孤失學，所有書本，先澤居多。稍長，稍稍買書，其時鄉枌百里之間，以生沐從兄儲藏爲最夥。他如唐鏡香、濮春泉亦好收藏，多收秘籍。弟則謂書爲天下公物，但能真好而肯流傳，何分彼此？因此不相争買，秘籍無多。」又云：「手頭無書，幾無生人之趣。」又澉上檢書借陶雜詩：「積書亦何爲？不徒守以老。大母謂兒曹，能讀爲能保。」又云：「閑暇誤因循，危難苦追迫。一曝勤菑畬，十寒棄阡陌。農夫違其時，安望秋稻白。牙籤徒紛紜，腹笥何狹窄。六籍倏經眼，匆匆如過客。」

文字因緣在石林　八四八

吕晉昭胡文學傳　陳奂校本淮南子跋：「北宋淮南書二十一卷，此最善本也，舊藏蘇州黄主政士禮居，後歸山塘汪氏。（略）顧澗藚翁曾有影鈔本，偁甚精核，胡君雨塘以四十白金换得之，即士禮居舊藏本也。」

吹網録　繆荃孫石林燕語辨跋：「仁和胡珽心耘在京師，詣清秘堂親檢大典一萬四千八百卷，『悟

字韻中鈔得汪氏辨目二百有二條。歸與葉廷琯調生撰集辨一書。初擺印於琳瑯秘室叢書第五集。後又於印本復校，加數十籤，荃孫見於周荇農師處。」盧希晉元刊草堂雅集跋：「胡雨棠明經好購異書，一生所積，汗牛充棟。其子珽從余游，頗能繼先人之業。」杭郡詩三輯：「胡珽字心耘，仁和諸生，候選太常寺博士。善承先志，與吴郡葉調生廷琯校刊家藏秘本數十種，名曰琳琅秘室叢書。庚申冬，避亂滬城，旋没於旅舍。劫遺之書，斥賣殆盡。」朱琦小萬卷齋詩遺稿題讀五千卷室勘書圖爲楊芸士作云：「海昌楊子好佔畢，吴郡左城新闢室。聿繩初武松喬堂，旁列陳編甲連乙。暑鈔與寒纂，昕夕不停筆。五千言是老聃書，一言衍推成一帙。伊昔舊典多傳疑，魯魚亥豕紛以歧。九家易，四家詩，字體各别殊參差。尚書今古文，聚訟如亂絲，沿及子史尤支離。凡事校讎者，折衷馮管窺。掃除落葉定真本，衡論往往争毫釐。君爲諸侯座上客，暇輒扃扉究羣籍。東方奏牘已三千，更矢鑽研寓兹册。日者紀歲周有餘，陶侃分陰倍珍惜。」

吹綱録楊禮榮春緑山房文稿芸士府君行述：「府君自幼購求書籍，積十年，所藏不下五萬卷。凡舊鈔及難得之本，無不竭力蒐訪。如周益公集，舊板久已無存，祇明人鈔録之本，流傳極少。國朝乾隆初，婁東宋賓王以明人抄本重抄細校，極爲詳審，吴門黄蕘圃先生知有此書，欲購之而卒未能得。尚有舊抄吴都文粹一書，亦宋賓王所校，則曾在讀未見書齋中。又有仁和趙誠夫先生一

清三國志注補一書，崑山徐章仲先生炯五代史注補，本係朱竹垞檢討稿本，歸於章仲續成之，而檢討爲之序。海昌談孺木先生遷國榷，外間祇有崇禎一朝，而全本絶少。此皆未經刊刻而並無抄本流傳之書，其他舊刻及善本亦蒐訪不少。聞藏書舊家有秘本，必借抄，或輾轉託人抄録。海昌管芷湘茂才庭芬，學問素稱淹博，尤留意桑梓文獻，恒屬其借書抄録，曾抄有范文白先生海寧縣志殘稿、陸射山先生北游日記等書。又購得唐司空表聖、沈下賢等集校本，並抄録松靄先生所著西夏書、海昌勝覽、松靄類説、岑政録各書，欲校勘刊行之而俱未逮。至國朝詩文集蒐羅尤富，將以備一代文獻，惜未成書。」

昌熾案 海昌藝文志：「楊文蓀，道光丁亥歲貢。」芸士藏印曰「海寧楊芸士藏書之印」朱文方印、「楊印文蓀」白文方印、「芸士」朱文方印。

聞道黄巾入室時 八五〇

師友淵源記 吴昌綬唐棲勞氏三君傳：「勞氏三君：長檢，初名金檢，字梁甫，一字青主；次權，字平甫，一字巽卿，自號蟫隱，亦稱飲香詞隱；次格，字保艾，一字季言。家唐棲，籍仁和，並爲諸生。父經原字笙士，（略）好收書，與歸安嚴修能、德清徐新田爲問難之友。（略）巽卿、季言皆精校讎之學。（略）季言所校，或爲訂譌，或爲摭遺，靡不詳核。道咸之間，名鈔舊槧，往往尚存，

凡所援據，多世不經見之本，籍傳至今，有功於古書甚鉅。（略）㚏卿手鈔書尤富，校輯宋元詞集數十家。其藏書之所曰學林堂、曰鉛槧齋、曰丹鉛精舍、曰拂塵掃葉之樓，所居有燕喜堂、木夫容館、秋井草堂、漚喜亭、玉參差館、雙聲閣，流風餘韻，猶可想見。」欣夫案：㚏卿自署又有曰蟫盦、曰衡子、曰丹鉛生。勞權手鈔本片玉詞跋：「丁巳正月初九日晡時寫畢，明日立春，陳姬歸余匝月矣。姬人初名染蘭，予復字之曰雙聲，蓋取春風故實也。去冬友人江西谷作緣，於城納之，西谷製玉印爲賀。」又手鈔本古梅吟稿跋：「頃得渌飲先生手鈔夾漈遺稿，倩雙姬重裝，補綴熨貼，殊可人意。」又北平黃氏刻本湛園題跋跋：「己未六月，付雙聲重裝。」又手鈔本秋水詞跋：「己未六月校寫，廿又四日大暑，陳氏染蘭手裝。」又鈔校本張小山北曲聯樂府跋：「小史得囍手裝。」欣夫案：㚏卿有雙聲爲掌書記，其風雅韻事，不亞於梅谷之有虹屏，久能之有香修，宜附著之。

丁寶書勞氏讀書雜識序　董康勞氏碎金跋：「今春估人忽從南中輦致勞氏書百數十種，同志分得之。其書大率手自寫定，欽行夾注，細猶鍼縷，反覆斠證，期無賸義，精詣絶人如此。」袁思亮勞氏碎金跋：「勞笙士先生刻爾雅匡名在嘉慶季年，㚏卿、季言方幼弱，比長而媚學，徧徵羣籍，詳加改補，朱墨雜下，幾倍原書。此本今歸余家。」吴昌綬輯勞氏碎金，欣夫又增補之。㚏卿所居又有雙聲閣、木芙容館，季言所居有學林堂。

皕宋樓藏書志　季言藏印曰「勞參軍」朱文小長印、「勞格季言」小聯珠印、「庚辰」朱文長印。

樓臺海上湧金銀　八五三

同治上海縣志　嚴昌堉海藻卷二十五：「郁松年字萬枝，號泰峯，道光乙巳恩貢，内閣中書。先世營沙船業，致高資。松年好學問，藏書數十萬卷，多宋元佳槧，手自校讎，選孤本刊爲宜稼堂叢書。咸豐癸丑，邑城匪亂，值兄彭年初没，守兄柩不忍離城。克復後，捐銀二十萬兩，爲修葺城垣之需。卒年六十有七。」

甘泉鄉人稿　藝風藏書續記：「宜稼堂書目一册，舊抄本。羣書雜糅，内爲丁中丞、莫偲老、洪琴老借去之書，均有附單，似泰峯身後庀書之帳。」

持靜齋書目　嘉業堂藏元刻張文忠公歸田類稿有「春怡堂郁氏藏書」朱文長印、「泰峯」朱文小印。泰峯藏印曰「泰峯所藏善本」朱文方印、曰「泰峯手校」。

松江府志　隆案：松江府續志云：「築臨池書屋，購藏精刻書近萬卷。」

吴下名園顧辟疆　八五六

顧沅湘舟　趙懷玉賜硯堂叢書新編序：「長洲顧君澧蘭有賜硯堂叢書之刻。（略）澧蘭少具異禀，長無浮好，濡染既久，寢饋以之。爰取家藏插架共得百種，爲賜硯堂叢書以問世，始自經術，迄於

稗鉏，悉出我朝著録之才，彬彬乎一代大觀也。」

錢泰吉可讀書齋詩集　今雨集蔣寶齡題藏書圖：「湘翁總角時即喜購書，迄今二十載，得數萬卷，宋元舊刻，名人鈔録，靡不兼備，目披手校，寢食忘倦。其所著述，已刻未刻，亦數十種，用心良苦矣。茲擇所藏有關吴郡及前賢著録，方伯梁茝林先生爲建吴郡藏書樓於滄浪亭，並撰記焉。復擬構藝海樓，作藏書圖。先世藏書已略備，君更收儲百家萃。平生性癖惟此耽，入手縹函輒心醉。連牀接架發古香，十萬餘卷何煌煌。丹鉛手録掇精粹，閉户不知歲月長。吴郡藏書孰推首？如君所蓄近未有。即看纂述亦等身，肯負山林志不朽。」今雨集嚴保庸辟疆小築記：「由街而西，則爲藝海樓。樓縱橫環列三十六廚，貯書十萬卷，經史子集以類從，名人書畫真跡稱是。下爲吉金樂石之齋，商彝周鼎，晉帖唐碑之屬靡弗具，亦靡弗精。」又張履藝海樓藏書記：「吾友顧君湘舟，博雅士也。所蓄金石書畫，充牣几案。復以嗜書之癖，處吴門文物薈萃之區，而力又足以致之。自其曾祖中丞怡齋公、曾叔祖尚書隨菴公舊藏外，加以己所裒集，卷逾十萬，吴中歷代文獻及遠近方志尤備。凡宋元版及名人評校本，十居一二，明版及傳抄本，十居三四，餘亦初印本爲多。爰即所爲辟疆園中建樓以藏，分經史子集，列廚卅六，榜曰『藝海』。」又孫燮藝海樓藏書記：「長洲顧君湘舟，敏悟好學，家藏書籍甚富。爲園於葑門西雙塔寺之側，中構一樓，顏曰『藝海』，移藏書以實之，而寓書於余曰：『某

先曾祖方伯公精鑒賞，喜藏秘籍。某承先人遺訓，束髮即有志搜羅，見刻本之善者必購得之，無刻本者就藏書家寫之。幸生右文之世，四庫之藏，度越千古，凡某所藏，一以四庫爲準，四庫所有，不敢不備，間寫得異本，視四庫本頗有增益，如權文公集，四庫本止十卷，而翁覃谿學士所藏本有五十卷之類是也。四庫之纂成於乾隆四十七年，當時名公鉅卿擅著作者甚衆，以其人尚在，不獲采入。迄今越六十年，身殁言立，購其遺集藏之，所以補四庫之未備。至宋元舊刻，人世希有之本，略購一二，以無力不能徧搜。計得書十萬餘卷，又碑刻四千餘種，書畫千餘家，並藏樓中。鄉人子弟有願學者，許登樓縱觀。春秋佳日，園花盛開，杯酒會友，陳書几上，相與考證經史，評説古今，此足以樂而忘老。』」許槤古均閣寳刻録夏承碑跋：「湘舟名沅，字澧蘭。蒐羅金石圖籍、宋元人卷軸，爲吴中之冠。所居辟疆園極幽緻，園有藝海樓，乃其藏書之所。著書十餘種，如江左金石志、歷代泉幣圖攷、吴郡名賢圖贊，爲時稱頌。」潘錫恩湘舟顧君小傳：「君諱沅，字澧蘭，號湘舟，又號滄浪漁父，系出陳黄門侍郎後。」又云：「君幼岐嶷，稟性穎異，讀書輒過目成誦。不求仕進，不以科舉之學爲學。」又云：「薈萃圖籍，則建藝海樓以藏之。蒐羅碑版及周秦漢代鼎彝、歷代古錢，則有吉金樂石之齋、古泉精舍以貯之。而收藏之富，鑒賞之精，交友之廣，猶不足以盡君也。」又云：「所著有聽漏吟、游山小草、然松書屋詩鈔若干卷，俱未刻。其手輯而已刻者，關帝寳訓、文昌化書、

陰騭文圖注、聖廟祀典圖攷、古聖賢傳略、吴郡名賢圖傳贊、賜研堂叢書、花溪祠堂志、婁東文略、七姬志、崑山志、焦山志、滄浪亭志、玄妙觀志、建隆寺志、莫愁湖志、乾坤正氣詩集、今雨集。輯而未刻者，吴郡文編二百四十卷、吴郡詩録一百卷、江左金石志一百卷、歷代錢幣圖攷二十四卷。」吴郡文編例言：「黄丈蕘圃藏書之富甲於吴中，如吴偉業吴郡文獻一書，係舊抄罕傳之本，不吝慨借，以佐成鉅觀。前輩高誼，謹志勿諼。」隆案：湘舟裒刻同時人贈言及所刻書序，彙輯爲今雨集，卷帙甚富，襯訂二十册，曾於宗子岱文所見之。湘舟遺事有涇潘錫恩所撰傳可考。王同愈吴郡文編跋：「咸豐庚申，赭寇陷省垣，時先生已歸道山，嗣孫康如茂才年尚幼，蒼皇避地，金石圖書之屬，委而去之。同治癸亥冬，蘇城克復，豐城丁公日昌入城安撫，即馳赴先生園第，蓋耳先生名，欲藉以一探琅嬛也。於是藝海樓之孑遺，悉爲持靜齋之珍秘。其漂散在外者，尚不知凡幾。」又云：「傳抄秘本爲仁和朱氏所收爲多，見結一廬書目。」

世上居然有唐本　八五八

松江府續志　黎庶昌莫徵君别傳：「徵君諱友芝，字子偲，别號郘亭，晚又稱眲叟。（略）家貧耆古，喜聚珍本書，得多與東南藏弆家等。（略）居金陵，得唐寫本説文木部百八十八文，君自謂此吾西州漆書也，以舉正嚴、段二家校注，撰箋異一卷。」

山外風煙蟬蚓鳴　八六一

昌熾案　繆荃孫元河南志跋：「光緒壬申，袁漱六前輩臥雪廬藏書輦來廠肆火神廟，名鈔舊校，觸目琳瑯。而值極昂，荃孫境又極窘，無計得之，又不能自已，心躍躍然，目炯炯然，逐日蹣跚書城之側，寢食俱廢。」欣夫案：莫友芝郘亭知見傳本書目金履祥尚書表注下云：「湘潭袁芳瑛漱六有宋刊單孔傳本，書匡上下甚寬大，全録金氏表注，芳瑛以爲仁山手批。」葉德輝郎園讀書志經典釋文：「袁漱六太守校宋鈔本。湘中精版本之學者，必首推先生，所藏兩宋元明舊槧名鈔，皆薈萃南北藏書家整册殘篇，而自成一派。」漱六藏印曰「古潭州袁氏臥雪廬收藏」白文方印。

未聞脈望餐煙火　八六二

高心夔代理江蘇嘉定知縣劉君墓志銘　欣夫案：彦清曾覆刻汪魚亭舊藏宋刻尚書釋音二卷，末葉版外有「光緒紀元仲夏江山劉氏摹刻」小字一行。欣夫案：章鈺元刻茅山志跋云：「泖生身後書散，鈺零星收得即有三十餘册，無一不完好精整，至今珍庋。此補寫五卷中，闕字殘畫，皆悉遵元槧之據，字跡秀勁，實與句曲外史手寫付梓者氣息吻合，至今精彩照人，非尋常寫官照摹者可比。藏書一事，舊刻可貴，名人手跡尤可貴，兼斯二者，可貴爲何如？或以碎金斷璧目之，不足與此道者也。」欣夫案：彦清又刻景宋本鶡冠子。彦清藏印曰「江山劉履芬彦清氏攷藏」朱文方印。

標識分明卷帙精　八六五

鮑康爲繼幼雲跋幣拓册子　幼雲跋自著蜀石經春秋經注攷異云：「庚申八月十九日校起，九月四日畢事。時紅夷方踞安定門，城中辟兵者紛紛，余獨閉關株守，日事丹鉛，亦云戇矣。」又云：「續又得周禮殘本二卷，穀梁殘傳一册，改顏巖居曰廣政三石經广。」又題詩云：「爾來古緣益駢萃，迺歎元賞格譎變。漢碑晉刻訝創獲，兹卷神奇美尤擅。」自注：「謂華氏婁壽、夏承二碑，項氏千金本閣帖。」又張恩澍跋云：「又雲先生癖嗜金石文字，知此册在某賈處，竭力購之，居奇不輕售。海氛弗靖，畿垣告警，賈利腰纏，於是斯册乃歸星鳳堂中。京師人海場，多搜古之士，重貲捷索者亦不乏人，乃不爲他人得，獨爲又雲得，意精誠所結，動與古會，蒼蒼者特慎擇其人以貽之。又行遲盤錯，乃使其人喜出望外而得之，大造情深，可謂篤顧又雲矣。君既獲此，發所藏書，陳篋數十，左披卷，右飛毫，斯時蓋礮震几，烽照牖，鼓角聲撼宵晝，而君孜孜讎勘，若惟恐弗能卒役者。每曰：『脱有變，當挾此及婁壽碑與俱，如趙子固之於蘭亭也。』猗歟！又雲亦可謂不負不經矣。」

昌熾案　有「石經广」朱文方印、「七佛蚌齋」朱文長方印。文禄堂訪書記王敬美手抄法書要録有楊繼振跋，並「三至堂」、「古燕楊氏星鳳堂鑒藏」各印。

昌熾又案　張鳴珂寒松閣談藝瑣録：「禹舲中丞崇恩覺羅氏，滿洲人，官山東巡撫。工書畫，畫

山水出入宋元諸名家，擷其菁華，故能超軼凡近。」欣夫案：先從兄韶九宧魯時，多得禹舲舊藏碑版書畫。語鈴香南居士集卷三尋樂集：「以得文壽承刻『尋樂處』三字印，以額其書齋。自序云：『老屋數椽，僅蔽風雨，藏書萬卷，莫救饑寒。』」其別字有曰「筏喻道人」，其居室有曰「吾亦愛吾廬」、曰「對松山房」。

雷塘弟子追成録　八六七

黃再同編修國瑾　繆荃孫藝風堂續集黃再同同年手札跋：「講目録金石書畫並零星骨董，惟再同與荃孫有同嗜，廠肆廟攤，遇則相視而笑。有所得，互攷訂，亦互嘲誚，過從最密。」

聽鼓秋風卧白門　八六九

朱澂子清　繆荃孫結一廬文集序：「仁和朱修伯先生生長杭州，夙聞吴瓶花、孫壽松、汪振綺之遺風。及官京秩，又值徐星伯、韓小亭、彭文勤公及怡邸之圖書散落廠肆，不惜重值購藏，遂爲京師收藏一大家。公子子清尤工搜訪，冷攤小市，無往不到，所得益多。（略）庚辰到滬訪子清，得見宋十行本晉書、宋刊東西漢會要、宋諸臣奏議、元刻農桑輯要，皆世所罕見者。」欣夫案：繆荃孫雲自在龕隨筆卷四：「仁和朱修伯先生廣收圖籍，藏弆甲於京師。其嗣子清觀察搜羅更廣，儲皮益富。子清没後，其家賤售之張幼樵前輩，價未清，書亦未全交。近得幼樵書目核之，朱有而張

無者，或在子涵處，或係未交書，張有而朱無者，則子清在江南所得者。兩目互勘，亦云美富，惜朱已無存，而張亦不免散失耳。後附朱、張兩家宋元本目録。」欣夫案：文禄堂訪書記明抄本石刻補敘朱修伯跋云：「余於辛酉之冬，得此書於廠肆。因有鮑氏、周氏兩刻本，置之篋中，不甚貴也。燈下無事，取刻本校勘之，則二王帖目録評釋乃刻本佚去，然則此本乃絶無僅有之書。於以知訪求古籍，雖習見之書，有不可忽者。」藝風藏書續記結一廬書目一册：「傳抄本，朱澂撰。澂字子清，江蘇候補道，仁和人，太常卿修伯先生長子也。修丈官京師時，正值庚申之變，舊刻名抄，散落廠肆，不惜重值，所得獨多。子清家學涵濡，嗜古尤篤，即此一編，高出尋常收藏家萬萬。爲光緒庚辰吾友黄再同所貽。己丑冬間，相遇滬瀆，子清曾言續有所得，出此目者幾及一倍。近代書目以恬裕齋爲佳，宜仿爲之，并有代編書目之約。别去未久，子清即歸道山，書亦盡歸張幼樵前輩。辛亥金陵失守，革黨踞張氏園，書籍狼籍，流出東洋猶其幸者，餘不免襯馬蹄、當樵蘇耳。長恩不佑，感慨系之。」莫友芝郘亭知見傳本書目北堂書鈔下注云：「朱修伯曰：『國初所有原本，竹垞所儲名大唐類要，抄本。後歸汪小米家，頗劣。遵王所儲名古唐類苑，最爲精抄，後歸季滄葦，又歸黄蕘圃家。又曹楝亭藏本，後歸張月霄。然諸本皆錯訛難讀。歸安嚴鐵橋合校諸本以付刊，僅刊三十八卷而止。聞往歲有蘇人開雕，未知果否？』」丁申武林藏書録：「仁和朱學勤字修伯，咸豐癸未進士，

由庶常改户部主事，入直軍機章京，歷官宗人府丞。生平學敏才瞻，好書尤篤。當駕幸木蘭之後，怡邸散書之時，供職偶暇，日至廠肆，搜獲古籍，日增月盛，編有結一廬書目。」朱修伯藏印曰「朱學勤修伯印」朱文方印、「唐栖朱氏結一廬圖書記」朱文方印、「朱復廬鑑賞章」「結一廬主」白文長印、「結一廬藏書記」朱文界格方印。

孫鳳鈞銓伯　海昌藝文志：「孫鳳鈞字溥恩，號銓百，同治丁卯順天副貢，兵部主事。歷署常州府糧捕通判，蘇州海防同知。酷嗜典籍。」國語札記自跋：「庚辰夏，得南宋初年所刻宋公序本，因取重刻明道本校之，而證之於汪氏攷異，乃知明嘉靖間許宗魯、金李重刻者，往往與此本不合，不知是重刻改易，抑汪氏漏校耶？異時得金李兩本，當可取以對勘。」藝風藏書續記説文解字補義：「荃孫曾見此書刻本，係孫同年鳳鈞所藏，惜闕卷三至卷六三卷。姚方伯覲元欲購而刻之，以價昂而止，不能與續復古編同傳，殊爲可惜。」

蓬萊道山皆荒渺　八七〇

李宗蓮皕宋樓藏書志序　日本島田翰皕宋樓藏書源流攷云：「同治初元，宜稼之書散出，其宋元舊槧，名校精鈔，大半先爲豐潤丁禹生中丞日昌於觀察蘇松太時豪奪去，歸於持靜齋。而其餘精帙，俱歸於歸安陸剛甫心源有。心源既獲郁氏書，富於藏儲。方是時受喪亂後，藏書之家不能守，大

江南北，數百年沈霾於瑶臺牛篋者，一時俱出。而心源時備兵南韶次，權總閩鹺，饒於財。於是網羅墜簡，搜抉緹帙，書賈奔赴，捆載無虚日。上自苕溪嚴氏芳茮堂，烏鎮劉氏暝琴山館，福州陳氏帶經堂，下迄歸安韓子蘧，江都范石湖，名筌，康熙中人。黄蕘圃，仁和平甫、季言二勞，長洲周謝盦，名世敬，香嚴子。歸安楊秋室，德清許周生，歸安丁兆慶，烏鎮温鐵華及元，錢塘陳彦高等有一無二手稿草本，從飄零之後摭拾之，盡充插架，以資著作。素縹緗帙，部居類彙，遂爲江南之望矣。」王式通題皕宋樓藏書源流攷十二絶，其一云：「意輕疏雨陋芳椒，賓客文章下筆驕。割取書城歸舶載，蘋風悽絶駱駝橋。」其十一云：「三島於今有酉山，海濤東去待西還。愁聞白髮談天寶，望贖文姬返漢關。」董康刻皕宋樓藏書源流攷題識云：「今春彦楨馳書相告，岩崎文庫以日金十一萬八千圓購陸氏書有成議。余初謂陸氏爲吴興望族，剛甫觀察逝世未久，何至貨及遺書？嗣彦楨寄示皕宋樓藏書源流攷，並屬附梓訪餘録内，彦楨游中國，觀瞿楊丁陸四藏書家所記。始信其事果實。按陸氏藏書志所收，倶江浙諸名家舊本，古芬未墜。異域言歸，反不如臺城之炬，絳雲之燼，魂魄猶長守故都也。爲太息者累日。」丁國鈞荷香館瑣言：「丁未夏，陸氏書爲日本岩崎氏以十萬八千銀圓購去，日本島田彦楨著皕宋樓藏書源流考，頗譏嗤陸氏父子。」

吴兒纖嗇好治生　八七三

蔣鳳藻香生　藝風藏書續記爾雅補注姚覲元跋：「光緒戊子春，從吴門蔣薌生太守叚讀，兼録副本。太守博學多聞，善鑒别古書，蕘圃、藝芸之後，此其嗣響。插架秘籍甚富，愛護甚於珠玉，然遇同志，輒叚借不少吝，亦可謂善藏書者。」香生藏印曰：「茂苑香生蔣鳳藻秦漢十印齋秘笈圖書」朱文大方印。

卷七

經過趙李小藏家　八七八

李芝綬申蘭　隆案：常昭合志稿：「李芝綬字緘菴，昭文人，原名蔚宗，字升蘭，道光己亥舉人。居鄉與罟里瞿氏善，遂精於鑒別古籍。所藏日益富，彙編爲靜補齋書目。」

張退齋廣文舊山樓記　翁同龢清故太常寺博士趙君墓志銘：「君諱宗建，字次侯，亦曰次公。喜賓客，善飲酒，蓄金石圖史甚富。所爲詩文清邁有氣格，晚好談禪。」欣夫案：費念慈跋明抄本太平御覽云：「舊山樓，趙次公宗建山居也，在虞山破山寺前，藏圖書金石甚富。茗椀鑪香，翛然自適。屋後種梅五百株，花時香雪成海。得宋本竇氏聯珠集，築小閣，榜曰『聯珠』。長髯野服，終歲不入城市，自號非昔居士。所藏尚有南宋館閣寫本太宗實録，亦士禮居物也。」次侯藏印曰「庚申以後次侯所得」朱文方印。

奇鶴大冢翳纖兒　八七九

趙之謙益甫　藝風藏書續記癸巳謄稿：「舊抄本。趙之謙跋『汪容甫先生有言，屬有天幸，每得善本，獲福已多，人貴知足。余自報罷後，貧不能歸，賣畫所入，以供饘粥，餘資購書，計數十年來，所得不少。此書又遇之意外，若冥冥中默相之者。屢斥於有司，屢困於逆旅，非我生之不幸也。』」

第一楊風癸巳人　八八二

周星詒季貺

俞樾五周先生集序云：「季貺太守宦遊閩中，余有表姪戴子高茂才主其家，極相得。與余屢言季貺負才名，有奇氣，所爲詩詞高出儕輩。又喜收藏金石、書籍、字畫，手自校閱，精審絶倫。子高落落少許可，而心折季貺如此。」孫詒讓窳櫎詩質序云：「季貺先生喜收藏異書，著録數萬卷，多宋元舊槧及乾嘉諸老精校善本，三榮郡齋不足論也。先君曩官江東，先生亦官閩中，時馳書從先生借抄秘籍，輒録副見寄，手自理董，丹黄雜遝，精審絶倫。詒讓嘗與校讀，每伏案欽誦，以爲抱經、蕘圃未能專美也。」譚廷獻復堂日記卷一：「明人寫本北堂書鈔一百六十卷，字畫訛舛，然是永興真本。世行陳禹謨刻改易面目，盡失本真，引據古書，輒以世俗本承改，其書可燒也。此寫本有『雲章閣』『紉佩齋』印，流傳端緒，不知何人？後歸孫伯淵觀察，曾屬王石華校正，又自校之，洪筠軒、嚴鐵橋又校之，鐵橋漫稿記校是書始末甚詳，並云已刻清本數十卷，已而中輟，卷中有鐵橋跋語。原本又歸何夢華，何之後人以歸閩陳蘭鄰，罷官携之歸閩，仙游王懷佩欲以重金易之不得。周季貺飢渴是本，馳書十至，乃歸周氏矣。季貺名星詒，時官邵武府同知。」星詒校本讀書敏求記題記：「余自十一二歲即喜購藏古書，因專意目録之學，有志成讀書識小録一書，記古今書刻及各家書目存亡攷，創始於己酉之秋。先編次目録攷一種，鋭意收集古今藏書目，凡得鈔刻者五十

餘種。又徧攷載籍，仿竹垞老人經籍攷體例爲之，其得成者已三卷矣。時亡婦平氏初歸余，相助收采，復出奩具使購書册。憶舊藏此書初得時，方庚戌初春，在紹興南街老屋逸雲閣上，亡婦方啜茶，小婢捧書來告，共奪看，潑茶新蘋緑衫上，滿不顧。賞愛特甚，各卷悉以『逸莊』及名字小印識之殆徧。自乙卯悼亡，書目攷草稿多其手跡，不復忍繙閲，因置不爲。且以奔走不暇之故，悉寄所藏書三十二架於山陰傅氏，九月二十九日紹興不守，所藏當爲灰燼。夫此十二年一刹那耳，人與物都不能守其故常。可勝哀哉！辛酉十月二十七日，從閩南蕭氏購補是書，巳翁憶舊事，揮淚記。」隆案：季貺有手寫庣横藏書目一册，今在顧氏怡園，公碩曾以見示。季貺藏印曰「祥符周氏瑞瓜堂圖書」白文方印。

書庫兵間憶抱殘　八八三

丁丙嘉魚　胡丹鳳嘉惠堂藏書目序云：「竹舟慨振綺諸家所藏渺不可得，即天一范氏，亦蕩焉渺焉。念斯文墜地之厄，發覆簣爲山之思，以閣目爲本，以附存爲翼，節衣縮食，朝蓄夕求，遠自京師，近踰吴越，外及海國，或購或抄，隨得隨校，積二十年，聚八萬卷，視閣目幾及九成，較樓額已逾十倍。」丁丙八千卷樓自記云：「光緒十有四年，拓基於正修堂之西北隅，築嘉惠堂五楹，堂之上爲八千卷樓。堂之後室五楹，上爲後八千卷樓。後闢一室於西，曰善本書室，樓曰小八千卷

爲之鈔寫補足，數十年未已。而己之收藏亦日益富，造八千卷樓庋藏之。又爲考其事實，臚其得失，載其行款，陳其同異，成藏書志四十卷。實能上窺提要，下兼士禮居之長，賞鑒攷訂，兩家合而爲一，可謂書目中驚人秘笈矣。」欣夫案：松生題識有署曰「錢塘流民」、曰「八千卷樓主人」、曰「十載孤兒」、曰「松老」、曰「竹書堂主人」、曰「青門詞隱」、曰「書庫抱殘生」，其鈐印不下數十。書齋名除見前之外，有曰竹書堂、曰風木盦、曰求己室、曰漢晉唐齋。又有印曰「濟陽文府」、曰「東門菜儂」、曰「錢塘清望世家」等。丁國鈞荷香館瑣言云：「丁未十月，丁氏所開官銀號虧倒，以家産呈抵，於是所藏書畫爲端午帥以官款七萬三千銀圓購，建江南圖書館。」

長箋垂尺密於簾　八八六

李文田仲約　莫伯驥五十萬卷樓羣書跋文明刊六書故跋附注曰：「李文田號若農，一字仲約，咸豐進士，累官禮部侍郎。喜收書，構樓藏之。得秦泰山石刻及漢華嶽廟碑斷本，斷本出自馬氏小玲瓏山館，其名樓以此曰泰華樓。」藝風堂藏書記崇禎新政要略李文田跋：「光緒十九年七月望前一日，一癡道人。」李文誠公行狀：「書籍紙板印刷之優劣，亦精研其要，故所收羅書籍，宋元明刻爲多，尤以子集二部爲富。其餘難得之本，倩抄備覽。凡四庫所未收而有關攷據者，亦莫不藏焉。

光緒中，頒賞世祖章皇帝御製勸善要言一部，公命其樓曰賜書樓。」

仙人漢節下津輕　八八八

黎庶昌蒓齋　黎庶昌古逸叢書敘目：「按日本所存中土逸書古本，如唐釋慧琳一切經音義一百卷，希麟續音義十卷，此乃小學之匯歸，佚文之淵藪，有白蓮社刻本最爲完整可據。唐楊上善黄帝内經太素注，原書三十卷，今存二十一卷，余獲有傳抄本。又曾借閲秘閣古寫卷子本春秋經傳集解三十卷，其書出自隋唐舊抄，經傳字句異同極夥，録有校本。又北宋本杜氏通典二百卷，卷末鈐『大宋建中靖國元年、大遼乾統元年，高麗十四葉經筵藏書』圖記，槧刻甚精。北宋本世説新語三卷，南宋單疏本尚書正義二十卷，興國軍本不附釋音春秋左傳三十卷，南宋本集韻十卷，胥官庫物。又有楊君星吾所收緐刻宋蜀大字本任淵山谷詩注二十卷。皆以卷帙繁重，未能謀刻，姑附記於此，以餉好事君子。」

東丹副葉寫書根　八九二

方功惠柳橋　莫伯驥五十萬卷樓羣書跋文抄本劉後村先生大全集有方氏光緒戊子手跋，署「識於潮郡官廨之寶雲樓」。欣夫案：湘鄉李亦元著雁影齋讀書記，所據皆方氏藏書。王式通皕宋樓藏書源流攷題詞第七云：「巴陵方與歸安陸，一樣書林厄運過。雁影齋空題跋在，流傳精槧已無多。」

自注：「亦元遺著有雁影齋題跋，所見多巴陵方氏藏書，庚子後大半散失。」方功惠全唐文紀事跋：「二三年來，在書局刻書三千餘卷，世所未見之古本，如草堂詩箋者，則自刻之以公同好。」袁寶璜寄蛣廬文集碧琳瑯館藏書目跋：「右碧琳瑯館藏書目，巴陵方柳橋觀察所藏者。觀察服官粵東，歷仕繁劇，先後垂二十年。廉俸所入，盡以供插架之藏，宋元精槧秘本，多至數十種，尚汲汲勤求，不以所得自足。噫，盛矣！近時藏書家，浙中有陸氏、丁氏，吴中有瞿氏，廣州有伍氏、孔氏，揭陽有丁氏，搜羅珍秘，皆有可觀。方氏所藏書，足與諸家抗衡。歐陽永叔云：『物聚於所好。』信哉是言也。」欣夫案：明刻道藏本韓非子有道光十八年八月朔日巴陵方功惠跋，見文禄堂訪書記。

昌熾案　隆案：方氏又刻景宋本觀瀾文集、碧琳琅館叢書。

文采紅蘭與紫幢　八九四

盛昱伯希　鄧之誠骨董瑣記云：「盛伯希祭酒自謂所藏以宋本禮記、寒食帖、刁光胤牡丹圖最精，爲三友。身後爲其養子善寶斥賣。至今意園已爲日人中山商會所有，蓋無餘物矣。三友以壬子夏歸於景樸孫，後禮記爲粵人潘明訓所得，寒食帖歸於日本人菊池惺堂，牡丹圖初歸蔣孟蘋，復賣與美國人。有得當時善寶與景所立契約，言：『今將舊藏宋板禮記四十本，黄蘇合璧寒食帖一卷，元人字册一十頁，刁光胤牡丹圖一軸，及禮堂圖一軸，情願賣與景樸孫先生，價洋一萬二千元正，

絶無反悔。日後倘有親友欲收回各件，必須倍價，方能認可。恐口無憑，立此爲據，善寶押。舊曆壬子年五月二十日。』蓋祭酒爲肅宗，景慮後患，故要約爲此。」繆荃孫汪應辰石林燕語辨跋：「廠賈自山西歸，有明抄儒學警悟全部，急往詢之，已爲宗室伯希祭酒所得。緜紙藍格，古香盎然。」節庵先生遺稿梁祠圖書館章程附借書約云：「伯希精本最多，不輕借人，於鼎芬最厚，函去書來。一日往借宋本呂惠卿莊子解，不許；再求之，限三日；不能畢，又寬兩日。手録其序還之，曰：『吾日以淨布鋪几上，洗手乃閲，夜則置諸枕邊，恐有遺失。』伯希笑曰：『借書若此，可以托孤寄命矣。』追思愴然。」

昌熾案　欣夫案：王懿榮有「廉生登來」四字章。公羊隱五年傳：「登來之也。」何休解詁云：「登讀爲得，得來者，齊人語也。」王氏齊人，故作此印。

真賞齋中有仲宣　八九八

江標建霞　欣夫案：昔年於懸橋老書賈楊馥堂處見建霞手書目録一紙，係當時託爲代售者。靈鶼閣著録無攷，得此可窺豹一斑，茲録於下：宋刻通鑑殘本七十餘卷，即常熟瞿氏所藏之半，兩匣，二百兩。讀史管見，宋刻宋印，三十本，一百兩。古文集成，宋刻宋印，明袁潄六藏本，亦即四庫所收原本，此書天下無第二部，二十本，一百兩。寶祐本晉書，即九行十六字本，罕見，略缺數卷，

六十本，二百兩。宋本楊子二本，一匣，四十兩。宋本鹽鐵論二本，一匣，八十兩。宋本中説三本，一匣，三十兩。宋巾箱本論語注疏，即廖瑩中刻本，罕見，廿四本，四函，一匣，二百四十兩。元本李太白集八本，一匣，七十兩。元本王右丞集六本，一匣，四十兩。華陽國志，陳仲魚校鈔，四本；語林，黄校、周校，一本；山窗小□，黄校，一本，共一千五百兩。屈翁山崇禎宫詞、顧云美三吴舊語、元本廣韻、元本禮記集説，共四百兩。元刻巾箱本十六卷本禮記集説二十本，有缺頁，銀一百兩，此刻尚在未改十卷本之前，罕見之本，刻印精緻，無異宋槧。疑年録一本，趙鈔校本；吴郡志十本，剡録二本；咸淳重修毘陵志六本，黄校明鈔；洛陽伽藍記一本，毛、黄校本；書鈔閣藏書跋語一本，鈔，書鈔閣叢鈔本；西畇寓目編六本，鈔；西溪叢語二本，黄校鶴鳴館本；春渚紀聞二本，黄校；貴耳集一本，鈔；唐摭言二本；澠水燕談録二本，黄、顧校；詩品一本，明鈔黄校；張子野詞一本，鈔校；稼軒長短句二本，明刊陸校；樂府雅詞四本，舊鈔；三代詞綜十八本，王評點本。欣夫案：江氏有造像藏書印，曰：「大清光緒十二年十二月朔三十日，書窟弟子江標敬造長恩像一區，願留不散，嚙蠹魚不沾，永充供養。」

佛鐙青照古城南　九〇六

讀書敏求記　欣夫案：文禄堂訪書記元至元刻本析疑論卷末有「永樂二年七月二十五日，蘇叔敬

買到」一條。

打包僧似野雲孤　九〇七

甘泉鄉人稿　金松岑師皖志列傳稿卷四凌廷堪傳：「廷堪奉母喪歸歙，程振甲館之別墅，命其子洪溥從受學。廷堪没而洪溥經紀其喪，葬之歙之梅山。」又云：「程振甲者，字也園，詞翰特妙。乾隆甲辰召試舉人，授中書，充軍機章京，洊轉吏部員外郎。子洪溥字麗仲，學世其家。」欣夫案：振甲、洪溥爲父子，非一人，振甲亦非進士，均足正葉、江之誤而釋其疑。洪溥爲名儒之弟子，其風誼亦有足稱者，乃近不過數十年，已難攷索矣。程鴻詔有恒心齋文集程吏部傳：「振甲，字也園，歙縣人，詞翰特妙，乾隆甲辰召試舉人，授中書，充軍機章京，洊轉吏部員外郎。屢次隨同查辦事件，雪冤卻賄，不附勢要。從軍湖南，還京與和珅不相中，告歸，時年三十九。生平慷慨博施，不責酬，以是家落。老而爲客，游歷半天下，道光六年卒於廣東。程侍郎恩澤謂振甲亮節清風，避權遠勢，自成高潔。出處大節無虧，遺舉著在人口，筆不勝紀。」凌廷堪吴宜人傳云：「洪溥爲諸生，好讀有用之書。」欣夫案：吴爲振甲配，洪溥之母也。

何紹基竟寧銅雁足燈詩序　釋六舟寶素齋金石書畫編年録：「道光十六年正月，吴康甫二尹過訪余，曰『有新安程木庵孔目洪溥家富收藏，三代彝器，不下千種。欲延師至彼，親承品鑒』云云。

二十日抵新安境。木庵寓杭，閲已二載餘，旋里，親友咸在十五里外普口築亭遠迎，沿途應接者不絶，犒賞甚豐。其平日之惠及親朋，豪於揮霍，即此一端可見矣。木庵始出三代彝器，屬拓大屏二十四幅，又漢雁足燈，字爲青緑所掩，欲余清剔其文。二十一年二月，仍至新安，爲木庵拓彝器四大卷。二十三年正月杪抵新安，木庵以仲子所居之室屬余下榻，出宋元明三朝古墨，彙拓成册，約二千品之多。木庵又贈余漢安宫玉印，皆足以誇歸裝矣。」欣夫案：六舟所記木庵事較詳。振甲爲其父名，徐氏所記誤。徐康云：「程音田自製墨，半截小像，科頭陽文，約兩許。」菊裳先生未見六舟書，故不能辨也。木庵多收藏彝器古墨，而實非藏書家，祇因寄贈錢警石禮記集説而繪圖贈詩，傳爲佳話，姓名長留，其亦好古樂士之報歟？其剔燈圖卷昔年曾於錢鏡塘處見之。又案：木庵官僅孔目而豪富至此，其居杭疑爲經營商業或承其父振甲遺業，建𣪘又因此而誤爲一人，居杭僑吴皆可能也。

敝帚千金久自珍　九一一

厲鶚樊榭山房詩集　欣夫頃得吴氏四古堂精鈔盤洲集，石倉手校，有跋云：「丙午秋七月，友人沈峙公以家藏本爲余重校一過，又改正者數十字，洵乎如掃葉之難盡也。」一九五九年四月十七日。

彭兆蓀小漢觴館集　錢龍惕大兖集賣書四首其一云：「昔者王仲任，家貧無書讀。朝游洛陽市，坐肆披簡牘。一見能暗誦，五車已貯腹。我資本下劣，日記不盈幅。讀終旋廢忘，展卷賴反復。敢

望獺祭魚，僅比鼠嗑籠。今年命大謬，水潦漂五穀。突煙連日斷，詎止食無肉？呼兒抱架書，典市具饘粥。朝來説經史，矌矌徒張目。唯將兔園册，骯髒坐家塾。譬如秦火後，還作輳與伏。」光緒杭州府志藝文七：「沈峙公詩集，國朝監生錢塘沈塽峙公撰。」彭兆蓀又有賣書一律云：「昔作捻書歎，坐驚貧病侵。直同孤注事，仍抱別裁心。百計商留去，千函辨古今。底贏粱肉客，塵架飽黄蟫。」吴振棫國朝杭郡詩輯卷十一：「沈塽字峙公，錢塘監生。湯西崖少宰掌院時，私峙公爲上賓，有盛名於京師，駢體鴻麗，少宰酬應之文皆其代作也。别墅在北郭，花木蓊然，晚年里居。乾隆丙辰，府學掌教姚江蘇耕餘滋恢薦應鴻博，不就，有辭啓，盛傳於時，勾甬全紹衣祖望至千里外寓書索觀之。時峙公年近七十矣，兩耳已重聽，無鄧伯道之兒，有馮敬通之婦，一女明豔絶世，年十七嫁錢穆堂，未幾亦夭。後死，至無以爲殮，文章憎命，一何酷也！」

誰描蛺蝶繡鴛鴦　九一三

厲鶚樊榭山房集　鄧之誠骨董瑣記卷三：「按康熙十六年丁巳無閏月，或屬萬曆四十五年。俟攷。」汪遠孫次閨秀陳坤維手題元人百家詩韻　汪适孫次韻：「寒女生涯事可知，殘編臨棄更題詩。一般蠹粉飄花感，略抵離鸞别鵠悲。乞米何心留券帖？賣珠有恨到書癡。贏將墨瀋留餘麝，復此重香展卷時。」胡敬次韻：「深閨昔許姓名知，難割情緣架上詩。書散陳留應已久，畫餘清照不勝悲。百

年遺稿人何在？千里尋蹤我亦癡。珍重數行題卷尾，拈毫追想繡停時。」丁國鈞荷香館瑣言：「余見翁覃溪手評樊榭集，於陳氏詩簡端批云：『記得同年西齋説知此人來歷，余今忘之矣。』覃溪健忘，遂使才女事跡湮没。惜哉！」

範銅制出膠泥上　九一四

邵文莊會通君傳　欣夫案：會通館校正宋諸臣奏議弘治三年仲冬華燧序云：「書行既久，版就湮訛，吾邑大夫榮侯憂失其傳，欲重鋟梓而重民費，乃俾燧會通館活字銅板印正，以廣其傳。始燧之爲是板也，以私便手録之煩，今以公行天下，使山林澤藪之間，亦得披覽全文，開明心目。觀感而興起，吾侯之舉也。」欣夫案：會通館印容齋隨筆弘治八年華燧序云：「太醫院醫士吴郡盛用美得之於京師士夫，欲板其行，邑宰邢君傷民用而未行。適僉憲雷公水利江南，巡行我錫，遂致禮會通館，以達君志。嗚呼，燧生當文明之運，而活字銅版樂天之成，苟以是心至，應之惟謹。況士夫以稽古爲事，君以愛民爲心，而公禮意兼至者乎？」

無錫縣志　葉德輝書林清話：「珵刻有宋左圭百川學海，改竄宋本舊第，爲世所譏。」華氏活字本渭南文集跋，署「尚古生華珵記。」欣夫案：汝德名珵，从「玉」不从「土」，印本分明，不容有誤。菊裳先生未見渭南文集，故作疑辭。吴寬弘治壬戌活字本渭南文集序，稱「致光禄署丞事錫

山華君汝德」。祝允明書後：「光禄懸車鄉社，年逾七十，而好學過於弁髦。購書典帙，富若山矗。又製活字版，擇其切於學者，亟翻印以利衆，此集之所以易成也。自沈夢溪筆談述活版法，近時三吴好事者盛爲之。然所印有當否，則其益有淺深，惟光禄心行高古，動以益人爲志，凡所圖類若此，與彼留情一草譜禽經者迥别。於乎！人之識趣好尚有間，而事力需被，相去果何如哉！」

臨安鬻書陳道人　九二〇

瀛奎律髓　法式善存素堂文集跋江湖小集云：「舊本題宋陳起編。起字宗之，錢塘書賈，設局於睦親坊。世所傳宋善本，皆其所刻，又稱陳道人雕版者是也。」又江湖後集跋：「宋人陳起，在寶慶、紹定間以書賈能詩，與士夫抗顔列席，名滿朝野。篇什持贈，隨時標列名目，付雕即成，遠近傳播。永樂大典所載江湖集及前後續集、中興江湖集，其名不一，皆起所刻者。」江藩半氈齋題跋羣賢小集後云：「陳起宗之居臨安睦親坊，以鬻書爲業，刊本所謂行都坊本，亦謂之書棚本。宗之一字彦木，與名流往還，許棐集中有書肆陳解元，即起也。」方回瀛奎律髓云：「賣書陳彦木，亦曰陳道人，寶慶初以『秋雨梧桐皇子府，春風楊柳相公橋』詩爲史彌遠所黥。詩禍之興，捕敖器之、劉潛夫等下大理獄，鄭清之在瑣闥上之。余及識此老，屢造其肆。别有小陳道人，亦爲賈似道編管。小陳道人，起之子思也，曾著寶刻叢編，傳於世。」後村集有贈陳起詩云：「陳侯生長繁華地，却以芸香自沐薰。

鍊句豈非林處士？鬻書莫是穆參軍！雨簷兀坐忘春去，雪案清談至夜分。何日我閒君閉肆，扁舟同泛北山雲。」

陳伯玉寶刻叢編序　欣夫案：提要寶刻叢編云：「思，臨安人，所著小字録前有結銜，稱『成忠郎緝熙殿國史實録院秘書省搜訪』。又有海棠譜，自序題『開慶元年』，則理宗時人也。」

昌熾案　欣夫案：思所著又有書小史十卷，宋刊本，載百宋一廛賦。

志雅堂雜鈔　元吴自牧夢粱録記杭州鋪席有尹家文字鋪，又有張官人諸史子文籍鋪。吴興陸氏皕宋樓藏宋槧北户録，封葉後有「臨安太廟前尹氏書籍鋪刊行」一行。

三輔黄圖五色描　九二三

高士南州以禮羅　九二四

王世貞童子鳴傳　欣夫案：王百穀金閶集卷四撰傳云：「童君名珮，太末人。家山坂中，山田磽者爲直黄金半鎰，太末人非厚富不能田，童君乃從其父爲書賈人。父娶吴女，生童君，童君遂作吴音，行跡亦多在吴中。買一舫不能直項，讀書其中，窮日夜不休。爲詩皆性靈，讀之蕭蕭有雲氣，特不善修形骸，人知者知其人，不知者知其詩，甚即白眼視之，蔑如也。其書帆檣上下皆羅列，手一編，讀罷即投置他所，不復歸舊簏，故其書漫無甲乙次第。人來售，又不耐檢校，悉棄去。每慨世人不

能讀古書，見一奇士，即授之。玄篇奥帙，往往零落不存。」天一閣藏有嘉靖中童珮輯刻徐侍郎集二卷。唐徐安貞撰。藝風藏書續記楊盈川集十卷附録一卷：「龍游童珮子鳴校勘，萬曆三年子鳴敘。」歸有光震川先生集送童子鳴序：「越中人多往來吾吴中，以鬻書爲業。異時童子鳴從其先人游崑山，尚少也。數年前艤舟婁江，余過之，子鳴示余以其詩，已能出人。（略）夫典籍天下之神物也，人日與之居，其性靈必有能自開發者。玉在山而草木潤，淵生珠而崖不枯，書之所聚，當有如金寶之氣，如卿雲輪囷，覆護其上，被其潤者不枯矣。（略）子鳴鬻古之書，然且幾於不自振，今欲窮古書之義，吾懼其愈窮也。歲暮將往錫山寓舍，還歸太末，書以贈之。」

儥畫者王儥陶顧　九二七

孫星衍清故封修職郎兩浙鹽課大使陶君墓志銘　欣夫案：五柳居曾刻太玄集注，顧千里爲之校，太玄經集注，嘉慶戊午刊。又羅東美撰古今名醫彙粹八卷，嘉慶六年刻本。

李文藻琉璃廠書肆記　翁方綱翁氏家事略記云：「自癸巳春入院修書，時於翰林院署開四庫全書館，以内府所藏書發出到院，及各省所進民間藏書，又院中舊貯永樂大典内日有摘抄成卷、彙編成部之書。合三處書籍，分員校勘。每日清晨入院，院設大廚，供給桌飯。午後歸寓，以是日所校閲某書應攷某處，在寶善亭與同門程魚門晉芳、姚姬川鼐、任幼植大椿諸人，對案詳舉所知，各開應攷證之

書目，是午携至琉璃廠書肆訪查之。是時江浙書賈，亦皆踴躍，遍徵善本足資攷訂者，悉聚於五柳居、文粹堂諸坊舍，每日檢有應用者，輒載滿車以歸。」

不須刮目用金鎞　九三一

嚴元照書春秋經傳集解宋刻殘本後

吴騫拜經樓詩話續編：「余至吴門，恒與書林錢景開相周旋。景開往來維揚，遊於玲瓏山館馬氏，多識古今書籍，余嘗擬之宋之陳起。其卒也，黄蕘圃輓詩有云：『天禄琳琅傳姓氏，虎丘風月孰平章？』蓋實録也。」繆荃孫雲自在龕隨筆卷四：「書林錢景開多識古今書籍，人嘗擬之宋之陳起。其卒也，黄蕘圃輓以詩云：『天禄琳琅傳姓氏，虎丘風月孰平章？』次句指錢好狹邪游，一時有名士牙行、士女領袖之目。」欣夫近得錢坫爲錢聽默篆書聯云：「水之江漢星之斗，鳳在梧桐鶴在皋。」上款「上章歲嘉平月廿五日，爲聽默宗臺大兄作於適適園之水閣」，下款一「坫」字。藝風藏書續記司空表聖文集：「明曹氏書倉鈔本，有『白隄錢聽默經眼』朱文小印。聽默名時霽，號景開，苕估中最有名，其捺經眼印者書必佳。」黄丕烈校宋本周禮鄭氏注跋云：「聽默者姓錢名景凱，住山塘，書賈中識古之人也。天禄琳琅云『白堤錢聽默經眼』，即其鈐於古書之圖記也。」天一閣書目首乾隆三十八年閏三月初七日上諭：「又聞蘇州有一種賈客，惟事修賣舊書，如山塘開鋪之金姓者，乃專門世業，於古書存佚原委，頗能諳悉。」欣夫案，「金」疑「錢」之訛傳。

天祿琳琅　浙江圖書館特藏書目乙編：清初處順堂翻元刻本詩人玉屑有「虎丘太子馬頭萃古齋書坊發兑」印。

痀僂登場語嫽嫢　九三二

侯駝子　江標前塵夢影録序：「標生也晚，年十六七時，曾見廝叟於玄妙觀世經堂書肆中。書肆爲湖州侯念椿所設，侯年亦六七十，目覩各家藏書興廢，分别宋元槧刻校抄源流如辨毫釐，嘗稱之曰今之錢聽默。曾屬其將數十年來藏書見聞雜寫一册，亦吾鄉掌故也。」

難得臨池筆一枝　九三四

癸未雜識　讀書敏求記陳后山詩注：「東坡詩注，武子因傅穉漢孺善歐書，俾書之以鋟版者，曾見於絳雲樓中。後廣搜不可得，爲生平第一恨事耳。」施宿撰嘉泰會稽志。翁方綱蘇詩補注附録引錢辛楣曰：「大昕所見正德重刊嘉泰會稽志，卷末有云：『安撫司校正書籍傅穉。』又漢孺所藏謝師厚帖，放翁爲跋在嘉泰三年癸亥，蓋即漢孺爲浙東安撫司校正書籍時也。」

日本島田翰古文舊書考　欣夫案：周慈又寫詩外傳、事類賦。又案：周慈所寫多爲陸奎所刻，似不應遺之。

昌熾案　欣夫案：鹿原手寫尚有陳廷敬午亭文編。至曝書亭集雖工，實非鹿原所書，葉先生蓋誤記

也。郭麐《樗餘集·論書絶句》第三首：「一編手録墨痕新，張敏求兼林吉人。比似兩家詩格好，一饒風骨一風神。」注：「《曝書亭》、《精華録》兩集，張、林所書也。」

夾板何如胡蝶裝　九三六

前塵夢影録　欣夫案：魚集爲雲間沈恕所刻，徐説達官者誤。欣夫案：七薌爲蕘圃繪玄機詩思立軸，即詩社宴集時懸於百宋一廛中者。頃見於常賣家，價昂未能得。

蠶絲牛毛善離合　九三八

士禮居藏書題跋記昌熾案　欣夫案：半巖名瑞正，黄蕘圃宋刻《事類賦》跋云：「余家古書裝潢，皆出工人錢瑞正手。性甚迂緩，如取歸裝成，動輒半年，故戲以錢半巖呼之。」

後記

葉昌熾藏書紀事詩是首部總結中國古代藏書史的著作。該書將五代至清七百餘人及其家族有關典籍收聚、保存、校勘、刊刻等故實彙爲一編，真實反映了私人藏書家在文化傳承中的重要作用，具有開創性的意義。葉氏自刻七卷本藏書紀事詩録詩四百十六篇，每篇由七言絶句一首、姓名、注釋三部分組成，全書涉及藏書家、刻書家、寫手、古董商、換書士人等姓名七百餘個，注釋從史志、筆記、文集、墓志、題跋等各類材料中輯録，并隨時加有案語，文獻徵引取材豐富、範圍廣博。蛾術叢書早先將藏書紀事詩作爲史部著述列入影印計劃，韋力先生得知後，欣然將芷蘭齋藏葉氏刻七卷本高清書影寄來，以爲影印本底本。

隨著對藏書紀事詩認識的不斷深化，我們隨時調整編印思路，最終確定將全書分爲三部分，即影印葉氏自刻本、整理王欣夫先生箋正、編制全書索引。由於葉書徵引資料頗廣，難免出現錯誤遺漏，復旦大學王欣夫先生從上世紀五十年代開始，積數十年之功，查閲大量地方志、藏書志、文集及筆記，

對葉書進行糾謬補缺，勒成十四萬餘字，題爲藏書紀事詩箋正，皆以蠅頭小楷手書於葉氏原刻本天頭地腳、欄外眉間，題識累累，丹鉛燦然。我們將王欣夫先生箋正部分整理排印出來，附於葉書之後，箋正之引文，有據他本他書校改者，一律不出校語。爲方便閱讀使用，我們據文意於每條箋正文首添加了出文，間亦吸收徐鵬先生整理藏書紀事詩附補正之成果。

承蒙復旦大學圖書館眭駿先生、樂怡女史鼎力相助，我們獲准親覩王欣夫先生手澤，在此表示衷心感謝。

最後，還要感謝各位師友的热忱幫助：蘇枕書老師，正是因爲她的幫助，我們請到北京大學史睿老師爲本書題耑；南京大學楊曦老師，通校全書並提供了諸多建議；清華大學張琦博士和張曉穎同學，在文本録入、校改方面提供了無私幫助。

限於水平，我們的工作難免存在失誤，尚祈各位同道師友不吝賜教，以資後訂。

蛾術叢書編委會

《藏書紀事詩　藏書紀事詩箋正》索引

凡　例

一、本索引所録爲葉昌熾《藏書紀事詩》及王欣夫《藏書紀事詩箋正》中所載藏書家資料，前者簡稱爲“藏書詩”，後者簡稱爲“箋正”。

二、本索引的編制以民國二十一年（1937）哈佛燕京學社《藏書紀事詩引得》爲依據，間或參閱1989年上海古籍出版社《藏書紀事詩附補正索引》條目。有“主目”與“見目”二種。“主目”多以葉昌熾原著中每首紀事詩條下所列藏書家人名爲主，間有以代名、室名爲主目者，如“遺經堂主人”“穴研齋”等；“見目”以字、號、别稱、藏書處、藏書目、藏書印爲主。

三、本索引依筆畫檢字法排列，“主目”注其出處，“見目”則見其所屬主目，不注出處。例如：

　　季振宜　藏書詩　4/25a　箋正　1094

　　季因是珍藏　見：季振宜

其中“季振宜　藏書詩　4/25a　箋正　1094”爲主目，“藏書詩　4/25a”表示“季振宜”在《藏書紀事詩》卷四第二十五葉a面；“箋正　1094”表示《藏書紀事詩箋正》中“季振宜”條目所在葉碼爲1094。“季因是珍藏　見：季振宜”爲見目，“季因是珍藏”爲藏書章。

一畫

二畫

也

四畫

王

七畫

九畫

十一畫

十二畫

十六畫

十七畫

十八畫

十九畫

二十一畫

二十二畫

二十三畫以上